Péninsule du Yucatan

L'HÉRITAGE DU MONDE MAYA

Derrière vos lunettes de soleil, une eau turquoise, une plage de sable blanc. Le hamac se balance et vous sirotez une margarita. C'est l'heure de la sieste, ce matin vous vous extasiez devant une pyramide envahie par la jungle. Vous êtes au Mexique, quelque part dans la péninsule du Yucatán.

Ce bout de terre tropicale qui s'enfonce entre la mer des Caraïbes et le Golfe du Mexique est divisé en trois États – Campeche, Yucatán et Quintana Roo – qui partagent le même héritage, celui de la civilisation maya. Les visiteurs s'émerveillent devant les mystérieuses cités de Chichén Itzá, Uxmal ou Calakmul, avant de se rafraîchir dans les eaux limpides des *cenotes*, ces « puits sacrés » menant à Xibalbá, l'inframonde maya… La péninsule mêle histoire et modernité touristique. On s'y cultive, on s'y repose, on s'y amuse.

Cancún, festive et surfaite, est le palmier qui cache la palmeraie : il y a bien d'autres lieux plus authentiques à explorer ici. Outre les sites archéologiques, plus impressionnants les uns que les autres, on y trouve des plages de cartes postales, des îles désertes, des récifs coralliens, des réserves naturelles fréquentées par le jaguar ou le lamantin… Bref, de quoi assouvir vos désirs de découverte et de déconnexion. Sans oublier la chaleur humaine des Yucatèques ! Leur hospitalité et leur bienveillance envers l'étranger, leur gastronomie pimentée de saveurs uniques, et cet incroyable sens de la fête. Alors, n'hésitez pas, embarquez dans ce guide et tracez votre route !

SOMMAIRE

© BECKERPHOTOS - ISTOCKPHOTO.COM

4 INSPIRER

Les bonnes raisons de se rendre dans la péninsule du Yucatán, les festivités à ne pas manquer, les idées de séjour et les fiches pratiques pour bien préparer son voyage.

39 DÉCOUVRIR

Pour partir à la découverte du Mexique et de la péninsule du Yucatán en particulier. Son histoire tumultueuse, sa gastronomie, les traditions de ses habitants...

109 CANCÚN

Cette station balnéaire mondialement connue attend les fêtards et amateurs de plages et d'hôtels tout compris. C'est aussi une base pratique pour des excursions à la journée.

Des eaux roses à Las Coloradas près de la réserve Rio Lagartos © KARLIUX_ - ISTOCKPHOTO.COM

Tacos traditionnels cochinita. © CARLOSROJAS20

129 RIVIERA MAYA ET QUINTANA ROO

La magie des Caraïbes : plages de rêves et fonds marins spectaculaires, *cenotes* mystérieux, vestiges mayas majestueux, soirées animées à Playa del Carmen la festive ou à Tulum, la station balnéaire écolo-chic... Isla Mujeres, Isla Contoy et Holbox, trois îles superbes, avec des plages paradisiaques, des fonds marins somptueux, des tortues et requins-baleines à observer de près... Depuis les documentaires du commandant Cousteau, Cozumel accueille les plongeurs du monde entier impatients de découvrir les merveilles de ses récifs coralliens.

207 ÉTAT DU YUCATÁN

Le Yucatán ce n'est pas que Chitchén Itzá ! Réserves naturelles et *cenotes* en pagaille, sites mayas de la Ruta Puuc, villes coloniales (Mérida, Valladolid, Izamal, Ruta de los Conventos...), sans oublier une vie culturelle très riche.

267 ÉTAT DU CAMPECHE

Hors des sentiers battus, le Campeche offre bien des surprises, de sa capitale colorée au charme colonial inscrite au patrimoine de l'humanité à ses plages sauvages, sans oublier l'incroyable cité maya de Calakmul et les sites archéologiques de la Ruta de los Chenes. Le Camino Real, route tracée par les colons espagnols entre Mérida et Campeche, traverse des petits villages qui ont conservé leurs traditions culinaires et artisanales. Le sud-ouest du Campeche est percé de fleuves et rivières venant du Tabasco et du Chiapas. Des cours d'eau et forêts tropicales qui en font un haut lieu de l'écotourisme.

313 ORGANISER SON SÉJOUR

Des conseils et contacts pour organiser son voyage dans cette péninsule aux multiples facettes : comment s'y rendre, avec qui, comment se déplacer, se loger, s'informer...

Église à San Francisco Campeche. © CAPTURELIGHT - ISTOCKPHOTO.COM

QUANDY ALLER

JANVIER

18° / 28°

MÉRIDA FEST
(MÉRIDA)
Un festival joyeux en l'honneur de la capitale du Yucatán. Dans les théâtres comme dans la rue, musiques, danses, cirque, etc.

$ $

FÉVRIER

19° / 28°

CARNAVAL DE COZUMEL
(SAN MIGUEL DE COZUMEL)
Toutes les singularités culturelles de l'île y sont représentées, notamment dans la *Guaranducha Cozumeleña* et le *Torito Wacax-Ché*.

CARNAVAL DE CAMPECHE
Le plus ancien carnaval du Mexique. Défilés colorés et pirate en papier mâché, symbole de la mauvaise humeur, à brûler !

$ $

MARS

20° / 29°

ÉQUINOXE DE PRINTEMPS
(CHICHÉN ITZÁ)
Le mouvement du soleil offre un spectacle exceptionnel à Chichén Itzá et à Dzibilchaltún depuis l'époque de la civilisation maya.

SPRING BREAK
(CANCÚN)
Les plages de Cancún sont dédiées à la fête sans retenue. La jeunesse *gringa* profite à fond de ses vacances de printemps !

$ $ $

JUILLET

25° / 33°

FERIA DE SAN JOAQUÍN
(LAGUNA DE BACALAR)

© MARAN GARAI - SHUTTERSTOCK.COM

Une fête traditionnelle pour se plonger dans le monde rural du Quintana Roo, avec des spectacles folkloriques authentiques.

$

AOÛT

24° / 33°

FESTIVITÉS DU CRISTO NEGRO
(SISAL)
Un pèlerinage maritime impressionnant dans des eaux émeraude, en hommage au Christ Noir, protecteur des pêcheurs de Sisal.

$

SEPTEMBRE

24° / 32°

DÍA DE LA INDEPENDANCIA

© PHOTOTUN - SHUTTERSTOCK.COM

La fête nationale mexicaine est célébrée avec orgueil dans tout le pays, à coup de concerts, buffets et feux d'artifices.

$

Tout va dépendre de vos envies sur place ! On peut voyager toute l'année dans la péninsule, chaque saison a ses avantages : climat, affluence et prix, carnaval et autres événements culturels, activités spécifiques (kitesurf, baignade avec les requins-baleines, birdwatching...). La saison sèche, de novembre à avril, est la plus agréable pour visiter les sites mayas ; mars est le mois le plus festif à Cancún ; d'avril à juillet, une époque parfaite pour la baignade et le farniente...

AVRIL

22° / 30°

SEMANA SANTA

© CORRADO BARATTA - SHUTTERSTOCK.COM

Une fête catholique célébrée avec ferveur avec de nombreuses processions. C'est la principale semaine de vacances des Mexicains.

$ $

MAI

24° / 32°

FERIA DEL CEDRAL
(EL CEDRAL)
Au sud de l'île de Cozumel, un festival rural pittoresque où se mêlent traditions religieuses et réjouissances païennes.

$

JUIN

25° / 33°

DÍA DE LA MARINA
(PARQUE NATURAL RÍO LAGARTOS)

© GUAJILLO STUDIO - SHUTTERSTOCK.COM

Une célébration rendant hommage aux marins disparus en mer, avec une procession maritime colorée et des jeux traditionnels.

$

OCTOBRE

22° / 31°

HANAL PIXAN
(MÉRIDA)
« Hanal Pixan », la nourriture des âmes donnée aux morts à la Toussaint, désigne aujourd'hui les festivités de la fête des Morts.

OTOÑO CULTURAL
(MÉRIDA)
Mérida s'offre un bain de culture durant 3 semaines au début de l'automne : cinéma, musiques, danses, théâtre, arts visuels...

$

NOVEMBRE

21° / 29°

INTERNATIONAL QUEER FILM FESTIVAL
(PLAYA DEL CARMEN)
Ce festival de cinéma propose une programmation importante de films nationaux et étrangers avec une thématique 100 % LGBTQ+.

DÍA DE MUERTOS
Le Jour des morts célébré au Mexique avec allégresse est inscrit au patrimoine culturel immatériel de l'humanité de l'Unesco.

$

DÉCEMBRE

20° / 28°

FESTIVAL DE LA VIRGEN DE IZAMAL
(IZAMAL)
Un festival en l'honneur de la Vierge d'Izamal, sainte patronne du Yucatán. Processions, spectacles de danses, concerts...

FESTIVAL DE CULTURA DEL CARIBE
(PLAYA DEL CARMEN)
Le FECUCA met en lumière toutes les richesses de la culture caribéenne du Quintana Roo : cuisine, musiques, danses, cinéma...

$ $ $

LES BONNES RAISONS D'Y ALLER

© CAPTURELIGHT - ISTOCKPHOTO.COM

DES COULEURS PLEIN LES YEUX !

Piment rouge, iguane vert, flamant rose, mer turquoise, sable blanc, jaune ocre d'Izamal...

LES SECRETS DES CITÉS MAYAS

Leurs pyramides envahies par l'exubérante forêt tropicale recèlent nombre de mystères.

© S. NICOLAS - ICONOTEC

© MARKUS FAYMONVILLE - ISTOCKPHOTO.COM

LA MAGIE DES CENOTES

Les puits sacrés des Mayas, un monde souterrain majestueux et unique à découvrir.

© MOFLES - ISTOCKPHOTO.COM

UN PEUPLE ACCUEILLANT

Chaleur humaine, humour et bienveillance sont des qualités répandues chez les Mexicains.

© SALMAGUNDI - FOTOLIA

UNE TERRE DE TRADITIONS

Un artisanat magnifique et des festivités religieuses empreintes de syncrétisme.

© DAMOCEAN - ISTOCKPHOTO.COM

LE GRAND RÉCIF MAYA

La grande barrière de corail mésoaméricaine : un véritable paradis de la plongée !

© POLLY DAWSON - SHUTTERSTOCK.COM

NAGER AVEC LES TORTUES

Les Caraïbes nous offrent des rencontres uniques, du requin-baleine, à la raie pastenague.

LES BONNES RAISONS D'Y ALLER

© DEBBISMIRNOFF - ISTOCKPHOTO.COM

UNE EXPLOSION DE SAVEURS

Une cuisine yucatèque savoureuse et colorée, délice des yeux et des palais !

© MACIEJ CZEKAJEWSKI - SHUTTERSTOCK.COM

VOYAGER HORS DES SENTIERS BATTUS

Loin de la foule de Cancún, les plages vierges et les villages authentiques sont légion.

© SKYNESHER - ISTOCKPHOTO.COM

DANSER LES PIEDS DANS LE SABLE

La vie nocturne trépidante de Cancún ou de Playa del Carmen fera le bonheur des fêtards.

LES 12 MOTS-CLÉS

#BARRIÈRE DE CORAIL

La région caraïbe abrite parmi les plus beaux récifs coralliens de la planète, notamment près de l'île de Cozumel, avec des spots de plongée de renommée mondiale. La richesse exceptionnelle de ces fonds marins a inspiré plusieurs documentaires au commandant Cousteau, comme *Les Requins dormeurs du Yucatán* (1974) et *La Marche des langoustes* (1976).

#CENOTE

Ce puits naturel créé par l'effondrement de la plaque calcaire est caractéristique de la péninsule. On en compte plusieurs milliers, reliés entre eux par un réseau de rivières souterraines. Les Mayas considéraient les *cenotes* comme des lieux sacrés les connectant à *Xibalba*, le monde des ténèbres. On y faisait diverses offrandes, y compris humaines.

#HACIENDA

Ces vastes propriétés agricoles, nées au début de la conquête, furent très en vogue dans la péninsule au XIXe siècle, pour la production de la fibre de *henequén.* Les bâtiments centraux ont souvent une grande valeur architecturale et certains ont été convertis en musées ou hôtels de luxe, ce qui permet de découvrir ce pan de l'histoire yucatèque.

© ALIJA - ISTOCKPHOTO.COM

#JAGUAR

Le plus grand félin d'Amérique est emblématique des forêts et mangroves de la péninsule du Yucatán. Menacé par l'homme sa population est estimée ici à environ 1 600 individus (4 800 au Mexique). Solitaire et discret, le jaguar est omniprésent dans la mythologie maya. *Balam* (en maya) voyage à travers l'inframonde et symbolise la force et la lumière.

#MAÏS

Aliment ancestral de base de l'alimentation mexicaine, son histoire commence il y a 9 000 ans, par la domestication d'une plante sauvage appelée téosinte. Sa culture donna une assise sédentaire aux peuples nomades, favorisant le début d'une nouvelle ère culturelle et l'apparition de grandes civilisations mésoaméricaines, dont celle des Mayas.

#MAYA

La civilisation maya se distingua avec ses connaissances mathématiques et calendaires, son raffinement artistique et la construction de cités majestueuses. Si elle fascine pour le « mystère » de sa disparition, la culture maya, elle, reste de nos jours bien vivante, sa langue, ses croyances et traditions ayant perduré dans de nombreuses régions.

© PHOOEY - ISTOCKPHOTO.COM

#PIMENT (CHILE)

Le Mexique compte une soixantaine de sortes de piments, record mondial ! Ingrédient incontournable de la gastronomie locale, on peut jouer à la « roulette mexicaine » avec certains : s'ils ont la même apparence, certains sont extrêmement piquants, d'autres non, et ce n'est pas leur couleur – vert, jaune ou rouge – qui permet de les distinguer !

#PYRAMIDE

Les pyramides parsèment les terres mexicaines, notamment la péninsule du Yucatán. Edifiées aussi bien au milieu de la jungle qu'en bord de mer, elles représentent la connexion avec les dieux et le cosmos. La plus célèbre est celle de Chichen-Itzá, classée au patrimoine mondial de l'Unesco, l'un des sites archéologiques les plus visités du pays.

LES 12
MOTS-CLÉS

#SISAL (HENEQUÉN)

Cette plante originaire du Yucatán était utilisée par les Mayas puis les Espagnols à l'époque coloniale pour fabriquer des cordages. Cultivé à grande échelle à partir de 1850, le sisal se convertit en un produit de renommée mondiale exporté depuis le port de Sisal. Il fit du Yucatán l'un des États les plus prospères du pays à la fin du XIXe siècle.

© ZZ3701 - ISTOCKPHOTO.COM

#SOLEIL

Le soleil est présent presque toute l'année dans la péninsule du Yucatán. Il dore les corps sur les plages, mais harcèle les visiteurs sur les sites archéologiques, rendant absolument nécessaire l'usage de chapeau et de crème solaire. Vénéré par les Mayas, le dieu du soleil se dénomme *Kinich Kakmó*. La pyramide du même nom, à Izamal, lui est dédiée.

#TEMAZCAL

Les espaces bien-être proposent souvent des séances de temazcal. La « Maison de la sudation » nahuatl est une hutte de terre ou pierre symbolisant le ventre de la Terre-Mère. Lors de cérémonies purificatrices du corps et de l'esprit, le chaman ou guérisseur y arrose des pierres brûlantes, générant de la vapeur comme dans un sauna. À vivre !

#TEQUILA

Appellation contrôlée, la tequila est élaborée à partir de l'agave bleu (*Agave tequilana*), cactus aux longs pics durs et légèrement bleutés, tandis que le mezcal peut être produit à partir de plusieurs variétés d'agaves. À boire pure ou en cocktail ! Leur ancêtre commun : le pulque, boisson ancestrale issue de la fermentation de la sève d'agave...

© JEFF GINIEWICZ - ISTOCKPHOTO.COM

VOUS ÊTES D'ICI, SI ...

- **Vous arrivez toujours à l'heure... mexicaine** et savez ce que signifie en réalité *mañana* et *ahorita*.
- **Homme ou femme, vous pratiquez avec plaisir l'*abrazo*** (une franche accolade) quand vous vous connaissez. Sinon, les hommes se serrent la main et ne font la bise qu'aux femmes (une seule bise, toujours du même côté).
- **Vous tutoyez facilement** et n'oubliez pas de demander des nouvelles de la famille avant d'entamer une discussion avec un ami.
- **Votre espagnol est truffé d'argot** et vous maniez les expressions à double sens (*albur*), ou au moins les comprenez !
- **Vous n'oubliez pas de laisser un pourboire.** Les Français, à la différence des Canadiens, sont réputés *codos* (radins) dans ce domaine. Dans les restos un peu formels, vous vérifiez toutefois si le service est déjà inclus ou non dans la note...
- **Vous faites un effort vestimentaire** pour sortir et pensez au déodorant : n'aggravez pas la réputation de mauvaise odeur qui poursuit les Français en Amérique latine !

MON CANCÚN

Par Carole Lacroix, de l'agence Green Wings Excursions

Interview

Carole Lacroix est la fondatrice de l'agence Green Wings Excursions. Elle vit depuis plusieurs années au Mexique dans l'État du Quintana Roo. Passionnée de nature et de voyages, elle aspire à promouvoir le tourisme et la culture de la Riviera maya dans le respect de la faune et de la flore tout en faisant découvrir la culture de la population locale de façon authentique.

DISTANCES
TEMPS DE TRAJET

	CALAKMUL	CANCÚN	CHETUMAL	CHICHÉN ITZÁ	IZAMAL
CALAKMUL		580 KM 7h40	235 KM 3h45	521 KM 7h15	542 KM 7h15
CANCÚN	580 KM 7h40		384 KM 5h	197 KM 2h30	254 KM 3h
CHETUMAL	235 KM 3h45	384 KM 5h		325 KM 4h15	396 KM 5h15
CHICHÉN ITZÁ	521 KM 7h15	197 KM 2h30	325 KM 4h15		74 KM 1h
IZAMAL	542 KM 7h15	254 KM 3h	396 KM 5h15	74 KM 1h	
LAGUNA DE BACALAR	251 KM 3h55	332 KM 4h30	55 KM 1h	273 KM 3h30	375 KM 4h30
MAHAHUAL	338 KM 4h50	356 KM 4h45	142 KM 1h45	297 KM 3h45	373 KM 5h
MÉRIDA	479 KM 6h45	303 KM 3h30	383 KM 4h45	123 KM 1h30	67 KM 1h
PLAYA DEL CARMEN	513 KM 6h45	69 KM 1h30	313 KM 4h	182 KM 2h15	243 KM 3h
SAN FRANCISCO CAMPECHE	277 KM 4h50	476 KM 5h30	418 KM 5h30	295 KM 3h30	239 KM 2h45
TULUM	449 KM 5h50	131 KM 1h50	249 KM 3h	148 KM 2h	215 KM 2h45
VALLADOLID	498 KM 7h	156 KM 2h	302 KM 4h	42 KM 45mn	114 KM 1h30

La péninsule du Yucatán, c'est environ un quart de la France en superficie. Les routes sont très bonnes et les distances ne sont pas énormes entre les villes touristiques. On peut donc voyager facilement en bus, ou louer une voiture (4 x 4 pas indispensable), pour atteindre plus facilement des sites isolés. Mais attention à la conduite locale, assez folklorique ! La région est très plate aussi, mais pour un road trip à vélo, c'est surtout à la chaleur qu'il faudra résister !

AGUNA DE ACALAR	MAHAHUAL	MÉRIDA	PLAYA DEL CARMEN	SAN FRANCISCO CAMPECHE	TULUM	VALLADOLID
251 KM 3h55	338 KM 4h50	479 KM 6h45	513 KM 6h45	277 KM 4h50	449 KM 5h50	498 KM 7h
332 KM 4h30	356 KM 4h45	303 KM 3h30	69 KM 1h30	476 KM 5h30	131 KM 1h50	156 KM 2h
55 KM 1h	142 KM 1h45	383 KM 4h45	313 KM 4h	418 KM 5h30	249 KM 3h	302 KM 4h
273 KM 3h30	297 KM 3h45	123 KM 1h30	182 KM 2h15	295 KM 3h30	148 KM 2h	42 KM 45mn
375 KM 4h30	373 KM 5h	67 KM 1h	243 KM 3h	239 KM 2h45	215 KM 2h45	114 KM 1h30
	91 KM 1h	332 KM 4h	262 KM 3h15	434 KM 5h30	197 KM 2h15	251 KM 3h15
91 KM 1h		374 KM 4h30	286 KM 3h30	521 KM 6h15	221 KM 2h30	275 KM 3h30
332 KM 4h	374 KM 4h30		288 KM 3h15	176 KM 2h	259 KM 3h	159 KM 2h
262 KM 3h15	286 KM 3h30	288 KM 3h15		460 KM 5h30	65 KM 1h	141 KM 2h
434 KM 5h30	521 KM 6h15	176 KM 2h	460 KM 5h30		432 KM 5h	332 KM 3h45
197 KM 2h15	221 KM 2h30	259 KM 3h	65 KM 1h	432 KM 5h		103 KM 1h30
251 KM 3h15	275 KM 3h30	159 KM 2h	141 KM 2h	332 KM 3h45	103 KM 1h30	

IDÉES DE SÉJOUR

Extraordinairement variée, riche à tous les égards, la péninsule du Yucatán peut se laisser appréhender de multiples manières, en fonction des goûts et des intérêts de chaque voyageur. Ses portes d'entrée sont nombreuses. Si l'on recherche les plaisirs de la mer, on ne peut qu'être comblé. Ceux qui sont plus attirés par l'art et l'architecture privilégieront les villes coloniales et les sites archéologiques. La région ravira également ceux qui s'intéressent à la faune et à la flore et aiment les beaux paysages naturels. La façon la plus confortable de se déplacer dans la péninsule est de louer une voiture. Cela permet d'optimiser le temps passé sur les sites, car on peut effectuer les déplacements très tôt le matin ou tard le soir, sans être obligé d'adapter son emploi du temps aux horaires contraignants des bus ! Le mieux est d'organiser une boucle pour faire moins de kilomètres et avoir plus de temps pour les visites, ou se reposer.

LE TOUR COMPLET DU YUCATAN EN TROIS SEMAINES

Un séjour de 21 jours permettra de découvrir les principaux sites culturels et naturels tout en s'accordant des moments de détente à ne rien faire. Selon vos envies vous prolongerez votre séjour dans telle ou telle région pour vous détendre, plonger ou approfondir vos contacts avec la population locale.

› Jour 1 - Premier contact avec Mérida

Arrivée à **Mérida** ★★★ (p.212) via une compagnie aérienne low cost depuis Mexico. Dans l'après-midi, visite du **grand musée du Monde maya** (p.213) et balade en calèche sur le **paseo de Montejo** (p.214). Nuit à Mérida.

› Jour 2 - Faune, flore et... plage !

Celestún ★★★ (p.228) et ses colonies de flamants roses. Après-midi de détente sur la plage. Deuxième nuit à **Mérida** ★★★ (p.212).

› Jour 3 - Les trésors archéologiques du Yucatan

Uxmal ★★★★ (p.232) et les sites archéologiques de la route Puuc. Troisième nuit à **Mérida** ★★★ (p.212).

› Jour 4 - Découverte des cénotes de la péninsule

Cuzamá ★★ (p.241) et ses trois **cenotes** (p.146), situés dans une ancienne hacienda de sisal. Baignade. Quatrième nuit à **Mérida** ★★★ (p.212).

Ruines de l'ancien temple Maya de Tulum.

› Jour 5 - Chichén Itzá, perle du Yucatan

Visite de Chichén Itzá ★★★★ (p.249). Dans l'après-midi, baignade dans le cenote de X'Ke-kén. Nuit à Valladolid ★★★ (p.255).

› Jour 6 - Entre vieilles pierres et réserve naturelle

Les ruines d'Ek Balam ★★★ (p.265) et la réserve de Río Lagartos. Deuxième muit à Valladolid ★★★ (p.255).

› Jour 7 - Arrivée à Cancún

Après-midi détente sur la plage, pour être en forme pour une soirée inoubliable au Coco Bongo. Nuit à Cancún ★ (p.109).

› Jour 8 - Excursion sur l'île des femmes

Isla Mujeres ★★ (p.134). Deuxième nuit à Cancún ★ (p.109).

› Jour 9 - Isla Contoy et ses colonies d'oiseaux

Nouvelle excursion sur une île, cette fois pour une session inoubliable d'observation d'oiseaux. Troisième nuit à Cancún ★ (p.109).

› Jour 10 - Quitter Cancun

Départ pour Playa del Carmen ★★ (p.145). Détente sur la plage. Nuit à Playa del Carmen ★★ (p.145).

› Jour 11 - Entre plage et îles paradisiaques

Excursion de plongée ou de snorkeling sur l'île de Cozumel ★★ (p.183). Deuxième nuit à Playa del Carmen ★★ (p.145). Soirée dans un des bars de la ville. Deuxième nuit à Playa del Carmen ★★ (p.145).

› Jour 12 - Départ pour Tulum

Détente sur la plage. Nuit romantique et tranquille sous les étoiles.

› Jour 13 - Dans la mangrove

Visite de la réserve de biosphère de Sian Ka'an. Deuxième nuit à Tulum ★★★ (p.166).

› Jour 14 - Départ pour Mahahual

Détente sur la plage. Nuit à Mahahual ★★★ (p.194).

› Jour 15 - Nouvelle session snorkeling

Excursion de plongée ou de snorkeling près de Banco Chinchorro ★★ (p.196). Départ pour Bacalar. Nuit à Bacalar.

› Jour 16 - Plongée dans les cenotes

Baignade dans le Cenote Azul (p.197). Dans l'après-midi, balade en kayak sur la lagune. Deuxième nuit à Bacalar.

› Jour 17 - Au cœur de la forêt tropicale

Visite des ruines de Kinichná ★★ (p.206). Nuit dans un hôtel dans la forêt, près des ruines de Calakmul ★★★★ (p.309).

› Jour 18 - En route pour Champotón

Visite des ruines de Calakmul ★★★★ (p.309). Départ pour Champotón ★ (p.295). Nuit à Champotón ★ (p.295).

› Jour 19 - Repos avant les derniers jours

Détente sur la plage à Chenkán ★★★. Nuit à Chenkán ★★★.

› Jour 20 - De Chenkán à Campeche

Départ pour Campeche ★★★ (p.272). Visite de la ville de Campeche ★★★ (p.272). Nuit à Campeche ★★★ (p.272).

› Jour 21 - Retour à Mérida

Vol pour Mexico via une compagnie aérienne low cost et départ pour Paris.

LES INCONTOURNABLES DE LA PÉNINSULE EN 8 JOURS

Huit jours c'est peu pour faire le tour de la péninsule, mais cela permet de visiter des sites incontournables. On se limite ici au nord du Quintana Roo et du Yucatán, le sud et le Campeche ce sera pour un prochain séjour ! Ce circuit découverte laisse peu de place au farniente, mais vous en prendrez plein les yeux ! Il est conseillé de commencer ses journées tôt et de circuler en voiture.

› Jour 1 - Arrivée à Cancún

Transfert rapide depuis l'aéroport de Cancún ★ (p.109) jusqu'à son hôtel. Farniente sur la plage et visite du Musée Maya. Apéro au bord de la lagune de Nichupté pour un premier coucher de soleil tropical, puis dîner sur place. Si le décalage horaire ne se fait pas trop ressentir, sortie dans la plus incroyable des boîtes de nuit de Cancún, le Coco Bongo !

› Jour 2 - Îles au choix : Isla Mujeres, Isla Contoy ou Holbox

Départ tôt le matin avec un tour organisé, d'ailleurs obligatoire pour Isla Contoy ★★ (p.138), sanctuaire naturel aux plages sauvages et à la faune abondante, pour les amoureux de la nature. Pour une atmosphère roots tropicale, Holbox aura de quoi vous charmer, tandis qu'Isla Mujeres ★★ (p.134) ravira les amateurs de plages. Sa Playa Norte ★ est souvent cataloguée parmi les plus belles du monde !

IDÉES DE SÉJOUR

Pyramide de Kukulcan, Chichén Itza.

› Jour 3 - Snorkeling ou plongée, à Playa del Carmen ou Cozumel

Direction Playa del Carmen ★★ (p.145) à moins d'1 heure 30 de route. Sortie plongée ou snorkeling à Playa, ou surtout pour les plongeurs expérimentés, à Cozumel, l'île juste en face à 30 minutes de ferry, pour explorer un ou deux spots de classe mondiale, comme l'incroyable Palancar ★★★ (p.191). Dîner dans un bon resto de Playa, puis session cocktails dans l'un des bars branchés de la station.

› Jour 4 - Tulum, visite du site maya et playa

Bienvenue à Tulum ★★★ (p.166), la station balnéaire bohème et écolo chic. Visite de ses ruines mayas offrant un panorama exceptionnel sur la mer des Caraïbes, puis détente sur une plage de sable blanc, avant de choisir un resto pour vous offrir un bon repas de fruits de mer. Nuit romantique et tranquille dans l'un des hôtels de bord de plage.

› Jour 5 - Gran Cenote et site de Cobá

Départ tôt pour arriver à l'ouverture de l'un des *cenotes* proches de Tulum ★★★ (p.166). Dans le célèbre Gran Cenote (p.168) par exemple, vous pourrez nager au milieu des poissons en snorkeling ou même plonger pour explorer ses fabuleuses cavernes. Après cette pause rafraichissante, direction le site archéologique de Cobá, (p.180) à découvrir si possible à vélo. Soirée et nuit à Valladolid ★★★ (p.255).

› Jour 6 - Valladolid, Chichén Itzá et Mérida

Chichén Itzá ★★★★ (p.249), l'une des sept nouvelles merveilles du monde ! Pour profiter du site archéologique le plus visité du Mexique, arrivez tôt ! Compter une heure de route depuis Valladolid ★★★ (p.255). Vous pouvez aussi prendre le temps de visiter cette charmante ville coloniale et arriver en fin d'après-midi sur le site maya. Deux heures de route vous attendent ensuite pour rejoindre Mérida.

› Jour 7 - Uxmal ou Celestún

D'un côté, la cité maya d'Uxmal ★★★★ (p.232) au sud de Mérida. Une imposante pyramide et des façades richement décorées, caractéristiques du style Puuc. De l'autre la réserve de Biosphère de Celestún ★★★ (p.228) sur la côte, connue pour ses colonies de flamants roses. En fin d'après-midi, découverte du centre historique de Mérida ★★★ (p.212) et balade en calèche. Soirée festive dans une cantina et deuxième nuit à Mérida.

› Jour 8 - Retour à Cancún

Partir aux aurores pour garder de la marge avant votre vol du soir. Compter quatre à cinq heures de route jusqu'à Cancún ★ (p.109). Rendez votre voiture de location et allez faire quelques emplettes artisanales s'il vous reste de la place dans la valise. Derniers bains et repas à la plage dans un beach club, puis départ pour l'aéroport.

À LA DÉCOUVERTE DES MYSTÉRIEUSES CITÉS MAYAS

La péninsule du Yucatán abrite des dizaines et des dizaines de sites archéologiques mayas, beaucoup encore enfouis sous la terre et la végétation. La découverte de quelques-uns de ces sites majeurs peut faire l'objet d'un voyage à part entière, un fil directeur pour organiser son circuit, en intégrant bien sûr d'autres joyaux

DE L'AÉROPORT AU CENTRE-VILLE

Pour se rendre à Cancún depuis l'aéroport, plusieurs options.

- **La plus économique** est de prendre un bus de la compagnie ADO (94 $) qui vous dépose à la gare routière, en centre-ville, en 30 minutes (bus toutes les 30 minutes). Il faut ensuite prendre un bus (12 $) à l'angle des avenues Tulum et Uxmal (tout près donc), ou un taxi ou VTC (autour de 80 $) pour rejoindre la zone hôtelière.
- **Deuxième option :** le *colectivo* via les compagnies Green Line ou Gray Line par exemple qui déposent les passagers au pied de leur hôtel (160 $ par personne). C'est la plus pratique.
- **Enfin, l'option la plus confortable,** mais aussi la plus chère, est de prendre un taxi. Impossible de négocier, les prix sont fixes, et il vous en coûtera plus de 600 $, une fortune par rapport aux prix dans le reste du pays.
- **A noter** qu'on peut rejoindre en bus ADO Playa del Carmen sans passer par le centre de Cancún. Départs de l'aéroport toutes les 45 minutes, 1 heure de route (208 $). Idem pour Tulum, 2 heures de route (276 $).

ARRIVÉE EN TRAIN

Le Mexique possède un réseau ferré étendu, mais il est maintenant réservé au transport des marchandises. Les immigrés en provenance des pays d'Amérique centrale l'utilisent de manière clandestine pour rejoindre la frontière du nord, mais il n'est vraiment pas conseillé de faire de même. Dans la péninsule comme ailleurs, Il n'y a pas de train pour se déplacer de ville en ville. Le projet de « train maya » du président AMLO, destiné à relier les principaux sites touristiques de la région (une boucle d'environ 1 500 km sur cinq États, avec 19 gares), devrait être finalisé en 2024. Mais ce train à vocation touristique uniquement est très contesté par les organisations environnementalistes et les communautés mayas, à juste titre.

ARRIVÉE EN BATEAU

On peut rejoindre Chetumal depuis San Pedro (Belize) en 1 heure 30 de trajet. Départs quotidiens dans les deux sens avec les compagnies maritimes San Pedro Belize Express Water Taxi (www.belizewatertaxi.com) et Water Jets International (www.sanpedrowatertaxi.com). La compagnie Ultramar (www.ultramarferry.com) propose des liaisons régulières en ferry entre Playa del Carmen et l'île de Cozumel, et de Cancún (Puerto Juárez, Playa Tortuga, El Embarcadero et Playa Caracol) à Isla Mujeres. A signaler que plusieurs compagnies de bateaux de croisière desservent les ports de Cozumel, Mahahual et Progreso.

TRANSPORTS EN COMMUN

- **Bus.** S'il est bien un mot à retenir pour les voyageurs qui opteront pour le bus, c'est le terme *camión* qui désigne les autobus au Mexique. Ceux de première classe (*ejecutivo*) sont confortables, équipés de télévisions, toilettes, parfois du wifi, et de l'air conditionné (qui finit toujours par faire regretter d'avoir oublié votre écharpe et votre bonnet). Dans la catégorie supérieure, dite *servicio de lujo*, des sièges inclinables, plus spacieux, sont proposés, ainsi que boissons, snacks et wifi. Elle est généralement 20 % plus chère que la précédente. Ces bus empruntent les autoroutes à péages. Les gares routières offrent des sanitaires où il est possible de faire un brin de toilette et des cafeterias pour se requinquer. Parfois aussi des consignes à bagages pratiques pour visiter une ville en quelques heures.

Aller à la plage à vélo.

Dans la péninsule du Yucatán, la compagnie ADO (prononcer « a-dé-o ») est la principale compagnie de bus et a ses propres gares routières. On peut réserver et acheter ses billets en ligne sur le site de la compagnie (ado.com.mx), sur l'application (pas très fonctionnelle) ou via des plateformes de réservation comme busbud.com ou miescape.com.mx. Les bus de deuxième classe (compagnies Mayab, Oriente, Sur...) ne requièrent pas forcément de réservation et sont moins chers. Ils empruntent souvent des routes secondaires et s'arrêtent dans les villages en cours de route. Les temps de trajet sont donc plus longs et les voyages plus fatigants. Les risques de vol de bagages y sont aussi plus grands, car un ticket n'est pas systématiquement donné au moment du dépôt en soute de ses effets personnels. De même, il est conseillé de ne pas laisser traîner ses affaires sur son siège une fois que la route vers les songes est gagnée.

Les *colectivos*. Le transport public pour de petites distances se fait en général en taxis collectifs (*colectivos*) ou en *combis* (minivan). Les *colectivos* partent dès qu'ils sont pleins (4 à 7 passagers) et les combis s'arrêtent sans arrêt pour prendre ou faire descendre des voyageurs en route. C'est pratique pour accéder à certains sites où les bus classiques ne s'arrêtent pas.

Bus urbains. De très nombreux bus et minibus (*camiones*) sillonnent les villes. Les déplacements sont faciles (mieux vaut toutefois indiquer au chauffeur sa destination), bon marché et l'attente jamais longue (toutes les 5-10 minutes en moyenne). Par contre cela peut être compliqué avec des bagages volumineux.

VÉLO, TROTTINETTE & CO

Les aventuriers qui veulent parcourir la péninsule à vélo auront l'avantage d'un terrain plat. Il s'agit d'un moyen de locomotion fantastique pour ceux qui ont du temps, une certaine condition physique et une propension à supporter des éléments naturels pas toujours amicaux (la chaleur notamment ; préférez les mois de décembre à mars un peu plus frais). C'est toutefois le prix à payer pour vivre des expériences inoubliables que le bus le plus coloré ne peut offrir. L'idéal, c'est bien sûr de venir au Mexique avec son propre vélo que la plupart des compagnies aériennes transportent gratuitement en les avisant à l'avance. On peut aussi acheter un vélo sur place, pour un *trip* de quelques semaines. La location à l'heure ou à la journée est courante dans les centres touristiques (Tulum, Playa del Carmen, sur les îles...). Le vélo est en effet très pratique pour rejoindre par exemple des plages ou enchaîner les *cenotes* sans avoir à attendre à chaque fois un *colectivo*. Compter autour de 100 $ la journée (9h-18h généralement) ou 150 $ les 24h. Le scooter est pratique également, et l'on peut y monter à deux ! Compter 500 $ la journée, 700 $ les 24h.

AVEC UN CHAUFFEUR

Les taxis sont équipés d'un taximètre à Mexico, mais rarement ailleurs. Il faut donc penser à négocier le prix de la course avant de partir pour éviter les mauvaises surprises à l'arrivée. Les « stations de taxis » (*sitios*) sont aisément reconnaissables dans la rue. Vous pouvez aussi les appeler par téléphone pour qu'ils passent vous prendre à l'endroit de votre choix. À noter que la péninsule du Yucatán recevant beaucoup de touristes anglo-saxons, les tarifs sont plus élevés qu'ailleurs, mais ils sont en général aussi plus transparents que dans le reste du pays. Il est possible désormais dans plusieurs gares routières d'acheter un ticket à prix fixe selon votre destination, à remettre au chauffeur. C'est un peu plus cher mais on évite les discussions. Dans plusieurs villes également, comme à Cozumel, les tarifs forfaitaires des déplacements sur l'île sont affichés dans tous les lieux touristiques.

De plus en plus de Mexicains (et de touristes) utilisent les applications de plateformes VTC comme Uber, Cabify ou Didi. C'est le moyen le plus sûr de se déplacer en ville avec des tarifs souvent plus intéressants qu'un taxi. Une option « paiement en espèces » (*efectivo*) est disponible au moment de la réservation. Attention, les VTC peuvent vous déposer à l'aéroport, mais ne peuvent pas venir vous y chercher.

EN VOITURE

Louer une voiture reste le moyen le plus confortable de visiter la péninsule du Yucatán, et cela peut être intéressant financièrement si l'on est 3 ou 4 personnes. On gagne beaucoup de temps et cela permet de ne pas planifier son programme en fonction des horaires de bus (même s'ils sont assez fréquents en général). L'état des routes est globalement bon et le réseau routier important. Pensez à installer Waze et Maps.Me (cette app fonctionne hors ligne si l'on a téléchargé les cartes auparavant], c'est bien pratique. Faites très attention aux dos d'âne [*topes*] fréquents et parfois non signalés [parfois invisibles la nuit], ils peuvent être fatals pour vos amortisseurs. Respectez toujours la vitesse autorisée [30-50 km/heure en ville, 80-120 km/heure hors agglomération] : les agents de la circulation adorent arrêter les touristes pour leur alléger le porte-monnaie. À noter que les feux sont placés après les intersections, cela surprend au début ! Attention également à la conduite locale assez folklorique. C'est compréhensible : pour obtenir leur permis, les Mexicains n'ont à passer aucun examen, ils doivent juste payer une modique somme et remplir un formulaire.

En cas de contrôle, il faut discuter calmement avec l'officier de police, lui expliquer par exemple qu'on conduit depuis peu sur le territoire. Il est toujours bon d'éviter d'inverser le rôle dominant-dominé, tout en prolongeant la discussion. Les routes ne sont pas uniquement peuplées de gens malveillants.

Location de voitures. Le permis international n'est pas nécessaire ; cependant, le permis de conduire national [de plus d'un an] ainsi qu'une carte de crédit, avec des fonds - bloqués durant la location pour la caution - et plafonds de paiement suffisants sont indispensables. Les conducteurs doivent être âgés d'au moins 21 ans, voire 25 ans, pour louer une voiture. Au moment de la location, il faut demander quel type de carburant convient : Pemex Premium [pompe rouge] ou Pemex Magna [pompe verte]. Le mélange Pemex Magna est moins cher. Pour ceux qui choisissent de louer une automobile auprès d'une grande compagnie, il est conseillé de le faire en ligne, les prix pratiqués sur la toile étant souvent plus avantageux que ceux proposés en agence. Dans tous les cas, les assurances [*seguros*], non obligatoires mais vivement conseillées, peuvent faire augmenter sensiblement la facture. Lors de la réception de la voiture, vérifiez bien avec le loueur chaque rayure, et n'hésitez pas à les filmer ou photographier pour éviter ensuite toute contestation.

Vols. Les voitures de location sont repérées facilement [elles sont toutes à peu près les mêmes] et il est vivement déconseillé de laisser quoi que ce soit dans son véhicule, y compris dans le coffre. Laissez la voiture dans les parkings [*estacionamientos*] payants, et même dans ce cas, ne rien y laisser de valeur [argent, passeport...]. Pour des raisons de sécurité encore, la conduite de nuit est vivement déconseillée et attention aux carrefours des grandes villes, la nuit les Mexicains ralentissent mais ne s'arrêtent pas aux feux ni aux stops.

© OLEH_SLOBODENIUK - ISTOCKPHOTO.COM

ACCESSIBILITÉ

Les villes mexicaines ne sont pas très accessibles pour les personnes à mobilité réduite, ou voyageant avec une poussette. Les trottoirs ne sont pas toujours en bon état et les passages piétons souvent inexistants ou peu respectés. Les centres commerciaux modernes et grands hôtels font figure d'exception, avec des rampes d'accès et des chambres spécialement aménagées.

LES ATTRAPE-TOURISTES

Les taxis n'étant pas équipés de taximètre, méfiez-vous du tarif « touriste » que l'on peut vous appliquer, souvent le double ou le triple du prix normal, surtout si vous ne parlez pas l'espagnol. Mettez-vous d'accord sur le prix avant le début de la course pour éviter les embrouilles au moment de payer. L'utilisation des plateformes Uber, Didi ou Cabify sont de bonnes alternatives pour éviter les contestations tarifaires. Si vous louez une voiture, méfiez-vous des prix d'appels très bas, en particulier sur Internet, qui peuvent s'avérer au final de vraies arnaques. En général, les tarifs bradés ne prennent pas en compte les assurances obligatoires et compléments d'assurances optionnels, qui font exploser les tarifs. Si vous débarquez d'un long voyage intercontinental, évitez donc de signer un contrat de location en arrivant à l'aéroport, faites-le à tête reposée le lendemain. Enfin, parmi les arnaques sur la route, outre les arrêts intempestifs de la police pour vous soutirer de l'argent pour une infraction imaginaire, faites attention lorsque vous faites le plein aux stations-service. ces dernières ne sont pas en libre-service, c'est un pompiste qui vous sert et il arrive parfois qu'il oublie de remettre le compteur à zéro...

LES PHRASES CLÉS

Bonjour, comment puis-je me rendre à…
Hola, ¿cómo puedo llegar a....?

Est-ce loin à pied ? Y a-t-il le métro ou un bus... pour y aller ?
¿Está lejos a pie? ¿Hay metro o autobús... para llegar allí?

Pouvez-vous me montrer cet endroit sur la carte s'il vous plait ?
¿Puede mostrarme el lugar en el mapa, por favor?

Où puis-je acheter les tickets de transport ? Est-ce que je peux payer en carte de crédit ?
¿Dónde puedo comprar los billetes de transporte? ¿Puedo pagar con tarjeta de crédito?

Où est la sortie ? A gauche, à droite ou tout droit ?
¿Dónde está la salida? ¿A la Izquierda, derecha o todo recto?

Je suis perdu et je suis en retard, s'il vous plait, aidez-moi ! Merci beaucoup !
Estoy perdido y llego tarde; ¡ayúdeme, por favor! Muchísimas gracias.

HORAIRES

Les horaires des musées sont variables, mais en règle générale ils ouvrent du mardi au dimanche de 9h à 17h. Les *cenotes* : tous les jours de 9h à 17h. Les sites archéologiques : de 8h à 17h (fermeture de la billetterie à 16h). Il est recommandé d'arriver sur les sites dès l'ouverture ou au moins avant 10h (ou après 15h), pour éviter de se retrouver au milieu des groupes qui débarquent en bus touristiques vers 10h ou 11h. L'autre avantage est qu'il fait moins chaud qu'en pleine journée. Dans tous les cas, prévoir chapeau, crème solaire, répulsif anti-moustique et suffisamment d'eau. De bonnes chaussures aussi, on évitera les tongs pour escalader les pyramides !

A RÉSERVER

Les réservations sont rarement nécessaires, en dehors des visites guidées pour des groupes importants. Certains sites réglementent l'usage des drones et vidéos.

BUDGET / BONS PLANS

Les tarifs des sites archéologiques varient selon l'origine géographique des visiteurs : un prix réduit pour les habitants de l'État, un peu plus cher pour les Mexicains venant d'autres États, et plus élevé pour les étrangers non résidents. La plupart des sites ont des droits d'entrée autour de 80 $, mais les taxes d'État font varier sensiblement le tarif final. À Chichén Itzá par exemple, l'entrée en 2022 était de 85 $ et la taxe de 486 $ pour les adultes étrangers. Les plus jeunes, jusqu'à 12 ans, et les personnes souffrant d'un handicap bénéficient généralement de la gratuité ou d'un tarif réduit. Pour les services d'un guide, compter entre 600 à 900 $ pour le groupe jusqu'à 8 personnes. Certains parcs dits écologiques, comme Xcaret, offrent des promotions pour l'achat en ligne directement sur leurs sites web.

LES ÉVÉNEMENTS

En toute saison, on peut assister à des spectacles de danse, de musique, de cirque... C'est surtout Mérida qui concentre la vie culturelle la plus intéressante avec de bons festivals (Mérida Fest, Autoño Cultural...). Son carnaval est pas mal non plus, mais ceux de Campeche et Cozumel sont plus atypiques. Quant à Cancún, ce n'est pas uniquement le *spring break* des Américains, la station balnéaire compte notamment un festival de vin et de gastronomie, ainsi qu'un festival de jazz de qualité.

VISITES GUIDÉES

Un guide officiel est vivement recommandé pour visiter les sites archéologiques afin de se plonger plus en profondeur dans l'histoire de la fascinante civilisation maya. Idem pour les parcs et réserves naturelles : un guide vous évitera de vous perdre et vous en apprendra beaucoup sur la faune et la flore locale, ainsi que sur les communautés qui vivent sur place. On trouve des guides parlant le français, mais à certaines saisons (juillet-août notamment), leurs services sont très demandés et vous serez peut-être obligés de former un groupe avec d'autres visiteurs. Quand on ne dispose pas de son propre véhicule, il peut être intéressant de passer par des circuits organisés pour visiter les sites archéologiques et les *cenotes* (ou souvent les deux dans la même excursion). Les tours proposés par les *hostels* offrent souvent des prix abordables incluant le transport, le guide et parfois un repas (mais pas l'entrée aux sites). On gagne ainsi beaucoup de temps par rapport à des déplacements individuels en bus ou *colectivos*. Un petit pourboire est toujours attendu par les guides, chauffeurs, capitaines de bateau, etc. Ne faites pas l'impasse, surtout si vous êtes content du service. Dans les villes comme à Mérida ou Campeche, on peut faire appel aux populaires « Free Walking Tours ». Ils sont gratuits, mais n'oubliez pas une fois encore de laisser un pourboire raisonnable, en fonction du temps et de la qualité du travail du guide.

Visite de Merida.

FUMEURS

Il est interdit de fumer sur les sites archéologiques et dans la plupart des *cenotes* ouverts au public. Si vous décidez de passer outre la réglementation, faites l'effort au moins de rapporter vos mégots avec vous.

LES ATTRAPE-TOURISTES

Sur les sites archéologiques, préférez les guides officiels qui attendent à l'intérieur, plutôt que les guides vous sollicitant à l'extérieur, devant l'entrée. Ces derniers ont souvent des tarifs plus élevés et leurs compétences et connaissances ne sont pas garanties. Les tarifs des guides sont généralement affichés à l'entrée.

C'EST TRÈS LOCAL

Pour vivre une expérience insolite, équipez-vous de palmes, masque et tuba, ou carrément de bouteilles, pour visiter le plus grand musée sous-marin au monde : le MUSA (Museo Subacuático de Arte) situé au large de Cancún et d'Isla Mujeres. Des centaines de sculptures (dont le but est de permettre la reconstitution des récifs coralliens) vous attendent à quelques mètres de profondeur. Une plongée unique, mystérieuse et poétique !

LES PHRASES CLÉS

Bonjour, puis-je avoir deux entrées adultes et un enfant s'il vous plait ?
Hola, ¿me da dos entradas de adulto y una para niño, por favor?

Le tarif enfant est jusqu'à quel âge ? Et pour les seniors, est-ce qu'il y a une réduction ?
¿Hasta qué edad comprende la tarifa infantil? Y ¿hay descuento para los mayores?

Est-ce qu'il y a des visites guidées en français ou un audioguide ?
¿Hay visitas guiadas en francés o una audioguía?

Combien de temps faut-il pour faire la visite ?
¿Cuánto tiempo se tarda en visitarlo?

J'ai du mal à monter les escaliers, avez-vous un ascenseur ?
Tengo problemas para subir las escaleras, ¿hay ascensor?

Excusez-moi, pouvez-vous me dire où sont les toilettes ? Merci beaucoup.
Disculpe, ¿puede decirme dónde está el baño? Muchísimas gracias.

HORAIRES

Les repas se prennent à des heures décalées par rapport à la France, plus tard, un peu comme en Espagne. Le petit déjeuner peut être pris directement sur le marché ou au coin de la rue, où les stands de jus et salades de fruits (*coktel de frutas*) frais ne manquent pas. Il peut se prendre jusqu'à 10h ou 11h du matin, ceci dépendant de la profession de chacun. Pour ceux qui sont pressés, quelques tacos à dévorer debout dans la rue autour du *puesto* (échoppe de rue) qui les confectionne fera l'affaire. La *comida* (le déjeuner) est le principal repas de la journée. Il ne se prend jamais avant 14h, souvent à 15h et jusque plus tard ; il peut s'éterniser. Généralement les restaurants populaires appelés *fondas* n'ouvrent que pour le petit déjeuner et le déjeuner et ferment aux alentours de 17h. La *cena* (le dîner) est une habitude très peu répandue dans les villages de campagne où, du fait de l'heure tardive du déjeuner, elle ne se compose parfois que d'un chocolat chaud et d'un *pan dulce*. L'habitude de dîner en soirée au restaurant n'est pas spécialement étendue, si ce n'est peut-être en ville où se sont introduites des habitudes européennes.

BUDGET / BONS PLANS

Pour manger local et pas cher, tournez-vous vers les *fondas*, les *puestos* ou les *comedores* des marchés. Dans tous les cas on mange pour l'équivalent de 3 ou 4 euros pour un repas complet, à payer en cash uniquement. Les *fondas* aussi appelées *cocina económica*, où se mélangent les classes laborieuses et moyennes, sont de petits restaurants proposant une cuisine familiale copieuse et souvent goûteuse. On y retrouve les vraies saveurs mexicaines, alors attention aux piments ! Les *puestos* sont les échoppes de rues où l'on prépare *tacos* ou *burritos*, à dévorer debout dans la rue. Ces derniers sont pratiques lorsqu'on a une petite faim ou besoin de manger rapidement. Les *taquerías* sont de petits restaurants ou échoppes spécialisés dans la préparation de tacos. On y trouvera une grande variété, c'est l'idéal pour tester de nouvelles saveurs pour pas cher. Enfin on peut aussi petit-déjeuner ou déjeuner à la bonne franquette dans les *comedores* regroupés dans une zone des marchés. Tout est préparé sur place avec les produits frais du marché. Attention tout de même aux conditions d'hygiène, parfois limites.
Concernant les restaurants, il y a bien sûr tous les prix et la variété de plats est plus grande. Plus la zone est chic et touristique, plus il sera difficile d'y trouver des établissements bon marché. On peut payer dans la plupart des restaurants par carte bancaire, surtout dans les zones touristiques.

EN SUPPLÉMENT

Au restaurant et dans les cafés, l'usage est de laisser au minimum 10 % de la note finale au serveur, 15 à 20 % si vous êtes vraiment satisfait du service. Il est important de respecter cette règle car les serveurs au Mexique n'ont pas nécessairement de salaire fixe : leur revenu dépend donc entièrement des pourboires que leur laissent les clients. Pour ceux qui choisissent de payer avec leur carte bancaire, ne pas oublier de remplir la case « *tips* » ou « *propina* ». Comme tous les touristes qui visitent le Mexique ne connaissent pas cette règle, il arrive parfois que certains restaurants ajoutent le pourboire sur l'addition, pour s'assurer que les clients étrangers n'oublient pas la *propina*. Les Français dans ce domaine ont mauvaise réputation. On dit qu'ils sont « *codo* », cela signifie « coude » (le geste de toucher son coude avec sa main) : habitués à ne pas laisser de pourboire en France, ils sont sans doute moins généreux que les Américaines et Canadiens.

C'EST TRÈS LOCAL

Au Mexique on dit : *desayunar como un rey, comer como un principe y cenar como un mendigo* (petit-déjeuner comme un roi, déjeuner comme un prince, dîner comme un mendiant). En effet, petit déjeuner et déjeuner sont traditionnellement bien plus copieux que le dîner. Le *desayuno* comprend souvent un jus ou une salade de fruits, des œufs ou une portion de viande et des tortillas. Pour le déjeuner, dans les *fondas*, on sert la fameuse *comida corrida*, un menu du jour en trois temps. On a en entrée le choix entre deux soupes ou potages, puis entre deux ou trois *guisados* (plats de viande en sauce) en plat principal, et enfin vient un petit dessert ; le tout est accompagné d'une *agua de fruta*. Dans les quartiers un peu branchés, cette formule a subsisté avec l'apparition de *fondas* qui proposent des mets plus élaborés inspirés de la cuisine internationale, avec souvent des plats végétariens.
Les Mexicains ont aussi l'habitude de grignoter entre les repas des en-cas souvent assez gras, accompagnés d'un *refresco* (soda) aux couleurs fluorescentes : tacos, quesadillas, tamales, mangues vertes badigeonnées de piment et de *chamoy*, épis de maïs recouverts de mayonnaise…

Du fait de ces mauvaises habitudes alimentaires, le Mexique est désormais le pays qui présente le plus haut taux d'obésité du monde, avant les États-Unis : 32,8 % des Mexicains adultes sont obèses, et 70 % sont en surpoids. L'obésité au Mexique reste fortement liée à la pauvreté, car le régime alimentaire de la vitamine T (tacos, tortillas, tortas) a l'avantage de rassasier la faim, tout en étant très économique, ce qui le rend accessible aux familles désargentées.

A ÉVITER

Ne vous fiez pas à la couleur des piments, qu'ils soient rouges, jaunes ou verts, ils peuvent être extrêmement forts ou très doux, la couleur et l'apparence sont trompeuses ! Et quand vous commandez une pizza ou des portions à grignoter dans les bars, ne le faites pas uniquement pour vous. Il peut être mal vu au Mexique de ne commander que sa propre portion sans inviter les autres convives à la partager. Enfin, messieurs, si vous dînez avec une femme, ne proposez surtout pas de partager l'addition, vous risqueriez de perdre une bonne partie de son estime.

ENFANTS

Les enfants sont toujours les bienvenus dans les cafés et restaurants, même dans ceux servant de l'alcool. Les Mexicains ont l'habitude de s'y rendre en famille, donc pas de soucis de ce côté-là. Pour les plus petits, des chaises hautes (*silla comedor* ou *silla para niños*) sont souvent à disposition dans les établissements de haute et moyenne gamme, tout comme des menus enfants (avec souvent de nombreuses options de *quesadillas*). Si ce n'est pas le cas, pas de panique, les portions sont généreuses au Mexique et vous pourrez sûrement partager votre plat avec votre chère tête blonde (encore une fois, gare aux piments tout de même !). Il y a également parfois des tables à langer.

FUMEURS

Il est interdit de fumer à l'intérieur des restaurants, mais aussi à l'extérieur en terrasse ou devant l'établissement. Les zones exclusivement fumeurs sont rares et interdites d'accès aux mineurs.

LES ATTRAPE-TOURISTES

Vérifiez bien votre note au moment de payer, il y a souvent des erreurs, volontaires ou non. Le pourboire de 10 à 15 % est parfois inclus, à vérifier également, histoire de ne pas payer un double pourboire.

LES PHRASES CLÉS

Bonjour, je voudrais réserver une table pour deux personnes pour ce midi ou ce soir.
Hola, me gustaría reservar una mesa para dos personas para este mediodía o esta noche.

Avez-vous un menu en français ou en anglais ?
¿Tiene una carta en francés o en inglés?

Je suis végétarien, y a t-il des plats sans viande ?
Soy vegetariano, ¿hay platos sin carne?

Je n'ai vraiment plus faim mais avez-vous une carte des desserts ?
No tengo más hambre, pero ¿tienen carta de postres?

Puis-je avoir l'addition s'il vous plait ? Je peux payer par carte ou en espèces ?
¿Me pasa la cuenta, por favor? ¿Puedo pagar con tarjeta o en efectivo?

C'était très bon, nous reviendrons. Merci et à bientôt.
Estaba todo muy bueno, volveremos. Gracias y hasta pronto.

PRATIQUE

FAIRE UNE PAUSE

HORAIRES

En ville, les cafés ouvrent souvent du lundi au samedi dès 7h, et ferment vers 21h. Il y a parfois des *happy hours* de cocktails en milieu d'après-midi ou en début de soirée. Sur les plages, les *beach clubs* sont ouverts tous les jours (en dehors de la très basse saison), à partir de 9h ou 10h, et jusque vers 19h ou 20h, mais parfois bien plus tard quand il s'agit de lieux festifs.

BUDGET / BONS PLANS

En moyenne, une bière pression coûte autour de 30 $ (1,50 €), compter le double pour une bière artisanale ou une bière importée. Un café : autour de 15-20 $, un cappuccino : 40-50 $. Un jus de fruit naturel : autour de 30-40 $.

A PARTIR DE QUEL ÂGE

L'âge légal pour consommer de l'alcool au Mexique est 18 ans. Un document d'identité peut vous être demandé pour vérifier votre âge si vous avez un air un peu trop juvénile (une photocopie de passeport suffit, laissez l'original en lieu sûr).

C'EST TRÈS LOCAL

En soirée, les gens se retrouvent dans les bars, qui pour la plupart servent des plats à partager entre les convives. Il s'agit de la *botana mexicana*, l'équivalent de la *tapa* en Espagne. Elle prend différentes formes mais désigne surtout quelque chose à grignoter et à partager autour d'un verre : les fameuses et innombrables papas (chips), tostadas, chicharrones (couenne de cochon grillée), jalapeños rellenos, tacos, quesadillas, guacamoles...

ENFANTS

Les enfants sont autorisés dans les cafés, bars ou *beach clubs* vendant de l'alcool, à condition évidemment d'être accompagnés d'un parent.

FUMEURS

Comme pour les restaurants, il est interdit de fumer en terrasse ou devant l'établissement. Les espaces réservés aux fumeurs sont rares, les Mexicains n'étant pas des grands fumeurs.

LES PHRASES CLÉS

Bonjour, quelle est la spécialité de la maison ? Nous voulons découvrir.
Hola, ¿cuál es la especialidad de la casa? Nos gustaría probarla.

Avez-vous de la place en terrasse ?
¿Tiene sitio en la terraza?

Quel est votre nom ? Je m'appelle... Ravi de vous rencontrer !
¿Cómo se llama? Mi nombre es.... ¡Encantado de conocerle!

A votre santé ! Zut, j'ai renversé mon verre... pouvez-vous m'aider ?
¡A su salud! ¡Maldita sea!, se me ha derramado la bebida.... ¿puede ayudarme?

C'était très bon. Nous allons reprendre la même chose s'il vous plait.
Estaba muy bueno. Tomaremos lo mismo otra vez, por favor.

PRATIQUE

(SE) FAIRE PLAISIR

HORAIRES

Les horaires varient beaucoup selon la saison touristique, en particulier dans les stations balnéaires de la côte caraïbe. En haute saison la plupart des commerces sont ouverts tous les jours avec des horaires étendus. En très basse saison, beaucoup d'établissements ferment. Les boutiques ouvrent généralement du lundi au samedi de 9h à 19h ou 20h dans les villes, et plutôt de 8h à 18h à la campagne. Les centres commerciaux sont ouverts tous les jours avec des horaires plus tardifs, souvent de 10h à 22h ou 23h. Les échoppes de souvenirs ferment aussi tard dans les stations touristiques comme Playa ou Tulum.

BUDGET / BONS PLANS

Cancún compte de nombreux centres commerciaux modernes (*shopping centers*) dans la zone hôtelière, comme la Plaza Kukulcán, avec des boutiques proposant la plupart des grandes marques internationales, aux mêmes prix que chez nous, voire plus chers pour les produits importés (produits gourmands notamment). A Playa del Carmen, vous n'échapperez pas à la Quinta Avenida, la Cinquième Avenue, qui regorge de boutiques en tout genre, provoquant parfois l'overdose... Difficile de résister pour certains, même si les prix sont plus élevés qu'ailleurs. A savoir que le Quintana Roo n'applique pas de taxes sur les cosmétiques et produits de luxe. Parfums et cosmétiques y sont 30 % moins chers qu'ailleurs.

Pour des articles plus typiques et authentiques, rendez-vous dans les marchés colorés, comme au Mercado 23 ou Mercado 28 de Cancún, ou au Mercado Lucas de Gálvez de Mérida par exemple. Dans les marchés, prévoir des espèces, car la carte bancaire est rarement acceptée.

SOLDES

Le *black Friday* est un événement très attendu par les Mexicains pour ses promotions (*ofertas*) importantes dans tous les domaines. Il a lieu le dernier vendredi de novembre.

C'EST TRÈS LOCAL

Les étals des marchés et les boutiques de souvenirs regorgent de pièces artisanales fines et pleines de couleurs. Vous risquez de flasher sur les magnifiques hamacs en coton, sur des sacs ou attrape-rêves en sisal, sur des

© MOFLES

La fabrication des tortillas.

sculptures en pierre reproduisant des divinités mayas, sur des masques en bois ou en papier mâché, sur des colliers, bracelets ou boucles d'oreilles... Sans oublier un *sombrero jipi*, une *guayabera* (pour les hommes) ou un *hipil* (pour les femmes), très chics à porter l'été ! Si vos bagages n'excèdent pas déjà le poids maximum pour le retour en avion, ne pas oublier des bouteilles de tequila ou mezcal, bien meilleures que ce que l'on trouve chez nous, du miel de mélipone, de la vanille, du cacao... Pour plus de détails, consultez notre dossier « Que rapporter de son voyage ? ».

Il est toujours préférable d'acheter ses articles directement auprès des artisans et producteurs, dans les villages spécialisés. Évitez de marchander avec les artisans, leur prix sont en général loin d'être exagérés compte tenu du travail effectué. Le marchandage est par contre plus acceptable sur les grands marchés touristiques, surtout si vous pensez acheter beaucoup de choses au même vendeur.

LES ATTRAPE-TOURISTES

Dans les marchés ou de la part des vendeurs ambulants, prenez garde aux copies *made in china* de l'artisanat local ou aux contrefaçons de vêtements de marques. N'achetez pas de produits artisanaux élaborés à partir de corail, de plumes d'espèces protégées, ou de carapace de tortue...

LES PHRASES CLÉS

Bonjour, c'est superbe, mais combien ça coûte ?
Hola, es genial, pero ¿cuánto cuesta?

Vous auriez ma taille ? Où se trouvent les cabines d'essayage ?
¿Tiene uno de mi talla? ¿Dónde están los probadores?

Est ce que je pourrai vous le rapporter et l'échanger si ça ne va pas ?
¿Puedo devolverlo y cambiarlo si no está bien?

J'ai trop dépensé aujourd'hui, pouvez-vous me faire une réduction sympa ?
Hoy he gastado demasiado, ¿puede hacerme un buen descuento?

Je prendrai celui-ci. Pouvez-vous me faire un paquet cadeau ?
Yo me quedo con este. ¿Puede envolvérmelo en papel de regalo?

Vous prenez la carte de crédit ? Où puis-je trouver un distributeur de billets ?
¿Aceptan tarjeta de crédito? ¿Dónde puedo encontrar un cajero automático?

BOUGER & BULLER

BUDGET / BONS PLANS

N'oubliez pas de mettre un masque et un tuba dans votre valise ou sac à dos ! Le snorkeling est l'une des grandes attractions de la péninsule, en particulier de la côte caraïbe aux belles eaux claires et turquoise, où l'on peut passer des heures à observer les poissons et coraux aux milles couleurs (pensez au t-shirt anti-UV pour ne pas ressortir rouge comme une langouste). Le snorkeling est gratuit, à part quand il faut prendre un bateau pour atteindre des spots éloignés de la plage. Un masque et tuba vous seront également très utiles pour explorer les nombreux *cenotes* ! On peut bien sûr louer du matériel sur place, mais à coup de 5 US$ à chaque fois, il est bien plus économique de venir avec son propre matos. Pour la plongée sous-marine proprement dite (avec bouteilles), le budget n'est bien sûr pas le même ! Pour une sortie en mer de deux plongées sur deux sites différents, compter entre 80 et 100 US$. En cenotes, compter autour de 120-130 US$ (deux plongées).

La région est aussi un endroit idéal pour essayer le kitesurf, notamment sur les spots de Progreso, Holbox, Playa del Carmen, Tulum ou Cozumel. On peut louer du matériel sur place et prendre des cours. La meilleure saison s'étend de décembre à mai.

Si la région plate ne permet pas la pratique de l'escalade, la randonnée (à pied, à cheval ou à vélo), est tout à fait possible dans de nombreuses réserves naturelles de la péninsule. Le recours aux services d'un guide est toutefois indispensable pour éviter de se perdre et découvrir plus en profondeur la faune et la flore locales.

C'EST TRÈS LOCAL

Comme dans toute l'Amérique latine, le football est le sport le plus populaire. N'hésitez pas à demander à vous joindre à une partie improvisée sur la place du village ou sur la plage. Par contre, à vos risques et périls pour vous lancer dans la *lucha libre* (lutte) ou la *charreada* (rodéo), sports mexicains typiques !

© SIMON DANNHAUER - SHUTTERSTOCK.COM

Plonger dans les cénotes est une merveilleuse expérience.

VOS PAPIERS SVP

Pour des sorties plongées, une carte de plongeur certifiée délivrée par un organisme agréé est nécessaire. Vérifiez de votre côté que le centre de plongée qui vous intéresse dispose bien d'une certification reconnue comme PADI notamment.

A RÉSERVER

Si vous prévoyez de venir plonger en très haute saison, il est recommandé de réserver plusieurs semaines à l'avance dans le centre choisi. Pour aller faire du snorkeling avec les requins-baleines au large d'Isla Mujeres et Holbox, au mois de juillet ou août, prenez quelques jours à l'avance pour réserver.

LES ATTRAPE-TOURISTES

Même si les hôtels et resorts annoncent souvent disposer de plages privées, sachez que toutes les plages sont publiques au Mexique. Dans certaines stations balnéaires, en particulier à Cancún, il est souvent difficile d'accéder à la plage sans devoir négocier avec les agents de sécurité des hôtels situés juste devant, qui n'ont pas l'obligation de vous laisser passer sur leur terrain pour y accéder...

LES PHRASES CLÉS

Bonjour, comment puis-je me rendre à… ? Est-ce loin ?
Hola, ¿cómo puedo llegar a...? ¿Está muy lejos?

J'aimerais aller courir. Il y a un coin sympa pour cela dans la ville ?
Me gustaría salir a correr. ¿Hay algún buen lugar en la ciudad para hacerlo?

J'adore cuisiner. Savez-vous où je peux trouver des cours de cuisine ?
Me encanta cocinar. ¿Sabe dónde imparten clases de cocina?

Vous pourriez m'indiquer une salle de sport pas très loin ?
¿Podría indicarme un gimnasio que no esté muy lejos?

Quel est le sport national ?
¿Cuál es el deporte nacional?

Pensez-vous que nous pourrions voir cela ou même participer ?
¿Cree que podríamos verlo o incluso participar?

HORAIRES

Le Mexique est un pays qui aime célébrer la vie dans la musique et la fête. Dans la péninsule du Yucatán, les stations balnéaires de Cancún et Playa del Carmen sont réputées pour cela et certains y viennent parfois uniquement pour danser jusqu'à l'aube sur les sets des DJ's de carrure internationale. Cancún en particulier, fait rêver les étudiants américains qui n'attendent qu'une chose : venir tout oublier durant la période dite du *spring break* au début du printemps. L'idée est de faire baisser la pression des études, loin des parents, sous les tropiques. Une semaine de fêtes sans limites dans un concept *see, sex and sun*, avec alcool à volonté ! Si vous aimez les gros rassemblements festifs, c'est le moment de venir à Cancún, mais réservez votre logement plusieurs semaines à l'avance. En dehors de cette période qui s'étend de fin février à la mi-avril, Cancún reste une ville très festive, surtout du côté de la Zona Hotelera, tout comme Playa del Carmen (sur les plages et la Quinta Avenida), avec de l'ambiance dans les *beach clubs* dès le début d'après-midi. Tulum est pas mal non plus, mais dans un style beaucoup plus chic ou/et bohème. Ailleurs dans la péninsule, dans les grandes villes comme Mérida ou Campeche, la vie nocturne est bien plus authentique et mexicaine, beaucoup moins chère aussi, avec des bars et *cantinas* pittoresques pour rencontrer les Mexicains et assister à des concerts de groupes locaux, autour de shots de tequila ou de bières artisanales. Au Mexique, on sort en général tard, dès le mercredi ou jeudi soir. Les vendredis et samedis, les bars font le plein.

BUDGET / BONS PLANS

L'entrée des bars dansants et discothèques est le plus souvent payant pour les hommes, gratuit ou tarif réduit pour la gente féminine, avec souvent des *girls nights* où les filles peuvent boire à volonté, ou presque. Les boissons sont beaucoup moins chères qu'en France (entre 1,5 et 5 US$ pour une bière locale dans une discothèque), à part dans les clubs élitistes et les boîtes à touristes de Cancún ou Playa, qui font payer le prix fort aux *gringos*. Dans ces lieux c'est souvent une formule entrée et boissons à volonté (*barra libre*), avec des spectacles de danse ou de cirque, et des concours de bikinis ou de t-shirts mouillés... Pour ceux qui veulent se mettre la tête à l'envers, compter entre 60 et 80 US$ pour une entrée avec boissons à volonté et un show à l'américaine. Les entrées achetées par Internet, via des agences ou son hôtel, sont souvent un peu moins chères que directement à l'entrée. A la différence des restaurants, on laisse rarement plus de 5 % de pourboire aux serveurs et barmans, voire quelques pesos seulement dans les bars. Les happy hours dans les bars de plage sont fréquents, les horaires très variables, en milieu d'après-midi en général.

A RÉSERVER

À Playa del Carmen, il est important de réserver bien à l'avance pour assister au dîner spectacle

© LOESKIEBOOM

Des danseurs au Palacio Municipal de Mérida.

dénommé « JOYÀ » du célèbre Cirque du Soleil. Mais en règle générale, les réservations ne sont pas indispensables, à part pour des concerts de grandes pointures internationales.

TRANSPORTS NOCTURNES

A Cancún, un réseau de bus fonctionne toute la nuit pour rejoindre le Downtown. De retour de soirée, il est conseillé de faire appel à un Uber, ou un taxi (par téléphone ou via une app, évitez de le héler dans la rue). Rentrer à plusieurs est un gage de sécurité, surtout pour les filles seules.

A PARTIR DE QUEL ÂGE

La consommation d'alcool est possible à partir de 18 ans. Pour les moins de 30 ans, ne pas oublier une photocopie de votre passeport pour prouver que vous êtes bien majeur afin de pouvoir entrer dans les bars et boîtes.

C'EST TRÈS LOCAL

Il est de coutume de faire un effort vestimentaire pour sortir au Mexique : pantalon, chaussures fermées, chemise (ou guayabera), pour les hommes ; jean ou jupes et maquillage pour les filles. Cela dépend bien sûr du type de lieu de sortie, on ne s'habille pas de la même façon pour passer une soirée dans un café bohème que dans une discothèque. Les touristes pensent souvent qu'ils peuvent entrer dans une boîte en short et tongs, cela est peut-être valable pour les bars des stations balnéaires, mais pas pour Mérida ou le reste du Mexique.

FUMEURS

Il est possible d'acheter des cigarettes à l'unité à des vendeurs ambulants, qui traînent devant les bars ou boîtes le soir. Par contre, il est interdit de fumer à l'intérieur des cafés, bars ou discothèques, à moins qu'un espace ne soit prévu pour cela, ce qui n'est pas très courant.

LES ATTRAPE-TOURISTES

Ne commettez pas d'imprudence avec l'achat de drogues. Les dealers sont parfois de mèche avec la police, ce qui ne pourrait que vous attirer des problèmes...

LES PHRASES CLÉS

Bonsoir, comment puis-je me rendre à…
Buenas noches, ¿cómo puedo llegar a….?

Est ce que cet endroit est tranquille ? Il n'y a pas de problème de sécurité ?
¿Es un lugar tranquilo? ¿Hay problemas de seguridad?

J'aimerais voir un spectacle typique ! Qu'est-ce qu'il y a en ce moment ?
Me gustaría ver un espectáculo típico del lugar. ¿Hay alguno programado para hoy?

Je ne comprends pas… pouvez-vous répéter s'il vous plait ? Merci.
No entiendo... ¿puede repetirlo, por favor? Gracias.

Est-ce que je peux vous offrir un verre ? Quel est le meilleur cocktail de la maison ?
¿Puedo invitarle a una copa? ¿Cuál es el cóctel especialidad de la casa?

J'ai la gueule de bois, auriez-vous quelque chose pour que j'aille mieux ?
Tengo resaca, ¿tiene algo que me haga sentir mejor?

SE LOGER

BUDGET / BONS PLANS

On peut se loger quel que soit son budget au Mexique, même dans les stations balnéaires les plus touristiques comme Cancún ou Playa del Carmen. Le tout est de savoir si l'on préfère la piscine privée ou la salle de bains commune (sur le palier)... Les plus petits budgets peuvent opter pour le hamac, ou le camping. Dans les hôtels classiques, les tarifs sont généralement indiqués par chambre (qui peuvent accueillir parfois 4 ou 6 personnes selon le nombre de lits), sauf pour les établissements *all inclusive* (*todo incluido*), c'est-à-dire tout inclus (hébergement, alimentation, boissons, certaines activités...), très nombreux dans la Zona Hotelera de Cancún. Les prix sont indiqués par personne également dans les hostels (auberges de jeunesse) mais uniquement pour les lits en dortoir, pas pour les chambres privées (la plupart des hostels ont aujourd'hui les deux formules). La carte bancaire est acceptée presque partout, mais engendre parfois des frais supplémentaires, autour de 5 %. Les tarifs sont indiqués en pesos ou en dollars américains, surtout pour les établissements les plus chers. Préférez le paiement en pesos, le taux de change est rarement favorable quand on paye en dollars. Certains hôtels de catégorie supérieure n'incluent pas les taxes (14 à 19 %), toujours vérifier. La classification des hôtels se retrouve dans un schéma de 1 à 5 étoiles, suivi des catégories Grand tourisme, Catégorie spéciale et Hôtel boutique s'appliquant aux hôtels de luxe. Néanmoins, aucun organisme ne contrôle le classement des établissements et, très souvent, les prestations d'un hôtel 3 étoiles au Mexique sont inférieures à celles d'un établissement de la même catégorie en France. A noter que certains hôtels de niveaux supérieurs, y compris des *all inclusives*, sont réservés aux adultes (*adult only*), afin de conserver la tranquillité des lieux. Beaucoup d'hôtels offrent d'importantes remises, jusqu'à 50 % en basse saison, sur leurs sites Internet.

▶ **Les haciendas** restent l'hébergement de luxe le plus typique du Mexique. Les chambres, souvent peu nombreuses, se nichent dans une atmosphère gorgée d'histoire, surtout lorsque le mobilier est celui d'origine. Le prix des chambres est souvent supérieur à 150 US$.

▶ **Les hôtels de classe économique** sont appelés *hostal, casa de huéspedes, pensión* ou *hospedaje*. On y trouve des chambres de 20 à 40 US$. Mais attention où vous mettez les pieds, les moins chers servent parfois d'hôtel de passe.

▶ **Les motels** en Amérique latine ne désignent pas des hôtels bon marché de bord de route, comme on l'entend aux Etats-Unis, mais des lieux où la discrétion est de rigueur (on arrive en voiture directement dans un box qui donne accès à une chambre), pour passer un moment agréable avec son ou sa partenaire, officiel(le) ou non. Le paiement se fait par tranche horaire. Ils sont souvent situés aux abords des villes. En cas de doute, le nom « romantique » de l'établissement devrait vous indiquer de quoi il s'agit !

▶ **Chambres d'hôtes.** Dormir chez l'habitant ne fait pas partie des us et coutumes du pays. Les quelques établissements de ce type sont souvent tenus par des étrangers. Par contre, des plateformes comme Airbnb offrent désormais une offre conséquente d'appartements à louer, constituant une alternative intéressante aux hôtels pour les familles ou groupes d'amis (présence en général de cuisine).

▶ **Auberges de jeunesse.** Appelés hostel ou *hostal*, ils proposent des chambres individuelles ou des lits en dortoir (mixtes ou exclusivement féminins parfois). Prix des lits en dortoir entre 9 et 18 US$, le prix des chambres est similaire aux hôtels classiques, mais on a en général accès à une cuisine commune et à des installations et activités permettant de rencontrer plus facilement d'autres voyageurs. Le confort, la propreté et l'ambiance sont très différents d'un hostel à l'autre : de l'hostel zen et tranquille de bord de mer, au plus festif avec bar sur le toit et fiestas tequila et t-shirts mouillés tous les soirs, en passant par l'hostel destiné aux nomades digitaux avec espace de coworking ; ou un mélange de tout cela le plus souvent.

▶ **Le camping** se pratique sur les plages ou dans les espaces naturels. Mais le camping sauvage est fortement déconseillé en raison des conditions de sécurité qui prévalent au Mexique. L'usage est de demander à un hôtel l'autorisation de camper dans son jardin ou sur sa plage en échange de quelques sous, pour éviter de passer la nuit isolé et pouvoir utiliser les toilettes et les douches de l'établissement. Sur la Riviera Maya, il existe un certain nombre de terrains de camping, conçus pour recevoir les Canadiens qui passent l'hiver au Mexique dans leur camping-car. Possibilité également de louer un hamac et de dormir à la belle étoile. Quoi qu'il en soit, se méfier des bestioles : araignées, scorpions, moustiques, fourmis. Il faut toujours s'assurer avant de dormir que personne n'a élu domicile dans son sac de couchage… Même précaution pour les chaussures au petit matin. C'est le genre de choses qu'on regrette d'avoir oublié de faire ! L'emplacement d'une tente ou la location d'une *palapa* où y installer son hamac reviennent respectivement à 10 et 5 US$.

A RÉSERVER

Il est indispensable de réserver si vous venez en très haute saison : autour de Noël et du Nouvel An, sans oublier l'époque du *spring break*, entre mi-février et début avril, où des centaines de milliers d'étudiants américains débarquent sur les plages du Mexique. La *Semana Santa* (Semaine sainte), aux dates variables chaque année (entre fin mars et mi-avril), est la principale époque de vacances des Mexicains qui quittent en nombre les grandes villes pour les stations balnéaires.

C'EST TRÈS LOCAL

Une petite précision peu glamour mais importante : comme dans toute l'Amérique latine, dans la grande majorité des toilettes des hôtels (mais aussi chez les particuliers, restaurants, etc.), il faut jeter le papier hygiénique dans la poubelle prévue à cet effet, et non dans la cuvette, au risque de boucher les canalisations. Une habitude à prendre…

POUR LES GOURMANDS

Le petit déjeuner est en général inclus dans le prix de la nuitée. Vous aurez droit au choix à un petit-déjeuner continental classique, plutôt sucré, mais aussi souvent à des spécialités mexicaines salées, comme les *tortillas*, *tamales* ou *chilaquiles* (galettes de maïs frites avec des oignons, du fromage râpé, du piment rouge et de la crème fraîche, avec des œufs ou du poulet). Dans les grands hôtels, all inclusive ou non, le *desayuno* est souvent servi sous forme de buffet. N'arrivez pas à l'heure limite, sinon vous n'aurez que les restes, les plats ou pâtisseries les plus appétissants partent vite !

FUMEURS

Il est interdit de fumer à l'intérieur des établissements hôteliers, y compris dans les jardins ou au bord des piscines, sur les balcons des chambres ou sur les terrasses des bars, restaurants et cafés. Les très rares espaces réservés aux fumeurs qui existent dans les hôtels sont soumis à des règles très strictes et sont interdits aux mineurs.

LES ATTRAPE-TOURISTES

Lorsque vous logez dans de grands hôtels, des excursions vous seront sans doute proposées, au prix fort. De même que les services des taxis, plus ou moins VIP, qui travaillent avec l'hôtel.

LES PHRASES CLÉS

Bonjour, avez-vous de la disponibilité pour une chambre double pour ce soir ou demain soir ?
Hola, ¿dispone de una habitación doble para esta noche o para mañana por la noche?

Avez-vous un code wifi… les enfants ne tiendront pas sans !
¿Tiene wifi? ¡Los niños no pueden estar sin él!

C'est bruyant, est ce que je peux changer de chambre ?
Hay mucho ruido, ¿puedo cambiar de habitación?

Jusqu'à quelle heure est-ce que nous pouvons aller à la salle de sport et à la piscine ?
¿Hasta qué hora podemos ir al gimnasio y a la piscina?

Est-ce que je peux laisser mon bagage et revenir plus tard le récupérer ?
¿Puedo dejar mi equipaje y volver más tarde a recogerlo?

Est-ce que vous pouvez nous appeler un taxi ? Merci beaucoup.
¿Puede llamarnos un taxi? Muchísimas gracias.

VIE QUOTIDIENNE

ALLO ?

Le code pays du Mexique est le +52. Les indicatifs des principales villes de la péninsule sont : Mérida 999, Campeche 981 et Cancún 998. Pour passer un appel depuis l'étranger vers le Mexique : 00 52 + indicatif régional + les chiffres du numéro local (7 ou 8 suivant le cas). Vers un portable : 00 52 + 1 + les 10 chiffres du numéro de portable. Pour un appel au Mexique, d'un téléphone fixe vers un téléphone fixe, en local, tapez simplement le numéro local de 7 ou 8 chiffres. D'un Etat à un autre, tapez : 01 + indicatif région + le numéro local (7 ou 8 chiffres). Pour appeler un portable depuis un portable, tapez simplement le numéro à 10 chiffres. Depuis un mobile vers une ligne fixe : indicatif régional + numéro. D'un fixe vers un mobile dans la même région : 044 + numéro ; vers une région différente : 045 + numéro. La plupart des grandes entreprises au Mexique, notamment les hôtels et les compagnies de bus, disposent d'un numéro d'appel gratuit. Tous les numéros gratuits ont la même structure, ils comprennent 12 chiffres et commencent par 01 800. Appeler depuis son portable français en roaming (itinérance) présente souvent des frais importants. Il est préférable, dès votre arrivée dans le pays, d'acheter une SIM locale dans une boutique de téléphonie. On pourra même si besoin vous débloquer votre smartphone pour qu'il soit compatible avec les cartes SIM des opérateurs locaux (Movistar, Telcel, AT&T...). Si ce n'est pas possible, vous pourrez acheter un téléphone économique pour une vingtaine d'euros. Compter l'équivalent de 5 € pour l'achat d'une SIM avec un petit crédit de communication « offert », qu'il faudra ensuite recharger en ligne ou dans une superette Oxxo par exemple. Activez les données mobiles et choisissez un *plan de datos* pour avoir Internet. Vous pourrez alors de partout accéder à l'application WhatsApp que tout le monde utilise pour s'appeler ou s'envoyer des messages (bien plus utilisé que la voie classique du téléphone mobile). Vous pourrez alors faire par ce biais des réservations d'hôtels, ou appeler gratuitement vos proches en France ou ailleurs. Vous pourrez aussi utiliser des applis comme Waze, Google Map ou Maps.Me pour circuler plus facilement. La plupart des hôtels proposent le Wifi gratuitement, profitez-en.

ACCESSIBILITÉ

Si le Mexique a encore d'énormes efforts à faire dans ce domaine, de plus en plus d'hôtels, restaurants, certains parcs d'attractions écologiques et quelques sites archéologiques disposent de rampes d'accès et de facilités pour les personnes à mobilité réduite. La principale difficulté reste de se déplacer en ville, avec notamment des trottoirs en mauvais état qui ne sont pas pensés pour être accessibles à tout le monde (que ce soit pour les personnes en fauteuil roulant ou avec une poussette), ou d'accéder à des moyens de transport en commun comme le bus. Heureusement, la bienveillance des Mexicains permet de se sortir de situations parfois complexes.

SANTÉ

Pas de quoi s'affoler au niveau santé dans la péninsule du Yucatán. Même si on est sous les tropiques, la région est plutôt saine. Il faut toutefois suivre les recommandations générales d'hygiène pour ne pas risquer d'attraper une tourista (diarrhée du voyageur) : ne pas boire l'eau du robinet, préférer les eaux en bouteille, éviter les jus de fruits allongés d'eau et les glaçons dans les zones un peu reculées ; si vous mangez dans les marchés ou dans les *puestos*, assurez-vous que votre plat soit bien cuit et évitez les crudités (qui peuvent être lavées avec de l'eau souillée). Mais pas de problème de ce type a priori dans les restaurants et cafés plus formels. Autres conseils, attention aux coups de soleil et insolations et aux petits bobos qui peuvent vite s'infecter. Se protéger le plus possible des moustiques (avec des vêtements couvrants et un bon répulsif), qui peuvent être porteurs de certaines maladies comme la dengue (de juillet à septembre surtout), et plus rarement le Zika, chikungunya et le paludisme (pas nécessaire de suivre un traitement anti palu si vous ne vous aventurez pas au fin fond de la jungle). Attention aux bestioles aussi, notamment aux scorpions, serpents venimeux, poisson lion (*pez león*), ou aux impressionnants crocodiles américains !

▸ **Pour obtenir les coordonnées d'un médecin-spécialiste parlant français,** l'ambassade de France recommande de s'adresser à ses médecins-conseils qui vous orienteront vers des confrères qualifiés. Contacts : Dr. Alberto AZNAR (tél. 044 55 8581 2118) ; Dr. Raymundo NUÑEZ (tél. 044 55 5409 1694).

URGENCES SUR PLACE

Le 911 est le numéro national pour signaler toute situation d'urgence : accident, incendie, agression, etc. On peut l'appeler gratuitement 24h/24, depuis n'importe quel téléphone fixe, portable ou cabine téléphonique.

SÉCURITÉ

Le Mexique est un pays très violent, mais cette violence touche rarement les touristes, surtout dans la péninsule du Yucatán, région réputée sûre. Il faut bien sûr faire attention à ne pas provoquer les voleurs, en respectant des règles de bon sens valables partout : ne pas laisser traîner ses affaires sans surveillance dans un bar ou sur une plage déserte ; ne pas exhiber ses bijoux, son smartphone ou ses billets verts, et laisser son passeport en lieu sûr. Ne pas camper sur la plage ou sur un terrain non surveillé ; éviter de rouler de nuit sur des routes isolées ; ne pas se rendre dans certains quartiers malfamés ; ne pas acheter, consommer ou transporter de la drogue. Au niveau des activités nature, le mieux est de faire appel aux services d'un guide certifié pour explorer les réserves naturelles ; ne pas plonger en solitaire et avoir recours à des agences responsables, même si elles sont un peu plus chères, en particulier pour les sports nautiques ou aériens ; ne pas se baigner en cas d'orage ou de tempête tropicale, ou encore, ne pas tenter le diable dans des zones où la présence de crocodiles est signalée...

LGBTQ

L'homosexualité est légale au Mexique. Le mariage entre personnes du même sexe est actuellement autorisé dans une majorité d'Etats du pays, dont le Campeche et le Quintana Roo, et depuis 2016, l'interdiction du mariage gay par un Etat est considérée anticonstitutionnelle. Mais sorti des grandes villes et des stations balnéaires les plus touristiques, où l'on trouve de plus en plus d'établissements *gay friendly*, le sujet reste tabou et il n'est pas conseillé pour deux hommes de se balader main dans la main en public. Pour le reste, le fait d'être étranger offrira très certainement une protection devant les railleries habituelles. Mais pas toujours... En février 2021, un couple gay a été arrêté et menotté par la police sur une plage de Cancún pour le simple fait de s'être embrassé. Devant la pression des autres touristes face à ce scandale, le couple a finalement été libéré.

AMBASSADE ET CONSULATS

L'ambassade de France (www.ambafrance-mx.org) est située à Mexico, tout comme les ambassades de Belgique, de Suisse et du Canada. La France compte 17 agences consulaires au Mexique, notamment à Cancún (mx.ambafrance.org/Playa-del-Carmen-Cancun) et Mérida (mx.ambafrance.org/Merida), gérées par des consuls honoraires. C'est à eux qu'il faut s'adresser en cas de problème lors de votre séjour. Pour faciliter d'éventuelles démarches (perte de passeport, etc.), ou pour être averti par téléphone ou courriel en cas de crise grave dans le pays (crise politique, tremblement de terre, ouragan, etc.), les ressortissants français peuvent s'inscrire en ligne sur le site Ariane du ministère des Affaires étrangères (pastel.diplomatie.gouv.fr/fildariane). Pour un séjour de plus de 6 mois, il est recommandé de s'inscrire au registre des Français établis hors de France, formalités en ligne également.

POSTE

Le courrier postal n'est plus beaucoup utilisé au Mexique et il n'y a généralement qu'un seul bureau de poste (*Correos*) dans les villes. Compter 13,5 $ pour l'envoi d'une lettre (20 g) ou carte postale vers l'Europe, et entre deux et trois semaines pour l'acheminement. Pour une urgence, il est recommandé de faire appel à un service express comme DHL, UPS ou FedEx.

© MANAKIN

Timbre de 1935.

MÉDIAS LOCAUX

Deux grandes entreprises possèdent et gèrent la plupart des chaînes de télévision au Mexique : Televisa et TV Azteca. Ce duopole joue le rôle de quatrième pouvoir au Mexique, favorisant ouvertement certains candidats en période électorale. La plupart des chaînes de télé sont dominées par la logique mercantile, leur objectif étant de générer un maximum de bénéfices à travers la publicité. Les émissions sont donc entrecoupées de centaines de publicités et n'ont aucune visée éducative ni informative. La programmation se compose principalement de matchs de football et de boxe, de films et de séries nord-américaines et de telenovelas. La presse écrite mexicaine compte plus de 300 titres de journaux nationaux et locaux, dont la qualité informative est en règle générale bien meilleure que la télévision. L'essentiel des revenus des journaux provient de la publicité gouvernementale et beaucoup de quotidiens sont donc obligés de s'autocensurer pour obtenir les fonds dont ils ont besoin pour fonctionner. Les trois quotidiens nationaux les plus importants au Mexique sont *La Jornada* (www.jornada.com.mx) à la ligne éditoriale de gauche, *El Universal* (www.eluniversal.com.mx), plutôt centriste, et *Reforma* (www.reforma.com), plutôt de droite. La radio est sans doute le support de communication le plus démocratique qui existe au Mexique, car il existe de nombreuses chaînes de radio communautaires et locales qui diffusent des informations indépendantes. L'une des émissions de radio les plus écoutées au niveau national est celle de Carmen Aristegui, qui diffuse depuis son propre portail web (aristeguinoticias.com) après avoir été licenciée pour avoir dénoncé un scandale de corruption impliquant l'ex président Enrique Peña Nieto. Il faut savoir qu'exercer le journalisme au Mexique est dangereux. Selon l'organisation Reporters sans frontières, le Mexique est le pays le plus meurtrier au monde pour les professionnels de la presse, après l'Afghanistan et la Syrie. Depuis 2006, plus de 150 journalistes y ont été tués et 99 % de ces crimes restent impunis.

LES PHRASES CLÉS

Bonjour, mon téléphone ne fonctionne pas, pouvez-vous m'aider s'il vous plait ?
Hola, mi teléfono no funciona, ¿puede ayudarme, por favor?

Je ne me sens pas bien, pouvez-vous m'amener à l'hôpital le plus proche ?
No me siento bien, ¿puede llevarme al hospital más cercano?

Est-ce que vous avez un médecin qui parle français ?
¿Hay un médico que hable francés?

Je viens de me faire voler mes papiers, où est le poste de Police le plus proche ?
Me acaban de robar la documentación, ¿dónde está la comisaría más cercana?

Est-ce un quartier dangereux ou je peux y aller sans crainte ?
¿Es un barrio peligroso o puedo ir allí sin problema?

Avez-vous des timbres pour une carte postale à envoyer en France ? C'est combien ?
¿Tienen sellos para enviar una postal a Francia? ¿Cuánto cuesta?

DÉCOUVRIR

La péninsule du Yucatán est une région bien à part au Mexique. Située au sud-est du pays, ses trois Etats sont séparés par des lignes imaginaires, mais unis par une culture et une histoire commune, celle des Mayas, qui ont élevé des cités magnifiques au beau milieu de la jungle. Les touristes explorateurs se délectent devant ces mystérieuses pyramides, mais aussi devant ses plages de rêves, ses puits naturels dénommés *cenotes*, ses maisons coloniales, ses poissons colorés... Ici la plongée, la fête et la bronzette font partie du quotidien... Au-delà de la carte postale, les pages suivantes apportent quelques pistes pour découvrir toutes les richesses de la péninsule, mais aussi les moments clefs de l'histoire du Mexique et des informations précieuses sur sa population, son mode de vie, sa gastronomie, sa peinture, son architecture... À lire et relire, pour mieux comprendre ce pays, et ainsi échanger plus en profondeur avec ses habitants !

LA BARRIÈRE DE CORAIL MÉSOAMÉRICAINE

Les documentaires du commandant Cousteau ont fait rêver des générations du monde entier. Au début des années 1960, l'équipage de la *Calypso* explore les eaux chaudes de la péninsule du Yucatán, faisant la renommée de ses fonds marins. Des décennies plus tard, la grande barrière de corail mésoaméricaine – qui s'étend du nord de la péninsule mexicaine, jusqu'aux Îles de la Baie au Honduras – voit défiler chaque année des dizaines de milliers de plongeurs, attirés par l'abondance de sa faune marine et la beauté de ses coraux. Mais devant tant de sites magnifiques, où se rendre pour nager avec les requins-baleines, pénétrer dans de vieilles épaves, ou s'enfoncer dans de profondes cavernes ? Les quelques sites mentionnés ici ne concernent que la portion mexicaine du grand récif maya ; il y a déjà de quoi bien s'amuser ! Le fameux Blue Hole du Belize et les spots des îles honduriennes de Roatán et Utila vous attendent pour un prochain voyage !

Les richesses du grand récif maya

La barrière de corail mésoaméricaine s'étend sur plus de 1 000 km, depuis le nord de la péninsule du Yucatán jusqu'aux îles de la Baie au Honduras, en passant au large des côtes du Belize et du Guatemala. C'est le plus grand système de récifs coralliens de l'hémisphère Nord et le deuxième au monde après la grande barrière de corail d'Australie. Celui que l'on surnomme le « grand récif maya » constitue une barrière naturelle protégeant les côtes des ouragans et agissant contre l'érosion. La barrière de corail fait partie de tout un écosystème côtier composé de mangroves, d'estuaires, de marais, de lagunes, de dunes. Le récif mésoaméricain est l'habitat de 66 espèces de coraux, 30 de mollusques et plus de 500 de poissons. Au-delà de cette grande biodiversité, on estime que plus de 2 millions de personnes dépendent de ses ressources marines pour vivre, entre la pêche et le tourisme.

Plongées pour tous les goûts au Quintana Roo

Que l'on soit débutant ou plus expérimenté, la péninsule du Yucatán offre des plongées inoubliables toute l'année. Plusieurs sites sont parfaits pour s'initier ou simplement découvrir les fonds marins en palmes, masque et tuba (PMT). Beaucoup de centres sont tenus par des francophones, ou disposent d'instructeurs francophones. Voici quelques-uns des meilleurs spots de la barrière de corail mésoaméricaine.

- **Autour de Cancún.** On compte une vingtaine de sites faciles d'accès, comme Punta Nizuc, Playa Tortugas, Punta Cancún, Manchones, La Bandera, ou El Tunnel. Pour une plongée origi-

Xestospongia muta, grand barrière de corail du Yucatán.

nale, ne manquez pas le Museo Subacuático de Arte (p.117) (MUSA), entre Cancún et Isla Mujeres. Avec plus de 500 sculptures anthropomorphes posées au fond de la mer, c'est le plus grand musée sous-marin au monde !

Isla Mujeres. En face de Cancún, cette petite île est connue pour ses poissons-voiliers et requins-baleines qui viennent se nourrir à certaines périodes de l'année au large de ses côtes, du côté d'Isla Contoy ★★ (p.138). Les premiers, au rostre effilé et à la nageoire dorsale en forme de voile, sont là de mi-janvier à fin février. Les poissons les plus rapides du monde viennent par dizaines se nourrir des bancs de sardines. On peut nager avec eux mais uniquement en PMT (pas de plongée, les poissons sont proches de la surface). La mer peut être agitée à cette saison, il faut être bon nageur. Quant au requin-baleine, le plus gros poisson au monde (il peut atteindre les 20 mètres et 30 tonnes), il débarque entre mi-juin et mi-septembre pour se nourrir de planctons. Là encore on nage avec eux en snorkeling pour des moments très forts ! En dehors de ces périodes, les débutants apprécieront de plonger au milieu des poissons tropicaux, mais les plongeurs plus expérimentés préfèreront Playa del Carmen ou Cozumel.

Playa del Carmen. Sa situation géographique en fait une bonne base pour un séjour plongée. On est en face de Cozumel et pas loin des *cenotes* de Tulum (où toutes les agences proposent des plongées). A Playa même, une quinzaine de sites attendent les plongeurs de tous niveaux. On peut notamment explorer une épave, celle du crevettier Mama Viña posé à 27 mètres de profondeur. Mais l'attraction principale de Playa est la présence de requins-bouledogues, entre novembre et février. On peut les observer en respectant des précautions élémentaires de sécurité, à seulement 10 minutes de la côte.

Cozumel. Cette grande île offre parmi les meilleures plongées sous-marines de la planète, et c'est le commandant Cousteau qui l'a dit ! Un incontournable donc. Il y a une vingtaine de spots très variés, la plupart situés dans le sud-ouest de l'île. La visibilité est excellente, ce qui permet d'apprécier une faune abondante : tortues, requins, raies, mérous… On y trouve une centaine d'espèces de corail, des éponges colorées, des formations de dizaines de mètres en forme de tours, des failles, des canyons, des grottes, des cavernes, et des tombants spectaculaires. Les plus beaux spots offrent des plongées dérivantes qui s'adressent aux plongeurs expérimentés. Palancar est le plus célèbre, mais d'autres sites sont tout aussi exceptionnels : Santa Rosa, Colombia, San Francisco, Punta Sur, Maracaibo, Yucab…

Mahahual et Banco Chinchorro. Station balnéaire tranquille, Mahahual offre de bonnes conditions pour le snorkeling et les baptêmes de plongée. C'est le point d'accès principal de

© RICH CAREY - SHUTTERSTOCK.COM

Plongeur et tortue à Cozumel.

la réserve de biosphère Banco Chinchorro. Un aquarium à découvrir en plongée ou snorkeling, avec de magnifiques coraux et une faune intéressante : requins (récifs, marteaux, nourrisses…), mérous, murènes, raies, tortues… Banco Chinchorro est aussi connue pour sa quarantaine d'épaves qui gisent proches du récif. La plupart sont des bateaux coulés à l'époque coloniale. Conservent-ils encore des trésors ?

Xcalac. Ce village de pêcheurs isolé, proche du Belize, offre des plongées hors des sentiers battus. Le parc national Arrecifes de Xcalac abrite de belles formations coraliennes et des espèces typiques des Caraïbes : poisson-perroquet, poisson-papillon, poisson-ange, poisson-chirurgien, barracuda… La Posa est un *must* pour ses bancs de tarpons !

Pour une plongée durable

Des millions de touristes profitent chaque année des plages et fonds marins de la péninsule. Mais le tourisme (et le développement côtier qui l'accompagne) menacent directement la ressource même qui l'a fait naître, mettant en péril des écosystèmes déjà fragilisés par d'autres maux : réchauffement et acidification des océans, ouragans, surpêche, déforestation et activités agricoles, pollutions (eaux usées, déchets urbains, déballastage des navires...), espèces invasives comme le poisson-lion, etc. Il est donc primordial que les plongeurs, qui sont les premiers à bénéficier de ce magnifique jardin, soient irréprochables dans la pratique de leur activité : partir avec des agences responsables, ne pas toucher les coraux ou nourrir les poissons, préférer le t-shirt anti-UV à la crème solaire (nocive pour les écosystèmes), récupérer des déchets lors de ses sorties en mer, s'engager dans des actions de protection de l'environnement… Tous ces petits gestes peuvent faire la différence pour sauvegarder la santé du récif et la vie des communautés qui en dépendent.

GÉOGRAPHIE

La péninsule du Yucatán, un quart du territoire français, est situé au sud-est du Mexique, entre la mer des Caraïbes et le golfe du Mexique. C'est dans cette terre chaude et humide, sans montagne et dépourvue de lacs et rivières, qu'ont décidé de s'installer les peuples mayas. Pourquoi avoir quitté des terres fertiles plus au sud pour venir ici, et comment la civilisation maya est-elle arrivée à son apogée dans la région, édifiant de splendides cités au cœur de la jungle ? La réponse est à chercher du côté de la géologie. Le sous-sol de la péninsule est criblé de milliers de cavernes et rivières souterraines, reliées entre elles pour former un aquifère vital pour l'être humain. Les « puits sacrés » mayas, les fameux *cenotes*, permettent d'accéder à d'innombrables galeries souterraines aquatiques, un monde magique qui attire aussi bien les archéologues et les plongeurs que les touristes du monde entier.

Une vaste presqu'île

La péninsule du Yucatan est cette grande presqu'île située au sud-est du Mexique et au nord de l'Amérique centrale. Elle sépare les eaux couleur émeraude du golfe du Mexique, au nord et à l'ouest, et celles turquoise de la mer des Caraïbes, à l'est. Si l'on considère souvent la péninsule du Yucatán comme une simple région mexicaine, ce territoire de 181 000 km² intègre géographiquement deux autres pays : le Belize et le Guatemala. La partie mexicaine (141 736 km²) représente les trois quarts de la Péninsule du Yucatán, et 7,2 % du territoire mexicain. Elle est divisée en trois États : Yucatán (nord), Campeche (ouest) et Quintana Roo (est). Au sud de la péninsule, on trouve le Belize et le nord du Guatemala (Petén). Ces trois pays font partie de la région Mésoamérique, une aire biogéographique et culturelle homogène, qui se trouvait sous l'influence de la civilisation maya.

L'émergence de la péninsule

La péninsule du Yucatán est formée d'un grand plateau calcaire d'environ 600 km de long et dont la largeur oscille entre 275 et 400 km. Ce plateau s'enfonce ensuite sous la mer sur une centaine de kilomètres au nord-ouest. Cette plaque de roche calcaire a émergé il y a quelques dizaines de millions d'années, avec l'accumulation de sédiments carbonatés prove-

Playa Norte, Isla Mujeres.

nant de mers peu profondes, qui ont recouvert à plusieurs occasions cette partie du continent, à l'ère cénozoïque. La forme actuelle de la péninsule date de la fin de la période Pliocène, il y a environ quatre millions d'années. Le Quintana Roo et le nord du Yucatán sont géologiquement plus jeunes que l'intérieur de la péninsule et le Campeche. **Isla Mujeres** ★★ (p.134) par exemple, l'île la plus orientale du pays, est apparue il y a à peine 10 000 ans, et les récifs coralliens continuent de se former au nord et à l'est de la péninsule.

Des plages de rêve

La péninsule du Yucatán est célèbre pour ses plages de sable blanc et ses eaux cristallines, aux couleurs incroyables. La côte caraïbe (Quintana Roo) est la zone la plus touristique de la péninsule, avec des villes dédiées au tourisme de masse, comme Cancún ou Playa del Carmen. Il est vrai que les plages de la fameuse Riviera Maya et les îles lui faisant face (Isla Cozumel, Isla Mujeres, Holbox…), sans oublier la Costa Maya moins courue, offrent des paysages de cartes postales (quand il n'y a pas trop de sargasses) ! Ces côtes et petites îles entourées de superbes récifs coraliens sont aujourd'hui massivement exploitées par le tourisme. Pour plus de tranquillité, les côtes du golfe du Mexique (Campeche et Yucatán) sont plus sauvages, avec encore de belles plages où viennent pondre des tortues, mais aussi des lagunes, marécages et mangroves bien conservées, avec une faune aviaire abondante.

Peu de relief, peu d'eau en surface…

La péninsule du Yucatán est plate. On s'en rend vite compte quand on grimpe par exemple en haut de la pyramide de *Nohoch Mul* à Cobá. Les quelques collines qui apparaissent de la forêt tropicale sont généralement d'anciens temples toujours recouverts par la végétation ! C'est seulement dans l'intérieur des terres, dans le centre-sud du Campeche, que l'on peut rencontrer quelques élévations de plus de 200 ou 300 mètres. On ne viendra donc pas ici pour faire de l'escalade ! Pas de rafting non plus… Malgré des précipitations abondantes, il y a peu de rivières ou de lacs dans la péninsule, en particulier dans sa partie nord. Le principal cours d'eau de la région est le río Hondo (209 km), au sud. Il prend sa source dans les montagnes du Guatemala et constitue une frontière naturelle entre le Mexique et le Belize. Le fleuve se jette dans la baie de Chetumal, à proximité de la capitale du Quintana Roo. Cette voie d'eau a facilité la pénétration de l'intérieur des terres depuis la côte, facilitant le développement de la civilisation maya. Au nord, le río Champotón (57 km) traverse l'État de Campeche avant de se jeter dans le golfe du Mexique, au sud de la ville de Campeche. C'est l'un des rares cours d'eau pérennes dans cette partie de la péninsule. Comme le río Palizada (180 km) ou le río Candelaria (400 km) qui se jettent dans la Laguna de Términos, il est navigable. Dès la fin du XVIIe siècle, il permit le transport du *palo de tinte*, un bois précieux à la sève de teinte rouge foncé, connu en français comme bois de Campêche qui a longtemps été utilisé comme teinture et colorant naturel. Aujourd'hui ces *ríos* sont appréciés des voyageurs souhaitant s'échapper de la foule pour des excursions paisibles au fil de l'eau.

… mais un sous-sol gorgé d'eau : la magie des cenotes

L'eau douce, c'est surtout sous la terre qu'on la trouve ! Les sols calcaires de la péninsule sont très poreux. Ils absorbent l'eau de pluie, qui pénètre facilement en sous-sol pour rejoindre un vaste réseau de galeries, cavernes, grottes et rivières souterraines. Parfois, l'eau douce se juxtapose sans se mélanger sur une couche d'eau salée, arrivée de la mer par des failles souterraines. Certaines cavités remplies d'eau apparaissent à la surface, ce sont les cénotes (quand un cénote est immergé en pleine mer, on parle de « trou bleu »). Les cénotes se forment quand le sol calcaire surplombant la cavité s'effondre, par l'effet de l'érosion. Ces puits naturels d'eau douce, dont la profondeur peut atteindre plusieurs dizaines de mètres, ont des formes variées en fonction de l'état d'avancement de l'érosion : certains ont une petite ouverture circulaire de quelques mètres, d'autres sont beaucoup plus larges et cylindriques, avec des parois abruptes, d'autres encore sont complètement souterrains, on accède à la cavité par un étroit tunnel depuis la surface… Les cénotes offrent un accès à tout ce réseau aquatique souterrain, qui débouche lentement vers la mer. Cette curiosité géologique ne se trouve que dans quelques endroits de la planète, et la péninsule du Yucatán est la région au monde qui en abrite le plus. Parmi les quelque 5 000 cénotes cartographiés beaucoup n'ont pas été explorés, et les images satellites indiquent que la péninsule pourrait en abriter près de 10 000 ! Les cénotes et cavités sous-terraines abritent tout un écosystème, avec des poissons, chauves-souris, insectes, dont certains sont endémiques.

Le mot *cenote* vient du maya *dz'onot* (ou *tz'onot*) qui signifie « caverne avec de l'eau ». Le Mayas se sont implantés dans la région pour profiter de ces immenses réserves d'eau douce conservées dans le sous-sol et c'est à proximité des cenotes que les grandes cités mayas ont prospéré. Pour les Mayas, ces gouffres avaient aussi une fonction religieuse : ils représentaient l'accès à *Xibalba*, l'inframonde maya. C'est là que vivait Chaac, le Dieu de la pluie, le bienfaiteur des cultures. Les Mayas pratiquaient des rituels autour de ces cénotes sacrés, pour invoquer la pluie et les bonnes récoltes.

© JAVARMAN3 - ISTOCKPHOTO.COM

Cénote de Xkekén.

Au cénote Xtoloc de **Chichén Itzá** ★★★★ (p.249), des jeunes hommes et femmes qui avaient « l'honneur » d'être sacrifiés, étaient jetés dans le cénote au lever du jour, où on les laissait s'y noyer. S'ils n'étaient pas morts à midi, ils étaient considérés comme des messagers divins... Certains cénotes sont de grands sites archéologiques. On y a découvert des peintures rupestres, des ossements humains millénaires et de nombreuses offrandes (bijoux, poteries, artéfacts rituels comme des bruleurs d'encens, etc.).

Aujourd'hui les cénotes sont devenus de véritables piscines naturelles pour touristes en goguette. Leurs eaux turquoise, fraiches et cristallines, au beau milieu de forêts luxuriantes, sont en effet un régal pour les sens ! Kankirixché ou Chelentún dans la région de Mérida, **Xkekén** (p.264) près de Valladolid, Ik-Kil proche de Chichén Itza, ou encore Car Wash, Ponderosa, **Dos Ojos** (p.168) ou **Gran Cenote** (p.168) dans le Quintana Roo, sont parmi les plus féeriques, et pour des sites sympas sans la foule, le choix est grand aussi. Certains cénotes offrent des possibilités de plongées souterraines au milieu de grandes galeries immergées envahies de stalagmites et stalactites. L'eau qui a été filtrée à travers la roche calcaire et les racines des arbres, est d'une grande pureté et la visibilité excellente. Mais il s'agit parfois de vrais labyrinthes, qui rendent indispensable le guidage par des professionnels certifiés. Fin 2017, des plongeurs mexicains du projet scientifique *Gran Acuifero Maya* ont réussi à relier les deux immenses galeries sous-marines Sac Atun et Dos Ojos, près de Tulum. Avec la découverte de cette connection, ces grottes aquatiques constitueraient le plus grand réseau de galeries sous-marines au monde connu à ce jour (347 km), détrônant celui de Ox Bel ha (269 km) situé plus au sud. Plus qu'une découverte géologique (on sait que la quasi-totalité des grottes sous-marines de la péninsule sont reliées entre elles), il s'agit surtout du site archéologique submergé le plus important au monde.

L'astéroïde du Yucatán

Au nord de la péninsule du Yucatán, d'innombrables cénotes sont reliés entre eux en forme d'arc-de-cercle. On le surnomme l'« anneau de cénotes ». La raison de cette forme étrange, qui ne se distingue que depuis l'espace, est la présence d'un immense cratère de 180 kilomètres de diamètre, qui s'étend pour moitié sous la terre ferme du Yucatán, et pour moitié sous le golfe du Mexique. C'est le cratère de **Chicxulub** ★ (p.229). Aujourd'hui totalement recouvert par plus de 1 000 mètres de roche calcaire, le cratère de Chicxulub s'est formé il y a environ 66 millions d'années, suite à la collision d'un astéroïde de 10 km de diamètre avec la Terre, ici dans le nord du Yucatán ! La puissance de l'impact aurait libéré une quantité d'énergie équivalente à plusieurs milliards de fois celle d'une bombe atomique ! Outre de gigantesques raz-de-marée, tremblements de terre et éruptions volcaniques, un épais nuage de poussière s'est élevé dans l'atmosphère, provoquant peu à peu une chute brutale des températures et l'arrêt de la photosynthèse. Cette météorite est très probablement à l'origine de l'extinction des dinosaures et de 70 % des espèces vivantes de la Terre de l'époque...

NATURE

Hébergeant plus de 10 % des espèces animales et végétales de la planète, le Mexique fait partie des pays reconnus comme mégadivers. Une richesse biologique qui s'explique par une situation géographique particulière, en pleine zone intertropicale et entre deux océans. Longtemps isolée du reste du pays, la péninsule du Yucatán représente une grande part de cette biodiversité. Ses forêts tropicales, mangroves, lagunes, estuaires, plages et récifs coralliens sont l'habitat d'innombrables oiseaux et poissons aux mille couleurs, de tortues de mer, de crocodiles, de singes, de raies et de dauphins. Pumas, jaguars ou lamantins sont bien plus difficiles à voir, laissons-les tranquilles de toute façon ! La rencontre avec la vie sauvage n'est pas sans effet et doit respecter quelques règles élémentaires : ne pas déranger ou nourrir les animaux, ne pas polluer leurs écosystèmes, ou encore faire appel aux services d'agences locales responsables.

Une biodiversité exceptionnelle

La péninsule du Yucatán présente une grande variété de végétations, avec des forêts tropicales sèches et des savanes dans le centre et le nord-ouest de la péninsule, des forêts tropicales humides et inondables dans le sud, et des zones de mangroves et de marais sur les côtes. 2 300 espèces de plantes vasculaires ont été recensées, dont 5 % sont endémiques et 680 font l'objet d'usage médicinal. La péninsule du Yucatán est l'habitat de 543 espèces d'oiseaux, de 118 de reptiles et 60 de chauves-souris. La région est aussi le refuge de nombreux mammifères en voie d'extinction, comme le jaguar, le singe-araignée, le tapir, ou le tamanoir. Pour protéger la faune et la flore, terrestre et marine, 25 zones protégées (réserves de biosphère, parcs nationaux, aires de protection de la faune et de la flore et sanctuaires) ont été créées représentant plus de 8,5 millions d'hectares. À cela s'ajoutent les réserves naturelles privées gérées par des communautés ou des organismes de protection de la nature.

À vos jumelles et appareils photos !

La plupart des réserves et parcs naturels sont ouverts au public. Accompagné de guides locaux, il est possible d'y observer une grande quantité d'espèces. Voici une liste non-exhaustive des principaux animaux que l'on peut observer au gré de ses pérégrinations dans la péninsule.

- **Oiseaux.** La péninsule du Yucatán compte 543 espèces d'oiseaux, soit plus de la moitié de l'ensemble des espèces recensées dans tout le Mexique. Les *birdwatchers* ont donc de quoi se faire plaisir avec de nombreuses espèces endémiques, et d'autres migratrices qui débarquent du nord du continent durant l'hiver. Pour les oiseaux marins, direction Isla Contoy, petite île vierge considérée comme le plus important refuge d'oiseaux des Caraïbes mexicaines, avec plus de 150 espèces répertoriées (frégate, cormoran, pélican café, héron, etc.). Du côté du golfe du Mexique, dans les réserves de biosphère de Ría Celestún et de Ría Lagartos, la vedette est le flamant des Caraïbes (*Phoenicopterus ruber ruber*). Cette espèce de flamant rose est grande et très colorée. Son rose vif est proche du rouge, en raison de son alimentation composée de crevettes et de larves riches en carotène. Ces estuaires sauvages sont aussi l'habitat de centaines d'autres espèces d'oiseaux. Les sites archéologiques sont également de bons lieux pour les *birdwatchers*, mais surtout à l'aube ou au crépuscule, quand les touristes ne sont pas là. Cobá en pleine forêt humide est parmi les plus intéressants d'un point de vue ornithologique. On peut y observer par exemple le Toucan à carène (*Ramphastos sulfuratus*) avec son joli bec en forme de banane, et de nombreux perroquets.

Parque Natural del Flamenco Mexicano, Celestún.

DÉCOUVRIR

© ITALIANSIGHT - ISTOCKPHOTO.COM

Ponte des tortues.

La guacamaya (*Ara macao*) avec son plumage rouge, jaune et bleu, fait partie des plus beaux oiseaux du monde. Un oiseau en grave danger d'extinction à cause du braconnage et de la destruction de son habitat. Il nécessite en effet de vastes forêts humides. La réserve de biosphère de Calakmul est l'un des meilleurs endroits pour l'apercevoir. On pourra y trouver également une espèce d'aigle dont l'envergure peut atteindre 2,20 mètres, le Harpie féroce. Considéré comme le rapace le plus puissant au monde, il se nourrit principalement de singes et de paresseux qu'il attrape dans la canopée… Dans la réserve de Calakmul, il est également possible, toujours avec l'aide de bons guides ornithologues, de voir le superbe quetzal, l'oiseau mythique des Mayas. Quant au Motmot à sourcils bleus (*Eumomota superciliosa*), *Toh* en maya, c'est un bel oiseau coloré dont la queue est séparée en deux avec une partie dépourvue de plumes. Lorsque le Motmot est posé, il remue la queue comme un pendule, d'où son surnom d'oiseau pendule. Vivant généralement à proximité des cénotes, il était un indicateur de la présence d´eau pour les Mayas qui lui ont dédié plusieurs légendes. Le Toh est aussi devenu l'emblème du *Festival de las Aves Toh* (www.festivalavesyucatan.com). Cette rencontre ornithologiste annuelle organisée depuis Mérida propose des concours de dessins et de photos d'oiseaux, des conférences et ateliers, et le traditionnel marathon *Xoc Ch' Ich'* (xoc signifie « compte » et ch'ich', « oiseau »), organisé en novembre, qui a pour but d'identifier le maximum d'espèces d'oiseaux dans un temps déterminé.

Mammifères. Les forêts tropicales de la région sont l'habitat de tatous, coatis, paca (*agouti*), écureuil arborescent (*ardilla arbórea*), opossums (*zarigüeya*), cerf à queue blanche (*venado de cola blanca*), tapir, fourmiliers (*oso hormiguero*), singe-araignée (*mono araña*), singe hurleur (*mono aullador*), entre autres. Les félins tels que jaguarundi, tigrillo, puma, ocelot et jaguar, ont besoin de grands territoires non fragmentés pour survivre. Le jaguar (*balam* en maya) est l'animal mythique des Mayas, lié à la nuit et à l'inframonde. Il ne resterait plus que 4 800 individus au Mexique, dont un tiers dans la péninsule. Le plus gros félin du continent vit dans les réserves de biosphère Calakmul, Ría Lagartos, Ría Celestún, Sian Ka'an et quelques autres zones de protection. Quant au lamantin (*manatí*), il est également très rare. Ce gros mammifère aquatique herbivore, surnommé « vache de mer », vit dans les lagunes et marais côtiers des Caraïbes.

Reptiles et amphibiens. Iguanes, lézards, grenouilles… sont faciles à voir dans la péninsule, notamment dans les réserves de Río Lagarto, Celestún et Sian Ka'an. Gare aux crocodiles (*lagartos*) que l'on peut croiser dans la mangrove, sur les plages proches de zones marécageuses, ou même dans certains cénotes, où ils deviennent de vraies mascottes ! Les attaques sont rares, mais pas impossibles ! Leur présence est indiquée en général. Autre reptile devant lequel on ne fait pas trop le malin : le serpent. 57 espèces ont été recensées dans la péninsule du Yucatán, mais seulement 5 sont potentiellement dangereuses. Les serpents ont toujours éveillé la fascination, forgeant admiration et respect. Chez les Mayas, Kukulkán, le fameux « serpent à plumes » est la divinité de la résurrection et de la réincarnation. Il est notamment représenté en bas de l'escalier nord de la pyramide de Kukulkán de Chichén Itzá. Quant aux tortues marines, la péninsule du Yucatán est le lieu de nidification de 4 espèces sur les 7 présentes dans le monde : tortue imbriquée (*Eretmochelys imbricata*), tortue verte (*Chelonia mydas*), caouanne (*Caretta caretta*) et tortue luth (*Dermochelys coriacea*). On peut les croiser lors d'une plongée au large, ou même nager avec elles dans la baie d'Akumal. Il faut prendre énormément de précautions pour les observer sur les plages quand elles viennent pondre. Pour cela, partez avec une organisation responsable et respectez scrupuleusement ses instructions, pour ne pas mettre en danger le délicat processus de nidification. Les tortues viennent aussi bien sur les plages du golfe du Mexique (Laguna de Terminos, Rías Celestún et Lagartos…) que sur celles des Caraïbes (Holbox, Isla Contoy…). Des programmes de volontariats pour les protéger sont proposés, notamment par la fondation Pronatura (www.pronatura-ppy.org).

Insectes. Ils sont rarement recherchés par les touristes ! Les plus appréciés sont sans doute les papillons (*mariposa*). Parmi les dizaines de milliers d'espèces de la péninsule, le morpho est l'une des plus faciles à apercevoir, en raison de son envergure (20 cm pour les plus grands) et de sa couleur bleue lumineuse. En réalité, les morphos ne sont pas bleus, c'est le reflet de la lumière sur les minuscules écailles de ses ailes qui donne cette couleur. Quant aux abeilles, l'une d'elles est particulièrement importante au Mexique : la mélipone (*melipona*). L'« abeille sacrée des Mayas » est charmante avec ses yeux bleus et son absence de dard ! Le rêve de tout apiculteur : elle ne pique pas, produit beaucoup et donne un miel d'excellente qualité !

Plonger avec les requins et chasser le poisson-lion !

La vie marine autour de la péninsule est variée et colorée. Que ce soit dans la mer des Caraïbes ou dans le golfe du Mexique, on y trouve des poissons aux couleurs spectaculaires, des tortues marines, des dauphins, des mérous, des barracudas, des poulpes, des murènes, des requins...

C'est surtout côté Caraïbes que les plongeurs se feront plaisir. Au large d'Isla Mujeres, d'Isla Contoy et de Holbox, de mi-janvier à fin février, une migration massive de sardines (« sardine run ») attire dauphins, thons et les magnifiques poissons-voiliers, les poissons les plus rapides au monde ! De la famille des marlins, ils mesurent 2 à 3 mètres, et leurs mâchoires se terminent par un long rostre aiguisé. Le poisson-voilier doit son nom à sa nageoire dorsale en forme de voile, qui lui permet d'atteindre la vitesse folle de 110 km/h ! L'autre événement majeur de cette zone se déroule entre mai et septembre, avec la présence des requins-baleines qui viennent se nourrir de plancton et de minuscules œufs de thon. Le requin-baleine est le plus grand poisson au monde, il peut atteindre 20 mètres de long et peser 30 tonnes. Avec sa bouche gigantesque, ce requin (appelé baleine uniquement pour sa taille) se nourrit principalement d'algues, de planctons et de micro-organismes. Le géant placide est totalement inoffensif pour l'homme et les agences proposent de nager en sa compagnie.

Pour des sensations encore plus fortes, il faut descendre à Playa del Carmen. À 10 minutes de bateau de la côte se trouve l'un des rares endroits au monde où l'on peut côtoyer le redouté requin-bouledogue (auteur d'attaques fréquentes à La Réunion notamment, mais aucun cas recensé ici). La saison pour les voir est de mi-novembre à mi-février, mais décembre et janvier sont les meilleurs mois. Au même endroit, on peut apercevoir quelques raies pastenagues qui jouent à cache-cache dans le sable blanc.

L'île de Cozumel abrite les meilleurs sites de plongée de la région. Au milieu des coraux flamboyants, la vie marine est abondante : poissons-perroquets, poissons-anges, poissons-papillons, poissons-chirurgiens, tortues, mérous, requins nourrisses, barracudas, poulpes, murènes, langoustes, etc. Les raies aigles sont présentes au nord de l'île entre décembre et février.

Lors de vos explorations sous-marines, si vous croisez le poisson-lion (*pez león*), faites très attention à ses longues épines venimeuses le long de sa nageoire dorsale, la piqûre est très douloureuse. Mais cette espèce invasive originaire de la région indo-pacifique est surtout dangereuse pour les écosystèmes locaux. Sans prédateur dans les Caraïbes, elle prolifère à grande vitesse et provoque un déséquilibre écologique dans les récifs, aux dépens des espèces locales. Dans la péninsule du Yucatán, c'est la seule espèce autorisée à être chassée lors d'une plongée en bouteille. Ça tombe bien, sa chair est délicieuse et de nombreuses recettes sont diffusées pour encourager sa pêche commerciale !

Raie-aigle à Cozumel.

CLIMAT

Le Mexique, situé entre deux océans, présente un climat très varié, au gré des altitudes et des latitudes. La péninsule du Yucatán, la partie la plus orientale du pays, sans véritable relief et séparant deux mers, offre de la chaleur toute l'année, avec des pluies, du vent et de l'ensoleillement qui varient au fil des mois. Un climat tropical, plutôt uniforme sur l'ensemble des trois États mexicains de la péninsule. Quelques variations cependant, entre le littoral donnant sur le golfe du Mexique (États de Campeche et Yucatán), et la côte orientale, donnant sur la mer des Caraïbes (Quintana Roo). On peut partir à la découverte de la péninsule à n'importe quelle époque de l'année, mais certains mois seront à éviter si l'on craint la chaleur. La saison des pluies et certaines époques sujettes à d'éventuelles tempêtes tropicales seront aussi à prendre en compte dans la planification d'un séjour.

Sous le sunlight des tropiques

La péninsule du Yucatán, située au sud du tropique du Cancer, entre le 20e et le 21e parallèles, se trouve en pleine zone tropicale. La plus grande partie de la péninsule bénéficie d'un climat dit « tropical de savane » (selon la classification climatique de Köppen), qui se caractérise par des températures moyennes supérieures à 18 °C et deux saisons, sèche et humide, bien marquées. Une étroite frange côtière au nord des États de Campeche et Yucatán est de type « semi-aride chaud ». La pluviométrie varie là aussi selon la saison, mais les précipitations sont moindres que dans le reste de la péninsule. La saison sèche s'étend de novembre à février. La saison humide va de juin à octobre. Mars, avril et mai sont plutôt des mois de transition entre ces deux saisons.

© MARCOS REPPETTI - ISTOCKPHOTO.COM

Un destination agréable toute l'année.

La météo au fil des mois

En « hiver », de novembre à février, les températures baissent un peu, mais restent agréables : autour de 15-17 °C pour les minimales au petit matin, et de 28-30 °C pour les maximales en début d'après-midi. Les précipitations sont faibles mais il arrive qu'un vent frais venant du nord apporte un peu de pluie. *El norte* fait baisser sensiblement les températures, jusqu'à 10-12 °C la nuit et 20-22 °C la journée. Décembre et janvier sont les mois les plus frais et le ciel est parfois voilé. La hausse des températures commence à se fait sentir en février, surtout dans l'intérieur des terres et sur la côte ouest. Là, le thermomètre peut déjà dépasser les 30 °C. Mais gare au *norte*, toujours susceptible de se pointer (jusqu'à la mi-mars) pour faire perdre 10 degrés en quelques heures !

Au « printemps », de mars à mai, les températures s'élèvent franchement, surtout dans le Campeche et le Yucatán, avec un ensoleillement important. En avril et mai, on dépasse facilement les 35-40 °C. Une chaleur lourde, difficile à supporter, en particulier quand on explore les ruines mayas de l'intérieur, ou que l'on gambade dans les rues de Mérida. Cancún et la Riviera Maya sont un poil plus supportables.

Dans toute la péninsule, les orages sont plus fréquents à mesure que l'on se rapproche de la saison des pluies. Juin, juillet, août et septembre sont chauds et davantage pluvieux (mais le soleil est toujours présent une bonne partie de la journée). Les averses, intenses, arrivent généralement dans l'après-midi ou en soirée, et inondent les rues. Il est donc recommandé de se lever tôt et de profiter à fond de son début de journée avant l'arrivée des orages. Heureusement, les averses durent rarement plus d'une heure ou deux et rafraichissent une atmosphère étouffante. En plus, le ciel qui prend une couleur d'encre avant l'orage, offre à chaque fois un spectacle magnifique !

© SOFT_LIGHT - SHUTTERSTOCK.COM

Tempête à l'approche à Tulum.

Et la température de l'eau dans tout ça ? Elle est toujours très bonne : autour de 24-26 °C au plus frais de l'hiver, et autour de 28-30 °C de mai à octobre, que ce soit côté golfe du Mexique, ou côté Caraïbe (une mer un poil plus chaude). L'eau est plus fraîche dans les *cenotes*, mais c'est plutôt un avantage quand il fait 40 °C !

Alors, quelle est la meilleure époque pour découvrir la péninsule du Yucatán ? Cela dépend surtout de vos activités… Pour la visite des sites archéologiques et des villes coloniales, l'hiver est plus agréable, ensuite il fait vraiment très chaud. Pour buller sur la plage, la période de mars à juin-juillet est idéale. Plus tard, c'est très agréable aussi, mais il faudra tenir compte des précipitations plus fréquentes. Se méfier aussi de la survenue possible, rare cependant, d'une tempête tropicale ou d'un ouragan, qui pourrait gâcher des vacances bien méritées à l'ombre des cocotiers.

Hurakán, le dieu maya du vent et de la foudre

Le mot ouragan vient de *Hurakán* ou *Jun Raqan,* « une jambe » en langue maya. C'est le dieu du vent et de la foudre. Avec sa jambe humaine et sa jambe en forme de serpent, Hurakán provoque déluges et désolation lorsque les hommes se portent mal… Les hommes se portent mal en permanence, mais c'est entre juin et novembre, et surtout d'août à octobre, que les ouragans sont les plus destructeurs. Au-delà de la mythologie maya, les ouragans se forment quand la température de l'eau des mers ou des océans s'élève à plus de 26 °C, sur au moins 50 mètres de profondeur. Avec la chaleur, l'eau s'évapore et grimpe en altitude. La condensation créée au contact de l'air froid provoque une accumulation de nuages, qui sous l'effet des vents vont tourbillonner en spirale, autour d'un axe de rotation, l'œil du cyclone. Les ouragans dont le diamètre est de 200 à 500 km (parfois plus) se déplacent à environ 30 km/h selon la trajectoire donnée par des vents d'altitude. La péninsule du Yucatán est de temps en temps frappée par ces phénomènes météorologiques d'une extrême violence. Le voyageur qui visite la péninsule du Yucatán entre juin et novembre (et surtout entre août et octobre) devra donc suivre un minimum l'actualité afin d'anticiper la venue d'une tempête tropicale ou d'un ouragan. La différence entre les deux : la vitesse du vent. Entre 63 et 117 km/heure, on parle de tempête tropicale, au-delà c'est un ouragan. Dans l'Atlantique Nord, l'échelle de Saffir-Simpson classe les ouragans en cinq catégories : un ouragan de catégorie 1 a une vitesse de vent comprise entre 118 et 153 km/h. L'échelle augmente jusqu'à l'ouragan de catégorie 5 (comme Mitch, Katrina, Irma, José, Iota…) avec des vents à plus de 251 km/h. En 2005, la péninsule du Yucatán a subi le passage de plusieurs ouragans dévastateurs : Dennis, Emily et surtout Wilma. Ce dernier, qui passa en moins de 24 heures de tempête tropicale à ouragan de catégorie 5, balaya la péninsule les 21 et 22 octobre. La Riviera maya et l'île de Cozumel furent dévastées. L'ouragan (rétrocédé en catégorie 4 juste avant d'atteindre la péninsule) généra des vents de plus de 240 km/heure, des vagues immenses et des pluies diluviennes : 1 634 mm en 24h à Isla Mujeres, un record dans l'hémisphère Nord ! Bilan : 8 morts et des dégâts considérables. A Cancún, la mer a même avalé la bande de sable où se concentrent les hôtels. Pour éviter que les plages ne disparaissent, le gouvernement a dû remplir le front de mer avec des quantités énormes de sable retiré en eaux profondes, sans trop se soucier des conséquences écologiques dévastatrices…

ENVIRONNEMENT

La péninsule du Yucatán, entre golfe du Mexique et mer des Caraïbes, constitue un hot-spot de biodiversité. Le territoire compte un nombre important d'aires protégées qui abritent des écosystèmes exceptionnels. Des initiatives existent pour développer l'agro-écologie, lutter contre la déforestation ou développer l'écotourisme. Le Yucatán et la Riviera Maya présentent aussi un autre visage, celui de la bétonisation du littoral. Cancun, sortie de terre dans les années 1970, représente ainsi le symbole d'un tourisme de masse condamné à terme. Les plages de rêve ne sont maintenues qu'à un coût environnemental très élevé, qui menace les écosystèmes, dont les récifs coralliens. A cela s'ajoutent les effets du changement climatique qui accélère l'érosion côtière. Face à cette situation, des actions coordonnées sont nécessaires à l'échelle planétaire. Nous pouvons tous, à notre niveau, agir au quotidien et dans notre façon de voyager, pour limiter nos impacts environnementaux.

Parcs nationaux

De nombreux parcs nationaux, réserves naturelles, et autres aires de protection ont pour vocation la préservation des milieux naturels présents dans la péninsule du Yucatán.

- **Réserve naturelle de Sian Ka'an :** située au sud de la Riviera Maya et classée au patrimoine mondial de l'Unesco, elle protège des écosystèmes de mangroves, des plages de sable et des forêts tropicales, mais aussi une partie de la plus grande barrière de corail de l'hémisphère ouest. Elle abrite les *cenotes*, piscines naturelles qui recèlent une biodiversité unique, et les *petenes*, forêts tropicales qui émergent de zones marécageuses. La réserve tient lieu de continuum écologique entre ces différents écosystèmes permettant la préservation de la biodiversité.
- **Réserve de Ria Lagartos :** située au nord-est de la péninsule, elle protège des zones humides remarquables, incluant des mangroves et *cenotes* mais aussi des lacs (*las coloradas*) et marais salants de couleur rose. La biodiversité y est remarquable et on pourra y observer de nombreux oiseaux, comme des flamants roses, ou des crocodiles.
- **Parc national Arrecife Alacráns :** situé au nord du Yucatán et inscrit au patrimoine mondial de l'Unesco, il protège le plus vaste récif corallien du golfe du Mexique. L'une des îles qui constituent le parc est accessible par bateau et il est possible d'y faire du snorkeling.
- **Réserve naturelle des *cenotes* d'El Corchito :** située au nord de la péninsule, elle protège une biodiversité remarquable, associée aux écosystèmes de mangroves et *cenotes*.

De fortes pressions anthropiques sur les milieux

Les activités humaines sont responsables de la dégradation des milieux naturels et de l'érosion de la biodiversité, notamment l'agriculture, la pêche industrielle mais aussi le tourisme, par la pollution qu'elles génèrent, le changement d'affectation des sols, la surexploitation des ressources, mais aussi l'introduction d'espèces invasives.

- **Pollutions agricoles.** Les déversements d'azote et de phosphate liés à l'agriculture industrielle contribuent à perturber les écosystèmes des zones humides. Le recours aux pesticides a également participé à l'érosion de la biodiversité. La bonne nouvelle, survenue en janvier 2021, est la promulgation d'un décret interdisant d'ici à 2024 l'utilisation de glyphosate ainsi que la culture et l'importation de maïs OGM dans le pays.
- **Déforestation.** La déforestation qui a débuté pour la construction des bateaux au XVIIIe siècle, puis la création du chemin de fer au siècle suivant, est aujourd'hui principalement liée à l'agriculture, à l'élevage et au développement urbain, mais aussi aux coupes illégales. Ces activités mettent en péril la survie des forêts. Face à ce constat, des initiatives existent. Ainsi l'ONG Nukuch Kaax développe-t-elle des projets d'agroforesterie au Yucatán.
- **Le tourisme de masse.** Le tourisme de masse a lui aussi un fort impact environnemental. Il génère une artificialisation des sols et une fragmentation des milieux naturels via l'urbanisation quasi continue du littoral, notamment entre Cancun et Tulum. Un autre aspect, c'est la production importante de déchets et d'effluents aqueux, dont la gestion est déficiente et contribue à la pollution des milieux. On estime ainsi que les complexes hôteliers sont responsables de près de 95 % des eaux résiduaires à Cancun où les installations sont insuffisantes pour traiter quantitativement et qualitativement ces effluents avant rejet dans le milieu naturel, en

© BKAMPRATH - ISTOCKPHOTO.COM

Atèle, réserve de naturelle Sian Ka'an.

l'occurrence l'océan. Ce tourisme conduit également à une surexploitation des ressources, notamment halieutiques.

Cancun, ou la fin d'un modèle

Cancun représente le symbole d'un modèle touristique voué à disparaître. Créée ex-nihilo dans les années 1970 le long d'un littoral vierge, la station balnéaire est à l'origine de pollutions et de pressions sur les ressources naturelles, comme précédemment évoqué. L'urbanisation a induit une fragmentation des milieux naturels. Les grands complexes hôteliers jouent en effet un rôle de barrière, empêchant les échanges – notamment la circulation de l'eau – entre la lagune et la mer, contribuant ainsi à perturber les écosystèmes. Ils entravent également les vents, renforçant l'effet des vagues et l'érosion des plages, sur lesquelles se fonde la fréquentation touristique. Pour sauver les plages – et le tourisme – des millions de tonnes de sable ont été acheminées par camions, créant non seulement une importante pollution atmosphérique et des gaz à effet de serre, mais aussi des déséquilibres naturels *in situ* et *ex situ*. Ces apports de sable contribuent également à fragiliser le récif corallien. A cela s'ajoute le changement climatique, qui accélère l'érosion côtière et pourrait contribuer à une survenue plus fréquente d'événements extrêmes, dans une zone géographique exposée aux ouragans (*Delta, Gamma* et *Zeta* en 2020). A terme c'est l'ensemble du site qui est menacé de disparition.

L'invasion des sargasses ou le symbole de la pollution planétaire

Les plages de la Riviera Maya sont confrontées périodiquement à l'échouage sur ses côtes de sargasses. La prolifération de ces algues brunes a des répercussions économiques directes sur le territoire (activités balnéaires et pêche), présente des impacts environnementaux (perturbation de la biodiversité locale) et des risques sanitaires pour les personnes exposées. Ce phénomène serait lié à l'agriculture intensive en Amazonie. La déforestation massive et l'utilisation intensive d'intrants – phosphates et nitrates – génèrent un lessivage des sols, dont les effluents se retrouvent dans le fleuve puis dans l'océan, où ils créent les conditions favorables au développement des sargasses. Les courants entraînent ensuite les algues jusqu'en mer des Caraïbes. Les brumes de sable issues du Sahara contribueraient également au déplacement des sargasses. Le réchauffement climatique pourrait quant à lui induire la survenue plus fréquente de ces brumes de sable. Face à cela, des barrages flottants sont mis en place au large des côtes. Mais il ne s'agit que d'actions curatives. Nous pouvons, par nos actions quotidiennes et nos choix de consommation, contribuer à la prévention des pollutions et à la lutte contre le changement climatique.

HISTOIRE

L'histoire du Mexique est fascinante. Elle commence il y a quelques millénaires, avec l'arrivée de peuplades nomades venues d'Asie, puis la naissance de grandes civilisations méso-américaines : olmèque, maya, toltèque et aztèque, parmi tant d'autres. Un monde de rituels, d'invasions, d'architecture, d'astronomie… Puis débarquent les conquistadors, emmenés par un certain Hernán Cortés qui soumettra l'empire aztèque en cinq ans. Les trois siècles de la période coloniale peuvent se résumer en trois mots : évangélisation, pillage et métissage. Le XIXe siècle, par indépendance, guerres civiles et interventionnisme du voisin étasunien et... de la France ! La célèbre révolution mexicaine marque le début du XXe, avec des personnages hauts en couleur comme Pancho Villa ou Emiliano Zapata. L'époque contemporaine voit s'installer un parti unique au pouvoir jusqu'en 2000 et l'impuissance d'un État corrompu face à des cartels devenus incontrôlables.

30 000-16 000 AV. J.-C.

Les premiers peuples d'Amérique

Durant la dernière ère glaciaire, des *Homo sapiens* traversent la Béringie qui reliait la Sibérie et l'Alaska. La date d'arrivée des premiers groupes humains sur le continent est régulièrement débattue au gré des découvertes. En 2007, des archéologues trouvent le plus vieux squelette humain du continent, dans une grotte sous-marine près de Tulum (*Hoyo Negro*, Sac Actun). Naia aurait 12 000 à 13 000 ans. L'analyse ADN des ossements confirme que les descendants des Indigènes actuels sont bien arrivés d'Asie.

7000-2500 AV. J.-C.

La « domestication » du maïs

Les tribus nomades se dédiaient à la chasse, à la pêche et à la cueillette. La découverte de la culture de la courge, du haricot, du piment, et surtout du maïs, va favoriser l'organisation de sociétés plus sédentarisées, prémices des civilisations méso-américaines.

2500-500 AV. J.-C.

Les Olmèques

Du développement des échanges entre sociétés sédentarisées va naître la première civilisation du continent, celle des Olmèques. Apparue sur le littoral du golfe du Mexique, à San Lorenzo (Veracruz) et La Venta (Tabasco), elle va s'étendre jusqu'à des régions lointaines : Tlatilco (Mexico), Chacatzingo (Morelos) et sur la côte pacifique. Cette civilisation aux sculptures de têtes colossales et énigmatiques, va disparaître cinq siècles avant notre ère. Son organisation théocratique, ses rituels et le culte du jaguar, la construction de sanctuaires, ses glyphes et son calendrier basé sur la connaissance des astres, vont grandement influencer les civilisations ultérieures.

© ZBIQ - SHUTTERSTOCK.COM

Statue Olmèque.

500 AV. J.-C.-200 AP. J.-C. L'architecture, la sculpture, la céramique, ou l'astronomie, vont évoluer avec l'apparition de royaumes régionaux. La cité antique de Monte Albán sera le cœur de la civilisation zapotèque qui s'épanouira dans la vallée d'Oaxaca. Cuicuilco deviendra le centre civil et religieux le plus important du haut plateau mexicain. Au sud, les Mayas édifient de grandes cités (Nakbé, El Mirador...), avec d'imposantes pyramides.

Teotihuacán, la cité des Dieux

200-650 Teotihuacán s'impose comme le centre politico-religieux de la région centrale. La cité prospère grâce à l'exploitation de l'obsidienne, une roche volcanique qui servait à la fabrication d'armes et d'outils tranchants. A son apogée, Teotihuacan est l'une des villes les plus peuplées au monde, avec plus de 150 000 habitants. Les Pyramides du Soleil et de la Lune, le Temple de Quetzalcóatl et la Chaussée des Morts, vont marquer l'histoire urbanistique de la Mésoamérique.

© BENEDEK

Pyramides de Teotihuacan.

650 La destruction de Teotihuacán et le déclin de cette civilisation correspond à la période de l'apogée maya (classique récent 600-900 après J.-C.).

L'empire toltèque

900-1200 La civilisation toltèque se développe autour de Tula, dans la vallée de Mexico. Ces « maîtres bâtisseurs » construisent des édifices à l'architecture majestueuse. Les Toltèques vénèrent les éléments dans une conception de type chamanique, mais Quetzalcoatl, le « Serpent à plumes » reste la divinité centrale. La civilisation toltèque va s'étendre du sud maya jusqu'au nord chichimèque. La destruction de Tula en 1168 marque le début de son déclin.

Fondation de Mexico-Tenochtitlan

1325 Guidés par Huitzolopotchtli, le dieu de la Guerre et du Soleil, les Aztèques (ou Mexicas), peuple nahua venu du Nord, fondent Mexico-Tenochtitlan sur une île du lac Texcoco. La ville est quadrillée autour du Templo Mayor, pyramide dédiée à Huitzolopotchtli et à Tlaloc (Dieu de la pluie). Dans ce milieu lacustre, on cultive maïs, haricot, courge, amarante, chia...

L'Empire aztèque

1426-1521 Tenochtitlan s'allie avec les cités voisines de Texcoco et Tlacopan, pour former la Triple Alliance et conquérir de grands territoires, notamment sous le règne de Moctezuma. Le seul empire à pouvoir rivaliser est celui des Tarasques de Michoacán, dans la région occidentale. La société est organisée en castes, séparant les gens du commun (paysans, artisans, commerçants), des nobles et prêtres, qui gèrent les tâches de gouvernance et les cérémonies religieuses. On recourt aux sacrifices humains pour calmer la colère de dieux avides de sang. Les peuples soumis devaient fournir des vies humaines et une kyrielle de tributs (coton, textile, plumes de quetzal...).

DÉCOUVRIR

1511

Deux destins opposés

Une chaloupe de naufragés espagnols s'échoue dans la péninsule du Yucatán. Deux d'entre eux ne sont pas massacrés par les Mayas : Gonzalo Guerrero et Gerónimo de Aguilar. Le premier épousera une Indigène et luttera plus tard contre les Espagnols aux côtés des Mayas. Le second s'échappera en 1519 pour rejoindre l'équipage de Cortés, devenant son interprète de la langue maya.

1517-1518

Premières explorations

L'expédition de Francisco Hernández de Córdoba, partie de Cuba, explore la péninsule du Yucatán : Isla Mujeres, Punta Catoche, Can Pech... L'année suivante, Juan de Grijalva débarque à Cozumel, Zamná (Tulum) et dans la Baie de l'Assomption. Il rapporte de l'or et une grande nouvelle : un empire dans les hauts plateaux abriterait d'innombrables trésors...

1519

L'expédition d'Hernán Cortés

Hernán Cortés quitte Cuba à la tête de cinq vaisseaux. Cet aventurier de 33 ans va transformer une mission d'exploration en véritable entreprise de conquête. A l'embouchure du río Grijalva, les Espagnols affrontent les Indiens maya-chontales. Vaincus, ces derniers remettent aux Espagnols bijoux, tissus, peaux de jaguar... et vingt femmes esclaves nahuas. Cortés choisit Malintzin (ou Malinche). La jeune femme qui parle nahuatl, maya et bientôt l'espagnol, devient l'interprète de Cortés et sa conseillère de guerre. Cortés comprend vite qu'il peut jouer des divisions entre les peuples indigènes, dont beaucoup voudraient se défaire de l'emprise aztèque.

AOÛT-NOVEMBRE 1519

Rencontre entre deux mondes

En août, Cortés quitte la côte pour Tenochtitlan. L'expédition de 400 fantassins et 15 cavaliers dispose d'un armement limité. Mais le bruit de tonnerre de l'artillerie et des trompettes, les armures en métal brillant sous le soleil, et les chevaux (animaux inconnus dans ces terres), vont terrifier les Indiens qui voient se confirmer une prophétie : le retour de Quetzalcóatl sous les traits d'un homme blanc et barbu. Les conquistadors sont accueillis sans animosité à Tenochtitlan par l'empereur Moctezuma II.

30 JUIN 1520

La Noche Triste

Une révolte indigène qui fait suite à la tuerie d'une partie de l'élite aztèque par les Espagnols, oblige ces derniers à fuir dans la nuit la capitale aztèque, en concédant de lourdes pertes.

© NASTASIC - ISTOCKPHOTO.COM

30 MAI-13 AOÛT 1521

Le siège de Tenochtitlan

Avec l'aide des Tlaxcaltèques et de renforts espagnols, Cortés organise le blocus de Tenochtitlan. Des brigantins quadrillent le lac pour empêcher tout ravitaillement de la cité. La famine a raison de la résistance aztèque en quelques semaines. Le reste de l'Empire aztèque est écrasé en cinq ans.

LA CIVILISATION MAYA

NAISSANCE, APOGÉE ET DÉCLIN

Depuis leurs découvertes au XIXe siècle, les grandes cités mayas n'ont cessé d'intriguer les hommes. Cette civilisation était l'une des plus brillantes de son temps, les Mayas connaissaient mieux que personne les astres et avaient inventé des systèmes de calcul et d'écriture parmi les plus sophistiqués de l'histoire de l'humanité ; sans parler de ces immenses pyramides édifiées sans l'usage de la roue ou du métal ! La civilisation maya empreinte de mystères, fascine et continue d'interroger, à commencer par les raisons de son déclin.

L'émergence de la civilisation maya

Vers 2000 av. J.-C., l'agriculture primitive (maïs, courge, haricot, piment) a favorisé la sédentarisation et les échanges. De grandes avancées techniques et culturelles apparaissent : écriture en glyphes, calendrier maya, voûte en encorbellement… Les premières villes sont bâties au préclassique moyen (1000-350 av. J.-C.). Nakbé, El Mirador et Tikal, dans la région de l'actuel Petén, puis Kaminaljuyú dans les hautes terres, Chocolá et Takalik Abaj sur la côte pacifique, et Komchén et Dzibilchaltún dans la péninsule du Yucatán. La culture maya se disperse sur un tiers du territoire méso-américain, dans les actuels Mexique, Guatemala, Belize, Honduras et Salvador.

L'âge d'or

Les cités s'embellissent au cours de l'époque dite classique (250-900 apr. J.-C.). Il n'y a pas de capitale maya, mais une multitude de cités-États, chacune soumise au pouvoir d'un souverain (*halach uinic*) qui agissait au nom d'une divinité particulière. La société était très hiérarchisée : la classe dirigeante incluait les prêtres, les chefs militaires et les fonctionnaires chargés de collecter le tribut auprès des cités soumises, puis venaient les commerçants et artisans, les paysans, et enfin les esclaves et prisonniers de guerre. Le VIIe siècle est celui de l'apogée de Palenque, Yaxchilan, Tikal et Calakmul. Les édifices sacrés sont construits en harmonie avec les cycles solaires et astronomiques, et sont ornés de motifs géométriques et d'inscriptions datées. Sur les murs des temples et palais, sculptures et peintures narrent l'histoire des dynasties, qui sont aussi racontées en glyphes sur des stèles ou des feuilles en *amatl* (les fameux codex). Au début du millénaire, une partie des populations mayas abandonnent les cités des Basses-Terres du sud pour le nord de la péninsule du Yucatán. La région est contrôlée par les Itzaes, Tutul Xiúes et Cocomes, dont les cités respectives, Chichén Itzá, Uxmal et Mayapán, s'unissent en 1007 dans la « Ligue de Mayapán ». Chichén Itzá refondée vers l'an 1000 incorpore des éléments toltèques de Tula : portiques, piliers sculptés, *chac-mool*, et la représentation du Serpent à plumes, appelé ici Kukultán. Mais comme les autres, Chichén Itzá va décliner à la fin du XIIe siècle, après la guerre contre Mayapán. Cette dernière sera, elle, abandonnée après un soulèvement vers 1450.

Le déclin de la civilisation maya classique

À la différence des Aztèques, les conquistadors ne sont pour rien dans la disparition des grandes cités mayas, puisqu'elles ont été abandonnées bien avant leur arrivée ! Par contre, les colons et missionnaires de l'époque, fidèles à leur délicatesse habituelle, ont brûlé les documents écrits qui auraient pu expliquer ce déclin, les codex (seuls quatre ont été sauvés). La disparition des cités mayas suscite toujours des doutes. Les chercheurs ont néanmoins apporté quelques pistes. Le premier facteur probable est une guerre généralisée, avec des conflits toujours plus violents à la fin du classique (800-900 apr. J.-C.). Les archéologues ont noté que les cités étaient beaucoup plus fortifiées à cette période. Copán est en guerre avec Quiriguá, Tikal avec Calakmul, Palenque avec Toniná… Les prisonniers servent d'esclaves, ou sont sacrifiés lors de cérémonies rituelles très imaginatives. Si l'hypothèse d'un cataclysme climatique est généralement écartée, la pression humaine sur l'environnement semble être la principale raison de l'effondrement des grandes cités. La surpopulation a entraîné une surexploitation des sols, et donc leur appauvrissement, puis des famines et des guerres pour s'accaparer les ressources... La déforestation pour obtenir des terres cultivables, mais aussi pour produire le stuc (qui servait à blanchir les temples et chemins), a également dû jouer sur la baisse des précipitations et les longues sécheresses constatées à cette époque via l'analyse des stalagmites. C'est donc probablement une combinaison d'une crise écologique et de la guerre qui explique l'abandon des cités mayas par leurs habitants partis dans les campagnes.

1521-XVIᴱ SIÈCLE

De la conquête à la colonisation

Cortés fonde Mexico à l'emplacement de la cité aztèque. Le système de l'*encomienda* est mis en place, offrant aux colons une main-d'œuvre servile en contrepartie d'un devoir d'évangélisation. Les Indiens sont convertis de force au catholicisme, nouvelle arme d'acculturation massive. Un système de castes est établi : au sommet, les Espagnols « péninsulaires », puis les « créoles » (Espagnols nés en Amérique) suivis des métisses, et enfin des indigènes et des esclaves africains.

1523 Les premiers moines franciscains arrivent d'Espagne pour évangéliser les autochtones.

1527-1535 Les Mayas de la péninsule du Yucatán résistent avec succès aux différentes tentatives de conquêtes de Francisco de Montejo.

1535

Création de la vice-royauté de Nouvelle-Espagne

La Nouvelle-Espagne s'étend du sud des Etats-Unis actuels jusqu'au sud du Costa Rica. Sa capitale est Mexico.

1590-1650

Esclavage

Les esclaves africains sont amenés par centaines de milliers pour remplacer les 25 millions d'indigènes décimés en moins d'un siècle par la variole et d'autres virus, apportés par les Européens sur le continent.

1683 Des pirates hollandais pillent les cargaisons d'argent du port de Veracruz destinées à l'Espagne. À l'époque, la Nouvelle-Espagne est le premier producteur d'argent au monde.

1734-1737

Révolte des Pericúes

Ces indigènes nomades de Basse-Californie du Sud s'attaquent durant trois ans à plusieurs missions religieuses.

1761

Révolte de Cisteil

Rébellion maya menée par Jacinto Canek dans la péninsule du Yucatán. Torturé puis exécuté, Canek est toujours considéré comme un héros maya.

1759-1788 Réformes du roi Bourbon Charles III pour développer l'économie coloniale, afin d'accroître ses recettes fiscales et contenir le pouvoir grandissant des élites créoles.

1808

Poussées indépendantistes

Napoléon envahit l'Espagne. Le roi Ferdinand VII est destitué et remplacé par Joseph Bonaparte. La Nouvelle-Espagne reste fidèle à Ferdinand VII, mais certains créoles influencés par l'indépendance américaine (1776) aspirent à la propre indépendance du Mexique.

« El Grito de Dolores »

16 SEPTEMBRE 1810

Les « conspirateurs de Querétaro » préparent un soulèvement qui débute le 16 septembre : le curé Hidalgo sonne les cloches de l'église de la ville de Dolores et lance : « *Vive la Vierge de Guadalupe ! Vive Ferdinand VII ! A mort le mauvais gouvernement !* ». Dans son « Cri de Dolores », Hidalgo fait référence à Ferdinand VII uniquement dans le but de rallier le peuple à sa cause finale, l'indépendance.

© BPPERRY - ISTOCKPHOTO.COM

Statue de Miguel Hildalgo à Mexico.

La guerre d'indépendance

1811-1820

La guerre d'indépendance mobilise les masses métisses et indiennes face aux troupes royalistes. Les massacres ont lieu des deux côtés. Les principaux leaders à l'origine de l'insurrection sont maîtrisés et fusillés, Hidalgo est même décapité et sa tête exposée pour l'exemple. Le mouvement poursuit malgré tout sa lutte dans une guerre de guérillas, emmenée par deux chefs emblématiques : Guadalupe Victoria et Vicente Guerrero. Au bout de quelques années, les insurgés ne font plus le poids face à l'armée espagnole. Ils perdent par ailleurs le soutien des élites créoles, lassées par cette longue guerre civile.

Le plan d'Iguala

24 FÉVRIER 1821

En décembre 1820, lors de ce qui s'annonçait comme l'ultime bataille d'anéantissement des troupes de Guerrero, à Oaxaca, le général créole Agustín de Iturbide décide de se joindre à la cause rebelle, mais en leur imposant sa propre conception de l'indépendance, avec trois principes : l'indépendance, la religion catholique comme unique religion du pays, et l'égalité sociale entre Espagnols et créoles. Une indépendance basée en partie sur le modèle colonial, avec un poids de l'Église important, mais sans l'Espagne. Le « plan d'Iguala » est accepté par les rebelles. De là va naître l'Armée des Trois Garanties (pour les trois principes) emmenée par Iturbe.

Proclamation de l'indépendance

27 SEPTEMBRE 1821

Après d'impressionnantes démonstrations de force de l'Armée des Trois Garanties, le Vice-roi de la Nouvelle-Espagne, Juan O'Donojú, se soumet au retrait des troupes espagnoles en septembre. L'indépendance du Mexique est proclamée le 27 septembre et une junte emmenée par Iturbe est créée pour diriger le pays.

De l'Empire à la République

1822-1823

En mai 1822, le Congrès nomme Agustín de Iturbide à la tête de l'Empire mexicain. Mais l'empereur Agustín Ier doit abdiquer quelques mois plus tard face à une révolte de l'armée.

4 OCTOBRE 1824

Première Constitution du Mexique, qui devient une République fédérale.

1836

Avec la Constitution de 1835, les États fédérés deviennent de simples départements. Face au centralisme, le Texas, peuplé à 85 % de colons américains, déclare son indépendance.

AVRIL 1838 - MARS 1839

La Guerre des Pâtisseries

Dans les années 1830, beaucoup de commerces d'étrangers sont pillés. L'attaque d'une pâtisserie française en 1832 provoque un conflit inattendu entre la France et le Mexique, appelé « *Guerra de los Pasteles* ». Pour obliger le Mexique à indemniser son ressortissant, la marine française bloque le port de Veracruz durant 11 mois avec quelques combats.

1841-1843 ET 1846-1848

Indépendances éphémères du Yucatán

La Yucatán prend son indépendance avec l'appui des États-Unis à deux reprises.

1846-1848

Guerre américano-mexicaine

L'annexion du Texas par les États-Unis en 1845 déclenche la guerre américano-mexicaine, perdue par le Mexique qui cède la moitié de son territoire par le traité Guadalupe-Hidalgo de 1848.

1857-1861

La Guerre de Réforme

La constitution de 1857 et les réformes libérales provoquent la révolte des conservateurs soutenus par l'Église. Après la victoire libérale, le président Benito Juárez nationalise les biens du clergé.

1861-1867

L'Expédition du Mexique

Napoléon III envahit le Mexique et instaure en 1864 le Second Empire mexicain. L'objectif est d'installer sur le continent un contrepoids politique à l'impérialisme nord-américain, libéral et protestant. Maximilien de Habsbourg est proclamé empereur, mais les forces républicaines de Benito Juárez résistent. La pression des États-Unis fait fuir les troupes françaises et l'empire tombe peu après. Maximilien est fusillé.

1868-1872

La République de Benito Juárez

Benito Juárez est réélu président de la République en 1868, puis en 1871 jusqu'à sa mort en 1872, mandats sous lesquels il consolide le système d'éducation publique et laïque. Son histoire est bien connue du peuple mexicain : alors jeune orphelin et indien zapotèque de souche, ce dernier quitta la campagne à l'âge de 12 ans pour la ville d'Oaxaca, où sa sœur œuvrait comme servante dans la famille espagnole des Maza. Ne sachant pas parler l'espagnol, il travailla d'abord en tant que domestique et apprenti relieur pour Antonio Salanueva, qui, impressionné par son talent et son intelligence, l'aida à entrer au séminaire. Mais n'ayant aucune vocation pour la religion, il délaissa volontairement la théologie pour le droit et devint avocat spécialisé dans la défense des autochtones. C'est en 1847 qu'il accéda au poste de gouverneur de l'Etat d'Oaxaca puis à celui de ministre de la Justice, et c'est durant ce mandat qu'il conçut la première grande réforme du pays ; la loi Juárez.

1876-1911

Le Porfiriato

Le général Porfirio Díaz prend le pouvoir en 1876 par un coup d'État. Il le conserva pendant 35 ans. Après des décennies d'instabilité, les Mexicains aspirent à la devise « paix, ordre et progrès » du régime porfiriste, un pouvoir centralisé et quasi patriarcal. Le pays se modernise, mais la politique agraire se fait au détriment des petits paysans dépossédés de leurs terres. Plus de 12 millions d'entre eux iront travailler dans quelques centaines d'*haciendas*, comme ouvriers agricoles dans des conditions de quasi-servage. Révoltes et grèves sont réprimées dans le sang.

L'appel à l'insurrection de Madero

1910 Le libéral Francisco Madero élabore le Plan de San Luis Potosi, un manifeste qui clame la redistribution foncière et appelle au soulèvement contre la dictature porfiriste.

Les débuts de la révolution

1911 La révolution éclate. Elle fera deux millions de morts en dix ans. Des chefs révolutionnaires apparaissent, comme l'ancien bandit Francisco « Pancho » Villa, qui s'empare de Ciudad Juárez. Le mouvement s'étend. Porfirio Díaz démissionne et s'exile à Paris. Madero, élu président, démobilise les forces révolutionnaires. Mais la redistribution foncière promise tarde à venir. Emiliano Zapata, chef révolutionnaire de l'État de Morelos, lance le « Plan de Ayala » qui réclame la restitution immédiate des terres aux paysans spoliés.

La Décade tragique

9-18 FÉVRIER 1913 Lors d'une attaque du Palais présidentiel, le général Victoriano Huerta censé protéger le président Madero le fait arrêter, puis fusiller. Il fait de même avec le vice-président, Pino Suárez, et s'autoproclame président.

Guerres fratricides

1914-1916 La révolution reprend de plus belle. Les troupes de Huerta sont débordées face aux attaques de Pancho Villa, Álvaro Obregón, Venustiano Carranza et Emiliano Zapata. Mais des divisions apparaissent entre les révolutionnaires qui finissent par s'affronter dans des combats sanglants.

1916 Pancho Villa attaque la ville de Columbus (États-Unis) pour se venger du soutien des Nord-Américains aux troupes de Carranza et Obregón. C'est la dernière attaque militaire que les États-Unis ont vécue à l'intérieur de leurs frontières continentales.

La constitution de 1917

1917 Carranza fait adopter une nouvelle constitution qui instaure un État fédéral, laïc et anticlérical, et annonce des réformes agraire et sociales. Carranza est élu président en mai.

1919 Emiliano Zapata est assassiné sur ordre du président Carranza.

1920 Le président Carranza est assassiné par les hommes du général Herrera, proche d'Obregón.

1920-1924 Le président Obregón procède à la redistribution des terres tant attendue.

1923 Pancho Villa est assassiné alors qu'il avait officiellement renoncé à la lutte armée.

1924 Le président Plutarco Calles, qui succède à Obregón, poursuit les réformes sociales et anticléricales.

1926-1929

Guerre des Cristeros

Les réformes anticléricales déclenchent la révolte de l'Église catholique. Une guerre civile éclate entre les « *Cristeros* » et l'État. Elle fera 240 000 morts en trois ans, dont 150 000 civils. Un accord de paix est obtenu en 1929 grâce à l'entremise des États-Unis.

1928

Tout juste réélu, Obregón est assassiné par un militant catholique.

1929

Fondation du Parti national révolutionnaire, qui devient en 1946 le Parti révolutionnaire institutionnel. Le PRI va dominer sans partage la vie politique mexicaine durant sept décennies.

1934-1940

Sous le mandat de Lázaro Cárdenas, les conditions de vie s'améliorent, notamment la santé et l'éducation. Les relations avec l'Église s'apaisent et le pays se modernise.

1940

Léon Trotski assassiné à Mexico

Exilé politique au Mexique depuis 1936, Trotski est assassiné sur ordre de Staline par un communiste espagnol infiltré dans son cercle le plus proche.

1942

Seconde Guerre mondiale

Après le torpillage de deux pétroliers mexicains par des sous-marins allemands, le Mexique entre en guerre aux côtés des Alliés. Ses forces aériennes interviennent durant la Guerre du Pacifique.

1945-1970

La croissance économique et le niveau de vie augmentent, mais le PRI reste peu enclin à l'ouverture politique. Le clientélisme et la corruption maintiennent son emprise sur la société mexicaine.

2 OCTOBRE 1968

Massacre de Tlatelolco

Massacre de centaines d'étudiants qui manifestaient sur la place des Trois Cultures. Dix jours plus tard, s'ouvrent les Jeux Olympiques de Mexico.

10 JUIN 1971

Massacre de Corpus Christi

Nouveau bain de sang : 120 étudiants manifestants sont massacrés par un groupe paramilitaire, devant des forces antiémeutes restées passives.

19 SEPTEMBRE 1985

Tremblement de terre de Mexico

Mexico est secoué par un violent séisme de magnitude 8,2 sur l'échelle de Richter. Énormes dégâts, plus de 10 000 morts et 50 000 blessés.

1986

Mexico 86

16 ans après la coupe du monde de football Mexico 1970, où le Brésil de Pelé s'était imposé, c'est l'Argentine cette fois qui remporte la Copa. La « Main de Dieu » de Maradona, en quart de finale contre l'Angleterre, va marquer l'histoire !

Le PRI passe à droite

1988-1994 Politique néolibérale et clientéliste du président Carlos Salinas, avec des privatisations massives. Les membres les plus à gauche du PRI fondent en 1989 le Parti de la Révolution Démocratique (PRD). Mais le recours à la fraude électorale et aux assassinats politiques (notamment le candidat présidentiel Luis Colosio en 1994) maintient le PRI au pouvoir.

ALENA et EZLN

1994 L'accord de libre-échange entre le Canada, les États-Unis et le Mexique, entre en vigueur le 1er janvier. Le même jour, l'Armée zapatiste de libération nationale (EZLN) se soulève dans le Chiapas pour dénoncer les conditions de vie des indigènes et la politique néolibérale du PRI. La guérilla du sous-commandant Marcos devient un symbole de la lutte altermondialiste. Une guerre de basse intensité se poursuit les années suivantes, avec notamment le Massacre d'Acteal en 1997, où 45 Indiens sont assassinés par des groupes paramilitaires à la solde du gouvernement.

1997 Le PRI perd la majorité absolue à l'Assemblée. Cuauhtémoc Cardenas (PRD) remporte la mairie de Mexico.

2000 Vicente Fox du Parti Action Nationale (PAN), à droite, est élu président. Première élection présidentielle perdue par le PRI en 70 ans.

FÉVRIER-MARS 2001 Marche zapatiste du Chiapas, jusqu'au Congrès de Mexico.

La guerre contre les cartels

2006 Felipe Calderón (PAN) remporte la présidence avec 0,7 % de voix de plus qu'Andrés Manuel López Obrador (PRD). Mexico est paralysé durant 48 jours jusqu'au recomptage des voix. Calderón déclare la guerre au crime organisé. L'armée est envoyée dans les rues et des moyens considérables sont employés contre les barons de la drogue. Mais la situation empire, institutions et forces de sécurité étant profondément infiltrées.

2012 Durant le mandat présidentiel d'Enrique Peña Nieto (PRI), le pays aux mains des cartels devient toujours plus violent et la corruption explose.

Arrestation d'« El Chapo »

2014 La personne la plus recherchée au monde par le FBI et Interpol, Joaquin « El Chapo » Guzmán, chef du cartel de Sinaloa, est arrêté en février.

Les « 43 » d'Ayotzinapa

26-27 SEPTEMBRE 2014 À Iguala (Guerrero), les forces de police et l'armée font disparaître par un cartel 43 étudiants de l'école normale rurale de Ayotzinapa, qui voyageaient en bus. La version officielle est rejetée par les enquêtes indépendantes qui concluent que la police et le gouvernement sont directement impliqués dans cette affaire politico-mafieuse qui symbolise l'impunité et la collusion entre les institutions et le crime organisé.

11 JUILLET 2015

Évasion d'« El Chapo »

Déjà auteur d'une évasion rocambolesque en 2001, « El Chapo » s'évade par un tunnel partant de sa cellule ! Recapturé en janvier 2016, Guzmán est extradé aux États-Unis où il est condamné et emprisonné à vie.

7 ET 9 SEPTEMBRE 2017

La terre tremble

Deux séismes de 8,2 et 7,1 sur l'échelle de Richter font des centaines de morts dans les États de Chiapas, Oaxaca, Morelos et Puebla.

1ER JUILLET 2018

Élection d'AMLO

L'ancien maire de Mexico (2000-2005), Andrés Manuel López Obrador, candidat d'une coalition de partis de gauche (dont Morena qu'il a créé), remporte les élections présidentielles avec 53 % des voix, un record. La coalition obtient également une large majorité au Congrès et aux élections locales.

DÉCEMBRE 2018-2020

AMLO prend des mesures radicales d'austérité dans la vie publique, dont les fonds sont destinés à financer des programmes sociaux, hausse sensible du salaire minimum, lutte contre la corruption… Son approche dans la lutte contre le crime organisé n'a pas le succès espéré, la violence reste plus forte que jamais.

28 FÉVRIER 2020

Premier cas de covid-19 enregistré au Mexique.

9 MARS 2020

Un jour sans les femmes

22 millions de Mexicaines délaissent la rue, les bureaux et commerces, dans une « grève générale des femmes » pour dénoncer les violences et l'attentisme du gouvernement face à une vague record de féminicides.

1ER JUILLET 2020

ACEUM

Entrée en vigueur de l'Accord Canada–États-Unis–Mexique (ACEUM) qui remplace l'ALENA.

1ER JANVIER 2021

Précurseur

Le gouvernement mexicain bannit le maïs OGM et le glyphosate d'ici 2024.

14 JANVIER 2021

Impunité

Flambée de critiques au Mexique comme aux États-Unis après l'abandon des poursuites contre l'ancien ministre de la Défense, Salvador Cienfuegos, accusé de narcotrafic par Washington.

3 FÉVRIER 2021

Le Mexique devient le 3e pays le plus endeuillé au monde derrière le Brésil et les États-Unis. La contamination d'AMLO attise les critiques sur sa gestion permissive de la pandémie.

TOP 10

PERSONNAGES HISTORIQUES

Parmi tant d'autres, ces dix personnalités ont marqué l'histoire du Mexique, chacune à leur manière, de la fin de la période précolombienne, jusqu'à la révolution mexicaine, en passant par la conquête et les luttes indépendantistes. La plupart sont morts pour leur cause.

FRANCISCO MADERO

A l'origine de l'insurrection contre Díaz, il fut président au début de la période révolutionnaire.

© JOHAN10 - ISTOCKPHOTO.COM

CUAUHTÉMOC

Le dernier empereur aztèque ne put sauver Tenochtitlán de la conquête d'Hernán Cortés en 1521.

© ANDREA QUINTERO OLIVAS - SHUTTERSTOCK.COM

MIGUEL HIDALGO

Le curé auteur du célèbre « Grito de Dolores » qui marque le début du soulèvement indépendantiste.

© GEORGIOSART - ISTOCKPHOTO.COM

PANCHO VILLA

Cet ancien voleur de bétail devient l'un des chefs les plus puissants de la révolution mexicaine.

© NEFTALI - SHUTTERSTOCK.COM

HERNÁN CORTÉS

Célèbre conquistador qui a soumis le puissant Empire aztèque pour le roi Charles Quint.

© PICTORE - ISTOCKPHOTO.COM

BENITO JUÁREZ

Président qui résista à l'occupation française et restaura la République et ses valeurs libérales.

© CLU - ISTOCKPHOTO.COM

EMILIANO ZAPATA

Ce personnage charismatique est une icône de la révolution mexicaine et s'est marié au moins 27 fois.

© OJUP - SHUTTERSTOCK.COM

LA MALINCHE

Symbole de la trahison et mère du peuple mexicain, elle aida Cortés à conquérir l'Empire aztèque.

© WIKIMEDIA COMMONS

PORFIRIO DÍAZ

Ce général qui lutta contre l'intervention française dirige sans partage le pays de 1876 à 1911.

© MORPHART CREATION - SHUTTERSTOCK.COM

LÁZARO CÁRDENAS

Président de 1934 à 1940 il réalisa des réformes importantes notamment dans l'éducation et la santé.

© JOHAN10 - ISTOCKPHOTO.COM

LES ENJEUX ACTUELS

Le Mexique a connu un virage à gauche inédit en 2018. Andrés Manuel Lopez Obrador (AMLO) a hérité d'un pays en proie à de graves problèmes de violence, de pauvreté et d'inégalités sociales. Un pays dont les institutions et partis politiques souffrent d'un manque cruel de légitimité, résultat d'une corruption endémique et de la collusion d'élus de tous bords avec les cartels de la drogue, entre autres. L'ancien maire de Mexico, qui se réclame de figures progressistes comme Benito Juárez ou Lázaro Cárdenas, a annoncé une ambitieuse « quatrième transformation » du Mexique, après l'indépendance, la réforme et la révolution, qui ont marqué l'histoire du pays. Un immense élan d'espoir a accompagné son début de mandat, mais les mesures symboliques ou radicales prises n'ont pas montré le changement tant attendu. Certes, la Covid-19 est passée par là, ne facilitant pas les choses. AMLO reste malgré tout populaire, il a jusqu'en 2024 pour convaincre.

La lutte contre la corruption

Selon l'ONG Transparency International qui publie un indice annuel de perception de la corruption de 180 pays, le Mexique occupe la 124e place mondiale en 2021, et la dernière place des 37 pays membres de l'OCDE. La police est, pour 87 % des Mexicains, l'institution la plus corrompue, suivie des partis politique et de la justice. La corruption gangrène en effet tout le système socio-économique : passe-droits auprès des administrations, financement illicite des campagnes électorales, impunités... La Banque du Mexique a évalué en 2015 que le coût de la corruption pour les finances publiques (détournements, gaspillage de fonds publics...) représentait 9 % du PIB, soit l'équivalent de 80 % des ressources fiscales nationales ! La lutte contre la corruption a toujours été le cheval de bataille d'AMLO. Lors de ses conférences de presse matinales un brun populistes (les fameuses *mañaneras*), le président ne manque pas de dénoncer ce fléau qui touche toutes les strates de la société. Parmi les cas récents, trois anciens présidents de la République (Enrique Peña Nieto, Felipe Calderón et Carlos Salinas) ont été mis en cause en août 2020 par l'ancien directeur de Pemex (lui-même accusé), dans des pots-de-vin versés par Odebrecht, le géant brésilien de la construction, contre l'obtention de marchés publics. Seront-ils condamnés un jour ? AMLO a par ailleurs bien compris que pour réduire la corruption, il faut s'attaquer d'abord à la pauvreté et aux inégalités sociales. Les disparités sont telles, en effet, qu'il est facile pour un criminel de corrompre un policier pour qu'il fasse disparaître un corps, en lui versant l'équivalent de quelques semaines de salaire.

Réduire la pauvreté et les inégalités

Le Mexique traverse une situation délicate depuis la crise financière de 2008. Selon le FMI, la deuxième économie d'Amérique latine, au bord de

Le président mexicain Andrés Manuel López Obrador, dit AMLO.

Jeunes jouant dans la rue.

la récession en 2019, a vu son PIB augmenter d'environ 6,2 % en 2021, après avoir chuté de 8,4% en raison de la pandémie. En août 2022, l'inflation globale s'est accélérée pour atteindre 8,62 %, soit son plus haut niveau depuis plus de vingt ans. Si, dans l'ensemble, le plan de relance économique du Mexique en réponse à la crise de la Covid-19 a été efficace et l'économie du pays a progressivement rebondi, la pandémie a poussé des millions de Mexicains dans la pauvreté. Le nombre de personnes vivant sous le seuil de pauvreté a augmenté de 3,8 millions entre 2018 et fin 2020, pour atteindre 55,7 millions (43,9 % de la population). Selon le rapport de février 2021 du Coneval (organisme national d'évaluation de la pauvreté), la crise économique liée à la Covid-19 pourrait faire tomber 9,8 millions de personnes de plus dans la pauvreté (56,7 % de la population) et 10,7 millions de personnes de plus dans l'extrême pauvreté, c'est-à-dire que plus du quart de la population n'aura pas les revenus suffisants pour manger chaque jour (16,8 % avant la crise). Le gouvernement a fait le choix d'un déconfinement rapide pour enrayer la chute de l'économie et la destruction de millions d'emplois. Environ 60 % des Mexicains travaillent dans l'informalité, avec des revenus au jour le jour, et sans protection sociale. Ce sont les premiers touchés par la crise économique et les plus vulnérables sur le plan sanitaire et social. Heureusement pour certaines familles, les *remesas* (argent transféré par la diaspora mexicaine depuis l'étranger, principalement des États-Unis) ont amorti les conséquences de la crise. Elles ont atteint un niveau record en 2021 avec plus de 51,5 milliards de dollars, soit une augmentation de 27,1 % par rapport à 2020 qui établissait déjà un nouveau record historique.

Des cartels incontrôlables ?

Entre le début de la guerre contre les cartels lancée en 2006 et fin 2020, le Mexique a recensé 80 000 disparitions et près de 300 000 morts, dont 35 000 rien qu'en 2020 ! Avec un homicide tous les quarts d'heure, le Mexique est considéré comme le pays le plus meurtrier au monde après la Syrie. Il est aussi l'un des plus dangereux pour les journalistes, les femmes, les migrants, ou encore pour les étudiants, comme l'illustre l'affaire des 43 étudiants d'Ayotzinapa « disparus » en 2014 (mettant en cause la police, l'armée et une bande criminelle). La répression militaire contre les cartels a été contreproductive. L'arrestation de grands *capos* comme « El Chapo » Guzmán, n'a fait que diviser les clans et produire plus de violence. Désormais, ce n'est plus l'État qui fait la guerre aux narcos, mais les cartels qui s'en prennent à l'État quand celui-ci se met sur sa route. L'option du « laisser-faire », comme avant 2006, avec un pacte de non-agression entre groupes criminels et autorités politiques, n'est plus envisageable aujourd'hui, les acteurs locaux étant devenus trop puissants. Les cartels ne se contentent plus du trafic de drogue, ils ont aussi recours à d'autres trafics (traite humaine, bouteilles d'oxygène durant la pandémie !), aux enlèvements, au racket... Alors, comment enrayer cette dynamique ? AMLO a pris le parti de lutter frontalement contre la corruption et la pauvreté, terreau des bandes criminelles. Il a aussi créé une garde nationale, nouveau corps censé être purgé de la corruption. Mais contrairement à l'approche démilitarisée qu'il avait annoncée dans sa campagne pour lutter contre la criminalité, la garde nationale est dirigée par un militaire et bon nombre des recrues sont issues de la police fédérale et de l'armée… Quoi qu'il en soit, le bilan des deux premières années d'AMLO dans le domaine de la sécurité est le pire depuis 1997, avec environ 95 homicides par jour, et une impunité indécente : 90 % des crimes ne font même pas l'objet d'une enquête !

Une défaillance criante des institutions censées protéger le citoyen, qui engendre un sentiment général d'impunité, laissant place à tous les excès, y compris au niveau de la petite délinquance : on tue pour un simple téléphone sans être inquiété... Et les armes de guerre arrivent par millions des États-Unis (en cela le voisin du nord est moins réticent à fermer la frontière que pour les migrants qui arrivent dans l'autre sens !). Il va donc falloir du temps au Mexique pour éloigner la jeunesse désœuvrée des cartels, et du temps aussi pour faire le ménage au sein d'institutions profondément infiltrées. Encore une fois, il semble que la lutte contre la corruption fasse partie des armes les plus efficaces pour contrer le pouvoir des cartels.

La question migratoire au cœur des relations Mexique-Etats-Unis

Les relations politiques, économiques et culturelles entre États-Unis et Mexique ont toujours été très étroites. Sur le plan économique, les deux pays sont liés par l'Accord de libre-échange États-Unis, Mexique, Canada (ACEUM), qui a remplacé l'ALENA en juillet 2020. Plus de 80 % de la production mexicaine est exportée aux États-Unis, et on ne parle pas ici des tonnes de drogue (dans le sens sud-nord) et des millions d'armes (dans le sens nord-sud)... 36 millions de Mexicains vivent aux États-Unis, ce qui en fait la première communauté étrangère chez l'Oncle Sam. Des millions d'autres (et pas seulement des Mexicains) aimeraient les rejoindre, pour fuir la misère et la violence dans leur quartier. Le thème migratoire est un enjeu primordial dans les rapports Mexique-Etats-Unis. Avec l'arrivée au pouvoir de Donald Trump en janvier 2017, les relations se sont durcies. Celui qui traitait les Mexicains de narcotrafiquants, criminels et violeurs a fait construire un mur le long de la frontière et a même demandé au Mexique de le financer lorsqu'il s'est aperçu qu'il n'avait pas le budget pour le réaliser... Au final, le Mexique n'a pas donné un centime, et sur les 735 km de mur édifiés (sur 3 152 km de frontière), seuls 8 km l'ont été dans des zones où il n'y avait pas déjà une enceinte de protection ! Trump a été plus efficace avec ses pressions économiques en menaçant le Mexique d'instaurer des barrières douanières sur les produits mexicains en cas de non-coopération dans la lutte contre l'immigration. Sans marge de manœuvre, vu l'importance du marché nord-américain pour un Mexique déjà mal en point économiquement, AMLO a dû faire stopper les caravanes de migrants, venus par milliers du Guatemala, Honduras ou Salvador. La nouvelle garde nationale a été déployée à la frontière sud (Guatemala) et 180 000 migrants ont été renvoyés dans leurs pays d'origine. Obligé de stopper les migrants pour le compte des États-Unis, le Mexique a tenté de mettre en place des alternatives au tout répressif, avec des aides au développement destinées aux pays centraméricains. La prise de fonction du président Joe Biden en janvier 2021 a apporté une lueur d'espoir pour les migrants et un souffle nouveau à la relation entre les deux pays, dont les représentants sont désormais plus proches idéologiquement. Parmi les premiers décrets signés par Biden, il y a l'abandon du mur. Biden a également annoncé une réforme migratoire pour régulariser les 11 millions de clandestins présents sur le sol américain (dont la moitié de Mexicains). Il est également disposé à accompagner le Mexique sur les aides au développement en Amérique centrale pour contenir à terme l'exode migratoire.

© SYLVIE LIGON

Tropique du Cancer.

Un repositionnement du Mexique dans la géopolitique régionale

L'arrivée en décembre 2018 d'un parti de gauche au pouvoir, après trois décennies de politiques néolibérales, aura sans doute des conséquences géopolitiques en Amérique latine. La diplomatie mexicaine a pour l'instant fait preuve de neutralité sur beaucoup de sujets, mais ne reste pas les bras croisés. L'une des premières dispositions d'AMLO a été le retrait de son pays du groupe de Lima, une organisation multilatérale créée en 2017 pour trouver une solution à la crise politique au Venezuela. Le Mexique s'est positionné à contrecourant de la plupart des autres pays de la région en ne reconnaissant pas Juan Guaidó comme président légitime. Nicolás Maduro, comme les autres chefs d'État de la région, a par contre été invité à la cérémonie d'investiture d'AMLO en décembre 2018. La seconde intervention marquante du pays aztèque a été la proposition d'exil à l'ex-président de Bolivie, Evo Morales, dans la crise post-électorale d'octobre 2019, qui l'avait obligé à fuir le pays. Là encore, en soutenant Morales, le Mexique montre une position opposée à celle de l'Organisation des États américains (OEA).

ARCHITECTURE

La presqu'île du Yucatán offre des paysages à couper le souffle, écrins d'un patrimoine d'une richesse exceptionnelle, à commencer par les sites mayas, témoins de la splendeur d'une civilisation qui multiplia les prouesses architecturales, les pyramides en tête. Des premières missions aux allures de forteresses aux maisons colorées bordant les *Plaza Mayor,* en passant par les nombreuses églises d'inspiration Renaissance ou baroque, la presqu'île préserve également son héritage colonial. Au tournant du XXe siècle, tandis que les villes se font éclectiques, les campagnes gagnent un nouveau souffle avec les haciendas, indissociables de l'identité mexicaine. Aujourd'hui destination touristique prisée, la presqu'île se tourne vers une architecture alliant respect de l'environnement et rappel de son héritage traditionnel. Autant de trésors qui s'offrent désormais à vous, alors partez sans plus tarder à leur découverte !

Surprenante architecture maya

Les Mayas ont rivalisé de prouesses et d'audace dans l'édification de leurs impressionnantes cités-Etats. Ces cités ont connu une première période de prospérité, dite période classique, entre les IIIe et Xe siècles, puis, après le déclin de certains centres urbains, une seconde période d'effervescence, dite postclassique, entre les XIe et XVIe siècles. Leur puissante architecture de pierre est celle du pouvoir et de la religion et s'organise de manière très codifiée. La cité se divise en deux parties. Il y a d'un côté son cœur cérémoniel, auquel on accède le souvent par une arche, concentrant pyramides, temples, palais, jeux de balle, observatoires et citernes ou *chultunes*, l'ensemble s'organisant autour de grandes aires, à l'image des agoras. C'est le lieu de résidence des prêtres et hauts dignitaires. La population réside, elle, à l'écart de la cité, à proximité des champs découpés par des canaux d'irrigation et des murets de pierre, dans des huttes ovales et allongées, composées d'une seule pièce et faites d'une structure en bois sur laquelle repose une toiture de chaume. Un art d'habiter qui se perpétue aujourd'hui encore dans de nombreux villages mayas. L'ensemble de ces espaces, ainsi que les cités-Etats entre elles, sont reliés par des sacbés, des voies de circulation rectilignes, construites en calcaire et légèrement surélevées par rapport au niveau du sol. A cette maîtrise de l'urbanisme s'ajoute celle de l'architecture qui exprime toute sa splendeur dans les centres cérémoniels. Elle est d'autant plus extraordinaire que les Mayas ne font usage que d'outils extrêmement rudimentaires, en pierre ou en bois. Le matériau privilégié pour les constructions est le calcaire dont les Mayas relient les blocs à l'aide d'un mortier en calcaire pilé, avant d'élaborer une technique de taille de pierre permettant l'emboîtement des blocs entre eux. Les surfaces sont recouvertes de plâtre et peintes à l'aide de pigments minéraux et organiques. De façon générale, les édifices de la cité sont érigés sur des soubassements de pierre plus ou moins importants. L'édifice phare est la pyramide, surnommée *El Castillo*. Il ne s'agit pas d'une sépulture comme chez les Egyptiens, mais d'une plateforme sur laquelle est construit un sanctuaire. Une architecture verticale pour permettre de se tenir au plus près des dieux. A degrés, ces pyramides possèdent des escaliers à l'impressionnante déclivité, et des étagements en terrasses se réduisant progressivement dans un art consommé des proportions et de la perspective. Rien n'est laissé au hasard et astronomie et mathématique président à l'édification de chaque construction. C'est en particulier vrai pour les observatoires de forme arrondie, souvent munis d'escaliers en colimaçon, dont les ouvertures sont calculées pour permettre une observation précise des astres. Les Mayas sont le seul peuple d'Amérique à avoir largement utilisé la technique dite de la « fausse voûte », consistant en une superposition de pierres liées au mortier qui se chevauchent et finissent par se rejoindre, mais sans que la pierre centrale ne joue le rôle de clé de voûte pour soutenir l'ensemble, d'où le terme de « fausse voûte » ou voûte à encorbellement, et d'où le fait que les espaces dégagés par cette structure soient de faible hauteur. L'architecture maya possède également une grande richesse décorative, usant d'un style résolument épique. Les Mayas maîtrisent notamment l'art du bas-relief et de la mosaïque (fruits d'une production déjà standardisée et préfabriquée !) que l'on retrouve sur la totalité de la façade ou uniquement sur les crêtes et linteaux, soulignant ainsi la structure. Il existe plusieurs styles. Le style Puuc, dont le site d'Uxmal est connu pour être le grand chef-d'œuvre, se caractérise par des murs relativement sobres à leur base, mais dont la partie supérieure est ornée de complexes mosaïques alternant motifs géométriques, masques de Chaac (le dieu de la pluie) et entrelacs de symboles religieux, le serpent en tête.

© DMITRY EAGLE ORLOV - SHUTTERSTOCK.COM

La pyramide de Kukulcan.

Le style Rio Bec, que l'on retrouve sur le site de Xpujil (p.312) notamment, se caractérise par des plateformes et édifices tout en longueur flanqués de tours aux angles arrondis, allant souvent par paires et alors édifiées de façon parfaitement parallèle. Le style Chenes se reconnaît à ses façades entièrement recouvertes de masques Chaac, tandis que le site de Chichen-Itza met en lumière un style maya-toltèque entre sobriété des colonnes sculptées toltèques et richesse géométrique des linteaux mayas. La presqu'île du Yucatán abrite des centaines de sites mayas, sans compter tous ceux qui n'ont pas encore été découverts ! Mais parmi les plus étonnants, ne manquez pas : Tulum, unique exemple de cité construite en bord de mer et que l'on reconnaît à ses fortifications et murailles ; Uxmal avec son incroyable Pyramide du Devin et son Temple du Gouverneur aux proportions impressionnantes ; Chichen Itza avec sa Pyramide de Kukulcan (le dieu serpent) dont l'orientation a été pensée afin que l'ombre portée durant les équinoxes donne vie aux serpents qui la décorent, et son très bel observatoire ; ou bien encore Coba reliée aux autres sanctuaires par 40 sacbés et Kabah (p.195)et son arche richement décorée. Vous remarquerez également, sur de nombreux sites, la présence de plusieurs structures au sein d'un même édifice : cela est dû au fait que les Mayas reconstruisent toujours au même endroit, comme pour s'enraciner et perdurer dans une nature qui, elle, ne cesse de se transformer.

Héritage colonial

La première volonté des colons espagnols est d'évangéliser ce Nouveau Monde, les premiers témoins de leur présence sont donc des édifices religieux. D'abord de bois, d'argile et de chaume, ces édifices vont ensuite être édifiés en pierre et prendre l'allure de véritables forteresses avec tours crénelées et contreforts... Il faut impressionner les habitants du Nouveau Monde tout en protégeant les missions, véritables villes dans la ville, regroupant église, cellules des moines, école, hôpital, bibliothèque, jardins... Parmi les plus célèbres édifices à la silhouette fortifiée, notons : le couvent San Francisco de Campeche, le couvent de Muna, ou bien encore l'imposante église fortifiée non loin de Mayapan qui possède deux tours et même un chemin de ronde. Les premiers édifices sont très souvent bâtis sur d'anciens sanctuaires mayas, voire avec les pierres mêmes des anciens temples, généralement à proximité d'un *cenote* (comme les cités mayas), et disposent souvent d'une chapelle ouverte, comme pour mieux attirer les Mayas habitués, eux, à des cérémonies en plein air. Une étrange « cohabitation » entre compréhension des rites ancestraux des peuples originels et volonté farouche d'une assimilation forcée... Puis, progressivement, les édifices vont perdre leur aspect austère pour emprunter d'abord les atours de la Renaissance avec sa symétrie et son sens des proportions, comme le montre la cathédrale de Mérida avec ses portiques en façade et ses superbes voûtes en berceau libérant une impressionnante hauteur ; avant de suivre les codes plus exubérants du baroque, à grand renfort de pilastres cannelés, niches et colonnes engagées, même si, dans la presqu'île du Yucatán, le baroque se fait moins foisonnant que dans le reste du Mexique, les extérieurs restant relativement sobres. C'est à l'intérieur que se trouve la grande richesse décorative, la plupart des églises possédant de très beaux retables de bois doré. Le couvent Saint-Antoine de Padoue, à Izamal, est un beau mélange de ces influences. Bâtie sur le soubassement d'un ancien temple maya, son église domine les alentours, tandis que l'on ne peut qu'admirer le superbe atrium de 7 800 m² entouré par d'impressionnantes galeries à colonnades. En parallèle, les Espagnols édifient de nombreuses villes qui suivent le plus souvent un plan en damier dont les grandes avenues se rejoignent sur la *Plaza Mayor*, la place principale de la ville, bordée d'arcades et regroupant les grands édifices de la cité : cathédrale, palais municipaux... En matière résidentielle, l'architecture coloniale se fait fonctionnelle. Les maisons à un étage sont ainsi organisées autour d'un rafraîchissant patio, tandis que les espaces intérieurs privilégient une grande hauteur sous plafond permettant une meilleure évacuation de la chaleur. L'architecture civile connaît une évolution stylistique similaire à celle des édifices religieux, empruntant d'abord aux codes de la Renaissance, comme le montre la superbe façade de la Casa Montejo de Mérida (p.213) dont les conquistadors de pierre finement ciselés et les parures d'ocre et d'ivoire sont empruntés à la Renaissance plateresque en vogue en Espagne, avant de se faire baroque avec de belles façades colorées agrémentées de balcons et portails en fer forgé. Mais c'est à Valladolid que vous pourrez le mieux apprécier cette atmosphère coloniale. Ses ruelles colorées, son très beau couvent San Bernardino de Siena et sa place centrale ornée d'un superbe jardin lui ont permis de devenir l'un des *Pueblos Magicos* du pays… : le réseau des villages magiques ! L'architecture coloniale se fait aussi défensive. La plus belle représentante de cette architecture militaire est Campeche, unique ville fortifiée du Mexique, avec ses beaux remparts polygonaux munis de bastions et ses forts, tels ceux de San José et San Miguel. Le fort San Felipe de Bacalar, avec sa structure en étoile, en est aussi un beau témoin.

Effervescence éclectique

Entre la fin du XIXe et le milieu du XXe siècle, la presqu'île du Yucatán va connaître une étonnante effervescence architecturale. Les grandes familles s'étant enrichies grâce au commerce des ressources naturelles de la région, elles désirent désormais montrer leur nouveau statut. Manoirs, châteaux et petits palais urbains vont ainsi voir le jour dans les grandes villes. Les architectes en charge de ces constructions sont souvent français ou italiens, ce qui explique la présence de styles très européens. Pour admirer ces très belles demeures, c'est sur le **Paseo Montejo** (p.214), les « Champs-Elysées de Mérida », qu'il faudra vous rendre. Le Palacio Canton, avec ses colonnes doriques et ioniques, ses médaillons et son imposant escalier de marbre blanc est un bel exemple d'emprunts au baroque et à la Renaissance, intégrés à un ensemble aux lignes néoclassiques. Les théâtres aussi se font les témoins de cette effervescence architecturale. Avec ses portes en verre, métal et bois, ses rosaces de verre et ses miroirs ouvragés, le Théâtre Armando Manzanero est un superbe (et détonnant !) exemple d'Art déco. Ces familles aisées sont souvent les propriétaires qui gèrent les haciendas dont les cheminées traditionnelles ponctuent les campagnes. Il s'agit là de véritables complexes autonomes comprenant la *Casa Grande* ou maison du propriétaire aux allures de château français ou de manoir anglais, une chapelle, une école, une infirmerie, un cimetière, une prison, des maisons ouvrières, des jardins, vergers et champs de culture ; l'ensemble s'organisant autour d'une grande place centrale et de petits patios bordés de galeries à colonnades. Certaines de ces haciendas sont protégées de grands murs d'enceinte et de tours de guet, les transformant en véritables forteresses. Aujourd'hui, de nombreuses haciendas font l'objet de réhabilitation, se transformant en somptueux hôtels. L'hacienda Xcanatun à Mérida et l'hacienda San José Cholul à Tixkokob en sont de superbes exemples.

Renouveau contemporain

En 1956, le peintre et sculpteur Romulo Rozo imagine, à Mérida, l'Altar de la Patria, l'Autel du Peuple, monumentale rotonde d'inspiration maya parée de sculptures des grands personnages de la nation et de symboles mayas, et abritant une flamme éternelle, symbole de l'indépendance du pays… Une réalisation très symbolique, qui traduit le besoin d'un ancrage dans une tradition, dans un héritage. Même constat à Chetumal. Détruite par un cyclone en 1950, la ville est reconstruite, certes de façon raisonnée autour de grandes avenues, mais en laissant une grande place à l'influence caribéenne, que l'on retrouve dans les petites maisons jaunes, vertes ou bleues, rappelant ainsi la position unique de la presqu'île du Yucatán, nichée entre le golfe du Mexique et la mer des Caraïbes. Construite ex-nihilo à la fin des années 1960 pour satisfaire l'afflux touristique croissant venu des États-Unis, forêt de complexes hôteliers de béton, Cancun semble, elle, rompre ostensiblement avec l'histoire et l'héritage de la presqu'île. Et pourtant, au cœur de la partie la plus célèbre de la ville, la Isla Cancun ou Zona Hotelera, sur le site d'El Rey, c'est bien une petite pyramide maya que vous pouvez observer ! La Riviera Maya est jalonnée de nombreux complexes hôteliers comprenant moult golfs et marinas, et pourtant certains ont le mérite de maintenir un lien avec l'histoire, comme le parc éco-archéologique de Xcaret qui entoure les ruines de Polé, grande implantation côtière maya. Mais pour qui préfère le charme discret de l'authentique, mieux vaut s'écarter des zones très touristiques et profiter d'un écotourisme qui ne cesse de se développer et qui propose de séjourner dans des *cabanas*, petites cabanes en bois typiques des villages de pêcheurs que l'on reconnaît à leur couverture en feuilles de palme et aux hamacs qui se balancent à leur structure, ou dans des hôtels se fondant parfaitement dans la nature grâce à des matériaux naturels. Tulum en possède deux beaux exemples : le Jungle Keva Hotel avec ses toits en feuilles de palme et ses murs enduits de chukum, une biorésine locale, et le complexe Azulik dont on apprécie surtout la très belle galerie d'art, IK LAB, aux murs arrondis et couverts de plantes, et au sol mêlant surface lisse du béton et surface brute en bois. Faisant le lien entre tradition et modernité, les musées se multiplient dans la presqu'île. L'un des plus beaux est sans conteste **le Grand Musée du Monde Maya de Mérida** (p.213) par 4A Arquitectos/ XYZ tech, dont la façade formée de rubans métalliques entrelacés évoque le tronc et le feuillage du Ceiban, l'arbre sacré des Mayas. Un Palais de la Musique devrait bientôt voir le jour. Organisé autour d'un grand patio et possédant une belle toiture végétalisée, il s'intégrera harmonieusement à la ville. En 2023, Mérida devrait également accueillir l'Estadio Sostenible, grande arène imaginée par le cabinet d'architecture Populous, dont la façade circulaire s'inspire de l'anneau du jeu de balle maya, tandis que sa couleur blanche est un clin d'œil à « la ville blanche » comme est ainsi surnommée Mérida. La presqu'île du Yucatán n'a pas fini de nous surprendre !

BEAUX-ARTS

Les Mexicains possèdent une créativité débordante et une fibre artistique inégalable. Tout ce qu'ils touchent se transforme en art : leur maison, leur tenue, leur nourriture et même leurs traditions. Immensément inventifs, ils cultivent depuis des millénaires une relation extrêmement étroite avec l'esthétique. Leur artisanat coloré est reconnu à travers le monde, tout comme leurs grands peintres, photographes, dessinateurs et sculpteurs. Des personnalités emblématiques telles que le célèbre Siqueiros, la fascinante Frida Kahlo ou encore le leader du mouvement muraliste Diego Rivera ont marqué l'histoire du pays avec leurs idéologies progressistes et réformistes. A leur suite, chaque génération a repris le flambeau de la créativité pour l'emmener toujours plus loin sur la scène internationale. A présent, le Mexique occupe une influence prépondérante dans le milieu de l'art contemporain grâce à un réseau d'institutions respectées.

Art précolombien

Le Mexique attire les foules pour ses vestiges hérités des civilisations précolombiennes. Les sculptures et fresques mayas et aztèques, confectionnées à partir de pigments naturels (insectes, obsidiennes, plantes et résines) évoquent des civilisations qui restent auréolées de mystère. Le début de la reconnaissance de l'art préhispanique est marqué par la découverte des têtes colossales olmèques datant d'au moins 900 av. J.-C. Du côté des aztèques, la Pierre du Soleil, datée à 1479 et creusée dans un bloc de lave renvoie à de précieuses références de leur cosmogonie. Découverte par hasard en 1790, on peut maintenant l'admirer au Musée national d'anthropologie en plus d'une myriade d'autres tableaux et statues antiques. Et bien que les musées soient des lieux idéals pour contempler ces artefacts, il s'avère toutefois possible de rencontrer des œuvres précolombiennes dans des sites préhispaniques tels que Teotihuacán ★★, Bonampak ★★★, Uxmal ★★★★ (p.232) ou Cacaxtla ★, pour n'en nommer que quelques-uns. Les scènes représentées glorifient souvent les dieux et les sacrifices humains qui leur sont dédiés, ainsi que des figures anthropomorphes. Cette première période de l'art pictural mexicain est suivie par l'influence artistique apportée par les Espagnols.

Sculpture murale aztèque en pierre.

Art colonial

L'arrivée des Européens dans le pays marque une évolution significative des codes de l'esthétisme du Nouveau Monde. L'art baroque ne tarde pas à se développer partout dans le territoire. Des églises et monastères s'érigent en un temps record, et leurs façades, murs et parois se tapissent de scènes bibliques. De nouvelles techniques de peinture, de gravure, de coloration et de construction sont introduites et les talentueux artistes métis, maintenant chrétiens, se spécialisent dans les beaux-arts inspirés de la Renaissance italienne. Les représentations picturales restent avant tout un art au service de la religion. A cette époque, Juan Correa (1646–1716) et le peintre zapotèque Miguel Cabrera (1695-1768) sont considérés comme les artistes les plus influents de la Nouvelle Espagne. Les plus beaux exemples de monuments de cette période sont probablement la cathédrale de Zacatecas à Mexico, le Templo Santo Domingo à Oaxaca et l'église du même nom à Puebla. C'est finalement à l'aube de la révolution mexicaine que les traditions catholiques commencent à perdre en influence.

© CALI - ICONOTEC

Fresque de Diego Rivera au Palacio Nacional de Mexico.

Révolution picturale

La troisième période de l'histoire de la peinture mexicaine suit la révolution de 1910. La peinture de chevalet est délaissée au profit de l'œuvre murale. Ce phénomène pictural est soutenu par le gouvernement qui finance de jeunes artistes pour décorer les murs et façades des édifices publics. Trois peintres muralistes se démarquent : Diego Rivera, David Alfaro Siqueiros et José Clemente Orozco.

L'emblématique Diego Rivera (1886-1957) se forme aux Beaux-Arts de Mexico puis de Madrid. De 1913 à 1918, Rivera s'inspire du cubisme dans ses peintures de format classique mais il rompt bien vite avec ce courant pour revenir à la figuration. En 1920, il découvre en Italie un art de la fresque qui bouleverse sa conception de la démarche picturale. De retour au Mexique, il produit d'immenses peintures murales en employant des pigments traditionnels en cours à l'époque préhispanique. Il exécute sa première fresque, *La Création*, en 1922, pour la Escuela Nacional Preparatoria (Antiguo Colegio de San Ildefonso). Peintre prolixe, Rivera répond à des commandes officielles. Avec José Clemente Orozco, David Alfaro Siqueiros et Rufino Tamayo, il compose sur de vastes murs des œuvres aux couleurs vives et au style simplifié. Ce marxiste convaincu entend montrer au peuple l'étendue des maux qui rongent le Mexique. Par leur engagement social et politique, les muralistes participent à la construction d'une nouvelle identité mexicaine.

José David Alfaro Siqueiros (1896-1974) s'engage activement dans la révolution mexicaine et met son œuvre au service de ses engagements politiques. Contrairement aux autres artistes de sa génération, il reste optimiste quant à l'évolution du Mexique. Moins engagé que ces derniers, José Clemente Orozco (1883-1949) s'attache à retranscrire la condition universelle de l'homme, sans distinction de frontières. Pour Orozco, il s'agit de montrer au monde les souffrances engendrées par la guerre et toutes formes de violence. Dans ses œuvres sombres, il utilise des métaphores pour s'indigner contre la guerre, la corruption, l'injustice.

Autour des muralistes

Rufino Tamayo (1899-1991) appartient à la seconde génération des muralistes mexicains. C'est lors d'un séjour à New York qu'il découvre la peinture moderne et décide d'enseigner ce nouveau courant à Mexico. Dans son œuvre, le message politique s'efface au profit des formes abstraites et décoratives. Sa peinture souligne la difficulté des Mexicains à définir leur identité.

Le destin de Frida Kahlo (1907-1954) est intimement lié à Diego Rivera. Femme libre et moderne, elle n'a que 18 ans quand elle fait la connaissance de son futur mari, Diego, de vingt-deux ans son aîné, qui l'encourage sur la voie artistique. Dès lors, ils unissent leur engagement pictural et politique autour de leur attachement au Mexique. Ils se marient en 1929. André Breton décrira l'art de Frida Kahlo « comme un ruban autour d'une bombe. » Malgré les tentatives du pape du surréalisme, Frida refuse catégoriquement d'être assimilée à son groupe.

DÉCOUVRIR

Célèbre pour ses autoportraits, Kahlo est une artiste au style reconnaissable, à l'image de sa personnalité métissée et complexe. La Casa Azul (la Maison bleue), ou musée Frida Kahlo, située dans le centre de Coyoacán, est la maison natale de la peintre. L'amie du couple et photographe américaine Lucienne Bloch a souvent immortalisé les deux artistes, ensemble ou séparément. Parmi tous ceux qui ont fait le portrait de Frida Kahlo, Bloch a su capturer son humour et la solitude de ses souffrances.

Tradition photographique

Très tôt, la population mexicaine urbaine et rurale s'enthousiasme pour la photographie. C'est le cas d'Hugo Brehme (1882-1954) qui documente avec son daguerréotype, les traditions et la vie quotidienne des Mexicains en s'immisçant dans leur intimité. On lui doit notamment d'importants portraits d'Emiliano Zapata, principal acteur de la révolution. C'est ce dernier qui incite Manuel Álvarez Bravo (1902-2002) à se lancer dans la photographie. Autodidacte, il invente un genre qui combine le récit documentaire et imaginaire pour refléter l'identité collective. On pense aussi à la photographe et militante Tina Modotti, dont l'œuvre est saluée par les surréalistes français. Ses images poétiques représentent les coutumes des femmes mexicaines au début du XXe siècle et mettent en valeur la lutte pour le changement social. Dans sa lignée, Pedro Meyer (1935), pionnier de la photographie contemporaine, qui crée en 1994 le portail *ZoneZero*, le premier site Web dédié à la photo. Dans la liste des chasseurs d'images influents s'ajoute également le photojournaliste Pedro Valtierra (1955) qui a été témoin des guerres civiles d'Amérique centrale des années 1970-80 et des vagues migratoires qui se sont dirigées vers le Chiapas. Cette expérience le poussera à s'intéresser de près à la situation des minorités ethniques. Enfin, il y a les célèbres clichés du brillant New-Yorkais Spencer Tunick où plus de 18 000 personnes se dénudent en plein centre du Zócalo de Mexico : le purisme (ou la pudeur ?) à son paroxysme. En un mot, le 8e art mexicain semble bien plus engagé que glamour, puisqu'il expose les grands enjeux collectifs de notre histoire contemporaine.

L'art des rues

Le muralisme s'est doucement imposé comme un art populaire. Dans les années 1950, la « Generación de la Ruptura » rejette les valeurs du muralisme pour se tourner vers de nouvelles thématiques, plus cosmopolites. Leur objectif est d'élargir la liberté créatrice et d'accéder à une universalité picturale en créant des ponts avec leurs homologues européens. Bien entendu, l'art urbain s'inscrit dans le prolongement direct des premiers muralistes mexicains. Enraciné dans la culture populaire, il est tout sauf un phénomène de mode. Dans toutes les villes du Mexique, il continue de se mettre au service de la réalité quotidienne. Le *street art* connaît une explosion à Mexico entre 2010 et 2012. Il est désormais porté par les néo-muralistes menés par Saner, Cix ou Spaik, artistes de renommée internationale. Leurs fresques puisent dans les couleurs et les motifs des textiles, dans l'artisanat et les légendes locales. Désormais, les quartiers de Roma Norte et Condesa concentrent les pépites de l'art urbain. On peut apprécier des collages de Groenewold, des fresques de Simtheone et du très acclamé Jorge Tellaeche. Ses paysages oniriques élaborés dans des tons pastel autour de visages sombres sont d'une grande sensibilité. L'artiste s'investit dans des associations caritatives, en parallèle de commandes qu'il réalise pour de grandes enseignes. Dans les rues de la ville, les hommages aux femmes se succèdent sous toutes les formes possibles. Des messages laissés par Cristina Maya, originaire de Mexico, ou de Cuatrosiete, calligraphe de premier ordre, conjuguent mots et images.

De nombreuses œuvres murales sont issues de concours officiels. Pour cette occasion, la municipalité alloue un espace aux artistes mexicains avec pour mission l'éveil des consciences sur des thèmes essentiels, notamment l'environnement et les peuples autochtones. Parmi les centaines de fresques ainsi réalisées, la plupart sont soutenues par des sponsors, ce qui explique la présence de logo de marques à l'intérieur de celles-ci.

Art contemporain

Portée par des artistes phares de l'art contemporain comme Gabriel Orozco et Francis Alÿs, la génération d'artistes nés dans les années 1960 a secoué la scène artistique mexicaine. Le pays se distingue par ses nombreux collectifs d'artistes très actifs sur les scènes nationales et internationales. Leurs préoccupations et axes de travail peuvent être intimement liés à la situation d'urgence que vivent certaines régions du pays, mais ils développent aussi des thèmes plus généraux. Enfin, on assiste depuis quelques années à un renouveau de la *grafica* (gravure, lithographie, xylographie) dans de nombreux ateliers qui prolongent l'héritage de la *grafica popular* des années 1930 et 1940, mais cette fois pour créer des œuvres plus détachées de la lutte sociale qui prévalait l'époque. Au niveau de la scène locale, Mexico et Monterrey restent les places fortes du marché national, mais les villes frontières du nord (Tijuana, Ciudad Juárez) ainsi qu'Oaxaca sont de plus en en plus actives depuis les années 2000. A la fin des années 1980, Orozco monte le *Taller de los viernes* ou Atelier du vendredi qui participe à la formation d'artistes innovants. Parmi eux, Damián Ortega ou Abraham Cruzvillegas qui a récemment exposé au Carré d'Art de Nîmes. Par la suite, des artistes boudés par les institutions entreprennent de monter des espaces indépendants. Le premier, fermé depuis, fut la Panadería, de Yoshua Okón et Miguel Calderón. La génération suivante regroupe Minerva Cuevas, Tania Pérez Córdova, Mario García Torres, ou encore Martin Soto Climent, tous présents sur la scène internationale. Peu à peu, le marché de l'art contemporain évolue et voit émerger des collectionneurs mexicains. Parmi les galeries d'art qui donnent le ton, Kurimanzutto voit le jour à Mexico en 1999 sous l'impulsion d'Orozco. Tenue par le couple José Kuri et Mónica Manzutto, elle a commencé par représenter les artistes du *Taller de los viernes*. Un mélange d'artistes reconnus et de dynamisme typiquement local. Outre les galeries, les foires, les musées privés et les lieux alternatifs se multiplient de nos jours. Le Jumex, la foire Zona Maco qui réunit la crème des galeries, Proyectos Monclova ou encore Labor. La jeune Parque Galería a été montée par deux trentenaires désireux de faire entendre les artistes qui n'avaient pas voix au chapitre : leur artiste vedette Yoshua Okónmais mais aussi Allen Ruppersberg ou Didier Faustino. Le collectif Bikini Wax symbolise la formidable énergie qui fait de Mexico un épicentre des arts visuels. Depuis 2013, l'espace dirigé par Cristóbal Gracia invite des artistes de partout à investir les lieux. L'objectif ? Montrer l'art autrement. Car au Mexique, tous les styles s'épanouissent !

Art populaire

La richesse de l'art indigène mérite qu'on s'y attarde un instant. En effet, pour ceux et celles qui n'auraient jamais eu la chance de tomber sur des tableaux ou des sculptures de l'art Huichol, nous vous prions de bien vouloir considérer de faire la visite du Museo de Arte Huichol Wixárika à Guadalajara et du Museo de Arte Popular à Mexico. Pour ramener des œuvres à la maison, nous recommandons le Mercado de Artesanías ou encore la galerie Yawí de la capitale. Chose certaine, c'est qu'il n'y a rien comme la composition multicolore et symbolique de ces tableaux et sculptures psychédéliques. On pense par exemple au travail de la peintre et brodeuse Emeteria Ríos Martínez (1952-1994) qui évoque parfaitement la vision fantastique et mystique de cet art complexe. L'art Huichol (ou Wixárikas) provient des États de Jalisco, Zacatecas, Nayarit et Durango. Selon les anthropologues, chaque œuvre évoquerait des rites et symboles chamaniques et permettrait d'entrer en contact avec les dieux et le monde surnaturel. C'est pourquoi partout dans le pays, on retrouve leurs peintures au fil, leurs sculptures brodées de perles et leurs fameux *alebrijes*, petites figurines représentant des bêtes imaginaires (ces dernières viennent cependant d'Oaxaca).

MUSIQUES ET SCÈNES

Dense et intense concentration de civilisations, le Mexique a trouvé dans sa culture un terrain de confrontation, juxtaposition et mélange pour ces dernières. À commencer par les civilisations espagnoles et précolombiennes, deux grands piliers des expressions artistiques locales. Quiconque se rend au Mexique s'aperçoit instantanément quel amour le pays porte à la musique. Ici, elle est omniprésente. Dans les grandes villes, les chauffeurs de bus et les vendeurs ambulants n'hésitent pas à l'écouter à fond, afin d'en faire profiter les passants. Aussi, sur pratiquement toutes les places publiques du pays, des groupes de musiciens – les fameux mariachis - attendent qu'on sollicite leurs services. La musique mexicaine est aussi variée et surprenante que son territoire est vaste. Et il faut sans doute autant de temps pour explorer l'une que l'autre.

Les musiques et danses traditionnelles

À l'origine de toute musique mexicaine, il y eut celles des civilisations préhispaniques. Dépourvues d'instruments à cordes, ces dernières utilisaient seulement des percussions comme le *teponaztli* (tambour), des flûtes, crécelles, conques ou encore leurs voix. Certaines formes de musique préhispanique ont survécu jusqu'à nos jours, servant généralement d'accompagnement lors de danses rituelles, telles que l'impressionnante *Danza de los Voladores* ou la très ancienne *Danza del Venado*. Elles orchestrent aussi la *Danza de los Concheros*, moins authentique mais plus visible, car pratiquée quotidiennement sur les places du Zócalo et de Coyoacán à Mexico. Au cours de ce rituel, les concheros, qui sont vêtus à la manière aztèque, dansent en formant un cercle pour honorer les dieux de leurs ancêtres, au rythme du tambour et des bracelets de coquillages qui entourent leurs mollets. La *Danza de los Voladores* est quant à elle la plus épatante, voyant quatre danseurs l'exécuter suspendus par les pieds à un mât de 30 à 40 mètres et tournoyant au son d'un petit tambour et d'une flûte.

Depuis la colonisation espagnole, la musique mexicaine s'est construite autour de la musique indigène, mariant cette dernière aux divers imports hispaniques. En général – et ce depuis le XIXe siècle -, elle est traditionnellement interprétée par des ensembles géants dans lesquels les instruments à cordes prédominent, la guitare étant présente dans tous les sous-genres mexicains. Et des sous-genres, justement, le pays en est criblé, chaque région cultivant des esthétiques singulières.

▶ Un des exemples les plus notables se trouve dans l'État de Veracruz avec *el son jarocho*. Cette rythmique d'origine rurale a été importée par les Espagnols et puise ses influences dans la musique afro-cubaine des XVIIIe et XIXe siècles, les arpèges pincés rappelant les sons de la lointaine Andalousie. Les instruments de base de la musique *jarocha* sont la harpe, la *jarana*, une petite guitare à huit cordes qui dégoulinent de rythmes saccadés, le *requinto*, une petite guitare à quatre cordes, et la *tarimba*, une petite estrade en bois où les danseuses marquent le rythme du pied. Les ensembles *jarocho* sont fameux pour leur capacité à improviser des strophes adaptées à n'importe quelle situation. Les chanteurs s'exécutent alternativement, l'un entonne une phrase, l'autre y répond. L'air de son *jarocho* le plus connu est *La Bamba* – la fameuse chanson popularisée par la version de Ritchie Valens et le film américain du même nom. De nos jours, on rencontre ces ensembles *jarocho*, reconnaissables à leurs costumes blancs, non seulement à Veracruz mais partout au Mexique. À noter que certains artistes contemporains cherchent à faire revivre le son *jarocho* dans leurs morceaux comme Lila Downs ou le groupe *angelino* de revival Las Cafeteras.

▶ Toujours à Veracruz - mais aussi à Hidalgo, San Luis Potosí, Tamaulipas, Querétaro ou Puebla –, on peut entendre *el huapango*. Issue de la musique de chambre importée par les Espagnols, cette esthétique serait une adaptation de l'instrumentation d'origine européenne du XVIIe siècle aux traditions musicales indigènes, y apportant le chant (en voix de fausset) et le *zapateo* (roulements de talons sur le plancher). L'ensemble *huapanguero* traditionnel, appelé « trio huastèque », voit le violon assurer la ligne mélodique du morceau tandis que deux autres instruments à cordes soutiennent le rythme et l'harmonie. Le chant est, quant à lui, généralement assuré par deux voix en duo. Deux œuvres notables ont permis au *huapango* de toucher une audience dépassant les frontières mexicaines : le film *Les Orgueilleux* d'Yves Allégret en 1953 ainsi que la célèbre chanson *America*, composée en 1957 par Leonard Bernstein pour sa comédie musicale *West Side Story* (qui est un *huapango*).

© DOUGBERRY - ISTOCKPHOTO

Groupe de Mariachi mexicains.

Si elle est aujourd'hui populaire dans tout le Mexique, la *musica norteña* est par essence la musique du nord du pays. Un de ses signes distinctifs est le style *cow-boy* de ses ensembles, conviant tout une panoplie faite d'un chapeau haut aux bords étroits, d'une chemise à carreaux, d'un gilet en peau et de bottes. L'instrument principal est l'accordéon, auquel s'adjoignent guitares, contrebasses et percussions. Le chant est nasal et les textes parlent d'amour, des difficultés du quotidien ou de la vie des migrants. Tant au niveau du son qu'à celui du rythme, la *música norteña* affiche des similitudes avec certaines musiques européennes comme la polka. Avec plus de 32 millions de disques vendus et cinq Latin Grammy Awards remportés, Los Tigres del Norte sont de loin les plus grandes stars du genre. Ils se sont également rendus célèbres en popularisant l'un des sous-genres les plus sauvages de la *música norteña* : le *narcocorrido*. Ces chansons à la gloire des narcotrafiquants et de leurs exploits (violence, richesse, procès, etc.) ridiculisent également les forces de l'ordre dans leur texte et affolent les autorités qui ont cherché par le passé à les interdire. Sans succès, le *narcocorrido* est toujours aussi vivant et populaire au Mexique.

Parmi les autres formes régionales courantes dans le pays, citons la musique *abajeño*, esthétique traditionnelle des communautés indigènes de Jalisco, Colima et Michoacá ; les *Istmeños*, chants originaires des Zapotèques d'Oaxaca – notamment popularisés par la popstar Lila Downs ; le son *calentano*, une musique pour violon complexe provenant du bassin de la rivière Balsas, dans le sud du Mexique, ou encore le *son jalisciense*, originaire de Jalisco et de Colima et dont la musique mariachi dérive.

Justement, les mariachis, parlons-en : gigantesque tradition musicale du Mexique, les mariachis sont devenus avec le temps des emblèmes nationaux. Natif de l'Etat de Jalisco au XIXe siècle, ce genre folklorique synthétise une bonne partie des musiques régionales précédemment mentionnées et convie indifféremment musiques *ranchera*, *huapan*, polka ou encore *corrido*. En général, un groupe de mariachis se compose de violon, vihuela, guitarc, *guitarrón* (grande guitare basse) et d'une trompette. Reconnaissables à leurs *traje de charro* - grand chapeau brodé, pantalon orné de deux rangées de boutons en argent, veste courte et grande malla en guise de cravate – les mariachis sont visibles à peu près partout sur le territoire. À Mexico, leur lieu de prédilection est la Plaza Garibaldi. Si le genre a multiplié les grands noms au travers des générations, certains cultivent une aura particulière comme Jorge Negrete, Pedro Infante, Javier Solís, Alejandro Fernández, Aida Cuevas ou encore le groupe Mariachi Vargas de Tecalitlán (actif depuis 1898).

Pays amoureux de sa tradition musicale, le Mexique ne manque pas d'occasions ou d'endroits d'en écouter. À commencer par Cumbre Tajin, festival instauré en 2000 et qui depuis tâche de faire rayonner la culture totonaque via des concerts de musique traditionnelle (et contemporaine). Côté fête, la Feria De San Marcos est l'une des principales attractions de la ville d'Aguascalientes. Ce festival, dont les origines remontent au début du XIXe siècle, rend hommage aux spectacles de la culture populaire mexicaine et comporte de nombreux concerts. Notons également le festival de Son Jarocho de Tlacotalpan qui a lieu tous les ans fin janvier ou début février et demeure depuis un immanquable. Enfin, côté scène, à Morelia, le Cactux est un bar accueillant aussi bien des concerts de noise punk, de reggae que de musique traditionnelle.

La musique populaire

Si l'on veut pleinement embrasser la musique mexicaine, il est indispensable de connaître quelques icônes locales, à commencer par Lucha Reyes (1906-1944), autrefois surnommée « la mère de la musique *ranchera* ». Elle est aujourd'hui un des piliers du patrimoine musical mexicain. Autre immense icône, Juan Gabriel (1950-2016) incarne à lui seul le romantisme mexicain, traversant via son répertoire l'ensemble de la musique nationale, du ranchero au boléro en passant par la pop. Le succès de celui que les Mexicains surnommaient « El Divo » (masculin de « Diva ») a transcendé toutes les générations et classes sociales. Autre personnalité de la musique mexicaine, Paquita la del Barrio est la vedette des quartiers populaires et du public féminin grâce à ses textes abordant la misère, les violences domestiques ou l'infidélité. Plus récemment, c'est Natalia Lafourcade (née à Mexico en 1984) qui a (massivement) conquis le public avec sa chanson d'auteur, Lila Downs qui est devenue célèbre pour ses chansons en zapotèque, maya et nahuatl ou encore, plus rock, le duo Rodrigo y Gabriela qui a connu un carton mondial grâce à sa virtuosité à la guitare.

La musique classique

Entre les XVe et XVIe siècles, l'entreprise évangélisatrice espagnole draine dans son sillage de nombreux compositeurs et interprètes de la musique baroque alors en vogue en Europe. C'est à cette époque que Pedro de Gante (1480-1572) fonde la première école du genre à Mexico. Les villes de Mexico, Puebla, Oaxaca, Tepotzotlán et l'actuelle Morelia deviennent rapidement les fers de lance de ce style musical qui conserve toute sa force aujourd'hui. Au XIXe siècle, le Mexique est soumis aux mêmes influences que les autres pays occidentaux. En ce temps - celui de la présidence Porfirio -, ce sont la valse et la polka qui sont à la mode. Le plus connu des compositeurs de l'époque est sans aucun doute Juventino Rosas (1868-1894) pour son œuvre *Sobre las olas*, écho intense aux valses viennoises. Une période également marquée par Ernesto Elorduy (1853-1912), alors l'auteur de délicates *mazurcas* mélangeant la forme traditionnelle polonaise aux mélodies hispano-mexicaines et Ricardo Castro (1864-1907), compositeur des premières symphonies du Mexique moderne.

Le XXe siècle est celui de la reconnaissance pour les compositeurs et théoriciens locaux, qui emboitent le pas du modernisme alors en vogue en Europe : Julián Carrillo (1875-1965) est encore étudié de nos jours pour son approche et ses expérimentations instrumentales du microtonalisme (le « treizième son »). Mais à cette époque d'exaltation des racines locales sponsorisée par le gouvernement, ce sont surtout les compositeurs nationalistes qui retiennent l'attention avec leur style s'imprégnant de thèmes musicaux folkloriques ou populaires : Carlos Chávez (1899-1978) qui devient la figure de proue du nationalisme musical en créant le prédécesseur de l'Orchestre national symphonique et l'Institut national des beaux-arts ainsi que Silvestre Revueltas (1899-1940), considéré comme le compositeur le plus représentatif et le plus talentueux de sa génération. À partir de 1940, l'arrivée de nombreux réfugiés politiques au Mexique propulsent le paysage musical vers de nouveaux horizons. La musique mexicaine se pétrit d'avant-gardisme, portée par des compositeurs visionnaires tels que Mario Lavista (1943-2021), auteur d'opéras et de multiples essais, Manuel Enríquez (1926-1994), qui a développé un intense répertoire pour cordes et percussions accordant une importance primordiale à la texture de la musique, ou encore Julio Estrada qui fut l'élève de grands esprits tels que Boulanger, Messiaen, Xenakis ou Stockhausen. Plus récemment, c'est Javier Torres Maldonado (1968) qui s'est imposé comme le compositeur mexicain important de la musique contemporaine avec ses recherches sur la spatialisation du son et les illusions acoustiques.

Aujourd'hui, beaucoup d'interprètes mexicains figurent parmi les plus courus de la scène internationale, comme le ténor Rolando Villazón (1972), né à Mexico (et naturalisé français), Javier Camarena (1976), considéré comme le ténor des opéras impossibles, la mezzosoprano Cassandra Zoé Velasco (1990), spécialiste du bel canto. Citons également la chef d'orchestre Alondra de la Parra (1980), étoile à la fois confirmée et toujours montante de la scène internationale. En dépit de son jeune âge, elle est régulièrement invitée à diriger les plus prestigieux orchestres des cinq continents. N'oublions pas de mentionner non plus Simon Ghraichy, pianiste franco-libano-mexicain (né en 1985), futur très grand de son instrument.

Que les mélomanes se rassurent, au Mexique, les occasions ne manquent pas d'écouter de la grande musique. Par exemple, durant les fêtes de Pâques et la Semana Santa, le Festival Cultural de Zacatecas propose des concerts offrant une belle place à la guitare classique, à l'opéra et à la musique de chambre. Un peu plus tard dans l'année, en août, le Festival Internacional de Musica de Camara de San Miguel de Allende programme des concerts de chambre (d'envergure internationale) au théâtre Angel Peralta et dans les différentes églises de la ville. Encore un peu plus loin dans l'année, durant les deux dernières semaines de novembre, c'est le Festival de Música de Morelia qui propose de nombreux concerts de musique classique.

LITTÉRATURE

Il est vertigineux de constater à quel point la littérature mexicaine contemporaine est riche d'audace et de publications, combien elle a su s'ouvrir au monde et faire porter sa voix au-delà des frontières terrestres, comment elle s'est réinventée. Elle est finalement à l'image d'un pays qui possède une histoire intense, faite d'une colonisation extrêmement rapide et de multiples conflits, mais surtout d'une population qui n'a jamais hésité à remettre sur table les cartes de son identité pour tenter de définir, au plus près, ce qui constitue son âme collective. Du poète couronné par le prix Nobel de littérature Octavio Paz à la nouvelle génération qui s'incarne parfaitement sous les traits du désormais incontournable Jorge Volpi, chaque lecteur aura la possibilité de tenter de discerner entre les pages ce je-ne-sais-quoi qui marque à jamais la passion et la curiosité. L'insatiable littérature mexicaine se déguste et se dévore, dans le même élan.

Métissage et créolisation

En terre sud-américaine, la littérature n'a certes pas attendu l'arrivée des Conquistadors pour commencer à s'écrire comme en témoigne l'œuvre de Nezahualcóyotl, une poésie étrange qui chante Dieu tout autant que le destin de l'Homme et se découvre en français aux éditions Arfuyen. Le « Coyote famélique », fils du roi de Texcoco, serait né une année Un-Lapin, soit en 1402 selon notre calendrier, un peu plus de cent ans avant que les Espagnols ne franchissent l'océan et ne décident de s'emparer du territoire. Cette colonisation a une spécificité, très vite elle se pare d'une volonté de métissage. La Malinche, qui fut rebaptisée Doña Marina, est restée le symbole de cette ambiguïté qui marquera de son sceau le destin du pays. Cette femme, d'origine nahua, fut donnée à un colon, Hernán Cortès, dont elle eut un fils. Son rôle ne se limita pourtant pas à la maternité car elle servit d'interprète - ajoutant rapidement l'espagnol au nahuatl et au yucatèque qu'elle maîtrisait déjà - et bientôt de conseillère aux colons. Tour à tour considérée comme traitresse ou, au contraire, comme négociatrice qui a su préserver les siens, elle est aussi la mère d'un peuple en devenir et la traductrice, c'est-à-dire celle grâce à qui les langues se mêlent et le processus de créolisation se presse. Affublée de divers surnoms, elle est désormais un personnage mythique et ne cessera de resurgir dans l'imaginaire populaire.

Mais, pour l'heure, l'assimilation culturelle reste une priorité, du moins pour l'Église qui encourage l'implantation d'une technique fort récente, l'imprimerie, dans laquelle est vue la possibilité de fournir sur place les outils nécessaires à la conversion des peuples natifs. Mexico devient ainsi la première ville des Amériques où un ouvrage sort de presse dès 1539. Bien qu'il ne reste aucun exemplaire de ce tirage inaugural, il est dit qu'il s'agissait certainement de *L'Échelle céleste* de saint Jean Climaque. Malgré tout, c'est bien le Nouveau Monde qui inspire les premières œuvres originales, des chroniques nées, par exemple, sous la plume de Fernando Alvarado Tezozómoc, petit-fils d'un empereur aztèque, qui rédigea 110 chapitres sur le passé et la conquête du pays, ou de Fernando de Alva Cortés Ixtlilxóchitl qui s'intéressa, parmi tant d'autres choses, au peuple toltèque. Cultiver la mémoire n'empêche en rien de produire une œuvre littéraire, et c'est bien cette symbiose que réussira Antonio de Saavedra Guzmàn avec *El Peregrino Indiano* qui eut l'honneur d'être le premier poème composé en Nouvelle Espagne à être imprimé à Madrid (1559). Enfin, la fiction s'invite aussi très vite dans le paysage - la vie culturelle est d'ailleurs très riche - pour preuve Juan Ruiz de Alarcón, né à Real de Taxco en octobre 1581, qui aura pour ambition de se dévouer à sa passion pour le théâtre, quitte pour cela à essuyer les basses moqueries de ses pairs sur son physique, ou Juana Inés de la Cruz, qui vit le jour au mitan du XVIIe siècle et décida de se détourner du vaste monde en intégrant les ordres afin de pouvoir, en toute quiétude, se consacrer à l'étude et à la poésie.

L'indépendance

Néanmoins, durant le XVIIIe siècle, la production reste fortement marquée par l'influence de la péninsule, et il faut attendre le début du XIXe siècle pour que s'ébauche ce qui deviendra véritablement une littérature nationale. En tout état de cause, son apparition coïncide avec la guerre d'indépendance (1810-1821) et avec la publication d'un roman qui est considéré comme le premier écrit en Amérique latine. Or, indubitablement, les deux sont liés. Magistrat déchu, José Joaquín Fernández de Lizardi (1776-1827) se lance dans le journalisme pour subvenir aux besoins de sa famille.

Il est délicat d'interpréter ses pirouettes politiques de façon rétroactive, mais il faut lui concéder que l'époque est fort complexe et n'a en rien simplifié la publication de son œuvre qu'il avait choisi de faire paraître en feuilleton dès 1816. S'il se doutait certainement que la parution serait rapidement interrompue par la censure - n'osait-il pas aborder la question de l'esclavage ? -, sans doute n'avait-il pas deviné que les derniers épisodes ne seraient livrés aux lecteurs qu'en 1831, soit quatre ans après sa mort. Dans *El Periquillo Sarniento*, il campe les pérégrinations de Pedro Sarmiento à la poursuite d'un emploi qui lui permettrait de gagner sa vie. À la limite du picaresque, ce roman a su séduire les foules et n'a, depuis, jamais cessé d'être réimprimé.

Bien qu'il débute sur la signature de l'acte d'indépendance en 1822, le XIXe siècle n'aura pourtant rien de paisible, les guerres se succèdent, contre l'Espagne qui tente une dernière reconquête, puis contre les États-Unis qui annexent le Texas, enfin contre la France pour des raisons financières. À l'arrivée de Porfirio Díaz en 1884, le pays est à bout de souffle, sa présidence s'achève par une révolution qui débute en 1910 et se prolongera durant dix ans. En un mot comme en cent, le siècle n'est donc que guère propice à la littérature, il faut pourtant lui concéder une œuvre d'importance : *Los Mexicanos pintados pos sí mismos*. Cet ouvrage collectif, publié en 1854 et 1855, s'inspire de ce qui s'était fait ailleurs en Europe : des auteurs - dont Hilarión Frías y Soto (1831-1905) ou Pantaleón Tovar (1828-1876) - s'interrogeaient sur leur identité nationale, remettant par là-même la figure du métis au cœur du débat. Quand les auteurs ne sont pas des religieux, tel Anastasio Maria de Ocha y Acuña dont les *Poesías de un Mexicano* paraissent à New York en 1828, ils frayent avec les milieux politiques, à l'image du dramaturge et diplomate Manuel Eduardo de Gorostiza (1789-1851), du journaliste écrivain particulièrement fécond que fut Manuel Payno Flores, ou de Florencio Maria de El Castillo (1828-1863) qui additionna à ses responsabilités en tant que député l'écriture de *novellas*, comme le fit également Ignacio Manuel Altamirano (1834-1893). Le romantisme, introduit tardivement au Mexique, se conjugue au réalisme et devient volontiers études de mœurs ou romans historiques, tels ceux qu'écrivent Justo Sierra O'Reilly (1814-1861) ou Vicente Riva Palacio (1832-1896). Mais le nouveau siècle à venir allait se révéler bien plus novateur.

Modernisme et révolution

En 1894, deux hommes décident de fonder un magazine, *La Revista Azul*, qui allait révolutionner la littérature mexicaine et devenir le porte-parole d'un nouveau courant, le modernisme. Le premier s'appelle Manuel Gutiérrez Nájera, il est né à Mexico en 1859 et exerce dans le civil la profession de chirurgien. Pourtant, c'est la littérature qui agite son monde intérieur depuis sa prime jeunesse, il rédige aussi bien des critiques que des notes de voyages, des poèmes ou des nouvelles qui paraîtront en recueil en 1883 sous le titre *El Duque*. Usant de plusieurs pseudonymes dans sa carrière journalistique, Nájera vouait une vraie admiration aux auteurs européens, et rêvait de concilier l'inspiration des deux continents dans un seul souffle. À l'issue de sa courte existence qui s'est achevée des suites d'une maladie en 1895, son corps a été déposé au Panthéon français de sa ville natale. Son comparse, Carlos Diaz Dufoo (1861-1941), a vu le jour à Veracruz mais a grandi en Espagne. À son retour au Mexique, il se consacra au journalisme et à ses œuvres personnelles : pièces de théâtre, essais mais aussi biogra-

Bibliothèque du campus de Ciudad Universitaria avec la fresque du peintre Juan O'Gorman.

© ALBERTOLOYO - ISTOCKPHOTO.COM

Bibliothèque de Campeche.

phies et nouvelles. *La Revista Azul* ne survivra pas à l'année 1896 durant laquelle le journal qui l'hébergeait disparaît, mais en deux années seront publiés les textes d'une centaine d'écrivains et tout autant d'expérimentations auxquelles s'ajoutaient des traductions d'auteurs français. Un second magazine prendra le relais de 1898 à 1903, *La Revista Moderna*, qui accueillera entre ses pages foultitude de plumes novatrices d'alors, que ce soit Luis Gonzaga Urbina, poète d'envergure et futur directeur de la Bibliothèque nationale, José Juan Tablada qui excella dans l'art du calligramme et dans celui de la métaphore symbolique, ou Amado Nervo qui s'abandonna à la mélancolie et à son amour pour la rime.

Le modernisme s'éteint tandis que s'embrase le feu de la révolution, celle-ci donne naissance à un nouveau courant qui porte son nom et se réalise dans la publication de romans réalistes nourris par le journalisme. Cette approche, quasi photographique, s'incarne parfaitement dans *Ceux d'en bas* (*Los de abajo*, 1915) de Mariano Azuela, des tranches de vies qui se dévorent aux éditions de L'Herne, mais aussi dans l'œuvre d'Alfonso Reyes Ochoa ou de Martín Luis Guzmán (*L'Ombre du Caudillo*, éditions Folio). Tandis que Rafael Felipe Muñoz (1899-1972) s'empare dans les années 1920 du mythe qu'est devenu le révolutionnaire Pancho Villa, Rodolfo Usigli Wainer se voit censurer sa pièce de théâtre *El Gesticulador* en 1938. La même année est créé un périodique, *Taller*, qui rassemble des plumes qui s'interrogent sur les problématiques sociales. Cette nouvelle génération d'écrivains tranche avec la précédente, les Contemporáneos publiés dans la revue éponyme fondée en 1928, qui se préoccupaient surtout des questions stylistiques. Très vite un nom émerge, celui d'Octavio Paz. L'histoire ne le sait pas encore, mais le jeune homme, né à Mexico en 1914, est appelé à devenir prix Nobel de littérature en 1990, une récompense qui semble toute justifiée à l'aune du retentissement que rencontreront dans les années 1950 d'une part sa poésie, réunie sous le titre *Liberté sur parole*, d'autre part son essai, *Le Labyrinthe de la solitude*. Protéiforme, son travail ne cessera d'explorer maintes pistes poétiques. L'homme, quant à lui, restera fidèle à ses convictions et s'engagera en politique.

Pour l'heure, le milieu du XXe siècle assiste à deux autres publications d'importance, *Al filo del agua* (*Demain la tempête*) d'Augustín Yáñez en 1947, un roman presque joycien qui campe la vie d'un petit village, et *Pedro Paramo* (éditions Folio) en 1955, grâce auquel Juan Rulfo a été comparé à William Faulkner. Ces nouvelles voix - qui englobent parfois le mouvement de « l'indigénisme » mais posent la question plus globale de la définition d'une identité nationale, et se nimbent d'une certaine désillusion - augurent du « Boom » des années 1960, cette explosion de talents dont Carlos Fuentes (1928-2012) fut une figure tutélaire du Mexique. Ses romans, critiques et politiques, lui assureront rapidement une reconnaissance internationale et sont nombreux à avoir été traduits en français par Gallimard (*La Frontière de verre*, *Le Bonheur des familles*, *L'Instinct d'Inez*, etc.). Pour sa part, José Agustín publie en 1966 *De Perfil* (*Mexico midi moins cinq*, éditions La Différence) et devient l'instigateur d'un courant sous-main, celui de la contre-culture qui n'hésite pas à bousculer les règles et à user de l'argot. Enfin, dans les années 1990, c'est l'œuvre de Jorge Volpi - né en 1968 - qui annonce le « Crack », la volonté manifeste d'une nouvelle génération d'écrivains de sortir d'un ancrage purement mexicain et de se frotter à des problématiques plus universelles.

TOP 10

LECTURE

Serait-ce la proximité de la langue, une longue histoire, une richesse de style, ou l'âme passionnée et passionnante du pays qui incite les éditeurs français à laisser la part belle aux traductions mexicaines ? Il n'y a en tout cas que l'embarras du choix pour qui veut découvrir le Mexique par les livres !

LES OMBRES DE LA SIERRA MADRE

Dans les années 1920, un jeune mormon traumatisé par la guerre est envoyé au Mexique, il y sauve une petite indienne mais réveille de vieux démons. Philippe Nihoul et Daniel Brecht, *éditions BD Must.*

MON AMI LE SERPENT À SONNETTES

© ÉDITIONS J'AI LU

Dans la lignée des *Quatre accords toltèques* écrit par son père, José livre son enseignement et ses prises de conscience personnelles. Don José Ruiz, *éditions J'ai lu.*

PLIER BAGAGE

© ÉDITIONS MÉTAILIÉ

Après lui avoir offert un livre sur l'origami, la mère du narrateur disparaît. À 10 ans, il doit composer avec la méchanceté de son père et l'indifférence de sa sœur. Daniel Saldaña Paris, *éditions Métailié.*

L'AUTRE ESCLAVAGE

En 1542, les monarques ibériques ont interdit l'esclavage des Amérindiens, celui-ci a pourtant perduré durant des siècles. Andrés Reséndez, *éditions Albin Michel.*

LE SAUVAGE

© LE LIVRE DE POCHE

Qu'ont en commun un Mexicain qui veut venger son frère dans le Mexico des années 1960 et un Inuit à la poursuite d'un loup ? Une certaine férocité. Guillermo Arriaga, *éditions Le Livre de poche.*

FRIDA, LA REINE DES COULEURS

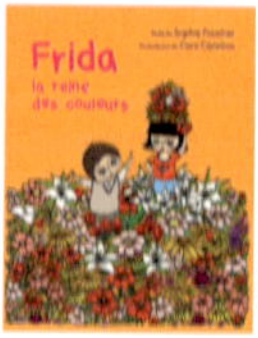

© ÉDITIONS ÉDITO

Troisième album pour enfants inspiré (de loin) de la vie de la plus célèbre des peintres mexicaines, magnifique ! Sophie Faucher et Cara Carmina, *éditions Édito.*

MEXIQUE

Pas moins de 700 recettes faciles à reproduire chez soi, tacos ou tamales, sucré ou salé, tous les gourmands s'y retrouveront. Margarita Carrillo Arronte, *éditions Phaidon.*

LA RÉVOLUTION SANS FIN

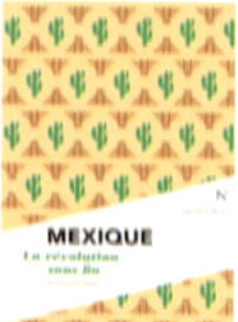

© ÉDITIONS NEVICATA

Plus qu'un guide, le décodeur d'un pays où la mort est moquée durant les fêtes populaires et l'art de la révolte toujours bien vivant. Emmanuelle Steels, *éditions Nevicata.*

MEXIQUE

© ÉDITIONS PLACE DES VICTOIRES

Le pays comptabilise 12 % des espèces existant dans le monde mais peut se targuer aussi d'héberger quelques formidables sites archéologiques. Une belle visite illustrée. Stephen West, *éditions Place des Victoires.*

DICTIONNAIRE AMOUREUX DU MEXIQUE

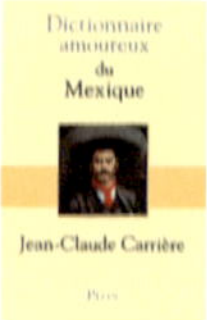

© ÉDITIONS PLON

La découverte intime d'un pays aux multiples facettes par un auteur touche-à-tout dont la disparition a laissé un grand vide. Jean-Claude Carrière, *éditions Plon.*

Le cinéma mexicain est parmi les plus développés d'Amérique latine. Le premier film tourné au Mexique, *Le Président en promenade,* est réalisé par Gabriel Veyre, un opérateur Lumière (nom donné aux cinéastes mandatés par les frères Lumière pour réaliser des prises de vue tout autour du globe), huit mois après la première projection de Paris. Le Mexique devenait ainsi le premier pays d'Amérique latine à recevoir le cinématographe. L'industrie s'y développe jusqu'à connaître, à la même période qu'Hollywood, son âge d'or, qui s'achève à la fin des années 1950. Une baisse de qualité se fait alors sentir et peu de réalisateurs se démarquent. Il faut attendre une nouvelle génération de cinéastes, dont les films, au tournant du XXIe siècle, vont redonner au Mexique une place majeure dans la production internationale.

Une production marquée par la propagande

Le cinéma se développe sous la présidence de Porfirio Díaz, dictateur qui voit dans l'invention des frères Lumière un nouvel outil de propagande. Il orchestre donc sa mise en scène par les opérateurs français. La révolution mexicaine qui éclate en 1914 va encourager les cinéastes internationaux à s'intéresser aux forces d'opposition. Ainsi, Pancho Villa signe un contrat avec une société américaine afin que ses opérateurs puissent filmer ses affrontements depuis le meilleur poste. Il autorise des reconstitutions, ayant compris que ces mises en scène faisaient de lui le premier héros du cinéma mexicain. Son pari est réussi : l'image du cavalier moustachu au sombrero a circulé partout dans le monde.

Sergueï Eisenstein (*Le Cuirassé Potemkine*) se rend au Mexique dans les années 1930. Il y prépare un long métrage sur la révolution mexicaine, et les groupes de travailleuses zapatistes : *Que Viva Mexico*. Mais le film est détourné du souhait du réalisateur… La révolution est déjà loin, et son souvenir n'est pas bien vu dans les sphères de pouvoir. Cet héritage attire aussi des réalisateurs américains engagés, à l'image d'Elia Kazan qui réalise *Viva Zapata* en 1952. Le célèbre révolutionnaire est incarné par Marlon Brando, et le scénario est signé John Steinbeck.

De l'âge d'or à l'ère des « charros »

Des années 1930 à la fin des années 1950, le cinéma mexicain connaît son âge d'or. Les films de Luis Buñuel, les contes poétiques d'Emilio Fernández, mais aussi les comédies des stars Tin-Tan et Cantinflas comme les drames quotidiens, avaient une profondeur et une qualité qui n'ont plus leur équivalent aujourd'hui.

Luis Buñuel, né en Espagne, est naturalisé mexicain en 1951. Le réalisateur a traversé l'histoire du cinéma, de sa période surréaliste aux côtés de Dali à la fin des années 1920, jusqu'à ses dernières comédies absurdes tournées en France au cours des années 1970. L'œuvre emblématique de sa période mexicaine est *Los Olvidados* (1950).

Cet âge d'or est malheureusement suivi d'une période de films « charros », ainsi baptisés du nom des pâtisseries insipides, produites à la chaîne. De rares grands films voient cependant le jour : Buñuel signe notamment son dernier film au Mexique avec *L'Ange exterminateur* (1962), et Alejandro Jodorowsky y réalise son chef-d'œuvre, *La Montagne sacrée* (1973). Un autre réalisateur mexicain se démarque, Paul Leduc. Après des études à Paris, il rentre en 1967 au Mexique et fonde le groupe Ciné 70. Il réalise son premier long-métrage, *John Reed Mexico Insurgente*, tourné avec peu de moyens et à la manière d'un véritable documentaire. En 1976, son deuxième long métrage *Etnocidio, notas sobre el mezquital* ouvre les yeux sur la situation déplorable des paysans indigènes au Mexique.

Alfonso Cuarón.

© ANDREA RAFFIN - SHUTTERSTOCK.COM

Guillermo del Toro.

Des œuvres politiques

Le contexte géopolitique du Mexique, et notamment sa frontière avec les États-Unis, est un sujet de prédilection pour le cinéma des dernières décennies. *Rêves d'or* (2013), de Diego Quemada-Díez, nous plonge dans le périple des migrants centraméricains à travers le pays. La frontière est aussi le sujet de certains films étrangers réalisés en coproduction avec le Mexique, à l'image de *No Country for Old Men* (2007) des frères Coen. La série Netflix *Narcos Mexico* (diffusée depuis 2018) met l'accent sur le Mexique comme porte d'entrée des États-Unis pour les narcotrafiquants. Diego Luna incarne Felix Gallardo, l'homme qui unifia le cartel de Guadalajara.

Cinéaste engagée, María Novaro participe, de 1979 à 1981, au collectif Cinéma Féminin. Elle réalise plusieurs courts-métrages, dont *Una Isla Rodeada de Agua*, en 1985. *El Jardin del Eden* (1994) traite du thème de l'immigration clandestine. *Tesoros* (2017), tourné dans un village du Guerrero et destiné au jeune public, a été projeté en avant-première à la Berlinale.

Les stars du cinéma contemporain

Le cinéma mexicain connaît un certain renouveau au début des années 1990. Jaime Humberto Hermosillo défraie la chronique avec *La Tarea* (1991) qui obtient un succès fou. Le réalisateur s'attaque à l'hypocrisie des classes moyennes mexicaines. L'actrice et femme politique Maria Rojo a le premier rôle. Mais c'est à partir de la fin des années 1990 que nombre de très bons films sont produits, et un trio de réalisateurs se démarque alors nettement : Alejandro González Iñárritu, Alfonso Cuarón et Guillermo del Toro qui ont tous réussi à s'exporter à l'international et à maintenir un cinéma d'auteur dans le circuit *mainstream*.

Iñárritu met d'abord en scène des films polyphoniques : on y suit le parcours de plusieurs personnages, qui se croisent autour d'un événement : un accident de voiture dans *Amours chiennes* (2000), une balle perdue dans *Babel* (2006). Ses autres succès sont *21 grammes* (2003), *Biutiful* (2010) puis *The Revenant* (2015). *Amours chiennes* lance à l'étranger la carrière du comédien mexicain Gael Garcia Bernal.

Alfonso Cuaròn gagne sa renommée avec *Y tu mama tambien (2001)*, qui remporte le prix du scénario à la Mostra de Venise. Son premier film hollywoodien, *Les Fils de l'homme*, présente un récit d'anticipation dans une humanité en guerre et devenue stérile. Il réalise ensuite *Harry Potter et le prisonnier d'Azkaban* (2004), où il développe un goût prononcé pour les mélanges de mouvements de caméra mécaniques et virtuels, qui atteint son apogée avec *Gravity* (2013). Il signe son retour au Mexique sur Netflix en 2018 avec *Roma*, un film qui suit la vie d'une famille de la classe moyenne dans la Mexico des années 1970.

Guillermo del Toro s'est illustré à la fois avec des *blockbusters*, comme *Blade 2* (2002), *Pacific Rim* (2013), qu'avec des films fantastiques d'auteurs, à l'image du *Labyrinthe de Pan* (2006) ou encore plus récemment *La Forme de l'eau* (2017, Lion d'Or à Venise). Son premier long-métrage, le film fantastique *Cronos*, remporte le prix de la critique au festival de Cannes en 1993. Il signe aussi la série fantastique *The Strain*, diffusée sur FX depuis 2014.

Enfin, Carlos Reygadas est un jeune cinéaste au futur très prometteur. *Post Tenebras Lux* a fait scandale au festival de Cannes de 2012, tout en raflant le Prix de la mise en scène. Il a l'habitude de tourner avec des acteurs non-professionnels. Son dernier film, *Nuestro Tiempo*, est sorti fin 2018.

POPULATION

Le Mexique est le pays le plus peuplé de l'Amérique hispanique, avec 126 millions d'habitants en 2020. Une population majoritairement urbaine, après un exode rural massif dans la deuxième moitié du XXe siècle. La zone métropolitaine de Mexico est l'une des plus grandes au monde, avec près de 22 millions d'habitants, et l'on compte dans le pays une dizaine de villes de plus d'un million d'habitants. La population est jeune - la moitié des Mexicains a moins de 29 ans - et métisse. Un métissage, indien-européen principalement, qui a débuté au XVIe siècle et fut ensuite encouragé par l'État, pour former une société nationale homogène. Mais aujourd'hui, le pays ne cache plus la grande diversité de ses peuples indigènes, ni son héritage africain récemment reconnu. Au Mexique, on parle un espagnol truffé de mots nahuatl ou mayas, mais aussi 68 langues indiennes, qui sont considérées comme langues nationales, au même titre que l'espagnol.

Le premier pays hispanophone au monde

Le Mexique compte plus de 126 millions d'habitants, ce qui en fait le 11e pays le plus peuplé au monde et le deuxième pays d'Amérique latine (derrière le Brésil). La population a presque doublé en 40 ans : elle n'était « que de » 75 millions en 1980, et 15 millions il y a un siècle, après la révolution mexicaine. À ces chiffres, il faudrait ajouter ceux des Mexicains vivant en dehors du Mexique, et en particulier aux États-Unis. Chez le voisin du nord, les *Mexamericanos*, ou Mexico-Américains, sont plus de 36 millions. Ils représentent la première communauté étrangère et 63 % des 57 millions de latinos dans le pays !

Retour au Mexique, où près de 80 % de la population vit en zone urbaine. La moitié dans l'une des 112 villes de plus de 100 000 habitants et 37 % dans l'une des 10 métropoles dépassant le million. La *Zona Metropolitana del Valle de México* (ZMVM), dont la dénomination remplace l'ancien *Distrito Federal*, ou D.F., est une mégalopole de plus de 21,8 millions d'habitants comprenant la ville de Mexico et ses banlieues. C'est la troisième ville la plus peuplée du continent, après São Paulo et New York. Derrière ce monstre, on trouve Monterrey et Guadalajara qui dépassent chacune les 5 millions d'habitants.

La densité de population est de 65 hab./km^2 (contre 122 hab./km^2 en France), mais le Mexique présente une grande disparité, entre des zones très densément peuplées, comme Mexico (6 000 hab./ km^2) et d'autres beaucoup moins, comme la Basse-Californie du Sud (9 hab./km^2), Chihuahua, Durango ou Campeche (14 hab./km^2).

Le Mexique est un pays à la population plutôt jeune, mais qui n'échappe pas au vieillissement constaté dans toutes les sociétés occidentales. Les plus de 60 ans représentent 12 % de la population (autour de 25 % en France), contre 7 % en 2000, et l'espérance de vie est de 75 ans, avec une différence importante entre les sexes (près de 78 ans pour les femmes et 72 ans pour les hommes). L'âge médian est aujourd'hui de 29 ans (41 ans en France), il était de 22 ans en 2000. On fait effectivement de moins en moins d'enfants : le taux de fécondité était en 2020 de 2,1 enfants par femme en âge de procréer, contre 2,8 enfants en 2000, 4,8 en 1980 et autour de 7 dans les années 1960. Bien sûr tous ces chiffres sont des moyennes et il existe d'énormes différences entre régions et entre les zones urbaines et rurales, ces dernières ayant des familles beaucoup plus nombreuses, notamment dans les communautés indigènes.

Une nation métisse

La population mexicaine est majoritairement métisse, autour de 80 % selon la plupart des études réalisées sur ce thème. Un mélange de groupes ethniques qui a commencé quand les conquistadors espagnols ont envahi le Nouveau Monde. L'un des premiers métis est d'ailleurs le fils d'Hernán Cortés et de l'Indienne Malintzin, Marina ou « La Malinche », l'une des figures les plus controversées de l'histoire mexicaine. Les Européens vont se mêler d'abord avec les femmes indiennes, puis également avec les esclaves africaines. Peu à peu la population métisse va devenir majoritaire et ces *mestizos* vont être placés par la Couronne espagnole entre la catégorie des « Créoles » (Espagnols nés en Amérique) et celle des Indiens. Ce système de castes va être le terreau des aspirations indépendantistes. Avec la République, puis la révolution, les Mexicains ont vu la nécessité de fonder une identité nationale en effaçant les différences ethniques. Cette identité nationale va se forger à travers l'idéologie du métissage linguistique et culturel, qui sera au centre du discours politique tout au long du XXe siècle.

Si le brassage génétique est bien là, malheureusement les inégalités héritées de la colonie sont toujours flagrantes et la situation n'a fait qu'empirer depuis la révolution... Les Indiens et les Noirs sont toujours au bas de l'échelle, tandis que les descendants d'Européens, qui ne se sont jamais mélangés, conservent crânement le pouvoir politique et économique. Le leitmotiv « Nous sommes tous des métis » va par ailleurs être un obstacle à la reconnaissance de la diversité culturelle et notamment de ses minorités indiennes et afrodescendantes.

L'héritage africain

Les Afromexicains sont les descendants des centaines de milliers d'esclaves africains amenés au Mexique, entre 1590 et 1650, pour remplacer la main-d'œuvre indienne décimée par les maladies apportées par les colonisateurs. Certains esclaves qui se sont échappés des *haciendas*, ont fondé des communautés autonomes et se sont soulevés contre les autorités coloniales. La plupart se sont métissés, avec des Indiens ou des Blancs, et aujourd'hui beaucoup de Mexicains ne se doutent pas qu'ils ont du sang africain dans leurs veines. Les *Afroméxicanos* représentent aujourd'hui plus de 2,57 millions de personnes. Pourtant, ils ont très longtemps été ignorés par l'État et ses institutions. Ce n'est qu'en 2020, pour la première fois, que l'INEGI va distinguer dans son recensement décennal les personnes se considérant comme afrodescendantes. Le fruit d'années de mobilisation d'organisations civiles comme *México Negro* ou *Alianza para el Fortalecimiento de las Regiones Indígenas y Comunidades Afroméxicanas (AFRICA)*, entre autres. Les Afromexicains sont surtout présents dans la région de Costa Chica, sur la côte pacifique des États d'Oaxaca et de Guerrero, ainsi que, dans une moindre proportion, en Basse-Californie du Sud, dans le Veracruz, le Yucatán et le Quintana Roo.

25 millions d'Indiens

À l'arrivée des Espagnols au XVIe siècle, 25 millions d'« Indiens » (comme les appelèrent les Européens), de différentes ethnies, occupaient l'ensemble du territoire de l'actuel Mexique. La conquête a décimé cette population, par la guerre, le travail forcé et les maladies contre lesquelles les indigènes n'étaient pas immunisés. C'est seulement aujourd'hui que l'on retrouve ce chiffre de 25 millions d'Indiens, tout du moins de personnes se reconnaissant comme appartenir à l'un des 68 peuples indigènes du pays. Ils représentent 21,5 % de la population totale du Mexique. Les Indiens sont présents sur tout le territoire, mais se concentrent surtout dans les États d'Oaxaca (1,16 million) et Chiapas (1,4 million). Veracruz, Puebla et Yucatán ont également des minorités indigènes importantes. Les peuples autochtones les plus nombreux sont les Nahuas (24 %), les Mayas (13,7 %), les Mixtèques (6,8 %), les Zapotèques (6,8 %) et les Tzeltal (5,7 %), qui concentrent ensemble plus de la moitié de la population indigène du Mexique.

68 langues indigènes

Tutunakú, ayyujk, bats'il k'op tseltal, otetzame, kickapoo, tének, wixárika, chatino, awakateko, chinanteco, ixil, bot'una... : ce ne sont que quelques-unes des langues du pays ! Le Mexique est une nation multilingue qui ne compte pas moins de 68 langues indigènes, appartenant à 11 familles linguistiques, et dont dérivent 364 dialectes. Cette diversité en fait le deuxième pays d'Amérique latine en nombre de langues originaires, derrière le Brésil, et le dixième au monde. Le Mexique n'a pas de langue officielle, même si l'espagnol l'est devenu *de facto*. Depuis la loi sur les Droits linguistiques des peuples indigènes (2003), les langues indigènes ont toutes le statut de « langues na-

Femme maya devant une maison traditionnelle.

© S.NICOLAS - ICONOTEC

Danses indiennes.

tionales », au même titre que l'espagnol, parlé par plus de 99 % des Mexicains. Les principales langues indigènes sont le nahuatl (1,72 million de locuteurs, la plupart originaires du centre du pays) ; le maya (859 000), dans le Chiapas et la péninsule du Yucatán ; le tzeltal (556 000) et le tzotzil (487 000) dans le Chiapas ; et le mixtèque (517 000) et le zapotèque (479 000), dans l'Oaxaca. Au total, 7,4 millions de Mexicains parlent une langue indigène et la plupart sont bilingues (moins d'1 million d'indigènes ne parlent pas l'espagnol). Une quarantaine de ces langues sont en danger et des centaines ont déjà disparu durant la colonisation, mais surtout après l'indépendance. En effet, à partir du XIXe siècle, la *castellanización* (hispanisation) de la société, promue par l'État républicain, avait pour objectif de faire disparaitre les langues indigènes, qui constituaient un obstacle à l'intégration dans la société nationale. Au Mexique, le principal critère historique pour définir ce qui relève de l'« indigène » est la langue. Pour cette raison, la consolidation d'une nation métisse homogène devait passer par l'interdiction de l'usage des langues indigènes, notamment à l'école ou au travail. Les mentalités vont peu à peu évoluer et, à la fin du XXe siècle, le multiculturalisme est reconnu comme une richesse nationale. À partir des années 1980, l'éducation bilingue est mise en place dans les municipalités à forte présence indigène, mais elle est restée limitée aux groupes linguistiques principaux. L'Institut national des langues indigènes (INALI) est chargé de développer des programmes et services culturels et linguistiques, avec par exemple la formation de traducteurs et interprètes indigènes pour faciliter l'accès des communautés aux systèmes de santé, d'éducation ou à la justice.

¿hablas Mexicano wey?

Quant à l'espagnol parlé au Mexique, il est bien différent dans son vocabulaire, ses expressions, accents ou intonations, de la langue de Cervantes. Des différences que l'on retrouve aussi, dans une moindre mesure, entre les différentes régions du Mexique : vu la taille du pays et les différences ethniques et culturelles entre les États, on distingue de nombreux régionalismes linguistiques. Ces régionalismes ont été influencés par les langues et dialectes locaux des peuples originels. Le nahuatl, la langue des Aztèques, a beaucoup influencé l'espagnol mexicain, et cela même dans des régions où on ne le parlait pas (nord et sud du pays). Le champ lexical espagnol (et universel) s'est enrichi de mots nahuatl, pour désigner des fruits (*tomate, jitomate, zapote, aguacate, cacahuate, chayote*, etc.), des plantes (*achiote, quelite, jocote*, etc.), ou des boissons et aliments (*guacamole, mezcal, vainilla, cacao, chocolate,* etc.) qui n'existaient pas en espagnol. Le maya quant à lui a eu une influence sur l'espagnol parlé dans le sud-est du Mexique et dans la péninsule du Yucatán, ainsi qu'en Amérique centrale.

Au-delà des langues indigènes, sous l'influence nord-américaine de nombreux mots anglais sont rentrés dans le langage courant. Si l'on dit facilement *ok* et *bye*, on trouve aussi des mots calqués sur l'anglais et adaptés à l'espagnol : au Mexique, *los carros se rentan* (« *cars are rented* ») alors qu'en Espagne, *los coches se alquilan*... Enfin, le parler mexicain est loin d'être figé, il évolue avec des mots d'argot pleins d'humour inventés tous les jours. Il y a également beaucoup de jeux de mots et d'expressions à double sens, les fameux *albur,* avec lesquelles les Mexicains aiment se divertir, et c'est encore plus drôle avec les touristes !

SOCIÉTÉ

Venir au Mexique, c'est se plonger dans une nouvelle culture, latine et tropicale, informelle et amicale. D'un côté, on tombe sous le charme des contacts humains faciles, de l'hospitalité chaleureuse, des sourires naturels… De l'autre, on est choqué par les inégalités sociales, les injustices contre les minorités indigènes ou LGBTI, ou encore par la place de la femme dans une société patriarcale et conservatrice. Il faut aussi s'attendre à des chocs culturels : une perception du temps radicalement différente, le côté tactile et notamment le fameux *abrazo* qui peut en déstabiliser certains, des questions qui peuvent sembler indiscrètes, le fait aussi qu'au Mexique on a du mal à dire « non » (pour rester aimable) ou « je ne sais pas » (par fierté)… Venir au Mexique, c'est donc découvrir des coutumes différentes d'une région à l'autre, mais c'est aussi explorer sa propre ouverture d'esprit et apprendre à voir la vie d'une autre façon !

La famille

Les Mexicains sont très attachés à la famille. On se réunit régulièrement et dès qu'une occasion se présente : la fête des Mères, les anniversaires, le diplôme du neveu, les 15 ans (*Fiesta de los quince años*) de la cousine… Il y a un fort sentiment d'appartenance au cercle familial, au sens large, qui inclut les oncles et tantes, les cousins, les neveux, et parfois les amis. Les maisons de retraite ne font pas recette : les grands-parents vivent souvent sous le même toit que l'un de leurs enfants, et jouent alors un rôle important dans l'éducation des petits-enfants. Quant à la prise d'indépendance, on reste tard chez ses parents (30-40 ans, voire plus), pour des raisons économiques ou par commodité. Lorsque l'on quitte le cocon familial, c'est souvent pour se lancer dans la vie conjugale, dès le mariage célébré. Il s'agit évidemment d'une vision traditionnelle qui ne s'applique pas à toute la population : certains jeunes gens quittent la maison très tôt pour étudier dans une autre ville, d'autres vivent en couple sans être mariés… Les situations varient selon le milieu social ou le lieu de vie. Il n'en reste pas moins que dans un pays où les mesures de protection sociale sont dérisoires, la famille signifie aussi entraide financière et réconfort psychologique. Il est donc de coutume dans la vie quotidienne de demander des nouvelles des uns et des autres, avant d'engager toute discussion avec son interlocuteur.

Oubliez votre montre !

Les Mexicains ont un rapport au temps bien particulier. On ne s'en rend pas forcément compte lors d'un séjour touristique, car les opérateurs savent qu'il est important pour leurs clients étrangers de respecter des horaires précis (encore que…). Mais quand on reste un moment sur place, ce rapport au temps fait partie des premiers chocs culturels. Ici, la conception du temps est de type polychronique, c'est-à-dire floue, flexible, moins soumise à un agenda. La *hora mexicana* facilite l'adaptation aux changements, indispensable pour faire face à l'improvisation qui prend souvent le pas sur la planification. Du coup, un retard ou un rendez-vous annulé au dernier moment, ce n'est pas grave. Il ne s'agit pas ici d'un manque de respect, et il n'est donc pas indispensable de s'excuser… *Mañana* (« demain » en espagnol) ou *ahorita* (« dans un petit moment ») signifient rarement « demain » ou « dans un instant » dans la tête de celui qui le prononce. Le moment présent, l'enthousiasme et la spontanéité sont plus importants que l'agenda. Cette élasticité temporelle peut générer beaucoup d'incertitude pour un Européen ou un Nord-Américain. Mieux vaut s'y habituer si l'on vit au Mexique, pour éviter les montées de stress et surtout profiter du moment présent comme le font si bien les Mexicains !

Une société classiste

Au Mexique, les inégalités sont criantes et les classes sociales identifiables par de multiples codes : la façon de s'habiller, de parler, l'endroit où l'on vit, où l'on étudie, etc. Mais le plus choquant est que la stratification sociale est très liée à la couleur de peau ou au groupe ethnique d'appartenance. Plus on a la peau blanche et des traits européens, plus on a de chance d'appartenir à une classe aisée. Plus on présente un type indigène, moins on aura la possibilité de monter dans l'ascenseur social. Le Mexique affiche fièrement ses origines mayas ou aztèques, mais la population indigène vit souvent comme à l'époque coloniale, dans une situation de grande vulnérabilité sociale. Les discriminations raciales sont normales pour une partie de la population, la même qui dénigre les Afro-descendants et les migrants Centro-Américains. Le film *Roma* (2018), aux nombreux prix internationaux, a mis en lumière de façon subtile cette problématique classiste, en abordant le sort des employées domestiques, les fameuses ***muchachas***, soumises à des discriminations quotidiennes souvent invisibles et héritées de l'époque coloniale. Certains rapports de soumission ressortent également dans des expressions que l'on n'entend qu'au Mexique. Par exemple, le populaire *¿Mande?* qui sert à faire répéter (équivalent de « Comment ? ») signifie littéralement « Donne-moi un ordre », comme l'exprimait autrefois l'esclave à son maître...

A estudiar !

Depuis la Constitution de 1917, l'éducation scolaire est obligatoire, gratuite et laïque. Les écoles gérées par des organisations religieuses ne reçoivent aucuns fonds publics. Le système éducatif comporte les niveaux de maternelle (*preescolar*), primaire (*educación inicial*), collège (*educación básica*), lycée (*educación media superior*) et université (*educación superior*). L'année scolaire s'étend de septembre à juin, avec des vacances autour de la Toussaint, Noël et la Semaine sainte. Les cours ont lieu en semaine, de 7h-8h jusque 13h-14h. On se rend à l'école en uniforme (bien repassé !), mais les relations élèves-professeurs sont amicales, en tout cas moins formelles qu'en France. Malheureusement, le niveau éducatif est parmi les plus bas des pays de l'OCDE, ce qui explique que les familles aisées envoient leurs enfants dans des écoles privées, aux mensualités exorbitantes. Le taux de scolarisation a progressé ces dernières années (95 % pour les 5-14 ans) et l'analphabétisme a été divisé par deux en 20 ans (4,7 % de la population mexicaine en 2020). Néanmoins, les disparités régionales sont importantes : 2 % d'analphabétisme à Mexico, contre 18 % dans le Chiapas ! Dans cet Etat comme dans d'autres à fortes minorités indigènes, des programmes scolaires bilingues ont été mis en place, avec plus ou moins de succès. Quant à l'éducation supérieure, les universités publiques ont un bon niveau, mais manquent cruellement de places, et ceux qui ne peuvent se payer l'inscription dans un établissement privé doivent renoncer à étudier.

Une vie sans filet

Au Mexique, 35 heures hebdomadaires et 5 semaines de congés payés, ça fait rêver ! Ici c'est du 48 heures par semaine, 6 jours de congé par an (un peu plus avec de l'ancienneté). Même si le salaire minimum a augmenté sensiblement depuis la prise de pouvoir du président López Obrador, il n'atteint pas les 6 €... par jour ! Il n'y a pas de prestation chômage en cas de perte d'emploi, à part une petite indemnisation qui doit être payée par l'entreprise en fonction du temps travaillé (pas toujours facile à récupérer). Les pensions de retraite sont faibles et ceux qui en ont les moyens cotisent à un fonds de pension additionnel.

Agriculteur dans un champ de sisal.

© SYLVIE LIGON

Vendeuse mexicaine sur un marché du Yucatan.

Mais pour 60 % des Mexicains qui travaillent dans le secteur informel, la situation est encore plus précaire. Un programme de médecine sociale, le *Seguro Popular,* a cependant été mis en place pour protéger la population la plus vulnérable. L'hôpital public bénéficie d'un personnel soignant compétent mais très mal payé, et les installations sont souvent vétustes et les files d'attente infinies. Les cliniques privées offrent quant à elles des soins de qualité, mais les tarifs sont très élevés et moins de 10 % de la population peut en bénéficier. La santé privée au Mexique est un véritable business, et un révélateur de plus des profondes inégalités dans le pays.

Mariage gay : un Mexique à deux vitesses

Mexico a été la première ville d'Amérique latine à autoriser l'union civile entre personnes de même sexe, en 2007, et à légaliser le mariage homosexuel, en 2010. Un séisme médiatique à l'époque ! Ces dernières années, plus de la moitié des États mexicains ont adapté leurs législations pour légaliser le mariage homosexuel et accorder aux personnes en union civile les mêmes droits qu'à ceux mariés. Malheureusement, les discriminations, menaces et violences physiques sont toujours d'actualité envers la communauté LGBTI. Il est rare de voir des couples homosexuels montrer des signes d'affection en pleine rue, à part dans certains quartiers de Mexico, Guadalajara, Acapulco, ou Cancún, ou encore dans la station balnéaire de Puerto Vallarta dont la réputation *gay friendy* n'est plus à faire.

Un jour sans femmes !

Les femmes sont de plus en plus indépendantes au Mexique. Elles n'hésitent pas à se lancer en politique par exemple, et pour la première fois une femme, Claudia Sheinbaum, a été élue maire de Mexico en 2018. La différence entre sexes s'est réduite également dans le domaine éducatif, mais les femmes continuent d'occuper des postes moins qualifiés et à toucher des salaires inférieurs, à diplômes et emplois équivalents. En ville surtout, les valeurs conservatrices, concernant la place de la femme dans la société, commencent à évoluer. Il était impensable il y a encore quelques années qu'une femme quitte le foyer parental pour s'installer en couple sans être mariée, ou de ne pas souhaiter avoir des enfants. Mais le machisme est toujours bien présent au Mexique. Le travail domestique reste largement de la responsabilité de la femme, tandis que l'homme représente le « chef de famille » qui doit soutenir financièrement le foyer. Certains lieux comme les *cantinas* sont strictement réservés aux hommes. Depuis peu cependant, certains de ces bars accueillent également des femmes. La société évolue donc, mais *poco a poco*... Au Mexique, l'avortement est toujours considéré comme un crime et n'est autorisé qu'en cas de viol. Seul Mexico (depuis 2007) et l'État d'Oaxaca (depuis 2019) ont légalisé l'IVG, jusqu'à la 12e semaine de grossesse. Ailleurs, beaucoup de femmes ont recours à des « remèdes » maison pour avorter clandestinement, au péril de leur vie. Par ailleurs, si les Mexicains sont généralement galants et attentionnés, la violence envers les femmes est courante, en raison d'une culture machiste et patriarcale omniprésente. On parle de violences conjugales, physiques, émotionnelles, sexuelles, ou économiques. On parle surtout de féminicide : l'assassinat de femmes pour le simple fait d'être femmes. Le Mexique détient des records en la matière. Des noms de villes font frémir, comme Ciudad Juárez, où des centaines de femmes ont été violées, torturées et assassinées depuis les années 1990. À l'échelle du pays, on comptait en 2020 près de 10 femmes assassinées par jour, dont un tiers se sont révélées être des féminicides. La plupart des victimes sont issues des secteurs les plus vulnérables : migrantes, indigènes, enfants et adolescentes en situation de pauvreté... Face au désintérêt de l'État et à l'impunité (50 % des féminicides ne sont pas élucidés, 99 % dans certains États), des groupes de femmes manifestent régulièrement pour réclamer justice. En 2020, le 9 mars (lendemain de la Journée internationale des femmes), suite à l'appel d'un groupe d'activistes féministes, un grand nombre de femmes a déserté la rue, les bureaux, les transports, les écoles, les cafés, les centres commerciaux, etc., pour protester contre le machisme qui tue. *#UNDIASINNOSOTRAS* (#UNJOURSANSNOUS) a eu un écho impressionnant, toutes classes sociales, origines, et orientations religieuses ou politiques confondues.

RELIGIONS

Lors de votre voyage au Mexique, vous verrez probablement votre chauffeur de taxi se signer dès qu'il passe devant une chapelle, sans même tourner la tête, comme s'il avait un radar à temples religieux ! Dans ce grand pays catholique, la religion est omniprésente, toute classe sociale et génération confondues. On célèbre, par conviction ou tradition, toutes les fêtes catholiques, avec parfois des particularités bien mexicaines. On vénère aussi une ribambelle de saints, de la Vierge de Guadalupe à la beaucoup moins officielle « Santa Muerte » ! Cette ferveur religieuse peut surprendre dans un État qui revendique officiellement sa laïcité. C'est en effet l'un des premiers pays à avoir organisé la séparation de l'État et de l'Église, et les relations entre gouvernement et clergé n'ont jamais été simples, menant même à la guerre. Une relation complexe qui n'a cependant pas affecté la grande religiosité des habitants.

Une population majoritairement catholique

Avec 97,8 millions de fidèles, le Mexique est le second pays le plus catholique au monde, derrière le Brésil. Les messes sont presque quotidiennes et les églises réunissent toutes les générations, y compris les plus jeunes. Dans la vie de tous les jours, la religion est facilement perceptible : on se signe en montant dans sa voiture ou en passant devant une église, on fait bénir son bus ou sa maison, on se tatoue sur le corps le visage de Jésus ou la Vierge de Guadalupe… Les fêtes chrétiennes comme Noël, la Chandeleur (Día de la Candelaria), ou la Semaine sainte (en particulier le Vendredi saint) sont célébrées avec une grande ferveur. Certaines célébrations sont spectaculaires, comme celles de Notre-Dame de Guadalupe, patronne du Mexique, qui attire des millions de pèlerins le 12 décembre à la basilique du même nom (la plus visitée au monde après la basilique Saint-Pierre du Vatican). L'Église catholique a évidemment une influence sur toute la société, en particulier sur la famille. C'est souvent une conception traditionnelle qui est prêchée, correspondant de moins en moins à la réalité de la société moderne. Les questions sur l'avortement ou la pilule du lendemain dérangent les pratiquants, qui y ont pourtant souvent recours, légalement ou non. Le mariage entre personnes du même sexe reste également un sujet tabou, même s'il est autorisé dans une vingtaine d'États.

Le recensement de la population de 2020 indique qu'une grande majorité des Mexicains est catholique (77,7 %), mais ce pourcentage s'est beaucoup réduit en vingt ans (88 % en 2000), autant qu'entre 1950 et 2000 (de 98 % à 88 %). Dans le même temps, le protestantisme (baptistes, méthodistes, presbytériens et surtout pentecôtistes) passe de 7,5 % de la population en 2010, à 11,2 % en 2020.

© JUI-CHI CHAN - ISTOCKPHOTO.COM

Basilique Notre-Dame-de-Guadelupe à Mexico City.

© LOESKIEBOOM - ISTOCKPHOTO.COM

Autel illuminé à Merida.

Une augmentation certes, mais pas une vague massive comme au Brésil ou dans les pays d'Amérique centrale. Les églises chrétiennes évangélistes, au prosélytisme actif et sachant jouer de l'émotionnel, comptent davantage d'adeptes dans les zones rurales isolées. Les États du sud du Mexique, à la population indienne importante, sont les plus sensibles à la poussée évangéliste, également forte au Guatemala voisin. Les évangélistes représentent près du tiers des habitants du Chiapas et du quart des habitants du Tabasco et de Campeche. Ces églises ont la faculté de créer davantage de communautés d'entraides entre fidèles, par contre elles restent encore plus fermées que l'Église catholique sur les questions sensibles, comme l'homosexualité ou l'avortement. Les autres religions (judaïsme, islam, bouddhisme...) représentent à peine 2,2 % de la population du Mexique, et de plus en plus de Mexicains (un sur dix) se déclarent aujourd'hui sans religion, athées ou agnostiques.

Les relations ambiguës entre un État laïc et l'Église catholique

La religion catholique est arrivée au Mexique avec les conquistadors espagnols. Durant les trois siècles de l'époque coloniale, l'Église a été proche de la monarchie et de l'aristocratie conservatrice et s'est opposée continuellement aux aspirations indépendantistes. Après l'indépendance, elle a fait front aux réformes progressistes des libéraux. Ces derniers ont donc réfléchi au milieu du XIXe siècle à un modèle de séparation entre l'État et l'Église. Plusieurs lois vont être adoptées entre 1855 et 1861 pour poser les bases de cette séparation. Mais il ne s'agit pas d'interdire la religion, qui reste pratiquée à l'époque par 99 % de la population. Plus tard, la Constitution révolutionnaire de 1917 va nier la personnalité juridique de l'Église et sa participation dans la vie politique. Le clergé sera également privé du droit de propriété. Ainsi, les lieux de culte et couvents appartiennent désormais à l'État, et les écoles catholiques sont interdites. L'application ferme des mesures anticléricales du président Calles va provoquer la sanglante Guerre des Cristeros (1926-1929) qui opposera les rebelles catholiques au gouvernement libéral. Les relations vont s'apaiser dans les années 1930-40, et le culte et les écoles catholiques vont reprendre du service, mais la personnalité juridique de l'Église ne sera rétablie qu'en 1992. Les relations avec le Vatican vont également s'améliorer. Jean-Paul II sera le premier pape à poser le pied au Mexique, à Puebla, en 1979. Il reviendra quatre fois (1990, 1993, 1999 et 2002) dans ce pays qu'il qualifiait de « *siempre fiel* » (toujours fidèle). Benoît VI fera une visite en 2012 et François, en 2016. Aujourd'hui, malgré un principe de laïcité bien ancré (inscrit en 2012 dans la constitution), l'Église catholique reste toujours très influente dans la vie publique, influant ses valeurs conservatrices dans les débats de société (contraception, IVG, etc.). En même temps, depuis les années 1960, elle est souvent aux côtés des mouvements pro-démocratiques, pour la défense de la liberté d'expression ou la protection des migrants par exemple.

De la Vierge de Guadalupe à Jesús Malverde

Malgré la conversion des Indiens au catholicisme à partir du XVIe siècle, de nombreuses croyances préhispaniques persistent et se sont immiscées dans les pratiques catholiques. Le syncrétisme religieux est omniprésent au Mexique, surtout dans les régions rurales, où des rites « païens » se perpétuent parfois à proximité des églises. L'un des exemples de syncrétisme les plus parlants est la Fête des morts (Día de Muertos), célébrée le 1er et 2 novembre (parfois avant dans certaines communautés). Inscrite en 2008 au patrimoine culturel immatériel de l'humanité de l'Unesco, elle se distingue des autres célébrations rendant hommage aux défunts, par son caractère festif et la réalisation d'autels dédiés aux morts. Ces autels sont couverts de bougies, de *pan de muertos* (pains sucrés en forme de crâne ou de squelettes), de petites têtes de mort en sucre (*calaveritas de azúcar*), d'encens, et d'offrandes diverses autour de la photo du défunt : objets familiers, un plat qu'il appréciait, un cigare, de la tequila... Un élément ne peut manquer : les pétales de cempasúchil (du nahuatl sempôwalxôchitl qui signifie « vingt fleurs »). L'arôme puissant de cette variété d'œillet d'Inde embaume les tombes et les allées des cimetières. La « fleur des morts », à la couleur jaune-orange intense, était déjà utilisée par les Aztèques pour décorer les sépultures, ou enduire le visage des prisonniers avant leur sacrifice, afin qu'ils ne « sentent » la mort venir ! Un grand soin était apporté au rituel, car le pouvoir des morts est puissant, capable d'apporter aussi bien une bonne récolte que le malheur sur la famille. Les Espagnols sont arrivés en Amérique avec la fête de la Toussaint. Au fil du temps, les rites précolombiens et catholiques ont fusionné pour donner le Día de Muertos. Le 1er novembre est le jour des enfants disparus, le 2 des adultes. Mais la tradition veut que les esprits arrivent dès le 28 octobre. Ce jour est dédié aux personnes décédées d'un accident, le 29 à ceux qui sont morts pendus. Le 30 et 31, aux enfants partis sans avoir pu être baptisés, ainsi qu'aux morts qui n'ont pas de famille pour se souvenir d'eux. Toute la nuit les bougies guident le retour des esprits des morts vers les vivants, pendant que l'on chante et boit à la « santé » des morts.

Le culte très populaire à la Vierge de Guadalupe est aussi le fruit du syncrétisme. La Vierge à la peau brune est apparue en 1531 à l'Indien Juan Diego Cuauhtlatoatzin, au pied de la colline de Tepeyac, proche de Mexico. Elle lui demanda de faire construire une chapelle à cet endroit. Pour convaincre l'évêque de le faire, la Vierge indiqua à Juan Diego où il pourrait trouver des roses, alors que ce n'était pas la saison de floraison. Quand Juan Diego étendit la cape qu'il portait pour donner les roses à l'évêque, ils y virent apparaître l'image de la Vierge brune. L'événement a convaincu l'évêque du miracle, et on trouve aujourd'hui sur le site de l'apparition la célèbre basilique de Notre-Dame de Guadalupe. Un détail intéressant est le fait que la colline du Tepeyac avait été un lieu sacré d'adoration de Tonantzin, la déesse aztèque de la fertilité. Le fait que la Vierge parle le nahuatl et présente des traits indigènes a favorisé la conversion au catholicisme des peuples indigènes, tout en intégrant la figure de l'Indien dans la religion catholique.

Une « sainte » beaucoup moins catholique a gagné en popularité ces dernières années : Santa Muerte (« Sainte Mort »). La personnification de la mort est populaire au Mexique, mais n'a jamais été aussi visible, en particulier à Tepito, quartier de Mexico très affecté par la violence, où elle a son sanctuaire. C'est la patronne des délinquants et de tous les déshérités, qui se tournent vers elle pour une guérison, un emploi, ou une sortie de prison, quand aucune réponse n'a été apportée par des figures religieuses plus « traditionnelles ». Le culte à Santa Muerte est influencé à la fois par des croyances préhispaniques, la santeria et le catholicisme. Il serait pratiqué par environ 6 millions de personnes au Mexique ! Il est évidemment rejeté par les Églises catholique et protestante, qui le considèrent démoniaque.

Les plus désespérés se tournent également vers Jesús Malverde, surnommé le « Saint des narcos ». Les narcotrafiquants à la vie généralement courte et intense ont en effet bien besoin d'une protection supplémentaire ! Malverde était un bandit de grand chemin du XIXe siècle, une sorte de Robin des Bois mexicain, né et mort à Sinaloa, la « Mecque » des cartels de la drogue. Certains ont édifié des chapelles en son honneur, notamment à Culiacán, Tijuana, Chihuahua, mais aussi à Los Angeles ou à Cali en Colombie. Les croyances populaires attribuent de nombreux miracles à Malverde. Il a aussi des pouvoirs de protection, notamment pour les migrants qui tentent de passer illégalement la frontière avec les États-Unis. Des pouvoirs que Malverde partage avec un certain « Juan Soldado », mais c'est encore une autre histoire…

Marionnette pour le Dia de les Muertos à Mérida.

QUE RAPPORTER ?

Lors d'un voyage au bout du monde, quel plaisir de découvrir l'artisanat local ! Et quelle joie au retour d'offrir des cadeaux originaux, ou de soi-même se replonger dans ses souvenirs et s'évader un moment à travers des objets, boissons ou vêtements caractéristiques du pays ! La péninsule du Yucatán reflète dans ses créations toute l'histoire et les traditions mayas. Des pièces fines et colorées, issues de savoir-faire ancestraux, qui sont exposées sur les étals des marchés ou dans les boutiques. Les souvenirs habituels (porte-clefs, magnets frigo, t-shirt, etc.), qui sont légers et ne prennent pas de place, pourront vous dépanner pour un petit cadeau, mais le mieux est quand même de se procurer des produits confectionnés sur place auprès d'un artisan avec qui vous avez échangé dans son atelier. La péninsule du Yucatán regorge de jolies choses. Voici quelques idées de souvenirs à rapporter de votre séjour.

DÉCOUVRIR

Artisanat yucatèque

Hamac maya. L'accessoire indispensable de la sieste ! On le voit partout et l'envie d'en rapporter un à la maison ne se fait pas attendre. Cela tombe bien, c'est dans la péninsule du Yucatán que l'on trouve les plus beaux et les plus confortables du Mexique, et parmi les plus recherchés au monde. Le « village des hamacs » est Tixkokob, à 22 km de Mérida. Presque tous les hamacs vendus à Mérida viennent de là. Il est conseillé de prendre au moins la taille « matrimoniale », qui permet de s'installer plus facilement en diagonale et donc de se lover dans le hamac de façon presque horizontale. À l'origine en fil de sisal, les hamacs sont aujourd'hui fabriqués en coton, ou en nylon et polypropylène. Le coton est plus agréable et confortable, mais plus chaud ; les hamacs synthétiques, adoptés par beaucoup de Yucatèques, sont plus frais et résistants à l'humidité, mais moins au soleil. Pour un beau hamac et le meilleur confort, prenez un hamac en coton « perlé », au tissage très fin, qui allie parfaitement douceur et solidité. Le prix d'un hamac dépend du matériau employé et de la qualité du tissage.

© MARIDOZ - ISTOCKPHOTO.COM

Tissus traditionnels pour hamacs yucatèques.

Joaillerie en graines de cocoyol. C'est l'une des spécialités d'Izamal ★★★ (p.246). Le cocoyol est une palme de la famille des *arecáceas* dotée d'épines effilées. L'huile et la pulpe que l'on tire de ses graines servent traditionnellement comme aliments, comme remèdes médicinaux, ou pour fabriquer des savons. Les artisans en font de magnifiques colliers, bracelets, boucles d'oreilles ou chapelets, selon une technique ancestrale : une fois tombée au sol, la graine doit être enterrée plusieurs années pour sécher, réduire de taille et s'endurcir. Elle est ensuite affinée avec une polisseuse, pour obtenir une jolie bille noire lustrée. Les joailleries en cocoyol sont souvent combinées avec des épines de henequén ou de l'argent. Les bijoux en argent pur que l'on trouve dans les boutiques de la péninsule du Yucatán viennent pour la plupart de la ville de Taxco (État de Guerrero). Ceux en ambre viennent en général du Chiapas. Attention aux contrefaçons, il est recommandé de les acheter dans des boutiques certifiées.

Artisanat en sisal (*henequén*). Bien avant l'arrivée des conquistadors, les Mayas du Yucatán utilisaient la fibre extraite de l'agave sisalana (sisal), très résistante, pour fabriquer cordes, sacs ou nattes. L'or vert du Yucatán, qui a fait la richesse de la région au XIXe siècle - comme en témoignent les anciennes haciendas, notamment dans le Campeche ou dans la région de Mérida - se retrouve aujourd'hui dans la confection de nombreux produits artisanaux : tapis, paniers, chapeaux, sacs, portemonnaies, attrape-rêves...

Sculptures en pierres. Les villages de Dzityá, Muna, Tixhualahtún, Halachó et Kankab se sont spécialisés dans le travail de la pierre en conser-

© RONNIECHUA - ISTOCKPHOTO.COM

Masques en bois sculpté au marché de Chichen Itza.

vant d'anciennes techniques mayas. On trouve toutes sortes de pièces décoratives, certaines représentant des divinités mayas.

▶ **La sculpture sur bois** remonte à l'époque préhispanique. Les missionnaires espagnols utilisèrent le talent des Mayas pour sculpter des icônes religieuses et des retables. Peu à peu, la sculpture sur bois s'est diversifiée et est devenue un art populaire, avec des figurines représentant des musiciens typiques, des animaux de la région, etc. Les principaux bois utilisés sont le cèdre rouge ou blanc, le guayacán et le Chaká [*Bursera simaruba*], des bois tropicaux très durs.

▶ **Masques.** Les masques représentant des animaux ou divinités ont toujours constitué un élément central dans les cérémonies, danses et rituels précolombiens. En bois, terre ou papier mâché, ils pourront constituer une déco originale pour votre salon.

▶ **Céramiques.** Les céramiques précolombiennes découvertes sur les sites archéologiques ont été une source d'informations inestimable sur le mode de vie ou les rituels des civilisations précolombiennes. Les villages de Ticul ★ [p.245] et Uayma sont reconnus pour leurs poteries et céramiques. Les artisans travaillent de façon traditionnelle avec le *K'abal*, ou tour, pour élaborer des pièces d'une grande beauté : cruches, azulejos, masques, répliques de sculptures mayas, etc.

▶ **Colliers ou bracelets en coquillages.** Depuis l'époque précolombienne, les Mayas utilisaient des coquillages et autres matériaux d'origine marine pour leurs rituels et ornements. Ils confectionnaient des pendentifs, des bracelets, des boucles d'oreilles, ou des instruments de musique, comme la fameuse « trompète escargot ». Le travail de la corne de taureau a remplacé celui, aujourd'hui heureusement interdit, de la carapace de la tortue imbriquée [*tortuga carey*], espèce marine en voie d'extinction, connue pour ses écailles épaisses.

Guayabera, hipil et sombrero jipi

Légère, élégante et pratique, la *guayabera* est idéale pour le climat chaud et humide de la région. Messieurs ne vous privez pas ! Cette chemise typique des Caraïbes a la particularité d'avoir généralement quatre poches, deux au niveau de la poitrine et deux à la ceinture [certains modèles plus désinvoltes n'en portent que deux]. Elles sont traditionnellement blanches, mais on en trouve aujourd'hui en beige ou de couleurs pastel. Elles sont décorées de lignes verticales ou de broderies, et se portent au-dessus du pantalon. La *guayabera* est portée par les hommes, aussi bien dans la vie de tous les jours que pour les grandes occasions [mariages, événements culturels ou politiques, etc.], où elle remplace avantageusement le complet. Plusieurs pays revendiquent l'origine de la *guayabera*, du Mexique à Cuba, en passant par la République dominicaine ou les Philippines… Le succès de la *guayabera* auprès de l'élite yucatèque a commencé à la fin du XIXe siècle, époque à laquelle on a commencé à la confectionner à Merida. On la trouve aujourd'hui dans toutes les boutiques de vêtements ou d'artisanat de la péninsule. Il y en a à tous les prix, la qualité étant très variable. Préférez les *guayaberas* en coton ou en lin à celles en polyester. Ces dernières sont moins chères et plus faciles d'entretien, mais beaucoup moins agréables à porter. Si les *guayaberas* 100 % coton ou lin ne rentrent pas dans votre budget, portez votre choix sur un mélange 65 % synthétique 35 % coton. Les manches longues sont plus élégantes et formelles, mais pour des vacances à 35 degrés, des manches courtes feront bien l'affaire !

© CARLOSROJAS20 - ISTOCKPHOTO.COM

Huipils yucatèques.

Côté féminin, le *hipil* (ou *huipil* comme il est connu en dehors de la péninsule) est également très confortable et élégant. Ce vêtement traditionnel maya, auquel les Européens pudiques ont ajouté leur style à l'époque coloniale, est constitué d'une toile de coton rectangulaire, sans manche, qui descend jusqu'aux genoux. Traditionnellement blanc, le *hipil*, est orné de broderies colorées représentant des fleurs ou des motifs géométriques, en bas et à l'embrasure du cou. Ces motifs ont souvent une signification symbolique. Sous le *hipil*, les femmes portent habituellement un long jupon semi-transparent appelé *fustán*, qui présente les mêmes motifs brodés. Les fines broderies sont réalisées en fil de soie, avec des techniques ancestrales qui nécessitent beaucoup de patience. Dans les boutiques de la péninsule, on trouve facilement des *hipils* blancs ou colorés, aux motifs modernes et chics, qui feront sensation pour vos prochaines soirées estivales !

Quel couvre-chef porter sous le soleil du Yucatán ? Le plus élégant est sans nul doute le *sombrero jipi*, communément appelé « panama de Bécal ». Ce chapeau indémodable et aux qualités extraordinaires est tissé avec des fibres extraites de la palme de *jipijapa*, importée au XIXe siècle du village du même nom en Equateur, où les authentiques « panamas » sont confectionnés. Le village de Bécal ★★ (p.292), entre Mérida et Campeche, fabrique ces magnifiques chapeaux depuis des générations. Pour conserver la flexibilité de la palme, des conditions précises d'humidité sont indispensables. Les artisans travaillent donc sous terre, dans des grottes ! Ces chapeaux sont chers mais ce sont les plus fins au monde, avec les authentiques panamas équatoriens. Leur finesse est telle qu'elle leur permet de reprendre leur forme originelle après avoir été plié dans tous les sens. Les plus souples peuvent même passer à travers une bague ! N'hésitez pas à demander à visiter un atelier pour apprécier la dextérité des artisans.

Et bien sûr quelques douceurs !

Le Mexique laisse de mémorables souvenirs gastronomiques et la péninsule du Yucatán n'échappe pas à la règle ! Pour ceux qui aiment la cuisine épicée, prévoyez d'acheter quelques sauces piquantes, si possible artisanales. Pas pour les mauviettes non plus, le mezcal et la tequila évidemment ! S'ils ne sont pas élaborés dans la région, vous en trouverez tout de même un énorme choix dans les boutiques de souvenirs et les supermarchés. Ces célèbres liqueurs mexicaines « 100 % agave » font de beaux cadeaux pour ceux qui apprécient l'alcool. Plus original, une bouteille de Xtabentún, liqueur ancestrale produite à partir de la fermentation du miel de fleur de xtabentún, que produisent les abeilles mélipones, à laquelle on ajoute de l'anis. Le chocolat mexicain à base de fèves de cacao auxquelles sont ajoutées parfois de l'amarante et de la cannelle fera très plaisir aux gourmands. Rapportez aussi du cacao pur pour épater vos amis avec la sauce typique appelée *mole*, à base notamment de piment et de cacao. Quelques paquets de café du Chiapas, de Veracruz ou d'Oaxaca raviront les amateurs. On peut aussi rapporter des gousses de vanille ou des produits dérivés. La vanille mésoaméricaine est la seule au monde à être pollinisée de façon naturelle, par l'abeille mélipone et une espèce de colibri endémique. Elle est très parfumée et a un goût puissant. Les plus réputées sont produites dans le Veracruz. Gaya et Reyna Orlando sont des marques recommandées. Attention, la vanille vendue dans les supermarchés est souvent d'origine synthétique ! Enfin, offrez-vous du miel de mélipone, au goût floral très prononcé. Il était produit et consommé par les Mayas bien avant l'arrivée des conquistadors.

GASTRONOMIE

Classée au patrimoine culturel immatériel de l'humanité depuis 2010, la gastronomie mexicaine est réputée pour ses saveurs aromatiques, pimentées et uniques. Qu'ils soient traditionnels, ambulants, familiaux, de rue, gastronomiques ou de restauration rapide, les restaurants de Mexico attirent les voyageurs du monde entier, qui viennent se délecter des expériences gustatives, sensorielles et authentiques offertes par ses cuisiniers, ses producteurs, ses artisans et ses serveurs. Ce sont ces derniers qui vous donneront envie de remettre les pieds dans le pays. Ce sont eux, les véritables héros de votre odyssée. A vous de les encourager, de les engaillardir et en ce sens, de les diviniser. Tout cela pour la simple et bonne raison qu'une fois rentrés à la maison, vous vous rapprocherez curieusement, presque de façon magique, de vos fourneaux. Il faudra bien continuer de célébrer la gloire des tortillas, du mole et des enchiladas !

Aztèques, mayas et maïs

Bon nombre d'aliments que nous consommons à l'heure actuelle en Europe furent importés du Nouveau Monde au moment de la conquête espagnole à partir du XVe siècle : maïs, pomme de terre, haricot, piment, patate douce, manioc, cacao, tomate, vanille et bien d'autres produits sans lesquels nos gastronomies européennes sembleraient bien plus fades.

Le maïs est consommé au Mexique depuis au moins 9 000 ans. Cultivé par les Aztèques, puis par les Mayas, il atteint par la suite le reste du continent américain grâce aux échanges avec les Incas il y a 3 000 ans alors que les variétés moins frileuses furent plantées par les Indiens Pueblos dans le sud des USA actuels.

Le Mexique est considéré comme le centre de diversité de cette céréale et on dénombre officiellement 64 variétés de maïs dans le pays. Une diversité génétique d'ailleurs menacée depuis l'instauration de l'Accord de libre-échange nord-américain (ALENA), le gouvernement mexicain ayant favorisé l'importation de maïs en provenance de États-Unis, conduisant de nombreux paysans à abandonner sa culture. Un maïs jaune, OGM et bien calibré, à l'inverse des variétés paysannes blanches, noires, violettes, brunes, rouges, bleues ou même arc-en-ciel, permettant aux Mexicains de préparer leurs spécialités depuis des millénaires. Ces grains de maïs sont traités avec du nixtamal, un mélange d'eau et de chaux qui les attendrit avant d'être moulus pour confectionner une pâte (*masa*) utilisée pour les tortillas.

Le piment (*chile*) – originaire d'Amérique tropicale – fait partie intégrante de la culture mexicaine et le pays dénombre pas moins de 150 variétés aussi bien utilisées fraîches que séchées. Le puissant *jalapeño* est vert, croquant et lisse. Une fois fumé et séché, il prend le nom de *chipotle*.

DÉCOUVRIR

Variétés de maïs.

© DARIOGAONA - ISTOCKPHOTO.COM

Huitlacoche.

Le *poblano* ressemble à un petit poivron et est généralement farci. Ce dernier est surnommé *ancho* lorsqu'il est séché. Le *bola* – appelé *cascabel* quand il est sec – a la forme d'une petite boule. Le *habanero*, ressemblant à un petit poivron fripé jaune ou rouge, est aussi très commun dans les Antilles. C'est l'un des piments les plus forts du monde. Enfin l'*árbol* – aussi connu en France sous le nom « piment langue-d'oiseau » - est aussi extrêmement piquant. En plus du piment, on retrouve d'autres condiments comme le cumin, la coriandre, l'origan ou l'épazote, aussi appelée « fausse-ambroisie ». Le Mexique produit quelques fromages comme le *queso fresco*, léger et à peine affiné. Le *queso añejo* est plus affiné, à pâte dure, alors que le *queso Oaxaca* ressemblerait à de la mozzarella, souvent filé en pelote.

Il est probable que ce soit les Aztèques qui furent les premiers à cultiver les tomates et qui nous ont donnés également le mot « tomatl ». A noter qu'au Mexique le terme « tomate » désigne une tomate verte, on dit « jitomate » pour une tomate rouge classique. On dénombre aussi plus de 70 variétés de frijoles ou haricots dans le pays : noirs, beige, blancs, rouges ou tachetés. De nombreuses espèces sont en effet originaires du Mexique et les Aztèques consommaient ces légumineuses depuis des millénaires. Cultivé dans le centre du pays depuis plus de 7 000 ans, l'avocat est l'un des fruits les plus connus du Mexique qui contrôle environ un tiers de la production mondiale. Plus de 90 % des avocats du pays viennent d'ailleurs du petit Etat de Michoacán. On n'oubliera pas les autres fruits tropicaux (agrumes, litchi, ananas, banane, papaye, goyave, noix de coco, zapote, mamey, pitaya, tomatillo, etc.).

Le Mexique est aussi le berceau de quelques bizarreries culinaires. Citons le *nopal* (feuille du figuier de Barbarie) qui peut être cuit à l'eau ou grillé au feu de bois et dont le goût rappelle un peu les haricots verts ou alors le *huitlacoche* ou charbon du maïs, un champignon parasite qui transforme les grains de maïs en grosses boules spongieuses et grises. C'est un mets de choix en garniture de tortilla ou en soupe. Les insectes sont également communs. Le *chapulin* (sauterelle), spécialité d'Oaxaca, se mange généralement grillé dans un taco avec du guacamole, mais on n'oubliera pas les *escamoles* (larves de fourmis), les *chinicuiles* ou *gusano* (appelé « ver d'agave », c'est en réalité une chenille) ou encore la salsa de *hormiga*, préparée avec des piments et des fourmis de l'espèce *chicatana*.

La street-food mexicaine

Souvent appelés *antojitos*, les encas – plus ou moins copieux – de la street-food locale sont généralement confectionnés à partir de tortillas. Les tacos sont de petites galettes que l'on garnit de viande, de poisson et de légumes. Les *tacos al pastor* (« du berger ») par exemple sont préparés avec du porc longuement mariné que l'on émince finement avec du *queso fresco*, de l'oignon haché et de la coriandre. Les tacos dorados ou taquitos sont aussi appelés *flautas* à cause de leur forme de flûte. Ils sont roulés avec une garniture, puis frits. Les *chalupas* sont similaires aux tacos, mais dans des galettes briochées plus épaisses. Les gorditas sont des petits chaussons garnis à la manière d'un taco. Les molotes sont des beignets de pâte de maïs ou de pomme de terre, farcis et frits. On n'oubliera pas bien sûr les *tamales*, l'un de plats mexicains les plus emblématiques, préparés avec une purée de maïs que l'on fait cuire à la vapeur emballée dans les feuilles qui entourent l'épi de maïs. Ils sont parfois garnis de viande avant la cuisson.

Les *antojitos* peuvent être parfois très copieux. Le *pambazo* est un sandwich composé d'un pain imbibé d'une sauce au piment *guajillo*, puis garni de pomme de terre au chorizo. Ces encas sont souvent servis avec l'incontournable *frijol refrito*, une purée de haricots noirs. On pense par exemple au *huarache*, une sorte de large galette de maïs, nappé de *frijol refrito* avec du *queso fresco*, des oignons et de la langue de bœuf émincée, ou aux *chilaquiles* (tacos frits coupés en triangle, nappés de sauce, avec haricots noirs, fromage et œuf frit). Sans oublier les quesadillas, des tortillas pliées en deux, fourrées avec de la viande et des légumes et surtout beaucoup de fromage, alors que le burrito est une tortilla roulée sur une farce à base de viande, de riz épicé et de haricots noirs.

Pour finir on n'oubliera pas le *chile relleno*, une recette de piment farci avec du fromage et/ou de la viande, puis pané et frit.

Les classiques de la cuisine mexicaine

La sauce d'accompagnement la plus répandue est le *pico de gallo*. Ce mélange de tomate, oignon, ail, citron, coriandre et piment est très frais. Plus riche, le *mole* est préparé avec différents piments secs et moulus auxquels on rajoute du cacao et diverses épices. La plus connue est le *mole poblano* (originaire de Puebla), mais il y a aussi le *mole verde* (préparé avec de la tomate verte) ou *rojo* (tomate rouge). Cette sauce accompagne généralement la volaille.

Le poulet est en effet une viande populaire, qui peut être préparée de bien des façons, du simple *pollo asado* (poulet grillé au barbecue) jusqu'au *pollo encacahuatado*, nappé d'une riche sauce à la cacahuète. On le retrouve sous forme d'escalope panée (*pechuga de pollo empanizada*) pour un prix dérisoire. Les recettes d'œufs ne manquent pas pour le petit-déjeuner : *huevos a la mexicana* (œufs brouillés avec tomate-piment-oignon), *a la ranchera* (œufs au plat avec compotée de tomate à la coriandre, sur une tortilla) ou *motuleños* (œufs au plat avec haricots noirs, fromage, sauce piquante, banane plantain et jambon sur une tortilla).

Parmi les plats de porc les plus répandus, citons les *carnitas* (viande cuite plusieurs heures dans du saindoux et effilochée), le *chilorio* (porc effiloché agrémenté de piment, cumin et ail) et le *calabacitas con puerco* (ragoût de porc épicé aux courgettes). La *cochinita pibil* est un plat originaire du Yucatán, composé de porc mariné dans du jus d'agrumes et des graines de roucou (un colorant rouge naturel) longuement cuit dans des feuilles de bananier. On picore aussi des *chicharrónes*, de la couenne de cochon grillée, comme des chips.

Dans le nord du pays, on consomme le *machaca*, du bœuf séché mijoté dans une sauce tomate épicée puis effiloché, souvent pour garnir des burritos. Le terme « bistec » désigne de la viande de bœuf grillée finement tranchée et servie en sandwich. Les *albóndigas* sont des boulettes de viande servies dans une sauce au piment *chipotle*. On retrouve d'autres plats de viande comme le *barbacoa* (un type de barbecue au-dessus de la braise ou d'un trou rempli de pierres chaudes préparé avec du bœuf ou du mouton), la *birria* (soupe épicée de mouton) ou le *cabrito al pastor* (chevreau grillé à la braise).

Avec plus de 9 000 kilomètres de côtes, le Mexique est un vrai paradis pour les amateurs des produits de la mer. Poissons (espadon, thon, mérou, daurade coryphène, vivanneau) et fruits de mer (crevettes, crabes, langoustes, huîtres, calamars, etc.) sont souvent servis avec du *mojo de ajo* (beurre et ail) et du *mojo a la veracruzana* (sauce tomate, oignon, ail, olives, câpres). Le *ceviche* (poisson cru saisi dans le jus de citron ou de piment), l'*aguachile* (crevettes et avocat marinés avec jus de citron et coriandre) ou le *pescado zarandeado* (poisson finement épicé au barbecue) sont également appréciés.

Les potages sont aussi prisés. Le *caldo de siete mares* est une soupe de fruits de mer et le *caldo tlalpeño* est un potage de poulet, de légumes et de pois chiches. Le *pozole* est une soupe épaisse de maïs garnie de porc effiloché, de radis, d'oignon et de piment. L'*arroz a la tumbada* est une spécialité de riz aux fruits de mer alors que l'*arroz poblano* cuit dans une purée de piment vert, de coriandre et d'oignon avec du porc effiloché.

Sauce mole.

Douceurs et boissons

Parmi les desserts mexicains, on retrouve le *tres leches* (gâteau à la génoise imbibée de lait concentré sucré et nappé de chantilly), les *sopapillas* (beignets au sucre, parfois nappés de miel, à base de farine de blé, mais contenant parfois aussi de la purée de courge), les *buñuelos* (petits beignets ronds au sucre), les *conchas* (brioche couverte d'une croûte de sucre), *roscón de reyes* (anneau en brioche type gâteau des rois de l'Epiphanie), le *pan de muerto* (brioche à l'orange et à l'anis décorée d'une croix pour le *Día de Muertos*, le 1er novembre), le *pastel de elote* (gâteau moelleux au maïs), l'*alfajor* (biscuits au *dulce de leche* nappés de chocolat), les churros et bien sûr le flan (crème caramel). Côté sucreries traditionnelles, pour n'évoquer que les plus célèbres, vous pourrez goûter le *muégano* (petits cubes de pâte frites agglomérés en boule avec du caramel) et les *alegrías* (nougat au miel et aux graines d'amarante).

Le *chocolate de agua* est un chocolat chaud typiquement mexicain, à l'eau et non au lait, que l'on prépare avec un chocolat noir très corsé, le tout parfumé de cannelle, noix de muscade et clous de girofle. Sinon on savourera une *horchata*, une boisson laiteuse d'origine espagnole à base de riz ou d'avoine, parfumée à la cannelle, et servie glacée. Enfin, le café fut importé depuis l'Ethiopie sur le continent américain au début du XVIIIe siècle, il entre au Mexique par l'Etat de Veracruz puis sa culture se répand dans les Etats du Sud (Oaxaca, Chiapas) et de la côte pacifique (Colima, Jalisco). Ici, le café est le plus souvent préparé à l'américaine, c'est-à-dire très dilué. Le café *con leche* (café au lait) est une spécialité du petit déjeuner. Le *cafe de olla* quant à lui est typique du pays : c'est une tisane à base de café, d'épices (principalement de la cannelle) toujours servie dans des tasses en forme de cruches en terre.

Café de olla.

Parmi les boissons fraîches citons les *licuados*, ces délicieux jus de fruits préparés avec du lait, vendus sur des échoppes à des prix dérisoires. Sinon testez la *chamoyada*, un granité à la mangue, au jus de citron vert et au chamoy (sauce acidulée au piment) ou l'*agua de Jamaica* (une infusion glacée à l'hibiscus).

Tequila, mezcal y cerveza

La tequila est l'alcool mexicain par excellence. Cet alcool blanc, qui titre au minimum à 35°, prend une couleur ambrée avec l'âge. Cette eau-de-vie d'agave bleue, une plante succulente native du Mexique, est élaborée avec les cœurs d'agave (appelés piñas), pouvant atteindre jusqu'à 100 kg. Ils sont cuits à l'étouffée dans des fours géants appelés autoclaves, avant d'être broyés pour en extraire un jus qui sera distillé. Il faut minimum 2 mois pour obtenir une tequila blanco et jusqu'à 10 ans pour une tequila añejo. Produite depuis la colonisation espagnole, cette boisson doit son nom à la ville de Tequila (Etat de Jalisco) et aujourd'hui la région compte près de 120 distilleries. Sa dégustation à l'état pur s'accompagne d'un véritable rituel qui consiste à mettre sur le dos de la main une pincée de sel qu'on lèche avant de boire une gorgée de tequila, pour enfin croquer dans le quartier de citron vert. Elle est utilisée dans l'élaboration de nombreux cocktails comme la margarita (tequila, citron vert, triple-sec, glace pilée) ou la tequila sunrise (tequila, jus d'orange, grenadine). On peut visiter plusieurs distilleries comme la Destilería La Rojeña, fondée en 1758, la plus vieille d'Amérique latine, la Destileria Herradura (créée en 1870) ou la Casa Orendain (fondée en 1926).

Comme la tequila, le mezcal est un alcool élaboré à partir de l'agave, mais sa production est généralement beaucoup plus artisanale : dans les fameux palenques familiaux de l'Etat de Oaxaca, les cœurs d'agave sont cuits dans des fours traditionnels en terre avant que leur jus ne fermente puis soit distillé. Contrairement à la tequila, le mezcal peut être produit avec plusieurs espèces d'agaves. Pour se protéger des dérives industrielles de la tequila, il existe une appellation d'origine depuis 1994 limitées à quatre Etats : Guerrero, Durango, San Luis Potosi et Zacatecas. Pour le différencier de la tequila, les producteurs ont eu l'idée d'ajouter un gusano dans la bouteille c'est-à-dire une chenille de papillon de l'agave, à partir des années 1940. On le déguste sec, avec des quarts d'orange à croquer et du piment en poudre.

La bière (cerveza) accompagne souvent les repas mexicains. Les meilleures blondes (claras) ont pour nom Corona, Tecate, Bohemia, Superior, Carta Blanca. Pour les brunes (oscuras), la Negra Modelo. Depuis quelques années, on observe une montée en puissance de la fabrication de la bière artisanale. Pour ceux qui se demandent d'ailleurs, la marque Desperados est une création française et non mexicaine. La production vinicole n'est pas négligeable.

SPORTS ET LOISIRS

Au Mexique, les grands sports nationaux très populaires sont le football – comme dans toute l'Amérique latine – et le basket. Mais il existe aussi des sports et jeux plus traditionnels, comme la corrida, les fameux *charreadas* (les rodéos), les combats de coqs et la *lucha libre*, le catch folklorique local. Côté activités, là aussi il y a de quoi faire ! La géographie du pays se prête en effet à de nombreuses activités. Les côtes du Pacifique ou la mer des Caraïbes offrent des spots incroyables aux amateurs de plongée sous-marine, alors que dans les terres, on peut se faire plaisir en kayak ou lors de sessions de rafting ou de canyoning. Sur terre, certains se régalent lors de randonnées inoubliables ou avec de sportives descentes en VTT, alors que d'autres s'attaqueront à des parois adaptées à tous les niveaux. Enfin, comment ne pas se régaler de tous ces paysages lors d'un vol en parapente ou d'un saut en parachute ?

Le football, le grand sport populaire

Au Mexique, le football est LE sport national. Le rêve de tous les enfants mexicains est de remporter un jour la Coupe du monde de foot ! D'ailleurs, tous les quatre ans, la plupart des employés des entreprises interrompent leurs activités pour pouvoir regarder les matchs de l'équipe nationale, la Tricolor (ou la Tri). Lorsque ce n'est pas possible, il y a toujours quelqu'un pour installer un écran dans les bureaux et ainsi ne pas manquer le spectacle. À défaut d'avoir déjà soulevé la Coupe du monde, le Mexique peut se targuer d'avoir formé quelques excellents footballeurs, parmi lesquels Hugo Sánchez, Jorge Campos, Rafael Márquez, l'un des seuls joueurs au monde à avoir joué lors de cinq Coupes du monde (2002, 2006, 2010, 2014, 2018), Javier Hernández « Chicharito » ou Giovani Dos Santos. La nouvelle génération, entrevue lors du Mondial 2018, semble prometteuse malgré son élimination en 8e de finale face au Brésil (défaite 2-0).

Au niveau local, les matchs se succèdent à un rythme effréné puisque pas moins de deux championnats se déroulent au cours d'une année civile, chacun suivi d'une phase de play-offs, les fameux matchs à élimination directe qui déchaînent les passions dans tout le Mexique. Le club le plus populaire est sans nul doute celui des Chivas de Guadalajara, qui a pour particularité de n'aligner sur le terrain que des joueurs mexicains, jouant ainsi sur la fibre patriotique. Avec le Club América (propriété du géant audiovisuel Televisa), ce sont eux qui ont remporté le plus de titres nationaux. Leurs affrontements marquent d'ailleurs les temps forts de chaque saison, même s'il ne faut pas oublier les fameux Pumas (club de l'UNAM, la grande université de Mexico), le FC Monterrey (vainqueur de la Ligue des Champions d'Amérique Nord en 2019) ou les Tigres de Monterrey (vainqueurs de la Ligue des Champions d'Amérique Nord en 2020), le club où l'ex-Marseillais André-Pierre Gignac est devenu une idole, et qui a disputé la finale de la Coupe du monde des clubs en février 2021 face au Bayern Munich (défaite 1-0). Des clubs qui voient leurs tribunes trembler à chaque fois que leurs protégés rentrent sur le terrain. Attention les yeux et les oreilles, chants et tifos grandioses garantis !

Les sports traditionnels, le vrai folklore

- **Lucha libre.** La lucha libre est un combat de catch haut en couleur. Plus technique que physique (à l'inverse du catch américain), le spectacle a lieu aussi bien sur le ring que dans la salle où le public est l'un des acteurs principaux du combat. En provoquant un vacarme tonitruant à base de cris, de huées, de sifflets ou d'encouragements, les spectateurs se veulent protagonistes de ce combat entre le « bien » et le « mal », représentés par les différents lutteurs. Si c'est toujours le représentant du « bien » qui l'emporte, les lutteurs (les *luchadores*) et leurs masques colorés (toujours délicieusement kitsch), pour la plupart originaires de quartiers ou régions pauvres, représentent un exemple pour les jeunes et sont souvent élevés au rang de héros, voire de demi-dieux (comme les célèbres Blue Demon, El Santo, El Hijo Del Santo, etc.). Un spectacle, entre sport et théâtre, immanquable si l'occasion se présente d'y assister, à l'Arena México par exemple !
- **Charreadas.** Les *charreadas* sont les fameux rodéos mexicains. Le but est de montrer les capacités du cavalier et de sa monture. L'une des épreuves consiste à arrêter le cheval au galop sur un trait marqué au sol. L'épreuve la plus impressionnante est celle où le cavalier doit mettre à terre un petit taureau en enroulant une corde autour de ses jambes. Contrairement aux rodéos américains, aucune récompense pécuniaire n'est prévue. Seule la gloire est promise au vainqueur, toujours amateur.

Rodéo mexicain.

▶ **Combats de coqs.** Les combats de coqs (*peleas de gallo*) sont encore organisés un peu partout sur le territoire. Quoi qu'on en pense, ces cruels combats déchaînent souvent les passions et font l'objet de nombreux paris.

Sous l'eau, le grand spectacle

Au Mexique, le monde du silence attend les amateurs de plongée sous-marine. Ceux qui voudraient balader leurs palmes et leurs bouteilles dans les eaux mexicaines ont surtout le choix entre deux sites majeurs : la mer des Caraïbes, face aux plages de l'Etat du Quintana Roo et autour de l'île de Cozumel, au milieu de la deuxième plus grande barrière de corail du monde, et la mer de Cortés en Basse-Californie (Isla Espíritu Santo, Loreto, Cabo Pulmo). D'autres sites mineurs incluent la côte pacifique et le golfe du Mexique. Il ne faut pas non plus négliger la plongée en eau douce : Laguna de la Media Luna (Rio Verde, San Luis Potosi), *cenotes* ouverts et lagunes proches des Lagunas de Montebello (Chiapas). La plongée dans les nombreux *cenotes* et autres rivières souterraines de la péninsule du Yucatán (Quintana Roo, de Tulum à Puerto Morelos) est une expérience magnifique, mais réservée aux plongeurs expérimentés.

Sur l'eau aussi, on se dépense !

Canyons, *cenotes*, lagunes, les options sont nombreuses pour profiter des sports aquatiques à l'intérieur des terres.

▶ **Kayak.** Si vous êtes à Tulum, ne manquez surtout pas de faire une balade en kayak à la tombée du jour sur les lagunes de la Reserva de Sian Ka'an, là où les couleurs de l'eau et du ciel se rejoignent ; la découverte de la Laguna de Bacalar est aussi idéale par ce biais. Au niveau du kayak de mer, bien plus exigeant, les sites de La Paz et Loreto (Basse-Californie) se prêtent à la découverte des îles au cours d'expéditions de plusieurs jours. On peut même rejoindre Loreto à La Paz en longeant la côte.

▶ **Rafting.** Les meilleures régions où pratiquer le rafting et autres sports aquatiques sont la Huasteca Potosina, dans l'Etat de San Lus Potosí, et un peu partout dans l'Etat de Veracruz. À noter que les descentes tranquilles en rivière sont également possibles, sans que ce ne soit nécessairement au milieu de turbulences infernales comme à l'Arco del Tiempo dans le Chiapas.

▶ **Canyoning.** Cela consiste à s'aventurer dans des canyons pour redescendre à pied les lits de rivière en pratiquant à la fois le rappel ou le saut de cascades. Direction le canyon de Matacanes (Santiago, non loin de Monterrey) ou ceux que l'on découvre dans la région de Agua Selva (Tabasco). Pour ces activités, pensez à vous munir de chaussons d'eau aux semelles antidérapantes.

Sur terre aussi, l'aventure au rendez-vous

Au Mexique, les sportifs se font plaisir sur ou sous l'eau, mais aussi dans les terres où les amateurs de randonnées et les fanas de descentes en VTT trouveront des spots de choix.

▶ **Randonnée.** Le Mexique compte des milliers d'endroits d'une grande beauté où pratiquer la marche, que ce soit pour quelques heures ou plusieurs jours. Partout, nous ne saurions que trop vous recommander d'être guidé par des locaux et des gens ayant une bonne connaissance de la région et du terrain. C'est le cas notamment dans les Pueblos Mancomunados de la Sierra Norte de Oaxaca, qui proposent des excursions de plusieurs jours (camping, refuges dans les villages) très bien organisées dans ces montagnes aux paysages magnifiques.

Plongée au Cenote El Pit.

Pensons aussi à la traversée de la Sierra de la Laguna (Basse-Californie du Sud), un périple de quatre jours qui vous emmène au sommet d'un pic qui vous offre une vue panoramique sur le cap où se rejoignent les eaux de la mer de Cortès et celles de l'océan Pacifique. Les balades dans les fameuses Barrancas del Cobre de Chihuahua sont aussi époustouflantes ; vous pourrez aussi y pratiquer la course de montagne avec les Tarahumaras.

Vélo et VTT. On rencontre sur les routes du Mexique quelques passionnés qui le traversent à vélo : la descente de la Basse-Californie, région réputée sûre, est une formidable aventure. De nombreux endroits, spécialement en montagne, louent aussi des VTT pour se démener dans les alentours, comme autour de la ville de Oaxaca. On trouve également beaucoup d'activités liées au VTT dans différents sites des Barrancas del Cobre de Chihuahua. Les Pueblos Mancomunados de la Sierra Norte de Oaxaca proposent également des parcours au long cours permettant de visiter de nombreux sites sans jamais repasser par le même endroit. Sensations garanties !

A l'assaut des parois

Au Mexique, les amateurs d'escalade et d'alpinisme peuvent également se faire plaisir sur de nombreuses parois un peu partout.

Les grimpeurs expérimentés ne doivent pas passer à côté du Canyon de la Huasteca dans l'Etat du Nuevo León. Ce superbe canyon comporte des falaises de plus de 300 m de hauteur et près de 180 voies d'escalade. D'autres zones du nord du pays (Chihuahua) sont propices à ce sport. Plus centrale, la Peña de Berna, dans l'Etat de Querétaro, est également un magnifique site d'escalade. A noter que le village de Mineral del Chico (Hidalgo) permet d'effectuer une bonne montée sur un pic rocheux par une via ferrata bien conçue.

Pour les alpinistes chevronnés, le site incontournable à visiter est le volcan Iztaccíhuatl, à la frontière de l'Etat de Puebla et de l'Etat de Mexico. Une autre destination possible est le pic d'Orizaba, qui culmine à 5 610 m d'altitude.

Parent pauvre de l'escalade, le rappel est également de plus en plus pratiqué au Mexique, notamment dans de magnifiques cavernes ou gouffres ; les difficultés varient énormément, depuis les descentes en vertical de 100 mètres dans des gouffres (Cima de Las Cotorras près de Tuxtla Gutierrez, Chiapas), jusqu'aux plus tranquilles descentes de cascades de cinq ou dix mètres de hauteur (Reserva Ecologica Villa Luz, Tabasco).

Le Mexique vu du ciel

Quel bonheur de profiter des paysages mexicains en s'envolant au-dessus des spots les plus courus du pays !

Parapente. On peut pratiquer le parapente dans de bonnes conditions de sécurité, à Valle del Bravo (à 2 heures de la ville de Mexico) ou dans le village de Tapalpa (à 2 heures de Guadalajara). Panoramas et souvenirs uniques assurés !

Parachute. Sport à la réputation dangereuse, le parachute assure néanmoins des sensations uniques et se pratique surtout le long des côtes dans des endroits très touristiques, comme Puerto Escondido (Oaxaca) et Playa del Carmen (Quintana Roo).

Kayak dans un cénote à Tulum.

AGENDA

Les rites catholiques sont toujours très ancrés dans les mœurs. Les grandes fêtes du calendrier liturgique – la fête de l'Assomption (15 août), la fête de l'Immaculée Conception (8 décembre), la Présentation de Jésus (2 février) – sont l'occasion d'importantes célébrations qui incluent non seulement des processions, mais aussi des activités profanes (jeux de foire, stands gastronomiques, élections de reines, feux d'artifice). Les villages célèbrent également en grande pompe la fête de leur saint patron. Si ce genre de manifestation ne vaut pas toujours le détour en soi, découvrir un village lorsqu'il est en train de célébrer une fête religieuse rend la visite plus vivante et plus attrayante. La péninsule célèbre également un peu partout le carnaval, et compte également quelques festivals culturels qui font vibrer les villes, en particulier à Mérida. Musique, cinéma, cirque, arts visuels, il y en a pour tous les goûts !

MÉRIDA FEST

MÉRIDA

Du 5 au 24 janvier.

Le festival de Mérida célèbre la fondation de la ville le 6 janvier 1542, par Francisco de Montejo y León. Au programme : cinéma, théâtre, danse, concert, cirque et conférences académiques, à la portée de tous, puisque les événements sont gratuits. Tous les lieux culturels de la cité participent à ce festival emblématique qui se déroule aussi dans la rue, avec des défilés en musique. Le festival 2021, en partie virtuel, a rendu hommage au maestro Armando Manzanero, originaire de la ville, décédé en décembre 2020 peu après avoir inauguré un musée en son honneur.

CARNAVAL DE COZUMEL

SAN MIGUEL DE COZUMEL

Dates variables selon les années. En 2023 : du 15 au 21 février.

En février ou mars selon les années, Cozumel accueille un carnaval très réputé dans la région, car les expressions culturelles singulières de l'île y sont présentées et mises en scène. On pourra découvrir en particulier deux manifestations typiques de l'île : la *Guaranducha Cozumeleña*, genre de satire qui parodie le comportement des hommes blancs envers les esclaves africains, et le *Torito Wacax-Ché*, représentation dans laquelle un homme coiffé d'un taureau en bois poursuit tous ceux qui le provoquent, générant des chutes et d'autres situations comiques.

CARNAVAL DE CAMPECHE

SAN FRANCISCO CAMPECHE

Du 9 au 21 février 2023.

La ville fortifiée de Campeche est le siège du plus ancien carnaval du pays (1582). Les festivités commencent environ quarante jours avant Pâques et durent une dizaine de jours. Les activités phares du carnaval restent bien sûr le défilé déguisé dans les rues et l'élection des rois et des reines, mais le carnaval est le prétexte à bien d'autres activités : concerts, spectacles de danse, bazar gastronomique, etc. Durant le carnaval, les Campechanos ont pour coutume de brûler un pirate en papier mâché, qui symbolise la mauvaise humeur.

SPRING BREAK

CANCÚN

De février à avril (mais surtout entre la mi-mars et début avril).

C'est la pause étudiante de printemps des Américains et Canadiens. Après la période hivernale, les jeunes n'ont qu'une envie : faire la fête sous le soleil pour oublier un temps leurs études. Cancún, à quelques heures de vol, est l'une des principales destinations pour se lâcher : les discothèques font le plein, les clubs de plage aussi, la tequila coule à flot, et on bronze et on s'aime… Tout le monde est content ! Par contre, si vous souhaitez vous reposer en amoureux ou en famille, ce n'est peut-être pas une bonne idée de venir à Cancún à cette époque !

ÉQUINOXE DE PRINTEMPS

CHICHÉN ITZÁ

Du 20 au 21 mars.

Les sites archéologiques mayas ont été édifiés en fonction des mouvements du soleil. L'équinoxe du printemps marque le moment où le soleil traverse l'équateur céleste du sud au nord. À Chichén Itzá, autour du 21 mars, des dizaines de milliers de personnes viennent assister à la montée et à la descente de l'escalier de la pyramide d'El Castillo par le « serpent de l'ombre et de la lumière ». Moins connu et fréquenté, Dzibilchaltún offre également un spectacle unique : le soleil levant apparaît à travers l'ouverture qui forme l'entrée du Temple des Sept Poupées.

DÍA DE LA MARINA

PARQUE NATURAL RÍO LAGARTOS

Le 1er juin.

Le Jour de la Marine est une date importante dans le port de Río Lagartos, puisque l'on rend hommage aux marins et pêcheurs disparus en mer. Les célébrations, organisées par la coopérative des pêcheurs de Río Lagartos, commencent le 31 mai au soir, par le concert d'un groupe musical. Le lendemain a lieu une messe et le traditionnel *bordeo*, une procession constituée d'une centaine de *lanchas* colorées au cours duquel une offrande florale est déposée au large, en mémoire des disparus. Également, un concours de l'embarcation la mieux décorée et des jeux traditionnels.

SEMANA SANTA

Du 2 au 9 avril 2023.

La Semaine sainte se déroule entre mars et avril, selon les années, dates qui évoluent selon le calendrier liturgique. Mérida comme de nombreuses villes et villages au Mexique commémorent la Passion, Crucifixion et Résurrection du Christ, avec des représentations théâtrales impressionnantes. Si seuls le jeudi et le vendredi sont des jours fériés, les jours précédents sont souvent pris en congé par les Mexicains. C'est la principale semaine de vacances, les grandes métropoles se vident, les stations balnéaires se remplissent.

FERIA DE SAN JOAQUÍN

LAGUNA DE BACALAR

Du 23 juillet au 7 août.

La feria de San Joaquín de Bacalar est une fête traditionnelle qui a été créée pour faire connaître les activités agricoles et d'élevage qui se pratiquent dans la région. Aujourd'hui, de nombreux événements sont organisés en parallèle des activités d'exposition classiques : danses folkloriques avec de beaux costumes traditionnels, spectacles de *charrería*, combats de coqs, corridas de taureaux, concerts de groupes locaux… Une occasion unique de sortir des sentiers touristiques pour découvrir une autre facette du Quintana Roo.

FERIA DEL CEDRAL

EL CEDRAL

Début mai, durant 5 jours.

Au sud de l'île de Cozumel, le village de El Cedral est célèbre pour sa fête pleine de traditions religieuses et païennes, rendant hommage à la joie d'être en vie et à Santa Cruz, le protecteur des premières familles fondatrices du village qui se réfugièrent à Cozumel en mai 1848, durant la Guerre des Castes. Le festival inclut une foire agricole, des stands de nourriture typique, des concerts et spectacles de danses traditionnelles (comme le célèbre *baile de las Cabezas de Cochino* - la danse des Têtes de Cochon !), des rodéos... Pittoresque !

FESTIVITÉS DU CRISTO NEGRO

SISAL

Du 1er au 31 août.

Tous les ans au mois d'août, le Cristo Negro (Christ Noir) est porté depuis l'église du village de Hunucmá jusqu'à Sisal, où il demeure une vingtaine de jours. Le 25 août, plus de 200 *lanchas* de pêcheurs réalisent un pèlerinage en mer en suivant le Christ Noir, à la tête des embarcations. Des dizaines de familles apportent des compositions florales qu'elles jettent à la mer, pour remercier le Sauveur de Sisal. La communauté entière participe à cet évènement des plus colorés.

Besoin
de nature ?
Par ici
la sortie !
petit futé.com
Avis et conseils rédigés par des auteurs du cru depuis 45 ans
© PILAT666 - ISTOCKPHOTO.COM
SELJALANDSFOSS - ISLANDE
63° 36' 56.243'' N 19° 59' 18.848'' W

DÍA DE LA INDEPENDANCIA

Du 15 au 16 septembre.

« *¡Viva la Virgen de Guadalupe ! ¡Muera el mal gobierno ! ¡Viva Fernando VII !* ». Le célèbre « Cri de Dolores » du curé Hidalgo, lancé le 16 septembre 1810, est repris chaque année par le président de la République pour commémorer le début du processus d'indépendance du Mexique. C'est la fête partout : feux d'artifices, buffets, concerts... A noter que la célébration a lieu le 15 septembre au soir, et plus le 16, depuis que le président Porfirio Diaz l'a déplacée pour la faire coïncider avec le jour de son anniversaire ! Une fête nationale des plus pittoresques.

DÍA DE MUERTOS

Du 1er au 2 novembre.

Le Jour des morts est célébré dans tout le Mexique. C'est un évènement bien particulier qui se distingue de la fête des morts catholique, par son caractère festif et par la réalisation par les familles des défunts d'autels privés recouverts d'offrandes : objets familiers du défunt, plats typiques et alcool, des fleurs de *cempasúchil* (rose d'Inde) aux pétales jaunes et orange. Les festivités commencent en général le 31 octobre et durent jusqu'au 2 novembre. Le Jour des morts est inscrit au patrimoine culturel immatériel de l'humanité de l'Unesco.

OTOÑO CULTURAL

MÉRIDA

Du 16 au 31 octobre.

Ce festival créé en 1983 a été conçu comme un espace de diffusion des multiples expressions artistiques et culturelles de la région. Durant trois semaines, des centaines d'artistes de toutes les disciplines se donnent rendez-vous dans divers lieux du centre historique de Mérida pour offrir aux spectateurs en début d'automne un vrai bain de culture. Cinéma, musique, danse, théâtre, arts visuels... il y en a pour tous les goûts et l'ambiance est festive. A ne pas manquer si vous êtes dans le coin à cette époque, même si vous ne parlez pas l'espagnol.

INTERNATIONAL QUEER FILM FESTIVAL

PLAYA DEL CARMEN

En novembre.

C'est le seul festival de cinéma indépendant au Mexique avec une thématique 100% LGBTIQ+. Un programme international avec une vingtaines de pays invités et une soixantaine de films projetés (courts et longs métrages de fictions, documentaires, séries, dessins animés...) qui racontent des histoires de la communauté au drapeau arc-en-ciel. Outre les projections de films, des conférences de réalisateurs et d'artistes, ainsi que des ateliers animent ce festival.

HANAL PIXAN

MÉRIDA

Du 31 octobre au 2 novembre.

« Hanal Pixan » est la nourriture que l'on offre traditionnellement aux morts durant la Toussaint dans la péninsule du Yucatán. Par extension, le mot désigne aujourd'hui les festivités de la fête des Morts. A Mérida, l'Hanal Pixan se célèbre en grande pompe, avec une exposition d'autels et un défilé déguisé – le « Paseo de las Ánimas » – qui part de la Iglesia de la Ermita et se termine au cimetière général. C'est un événement très prisé, issu du syncrétisme entre les traditions mayas (tête de mort, fleurs de cempasúchil, musique indienne) et la fête d'Halloween.

FESTIVAL DE CULTURA DEL CARIBE

PLAYA DEL CARMEN

Du 22 au 30 novembre.

Le FECUCA rend hommage à la culture caribéenne du Mexique. Le Quintana Roo est en effet le seul État mexicain donnant sur la mer des Caraïbes. La programmation du festival est variée : cours de cuisine, concerts, projections de films, conférences... Le festival n'est pas circonscrit à la seule ville de Playa del Carmen, puisque toutes les grandes localités du Quintana Roo – Chetumal, Bacalar, Felipe Carrillo Puerto – accueillent des activités culturelles autour de la culture caraïbe.

PASSPORT

CANCÚN

Cancún, « nid de serpents » en maya, n'était jusqu'au début des années 1970 qu'un paisible village de pêcheurs. Après les calculs géologiques et climatiques d'une batterie d'ordinateurs savants, on décida de le convertir en capitale du tourisme de masse. La destination est aujourd'hui mondialement connue. Ses plages de sable blanc poudreux et ses eaux turquoise à 27 °C sont effectivement faciles à vendre, tout comme ses fêtes endiablées sous le soleil ou les néons des tropiques. C'est en général par son aéroport qu'on arrive dans la péninsule. On a le choix de rester à Cancún, ou de filer vers des stations balnéaires moins urbaines et plus tranquilles. Pour ceux qui décident de séjourner ici, les activités ne manquent pas, et les environs sont facilement accessibles pour des excursions à la journée : îles de rêves, plongée sous-marine, sites archéologiques... Bref, de quoi passer du bon temps et claquer des dollars.

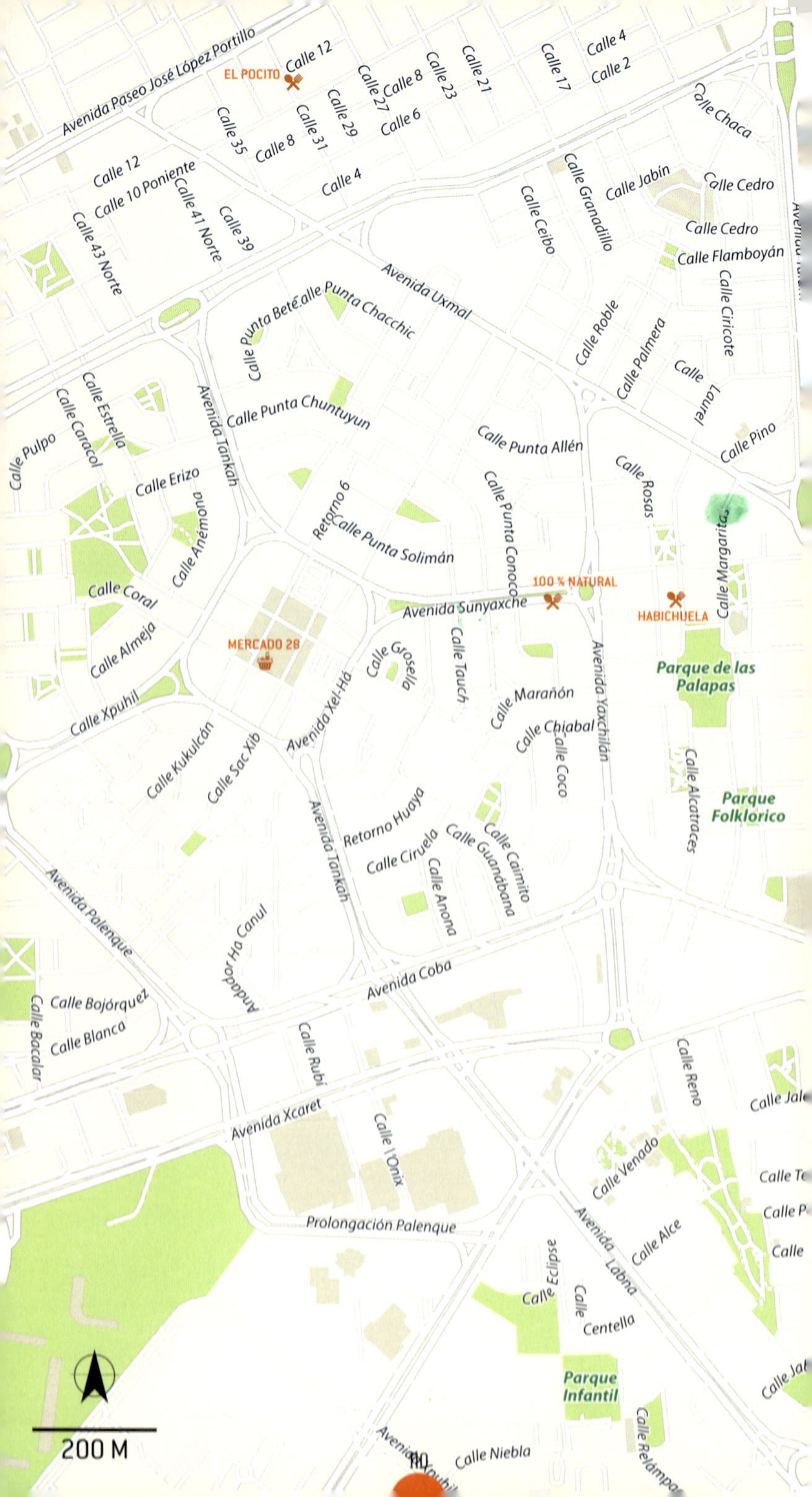

Avenida Paseo José López Portillo
EL POCITO
Calle 12
Calle 4
Calle 2
Calle 17
Calle 21
Calle 23
Calle 8
Calle 27
Calle 6
Calle 29
Calle 31
Calle 8
Calle 35
Calle 4
Calle Chaca
Calle 12
Calle 10 Poniente
Calle 41 Norte
Calle 39
Calle 43 Norte
Calle Granadillo
Calle Jabín
Calle Cedro
Calle Cedro
Calle Ceibo
Calle Flamboyán
Calle Ciricote
Avenida Uxmal
Calle Punta Beté
Calle Punta Chacchic
Calle Roble
Calle Palmera
Calle Laurel
Calle Pino
Calle Punta Chuntuyun
Avenida Tankah
Calle Estrella
Calle Caracol
Calle Pulpo
Calle Erizo
Calle Anémona
Calle Punta Allén
Calle Rosas
Calle Margaritas
Retorno 6
Calle Punta Solimán
Calle Punta Conoco
100 % NATURAL
HABICHUELA
Calle Coral
Avenida Sunyaxche
MERCADO 28
Calle Almeja
Calle Grosella
Calle Tauch
Parque de las Palapas
Calle Xpuhil
Avenida Xel-Há
Calle Marañón
Calle Chiabal
Calle Coco
Avenida Yaxchilán
Calle Kukulcán
Calle Sac Xib
Calle Alcatraces
Parque Folklorico
Avenida Tankah
Retorno Huaya
Calle Ciruela
Calle Guanabana
Calle Caimito
Calle Anona
Avenida Palenque
Andador Ha Canul
Avenida Coba
Calle Bojórquez
Calle Blanca
Calle Bacalar
Calle Rubí
Calle Reno
Avenida Xcaret
Calle l'Onix
Calle Venado
Prolongación Palenque
Avenida Labna
Calle Alce
Calle Eclipse
Calle Centella
Parque Infantil
Calle Niebla
200 M

Downtown
Calle He-Zaba
ANCÚN
Avenida José García de la Torre
Calle Naranja
Calle Lima
Calle Toronja
ECO HOTEL EL REY DEL CARIBE
Avenida Uxmal
YAMAMOTO
Calle Barracuda
Calle Rubia
Calle Mero
Calle Cazón
Casita Linda
Avenida Carlos J. Nader
Calle Pargo
Avenida Bonampak
Calle Cherna
Calle Jurel
Calle Robalo
PETER'S RESTAURANT
Calle Sierra
ROLANDI'S RESTAURANTE BAR & PIZZERIA
Boulevard Kukulcán
Calle Brisa
Calle Nube
NCUN - THE OASIS
Calle Lluvia
Calle Cielo
Calle Agua
Calle Tierra
Avenida Antonio Enríquez Savignac
Calle Bromelias
Calle Mar
Calle Orquídeas
Av. Tulum
Calle Mar
Calle Fuego
PLAYITA RESTAURANTE BAR
Privada Antonio Enríquez Savignac
GUADA
Nichupté

PLAYA LAS PERLAS
PLAYA LINDA
PLAYA LANGOSTA
SOTAVENTO HOTEL&YACHT CLUB
BAR DEL MAR
PLAYA TORTUGAS
PLAYA CARACOL
ALABAMA CAR RENTAL
CASA TORTUGAS BOUTIQUE HOTEL
BEACHSCAPE KIN HA VILLAS & SUITES
PALAPA BELGA
HACIENDA EL MORTERO
PLAYA FORUM
MANDALA NIGHT CLUB
DADY'O
SEÑOR FROGS
MERCADO CORAL NEGRO
COCO BONGO
CITY
MAYAN MONKEY
PLAYA CHAC MOOL
BLANC SPA RESORT
Lagon Cancun
LORENZILLO'S
RAMONA
ZONA ARQUEOLÓGICA YAMIL LU'UM
EUROPEA
EL FISH FRITANGA
PLAZA KUKULCAN
MUSEO SUBACUATICO DE ARTE (MUSA)
SPA DE L'HOTEL THE ROYAL SANDS
Lagon Nichupte
PUERTO MADERO
Mer Caraïbe
PLAYA BALLENAS
PARADISUS BY MELIÁ CANCUN
MUSEO MAYA DE CANCÚN & SITIO DE SAN MIGUELITO
ZONA ARQUEOLÓGICA EL REY
PLAYA DELFINES
Zone hôtelière (A1)
Carretera Aeropuerto-Punta Nizuc
PLAYA NIZUC
1 KM

SE REPÉRER SE DÉPLACER

Il est facile de rejoindre Cancún depuis l'aéroport en 30 minutes, en bus ADO (94 $), *colectivo* (160 $ par personne) ou taxis (600 $). En ville, ces derniers sont nombreux et appliquent des tarifs fixes au kilomètre. Se déplacer dans le centre (Downtown) est bon marché (30-60 $ la course). Entre le début de la Zona Hotelera et le centre, compter autour de 80 $. En revanche, une fois dans la zone hôtelière, les tarifs grimpent plus vite. Les VTC de type Uber sont comme partout le principal concurrent des taxis. Mais on peut aussi circuler en bus entre le centre-ville et la zone hôtelière, la ligne R1 offre la liaison constante (24h/24) jusqu'à Punta Nizuc, tout au bout du boulevard Kukulcán. Le terminal de bus se situe à l'angle des avenues Tulum et Uxmal, près de la gare routière ADO. On peut aussi louer une voiture, notamment à l'aéroport, mais s'il s'agit d'explorer les environs, cela n'a aucun intérêt si vous restez à Cancún même.

AEROPUERTO DE CANCÚN

Carretera Cancún-Chetumal km 22
✆ +52 998 242 4394
www.cancun-airport.net
Ouvert 24h/24. Distributeurs, bureaux de change, location de véhicules, informations touristiques, Wifi gratuit.

L'aéroport international Benito Juárez est le principal aéroport du sud-est du Mexique. Vols réguliers en provenance d'Europe, des États-Unis, du Canada, de Cuba, du Guatemala, de Colombie ou du Brésil, entre autres, avec Air France, Air Europa, United Airlines, American Airlines, Cubana de aviación… Les compagnies intérieures (Interjet, Volaris, Vivaaerobus, Magnicharters, Aeromar et Aeroméxico) desservent Mexico, Mérida, Villahermosa, Acapulco et d'autres destinations nationales. On peut rejoindre Cancún en taxi, en bus, ou en camionnette partagée de type van.

TERMINAL ADO

Calle Pino Mz. 23 S.M. 56 Lt. 1 et 2
✆ +52 998 884 5542
www.ado.com.mx
Réservations et achats possibles de tickets via la page web ou l'appli ADO Boletos de Autobús.

Autotransportes del Oriente (ADO) dessert Playa del Carmen (départ toutes les 20 minutes), Tulum (toutes les heures), Merida (toutes les demi-heures) et Campeche (à 21h30 ou 22h30). Départ pour Chichen Itzá tous les jours à 8h45 (3 heures de route). Pour le Chiapas, on rejoint Palenque en bus de nuit (13 heures), idem pour San Cristóbal de las Casas (18 heures). Plus rapide, l'avion peut être une option intéressante pour les destinations les plus lointaines. Les nouvelles compagnies low-cost offrent des tarifs parfois équivalents à ceux des compagnies de bus.

CANCUN SHUTTLE

✆ +52 998 848 0335
www.cancunshuttle.com
Agence de transport disponible 24h/24. Réservation en ligne ou par téléphone de 7h à 21h.

L'une des agences officielles de transport. Basée à l'aéroport de Cancún, elle accueille individuellement les voyageurs à l'extérieur du terminal d'arrivée avec un panneau au logo de l'entreprise et les transfère vers Cancún ou toute destination de la péninsule. Des succursales à Playa del Carmen et Tulum. Véhicules confortables avec air conditionné et chauffeurs parlant au moins l'anglais. Offre également des réductions à ses usagers pour effectuer des excursions avec ses partenaires. Réservez à l'avance votre trajet sur la page web.

LES DEUX VISAGES DE CANCÚN

Ville-champignon aux larges avenues, Cancún ne possède ni vieux quartiers, ni zones piétonnes. Les activités touristiques sont réparties entre la zone hôtelière en bordure de plage et le centre-ville dit Downtown. Ce sont là les deux principaux quartiers de la ville.

- Downtown. Le centre-ville de Cancún se trouve à une certaine distance des plages. L'artère principale est l'avenue Tulum, qui constitue à elle seule un centre-ville pourvu de toutes les commodités modernes où se succèdent banques, restaurants, boutiques et hôtels. Les quartiers populaires, à la nonchalance tropicale, entourent cette large avenue, offrant une vision plus typique de Cancún. Ne pas hésiter à se promener sur l'Avenida Yaxchilán en passant par la calle Tulipanes et le petit parc ombragé de Las Palapas où se déroulent parfois le soir des spectacles folkloriques. La ville est divisée en « Super Pommes » (Super Manzanas, SM), qui correspondent à des gros pâtés de maison.
- Zone hôtelière (ZH). La zone hôtelière (ZH) se situe sur une étroite frange de terre, comprise entre la mer des Caraïbes et la lagune de Nichupté. Elle est parcourue tout au long par une grande avenue, le boulevard Kukulcán, où se succèdent sans interruption hôtels, restaurants, centres commerciaux, marinas et autres divertissements. Ce boulevard, long de 20 km, se prolonge jusqu'à la Punta Nizuc et le Club Med, proposant une magnifique promenade le long de la mer des Caraïbes ou de la lagune Nichupté.

CANCÚN

ULTRAMAR

Avenida Lopez Portillo ✆ +52 998 881 5890
www.ultramarferry.com

Depuis Puerto Juárez : 462 US$ l'aller-retour. Depuis Playa Tortugas et Playa Caracol : 512 US$ l'aller-retour.

Cette compagnie de ferry dessert Isla Mujeres depuis Puerto Juárez. Départs toutes les demi-heures entre 5h30 et 16h, puis toutes les heures jusqu'à 23h, dans un ferry rapide et climatisé. Ultramar propose également des départs depuis la zone hôtelière, boulevard Kukulcán : Playa Tortuga (Km 6,5) et Playa Caracol (Km 9,5). Les enfants de moins de 1,20 mètre bénéficient d'un tarif réduit. Gratuit pour les moins d'un an. La compagnie propose également des forfaits transport terrestre + ferry depuis Cancún pour rejoindre Cozumel via Playa del Carmen.

ALABAMA CAR RENTAL

Boulevard Kukulkan km 8,5
✆ +52 998 883 3390
www.alabamacarental.com

Location de véhicules variés et récents. Siège auto, GPS, deuxième conducteur, etc.

Spécialiste du marché francophone (le gérant parle français parfaitement), cette compagnie propose des voitures économiques à des prix très corrects. Selon vos besoins, les prises ou restitutions peuvent se faire dans le centre de Cancún, la zone hôtelière, à l'aéroport, à Playa del Carmen ou à Tulum. Pas de mauvaise surprise, aucun frais caché lors de la livraison ou la restitution du véhicule. Alabama Car Rental est reconnue pour son sérieux et son honnêteté. Votre voiture sera à l'heure et vous attendra, si vous le souhaitez, dès votre sortie de l'avion !

AVANT RENT A CAR

Relampago 25
✆ +52 998 892 1158
www.avantrentacar.com

Compter par jour, 600 pesos pour une Chevrolet, 800 pesos pour une Jeep, 800 pesos pour une Nissan Tsuru et 1 500 pesos la RAM Wagon. Réduction à partir de 4 jours de location. Service excellent. Location de voitures de tous types, manuelle ou automatique, de la plus petite jusqu'au van de 13 places. Une particularité intéressante est la livraison des voitures chez le client dans toute la péninsule du Yucatán (même si celui-ci est à des centaines de kilomètres). Les locations comprennent l'assurance (tous risques), les taxes, et le kilométrage est illimité.

NATIONAL CAR RENTAL

Calle acceso al aeropuerto internacional
✆ +52 998 881 8767
https://nationalcar.com.mx

Ouvert tous les jours de 7h à 23h.

D'envergure et de renommée internationales, cette agence de location de voitures propose une large gamme de véhicules, de la Volkswagen Pointer au van de onze places. La location d'une voiture économique tourne autour de 25 US$ par jour, avec assurance dommages au tiers et kilométrage illimité. Mais il est également recommandé de prendre une assurance supplémentaire qui puisse couvrir le vol et les dommages éventuels causés au véhicule. Agence reconnue pour son sérieux, véhicules fiables et en bon état, personnel sympathique.

À VOIR / À FAIRE

La plupart des activités et choses à voir sont concentrées dans la Zona Hotelera, le long du boulevard Kukulcán, à commencer par les 22 kilomètres de plages de sable blanc qui font la renommée de la station balnéaire. Il y en a pour tous les goûts : eaux calmes, avec des vagues, bondées, festives ou plus tranquilles. Elles sont toutes publiques. La loi prévoit en effet que les 20 premiers mètres de rivage ne peuvent être privatisés. Malheureusement, les hôtels ne laissent souvent aucun accès sur leur terrain pour y accéder ; pas d'inquiétude toutefois si vous ne logez pas dans l'un de ces hôtels, plusieurs accès sont tout de même possibles, il faut juste parfois un peu chercher... Fatigué du soleil qui tape ? Réfugiez-vous au Musée Maya, avant d'explorer les petits sites archéologiques de la zone. Mais la principale attraction de Cancún se trouve au large : ne manquez pas la visite du MUSA, le plus grand musée sous-marin au monde !

COOL TOURS TRAVEL

Av. Sayil Lote 2 Piso 11 int. 1101A SM6
✆ +52 998 329 6226
https://cooltourstravel.com/

Imagine, Réserve, et Profite. Voici la devise de cette jeune agence de voyages sur Cancún, et il faut dire que la qualité de service est particulièrement élevée. L'accueil est agréable, dynamique et personnalisé. Ils possèdent leur propre flotte de véhicule qu'ils louent à bon prix, et proposent les services traditionnels d'une agence : transfert, réservations d'hébergements, de vols et bien sûr de tour sur lesquels ils sont de très bon conseil. Une agence de confiance concentrée sur la relation client et la fiabilité de leurs services.

ECOCOLORS TOURS

✆ +52 998 884 3667
www.ecotravelmexico.com

Agence réceptive spécialisée dans les sorties nature et culturelles.

Cette agence fondée en 1997 propose des balades spectaculaires à la journée ou sur plusieurs jours, sur toute la côte caribéenne. Deux tours concernent la réserve de biosphère de Sian Ka'an : l'un plus aventureux (kayak dans la lagune et ses canaux, randos, snorkeling en *cenote*), et l'autre plus balade (lagune et canaux en barque, site maya, snorkeling en *cenote*). D'autres excursions proposent de découvrir des crocodiles de nuit, de partir sur les traces des jaguars, de plonger avec des requins-baleines près d'Isla Contoy, d'aller explorer Holbox, etc.

MEXIKOO

✆ +52 1 55 2181 2354
www.mexikoo.com/fr

Agence réceptive spécialisée dans le voyage responsable et écotouristique.

Plutôt explorateur appréciant le confort et la détente ? Ou baroudeur ? Elise et Alexia, deux Françaises tombées sous le charme du Mexique, ont réponse à tout avec leur agence de voyage écotouristique. Elles ont soigneusement conçu des itinéraires de 10 à 15 jours et des excursions à la journée ou demi-journée adaptés à toutes les envies, tout en respectant l'environnement et les population locales. Chacun d'entre eux vous sortira des sentiers battus et vous transportera à travers le meilleur du Mexique. À vous de choisir votre rythme !

MEXIQUE DÉCOUVERTE

8 Calle rinconada Punta Allen
✆ +52 55 4548 0866
https://mexique-decouverte.com

Agence de voyage francophone réceptive, spécialiste de circuits sur-mesure exclusifs et privatifs.

Brigitte et Jean-Charles, un charmant couple de professionnels du tourisme, organisent des circuits, *road trips* et autotours dans tout le Mexique, de la péninsule du Yucatán jusqu'en Basse-Californie. Forts d'une grande connaissance du pays, d'un service personnalisé et très attentifs aux moindres détails, vous pouvez les contacter les yeux fermés pour dessiner votre circuit sur mesure et connaître en profondeur ce magnifique pays. Idéal pour ceux qui veulent s'offrir un beau voyage en famille ou en lune de miel et laisser les soucis à la maison.

EXPÉRIENCES MEXIQUE

✆ + 52 998 419 9776
www.experiencesmexique.com

Pierre, un amoureux du Mexique arrivé il y a plusieurs années, est un guide certifié et travaille sans intermédiaires. L'avantage, c'est que l'accompagnement se fait de bout en bout et vous pouvez choisir le degré d'accompagnement pour vos circuits et vos excursions. Son positionnement à Cancún permet une prise en charge dès votre arrivée à l'aéroport pour ensuite découvrir la Riviera Maya comme Holbox, le Yucatán ou encore le Chiapas. Une superbe option pour ceux qui veulent des visites culturelles et nature précises et en français.

MEXIQUE ESSENTIEL

✆ +52 1 999 739 6513
www.mexique-essentiel.com

Mexique Essentiel est une agence locale francophone tenue par deux passionnés du Mexique : Sandra et Emilio. Ils organisent pour vous des voyages à la carte. Ils repèrent et testent les excursions insolites, privilégient les petits hôtels de charme pour orchestrer parfaitement votre voyage sur mesure. Aux petits soins, Sandra et Emilio rencontrent chacun de leurs voyageurs et les invitent dans le village natal d'Emilio, dans le Yucatán, pour partager les coutumes actuelles des familles mayas. Un moment de partage qui a fait la renommée de cette agence.

MUSEO MAYA DE CANCÚN & SITIO DE SAN MIGUELITO ★★★

Blvd Kukulcán km 16
✆ +52 998 8853842
www.inah.gob.mx

Ouvert du mardi au dimanche de 9h à 18h. Entrée : 85 $. Inclut l'accès au site archéologique de San Miguelito.

Inauguré en 2012 pour remplacer l'ancien musée archéologique de Cancún détruit par des ouragans successifs, le Museo Maya présente une architecture moderne qui s'intègre plutôt bien dans le site, à proximité des ruines mayas de San Miguelito. Le Musée Maya expose l'une des collections les plus importantes du pays, une belle surprise dans cette ville plus connue pour la fête et le farniente que pour son aspect culturel. Y sont exposés plus de 3 500 objets découverts dans le Quintana Roo, ainsi que des pièces de sites plus lointains, comme Palenque, Chichén Itzá, ou Comalcalco. La première salle d'exposition retrace de façon chronologique l'histoire des peuples mayas de la région, tandis que la deuxième salle aborde différents aspects de la culture maya : art, cosmovision, vie quotidienne, architecture... La troisième salle accueille des expositions temporaires sur les Mayas. Juste derrière le musée part un sentier qui rejoint la zone archéologique de San Miguelito. Si le site n'est pas aussi impressionnant que d'autres du Quintana Roo, il offre néanmoins une belle introduction au monde maya et un petit bout de jungle au milieu du bruit et de l'agitation de la zone hôtelière. La cité fut habitée durant la période postclassique (1200 et 1550 ap. J.-C.) et est considérée comme la zone d'occupation maya la plus importante de la région. Une quarantaine d'édifices y ont été découverts, dont quatorze sont ouverts au public, comme une petite pyramide et un palais à colonnes.

TERRA MAYA

✆ +52 999 481 9576
www.mexique-voyages.com

Terra Maya est une agence de voyage francophone au Mexique et experte de la destination depuis 2006. Des concepteurs voyage se rendent régulièrement sur le terrain pour vous dénicher des excursions hors des sentiers battus. Ils vous construiront un circuit sur mesure, 100% personnalisé, correspondant à vos envies, à votre budget et à votre rythme. Circuit en famille, voyage de luxe, découvertes et culture, collection *feel good*... Et pour les plus joueurs, la collection *Terra Secreta* garde le mystère sur votre itinéraire et vous le dévoile au jour le jour.

PLAYA BALLENAS ★

Bulevar Kukulcán km 14

Accès libre et gratuit.

Playa Ballenas située entre Punta Cancún et Punta Nizuc est une zone de mer ouverte. Elle est réputée pour ses vagues qui attireront les amateurs de surf. Il y a également de forts courants, il est donc recommandé de suivre les avertissements du personnel de sécurité ; pas l'idéal pour les famille avec enfants. La plage est loin des foules et donc plutôt calme. On y trouve de grands hôtels (Secrets The Vine et Hard Rock), des bars-restos avec *palapas* pour s'abriter du soleil, ainsi que des vestiaires, toilettes et douches. Par contre, pas de baleine à l'horizon !

MUSEO SUBACUATICO DE ARTE (MUSA) ★★★

Sous l'océan, entre Cancún et isla Mujeres
✆ +52 557 193 0601
travelartcancun.com/tours/
Compter environ 50 US$ en snorkeling ou bateau. 145 US$ pour 2 plongées avec initiation, 90 US$ sans initiation.

Le plus grand musée sous-marin au monde ! De 2009 à 2013, le sculpteur anglais Jason de Caires Taylor, avec l'aide de plusieurs artistes plastiques mexicains (dont Rodrigo Quiñones Reyes et Karen Salinas Martínez), a installé plus de 500 sculptures anthropomorphes de grandes dimensions sous la mer, entre Cancún et Isla Mujeres. Les œuvres, réparties sur une zone de 420 m², sont construites en ciment alcalin qui facilite la colonisation par les espèces marines et l'implantation du corail. Ces sculptures évoluent donc dans le temps. Elles ont été immergées à différents endroits, dans des « galeries » aux thématiques variées. L'idée est que ces sculptures favorisent la régénération de la barrière de corail, menacée par le tourisme de masse et les ouragans qui touchent la région. On peut explorer les fonds sous-marins de trois façons différentes : la première, à bord d'un bateau équipé d'un fond de verre, permet d'avoir des explications en direct au-dessus des sculptures, mais une bonne visibilité est nécessaire et, sans mise à l'eau, on perd beaucoup de l'expérience. La deuxième est en snorkeling, à Punta Nizuc. Les sculptures se trouvent à 4 mètres de profondeur, mais on doit conserver son gilet de sauvetage, ce qui limite un peu l'exploration. La troisième -– et meilleure — option est la plongée sous-marine. L'immersion se fait à Manchones, où la profondeur est de 8 mètres. Une expérience poétique et fascinante. Ouvrez l'œil, vous pourriez même apercevoir quelques raies !

PLAYA CARACOL ★★

Bulevar Kukulcán km 8,5
Accès libre et gratuit.

Playa Caracol est une petite plage située à Punta Cancún, derrière les grands hôtels. Du sable blanc très fin, des eaux turquoise, calmes et peu profondes, qui sont idéales pour nager et se relaxer en famille loin des foules et de la fête éternelle. Le quai qui s'enfonce dans la mer offre une belle vue panoramique des environs. Plein de bars et restos tout du long. L'accès se fait du côté de Hertz et de la station de bus d'Xcaret. N'hésitez pas à marcher un peu pour vous éloigner du monde et profiter d'un vrai moment de tranquillité dans un lieu paradisiaque.

CANCÚN

Playa Caracol.

PLAYA CHAC MOOL ★

Bulevar Kukulcán Kilometro 10

Accès libre et gratuit.

Une longue plage agréable pour marcher. Elle se trouve face à une mer ouverte qui peut être agitée certains jours. Elle est appréciée des touristes souhaitant pratiquer les sports aquatiques, comme le surf, avec location de matériel sur place. Dotée de toilettes et de douches, d'un petit parking et de sauveteurs. On peut entrer par l'accès situé à côté du restaurant Señor Frog's. Beaucoup de bars, restos et hôtels dont Ocean Dream, Le Blanc Spa Resort, Royal Sunset Resort. Peu de *palapas* disponibles en général, prévoir son propre parasol si besoin.

PLAYA DELFINES ★★

Bulevar Kukulcán Kilometro 18

Accès libre et gratuit.

La houle de cette vaste plage est idéale pour pratiquer le surf en saison. Le matin, il est possible d'y observer des dauphins non loin du rivage. On trouve ici beaucoup de petits commerces de bouche ambulants qui proposent les authentiques petits plats et amuse-gueule mexicains. Peu de bars et restaurants par contre. On est au bout de la zone hôtelière, un peu plus au calme et c'est une plage davantage fréquentée par la population locale. Pensez à prendre un parasol et de quoi vous hydrater. Playa Delfines bénéficie d'un stationnement public.

PLAYA FORUM ★

Bulevar Kukulcán Kilometro 9

Accès libre et gratuit. Stationnement au centre commercial Plaza Forum.

Playa Forum, ou Gaviota Azul (Mouette Bleue), est l'une des plages les plus visitées et festives de Cancún, arrivez tôt pour vous faire une place ! Elle est située à proximité du centre commercial Plaza Fórum By The Sea, l'un des plus importants de la ville, où l'on peut trouver de nombreuses commodités, cafés ou restaurants. Sur la plage, plusieurs beach clubs avec des prix variables, pour louer ses transats et parasols si on le souhaite ; faites le tour pour comparer. La houle est forte, idéale pour les sports de vague. Location possible de matériel de surf.

PLAYA LANGOSTA ★

Bulevar Kukulcán Kilometro 5

Accès libre et gratuit.

Playa Langosta bénéficie de la protection naturelle d'Isla Mujeres juste en face. Ses eaux sont d'un calme olympien, idéales pour la baignade des enfants. C'est une plage familiale, noire de monde le dimanche, où l'on trouve une énorme structure gonflable constituée de plateformes reliées entre elles. Parfait pour les petits et grands enfants qui ont de l'énergie à revendre ! Pour la photo-souvenir devant les lettres géantes de Cancún, rendez-vous au *parador letrero*, mais il ne faut pas avoir peur de faire la queue... Également, l'embarcadère pour Isla Mujeres.

PLAYA LAS PERLAS ★

Bulevar Kukulcán Kilometro 2,5

Accès libre et gratuit.

Playa las Perlas, car on peut y trouver des huîtres perlières... Dans une ambiance familiale et calme, c'est une autre plage tranquille appréciée des locaux et amateurs de sports aquatiques comme le kayak ou le paddle. Surfeurs, passez votre chemin, pas de grosses vagues en vue ici ! On y trouve de nombreux jeux pour enfants et la famille, de quoi se restaurer, un petit parking et des toilettes publiques bien entretenues. A savoir que l'eau est d'un bleu sombre, loin de l'intensité du turquoise habituel des plages de Cancún, et il y a souvent pas mal d'algues...

PLAYA LINDA ★

Bulevar Kukulcán Kilometro 4

Accès libre et gratuit. La tour panoramique est accessible jour et nuit.

Playa Linda est située à l'orée du Canal Sigfrido (du nom d'un des grands artisans de la création du pôle touristique de Cancún dans les années 1970, Sigfrido Paz Paredes), qui connecte la mer Caraïbe à la lagune Nichupté. La plage est plutôt familiale, avec de nombreux bars et restaurants, et un embarcadère pour Isla Mujeres. Ses eaux s'apparentent à celles d'une grande et vaste piscine. On peut y faire de la plongée, un tour en « bateau pirate », ou encore profiter de la vue panoramique depuis une haute tour qui tourne lentement, à 80 mètres de hauteur !

PLAYA NIZUC ★★

Bulevar Kukulcán Kilometro 25

Accès libre et gratuit.

C'est la seule plage de Cancún où les chiens sont acceptés, mais aussi l'une des moins fréquentées et connues. Punta Nizuc est la pointe située tout au sud de Cancún, qui marque la fin de la Zona Hotelera. On y trouve une plage aux eaux calmes et peu profondes, avec quelques cocotiers offrant de l'ombre. La zone est connue pour les formations corallines magnifiques que l'on peut découvrir dans ses eaux cristallines, notamment sur le spot « la boya de los locos ». On peut voir aussi une quinzaine de sculptures sous-marines du MUSA.

PLAYA TORTUGAS ★★

Bulevar Kukulcán Kilometro 6.5

Accès libre et gratuit.

Playa Tortugas est la plage idéale pour nager et faire du snorkeling, avec une eau claire et peu profonde. Très courues par les touristes, comme par les locaux, elle offre une ambiance festive des plus intense. Un bon spot pour étendre sa serviette si l'on aime cette atmosphère. Chaises longues et parasols sont également disponibles à la location, mais n'oubliez pas d'arriver tôt ! On peut aussi avant d'aller manger y faire un saut à l'élastique, depuis une tour de 25 mètres de hauteur ! Playa Tortugas est reliée en ferry à Isla Mujeres.

ZONA ARQUEOLÓGICA EL REY ★

Aux environs du kilomètre 18 du boulevard Kukulcán, côté Lagune

Ouvert tous les jours de 8h à 17h (dernière entrée à 16h30). Entrée : 65 $.

Datant de l'époque post-classique tardive (1200-1500 après J.-C), le site d'El Rey (« Le Roi ») est l'une des zones archéologiques les plus importantes de Cancún. Il est composé d'une quarantaine de structures de pierre, disposées le long d'une allée, mais seulement une vingtaine d'entre elles sont aujourd'hui visibles. La structure la plus grande est une pyramide d'environ 5 mètres de hauteur, qui servait de centre cérémonial. El Rey, avec le proche San Miguelito, constituaient une agglomération dédiée à la pêche et au commerce maritime.

ZONA ARQUEOLÓGICA YAMIL LU'UM ★

A l'intérieur du parc de l'hotel Westin Lagunamar, au niveau du kilomètre 12,5 du boulevard Kukulcán

Accès libre et gratuit.

Ce complexe archéologique est composé de ruines d'un temple peu imposant, donnant sur la mer des Caraïbes. Il est aussi appelé « Temple du Scorpion » car on y a découvert une représentation zoomorphique d'un scorpion à l'intérieur. Les structures ont probablement servi de phare ou de tour d'observation. Le site, proche de la plage Marlín, se visite rapidement. On y accède en marchant 700 mètres environ jusqu'à un terrain séparant l'hôtel Park Royal et le Westin Lagunamar.

SE LOGER

Cancún dispose de toutes les catégories d'hébergements possibles et imaginables : appartements avec cuisine, idéals pour les familles avec enfants ; hôtels réservés aux couples ou aux personnes seules sans enfant (« adult only ») ; luxueux hôtels spa, pour réapprendre l'art du bien-vivre ; auberges de jeunesse pour rencontrer d'autres voyageurs et faire la bringue ; petits hôtels de charme avec vue sur la lagune de Nichupté ; et bien sûr les nombreuses méga-unités de la zone hôtelière, dite *Zona Hotelera*, qui offrent souvent la version *todo incluido* (pension complète, alcool à volonté, activités...). La réservation est nécessaire à toute saison, mais surtout de la mi-décembre à la mi-avril (vacances de Noël, Semaine sainte et Spring Break). Le Downtown, à 10 minutes de bus seulement de la *Zona Hotelera* et des plages, offre des options plus accessibles. C'est là que se trouvent la plupart des hostels et établissements de gamme moyenne.

MAYAN MONKEY €

Blvd Kukulcan km 9,5
✆ +52 998 688 6448
www.mayanmonkey.com
Lit en dortoir (mixte ou féminin) à partir de 15 US$, chambre double à partir de 120 US$. Petit-déjeuner inclus.

Une auberge de jeunesse bien située, à deux pas de la plage et des bars et discothèques de la zone hôtelière. Elle donne en plus sur la lagune de Nichupté, avec une vue fantastique au coucher du soleil. Le rooftop est le meilleur endroit pour faire des rencontres, autour de la piscine et du bar, dans une ambiance lounge ou festive. L'hostel a une déco très originale et il est très propre et confortable, aussi bien du côté des dortoirs (clim, literie de qualité, rideaux individuels...) que des chambres privées. Des tours et activités tous les jours.

VILLA SOFÍA €

Aurora #22, Mz 4, SMZ 44
✆ +52 998 147 4557
Chambres doubles à partir de 50 US$.

Situé à 1 km du centre-ville de Cancún, ce petit hôtel conviendra aux petits budgets qui souhaitent découvrir de près la culture et la vie quotidienne des habitants de la ville. Loin des grands hôtels de la zone hôtelière, ici on se sent presque comme à la maison. Les chambres sont spacieuses, très propres, modernes et épurées, avec une literie de qualité. Elles disposent chacune d'une belle salle de bains et certaines ont même un balcon. Cuisine collective tout équipée et petite piscine pour se rafraîchir après une journée à crapahuter dans la ville.

ADHARA CANCÚN €€

Av. Carlos Nader 1,2,3 SM. 1, MZ. 2
✆ +52 998 881 6500
https://adharacancun.com/
Compter 80 US$ la chambre double en basse saison et 120 US$ en haute saison.

Un hôtel moderne avec une architecture qui rappelle le style colonial, pratique et situé en plein centre-ville. Les chambres sont confortables, avec de grande salles de bains et de bons lits ; et les parties communes agréables, avec restaurant, bar et une belle piscine sur laquelle donnent la plupart des chambres. Le buffet petit-déjeuner est bon et copieux avec des spécialités locales. Nombreuses prestations : baby-sitting, location de voiture, tours et club de plage à Punta Cancún (transport gratuit). Un bon plan pour un hôtel central, soigné et assez calme.

BEACHSCAPE KIN HA VILLAS & SUITES €€

Bd. Kukulcán km 8,5 ✆ +52 99 88 91 54 00
www.beachscape.com.mx
À partir de 120 US$ pour une chambre standard avec petit déjeuner. Tarifs promotionnels intéressants sur le site web.

Au cœur de la zone hôtelière, cet établissement propose deux types de prestations : des chambres standards, avec balcon ; et des suites d'1, 2 ou 3 chambres avec terrasse, salon, salle à manger et kitchenette, idéales pour des familles. Le design de l'hôtel est agréable, les chambres avec vue sur la mer permettent d'admirer la piscine, les palmiers et, surtout, la mer des Caraïbes. Spa, jardins, gymnase, restaurant, et l'une des plus belles plages de Cancún juste devant !

CASA TORTUGAS BOUTIQUE HOTEL €€

Blvd. Kukulcan km 6,5, Calle Cenzotle #4
✆ +52 998 186 7894
www.casatortugas.com
Studio à partir de 157 US$, suite avec deux chambres à partir de 325 US$, suite avec quatre chambres à partir de 400 $.

Des appartements confortables et bien équipés offrant une solution parfaite pour ceux qui veulent se sentir comme à la maison. Le calme est absolu dans le petit jardin qui borde la lagune, sur laquelle donne une superbe piscine. Kayaks à disposition et Playa Tortugas (et ses ferries pour Isla Mujeres) à 5 minutes. On peut même s'offrir ici un massage sur demande. Une des adresses les moins chères de la zone hôtelière et pourtant bien plus charmante que les gros hôtels qu'elle côtoie.

ECO HOTEL EL REY DEL CARIBE €€

Uxmal #24, SM 2-A, Mz 3, L18
✆ +52 998 884 2028
www.elreydelcaribe.com
A partir de 65 US$, excellent petit déjeuner de courtoisie. Réductions en ligne et pour séjour de plusieurs jours.

Une petite bulle de tranquillité au cœur de Cancún. Architecture coloniale et agréable patio envahi de plantes tropicales. Les chambres confortables donnent sur la piscine et le bain bouillonnant. Les technologies alternatives utilisées font de l'hôtel un modèle en matière d'écologie. C'est aussi un centre de bien-être où il est possible de profiter de massages relaxants, aux huiles, ou bien s'initier à l'aromathérapie. Accueil chaleureux des propriétaires qui vivent dans l'hôtel.

OH ! CANCUN - THE URBAN OASIS €€

Av. Tulum à l'angle avec Brisa
✆ +52 55 4170 9258
52 chambres. Tarifs à partir de 90 US$ petit-déjeuner inclus en basse saison, le double en haute saison.

Dans le centre, non loin de l'entrée de la Zone Hôtelière (bus pour la plage juste à côté), voici un hôtel moderne à taille humaine et aux chambres spacieuses. Il dispose d'un bar, restaurant, de jolis coins jardins et d'une grande piscine pour se prélasser aux heures les plus chaudes de la journée. Clientèle jeune, animations, mais l'hôtel n'accepte pas les enfants pour conserver la tranquillité des lieux. Service de location de voiture. Excellent rapport qualité-prix.

SOTAVENTO HOTEL&YACHT CLUB €€

Blv. Kukulcán km 4
✆ +52 998 884 1540
www.hotelsotavento.info
90 chambres. À partir de 40 US$ la chambre double.

Autrefois destiné aux voyageurs de moyenne catégorie, le Sotavento Hotel&Yacht Club est progressivement tombé en décadence et est maintenant à portée des bourses des voyageurs au petit budget. Les chambres ne sont évidemment plus ce qu'elles étaient, mais l'hôtel dispose d'un cadre privilégié, au bord de la lagune Nichupté. Embarcadère privé, piscine avec espace pour les petits, et restaurant sous une *palapa*. Demandez de préférence une chambre avec vue sur la lagune.

LE BLANC SPA RESORT €€€

Boulevard Kukulcan km10 ✆ +52 998193 0285
cancun.leblancsparesorts.com
A partir de 500 US$ par personne en plan all-inclusive. Certaines suites sont réservées uniquement à partir de 5 jours.

L'un des plus luxueux hôtels de Cancún. Réparti sur 2 hectares et disposant d'une plage magnifique juste devant ses installations. Le décor est épuré et la vue sur la mer incroyable depuis la piscine infinie. L'établissement est *All Inclusive* et réservé aux adultes seulement. Bon choix de restaurants, et spectacles ou activités organisées tous les jours. Les chambres sont belles et spacieuses, avec bain à remous pour deux personnes. Cadre et ambiance romantiques. L'ensemble du personnel est attentionné et d'une grande gentillesse. Un hôtel idéal pour les couples.

PARADISUS BY MELIÁ CANCÚN €€€

Bd Kukulcán km 16,5
✆ +52 998 881 1100
À partir de 400 US$ la chambre pour deux en formule all-inclusive.

L'hôtel situé entre la lagune de Nichupté et la mer des Caraïbes, se distingue par sa construction en forme de cinq spectaculaires pyramides couvertes de verre, inspirées de la culture maya, sises comme de coutume le long d'une plage de fin sable blanc et au cœur d'un exclusif terrain de golf de 9-trous. Nombreux magasins de luxe, dix restaurants, sept bars, un centre de remise en forme moderne, piscine, club pour enfants et de nombreuses prestations à découvrir.

SE RÉGALER

Cancún propose une cuisine internationale, avec beaucoup de spécialités de la mer. La zone hôtelière est on s'en doute plus dispendieuse que le centre, mais on paye davantage la vue sur la mer et l'ambiance, que la gastronomie, même si quelques établissements se démarquent. Les petits budgets se tourneront vers les *taquerías* de la zone des boîtes (km 9,5). Dans le Downtown, on trouve des restaurants pour touristes, mais aussi des *fondas* familiales qui permettent de manger à la mexicaine pour pas cher. Des restos un peu plus bohèmes et branchés aussi, dans l'Avenida Náder notamment. Pour manger dans une atmosphère typique entourée de Mexicains, faites un tour au Mercado 23. Mais prenez garde aux doses de *picante* ici ! Si vous disposez d'une cuisine, faites le plein de *frutas y verduras*, les fruits et légumes sont beaucoup moins chers dans ce marché local qui est avant tout destiné aux habitants de Cancún.

Les fajitas poulet ou boeuf.

100 % NATURAL €

Av. Sunyaxchén # 62, SM 25
www.100natural.com.mx
Ouvert tous les jours de 7h à 20h30.

Ici tout semble purifié. L'eau, les légumes, les fruits, l'ambiance et même le décor. On se croirait presque dans un restaurant *made in California*. Le 100 % Natural semble avoir conquis le palais des Américains tout comme celui des Mexicains. Une belle brochette de petits repas copieux et légers est toujours disponible, avec évidemment des options véganes, végétariennes, ou sans gluten. Belle carte de petits-déjeuners équilibrés. Une formule différente mais très agréable, dans un cadre apaisant. Livraisons à votre hôtel possible.

EL POCITO €€

Calle 31, entre les rues 10 et 12
✆ +52 998 242 9268
Ouvert du mercredi au lundi de 8h à 20h.

D'instinct, on ne s'arrêterait peut-être pas dans ce petit restaurant familial à la décoration inexistante... Et on aurait bien tort ! Si vous voulez découvrir la cuisine traditionnelle du Yucatán, c'est ici qu'il faut venir. Parce qu'un séjour dans la péninsule n'est pas complet sans goûter à quelques plats typiques de la région, essayez le *queso relleno* – des boulettes de fromage farcies de viande hachée – ou la *sopa de lima* – un bouillon de poulet au citron vert et au piment. Rendez-vous ici pour le déjeuner ou un dîner tôt, car ça ferme à 20h.

LA HABICHUELA €€

Margaritas #25
✆ +52 998 884 3158
www.lahabichuela.com
Ouvert tous les jours de 12h30 à 23h. Compter 987 $ pour la cocobichuila.

Restaurant traditionnel de Cancún situé non loin du Parque de las Palapas. Il offre depuis 1977 une cuisine maya et internationale de qualité. On y vient surtout pour les spécialités mexicaines, les plats de poisson et fruits de mer, et notamment pour leur célèbre *Cocobichuela*, constituée de homard et de crevettes sauce curry, servis dans une noix de coco, avec des fruits tropicaux. Le cadre est agréable, aussi bien dans la salle climatisée que dans l'arrière-cour arborée. Pour le digestif, offrez-vous un café maya, pour une belle expérience visuelle et gustative.

PETER'S RESTAURANT €€

Av. Bonampak entre calle Sierra et Robalo
✆ +52 998 251 9310
Du mardi au samedi de 18h à 22h. Plats de poissons et viandes aux alentours de 400 $.

Petit bistro qui sert l'une des meilleures et plus sincères cuisines internationales de la ville. Ici, l'accueil est chaleureux et personnalisé et on se croirait presque de retour à la maison. Les incorrigibles conservateurs y trouveront même de la bouillabaisse et un sauté de foie gras. Mais les références ne sont pas que françaises, puisque la créativité du chef Peter s'étend aussi à la fusion nord et méso-américaine (pork-ribs glacés au tamarin) ou italiennes (raviolis et fettuccine). Excellente adresse à visiter au moins une fois lors de votre séjour.

ROLANDI'S RESTAURANTE BAR & PIZZERIA €

Avenida Cobá #12
✆ +52 998 884 4047
Ouvert tous les jours de 13h à minuit. Plats de 200 à 560 $. Livraison à l'hôtel possible.

Ce restaurant italien sert des *antipasti*, pizzas au feu de bois, plats de pâte et autres préparations plus formelles. Bien que situé sur la bruyante avenue Cobá, le petit patio ombragé et entouré de plantes, au fond du restaurant, offre un cadre agréable. C'est un restaurant traditionnel de Cancún qui a ses habitués, principalement mexicains. L'ambiance est donc familiale et conviviale, ce qui compense une cuisine correcte mais pas exceptionnelle pour les amateurs de cuisine italienne.

YAMAMOTO €€

Avenida Uxmal #31, SM 3
✆ +52 998 887 3366
restauranteyamamoto.com
Ouvert du lundi au samedi de 13h30 à 23h ; le dimanche de 13h30 à 20h.

Installé dans un quartier agréable de Cancún, à dix minutes du cœur de la zone hôtelière, le Yamamoto a ouvert ses portes en 1992 et s'est rapidement imposé parmi les meilleurs restaurants de la station. La délicatesse japonaise, ainsi que la finesse de la cuisine sont ici à l'honneur. M. Yamamoto ne manquera pas de conseiller ses mets les plus exquis. Le restaurant rénové récemment présente une décoration contemporaine raffinée, reposante, loin de la folie mexicaine mais en conservant toute son hospitalité, avec un service sympathique et attentionné.

EL FISH FRITANGA €

Boulevard Kukulcán, km 12,5
✆ +52 998 840 6216
www.elfishfritanga.com
Ouvert tous les jours de 11h à 23h. Pescadillas 52 $ les 2 pièces, carpaccio de poulpe 269 $.

Situé tout au bord de la lagune Nichupté, le Fish Fritanga Pescadillas offre un cadre exceptionnel pour déjeuner. À cet endroit de la lagune, le niveau de l'eau est bas et découvre une plage de sable blanc : on mange les pieds dans l'eau, protégé par l'ombre des cocotiers. La cuisine reprend les meilleures recettes de fruits de mer de la côte mexicaine : *pescadillas* (tortilla fourrée de morceaux de requin nourrice qui a rendu célèbre le restaurant), ceviche, poulpes et poissons cuisinés. Les prix sont très raisonnables pour la localisation et le cadre.

HACIENDA EL MORTERO €€€

Boulevard Kukulcán km 9 (ZH), Hotel NH Krystal
✆ +52 998 848 9800
www.restaurantehaciendaelmortero.com
Ouvert du lundi au samedi de 18h à 23h. Brunch dominical (415 $) de 9h à 14h.

Cette adresse ne date pas d'hier (1985) et conserve sa popularité avec le temps. Accolé à l'hôtel Krystal, El Mortero est spécialisé dans les dîners dansants. Il peut accueillir jusqu'à 300 personnes. Le menu propose une vaste sélection des meilleures spécialités mexicaines. Sont conseillés, entre autres, la soupe de haricots noirs, ou la langouste moctezuma (si disponible). La cuisine est bonne sans être exceptionnelle et l'animation avec des groupes de mariachis qui viennent chanter à votre table participe à la convivialité et à l'ambiance chaleureuse du lieu.

LORENZILLO'S €€

Boulevard Kukulcán, km 10,5
✆ +52 998 883 1254
www.lorenzillos.com.mx
Ouvert tous les jours de 13h à 23h. Compter 1 000 $ par personne pour une repas avec entrée et plat, et vin.

Lorsque le pirate français, Lorenzillo, arriva au Mexique en 1683, il était à la recherche de la perfection. Cela explique peut-être le raffinement de la décoration et la finesse de la cuisine de ce fabuleux restaurant. Ici, on fait face à la lagune Nichupté tout en dégustant un Henry Morgan ou un Jean Lafitte sur fond de salsa. Le restaurant est abrité sous une splendide *palapa* reconstruite après le passage de l'ouragan Wilma qui s'était invité un peu trop bruyamment. Le meilleur restaurant de Cancún pour manger de la langouste.

LA PALAPA BELGA €€

Calle Quetzal #13, à l'intérieur de l'Hôtel Imperial
✆ +52 998 735 3655
Ouvert du lundi au samedi de 15h à 23h ; le dimanche de 14h à 23h. Réservation recommandée.

Situé à l'intérieur de l'hôtel Impérial, au bord de la lagune Nichupté, La Palapa Belga est devenu en quelques années l'un des restaurants incontournables de Cancún. L'ambiance est calme et conviviale – une vingtaine de tables tout au plus –, le menu d'inspiration française et belge. La spécialité du chef, Olivier Ernotte, est la casserole de moules à la marinière (*cazuela de mejillones marinière*), mais les autres plats sont tout aussi délicieux. Au choix : filet de bœuf sauce roquefort, waterzoï de fruits de mer, carpaccio de saumon, escargots de Bourgogne...

PUERTO MADERO €€

Boulevard Kukulcán km 14 ✆ +52 998 885 2829
www.puertomaderorestaurantes.com/
Ouvert tous les jours de 12h30 à 1h. Compter entre 635 $ et 1 080 $ pour une viande grillée, sans accompagnement.

Puerto Madero est sans aucun doute l'un des restaurants les plus cotés de Cancún. Le restaurant est conçu dans un cadre élégant et sobre sur la lagune Nichupté, avec la possibilité de dîner en terrasse. Le menu reprend le meilleur de la cuisine argentine : viandes et queues de langouste cuites sur la braise ; carpaccio de thon, saumon et marlin ; pièces de bœuf Wagyu, réputé pour sa tendresse ou encore, plus local, les tacos du chef au crabe ou à la langouste. Ce restaurant dispose en plus d'une très bonne cave. Il est recommandé de réserver pour le dîner.

RAMONA €€€

Blvd Kukulcan km 21
✆ +52 998 891 5700
www.nizuc.com/es/cocina/ramona
Compter 1 500 $ avec un verre de vin. Ouvert tous les jours de 18h30 à 23h.

Dans le cadre élégant et exclusif du Nizuc Resort & Spa, l'un des plus beaux resorts au monde, Ramona est un restaurant d'une grande finesse, réinterprétant les recettes classiques de la cuisine mexicaine avec les savoir-faire contemporains. Le chef Eduardo Torres utilise des produits locaux d'une grande fraicheur, pour une cuisine sincère, afin d'offrir une véritable expérience épicurienne. Belle carte des vins et service impeccable. Un bel établissement pour célébrer une occasion particulière. Une tenue élégante est exigée.

FAIRE UNE PAUSE

Ici, la pause, on la fait surtout sur la plage ! Et les beach clubs nombreux sont là pour subvenir à nos besoins vitaux : smoothies, cocktails, guacamoles, ceviches... Une consommation minimum est requise pour bénéficier de son petit coin sur le sable, avec transats et parasols. Ces clubs de plage offrent différentes ambiances, du plus pépère familial avec jeux pour enfants, au plus chic et festif, avec DJ's et zone VIP, où vous ne rentrez pas sans un porte-monnaie bien fourni et un compte Instagram hyperactif. Dans le Downtown, c'est une tout autre ambiance, avec des bars-restos et cafés attirant une clientèle de *mochileros* (voyageurs sac à dos) et de locaux, avec des prix plus doux et des cocktails et snacks souvent meilleurs. Rendez-vous dans les avenues Náder ou Yaxchilán, ou vers la Plaza de Toros. Enfin, si vous ne supportez plus la chaleur, offrez-vous une séance de cinéma avec air conditionné dans l'un des centres commerciaux !

BAR DEL MAR

Blvd Kukulcán km 6.5
✆ +52 998 100 0000
Ouvert tous les jours de 10h à 18h. Conso : minimum 150 $.

Sur la belle plage de Playa Tortugas, à gauche quand on regarde le quai, c'est l'un des rares beach clubs de la Zona Hotelera à proposer de bons petits snacks à des prix décents, avec des tarifs similaires à ceux du centre. On y déguste sur la terrasse ou les pieds dans le sable de délicieux burritos ou ceviches de crevettes, très frais, à accompagner d'une bonne *michelada* ou d'un cocktail Crazy Monkey. Des chaises longues agréables pour digérer avant d'aller faire piquer une tête. Un bon spot aussi en attendant le ferry pour Isla Mujeres, ou au retour.

LA PLAYITA RESTAURANTE BAR

Sm4 Av. Bonampak #60 et 61
✆ +52 998 561 8153
Ouvert tous les jours de 9h à 1h. Jusqu'à 3h en fin de semaine.

Ce n'est ni tout à fait un bar ni simplement un restaurant. La Playita s'annonce comme un restaurant-bar, et c'est tout à fait ça : un endroit sympa où manger un guacamole, un ceviche ou une simple quesadilla, le tout accompagné d'une bière bien fraiche ou d'une margarita. Retransmission en direct des combats de boxe ou de baseball, DJ ou musique reggae pour animer les soirées. L'endroit situé à côté de la Plaza de los Toros ne désemplit pas, aussi bien de locaux que de touristes.

LA GUADA

Bonampak y Sayil
✆ +52 998 887 0660
http://cantinalaguada.com
Ouvert du lundi au samedi de 13h à 22h.

Située au-dessous de la place des Taureaux, *la Guadalupana* est une cantina mexicaine pittoresque, qui ne désemplit pas, même lorsqu'il n'y a pas de spectacles de corrida. Des groupes de musique folklorique viennent régulièrement jouer des chansons pendant que les clients boivent, ce qui contribue à animer l'ambiance. Pour accompagner votre bière bien fraîche ou votre shot de tequila, la Guada propose une cuisine typique mexicaine bien présentée et savoureuse : *poc chuc, chochinita y lechón, frijol con puerco*... Service sympa et prix très raisonnables pour Cancún.

SEÑOR FROGS

Bulvar Kukulcán, km 9,5
✆ +52 998 883 3454
www.senorfrogs.com
Ouvert tous les jours de 11h à 1h.

« Come for the food stay for the fun » – « Viens pour manger, reste pour l'ambiance » –, c'est le slogan commercial de Señor Frog's, chaîne de bar-restaurants au concept ultra festif, présente au Mexique, aux États-Unis et à Porto Rico. Un bon spot sur la plage pour commencer ou finir la soirée avec alcools à gogo et grosse ambiance façon boîte de nuit pour la jeunesse *gringa*. Plats mexicains et internationaux, musique forte électro... Aucun risque de se retrouver seul, ni même de s'entendre parler ! Parfois des groupes de musiciens de grande envergure.

(SE) FAIRE PLAISIR

La société de consommation vous manque déjà ? Une douzaine de centres commerciaux plus modernes les uns que les autres sont là pour assouvir vos besoins. La plupart sont dans le Downtown, mais la Zona Hotelera dispose aussi de ses *Shopping Centers* : Malecon Americas, La Isla, Marina Town Center, Plaza Kukulcán... On y trouve les grandes marques internationales, des boutiques d'alcool, des vêtements, etc. Des tours guidés sont même proposés pour vous emmener dans les lieux les plus clinquants et vous porter vos achats, afin que vous ayez toujours les mains libres pour faire chauffer un peu plus la carte de crédit... Les marchés du centre seront toute une aventure pour certains. Au Mercado 28, un grand choix d'artisanat vous attend, n'hésitez pas à négocier et préférez les pesos aux dollars pour régler vos achats. Au Mercado 23, vous serez immergé dans un véritable marché local, plus vivant et authentique. Allez, faites-vous plaisir !

PLAZA KUKULCAN

Boulevard Kukulcán km 13

✆ +52 998 193 0160

www.kukulcanplaza.mx

Ouvert tous les jours de 10h à 22h. Restaurants de 11h à minuit.

Située en plein cœur de la zone hôtelière, non loin du prestigieux hôtel Ritz Carlton, la place commerciale Kukulcán est de loin la plus luxueuse de Cancún. A l'intérieur, sur la Luxury Avenue, vous retrouverez les enseignes des plus grandes marques internationales : Louis Vuitton, Burberry, Montblanc, Cartier, Carolina Herrera, Fendi, Salvatore Ferragamo. Autre boutique intéressante à visiter : l'*Élite Tobacco Shop*, qui vend des cigares cubains. Plusieurs restaurants, banques, supermarchés, boutiques d'artisanat, bijouteries...

MERCADO 28

Angle de l'Avenida Sunyaxchen et de l'avenue Xel-Há

market28cancun.negocio.site

Ouvert tous les jours de 9h à 20h.

Le plus grand marché touristique de Cancún : tout un pâté de maison dédié à la vente et commercialisation d'objets en tout genre, qui inclut aussi bien des jolies pièces d'artisanat local, que des souvenirs probablement d'origine chinoise, qui portent l'inscription « Cancún » (tasse à café, tee-shirt, stylos, aimants frigo...). Quelques jolies choses à ramener : des colliers en argent, des chemises en coton, des hamacs, des peintures qui représentent des motifs mayas... Mais les prix sont bien plus élevés qu'ailleurs, alors n'hésitez pas à marchander.

LA EUROPEA

Blvd. Kukulcan km 12.5

✆ +52 55 5580 5057

www.laeuropea.com.mx/

Ouvert du lundi au samedi de 10h à 20h ; le dimanche de 10h à 17h. Vente en ligne également.

La Europea est une enseigne spécialisée dans la vente de liqueurs et de vins du monde, présente dans plusieurs villes mexicaines. L'avantage, par rapport aux boutiques de souvenirs, c'est qu'ici vous êtes sûrs d'acheter des marques de tequila et de mezcal de bonne qualité, et sans le risque que les bouteilles aient été ouvertes ou soient frelatées. Ce sont les meilleurs prix de Cancún et il y en a pour tous les budgets. Les vendeurs avisés vous aideront à faire votre choix. A tester, le Mezcal Creyente Cristalino Reposado aux notes fruitées et légèrement fumé.

MERCADO CORAL NEGRO

Boulevard Kukulcán km 9

Ouvert tous les jours. A partir de 9h ou 10h selon les boutiques.

Situé en plein cœur de la zone hôtelière et très fréquenté par les touristes américains, le marché Coral Negro vend plus des souvenirs que de l'artisanat à proprement parler. On y trouve cependant quelques articles intéressants. Une boutique, qui donne sur le boulevard Kukulcán, côté mer, est notamment à visiter. Elle vend des sacs en cuir artisanaux, à des prix intéressants. Une autre boutique vend des bottes de *vaquero* en peau de crocodile et de serpent... Venez ici toutefois dans l'esprit que vous serez sans doute assailli par des vendeurs plus qu'insistants.

BOUGER & BULLER

Les activités sportives et de diversion ne manquent pas à Cancún et ses alentours. Elles sont concentrées surtout côté plage, dans la Zona Hotelera, avec mille et une choses à faire, sur le sable, dans l'eau et dans les airs : du kitesurf à Isla Blanca au nord de la ville, au parachute ascensionnel, en passant par le kayak, la plongée sous-marine ou le golf. Les agences proposent évidemment des excursions à la journée dans les environs de Cancún : découverte d'Isla Contoy, tours en catamaran et snorkeling à Isla Mujeres, baignade au milieu des requins-baleines du côté d'Holbox (entre juillet et septembre), ou des combos divers et variés comme par exemple les visites guidées de Chichén Itzá, le *cenote* d'Ik Kil et la ville coloniale de Valladolid. Vous serez sollicités dès votre arrivée pour tout cela. Pensez à passer par des agences responsables et évitez les activités les plus polluantes dont le tourisme de masse est friand.

AQUAWORLD

Bd Kukulcan km 15,3
✆ +52 554 166 3092
www.aquaworld.com.mx
Ouvert tous les jours de 7h à 20h.

« Le Royaume aquatique » se caractérise par la diversité de ses prestations : plongée, snorkeling, pêche, balade en bateau, nage avec les requins-baleines, parachute ascensionnel, jet-ski, hoverboard, kayak, excursion à Isla Mujeres, au MUSA, visites de cenotes, etc. Il propose également des balades dans des bateaux à fond de verre transparent pour observer les récifs coralliens sans se mouiller. C'est aussi un centre de plongées PADI. Equipement de qualité et des guides ou instructeurs sympas et professionnels. Le site web offre pas mal de forfaits et promotions.

CANCUN GOLF CLUB AT POK TA POK

Blvd Kukulcan km 7.5
✆ +52 998 883 1230
http://cancungolfclub.com
Ouvert du mercredi au lundi de 6h à 18h. Green Fee à partir de 75 US$.

Un terrain de golf historique avec une localisation exceptionnelle, en plein dans la Zona Hotelera (anciennement Pok-ta-pok) avec vue sur la lagune de Nichupté. Le parcours de 18-trous (par 72) a été très bien pensé et conçu par Robert Trent Jones Jr. Le terrain de golf est entouré de restaurants, de courts de tennis et d'une piscine. Des évènements pour des groupes peuvent être organisés sur place. Le dimanche, le brunch face à la lagune attire du monde.

PLAYA MUJERES GOLF CLUB

Av. Bonampak s/n
✆ +52 998 234 0430
www.golfplayamujeres.com
Green fee à partir de 179 US$ de 8h à 12h50.

Reconnu comme l'un des meilleurs terrains de golf du Mexique, Playa Mujeres Golf Club est un 18-trous par 72, situé près de Punta Sam. Conçu par Greg Norman, ce parcours offre une vue panoramique sur la mer des Caraïbes et prend en compte la protection de la nature environnante. Le green est assez facile, avec peu d'ondulations, idéal pour des joueurs de niveau débutant ou moyen. Transport aller-retour depuis votre hôtel, voiturette à disposition, articles de golf à la vente ou location. Le personnel est courtois, tout comme le crocodile qui nous observe de loin !

SPA DE L'HOTEL THE ROYAL SANDS

Boulevard Kukulcan, km 13,5
✆ +52 998 881 0100
www.royalresorts.com
Ouvert tous les jours de 9h à 20h. Compter 137 US$ pour un soin corporel ou un massage d'une heure. Réservation requise.

Le Spa du Royal Sands est équipé de tout ce qu'il faut pour se détendre et se remettre en forme : bain de vapeur, baignoire à hydromassage, gymnase, salon de coiffure, etc. Les traitements faciaux et corporels proposés sont élaborés à base d'ingrédients naturels de qualité (algues marines, fruits) et les différents types de massages sont réalisés par des profesionnelles, sur une terrasse, avec vue sur la mer des Caraïbes. On ressort du Spa 100 % détendu.

SORTIR

Cancún est LA référence de la péninsule pour la vie nocturne. Ce n'est pas un hasard si c'est ici qu'a lieu le *Spring Break* et que les plus grands DJ's viennent se produire. Les discothèques légendaires comme Cocobongo, Dady' O, Mandala ou The City ont fait la réputation de la ville. Ces clubs sont regroupés vers le km 9,5 du boulevard Kukulcán, au début de la Zona Hotelera. C'est la dénommée « Party zone », devant Playa Forum. Le concept de *barra libre*, ou *open bar* est courant. Compter autour de 60-80 US$ l'entrée et les boissons nationales à volonté (de 22h30 jusqu'à 3h30 en général). Les boîtes ferment vers 5h. À savoir que les hostels organisent souvent des tournées des clubs emblématiques de la ville. La vie nocturne du Downtown est plus tranquille, moins chère et fréquentée davantage par les locaux. L'ambiance est moins commerciale, plus authentique, avec des bars et *cantinas* proposant des concerts joyeux de musique latine.

THE CITY

Boulevard Kukulcán km 9,5

✆ +52 998 848 8380

Ouvert le vendredi et le samedi de 22h30 à 5h en haute saison.

C'est l'une des grandes discothèques d'Amérique latine et certainement le lieu où se déroulent les fêtes les plus explosives de la ville. Plusieurs milliers de personnes se réunissent en fin de semaine, dans une énorme salle qui ressemble à un gymnase, avec des tribunes latérales sur trois niveaux, et neuf bars au total. Musique variée, mais principalement électro-house. Jeux de lumières en 3D et beaucoup de technologie. Des shows de cirque et des DJ de grosse pointure s'y produisent régulièrement. Un lieu incontournable pour tout clubber qui se respecte.

DADY'O

Bd Kukulcán, km 9,5

✆ +52 998 883 3333

Ouvert du jeudi au samedi de 22h30 à 5h. Entrée 35 US$, ou 75 US$ avec open bar.

Plus de vingt-cinq ans s'abstenir ! Le cadre et les jeux de lumière sont magnifiques, une bruine venue de faux plafonds rafraîchit les fêtards vers 2 ou 3h du matin. Pour ceux qui souhaitent absolument visiter ce haut lieu de la house music, il faudra consommer de la tequila, indispensable rappel mexicain au milieu de ce grouillement très BCBG *made in USA*. Le plus ancien club de Cancún est évidemment l'un des lieux les plus appréciés durant le Spring Break. Concours de bikini le jeudi et autres shows pour chauffer l'ambiance.

COCO BONGO

Boulevard Kukulcán km 9,5

✆ +52 998 883 2373

www.cocobongo.com

Ouvert tous les jours de 20h à 3h. Autour de 90 US$ l'entrée open-bar.

Coco Bongo est sans aucun doute la discothèque la plus connue de Cancún. Tous les soirs, cette boîte qui peut accueillir 2 000 personnes déploie une énorme production et organise d'impressionnants shows, avec entre autres au programme un spectacle hommage à l'iconique groupe Queen, un french cancan façon Moulin-Rouge, et la folie furieuse du célèbre *The Mask* ! Le spectacle met immédiatement l'ambiance et vous garantit de passer une soirée inoubliable. On peut acheter ses billets d'entrée sur Internet. Pratique, vu que la discothèque affiche souvent complet !

MANDALA NIGHT CLUB

Boulevard Kukulcán km 9

✆ + 52 998 883 3333

www.mandalatickets.com

Ouvert tous les jours de 20h30 à 5h.

Le Mandala est un incontournable de la vie nocturne de Cancún. C'est l'un des clubs les plus branchés, qui se distingue par sa déco moderne au style asiatique. Semi-ouverte sur la rue, le night-club peut accueillir jusqu'à 1 000 personnes. Une scène colorée, avec des écrans de toutes parts, et une vaste piste de danse qui se remplit vers minuit et s'enflamme quand les go-go-danseuses débarquent. Ceux qui cherchent de l'exclusivité pourront réserver l'une des zones VIP. En journée, le Mandala Beach offre une ambiance plus lounge sur la plage.

RIVIERA MAYA ET QUINTANA ROO

Le Quintana Roo est l'État le plus touristique du Mexique, dont Cancún donne une image souvent trompeuse. Beaucoup de voyageurs préfèrent éviter cette station balnéaire ultra touristique pour descendre directement vers Playa del Carmen ou Tulum. La Riviera Maya qui longe la côte caraïbe offre mille et une activités et des sites exceptionnels. On pense à ses plages de rêves, le site maya de Cobá, la réserve de biosphère de Sian Ka'an, aux *cenotes* plus étonnants les uns que les autres, ou à Cozumel pour des plongées de classe mondiale. Au nord, Isla Mujeres, Isla Holbox et Isla Contoy ont chacune une identité propre. Enfin, plus au sud, c'est la Costa Maya, encore épargnée du tourisme de masse, avec ses paisibles villages de pêcheurs, et encore des vestiges mayas et sites naturels magnifiques, comme la lagune de Bacalar. Facile à explorer, la région combine donc parfaitement tourisme balnéaire, écotourisme et découverte du monde maya.

Riviera maya et Quintana Roo
Golfe du México
RÍO LAGARTOS ★★
Hacienda El Cuyo
ISLA HOLBOX ★★★
ISLA CONTOY ★★
ISLA MUJERES ★★
Vers PUNTA SUR ★★
Supermanzana 248
CANCÚN ★
Zona Hotele
Dzidzantún
Panabá
Buctzotz
Temax
Tizimín
Kantunilkín
Tepakán
Espita
IZAMAL
Nahbalam
Leona Vicario
Joaquín Zetina Gasca
X-Can
PUERTO MORELOS ★★
PLAYA PARAÍSO ★
TRES RÍOS ★
Tinum
Temozón
VALLADOLID ★★★
Piste
PLAYA DEL CARMEN ★★
XCARET ★★
Kaua
Chemax
PAAMUL ★★
Yaxcabá
PUERTO AVENTURAS ★
SAN MIGUEL COZUME ★★
XPU-HÁ ★★
AKUMAL ★★
COBÁ ★★★
XCACEL ★★
EL GRAN CENOTE
XEL-HÁ ★★
TULUM ★★★
Tihosuco
ucacab
Peto
MUYIL ★★★
Dzuiche
SAN GERVASIO
CHANKANAAB ★
PLAYA PALANCAR ★★★
EL CEDRAL ★★
PLAYA SAN MARTÍN
PLAYA RÍO CHEN ★★
Señor
RESERVA DE LA BIOSFERA SIAN KA'AN ★★★
José María Morelos
Chunhuhub
FELIPE CARRILLO PUERTO ★
Mar Caribe
CHACCHOBEN ★
LIMONES ★
LAGUNA DE BACALAR ★★★
KINICHNÁ ★★
DZIBANCHÉ ★★
MAHAHUAL ★★★
OXTANKAH ★
CHETUMAL ★
Nicolás Bravo
Carlos a. Madrazo
Fracc Lázaro Cárdenas
RESERVA DE LA BIÓSFERA BANCO CHINCHORRO ★★
KOHUNLICH ★★
Cacao
BELIZE
XCALAK ★★
30 KM

PAGES

●● LES ÎLES AUTOUR DE CANCÚN

134

Cancún se trouve à proximité de trois îles : Isla Mujeres, dotée d'une importante infrastructure hôtelière et de très belles plages, où l'on peut se prélasser et faire la fête dans une ambiance plus relax qu'à Cancún, Isla Contoy, sanctuaire ornithologique, où l'on pourra voir de nombreuses espèces d'oiseaux, et Isla Holbox, au nord, encore peu développée, avec des plages encore vierges, où l'on peut pratiquer le kitesurf et nager avec les requins-baleines. Trois îles, à l'ambiance très différente, qui sont à visiter pour échapper un temps à l'agitation de Cancún.

134 **ISLA MUJERES ★★**

138 **ISLA CONTOY ★★**

139 **ISLA HOLBOX ★★★**

●● RIVIERA MAYA

141

La Riviera Maya est une longue zone côtière longeant la mer des Caraïbes, de Cancún jusqu'à Punta Allen dans la réserve du Sian Ka'an, soit plus de 120 kilomètres. C'est une entité géographique, économique et touristique de premier plan, la première région touristique du Mexique. Et on comprend pourquoi, avec ses magnifiques eaux turquoise et cristallines, ses plages de sable blanc, ses cenotes et ses sites archéologiques majestueux, sans parler d'infrastructures touristiques bien organisées. Playa del Carmen, en son centre, fait figure de reine de la Riviera. Tulum, plus écolo chic, est également très prisée. Il y a aussi de nombreux sites naturels aménagés pour le tourisme, comme Xcaret et Xel-Há, qui se révèlent être de formidables vitrines de la nature et de la culture maya, même si certains y trouveront un cadre et des décors un peu trop hollywoodiens. Enfin, on ne peut oublier la réserve de biosphère du Sian Ka'an, site naturel de première importance.

141 **PUERTO MORELOS ★★**

PLAYA DEL CARMEN ★★

145

Après Cancún, c'est la deuxième station balnéaire la plus populaire du Quintana Roo, un ancien village de pêcheurs devenu en quelques années une ville champignon accueillant fêtards et plongeurs. L'endroit reste agréable et idéalement placé pour un séjour sur la côte.

© ANDREW F. KAZMIERSKI - SHUTTERSTOCK.COM

Playa del Carmen.

PAGES

166 **TULUM ★★★**

L'une des principales destinations touristiques de la côte, à tendance écolo-chic. On y trouve des ruines mayas face à la mer, des plages de rêve, de nombreuses activités, comme la spéléo-plongée ou le kitesurf, et de charmantes infrastructures touristiques. Une bonne base pour rayonner dans les environs, avec notamment la réserve de biosphère de Sian Ka'an et de nombreux *cenotes* à explorer.

183 **●● ISLA COZUMEL**

Cette grande île, située à moins d'une heure de ferry de Playa del Carmen, est le point le plus à l'est du Mexique. Elle est réputée pour ses plages de sable blanc, mais surtout pour ses fonds marins spectaculaires, qui en font l'une des plus belles destinations de plongée sous-marine au monde. On y trouve également quelques vestiges archéologiques mayas, Cozumel ayant été une escale importante pour la communauté préhispanique de navigateurs et commerçants qui reliaient l'Amérique centrale au Golfe du Mexique. C'était aussi un centre de pèlerinage de la déesse Ixchel, divinité de la lune et de la fertilité. Une île incontournable pour les plongeurs, mais intéressante également pour les autres visiteurs qui devront y consacrer au moins une journée complète pour en faire le tour en scooter et explorer ses plages désertes et se baigner dans ses belles eaux turquoise.

Playa Palancar.

●● COSTA MAYA

La Costa maya est le nom donné à la partie méridionale du Quintana Roo, au sud de la réserve de biosphère du Sian Ka'an. Largement dominée « touristiquement » par la Riviera maya au nord de l'Etat et pourvue d'une mauvaise image en raison de sa proximité avec le Belize, cette région, qui a longtemps été délaissée, connaît un boom touristique. L'offre hôtelière s'y développe avec le souci de promouvoir un tourisme plus responsable que dans le nord, en ne passant pas par la construction d'immenses complexes en béton. Les voyageurs qui s'y aventurent seront surpris par tous ses attraits. La nature s'est en effet montrée prodigue dans le sud du Quintana Roo. La côte maya, baignée par la turquoise mer des Caraïbes, abrite de nombreuses plages ensoleillées et solitaires. A quelques kilomètres de Mahahual, Banco Chinchorro est l'atoll corallien le plus grand et le plus riche du pays et il renferme des espèces rares. D'un point de vue culturel, les anciens Mayas ont laissé leurs empreintes sur des villes qui aujourd'hui encore étonnent ceux qui les visitent. Près de Chetumal, on peut visiter plusieurs sites archéologiques remarquables – Kohunlich, Dzibanché et Kinichná. C'est également le bon itinéraire pour s'aventurer plus loin, vers les magnifiques ruines de Calakmul dans le sud de l'Etat de Campeche, ou de Tikal au nord du Guatemala. La présence espagnole, bien qu'elle fût intermittente, a laissé des témoignages de son passage sur des constructions typiquement coloniales, en particulier le fort de San Felipe, au bord de la lagune de Bacalar. On affirme que c'est dans cette région que le premier métis d'Amérique a vu le jour. La baie de Chetumal qui encadre la capitale constitue la porte d'entrée au río Hondo, le seul fleuve important de la région, et frontière naturelle avec le Belize.

ISLA MUJERES ★★

Selon la légende, Isla Mujeres - « l'île des femmes » - doit son nom au capitaine de Córdoba qui y débarqua en 1517 à la recherche d'esclaves pour travailler dans les mines cubaines. L'île était alors un centre de culte des déesses Ixchel, Ixchebeliax, Ixhunie et Ixhunieta. Lorsque les Espagnols virent la multitude d'idoles représentant des femmes dénudées jusqu'à la taille, ils donnèrent à cette terre le nom d'île des femmes… Une seconde version raconte cependant que les Espagnols l'ont baptisée ainsi parce qu'en débarquant, ils n'y trouvèrent que des femmes, les hommes étant partis pour une longue expédition de pêche. On dit aussi que l'île se nomme ainsi parce que les pirates y cachaient leurs épouses et leurs maîtresses… Quoi qu'il en soit, Isla Mujeres est un endroit privilégié, un centre magnétique de la planète où la volupté semble s'être concentrée à haute dose. L'île n'a pas la sensualité viscérale de la jungle ni celle, culturelle, des plages brésiliennes. Elle ne se traduit par aucune stimulation visuelle tangible. Elle est là, tout simplement. Le stress semble fondre comme neige au soleil, et avec lui tous les préjugés et les idées reçues. Depuis l'apogée touristique de Cancún, le déferlement des touristes a transformé l'île. Le tourisme a remplacé la pêche comme principale source de revenus et on ne peut plus traîner dans le restaurant du coin pour voir les pêcheurs arriver avec leur prise du jour sur l'épaule. Jadis, les rues étaient uniquement faites de sable et l'on ne voyait de véhicules que sur l'unique route pavée de l'île. Maintenant, il y a pléthore de taxis, voiturettes de golf et scooters qui pétaradent d'un bout à l'autre. Et pourtant, le charme d'Isla Mujeres semble indestructible. L'île des femmes reste un endroit magique. Il n'y a rien d'autre à faire que de se détendre et oublier les tensions du monde civilisé. Après un séjour d'une semaine, le risque de se demander s'il est bien raisonnable de retourner à la « vraie vie » est probable ! Isla Mujeres est la bienfaitrice de Cancún : elle constitue une protection naturelle. Ses plages côté nord sont donc fortement exposées au grand large et vous trouverez une mer plus apaisée côté sud. La plus belle d'entre elles se nomme Playa Norte, et au rang des grandes merveilles à contempler, l'île peut servir de point de départ idéal pour partir observer les requins-baleines qui s'installent dans le coin de juin à septembre.Isla Mujeres compte une flopée d'hôtels de toute catégorie et les restaurants ne manquent pas pour déguster les délices de la mer. La spécialité locale est le poisson Tikinxik, poisson grillé avec de l'achiote (roucou) et autres épices.

Argent

On trouve plusieurs banques avec distributeurs devant l'embarcadère du ferry. Elles font aussi bureau de change.

Pratique

Un point d'informations touristiques est situé Avenida Rueda Medina #130 entre Morelos et Nicolas Bravo (✆ +52 998 877 0767 - www.isla-mujeres.com.mx). Ouvert de 9h à 16h du lundi au vendredi.

Transports

- Pour rejoindre Isla Mujeres depuis Cancún, plusieurs options : des bateaux-navettes partent de la zone hôtelière, à hauteur du km 7 du boulevard Kukulcán (Playa Tortuga), mais il y a moins de départs et les tarifs sont plus élevés (Ultramar, 19 US$ aller-retour, départ toutes les heures entre 9h et 17h).
Des bateaux-navettes moins chers partent de Puerto Juárez, sur la route à Punta Sam. Deux compagnies : Magaña (✆ +52 998 877 0382) et Ultramar (www.ultramarferry.com ✆ +52 998 460 3084). Service équivalent. Départs toutes les demi-heures. Compter 300 $ pour un aller-retour.
Le ferry qui part de Punta Sam (6 départs par jour, 21 US$) est pratique si vous voulez transporter votre vélo sur l'île.
- Pour découvrir Isla Mujeres en indépendant, on peut louer vélo, scooter ou voiturette de golf. Compter respectivement autour de 150 $, 450 $ et 800 $ la journée (de 9h à 17h). Les tarifs des courses de taxi commencent à 50 $.

EL MECO ★

Km 2.7 de la carretera Puerto Juárez - Punta Sam
✆ +52 983 837 2411

Ouvert tous les jours de 8h à 16h30. Entrée : 65 $.

Situé sur le continent, en face d'Isla Mujeres, il s'agit d'un site archéologique composé de plusieurs plate-formes de pierre à colonnes. Le site est certes petit, mais le sommet du *Castillo*, une pyramide de 12,5 m de hauteur, vous offre une vue imprenable sur Cancún et ses environs. Les premières ruines datent du début de l'époque classique ; puis le site prend de l'importance dans le sillage de celui de Cobá, pour sa position stratégique sur les routes maritimes. Il contrôlait l'accès à Isla Mujeres, sanctuaire important du postclassique tardif.

GARRAFÓN DE CASTILLA

Carretera Punta Sur, km 6
✆ +52 998 877 0107
Ouvert tous les jours de 10h à 18h. Entrée 100 $ par personne. Location de matériel de snorkeling 80 $.

Juste avant le parc Garrafón, à Punta Sur. C'est l'option la moins chère et la plus calme, avec beaucoup moins de monde. Ce beach club avec casiers, douches et service de restauration offre de quoi bien s'amuser en snorkeling. Ne pas oublier son masque et son tuba, sinon il y en a évidemment en location sur place. Arriver tôt pour disposer d'un transat et d'un parasol car il n'y en a pas pour tout le monde. On peut apporter son pique-nique, il n'y a pas d'obligation de consommer au restaurant. Pour s'y rendre en taxi depuis le centre, compter autour de 100 $.

HACIENDA MUNDACA

A côté des plages Lancheros et Paraiso
Ouvert tous les jours de 9h à 17h. Entrée 30 $. Compter 20-30 minutes de visite.

Construite par le pirate et marchand d'esclave Fermín Antonio Mundaca de Marechaga pour séduire une femme surnommée la Trigueña (la brune) dont il était tombé éperdument amoureux, en vain : la légende raconte qu'il en devint fou et mourut dans la solitude de son immense propriété. On y visite surtout de grands jardins où sont éparpillées différentes petites arches qui séparent les espaces ; la maison en elle-même, d'une simplicité déroutante, ne présente pas grand intérêt. Fermée depuis 2019, elle devrait rouvrir ses portes au public, après rénovation, fin 2022.

PARQUE NATURAL GARRAFÓN ★★

Km 6 Carretera Garrafón ✆ +52 800 727 5391
www.garrafon.com.mx
Ouvert tous les jours de 8h30 à 16h30. Formules à partir de 89 US$. Snacks, douches, location de masque et tuba, etc.

C'est la principale attraction touristique du coin, attendez-vous donc à une certaine affluence. Mais toute idée d'activité frénétique est si contraire à l'esprit paresseux de l'île, qu'il est facile de s'y détendre. Avant l'arrivée des ferries, vers 10h, il est possible de se retrouver seul ou presque pour profiter des bancs de coraux autour desquels évoluent des myriades de poissons multicolores. Le complexe propose kayak et snorkeling (dans un périmètre bien limité et avec gilet de sauvetage obligatoire...), tyrolienne, piscine panoramique, *temazcal* et hamacs.

PLAYA NORTE ★★

Playa Norte
Plage publique en accès libre. Location de parasol à la journée entre 200 et 300 $ avec deux chaises.

Playa Norte est souvent classée comme l'une des plus belles plages au monde ! C'est en tout cas la plus belle plage de l'île, la plus touristique aussi. De grandes étendues de sable blanc, de l'eau turquoise, bien chaude et peu profonde. Pas d'algues, et sans le béton de Cancún. Il y a beaucoup d'ambiance en général, avec plein de paillotes colorées abritant bars et restaurants. On y propose des cocktails en pagaille et des spécialités de la mer, à déguster les pieds dans le sable. Si vous craignez la foule, préférez le sud de l'île, bien plus tranquille.

RIVIERA MAYA ET QUINTANA ROO

© IVAN SOTO COBOS - SHUTTERSTOCK.COM

El Meco.

TEMPLO DE IXCHEL ★

Punta Sur

Accès de 9h à 17h30. 50 $.

Pousser à vélo ou en voiturette de golf jusqu'à l'extrême sud de l'île, au phare. On croit enfin toucher un coin sauvage en atteignant le petit temple de la Diosa Ixchel, déesse de la lune et de la fertilité. Les ruines et quelques sculptures d'art contemporain qui n'ont rien trouvé de mieux que de s'installer là offrent peu d'intérêt, mais la vue sur la mer avec ses différents tons de bleu et ses vagues qui s'écrasent sur les rochers est magnifique. On se croirait presque sur une île bretonne, avec les iguanes en plus ! S'y rendre si possible au petit matin.

HOTEL & SUITES BUCANEROS €€

Avenida Hidalgo #11, entre Madero et Abasolo

✆ +52 998 877 1228

www.bucaneros.com

20 chambres. Entre 90 et 110 US$ selon la saison.

Joli petit hôtel géré directement par la famille à qui il appartient. Situé sur la rue piétonne, on n'est qu'à 5 minutes à pied du ferry, à 10 minutes de Playa Norte et au cœur de la vie nocturne. Les chambres, assez petites mais confortables, sont décorées dans un style caribéen discret et relaxant. Elles sont équipées d'une salle de bains privée, d'air conditionné, d'un ventilateur de plafond, d'une télévision câblée, d'un frigo, d'un sèche-cheveux, du wifi... Tout ce dont vous avez besoin. Personnel agréable et disponible.

SELINA ISLA MUJERES €

Matamoros #15

✆ +52 555 351 8338

www.selina.com/mexico/isla-mujeres

A partir de 20 US$ en dortoir, 67 US$ en tipi, 82 US$ la chambre standard. Petit déjeuner inclus.

Le Poc Na, l'un des premiers hostels du Mexique, a été repris par le groupe Selina qui l'a rénové et mis au goût du jour. L'hostel est situé au fond d'une ruelle calme, à deux pas d'une rue piétonne, et donne directement sur la plage. Installations rustiques et confortables, avec piscine, bar-resto et atmosphère chill out. L'hostel propose excursions et activités en tout genre : plongée, excursions à vélo, yoga, massages, volleyball, fête sur la plage, karaoké, game night, cours de yoga, nettoyage des plages... Une chose est sûre, vous ne vous ennuierez pas !

HOTEL LA JOYA €€

Carretera al Garrafón km 5

✆ +52 998 877 0088

www.hotellajoya.mx

Chambres double à partir de 160 US$, petit-déjeuner inclus.

Petit hôtel intimiste au toit de palme, un peu en hauteur, offrant une vue imprenable sur la mer. Piscine agréable, déco mexicaine sympa. Les chambres sont confortables et bénéficient d'une jolie vue. Celles avec terrasse sont un petit luxe dont il ne faut pas se priver, on peut y prendre son petit-déjeuner en toute tranquillité, ou se poser pour une sieste dans le hamac. L'hôtel est relativement isolé, loin de l'agitation de la partie nord de l'île. Il est préférable de louer une voiturette de golf pour son séjour, car il n'y a pas de plage à proximité immédiate.

CABANAS MARÍA DEL MAR €€

Avenida Carlos Lazo #1 ✆ +52 998 877 0179

cabanasmariadelmar.com

73 chambres réparties entre une tour, un château et des cabanes. Compter à partir de 119 US$ la cabane ou chambre.

Un hôtel ancien avec des chambres tantôt modernes, tantôt vieillottes, mais très bien situé, avec accès direct à Playa Norte. Un beau jardin fleuri et une piscine agréable. Les cabanes coiffées de *palapa* sont romantiques et colorées avec vue sur le jardin tropical. Ces cabanes consistent en une bâtisse divisée en deux unités, chacune équipée d'une terrasse avec crochets pour le hamac. La section Château, plus épurée, a des balcons avec vue sur la mer. Bar-restaurant où l'on peut manger les pieds dans le sable et voir passer les naïades et les éphèbes sur la plage.

ZOËTRY VILLA ROLANDI €€€

Carretera Sac-Bajo

✆ +52 998 999 2000

www.zoetryresorts.com.mx/mujeres

35 suites réparties en 4 catégories. À partir de 350 US$ la nuit par personne, en pension complète.

Le grand luxe sur l'île. Des installations élégantes accueillant des chambres et suites spacieuses, avec bain à remous et vue sur la mer. Deux piscines en front de mer et accès direct à une plage intime. Le Thalasso Spa offre des soins et massages de qualité, pour vraiment se détendre. Le restaurant Casa Rolandi propose une cuisine italienne raffinée tandis que le chef du Métissage met à profit son apprentissage auprès de Paul Bocuse dans une cuisine fusion franco-mexicaine d'excellence. Possibilité d'arriver directement à l'hôtel en bateau.

Isla Mujeres, dans la mer des Caraïbes.

LA CAZUELA M&J €

Guerrero y Abasolo
www.lacazuelamj.com
Ouvert du mardi au dimanche de 7h à 14h. Compter autour de 100 $ la cazuela.

Ce petit restaurant familial sans prétention est réputé comme l'un des meilleurs endroits pour prendre le petit-déjeuner. La salle est joyeuse et colorée, mais il peut y faire chaud, préférez la terrasse ombragée qui offre un peu plus d'air et le spectacle de la rue. Les spécialités de la maison sont les « cazuelas », des œufs cocotte agrémentés de différents légumes, cuits dans des ramequins en terre cuite. Jus de fruits frais, omelettes et crêpes en tout genre, à accompagner d'un très bon café. Les portions sont généreuses et le service est sympa.

NORTH GARDEN €

Carlos Lazo #14
www.northgarden.com.mx
Ouvert du mercredi au lundi de 7h à 22h. Petit-déjeuner et déjeuner à partir de 150 $.

Tout proche de Playa Norte, un restaurant accueillant avec des tables en extérieur, à l'ombre des plantes tropicales. On y propose des produits frais et des petites préparations créatives, telles que les *tacos al pibil* aux notes sucrées d'ananas, ou ces *chilaquiles* de crevettes au petit-déjeuner, ou encore l'original burger aux fruits de mer. Quelques plats végétariens également… Présentation soignée et portions généreuses. De très bons jus de fruits frais, comme par exemple la limonade fruit de la passion-menthe. Le service est plutôt rapide et sympathique.

LOS TACOS DE HUMO €

Avenida Benito Juarez #13
✆ +52 998 274 1383
www.tacosdehumo.com
Ouvert tous les jours de 12h à 22h. Tacos servis par 3 à partir de 159 $.

À la recherche des meilleurs tacos de l'île ? Ne perdez pas une minute et foncez à Los Tacos de Humo ! Située au cœur du centre-ville, cette taqueria au style authentique propose une revisite des traditionnels tacos de rue avec des saveurs originales et hautes en couleur. Tout est préparé sur place avec des ingrédients frais et locaux. Ne manquez pas le *award winning fish tacos* à base de poisson frais en croûte de panko, coleslaw et mayonnaise épicée. Et si vous avez de la chance, vous pourrez même goûter à un donut à la cannelle tout juste sorti de la friteuse !

CASA ROLANDI €€

Carretera Sac-Bajo
✆ +52 998 999 2000
rolandirestaurant.com
Ouvert de 13h à minuit. Compter entre 250 et 400 $ le plat de résistance. Réservation conseillée en haute saison.

Le restaurant de l'hôtel Zoetry Villa Rolandi. Un grand classique d'Isla Mujeres pour dîner. Le cadre est élégant, la vue sur la mer spectaculaire. Cuisine internationale raffinée et fortement inspirée de l'Italie du Nord et de la Suisse. Les pâtes maison et les pizzas notamment sont un régal, tout comme le carpaccio de poulpe. La chef suisse-mexicaine Daniele Müller s'est formée à l'institut Paul Bocuse, à Lyon. Venir le soir pour pouvoir profiter du menu gastronomique, car le midi, le restaurant propose uniquement des sandwiches gourmet et des salades.

LIMÓN RESTAURANT €€

Calle Lizeta
✆ +52 998 130 1924
www.limonislamujeres.com
Ouvert du lundi au vendredi de 16h à 23h. Plats principaux entre 170 et 900 $. CB non acceptée.

Curieusement installé dans ce quartier populaire d'Isla Mujeres, c'est un restaurant qui se veut une fusion des cuisines mexicaine et internationale, où l'on déguste de très belles grillades de viande rouge, un filet de porc glacé aux abricots et à l'ananas, ou des crevettes marinées à la noix de coco, cuisinés avec amour par le chef Sergio. L'endroit est accueillant, avec un patio extérieur. Le service est impeccable. Depuis Playa Norte, le plus simple est de s'y rendre en taxi. Sans doute l'une des meilleures tables de l'île, pensez à réserver pour le dîner.

LOLO LORENA €€

Rueda Medina SN
✆ +52 998 704 4392
Du lundi au samedi de 19h à 23h. Menu en six temps, 60 US$.

Lolo reçoit 24 couverts chez elle chaque soir, pour des dîners hauts en couleur en six temps. Elle se plaît à vous faire découvrir sa cuisine inventive et délicate, autour de saveurs mélangées mais savamment équilibrées. Pas de carte à l'année mais citons tout de même, juste pour saliver, le tartare de saumon avec des notes acidulées de pommes et fruits de la passion ou l'assiette de desserts avec meringue maison et mousse au chocolat belge. Sa table d'hôtes est un concept original au Mexique, et l'accueil de Lolo nous met vite à l'aise parmi les autres convives.

ZAMA BEACH CLUB

Carretera Sac-Bajo
✆ +52 998 877 07 39
www.zamaislamujeres.com
Ouvert tous les jours de 11h à 18h.

Très belle plage avec piscine et restaurant, au style un peu plus contemporain et chic que la moyenne. Ce beach club bénéficie d'un cadre magnifique pour se prélasser sous son parasol, dans la piscine ou dans la mer. Restez jusqu'à la fermeture, pour ne pas manquer le coucher du soleil avec un délicieux cocktail ! L'ambiance est calme et relaxante, sans la foule que l'on peut trouver dans d'autres lieux. Le restaurant de cuisine mexicaine, entre les mains du chef Diego López, est de qualité. Pour se faire plaisir dans ce cadre idyllique !

ISLA CONTOY ★★

L'île se situe à 30 km au nord d'Isla Mujeres, où se mêlent les eaux de la mer des Caraïbes et celles du golfe du Mexique. Le récif d'Ixlaché, au sud de l'île, marque le début de la grande barrière de corail mésoaméricaine qui s'étend jusqu'au Honduras. Contoy est une petite île de moins de 9 km de long pour 800 m de large. Pourtant, elle est considérée comme le plus important refuge d'oiseaux des Caraïbes mexicaines, raison pour laquelle elle a été déclarée parc naturel. 152 espèces y ont été répertoriées, parmi lesquelles la frégate, le cormoran, le pélican café, le dindon sauvage, le flamant rose et l'oiseau bobo. La totalité de l'île est encore vierge et on peut apprécier la végétation intacte des mangroves, qui sert de refuge à de nombreuses espèces de reptiles et de mammifères. Les eaux marines sont aussi riches en poissons de toutes sortes, dont le requin-baleine (de juin à septembre) ou la raie manta, et trois espèces de tortues qui viennent pondre sur l'île.

Pratique

- **Le nombre de visiteurs sur l'île est limité à 200 personnes par jour.** Seules les activités écotouristiques sont autorisées : balades à pied à travers des sentiers, observation des oiseaux, snorkeling… Il n'y a qu'un seul restaurant, pas de boutique et seule une partie de l'île est ouverte aux visiteurs.
- **On ne peut se rendre à Isla Contoy** que dans le cadre d'excursions organisées, au départ de Cancún ou Isla Mujeres, via des agences autorisées, comme Asterix Tours (www.contoytours.com) ou Kolumbus Tours (www.kolumbustours.com). Les prix, comme les activités au programme, sont similaires dans les agences. Compter autour de 100 US$ par personne pour un trajet en bateau jusqu'à l'île, balade et observation des oiseaux, déjeuner traditionnel, bronzette sur une plage déserte et baignade dans des eaux cristallines. Départ en début d'après-midi. Les embarcations partent généralement à 9h de Cancún et reviennent vers 17h, après une visite libre d'une heure environ à Isla Mujeres (si l'on vient de Cancún). Il faut donc prévoir une journée entière pour l'excursion.
- **A savoir :** dans cet environnement préservé, l'usage de la crème solaire (même naturelle) est interdit ; prévoyez un t-shirt ou une combinaison pour vous protéger du soleil lors des baignades pour ne pas vous transformer en écrevisse. Il est également interdit de fumer.

ISLA HOLBOX ★★★

Située à l'extrême nord de la péninsule du Yucatán, Isla Holbox est le paradis des Caraïbes mexicaines. Son nom est quelque peu trompeur puisque Isla Holbox n'est pas à proprement parler une île, sinon une étroite frange de terre qui se trouve séparée de la péninsule par la lagune de Yalahau. Mais une fois arrivé à Holbox, on y ressent la même sensation d'isolement que si l'on était sur une île au milieu de l'océan. Jusqu'à récemment, les oiseaux étaient presque plus nombreux que les hommes et c'est avec eux principalement que vous partagiez les plages de sable fin de l'île, où l'on trouve la plupart des coquillages qui servent à fabriquer les colliers et les lampes qui se vendent dans les marchés d'artisanat de Cancún. Bien qu'Isla Holbox compte aujourd'hui quelques hôtels, la majorité de l'île reste encore vierge la plupart de l'année et les habitants continuent à se consacrer à la pêche, comme le faisaient leurs grands-parents... Si vous choisissez d'explorer l'île en indépendant, il vous faudra passer au moins une nuit sur place, du fait des horaires de bus et de bateau. Les tours organisés permettent de faire l'aller-retour dans la journée depuis Cancún, tout en découvrant les incontournables de l'île (autour de 90 US$ par personne l'excursion d'une douzaine d'heures, repas et boissons compris), mais il est vraiment dommage de ne rester qu'une journée dans ce petit paradis. Prévoir suffisamment de cash car l'unique distributeur sur la place principale est parfois vide (s'y rendre tôt en haute saison).

Transports

Holbox est accessible facilement depuis Cancún ou Playa del Carmen. Il faut d'abord rejoindre le port de Chiquilá (2 heures 30 de bus avec la compagnie ADO, 290 $ depuis Cancún). Si l'on arrive en voiture, on peut la laisser dans différents parkings du village (50-100 $ par jour). De là, deux compagnies de ferry (Holbox Express et 9 Hermanos) rejoignent Holbox en 20 minutes (200 $). Départ toutes les heures entre 6h et 20h-21h. Le quai d'arrivée à Holbox se trouve à 700 m du centre, facilement accessible à pied ou en voiturette de golf-taxi (30 $ en ville, 100 $ jusqu'à Punta Coco).

A Holbox les rues sont sableuses et les voitures sont interdites. On peut louer un vélo (35 $ de l'heure, 250 $ la journée) ou une voiturette de golf (200-300 $ l'heure, à partir de 1 000 $ la journée).

LAGUNA YALAHAU ★★

Découverte en tours organisés.

Durant votre passage à Isla Holbox, vous ne pouvez manquer de visiter la lagune de Yalahau et le célèbre « Ojo de agua », un bassin d'eau cristalline qui servait à revitaliser les voyageurs au temps des anciens Mayas. Au milieu de la lagune de Yalahau, se trouve également une petite île, Isla Parajos, qui abrite près de 140 espèces différentes d'oiseaux et vous permettra de découvrir flamants roses, frégates et pélicans gris. Les visiteurs les plus sportifs pourront choisir de nager avec les requins-baleines (de juin à septembre) ou encore d'apprendre le kitesurf.

RIVIERA MAYA ET QUINTANA ROO

© EMILIANO BARBIERI - SHUTTERSTOCK.COM

Flamants roses sur Isla Holbox.

EL CORCHAL ★★★

15 km avant d'arriver à Chiquilà.
✆ +52 1 998 165 7105
Tour organisé depuis Holbox, ou contacter Pepe Corcho par téléphone quelques jours avant votre visite.

Avant d'arriver, un énorme *ceiba* millénaire recouvert de plantes grimpantes et d'orchidées attend les visiteurs à Solferino. À une heure du village en voiture, plus une heure de marche, El *Corchal* (le bouchon) est une zone inondée dont les arbres possèdent des racines flottantes : lors des tempêtes, cette petite forêt se déplace alors au fil de l'eau ! C'est une réserve importante pour la faune : jaguars, chevreuils, singes araignées, oiseaux migratoires... Sur place, on explore en kayak forêt flottante et jardins de nénuphars. Une belle excursion éco-touristique.

HOSTEL & CABANAS IDA Y VUELTA CAMPING €

Calle Chac-Chi
✆ +52 1 984 218 2774
www.holboxhostel.com
Différentes options. Cabañas à partir de 800 $ pour deux, bungalow à 1 100 $, villa 1 400 $. Hamac 200 $.

L'une des premières auberges de jeunesse d'Holbox. A 10 minutes à pied du centre et avec la plage toute proche, l'Ida y Vuelta (« l'Aller-Retour ») est un bon plan pour les petits budgets, avec la possibilité de camper, ou de dormir en hamac. Dans le grand jardin, elle dispose également de cabañas et bungalows rustiques, d'une maison tout équipée et d'un dortoir pour sept. Nombreuses excursions proposées aux alentours, bonne ambiance et accueil chaleureux.

PUNTA CALIZA €€€

esquina Robalo ✆ +52 9983 168140
puntacaliza.com
Chambres doubles ou familiales à partir de 260 US$. Petit déjeuner inclus. Restauration.

C'est à l'écart du centre-ville et seulement 100 mètres des eaux translucides du Golfe du Mexique que vous trouverez ce charmant boutique-hôtel éco-chic aux accents minimalistes. Imaginé comme une interprétation de l'architecture maya par la famille Muñoz, Punta Caliza est un véritable havre de paix. Envie de piquer une tête au saut du lit ? Les 12 chambres disposent d'un bassin privé connecté à la piscine triangulaire. Admirez la vue panoramique et le coucher de soleil depuis le mirador, tout en sirotant votre margarita de bienvenue... Le paradis sur Terre.

HOLBOX DREAM BEACHFRONT HOTEL €€

Avenida Pedro Joaquín Coldwell s/n
✆ +52 984 222 9194
www.holboxdream.com
A partir de 170 US$ la chambre double.

Cet hôtel est un lieu où le temps cesse d'exister et les couleurs de la mer des Caraïbes rencontrent les eaux calmes du golfe du Mexique. Les chambre ont toutes vue sur l'une des deux piscines, sur le jardin ou vers la mer ; elles sont équipées de clim et ventilateur. On y trouve en plus un beau jardin avec un espace détente, des hamacs et un restaurant où vous pourrez déguster un bon petit-déjeuner. Service également le soir mais il y a mieux en ville.

HOTEL CASA LAS TORTUGAS €€

✆ +52 984 875 2129
www.holboxcasalastortugas.com
21 chambres. À partir de 300 US$ la nuit en chambre double.

Cet hôtel familial créé en 2003 par un couple d'Italiens est situé en bordure de la plage principale. Un petit coin de paradis où tout est soigné dans les moindres détails, qu'il s'agisse de la décoration bohème des chambres, ou du service efficace et chaleureux. L'établissement propose de nombreuses activités : pêche, kitesurf, promenade à cheval, yoga, observation des requins-baleines, etc. L'établissement dispose d'un restaurant en bord de mer, d'un bar branché, d'un bar à sushis, d'une piscine, d'un bain à remous et d'un hammam. Déconnexion du monde garantie !

HOLBOX KITEBOARDING SCHOOL

En face de Luuma
✆ +52 98 41 79 50 21
www.holboxkiteboarding.com
90 US$ le cours d'1 heure en individuel, 70 $ pour 2 personnes.

Isla Holbox est un endroit idéal pour apprendre le kitesurf, notamment entre décembre et mai, lorsque les conditions du vent sont les meilleures. Cette école de kitesurf travaille avec l'hôtel Casa Las Tortugas et propose un cours d'initiation au kitesurf de 4 jours, au terme duquel on peut espérer réussir à se mettre debout sur la planche et avancer de quelques mètres. L'école propose également des cours de planche à voile et de wakeboard (mélange entre le ski nautique et le surf).

PUERTO MORELOS ★★

Entre Cancún et Playa del Carmen, Puerto Morelos possède une longue et large plage de sable blanc, qui se trouve protégée du courant par une barrière de corail cataloguée parc national. Le village est divisé en deux : une zone résidentielle et commerçante à l'intérieur des terres et la zone touristique en bord de mer, à laquelle on accède par une route traversant une mangrove intacte. Le village aux maisons basses ne compte qu'une dizaine de rues et un petit embarcadère en bois utilisé par les pêcheurs. L'ensemble conserve un charme local unique, ce village de pêcheurs ayant échappé au boom touristique de la Riviera Maya, même si le développement de *resorts* à ses marges est, comme partout ailleurs sur la côte, incontrôlé.

Le village abrite quelques hôtels, mais la principale option d'hébergement de la ville reste la location de studios (*condos*) que les Nord-Américains s'arrachent durant la saison hivernale. De nombreux restaurants sont installés le long de la plage principale, où l'on paie bien souvent plus pour la vue que pour la gastronomie. La plage de Puerto Morelos est très belle et ravira les voyageurs qui fuient la foule et préfèrent les nuits étoilées aux soirées branchées. A sa façon, Puerto Morelos est une destination plus authentique que Tulum. À noter qu'à certaines époques de l'année, la baie est affectée comme l'ensemble de la côte par les algues sargasses, qui viennent s'échouer sur les plages.

Histoire

La création du village remonte au début du XXe siècle. Le havre à l'intérieur de la barrière de corail est alors utilisé par les bateaux qui transportent la gomme du *chicle*, seule richesse alors exploitée. Une ligne de chemin de fer est d'ailleurs posée entre ce village et un autre de l'intérieur, en pleine forêt sur la route des *cenotes*, Central Vallarta. C'est là que les *chicleros* se réunissaient pour concentrer la récolte de la sève blanche du Chico Zapote. Après l'effondrement du cours du *chicle*, Puerto Morelos survécut grâce à la pêche et devient un port d'embarquement des personnes et des biens en direction de Cozumel. Au milieu du siècle se créent la coopérative des pêcheurs et une usine de congélation. Les cyclones font plier le phare, décoiffent régulièrement les cocotiers, mais pas question de partir pour ces hommes de la mer habitués à tirer leurs barques dans les rues du village, à barricader leurs maisons, puis repartir à la pêche une fois la tempête passée.

Tourisme

Mérou, marlins voiliers ou barracudas, les possibilités de pêche sont excellentes. Vous pouvez vous mettre d'accord avec des pêcheurs sur le quai pour passer une journée à bord de leurs *pangas*. L'autre option plus luxueuse est de partir sur un yacht depuis la marina située à 2 km du village. Il faudra alors sortir quelques dollars de plus, mais tout se négocie.

Transports

Puerto Morelos est desservi par la compagnie ADO. Les bus s'arrêtent au pont autoroutier sur la route côtière. Pour rejoindre le centre de Puerto, les taxis prennent en gros 200 US$ pour rejoindre le village, tarif touriste…

PARQUE NACIONAL ARRECIFE DE PUERTO MORELOS ★★

Sorties régulières avec masques et tubas depuis la coopérative installée à côté du phare : 40 US$.

Les eaux de Puerto Morelos accueillent une partie du récif de la grande barrière de corail mésoaméricaine. Un parc national a été créé pour protéger le récif, bien conservé, grâce à une prise de conscience de la population et au travail des centres de plongée. Ces derniers proposent leur service pour des plongées bouteille, mais le plus commun reste de partir avec palmes, masque et tuba : la coopérative sise à côté du phare vend les billets pour s'y rendre. Départs constants.

© HOLBOX - SHUTTERSTOCK.COM

Eglise de Puerto Morelos.

RIVIERA MAYA ET QUINTANA ROO

RUTA DE LOS CENOTES ★★

Carretera Puerto Morelos-Leona Vicario

Les horaires d'ouverture varient d'un cenote à l'autre. Ouvrent en moyenne entre 8h et 17h30.

Puerto Morelos est une base idéale pour partir à la découverte des cenotes qui se trouvent à l'intérieur des terres. La route de 45 km qui unit Puerto Morelos à Leona Vicario est d'ailleurs connue comme la « Route des cenotes ». Les cenotes sont administrés par des particuliers ou des communautés mayas. Certains ont été aménagés en parc d'aventure, sans grand intérêt... On préfère la baignade dans les cenotes vierges de toute installation ostentatoire, qu'ils soient ouverts, semi-couverts ou souterrains. Pour rejoindre les sites, le plus simple est de passer par une agence ou d'avoir son propre véhicule. On peut aussi prendre un *colectivo* pour Leona Vicario, mais certains cenotes sont loin de la route, parfois à plusieurs kilomètres comme ceux de Kin ha ou de La Noria. L'écran solaire est interdit et on vous devrez vous rincer avant de pénétrer dans ces puits sacrés. En voici une sélection :

- **Cenote Siete Bocas** (km 15,5 / 400 $). Un des mieux préservés de la région, aux installations minimes et rustiques. On trouve sept points d'accès le long d'un sentier de 8 km que l'on peut parcourir en vélo. Les entrées communiquent entre elles et on peut nager de l'une à l'autre. Sous l'eau, on aperçoit des tunnels où pullulent stalactites et stalagmites.
- **Cenote Verde Lucero** (km 17 / 200 $) est un *cenote* à ciel ouvert dont la couleur de l'eau change au fil des heures de la journée. Bucolique et paisible. Tyrolienne, observation d'oiseau, snorkeling et plate-formes pour plonger depuis les hauteurs.
- **Reserva del Pájaro Toh** (km 19 / 120 $). Une réserve biologique de 500 ha qui abrite trois cenotes. Les mesures de conservation ont permis le retour d'une grande quantité d'espèces en danger d'extinction, telles que jaguar, cervidés, singes et tapirs. On y trouve aussi la plantation la plus grande de cèdre rouge de toute la Quintana Roo. Si vous arrivez suffisamment tôt le matin vous pourrez voir cerfs, singes ou tapirs. L'endroit organise aussi marches nocturnes et séances de méditation. Pensez à contacter l'organisme qui s'occupe de la réserve avant votre visite (reservadelpajarotoh@gmail.com • +52 998 256 1920).
- **Cenote La Noria** (km 20 / 450 $). Souterrain et un des plus grands de la zone (18 m de profondeur et 47 m de diamètre). Sur place, quelques tables pour pique-niquer, VTT et hamacs.
- **Cenote Kin-Ha** (km 20 / 350 $). Peut-être le plus beau d'entre tous, sa grande profondeur (50 mètres) est idéale pour pratiquer la plongée. Les rayons de soleil qui s'y infiltrent créent un merveilleux effet lumineux. On peut y pratiquer le kayak, snorkeling et le plongeon.

ACAMAYA REEF CABAÑAS €

Sm 11, Mza 5, Lote 5

✆ +52 998 871 0131

www.acamayareefcabanas.com

6 cabanes, à partir de 48 US$ avec salle de bains partagée, 78 US$ avec salle de bains privée.

Situé à l'écart du village, à 3,5 kilomètres au nord de Puerto Morelos, cet établissement à taille humaine est une excellente option pour qui veut profiter du calme des transats sur ce bout de plage relativement tranquille, pour un prix intéressant. On peut s'y rendre à pied par la plage ou à vélo par les petites routes qui longent la mangrove. Les cabañas sont simples mais fonctionnelles et l'on s'endort avec le bruit des vagues. L'Acamaya Reef Cabañas propose un bar et un restaurant, des excursions en mer, la location de vélos et des massages au bord de l'eau.

RAICES DEL CIELO €

Ruta de los Cenotes km7

✆ +52 998 898 2688

www.raicesdelcielo.com

Cabanes avec clim à partir de 1 250 $, maison complète (4 à 6 personnes) à partir de 2 500 $.

Installé en pleine forêt, c'est l'endroit parfait pour faire un petit break et s'éloigner des tourments de ce monde de brutes. Ici, on est logé dans des petites cabanes circulaires de pierre et de bois, ou dans de véritables maisons à occuper en famille ou entre amis. Entre deux excursions à la plage, ou dans les cénotes avoisinants, on peut partir observer les oiseaux, profiter des bains de vapeur traditionnels (*temazcal*), des cours de yoga et de cuisine, ou d'un massage à tomber par terre. Petit déjeuner continental ou végétarien.

CASA CARIBE & CABAÑAS €€

Av. Javier Rojo Gomez #768 ✆ +52 998 251 8060

www.casacaribepuertomorelos.com

6 cabañas à partir de 80 $, 5 chambres à partir de 95 $.

Une maison d'hôte avec cinq chambres joliment décorées et six cabañas tout équipées, à un pâté de maison de la plage. Les chambres possèdent chacune terrasse et hamac pour lézarder au soleil, si ses rayons ne tapent pas trop fort ! Très accueillant, l'endroit organise des ateliers de cuisine et vous emmène découvrir traditions gastronomiques et bonnes tables de la région. On vous propose aussi des excursions sur la route des *cenotes*, des sorties en snorkeling ou plongée bouteille, et tout un tas d'autres activités plus alléchantes les unes que les autres.

Puerto Morelos.

RANCHO SAK-OL €€

Super Manzana 7 Lote 3
✆ +52 998 292 1896
www.ranchosakol.com
13 chambres, de 55 à 150 US$. Offres spéciales sur le site.

Le Rancho Sak-Ol est installé face à la mer, à l'écart du village, dans des grandes maisons de deux étages. Coup de cœur pour les lits-balançoires accrochés aux poutres du plafond par des cordes, une expérience sympa ! La conception du lieu est harmonieuse, l'espace commun est ouvert sur la mer et la plage. Une cuisine commune est en libre service et un buffet petit déjeuner inclus. Une très bonne option, avec à disposition vélos, masques et tubas. Jardin et bar sur le toit. La plage de l'hôtel a beaucoup de rochers, prévoir des chaussures d'eau.

DESIRE RESORTS & SPA €€€

Costera Norte Lote 1 Sm10 Mz. 26
✆ +52 998 193 2389
desirepearl.originalresorts.com
A partir de 400 US$ pour deux personnes la chambre et le forfait en tout inclus.

Les hôtels Desire Resort & Spa, et Desire Pearl Resort & Spa sont exclusivement réservés aux couples. Ici être habillé est optionnel et provoque une sensation de totale liberté, qui aiguise les sens. Très luxueux, les hôtels offrent une version unique du fameux « All inclusive » (tout inclus). Les chambres et suites avec vues sur mer, le restaurant gourmet, les piscines, spas, salons de massages, bars, clubs et activités nocturnes et diurnes (sports, yoga, catamaran, etc.), en font un hôtel parfait pour l'épanouissement des couples adultes à l'esprit ouvert.

JOLIE JUNGLE ECO HOTEL €€€

km 26 Ruta de los cenotes ✆ +52 998 241 4634
www.joliejungle.com
Bungalows et suites entre 100 et 200 US$, petit-déjeuner compris.

En pleine forêt tropicale, un lieu intime pour se reposer autant que pour visiter les environs. Les bungalows respectent le cadre naturel et l'on se rafraîchit dans une belle piscine en forme de cénote. Jolie Jungle est une excellente base pour l'observation des oiseaux et offre aussi de quoi se détendre (vélos, ping-pong, pétanque...). Le *temazcal* est des plus agréables et l'on peut se faire plaisir avec un massage professionnel. Restaurant sur place avec une bonne cuisine et un accueil sympathique en français de la part de Bernard le propriétaire.

BLUE MORELOS €

Av. Javier Rojo Gómez
✆ +52 998 251 1612
Ouvert tous les jours de 12h à 21h. Tacos et tostadas de poissons et fruits de mer entre 60 et 85 $.

Petit local très sympa, en toute simplicité, qui envoie des superbes *tostadas* (galettes de maïs grillées) de poissons et fruits de mer. Pour les préparations froides, laissez-vous tenter par les *tostadas de ceviche* ou *aguachile* (poulpe, crevette, thon, saumon ou poisson du coin). Envie d'un petit plat chaud ? Rabattez-vous sur les *tostadas* de thon grillé ou mariné, de crevette à la noix de coco ou même la *vampire*, au fromage fondu et à l'ail. Dé-li-cieux. Cocktails variés et bières pour un apéro convivial autour d'un excellent guacamole ou d'un houmous au basilic.

CARIBELOS €

Rafael Melgar
✆ +52 998 255 6194
Ouvert du mercredi au lundi de 12h30 à 21h. Plats de 180 à 300 $.

Le nom Caribelos vient du propriétaire Carlos. Quand il vivait en Californie, ses amis l'appelaient Los. Quand il a déménagé à Puerto, il a combiné les Caraïbes avec Los : Caribelos. En 2022, il s'est associé à sa sœur Lili pour une rénovation complète de son Taco Shop et a ouvert le restaurant Caribelos. Quelques tables jetées sur le trottoir face à l'embarcadère font de cet endroit au rythme caribéen le point de rencontre de tous les travailleurs locaux, mais aussi des touristes qui se refilent le bon plan. Et bien sûr, les tacos sont à ne pas manquer !

LA QUINTA ORQUIDEA €

Niños Heroes #23
la-quinta-orquidea.negocio.site
Tous les jours de 9h à 21h. Petit-déjeuner complet entre 150 et 200 $.

Au cœur de Puerto Morelos, à deux cuadras de la plage, la Quinta Orquídea (la Cinquième orchidée) se trouve dans une maison à l'architecture unique en bois et pierre, qui accueille un glacier-café, une galerie d'art et cinq chambres à louer sur trois niveaux. On y prépare d'appétissantes crêpes sucrées et salées, des quiches aux épinards et fromage de chèvre, des tartes et autres douceurs qui nous rappellent le terroir. Le café est également revigorant, ce qui en fait une halte juste parfaite pour commencer (à l'ombre) une belle journée ensoleillée.

EL NICHO €

A l'angle de l'avenue Tulum & Rojo Gomez
✆ +52 1 998 149 3520
elnichopuertomorelos.com
Ouvert tous les jours de 7h30 à 14h.

Le grand classique pour prendre son petit déjeuner à Puerto Morelos. Un endroit touristique et devenu un peu cher, mais sans prétention et à la cuisine soignée, créative et amoureuse. Le cadre est agréable, avec une terrasse à l'arrière et le wifi gratuit. Belle carte pour le petit déjeuner, à base de fruits frais, yoghourt, gaufres, et une grande variété d'œufs, brouillés, au plat ou Bénédicte. Pour le déjeuner, paninis, guacamole, salades, plats végétariens, fruits de mer... Café bio du Chiapas ou limonade à la goyave, et de bons jus de fruits frais.

LIBRAIRIE ALMA LIBRE

Parque central
almalibrebookstore.com
Ouvert tous les jours de 10h à 17h.

Alma Libre Bookstore est le repaire de lecteurs, aussi bien des expats que des voyageurs de passage. La librairie est tenue par un couple de Canadiens qui ramènent régulièrement une remorque pleine de bouquins de Calgary, ville d'où ils sont originaires. Installés depuis plus de deux décennies dans le coin, ils connaissent nombre de bons plans et se font toujours un plaisir de les partager. Livres neufs et d'occasion en anglais, mais aussi en français (histoire, romans, guides...). Possibilité d'échanges. Egalement des souvenirs et de l'artisanat régional.

EL PESQUERO €

Av. Rafael Melgar 4C
✆ +52 998 206 9251
www.elpesquero.mx
Ouvert tous les jours de 13h à 20h. Poisson du jour : 220 $. Ceviches et cocktails entre 140 et 290 $.

Ne cherchez pas plus loin si vous souhaitez déguster un bon filet de poisson du jour, pêché dans les eaux turquoise en face du village et surtout parfaitement cuisiné et fondant à souhait. Ici, on ne mange certes pas face à la mer, mais tout de même les pieds dans le sable et sous une *palapa* typique pour l'ambiance playa. Les serveurs et barman offrent un service souriant et compétent. Les prix sont très raisonnables et les assiettes copieuses. Pour le dîner, arrivez tôt, vers 19h, 19h30 maximum, pour avoir le temps de profiter de ces délices de la mer.

WET SET DIVING ADVENTURES

Av. Javier Rojo Gomez à l'angle avec Ejercito Mexicano ✆ +52 998 206 9204
www.wetset.com
2 plongées bouteilles sur le récif 110 US$. Plongée en cénote 199 US$. Transport depuis votre hôtel optionnel.

Fondé en 1997, c'est l'un des centres de plongée les plus pros de la région. Il offre aussi bien les niveaux de certification PADI, que des sorties plus classiques : depuis le rivage, directement le long du récif, la nuit ou dans les cénotes. De janvier à février, on vous emmène danser sous les eaux avec le requin-bouledogue... Il est également possible d'aller plonger dans les eaux de Cozumel, ou encore du côté de Cancún, pour visiter le célèbre MUSA.

PLAYA DEL CARMEN ★★

Mondialement connue, Playa del Carmen, aménagée en lieu et place de l'exubérante forêt du Yucatán, est située au bord d'une eau cristalline et chaude à souhait. En 1562, la zone originellement connue comme Xaman Há est conquise par Francisco Montejo, qui y fonde un établissement à l'endroit où se situe actuellement Xel-Há. C'est finalement durant le XIXe siècle que l'activité s'y développe, autour de campements d'exploitation de bois précieux ; puis la Guerre des Castes repousse vers la frange côtière une partie de la population expropriée de la péninsule. Le village grandit peu au cours du XXe siècle, restant majoritairement un village de pêcheurs. Attirée en grande partie par le bouche-à-oreille, une armée de voyageurs y arrive au début des années 1980 en provenance d'Europe, des États-Unis et d'Amérique latine. Le développement touristique est amorcé, bientôt relayé par les investisseurs et promoteurs immobiliers qui transforment en 20 ans ce petit village en grande ville de 200 000 habitants. Playa del Carmen est ainsi devenue une station balnéaire où l'on vient passer la semaine depuis les quatre coins du globe : elle est considérée à la fois cool, festive, branchée et sportive (pour la plongée).

Shopping

La Quinta Avenida, la Cinquième Avenue, est la rue commerçante de Playa. Pour ceux qui logent près de cette artère qu'il faut de toutes manières traverser pour accéder à la plage, l'overdose se fera vite sentir. Il y a des centaines et des centaines de boutiques, plaisir ou calvaire…

Tourisme

Playa del Carmen regorge d'activités, à commencer par celles liées à la mer : voile, plongée, kitesurf... Le succès du Parc Xcaret a aussi conduit à la création de nombreux parcs d'aventure dans la jungle, qui misent sur les sensations extrêmes : Emotions Native Park, Punta Venado Adventure Park, Kantuchi Park à Puerto Aventuras, Rio Secreto... Face à la « disneylandisation » de la jungle (et à sa destruction), des parcs de conservation animale à vocation écologique sont aussi apparus : The Jungle Place, L'Avario Xaman Ha...

L'office de tourisme municipal (Av. Juárez et Av. 15) ouvre tous les jours de 9h à 20h, le dimanche jusqu'à 17h.

Transports

La compagnie ADO offre un service de navette régulier entre Playa del Carmen et Cancún ou Tulum. Il y a deux gares routières à Playa : l'ADO Terminal Alterna et l'Ado Terminal Turística. Le premier (Av. 20, entre Calle 12 et cClle 14) accueille les bus longue distance. L'ADO Terminal Turística (Av. Juárez et Avenida 5) accueille les bus régionaux. Egalement des navettes de Playa Express (Calle 2 et Av. 20) desservant Puerto Morales (40 minutes, 25 $) et Cancún (1 heure 15, 40 $). Des colectivos (Calle 2 S/N et Av. 20) desservent Tulum et Cancún. Ils partent tous les quarts d'heure environ, en fait dès qu'ils sont pleins. Ils s'arrêtent partout et à la demande, et ne sont pas chers.

- Pour rejoindre Cozumel, les compagnies de ferries Ultramar (www.granpuerto.com.mx) et Mexico Waterjets (www.mexicowaterjets.com) ont une dizaine de trajets par jour, pour 30 minutes de traversée.

Playa del Carmen.

Cenotes.

3D MUSEUM OF WONDERS ★★

Avenida 10 Norte ✆ +52 984 181 7782
www.3dmuseumofwonders.com

Ouvert tous les jours de 10h à 20h. Entrée : 35 US$ par adulte et 30 US$ par enfant entre 5 et 12 ans.

Inauguré en 2016, le musée expose l'œuvre de l'américain Kurt Wenner. Ses peintures créent de formidables illusions en 3D, par un subtil jeu de perspective et de géométrie. On peut s'asseoir dans une bulle ou simuler de donner la main à un ange. On se retrouve dans des situations surprenantes. Hilarant et unique au monde ! Bien charger la batterie de son appareil photo ou de son smartphone, car ça mitraille en général ! Les guides nous aident à nous positionner de façon à provoquer des effets spectaculaires. Une visite incontournable avant ou après une baignade.

AVIARIO XAMAN-HA ★★

Paseo Xaman-Ha, Playacar
✆ +52 984 873 0330

Ouvert tous les jours de 9h à 17h. Entrée 300 $, gratuit pour les moins de 12 ans.

Javier le biologiste et Javier le vétérinaire protègent l'avifaune de la zone dans ce parc de 2 hectares ouverts sur le monde extérieur. Les espèces viennent d'elles-mêmes ici pour se reposer de l'agitation et de la cacophonie extérieure. Idéal pour se promener avec ses enfants ou simplement pour les passionnés de flamants roses, du tantale d'Amérique (Ciguena Box Hoo), de la spatule rosée, du toucan à carène (Tucan real), du ara macaw (Ara rouge) ou encore du joli petit canard comme le Dendrocygne à bec rouge aussi connu sous le nom de Dendrocygne à ventre noir.

CENOTES ★★

Chaque cenote a un prix d'entrée à partir de 200 $. Ne pas utiliser de crème solaire.

L'une des grandes attractions touristiques de la région. La couleur cristalline de l'eau, qui émerge comme par magie du sous-sol constitue un spectacle inoubliable. Non loin de Playa del Carmen, on trouve plusieurs *cenotes*, parfaits pour la baignade. Cenote Cristalino est à 15 minutes de Playa. Les *cenotes* Kantun-Chi, Saskaleen Ha, Uchil Ha, Zacil ha sont à 22 km, à l'intérieur du Parque Kantun-Chi. Les agences offrent des excursions à la journée pour s'y rendre. On peut aussi prendre une camionnette vers Tulum et descendre à hauteur du *cenote* qui nous intéresse.

PLAGES ★★

Les plages au Mexique sont libre d'accès et gratuites, en théorie. En pratique et en toute illégalité, beaucoup d'hôtels de plage font déguerpir les touristes qui ne sont pas leurs clients. La plage comprise entre la Calle 1 Norte et l'Avenida Benito Juárez est bordée de bars et restaurants qui, en échange de votre consommation, mettent à votre disposition des transats et des parasols, avec musique plus ou moins forte selon les lieux. Ces lieux sont appelés « beach club ». Parmi les plus trendy de Playa del Carmen figurent le Mamita's Beach Club, qui propose une ambiance lounge sur des lits posés à même le sable – agréable et intéressant pour observer les *mamonés* (expression locale pour désigner les snobs) –, et le Blue Parrot. Au sud de l'embarcadère d'où partent les bateaux pour Cozumel se trouve le complexe immobilier et hôtelier Playacar, qui fait face à une belle plage de sable blanc. Cette plage n'est pas envahie par les transats et les restaurants et se prête mieux aux jeux de plage et à la bronzette. Par contre, si vous n'êtes pas logé dans les complexes hôteliers de Playacar, il est difficile d'y accéder. Sachez que l'entrée publique à la plage se trouve au niveau de la rue Retorno Palenque. La plage est aussi plus tranquille vers le nord de Playa del Carmen, à Punta Esmeralda. C'est l'endroit préféré des locaux qui s'y rendent le week-end ; en semaine c'est beaucoup plus tranquille. Sur cette plage, on trouve un *cenote* qui, selon le panneau d'avertissement, serait habité par deux crocodiles…

CHOCO-STORY PLAYA DEL CARMEN

Av Constituyentes Mnz 062 Lote 4 x Av. 10 y Av.15 Gonzalo Guerrero ✆ +529992899914
https://choco-storymexico.com/es/
Ouvert tous les jours de 10h30 à 21h. Gratuit jusqu'à 6 ans. Adulte : 165 $. Enfant : 80 $.
Sa réputation n'est plus à faire en Europe, le musée du chocolat ouvre désormais ses portes à Playa. Au programme, 8 salles interactives, remplies de figurines réalistes et d'accessoires authentiques, toujours autour du thème du cacao. Son histoire, sa production, ses enjeux géopolitiques... tout est expliqué. A la fin du tour, une dégustation de cacao chaud préparé à la mode des Mayas vous est proposée. Possibilité de faire un atelier pour réaliser son propre chocolat !

RIO SECRETO ★

Carretera Federal Chetumal-Cancún km 283,5
✆ +52 984 147 6050
www.riosecreto.com
Visites guidées (3 heures 30) toutes les heures de 9h à 13h. 79/39,50 US$ adulte/enfant (transport non inclus).
A 5 km au sud de Playa se trouve un système de grottes semi-inondées, avec une rivière souterraine, offrant un spectacle naturel époustouflant. Les parois sont formées de milliers de stalactites et stalagmites. On y accède à pied et à la nage, accompagné de guides qui vous expliquent l'histoire de ces formations et sont une mine d'informations sur la faune et la flore locales. Pour les plus aventureux, une formule y associe descente en rappel et vélo. Photos interdites mais un photographe vous suit durant l'excursion pour vivre pleinement ces activités.

THE JUNGLE PLACE ★★★

A quelques kilomètres de Playa del Carmen, près du village de Chemuyil
✆ +52 984 116 9777
www.thejungleplace.com/
Sur réservation préalable. 80 US$ par personne le tour d'une heure environ.
Joel et Heidi, deux vétérinaires qui ont échoué à Playa del Carmen, ont recueilli chez eux une vingtaine de singes-araignées orphelins, qui ne peuvent pas être réintroduits dans leur milieu naturel... De façon à obtenir de l'argent pour nourrir ces animaux, ils ouvrent leur maison au public. Une occasion unique d'interagir avec ces petits êtres malheureusement en voie d'extinction, et d'en apprendre un peu plus sur cette espèce... La visite dure 1 heure, pour ne pas troubler les petits singes et le nombre de visiteurs qu'ils reçoivent chaque semaine est limité.

MAYA KA'AN

Paseo Coba, Mza 29, Lte 3, Local 309 al 312
www.caribemexicano.travel/maya-kaan/

C'est le pendant durable et pro-environnemental du concept de Riviera Maya : bienvenue dans le « royaume des Mayas ». Ici, on trouve tous les contacts et informations concernant les projets de tourisme rural et communautaire du Quintana Roo. Le but est de tenter de compenser l'activité du tourisme de masse de la côte et d'impulser le développement local sur le terrain, loin des investisseurs et promoteurs en tout genre : promouvoir l'artisanat, les produits agricoles et médicinaux... Pour mieux s'informer, téléchargez leur guide du voyageur responsable.

H&L TOURS

✆ + 52 984 120 3939
www.h-ltours.com

Tarifs à demander par e-mail.

Halima et Luciano, des Belges amoureux de la région, proposent des tours de qualité avec des guides francophones. Les excursions se font en petits groupes pour plus de souplesse. Pour le circuit Coba intensif, la journée se décompose en plusieurs temps : visite de Tulum, baignade dans un cenote, repas traditionnel maya dans un resto typique, tours de vélo à Coba, et enfin visite d'un village maya. Les autres destinations incluent les immanquables Chichen Itza, Sian Ka'an, Isla Mujeres, Holbox, Rio Lagartos, Ek Balam, etc. Service à la carte et super accueil.

DEL MUNDO TOURS

Avenida 10 Sur ✆ +52 984 873 1888
www.delmundotours.com

Réservations en ligne de préférence (places limitées) ou directement à l'agence de 9h à 20h tous les jours.

Cette agence francophone, montée il y a quelques années par un photographe belge, offre des excursions à la journée en petits groupes ou en privé, loin du tourisme de masse, dans une chouette ambiance et en recherchant l'authenticité. On est en général dans les premiers sur les sites et en plus des excursions assez « classiques », certaines excursions exclusives à l'agence valent le détour (Aqua wonder, Tsonoti, tour culturel...). Ne pas s'arrêter aux prix, les détails font la différence et en plus tout est inclus. Excellente option.

ADO TERMINAL TURISTICA

A l'angle de l'avenida Juárez et de la Quinta Avenida
✆ +52 984 873 0109
www.ado.com.mx

Bus pour la plupart des villes de la péninsule du Yucatán et les villages de la Riviera Maya. Départ toutes les 20/30 minutes à destination de Cancún (1 heure de trajet, 75-98 $), service de navette pour l'aéroport régulier de 3h à 22h (50 minutes, 225 $). Cette gare routière offre des services de première et seconde classe vers Tulum (départ toutes les heures, 50-108 $) et de Chetumal (entre 6 et 7 heures de route, 288-470 $), ainsi que deux itinéraires pour Mérida (5 heures, 280-530 $), via Valladolid ou via Felipe Carillo Puerto.

BARRIO LATINO HOTEL €

Calle 4 Norte
✆ +52 984 147 2579

A partir de 55 US$ la chambre double, petit-déjeuner inclus.

Un charmant petit hôtel bien tenu et situé à 5 minutes de la mer, de la 5ta Avenida et du terminal ADO. Accueil chaleureux du personnel, toujours prêt à renseigner les nouveaux arrivants sur les choses à voir dans le centre de Playa. Toutes les chambres possèdent un hamac sur la petite terrasse, et un fil pour étendre le linge mouillé au retour de la plage. Les chambres supérieures sont équipées d'un petit frigo, d'un sèche-cheveux et d'un matelas top niveau ! Petit déjeuner très correct sous une *palapa* en terrasse. Bon rapport qualité prix.

otre agence francophone N°1 au Mexique. Profitez sans vous tracasser.

A taille humaine

Les visites sont possibles en privé ou en petits groupes de 6 à 16 personnes exclusivement en français. Cela permet une expérience beaucoup plus familiale et dans une chouette ambiance. Tout est fait pour éviter les foules au maximum.

La qualité avant tout

Pas s'arrêter qu'aux prix! Les détails font souvent la différence. Comme l'utilisation des autoroutes à péage pour faire gagner du temps de route, le choix des timings, restaurants, cenotes, arrivées en premier sur les sites, reportage photo inclus,...

Agence physique

Pas juste un site internet, il y a toujours une équipe pour vous recevoir 7j/7 du matin au soir. Que ce soit pour vous aider à choisir, pour les dernières recommandations ou conseils, le contact humain, ça ne se remplace pas!

Prix tout inclus

Des prix clairs. Pas besoin de sortir le portefeuille tous les 5 min, absolument tout est inclus* (pourboires dans les restaurants, aux capitaines de bateaux, taxes maritimes, reportage photo, boissons, tricycles, gilets de sauvetage, casiers,...)

*sauf le pourboire du guide et chauffeur, qui reflète votre appréciation

Des excursions exclusives

En plus des excursions plus "classiques", certaines créations de l'agence valent vraiment le détour comme le tour culturel (immersion dans le vrai Mexique), Aqua wonder (l'excursion favorite des clients), Tsonoti (cenotes perdus dans la jungle), ...

Eglise de Playa del Carmen.

PIXAN RIVIERA

✆ +52 1 984 205 8502

www.excursions-rivieramaya.com

Consulter le site internet pour des réservations en direct.

Pixan Riviera est une agence professionnelle francophone basée à Playa del Carmen qui propose des excursions classiques et privées. La sélection et la réservation des tours se font directement sur la page internet de l'agence ; on y trouve les principales excursions que propose la région : Isla Holbox, sites archéologiques de Cobá, Tulum et, bien sûr, de Chichén Itzá, cenotes… L'agence opère avec des petits groupes et des guides francophones. Pensez aussi à les contacter pour vos transferts à l´aéroport de Cancún. On recommande !

CASA TUCAN

Calle 4 #150, entre les avenues 10 et 15

✆ +52 984 803 53 49

www.casatucan.de

A partir de 35 US$ la chambre double. Petit-déjeuner non inclus.

Tropical et dans le vieux style de Playa del Carmen, avec des chambres propres et fonctionnelles de trois catégories, et des installations colorées et confortables, l'hôtel Casa Tucan est un endroit sans prétention où l'on se sent bien. Très bien situé, à proximité de l'animée Quinta avenida et à 5 minutes de la plage, l'hôtel possède un petit jardin calme et luxuriant avec une piscine (adaptée pour les exercices de plongée), un restaurant de cuisine typique pas trop cher, un bar et une bibliothèque. Des tours et des locations de voiture sont également proposés.

HOSTEL 3 B

Av. 10 à l'angle de la Calle 1ra. Sur

✆ +52 984 803 2901

hostel3b.com/en

A partir de 19 US$ le lit en dortoir, et 50 US$ la chambre privée.

Le plus gros hostel party de Playa del Carmen qui se revendique comme le premier hostel de musique électro underground, avec de nombreux sets de DJ internationaux. Bref, vous l'aurez compris on vient ici pour faire la fête, dans une ambiance jeune, bronzée et branchée. L'hostel 3B est situé à deux pas de la Quinta Avenida et de la *playa*. Installations propres, bonne literie des dortoirs comme des chambres privées. Nombreux services et tours, cuisine commune, échange de livres, roof top lounge avec piscine et évidemment un bar pour se charger de cocktails variés.

ALLTOURNATIVE NATIVE PARKS & EXPEDITIONS

Route Chetumal-Puerto Juarez km. 287, Lote 13 Sur

✆ +52 984 803 9999

www.alltournative.com.mx

© ALLTOURNATIVE

Pionnière dans l'écotourisme, Alltournative propose des expéditions et des parcs éco-archéologiques dans des lieux exclusifs, créant des expériences uniques et durables, en petits groupes avec des guides spécialisés et en français. Les parcs proposent des activités d'aventure (tyroliennes, cenotes, randonnée, kayak…) et les expéditions offrent un contact culturel et naturel dans les communautés mayas et les sites archéologiques, ainsi que la dégustation de la cuisine maya.

HOTEL B&B BY PLAYA DEL KARMA €

Avenida 15 Norte, entre calles 12 y 14
✆ +52 984 803 0272

Chambre double à partir de 45 US$, petit-déjeuner et massage 30 minutes inclus. Prêt de vélos.

Petit hôtel plein de charme avec 17 chambres dans des *casitas* (bungalows) aux toits de palme. Un petite piscine-haricot entourée d'un petit jardin tropical avec *temazcal* (sauna maya) confère à l'hôtel le style traditionnel de Playa. Le lieu se prête à l'exercice de la thérapie Sukha (thérapie d'origine précolombienne basée sur les 4 éléments : terre, eau, ciel et feu). Accueil sympa, agence à l'intérieur proposant de nombreuses activités et excursions dans la région.

BE PLAYA €€

Av. 10 s/n, entre calle 26 et 28
✆ +52 877 265 4139
www.beplaya.com

Chambres et suites entre 130 et 250 US$ la nuit. Meilleurs prix en réservant avec un bon délai sur la page web.

Hôtel moderne et minimaliste au design soigné, situé dans un édifice de 3 étages, à un pâté de maisons de la Quinta Avenida et en amont de la Playa Mamitas. Chambres confortables, avec terrasse et hamac, et baignoire avec hydromassage pour les Junior suites. Terrasse sur le toit très agréable avec sa piscine, son bar et sa musique lounge. Cocktail de bienvenue offert au check-in pour donner envie d'aller en tester d'autres plus tard au bar du roof top ! Petit déjeuner raffiné, tout autant que les sushis servis au restaurant. Un hôtel idéal pour venir en couple.

VIVA WYNDHAM MAYA €€€

Paseo Xaman-ha, Lote Hotelero N° 5
✆ +52 1 984 873 4600

A partir de 160 US$ par chambre en formule tout inclus.

Au cœur de Playacar, ce bel hôtel situé près de la plage avec une grande piscine face à la mer propose 604 chambres en formule all inclusive comme dans toute la chaîne. Un buffet international, 4 restaurants à la carte et un snack-bar de plage vous permettront de vous régaler en changeant d'ambiance selon vos envies. 3 autres restaurants avec supplément vous attendent aussi sur réservation. Les activités sont très variées et la pratique de nombreux sports est incluse : Windsurf, Voile, Tir à l'arc... à vous de choisir, on ne peut pas s'ennuyer ici !

SAYAB TRIP

✆ +52 984 119 9719
https://www.ecotoursyucatan.com/
Agence d´excursions, circuits et plongée.

Tristan, fondateur de Sayab, est arrivé au Mexique il y a plusieurs années et transmet maintenant ses passions à travers son agence. Spécialisé dans les tours hors des sentiers battus et dans la rencontre des communautés mayas, il mène des excursions dans les différents centres d'intérêt de la région et organise des circuits de 2 à 15 jours. Il est aussi plongeur et allie visites et connaissance de la faune et la flore sous-marines et des fameuses cenotes. Une option complète pour bien connaître la péninsule du Yucatan et se laisser porter par la magie des lieux.

HACIENDA PARADISE BOUTIQUE HOTEL €€

Avenida 10 nte
✆ +52 98 48 03 39 80
www.haciendaparadise.com
Entre 66 et 175 US$ selon la chambre et la saison.

Joli hôtel idéalement placé à une rue de la fameuse 5ta Avenida, sans en subir les inconvénients sonores. Le personnel est serviable et vous pourrez profiter de la piscine entourée d'un jardin tropical pour vous rafraîchir. Chambres bien équipées avec coffre-fort, Wifi dans tout l'hôtel et le jardin, climatisation, ventilateur et grands écrans plats. Le petit déjeuner est servi sous la *palapa* au bord de la piscine. Un hôtel de luxe à prix abordable : que demander de plus ?

HOTEL AVENTURA MEXICANA €€

Avenue 10 esquina Calle 24 ✆ +52 984 873 1876
www.aventuramexicana.com
A partir de 70 US$ la chambre, petit-déjeuner inclus.

Un hôtel à taille humaine, très bien placé au cœur de Playa del Carmen. On est à deux pas de la Quinta Avenida, mais l'établissement reste très calme, une vraie oasis de tranquillité. Les installations ne sont pas de la première jeunesse, mais les chambres sont spacieuses et disposent d'une très bonne literie. Elles sont agencées autour d'un jardin tropical bien entretenu, avec deux piscines. Toit en feuilles de palme, bon restaurant et accès à un club de plage. Parfait pour recharger les batteries avant de partir explorer la ville.

HACIENDA REAL DEL CARIBE HOTEL €€

Calle 10 esq. 10th Avenue
✆ +52 984 873 3134
www.haciendadelcaribe.com
A partir de 70 US$ la chambre double.

Avec sa façade jaune solaire à l'architecture coloniale, voici un hôtel au style 100 % mexicain ! Idéalement située, l'Hacienda Real est à deux pas de la 5ta avenida comme des plages. Côté rue comme piscine, les chambres sont spacieuses et soigneusement décorées dans un style traditionnel colonial qui invite aussi bien à la détente qu'au dépaysement. Soulignons aussi la gentillesse et la sympathie de tout le personnel, qui ne rendront votre séjour que plus agréable encore !

HÔTEL HUL-KÚ €€

Avenida 20 Norte entre Calle 4 et 6
+52 984 873 0021
hotelhulku.com
26 chambres et suites. Compter entre 120 US$ et 255 US$ selon le type de chambre et la période. Promotions sur le site.

Certaines chambres étant équipées comme des appartements, cet hôtel est idéal pour des voyageurs ou familles souhaitant rester plus que quelques jours. Situé à trois rues de la fameuse 5ta Avenida, l'établissement, qui appartient aux mêmes propriétaires que l'écopark Kantun-chi, est calme et verdoyant, caché au milieu d'une belle végétation naturelle, un fait rare pour un hôtel du centre de Playa ! Sa jolie piscine centrale vous donnera forcément envie de venir faire quelques brasses ou de vous poser sur les tables aux bords. Une très bonne option !

THE REEF PLAYACAR €€

Paseo Xaman-Ha, Retorno Sayil, s/n
+52 984 873 4120
www.thereefresorts.com/reefplayacar
A partir de 220 US$ la chambre double avec petit-déjeuner. Offres all inclusive à partir de 180 US$ par personne.

Situé à Playacar, le quartier du golf de Playa del Carmen, The Reef est un resort plus intime que ses voisins, offrant des packages *all inclusive* c'est-à-dire tout compris : hébergement, repas, boissons, activités, spectacles, animations... Belle plage de sable blanc à 1 km du centre de Playa. Les chambres sont bien équipées, avec des terrasses séparées par des plantations tropicales. Cinq bars, trois restaurants, deux piscines. Egalement des activités payantes : catamaran, plongée, snorkeling et de nombreuses excursions proposées dans la région.

PLAYA PALMS €€

1a av. bis entre calles 12 et 14
+52 984 803 3908
www.playapalms.com
Entre 180 US$ et 400 US$ la chambre double selon le type d'habitation et la saison.

L'hôtel se trouve en bordure de plage, en plein centre de la station balnéaire de Playa del Carmen, à deux pas de la Quinta Avenida. Il compte une quarantaine de studios et suites, très confortables et fonctionnels, qui offrent tous une vue exceptionnelle sur la mer depuis leurs terrasses privées (hamacs, tables, chaises). Piscine et de nombreux services offerts. Playa Palms, dont les couleurs dominantes du lieu sont le bleu et le blanc, est une oasis de tranquillité en face de la mer. Un hôtel confortable pour se détendre en famille ou entre amis.

MAHEKAL BEACH RESORT €€€

Calle 38, entre Avenida 5A
+ 52 984 873 0611
www.mahekalbeachresort.com
A partir de 230 US$ la nuit, petit-déjeuner inclus.

Bungalows avec toit en feuilles de palme sur la plage, au niveau de la Calle 38, qui est la nouvelle artère névralgique de Playa del Carmen. Le luxe absolu dans une ville où l'atmosphère tropicale typique d'antan disparaît peu à peu pour laisser place à des immeubles de 5 étages, sans rapport avec la jungle ni la mer. Chambres tout confort, club de plage sensationnel avec une magnifique piscine, spa, restaurant créatif, et la mer omniprésente. Un hôtel très bien conçu, en harmonie avec son milieu. Personnel très efficace tout en restant chaleureux.

LA SEMILLA €€

Calle 38 Nte. Mz 4-Lote 3, Gonzalo Guerrero, 77720 Playa del Carmen, Q.R.
+52 984 147 3234
www.hotellasemilla.com
Chambres doubles à partir de 160 US$.

A l'écart de la zone hôtelière, La Semilla est un petit et charmant Bed & Breakfast. Il est situé au cœur du centre-ville de Playa del Carmen, dans une rue calme et verdoyante. L'hôtel dispose d'un jardin intérieur enchanteur et d'une véranda au cœur de la végétation luxuriante où l'on prend le petit déjeuner (excellent) avec plaisir. Les neuf chambres ont été décorées avec le plus grand soin. L'équipe est très attentionnée, serviable, disponible et vous donne de bons conseils pour profiter de votre séjour. Une adresse unique.

LA SEMILLA €€€

Calle 38 Norte
+52 984 147 3234
www.hotellasemilla.com
9 chambres, à partir de 160 US$ pour deux, petit déjeuner compris.

Hôtel calme et plein de charme situé dans la zone la plus « in » de Playa et à 50 m de la plage. La décoration, soignée dans les moindres détails, est inspirée par le mouvement « Rough Luxe ». Il faut comprendre par là que la décoration de l'hôtel se compose de meubles et objets anciens, qui créent un contraste avec l'environnement moderne. Le résultat est très réussi ! Les chambres, plus ou moins spacieuses selon les prix, donnent sur un joli jardin tropical, où l'on peut faire connaissance le soir avec d'autres clients et où est servi un petit-déjeuner complet.

VIVA WYNDHAM AZTECA €€€

Paseo Xaman-ha, lote hotelero N° 8, Playacar
✆ +52 984 877 4100
A partir de 180 US$ par chambre en tout inclus.

Voisin du Viva Wyndham Maya, situé sur une superbe plage de sable blanc, ce beau complexe touristique de 3 ha vous propose 339 chambres dans un style traditionnel évoquant la culture maya omniprésente ici. On y trouve une superbe piscine près de la mer, bain à remous, bar à cocktails, 1 buffet et 3 restaurants à la carte. Les hôtes du Viva Wyndham Azteca peuvent profiter des restaurants du Viva Wyndham Maya voisin, sans supplément, grâce à la formule all inclusive. Le Viva Wyndham Azteca propose également de nombreux sports et activités inclus dans la formule.

LONCHERIA DOÑA MARY €

Av 30 con calle 28, colonia Gonzalo Guerrero
✆ +52 984 142 2882
Ouvert du mardi au dimanche de 18h à 23h. Caldos dès 50 $ et délices populaires mexicains entre 10 et 20 $.

Le cadre n'est pas folichon avec ses tables en plastique et sa déco Coca-Cola, mais l'accueil est chaleureux et typique dans cette gargote à l'angle de deux rues. C'est un endroit à connaître si vous souhaitez à la fois goûter à la cuisine authentique de la péninsule du Yucatán et vous plonger dans une ambiance bien plus locale et familiale que celle des quartiers touristiques. Ici, les *caldos de pollo* font fureur et on trouve *empanadas, salbutes et panuchos* au rapport qualité-prix imbattable. De bons licuados au melon ou à la fraise aussi, pour se rafraîchir.

AMATE 38 €

Calle 38 Norte ✆ +52 984 231 2982
www.amate38.com
Ouvert de 8h à 22h30, jusqu'à 14h le dimanche. Petit déjeuner entre 150 et 225 $. Plats principaux autour de 200 $.

Ce restaurant situé entre la plage et la 5ta Avenida est un véritable coup de cœur, avec un rapport qualité-authenticité-prix imbattable à Playa del Carmen. Les plats sont inspirés de la gastronomie yucatèque et sont tous plus succulents les uns que les autres, cuisinés maison avec des produits frais et locaux. Le cadre est des plus agréable, au milieu d'une végétation luxuriante. Nous avons particulièrement apprécié les différents cocktails de mezcal proposés, les crevettes à la crème de chaya, le Poc Chuc et en dessert le flan de coco. Une adresse à découvrir !

THE PALM AT PLAYA €€

Calle 8 Norte Manzana 29 Lote 5
www.thepalmatplaya.mx/en/
69 chambres de différentes catégories. À partir de 120 US$ la nuit, petit-déjeuner inclus. Promotions sur le site.

© THE PALM AT PLAYA

Le Palm at Playa est un petit hôtel élégant et très bien situé, proche de la plage et de la Cinquième Avenue, avec beaucoup de personnalité et un rooftop où se détendre et profiter du soleil. Ambiance décontractée et personnel amical, ici vous vous sentirez comme à la maison, avec en prime une très bonne offre gastronomique complétée par un bar qui garantit des moments et des expériences uniques. Une fois dans votre chambre, le calme revient et rien ne pourra interrompre votre repos. Au Palm, tout le monde a un chez-soi loin de chez soi.

CHOUX CHOUX CAFE €

Avenida 20 à l'angle avec calle 24 norte
Ouvert tous les jours de 7h à 15h. Petit-déjeuner complet autour de 150 $.

À l'écart de l'ébullition des rues commerciales, voici un havre de paix à l'architecture tropicale sur deux étages, entouré de plantes vertes et agrémenté d'attrapes-rêves. Gaufres, crêpes, viennoiseries, œufs bénédictine au jambon de Paris, cassolettes ou brunch complet pour débuter la journée. Puis sandwichs, tartines ou croque-monsieur le midi. Un endroit pour les habitués du coin, où les saveurs font honneur au concept « 0% déchet » revendiqué par la famille à la tête de ce très beau projet. À visiter au moins une fois lors de votre séjour à Playa.

LA CUEVA DEL CHANGO €

Calle 38 Norte Entre la plage et la 5ta av
+52 984 147 0271
www.lacuevadelchango.com
Du lundi au samedi de 8h à 22h30, le dimanche jusqu'à 14h. Compter environ 140 $ le petit déjeuner, 300-500 $ le dîner.

Sous une *palapa* bercée de végétation tropicale, la « Grotte du singe » propose une cuisine mexicaine saine, préparée à base d'ingrédients naturels. Petits déjeuners variés, dont des crêpes aux fruits, yaourts, céréales et *chilaquiles*. Le midi, l'établissement sert essentiellement des salades, sandwichs et quelques spécialités mexicaines, alors que le soir, la nouvelle cuisine mexicaine est à l'honneur avec des spécialités de poissons et de fruits de mer élaborées, accompagnées de sauces à base de piments et fruits. Également une très belle variété de plats végans.

LA BRIOCHE DE PLAYA €€

Calle 38 Norte y 5 Avenida
+52 984 142 6764
Ouvert tous les jours de 7h à 22h. Petit-déjeuner à partir de 110 $, croissant 25 $, brioche 30 $.

Un petit bout de France dans cette boulangerie artisanale située en pleine Quinta Avenida de Playa. Des produits frais et faits maison comme on les aime. C'est un bon endroit pour prendre son petit-déjeuner à la française, avec des combos incluant jus de fruit, du pain et un croissant croustillant ou la spécialité de la maison, la brioche. On est servi rapidement, avec le sourire. De nombreuses pâtisseries, des pains au chocolat, quiches, croque-monsieur et divers sandwichs proposés. Une bonne adresse pour se faire plaisir dans cette rue bouillonnante.

LAS HIJAS DE LA TOSTADA €

5ta Avenida #28 et calle 38
+52 984 230 3085
www.lashijasdelatostada.com
Tous les jours de 11h à minuit. Tostadas de poisson ou fruits de mer de 70 à 100 $. Plats aux alentours de 200 $.

Joli cadre avec tables en terrasse sur cette partie au calme de la 5ta avenida. On y prépare les fameuses *tostadas* : galettes de maïs grillées recouvertes d'une préparation froide de fruits de mer ou poisson, de type *ceviche*. Ici, la tendance est à l'avant-garde et à la fusion des cuisines mexicaine et thaïlandaise. Rafraîchissant et saveurs au top ; bière artisanale glacée pour vous inciter à y revenir encore et encore. On trouve une douzaine de succursales dans le pays, notamment à Cancún (Zona Hotelera), à Morelos et à Tulum.

CHILTEPIN MARISQUILLOS €€

20 Avenida Norte
+52 984 803 0518
www.chiltepinmarisquillos.com
Ouvert de 11h à 22h. Taco à partir de 25 $, ceviche 145 $, poulpe à la braise 270 $.

Ce restaurant, en retrait des rues touristiques, propose une cuisine mexicaine copieuse dont les plats de la mer ont bâti la réputation de l'établissement. Ici, les crevettes et les poissons sont assaisonnés d'une façon particulière, selon les recettes de la maison : avec du coulis de mangue et des morceaux de kiwi, une mousse de fromage de chèvre, de la sauce à la coriandre, ou encore une confiture de tomate. Comme les *tostadas* et *tacos* se commandent à l'unité, on peut goûter un peu à tout. Petite piscine et un DJ en soirée pour animer l'ambiance.

LA PERLA PIXAN & MEZCAL STORE €

Calle 34 entre Avenidas 5 et 10
+52 984 120 2616
Ouvert de 7h30 à 1h. Formule petit déjeuner 120 $. Menus déjeuner à 100 $. Plats de 100 à 200 $.

Un incontournable au cœur de Playa, tant pour le cadre que pour les petits plats que l'on met allègrement dans les grands à toute heure. Ici, c'est cuisine traditionnelle avec accent préhispanique : crème de haricot, porc en sauce de tamarin, poivron farci aux crevettes sauce cacahuètes et charlotte au citron au dessert. Le dimanche, on y sert un *barbacoa de borrego* (mouton à l'étouffé) mémorable. Pensez à vous rassasier de *pulque* (boisson fermentée) et de mezcal avant de repartir.

OH LALA ! €€€

Calle 14 north Bis #147
+52 984 127 4844
www.ohlalabygeorge.com
Du lundi au samedi de 18h30 à 23h. Compter une addition de 350 à 600 $ par personne.

À l'écart de l'agitation du centre, ce restaurant gastro ne reçoit que 24 couverts par soir, autant dire qu'il est indispensable de réserver bien à l'avance surtout pour la fin de semaine. Seules 9 tables sont installées dans ce local intimiste et épuré, à la cuisine ouverte sur la salle. La cuisine du chef George est à la fois classique et créative, tel ce thon grillé et glacé au vinaigre balsamique qui semble faire l'unanimité chez les clients de passage et les nombreux habitués. Service est à la hauteur et des prix qui restent raisonnables pour la qualité.

AMORINO

Quinta Avenida y Calle 28 Norte
✆ +52 984 147 2297
www.amorino.com
Tous les jours de 10h à 1h. Petite coupe de glace à partir de 85 $.

C'est une enseigne issue de cette petite chaîne de glaces artisanales italiennes, au décor un peu rétro et rustique. Si vous souhaitez absolument déambuler sur la Quinta Avenida aux heures de pointe, une visite ici suffira à vous adoucir la promenade. Amorino propose depuis une quinzaine d'années des glaces sans exhausteur de goût, sans colorant, ni arômes artificiels et depuis 2017, tous les parfums sont 100 % sans gluten, bios et végans. Grand choix de compositions, les glaces et sorbets ne sont pas donnés pour le Mexique, mais la qualité est au rendez-vous.

LE LOTUS ROUGE

Avenida 35 à l'angle avec la calle 2 Norte
✆ +52 984 114 4293
Ouvert vendredi et samedi de 20h à 23h30 et tous les jours sauf le lundi en haute saison.

Le Lotus Rouge est un endroit hors du temps à la décoration éclectique. Côté bar, on y mange plutôt bien et les cocktails sont réussis, mais le Lotus Rouge est surtout un lieu atypique, plein de créativité et dédié à la promotion de l'art au sens large avec de nombreux événements culturels : expos, concerts, théâtre, conférences, etc. Le cadre est unique, avec des trampolines, balançoires, instruments de musique, masques de carnaval... et mille petits objets destinés à éveiller les sens et favoriser les échanges. Un incontournable de Playa.

TRUJILLOS

Av. 38 entre calle 1 et Flamingos
✆ +52 984 688 8207
www.trujilloscantinadeselva.com
Du mardi au dimanche de 18h à 1h.

Un bar-restaurant original, construit au milieu, et autour, des arbres tropicaux ! Endroit aéré, déco aux tons selvatiques, l'impression de pénétrer dans une petite jungle (sans les bestioles !), illuminé de mille feux tamisés. On y sert de bons et beaux cocktails, à accompagner de subtiles grillades de viande, poissons ou fruits de mer. Les tarifs des vins sont assez dispendieux, préférez les bières artisanales, plus désaltérantes et de bonne qualité. Bonne musique, et service pêchu et chaleureux. Un passage obligé des *before* de Playa.

LA FISHERÍA €€

5ta Av. 4 y 5 entre Calle 20 y 22
✆ +52 984 803 0611
https://lafisheria.mx/
Ouvert tous les jours de 11h à 22h30.

© LA FISHERIA

La Fishería est le restaurant du célèbre chef télévisé mexicain Aquiles Chavez et c'est une adresse reconnue à Playa del Carmen. On y déguste poissons et fruits de mer cuisinés à la mexicaine dans une ambiance décontractée de plage pour un dépaysement assuré. Tous les plats y sont délicieux et tout aussi beaux que bons. On y trouve également de très bons cocktails pour mieux se rafraîchir lors de son passage dans la Quinta Avenida. Faites-vous plaisir et ne quittez pas le Mexique sans avoir goûté au moins une fois aux spécialités de la mer.

DUNE MEXICO PLAYA DEL CARMEN

Calle 70 entre Avda 10 y 15
✆ +52 984 803 0660
www.mexicobluedream.com
Centre de plongée PADI 5 étoiles qui propose des formations du niveau débutant jusqu'au niveau instructeur et tec.

Ce centre propose une grande variété de sorties pour tous niveaux. Snorkeling avec les requins-baleines (juillet à septembre), plongée avec les requins-bouledogues (novembre à janvier), excursions dans les *cenotes*... Dans une ambiance familiale, cette véritable équipe de passionnés vous fera découvrir les magnifiques récifs de Playa et de Cozumel. Les excursions se font en petits groupes, encadrées par une équipe de professionnels parlant français, anglais et espagnol.

RIVIERA MAYA ET QUINTANA ROO

ELITE DIVERS INTERNATIONAL

Centro Maya

✆ +52 998 345 1064

www.elitediversinternational.com

Plongées guidées en mer à partir de 110 US$ et en cenotes à partir de 160 US$, équipement inclus.

Centre de plongée tenu par Anne-Laure et Arthur, deux Français passionnés. Le centre accueille initiés comme débutants désireux de se former. Plongées privées ou en petits groupes dans les *cenotes* ainsi que dans le Parc Marin de Cozumel et la Réserve Marine de Playa del Carmen, avec ses fameux requin-bouledogues. Cours de plongée souterraine pour les plus aventureux. Equipement de location haut de gamme et instructeurs techniques multilingues. Tours avec les requin-baleines en été.

K & K DIVING

✆ +52 984 240 0287

www.doublekdiving.com

Plongées de 85 à 190 dollars. Baptême PADI et cours. Réservations via le site web, e-mail ou WhatsApp.

Kim, biologiste marine, et Kelly, spécialiste des *cenotes*, deux Françaises amoureuses de la Riviera Maya, ont ouvert leur agence après plusieurs années d'expérience au Mexique et ailleurs. Les plongées se font dans des endroits variés : Playa del Carmen, Cozumel, Puerto Morelos, Akumal et dans les *cenotes*. Kim partage ses connaissances au travers de plongées bio. En hiver, plongée avec les requins bouledogues, et, en été, sorties palmes, masque et tuba avec les requins baleines. Service personnalisé, privé ou en groupes réduits, et excellent rapport qualité-prix.

MAMITA'S BEACH CLUB

Calle 28 Norte et Mar Caribe

✆ +52 984 803 2867

www.mamitasbeachclub.com

Tous les jours de 7h à 18h. Location de transats ou entrée libre avec consommation minimum durant la journée.

Beach Club situé sur la meilleure plage de Playa del Carmen. Sable blanc et fin, eaux turquoise, du soleil, que demander de plus ? Eh bien, chaises longues et transats, zone VIP, spa... de la musique lounge diffusée par un DJ résident, des bières fraîches et de quoi manger (resto pas donné et rien d'extraordinaire). Venez vers 11h, avant l'arrivée des fêtards traînant leur *resaca* (gueule de bois) de la nuit passée. Au fil de la journée, l'ambiance monte, on commence à danser sous le soleil, ça boit, ça drague, ça bronze (ou crame !). Vive les vacances !

PDC KITEBOARDING

✆ +521 984 236 7201

mexico.pdckiteboarding.com

Ouvert tous les jours de 9h30 à 17h30. Cours d'introduction au kitesurf d'une heure 85 $ en individuel, 60 $ en groupe.

Prendre des leçons de kite sur une plage de sable blanc, entre mer des Caraïbes et jungle tropicale, que rêver de mieux ? Playa del Carmen Kiteboarding, situé sur la plage de l'hôtel Sandos Playacar resort, est le seul centre IKO (Organisation internationale de Kitesurf) autorisé de Playa. Vous pourrez passer vos certifications IKO (3 niveaux d'environ 3 heures de cours), dans un lieu paradisiaque, avec un matériel de haute qualité et des enseignants professionnels. Egalement, location d'équipement, vente de matériel et excursions à la lagune d'Isla Blanca.

PHOCEA MEXICO

Calle 10, entre 1ra et 5ta Avenida

✆ +52 984 873 1210

www.phocea-mexico.com

Tarifs des sorties, formations tous niveaux et forfaits à découvrir sur le site.

Ce centre dispose de la qualification IDC Gold palm PADI, le plus haut niveau de reconnaissance dans la plongée, garantissant des formations de grande qualité encadrées en toute sécurité par des professionnels. Phocea Mexico est également ambassadeur de l'association Longitude 181, adhérant à la charte internationale du plongeur responsable. Des sorties à Playa, Cozumel, dans les cenotes, et grand éventail de formations PADI proposées. Partez à la rencontre des requins bulldogs de novembre à mars, puis à celle des requins-baleines de juin à septembre. Magique !

SKY DIVE PLAYA

Plaza Marina

✆ +52 984 187 4868

www.skydive.com.mx

Tous les jours de 9h à 17h. Saut en tandem à 269 US$ en espèces.

Sauter en parachute au-dessus des eaux turquoises de Playa del Carmen, ce n'était peut-être pas dans votre programme, mais c'est tentant ! Les paysages sont magnifiques et l'agence est professionnelle avec des moniteurs expérimentés, sachant rassurer les clients même les plus stressés. Le saut en tandem est le plus populaire. Après une petite formation de 20 minutes, c'est le grand saut à 10 000 pieds au-dessus du récif : 40 secondes de chute, 8 minutes de vol, le tout filmé (optionnel) pour un souvenir inoubliable à partager. Comptez environ 2 heures sur place.

THE REEF MARINA

Paseo Xaman Ha, Retorno Sayil, Interior Hotel The Reef Playacar, Playacar Fase2
✆ +52 984 168 9693 - www.thereefmarina.com
Différents tarifs et paquets disponibles sur le site Internet. Prix préférentiels sur le site. A partir de 80 USD.
Stéphan et Carine, un couple de Français, dirigent ce centre de plongée avec plus de 10 ans d'expérience au sein des hôtels Reef Resort and Spa, dans la zone exclusive de Playacar. Les installations au bord de la plage sont à l'image du professionnalisme et du sérieux de l'entreprise qui a une solide réputation sur la Riviera Maya. Les contacter pour des plongées sur Playa del Carmen, Cozumel ou dans les *cenotes*, pour du snorkeling ou des expéditions avec les requins baleines. Ils proposent de la plongée récréative et de la plongée professionnelle.

ZENZI BEACH BAR & RESTAURANT

Zona Federal Maritima
✆ +52 984 803 5738
www.zenzi-playa.com
Ouvert de 8h30 à 1h. Compter 130 $ le guacamole, 175 $ le calamar frit, 230 $ le ceviche.
Un des endroits sympa de Playa pour les amateurs de farniente en bord de mer ! A la fois restaurant, bar et club de plage, le Zenzi est un lieu à taille humaine, où l'on peut se prélasser dans les lits et banquettes sur la plage, s'installer au comptoir du bar pour siroter un cocktail ou bien s'attabler au restaurant pour déguster un ceviche ou des tacos aux crevettes. Conseillé les dimanches après-midi pour le barbecue et tous les soirs en été pour la musique live.

LE CIRQUE DU SOLEIL JOYÀ

Carretera Federal Cancun-Chetumal km 48
✆ +52 1 844 247 7837
www.cirquedusoleil.com/fr/joya
Généralement du mardi au samedi vers 18h30. Tarifs à partir de 1 929 $.
Installée depuis 2014 sur la Riviera Maya, l'entreprise de spectacle canadienne accorde ses violons à la culture du divertissement en vogue dans la région. *JOYÀ* est un dîner-spectacle permanent, où les arts culinaires et ceux de la scène se mêlent, s'inspirant de l'histoire et du patrimoine du Mexique. L'histoire d'un alchimiste et de sa petite-fille qui entreprennent une quête dans le but de percer le secret de la vie... Un spectacle qui a lieu dans un superbe chapiteau en pleine nature. Plusieurs options : type de fauteuil, dîner, transport depuis Playa...

COCO BONGO VILLA DEL CARMEN

A l'angle de la calle 12 Norte et de la 10 Avenida Norte
www.cocobongo.com
Compter 90 US$ l'open bar, et 150 US$ pour une soirée avec alcool premium sans limite.
Juste à côté de la Quinta Avenida, Coco Bongo Villa del Carmen est la petite sœur de la célèbre discothèque Coco Bongo de Cancún. La tranquillité habituelle des Caraïbes disparaît avant même les portes passées. Une énergie folle dans ces spectacles explosifs, où se mêlent des acrobatcs volants ou des shows musicaux à la sauce hollywoodienne plutôt réussis et toujours plein de peps. Open-bar bien pratique pour en profiter sans compter et DJ inspirés. Bonne soirée garantie !

TRES RÍOS ★

Ce parc naturel situé à 20 km au sud de Puerto Morelos, en bordure des Caraïbes, couvre une extension de 132 hectares et comprend 3 rivières qui émergent des profondeurs pour se jeter dans la mer, 10 *cenotes*, des mangroves, des plages, mais aussi plusieurs hectares de forêt tropicale où vivent plus de 90 espèces d'animaux. On peut y faire des balades à pied, à vélo ou en kayak, et nager dans des *cenotes* déserts. Seul hic : ce coin de paradis appartient à l'Hacienda Tres Ríos et est réservé exclusivement aux clients de l'hôtel. Néanmoins, si vous êtes intéressé, il est toujours possible de négocier une visite. A vous de vous montrer convaincant...

HACIENDA TRES RÍOS €€€

Carretera Cancún-Tulum km 54
✆ +52 984 877 2400
A partir de 200 US$ par jour et par personne en pension complète. Promotions sur le site.
Immense *resort* de 273 chambres, en bordure des Caraïbes. Le grand plus de cet établissement est qu'il est situé loin de la civilisation, au milieu d'un parc naturel qui lui appartient, ce qui fait que l'on peut profiter de la nature en journée et revenir au confort de la civilisation (piscine, spa, restaurants, bars) une fois la nuit tombée. L'hôtel se vante d'être écologique, mais difficile de croire tout de même qu'un établissement avec ces caractéristiques (piscine, salle de bains en marbre) ne génère aucun impact sur l'environnement...

RIVIERA MAYA ET QUINTANA ROO

XCARET ★★

Xcaret était autrefois une grande place économique pour les Mayas, un centre d'échanges commerciaux dont le nom originel pourrait avoir été « P'ole », un mot dérivé de la racine « P'ol » signifiant marchandise. Depuis 1993, Xcaret a été transformé en un parc éco-archéologique et aquatique, aujourd'hui connu dans toute la Riviera Maya. La création du parc a contribué à la conservation de nombreuses espèces animales et végétales dans leur milieu d'origine, mais constitue aussi une « disneylandisation » de la nature et de la culture maya. Les criques et les rivières naturelles sont balisées pour les touristes, instrumentalisées pour amuser les grands et les petits. Mais cette « disneylandisation » de la nature plaît, et plaît à tel point que de nombreux autres parcs d'aventure ont été créés sur le même modèle. Xcaret reste néanmoins un référent en la matière, en raison de son incroyable milieu aquatique. Situé au sud de Playa del Carmen, le site est formé par de petites criques qui abritent une vie marine tropicale très riche. L'aquarium, le zoo et le parc d'attractions combleront les visiteurs. Pas moins de 25 attractions sont comprises dans le billet d'entrée du parc, qui peuvent être réalisées en un jour ou deux, selon la formule choisie : rivières souterraines et village maya ; criques et plages ; lagune du Manatí (lamantin) ; aquarium du récif corallien ; tortues marines ; apiculture ; grotte de chauves-souris ; ferme de papillons ; îles aux jaguars et pumas ; culture de l'orchidée ; randonnée dans la forêt ; volière. Possibilité également de nager avec des dauphins, contre un supplément. Pour les curieux, une activité est en vogue à Xcaret : le snuba, un mélange de plongée-tuba et de plongée sous-marine. L'activité consiste à respirer à l'aide d'un long tube rattaché à une bouteille d'oxygène comprimé, ce qui permet de se déplacer sous l'eau pour admirer les fonds marins, comme un scaphandrier... Le parc comprend également plusieurs monuments archéologiques et organise des activités censées contribuer à la diffusion de la culture maya.

Transports

Il est facile de s'y rendre depuis Cancún (74 km), Playa del Carmen (6 km) ou Tulum (57 km), avec des services de bus ou de taxi vous emmenant directement à la billetterie. Le parc propose également le service de transport depuis/vers votre hôtel combiné au prix d'entrée au parc (formules sur le site www.xcaret.com).

PARQUE XCARET ★★

Carretera Chetumal-Puerto Juárez, km. 282
✆ +52 998 883 3143
www.xcaret.com.mx
Tous les jours de 8h30 à 22h30. Formules à partir de 125 US$/63 US$ par adulte/enfant. Tarifs sur le site Web du parc.

Grand parc de divertissement et de culture, très bien pour les familles. Pas moins de 25 attractions proposées : rivières souterraines et village maya ; criques et plages ; lagune du Manatí (lamantin) ; aquarium du récif corallien ; tortues marines ; apiculture (élevage traditionnel de l'abeille maya) ; grotte de chauves-souris ; ferme de papillons ; îles aux jaguars et pumas ; culture de l'orchidée ; randonnée dans la forêt ; volière ; et « snuba », mélange de plongée-tuba et de plongée sous-marine, comme un scaphandrier pour explorer les fonds marins...

PAAMUL ★★

A 18 km au sud de Playa del Carmen (20 minutes en *colectivo*), Paamul est une belle plage avec palmiers, logée dans une petite baie encore peu construite. L'eau est complètement transparente et laisse entrevoir les fonds rocailleux et les poissons multicolores qui s'y baladent. L'endroit est paisible, Paamul est en effet encore assez peu connue des touristes. Le restaurant qui donne sur la plage (et en contrôle l'accès) est bon et très sympa, avec une petite piscine qui semble se fondre avec la mer des Caraïbes. Les enfants y sont les rois du monde. On peut l'utiliser, ainsi que les transats, à condition évidemment de consommer dans le restaurant.

© MY SMALL WORLD - SHUTTERSTOCK.COM

Paamul.

RIVIERA MAYA ET QUINTANA ROO

PUERTO AVENTURAS ★

Puerto Aventuras, à 20 km au sud de Playa del Carmen, est un complexe touristique et résidentiel de luxe, avec golf, tennis, hôtels et restaurants. Une magnifique marina sur la mer des Caraïbes permet aux résidents permanents et temporaires d'ancrer leurs yachts. Ce port de plaisance possède de belles plages et se trouve dans un cadre naturel préservé, où abondent les activités en tout genre (www.puertoaventuras.com). On peut visiter Puerto Aventuras à la journée pour découvrir la marina, nager avec les dauphins et manger dans un restaurant du complexe, mais impossible d'accéder aux plages si l'on n'est pas résident ou client d'un hôtel.

XPU-HÁ ★★

La plage de Xpu-Há se trouve à 25 kilomètres au sud de Playa del Carmen. C'est une plage encore assez sauvage par rapport à d'autres de la côte, bien que des *resorts* s'y soient installés sur sa partie nord. Elle est logée dans une grande baie : à son extrémité sud, la zone de ponte des tortues marines est tant bien que mal respectée. Juste avant, plusieurs *beach clubs* qui s'étalent sur quelques centaines de mètres, où l'on peut utiliser transats et parasols contre consommation. C'est l'une des plages les plus *relax* du coin pour passer la journée. Attention, les accès à la plage, qui se font le long de la route côtière, sont payants (de 30 à 100 $).

ECOPARK KANTUN-CHI ★★

Carretera Cancun Tulum km 266.8
✆ +52 984 803 0143
www.kantunchi.com
Tous les jours de 9h à 17h. Tours guidés à 9h, 10h, 11h et 12h. Plusieurs options à partir de 51 US$ par adulte.

Dans ce magnifique paradis exotique, planté dans la jungle, vous pourrez effectuer un parcours aquatique dans les eaux cristallines d'un système de rivières souterraines. Le parc vous met le matériel nécessaire à disposition et un guide vous raconte l'histoire sacrée de cet « inframonde maya ». Vous découvrirez 4 ou 5 cenotes naturels et la flore et faune environnantes. Votre parcours se termine par un plat typique régional servi dans le restaurant du parc. Une expérience à ne pas manquer pour découvrir les fameux *cenotes*, uniques au monde.

© SIMON DANNHAUER - SHUTTERSTOCK.COM

Xpu-Há.

KASA HOTEL RIVIERA MAYA €€

Lote 29 Mz. 26 Calle ✆ +52 984 276 2189
www.kasahotelrivieramaya.com
A partir de 87 US$ pour une chambre exclusive ; 138 US$ pour une suite, 147 US$ pour le penthouse.

Dans la paisible baie de Puerto Aventuras, ce sublime complexe accueille les voyageurs désireux de passer des vacances paisibles et enchanteresses. Ici, tout invite au bien-être et à la détente. Les chambres luxueuses et confortables disposent chacune d'un lit king size, de la climatisation, d'un écran plat, d'un réfrigérateur, d'une cafetière et de tous les articles de toilette nécessaires. L'établissement dispose d'un restaurant, d'une piscine à débordement de 25 mètres, d'une plage et de kayaks. Un paroxysme de magnificence.

GLAMPING XPU-HA €

Plage de Xpu-Ha
✆ +52 984 222 9193
tulumglampingmexico.com
11 grandes tentes, à partir de 60 US$ la nuit.

Le cadre est magnifique, la mer toute proche et le bruit des vagues pour s'endormir un vrai régal. Les grandes tentes aux toits de palme sont équipées de ventilateur, lit king size, moustiquaire, table de nuit, et sable au sol. Ceux qui cherchent un *glamping* chic et glamour seront déçus. Le personnel est certes sympathique et efficace, mais les douches et toilettes communes ne sont pas toujours très propres, et le restaurant est cher et ferme tôt. Autre inconvénient, il faut payer la location de son transat et parasol même si l'on est déjà client du glamping...

AKUMAL ★★

Situé entre Playa del Carmen et Tulum, Akumal fut rendu célèbre par la découverte d'un galion espagnol, le *Nuestra Señora de los Milagros*, qui ne s'est pas révélé d'une grande générosité pour l'équipage, puisqu'il fut coulé en face du récif en 1741. La partie touristique d'Akumal s'étire le long de longues plages de sable blanc, bordées de palmiers et de cocotiers, qui fait face à la barrière de corail. Les VIP ici sont les tortues, que l'on peut observer avec un simple masque à moins de 100 m de la plage ; c'est la principale attraction du coin. Au bout du chemin menant à la zone résidentielle se trouve une jolie lagune, agréable pour la baignade.

AKUMAL NATURA GLAMPING €

Av, Gonzalo Guerrero ✆ +52 984 187 5189
www.akumalnaturaglamping.com

15 tentes glamping, avec lit king size ou 2 lits individuels, salles de bains privées. A partir de 80 US$.

Dans un grand jardin tropical à l'intérieur des terres, voilà un endroit au calme qui peut servir de base pour visiter les environs. L'endroit étant relativement isolé, il organise votre trajet depuis l'aéroport et peut aussi vous louer une voiture pour vos longs déplacements. Vrai camping de luxe, ici vous êtes logé dans de grandes tentes tout confort avec salle de bains privée, agrémentée de matériaux naturels. Le confort d'un hôtel avec le côté nature du camping. Cenote privé magique, restaurant agréable, yoga, massages, prêt de vélos et excursions proposées.

CENTRO ECOLOGICO AKUMAL ★★

Plaza Ukana ✆ +52 984 217 3385
www.ceakumal.org/

Le CEA travaille sur des programmes de recherche, de conservation et d'éducation environnementale.

Depuis 1993, le centre travaille sur la protection de deux espèces de tortues qui viennent pondre sur les plages de la zone : la *tortuga blanca* ou *verde* (Chelonia mydas) et la *tortuga caguama* (Caretta caretta), présentes entre avril et novembre. Le centre propose des volontariats, avec des patrouillages de nuit sur la plage. En cas de rencontre avec une tortue, utilisez une lampe de couleur rouge pour éviter de la désorienter, retirez tout obstacle pouvant gêner son parcours, effacez les traces et relevez avec un bâton l'emplacement du nid, puis contactez le CEA.

HOTEL & RESTAURANTE QUE ONDA €€

Caleta Yalkú
✆ +52 984 875 9101
www.hotelqueonda.mxhotel.site

Chambres aux environs de 2 000 $. Restaurant ouvert du mercredi au lundi de 13h à 22h.

Situé à 4,5 km de la baie principale, juste à côté de la laguna Yal-ku, voilà un beau petit hôtel au milieu d'une végétation luxuriante. Les chambres sont spacieuses et claires, dotées de jolies terrasses où se prélasser, à moins que l'on ne préfère le bord de la piscine... L'endroit accueille également un restaurant de spécialités italiennes, où l'on mange bien, car la propriétaire, Maribel Bianchi, est italienne de souche : pâtes fraîches et salades font fureur.

LAGUNA YAL-KU ★★★

✆ +52 984 875 9065
yalku-cenote.company.site

Tous les jours de 9h à 17h (dernière entrée à 16h). Entrée adulte 280 $, enfant 200 $.

Une immense crique d'eau douce, comme celles que l'on peut voir dans le parc Xcaret. Idéal pour la baignade et le snorkeling, car l'eau est calme et complètement transparente, et les poissons multicolores nombreux ! Une des merveilles de la baie d'Akumal, à ne pas manquer si vous passez dans le coin, surtout que l'endroit est relativement peu visité. Le prix d'entrée n'inclut pas le gilet de sauvetage (obligatoire) et il est possible de louer l'équipement de snorkeling si vous n'en avez pas. Restaurant sur place proposant des snacks et des plats simples.

LAS CASITAS AKUMAL €€€

Sur la plage ✆ +52 984 875 9071
www.lascasitasakumal.com

Selon le type de bungalow et la saison, compter entre 263 et 575 US$ par jour. Tarifs promotionnels à la semaine.

18 « *casitas* » ou petites maisons face à la mer. Elles comprennent deux chambres, chacune avec sa salle de bains, une cuisine bien équipée et un salon. Les plus chères possèdent une terrasse qui donne directement sur la plage. Les installations sont propres et l'accueil professionnel. Le *beach club* de l'établissement se trouve à l'extrême gauche de la baie, séparé de la plage publique par un muret, pour garantir la tranquillité des hôtes à toute heure de la journée. Une poignée de restaurants à proximité et des activités proposées, à commencer par la plongée.

LAS VILLAS AKUMAL €€€

Carretera Cancún – Tulum km 104
✆ +52 984 875 7050
www.lasvillasakumal.com
Suite à partir de 94 US$, villa 2 chambres (6 pers max) à partir de 145 US$, 3 chambres (8 pers) à partir de 314 US$.

Villas de 1, 2 et 3 chambres, à 10 minutes à pied de la baie des tortues. La vue sur la mer depuis la terrasse est splendide, d'autant que la plage est très propre, nettoyée régulièrement. Une belle piscine au milieu du jardin tropical finira par combler ceux qui hésitaient encore à opter pour cette adresse. Les villas sont entièrement équipées, avec cuisine et terrasse. Il y a également un restaurant sur place et un autre à côté sur la plage. Le petit déjeuner continental est inclus. Equipement de snorkeling et de kayak gratuit.

LA CUEVA DEL PESCADOR €

Plaza Ukaná
✆ +52 984 875 9002
Ouvert tous les jours de 12h à 22h. Poissons et fruits de mer entre 100 et 250 $. Entremets mexicains entre 50 et 100 $.

La « Grotte du pêcheur » est un joli petit restau installé sous des arbres illuminés en soirée. Il se distingue des autres établissements par l'accueil du patron, d'une grande simplicité sans perdre en amabilité, bien au contraire. L'ambiance est tranquille et familiale. Les plats de poisson et fruits de mer sont réussis et leur prix sont beaucoup plus accessibles que ceux des restaurants situés sur la plage. On y trouve en outre quelques petits en-cas typiquement mexicains, tels que tacos ou empanadas. Un très bon moment en perspective.

TURTLE BAY CAFE & BAKERY €

Plaza Ukana ✆ +52 984 875 9138
www.turtlebaycafe.com
Ouvert tous les jours de 7h à 21h. Entre 100 et 300 $.

Ce sympathique petit café, à quelques mètres de la plage, prépare tous les jours de très bons gâteaux maison – cake à la banane, à l'orange, cookie, brownie – et offre une belle carte avec des salades, des wraps, des burgers, des pizzas, des burritos et des tacos. Idéal pour emporter sur la plage et combler les petites faims d'après la plongée. Possibilité de se sustenter sur place, à l'ombre des palétuviers et des arbres tropicaux. Agréable le soir, mais aussi un bon plan pour prendre le petit-déjeuner. Service chaleureux et plutôt efficace.

LA BUENA VIDA €€

Playa de la Bahía Media Luna
✆ +52 984 875 9061
www.labuenavidarestaurant.com
Ouvert tous les jours de 12h à 21h. Happy hour de 17h à 18h. Plats à partir de 150 $.

Un petit restaurant bien connu à Akumal et qui porte bien son nom. On y mange les pieds dans le sable et face à une mer turquoise. On est à l'écart de la plage publique et donc dans le calme et l'intimité. La carte est variée, avec tapas, plats tex-mex, et poissons préparés à la façon mexicaine. Une cuisine de qualité d'un bon rapport qualité-prix. L'établissement comprend un bar très sympa, avec des sièges en forme de balançoire, où l'on sirote de bons cocktails ou des bières fraiches. Pour la sieste digestive, de confortables hamacs vous attendent !

AKUMAL DIVE SHOP

Sur la plage
✆ +52 984 875 9032
www.akumaldiveshop.com
Ouvert tous les jours de 8h à 17h. Tarifs plongées et formations PADI actualisés sur le site.

Akumal Dive Shop est le premier centre de plongée de la Riviera Maya. Plus de 45 ans d'expérience et une connaissance des fonds marins sur le bout des palmes. Ce centre PADI 5 étoiles propose toutes les formations PADI et des sorties plongées dans toute la région, en mer et dans les cenotes. On vous emmène aussi à la rencontre des requins-baleines (en snorkeling) au nord d'Isla Mujeres en saison (de juin à septembre). Egalement des plongées de nuit ou en cenotes, des sorties snorkeling, la location d'équipements, et des sorties pêche et en voilier.

XCACEL ★★

À 2 km de Xel-Há, au km 112 de la route 307, après un chemin de 500 m, une belle plage sauvage de sable blanc connue pour être un lieu très important de ponte des tortues vertes et caouannes. Elles débarquent entre juin et octobre. Les biologistes ramassent les œufs pour relâcher quelques semaines plus tard les petites tortues par milliers. Ce sanctuaire de 362 ha est protégé depuis 1998. Il est interdit d'y venir avec de la nourriture. Pas de restaurant non plus, ni de parasol. Le cenote Xcacelito permet de se rafraîchir dans l'eau douce (beaucoup de locaux le dimanche). L'accès à Xcacel (de 10h à 16h) coûte 88 US$, destinés à la conservation du lieu.

XEL-HÁ ★★

A 13 km au nord de Tulum, Xel-Há est un parc « écologique » avec formule tout inclus : snorkeling, nourriture, boissons. Organisation à l'américaine. On aime ou on déteste. Le cadre est superbe et l'activité principale est le snorkeling dans la lagune, véritable aquarium, mais qui compte presque autant de touristes que de poissons. Sympa à faire pour une première sortie snorkeling sécurisante en famille. Le prix peut être onéreux étant donné que beaucoup d'activités (tyrolienne, etc.) sont à payer en supplément… Le parc est ouvert tous les jours de 8h30 à 19h. Différentes formules à partir de 90/45 US$ (adulte/enfant), à consulter sur www.xelha.com.

TULUM ★★★

Tulum (nom originel maya : *Zamma*) est une ancienne cité préhispanique située à 128 km au sud de Cancún. A l'époque de la Conquête, elle était encore habitée et constituait un port important sur la route du commerce maritime maya. Un sable blanc, fin et poudreux, une eau aussi transparente qu'un glaçon et une mer turquoise dominée par des ruines magiques font de Tulum un endroit paradisiaque. Jusque dans les années 1990, l'endroit était encore une sorte de petit paradis perdu où l'on trouvait à se loger dans des petites cabanes rustiques sur la plage, le long de laquelle ne se trouvaient qu'ici et là quelques maisons. Aujourd'hui, la station balnéaire au concept écolo-chic et bohème reçoit quelque 2,5 millions de visiteurs par an et ce sont plus de cent hôtels et restaurants que l'on trouve le long de l'étroit chemin côtier. Les hôtels qui s'y sont installés ne sont pas des constructions imposantes, mais souvent des petits hôtels plus intimistes au concept *New Age* et branché (beaucoup de New-Yorkais dans les environs !), qui ont bien souvent sans vergogne rogné sur la plage et la forêt… De nombreux efforts sont maintenant à faire de la part des autorités pour éviter que tout ceci ne se convertisse en un nouveau Playa del Carmen… Les prix y sont calqués sur les standards de consommation nord-américains, mais sachez que se loger dans Tulum Pueblo (à 3 km de la mer) est bien plus accessible et pas désagréable : l'ambiance y est moins surfaite et on a de toute façon accès à la très belle plage El Paraíso.

Quartiers

Tulum dispose de deux villes parallèles. L'une est formée par le centre du village (Tulum Pueblo), où l'on retrouve tous les services : location de véhicules, tour-opérateurs, hôtels et restaurants, pharmacies, distributeurs bancaires (Av. Tulum et au terminal ADO)… C'est la zone la plus populaire et où résident les voyageurs les moins fortunés. La ville est traversée par la route péninsulaire qui relie Chetumal à Cancún : l'entrée de la zone archéologique se trouve 3,5 km au nord du centre-ville. Depuis Tulum Pueblo, l'Av. Cobá est une grande ligne droite de 3 km qui relie le bord de mer, avec une piste cyclable. En arrivant sur la route côtière, vers la gauche, se trouvent les plages accessibles au public et un autre accès à la zone archéologique. À droite, débute la Zona Hotelera, où l'on trouve les hôtels aux prix prohibitifs directement construits sur la plage d'un côté, et bars et restaurants branchés de l'autre côté de la route. Ce sont 7 km à parcourir pour arriver à l'entrée de la Reserva de la Biosfera Sian Ka'an (une dizaine en tout depuis Tulum Pueblo). Sur cette partie de la côte, la plage a été entièrement privatisée et on n'aperçoit même pas la mer depuis la route côtière, tant les palissades ont poussé haut ; pour se rendre ici à la plage, une des uniques options est de se rendre à Taqueria Eufemia, un petit resto au km 8 de la Carretera Tulum-Boca de Paila.

Se loger

À Tulum, il faut distinguer deux zones hôtelières majeures. La première se situe le long de la plage, sur une dizaine de kilomètres depuis les ruines jusqu'à l'entrée de la Reserve Sian Ka'an. La seconde dans le centre du village. Les hôtels de la plage sont bien sûr plus chers qu'au centre-ville, mais les prix n'ont rien à voir avec les notions de confort occidental, ils sont plutôt liés à la rareté et à la beauté naturelle des lieux. Le confort ne rime pas forcément avec électricité, par exemple. Vivre à la Robinson peut être considéré comme un luxe…

Se restaurer

Tulum est une vraie cour des miracles de la gastronomie internationale. On y trouve bien entendu les traditionnels fruits de mer et poissons (*mariscos*) des côtes mexicaines, ainsi que les propositions italiennes et argentines qui font désormais partie du paysage local. Mais la renommée de la cité auprès d'une population jeune et branchée nord-américaine a aussi favorisé l'implantation de restaurants un peu plus conceptuels, et néanmoins délicieux, sur la frange côtière. En soirée, la rue du centre qui s'anime le plus, entre restaurants en terrasse et bars, est la Calle Centauro Sur. Sur la zone côtière, rendez-vous entre les km 7 et 8,5 de la zone hôtelière : c'est ici que se concentrent la plupart des restaurants et bars branchés qui valent le détour.

Sortir

Tulum n'est pas une plage spécialement festive, car plus orientée sur la détente et le bien-être : on ne vient pas ici pour finir en discothèque. À quelques exceptions près, les bars ferment assez tôt. Vous trouverez néanmoins où échouer si votre lit a décidé de ne pas vous tendre les bras de sitôt. Des soirées très sympas sont néanmoins organisées dans des hôtels sur la plage, notamment à l'occasion de la pleine lune (Full Moon Party).

Tourisme

Vu la beauté de la plage de Tulum, il est tentant de ne rien faire… Mais il y a quand même de merveilleuses choses à voir dans les environs ! À commencer bien sûr par les ruines archéologiques de Tulum au panorama fantastique face à la mer, à celles de Cobá non loin, et de nombreuses activités sportives, comme la plongée ou le kitesurf, ou la réserve de biosphère de Sian Ka'an. Il y a également un grand nombre de cenotes situés dans les environs, que l'on peut rejoindre à vélo par exemple. Le long de la carretera Tulum-Boca Paila, en allant vers le sud en direction de Sian Ka'an, se trouvent les cenotes Encantado et Beh Ha. Aux alentours de Tulum, sur la route qui mène à Felipe Carrillo Puerto, il existe deux cenotes : le Cenote Cristal et le Cenote Escondido, et en direction des ruines de Cobá, il en existe trois autres : le Cenote Calavera, le Gran Cenote et le Cenote Carwash, ainsi appelé parce qu'il y a quelques années on y lavait les taxis (ce n'est heureusement plus le cas) ! Un bon moyen de transport pour faire le tour des cenotes, et plus économique que le taxi, est le scooter, ou à défaut le vélo, puisqu'il existe de très beaux cenotes à 4 km du centre de Tulum.

Transports

Se déplacer à Tulum si vous n'avez pas de véhicule peut être onéreux. À votre arrivée, les bus vous déposeront soit au terminal ADO (www.ado.com.mx) au centre-ville, soit près du site archéologique. Pour rejoindre la côte (Zona Hotelera ou plages publiques) depuis le centre-ville (Tulum Pueblo), cela vous coûtera en taxi entre 80 et 200 $ au bas mot, selon la distance sur laquelle il faut vous rendre (au minimum 4 km, au maximum une dizaine) et votre capacité à parler espagnol et à négocier. Sachez pourtant qu'il existe un service de navettes économiques qui longe toute la zone hôtelière depuis l'entrée de la Réserve de Sian Ka'an jusqu'au centre-ville ; il est emprunté essentiellement par les employés des hôtels et restaurants et ne coûte que 15 $. Beaucoup d'hôtels du centre-ville ou de la zone hôtelière prêtent ou louent des vélos pour faciliter vos déplacements (attention à la chaleur !). L'autre option consiste à louer un scooter, qui permettra de vous déplacer vers la zone archéologique de Cobá ou les cenotes dans les environs de Tulum. La voiture est aussi une bonne option, sauf si vous résidez dans la zone hôtelière en haute saison, car les embouteillages y sont devenus légendaires…

Cenote Escondido.

CENOTE DOS OJOS

Parque Dos Ojos
www.parquedosojos.mx
Ouvert de 8h à 17h. 350 $ incluant le gilet de sauvetage. Tour snorkeling 700 $.

Le Cenote Dos Ojos se trouve dans le parc du même nom qui compte d'autres cenotes (Jaguar, Nicte Ha, Los Monos, Misterio Maya) que l'on peut visiter durant la même journée. Dos Ojos est l'un des plus beaux du Quintana Roo. Il est constitué de deux cenotes - les « Deux Yeux » - qui sont reliés par un couloir de 400 m de long. Dos Ojos fait par ailleurs partie de Sac Actun, le plus vaste réseau de grottes sous-marines au monde (347 km). Avec ses eaux cristallines et ses jeux de lumières qui pénètrent dans l'eau, c'est un must pour le snorkeling et la plongée !

CENOTE YAXCHEN ★★

Carretera Tulum-Boca Paila km 10.5
✆ +52 1 984 209 9837
www.yaxchen.com
Ouvert toute la journée. Entrée : 50 $. Location de kayak.

C'est une petite merveille peu visitée, qui ressemble plus à un grand lac entouré de végétation luxuriante. On en fait le tour avec masque et tuba pour découvrir les poissons qui nagent dans ses eaux exceptionnellement claires. Un ou deux crocodiles vivent sur ses berges mais ils ne semblent pas avoir jamais attaqué qui que ce soit... (dans le doute et avec des enfants, préférez tout de même le kayak). Autour de petites plates-formes en bois qu'on rejoint à la nage, où il est possible de passer la journée à se détendre loin de la foule et au frais.

CENOTE ESCONDIDO ★★

A 4 km au sud de Tulum en empruntant la route 307 qui va à Chetumal.
Accès tous les jours de 9h à 17h. Entrée 120 $ pour les 2 cenotes. Prévoir de quoi boire et manger car rien sur place.

Un cenote ouvert, entouré d'une belle végétation. Assez tranquille, c'est une bonne option pour nager. La transparence de l'eau est telle que l'on voit les poissons nager, comme si l'on était dans un aquarium. On peut aussi sauter depuis un promontoire rocheux qui surplombe le cenote ou jouer à Tarzan avec une corde pendulaire ; il y aurait d'ailleurs une famille de singe araignées qui vit dans les environs ! Pour les plongeurs, il est possible de rejoindre Cenote Cristal, situé à 500 m, un peu plus fréquenté. Il est accessible avec le même ticket d'entrée.

GRAN CENOTE ★

A 3,5 km, sur la route de Cobá et Valladolid. Compter 100 $ l'aller en taxi depuis Tulum.
Tous les jours de 8h à 16h45. Entrée 500 $, matériel snorkeling 80 $.

Le Gran Cenote est particulièrement beau, c'est un superbe puits naturel où l'on se baigne dans une eau incroyablement pure. Ses eaux sont bleu turquoise et le *cenote* est ouvert à l'air libre ou recouvert de parois rocheuses, sous lesquelles on peut passer sans avoir besoin d'être un nageur expérimenté. Également possibilité d'explorer les couloirs et les fonds du *cenote*, en plongeant avec bouteille, à condition d'être accompagné d'un instructeur certifié. Un bel endroit malheureusement victime de son succès et d'une forte augmentation du prix d'entrée...

CENOTE LABNA-HA ★★

À 13 km au nord de Tulum, sur la route côtière vers Cancún. ✆ +52 984 278 6188
www.labnaha.com
Tous les jours de 9h30 à 18h. Compter 60 US$ par personne avec l'équipement, hors promotions sur la page web.

Un magnifique cenote dont la visite se distingue de beaucoup d'autres par le fait qu'ici on est bien plus qu'un touriste. Ce tour est plus onéreux que d'autres, mais l'accueil est particulièrement amical et l'exploration du cenote se fait uniquement en tout petits groupes. Il est donc vivement recommandé de réserver à l'avance. On pénètre avec masque, tuba et lampe torche dans les rivières souterraines entourées de stalactites, qui connectent ce beau cenote avec 45 autres de la région. Chauve-souris et petits poissons au rendez-vous. Superbe !

LAGUNA KAAN LUUM ★★★

Carretera Tulum-Chetumal
✆ +52 984 187 0137
Tous les jours de 9h à 16h. Entrée adulte 300 $. S'y rendre plutôt en dehors de la saison des pluies (lac plus sombre).

L'existence de ce petit coin de paradis, à 8 km au sud de Tulum, est gardée secrète par les habitants du coin, et on comprend pourquoi. Une lagune circulaire aux eaux turquoise d'au moins 100 mètres de diamètre entourée par la forêt tropicale qui abrite un cenote. On a de l'eau à la taille sur quelques mètres puis la profondeur s'étend, pour atteindre 85 mètres. Peu d'infrastructures sur place à part deux pontons, des balançoires et quelques hamacs pour se poser les pieds dans l'eau. Pas de casier à disposition donc ne pas prendre d'objets de valeur.

PLAYA PARAISO ★★★

À 6,5 km du centre-ville.

Accès libre et gratuit. 300 $ la location de deux transats.

A quelques centaines de mètres des ruines et à l'écart de l'effervescence de la zone hôtelière, Playa Paraiso est l'une des plus belles plages de la côte. Sable blanc, de grands palmiers, l'eau turquoise des Caraïbes. La mer est calme et la plage très propre. On peut étendre sa serviette sans devoir payer. Ambiance sympa des beach clubs avec musique et bons cocktails. Possibilité de prendre une barque pour aller voir des raies et tortues un peu au large. Les Instagrameurs ne manqueront pas de se prendre en photo devant le fameux palmier incliné !

VIAJES CONCIENCIA TOURS & TRAVEL

Mercurio Poniente #103

✆ +52 984 135 6750

www.viajesconciencia.com

Agence locale francophone pour découvrir la Riviera Maya dans toute son authenticité.

Une agence francophone créée par un Mexicain qui propose de découvrir la Riviera Maya autrement et en dehors des sentiers battus. Les guides prennent un réel plaisir à partager leur passion et leurs connaissances du « Monde Maya » ainsi qu'à faire découvrir les sites naturels et archéologiques les moins connus et les mieux préservés. Grâce à des guides hautement qualifiés et experts en tourisme équitable, le but est de vous sensibiliser sur la biodiversité tropicale et la culture maya.

CASA DE LAS COLUMNAS ★★

En face de la Casa de Halach Ulnic, la Casa de las Columnas (« Maison des colonnes ») est un édifice en forme de L, avec quatre colonnes qui protègent l'entrée principale côté sud. Ce palais était autrefois surmonté d'un toit plat. Il compte deux chambres principales et deux autres adossées sur le côté ouest. Les fenêtres de l'édifice conservent des anneaux qui servaient vraisemblablement à attacher des rideaux. L'intérieur dispose de six colonnes qui supportent la toiture de la grande salle. Au centre se trouve un sanctuaire couvert.

ZONA ARQUEOLÓGICA DE TULUM ★★★

A 10 minutes de Tulum en voiture (parking 80/150 US$ l'heure/journée) ou en combi (20 US$). Puis 700 m à pied ou petit train (20 US$).

Tous les jours de 8h à 17h. Entrée 85 $, inclut l'accès à la plage du site. Visite guidée autour de 400 $.

Cité fortifiée dominant la mer, Tulum est vraiment un port magnifique et unique : c'est l'ensemble archéologique le plus imposant de la côte orientale : il surplombe les Caraïbes du haut des falaises sur lesquelles il repose. Le nom préhispanique de cette cité était Zama, qui signifie « aube », nom logique puisque sa situation géographique permet chaque jour d'observer le lever du soleil. Tulum, nom qui lui fut donné alors que la cité était déjà en ruines, se traduit lui par « palissade », en référence aux trois des côtés du site qui sont entourés par des murailles, avec des tours de surveillance aux coins ; l'autre côté est, lui, ouvert sur une corniche qui domine la mer.

Tulum connaît son apogée au postclassique tardif (à partir des années 1200 et jusqu'à la Conquête), habitée alors par environ 8 000 habitants (dont 200 à 300 privilégiés intra-muros). Les activités commerciales s'entendaient à des régions lointaines : le long de la route de cabotage côtier qui reliait alors le Honduras (obsidienne et jade du Guatemala) jusqu'à l'Altiplano central (anneaux de cuivre) en passant par la péninsule du Yucatán (silex et vaisselle en céramique). La cité est représentative du style architectural maya « côte orientale », qui se distingue par ses édifices de petite taille, avec des toits plats. Tulum est l'une des rares villes mayas qui étaient encore habitées à l'arrivée des Espagnols ; parmi elles, citons les autres ports méridionaux de Xelhá et Xcaret.

La visite : On pénètre sur le site par le côté ouest, où l'on tombe tout d'abord sur la Casa de Chultún. Juste en face se trouve le Palacio de los Frescos puis, en enfilade vers le nord, la Casa de las Columnas et la Casa de Halach Uinic se font face ; juste après la Gran Plataforma se trouve la Casa Noreste, presque collée à la muraille. De là, vers la mer, on visite la Casa del Cenote de laquelle on accède au Templo de los Dioses Descendientes en croisant la Plataforma de los Caracoles ; il ouvre la voie au fameux Castillo, plus important édifice du site. La petite crique où se baigner se trouve en contrebas, dominée par le Templo del Dios Viento. Cela vaut le coup de prendre un guide. La période la plus agréable s'étend de décembre à février. En juillet et en août, difficile de rester attentif aux explications du guide, les températures avoisinent les 40 °C ! En haute saison, l'affluence touristique gâche un peu la visite, mais le site est tellement beau qu'on ne peut que comprendre l'engouement.

CASA DEL CENOTE ★★

La Casa del Cenote est un édifice construit au-dessus d'une roche calcaire qui masque la présence d'un *cenote*. Les cenotes offraient de l'eau douce aux habitants, mais l'eau de celui-ci est aujourd'hui saumâtre et sale, à cause des excrétions de chauve-souris. La construction possède un portique avec trois entrées et deux bancs en pierre à l'intérieur. Au centre de l'édifice se trouve une tombe. Sa présence non loin du *cenote* s'explique par le fait que ces cavités naturelles représentaient pour les Mayas l'entrée de Xibalbá, l'inframonde.

CASA DEL HALACH UINIC ★★

A côté de la Casa de las Columnas, la Casa del Halach Uinic (la « Maison de l'homme véritable ») est un grand édifice palatial, le palais résidentiel d' « Halach Uinic », qui désignait le chef suprême du « Kuchkabal » de Tulum, nom d'une juridiction ou seigneurie indépendante maya. Ce palais abritait trois chambres et un sanctuaire. Au-dessus de l'entrée centrale, un modelage en stuc représente un dieu descendant sur terre ; on observe des traces de sa peinture originelle. Des iguanes se prenant pour des rois aiment se réchauffer sous le soleil dans le coin.

CASA DEL CHULTÚN ★★

La Casa del Chultún est le premier édifice que l'on visite juste après l'entrée. Il est construit sur une plateforme rectangulaire pourvue d'escaliers de chaque côté. Tout le bâtiment était couvert d'un toit plat en maçonnerie soutenu par des poutres. Il servait à l'usage résidentiel et doit son nom au *chultún* qui a été excavé à l'intérieur, à l'angle sud-est. Le *chultún*, combinaison de deux mots mayas : « eau de pluie » et « pierre », est une citerne souterraine construite en forme de bouteille, qui servait à stocker l'eau de pluie.

CASA DEL NOROESTE ★★

La Casa del Noroeste – la « Maison du Nord-ouest » – est située, comme son nom l'indique, à l'extrême nord de ce qui était la rue principale de Zama (Tulum). Il s'agit d'un édifice rectangulaire surélevé, dont l'entrée est protégée par un portique de deux colonnes, qui forment trois entrées. Plusieurs tombes contenant des ossements ont été mises à jour à l'intérieur. La Casa del Noroeste offre une vue intéressante sur le reste du site archéologique. À côté, on trouve une *Plataforma Habitacional*, sorte de terrasse d'un seul tenant avec un petit escalier d'accès.

El Castillo (le château), site archéologique de Tulum.

EL CASTILLO ★★

« Le Chateau » est la construction la plus imposante du site, celle qui apparaît sur les cartes postales de la zone archéologique, pour son inégalable position face à la mer des Caraïbes. Cet édifice se compose d'un grand escalier qui mène à un temple dans lequel trois ouvertures ont été aménagées. Des sortes d'oratoires ont été annexés de chaque côté de l'escalier durant la dernière étape de construction. Ce bâtiment servait à la fois comme temple cérémonial et comme phare pour aider à l'orientation des bateaux dans leur passage de la barrière de corail.

SECRETOO

✆ +336 05 08 06 84
www.secretoo.com

Des excursions qui s'adaptent aux besoins de chacun. Tarifs dégressifs consultables sur le site web.

Voilà un concept en ligne qui va vous plaire ! En road-trip ou à l'hôtel, avec un chauffeur guide ou avec votre voiture, chacun a sa manière de visiter le Mexique. Maryline et son équipe l'ont bien compris et dénichent pour vous les meilleurs guides francophones à travers les différentes régions du Mexique. En supprimant les intermédiaires et en favorisant les rencontres entre voyageurs, vous vivrez des excursions plus humaines et authentiques, loin du tourisme de masse. Souvent complets, contactez-les sans tarder pour réserver vos plus belles visites guidées.

RECINTO INTERIOR ★★

Protégé par une petite muraille percée de trois entrées, deux sur le côté ouest et un sur le côté sud, le Recinto Interior (l'Enceinte intérieure) est situé en contrebas du Castillo. Il faisait partie de l'espace sacré du complexe architectural et constituait l'un des secteurs les plus exclusifs de la cité, où se réunissaient les prêtres, les chefs de guerre et les notables de Tulum. Il comprend actuellement plusieurs restes de bâtiments qui servaient de demeure aux hauts dignitaires de la cité ; un oratoire se trouve au centre de cette petite place.

TEMPLO DE LOS FRESCOS ★★

Le Temple des Fresques est un temple rectangulaire superposé sur un édifice de même forme mais de plus grandes dimensions. Les colonnes du bâtiment inférieur sont surmontées d'une frise représentant des rosaces et des figures anthropomorphiques. C'est l'édifice le plus intéressant du site d'un point de vue iconographique. Les murs intérieurs sont décorés de peintures murales où apparaissent divinités, serpents et fleurs, ainsi que des figures de lignes entrelacées liées au concept de souveraineté chez les mayas. L'édifice aurait servi d'observatoire astronomique.

TEMPLO DEL DIOS DEL VIENTO ★★

Ce temple est situé sur la falaise face à la mer, sur une plateforme semi-circulaire. Il conserve en son centre les restes d'un petit autel et des vestiges de sculptures. Sa forme laisse penser qu'il était dédié à Hurakan, le Dieu du Vent, de la Tempête et du Feu (nom maya qui donna en espagnol « huracán », et en français « ouragan »). De la plateforme se contemple l'ensemble du site, avec notamment une vue magnifique sur El Castillo avec la mer derrière.

TEMPLO DEL DIOS DESCENDENTE ★★

Cet édifice se fait remarquer par l'inclinaison intentionnelle de ses murs. Il se compose d'une chambre avec un toit en forme de voûte. Au-dessus de l'entrée de la chambre, on distingue la sculpture d'une divinité, identifiée comme le Dieu du Maïs, mais celle-ci est à l'envers, d'où le nom donné au temple. A l'intérieur, sur un mur, on distingue les traces d'une fresque, représentant différentes divinités avec des offrandes et les astres du ciel.

MEXICO KAN TOURS

Calle 3 Sur, Mza 15, Lote 07
✆ +52 984 140 7870
www.mexicokantours.com

Tours variés : Punta Allen Sian Ka'an ; canal maya depuis Muyil ; Cobá ; cenotes et mer, etc. Tarif sur le site.

Cette agence d'écotourisme propose des tours responsables dans les environs mais aussi dans toute la péninsule du Yucatán. Des circuits qui mêlent culture, nature et activités sportives (vélo, tyrolienne, snorkeling). On vous propose par exemple d'explorer la Réserve de la biosphère de Sian Ka'an, une magnifique excursion d'une journée jusqu'à Punta Allen, où l'on passe d'abord par des canaux et lagunes où l'on observe oiseaux et lamantins, puis on débouche en mer à Punta Allen pour observer dauphins et tortues. Après la pause baignade, déjeuner dans le village.

TULUM CAR RENTAL

✆ +52 998 253 6112
www.tulumcarrental.com.mx

Agence de location de véhicules sur Tulum, avec plusieurs succursales dans la région.

Une agence de location de voitures basée à Tulum, avec des succursales à Cancún, Playa del Carmen, Merida et ailleurs au Mexique. Cela permet de louer le véhicule à Tulum et de réaliser un drop-off dans une autre ville de la péninsule. Grand choix de véhicules en bon état, avec plusieurs modèles de SUV, 4x4, Vans (pour 7, 12 ou 15 passagers). Possibilité de louer GPS, siège pour enfant, etc. L'âge minimum pour la location est de 18 ans. Pièce d'identité, permis de conduire et carte de crédit à présenter au moment du contrat.

IBIKE TULUM

Avenida Cobá Sur ✆ +52 1 984 130 3325
www.ibiketulum.com

Ouvert du lundi au samedi de 8h à 17h. Entre 169 et 283 $ le vélo à la journée, entre 700 et 1 250 US$ le scooter.

Une agence de location de vélos bien utile pour se déplacer sans polluer dans Tulum et ses environs. On peut se rendre aux ruines de Tulum et à Playa Paraiso en 15 minutes du centre, au Gran Cenote et à d'autres cenotes du coin comme Dos Ojos (environ 1 heure), voire en poussant un peu, jusqu'aux ruines de Muyil (1 heure 15) et de Cobá (2 heures 30). C'est plat et on prend l'air en plus. IBike propose à la journée différents modèles de vélo : standard, tout-terrain, de plage, etc. Cadenas, casques, et même sièges enfant fournis. Egalement location de scooters.

CASA DON DIEGO TULUM €€

Calle Tulum – Mza 24 – Lote 3
✆ +52 984 745 9305
www.casadondiegotulum.com.mx

A partir de 70 US$ la chambre double, avec petits déjeuners.

Cette maison d'hôtes est une halte délicieuse. A l'origine du projet, deux Français, Charles et Stéphane. Ce dernier, apiculteur en France, a développé un beau projet de sauvegarde des abeilles Melipona avec des familles mayas. Il pourra tout vous expliquer sur ces mignonnes petites abeilles très utiles et qui ne piquent pas. Les huit chambres sont spacieuses, impeccables et lumineuses, disposées autour d'une belle piscine et d'un jardin verdoyant. L'hôtel comprend également deux cabanes-bungalows, très romantiques, au fond du jardin.

COCO TULUM €€

Carretera Tulum – Boca Païla km 8
✆ +52 55 4169 2072
www.cocotulum.com

Chambre double à partir de 270 US$, petit-déjeuner inclus. Promotions sur le site.

En bord de mer, ce charmant boutique hôtel écologique propose de vastes cabanes élégantes et confortables, sur la plage et dans le jardin. Pour une meilleure expérience, l'hôtel est divisé en deux zones. Vous recherchez calme et détente ? Réservez dans la Zen Zone, côté jardin et proche du *temazcal* (sauna maya). Vous êtes extraverti et aimez l'ambiance festive à toute heure ? Préférez la zone Coco Beach Club ! Très bon restaurant aux influences italiennes, excursions et pleins d'activités sportives, entre beach volley et kitesurf !

KASA HOTEL K'UYEN €€

Calle Balam Dzakab M8
✆ + 52 984 166 5510
www.kasahotelkuyen.com

Comptez 97 US$ pour la chambre double ; 127 US$ pour la suite ; 167 US$ pour le penthouse.

Situé dans le lotissement Aldea Zama, à quelques minutes des ruines mayas de Tulum et de ses plages, K'uyen est un développement de 11 résidences modernes ou 24 chambres, exclusives, très bien équipées et décorées avec goût. L'établissement dispose d'un restaurant au rez-de-chaussée, avec une piscine à débordement ; et d'un rooftop avec une deuxième piscine pour profiter de la vue sur la jungle et le coucher du soleil. Une grande variété d'activités vous est proposée : plongée, *cenotes*, tours et location de vélo, mais aussi yoga, spa, cérémonie temazcal.

LUV TULUM €€

Carretera Tulum - Boca Paila km 8.1
✆ +52 1 984 144 3960
www.luvtulum.com

Chambres et suites entre 200 et 400 US$, petit déjeuner compris.

Face à la mer, une douzaine de chambres situées au rez-de-chaussée ou au premier étage dans des maisons de style traditionnel, en bois et toit de palmes. De l'extérieur, la construction est rustique (escalier en bois pour accéder aux chambres du premier étage), mais les chambres sont agréables, ouvertes, lumineuses et aérées. Le tout est décoré sobrement. Parquet, moustiquaire autour du lit et grande baie vitrée pour profiter au maximum de la vue sur la mer. Un bel endroit, calme, où se ressourcer en paix, avec le bruit des vagues pour s'endormir.

HOTEL DOS CEIBAS ECO RETREAT €€

Carretera Tulum-Punta Allen
✆ +52 984 2367057
www.dosceibas.com

Chambres doubles à partir de 120 US$ avec petit déjeuner inclus. Restaurant. Beach club. Centre holistique.

Un joli petit hôtel dans la zone hôtelière de Tulum avec un accès direct à la plage. Un lieu magique pour se ressourcer grâce aux différents cours de yoga, aux massages et à un temazcal. Avec seulement 4 chambres, on y trouve une certaine tranquillité pour profiter pleinement des Caraïbes. Le restaurant face à la mer vous permet de déguster par exemple une pizza le soir après une journée au bord de l'eau. Différentes excursions peuvent aussi être réservées directement avec l´hôtel.

© DOS CEIBAS

© DOS CEIBAS

RIVIERA MAYA ET QUINTANA ROO

ANA Y JOSE HOTEL & SPA TULUM €€€

Carretera Tulum-Boca Paila, km. 7, Tulum Playa
✆ +52 998 880 5629
www.anayjose.com
22 suites en bungalows et une villa (6 personnes). Bungalows à partir de 360 $. Villa à partir de 1 240 US$.

© ANA Y JOSE TULUM RESORTS

Ana et José vous ramènent à l'origine pour vous connecter à l'essentiel, dans un environnement de paix et d'harmonie, au pied de la mer comme de la jungle. L'hôtel dispose d'une collection de résidences exclusives aux touches rustiques et bénéficiant d'espaces intimes pour mieux s'évader. Quatre piscines, restaurant gourmet, spa et massages sur la plage… Tout concourt au calme, à la beauté naturelle du lieu, aux plaisirs simples et luxueux à la fois. Une superbe adresse.

PIEDRA ESCONDIDA €€

Carretera Tulum - Boca Paila km 3,5
✆ +52 984 688 8532
www.piedraescondida.com
Compter entre 200 et 350 US$ la chambre double, avec petit-déjeuner. Promotions sur le site.

Situé non loin de la zone archéologique, Piedra Escondida donne directement sur la plage. Les chambres ont une bonne literie et un coin salon, ainsi qu'un balcon avec hamac avec vue sur la mer. Elles sont réparties dans des bungalows de deux étages au toit de palme, très réussis. La petite crique est protégée par des rochers, qui rendent la baignade plutôt tranquille. Un spot idéal pour ne pas trop faire d'efforts lors de votre séjour ! Accueil sympathique et personnel de bon conseil. Le restaurant offre une bonne cuisine sans prétention à des prix très corrects.

ZAMAS €€

Carretera Tulum - Boca Paila km 5
✆ +52 1 984 145 2602
www.zamas.com
Chambres d'une capacité de 2 à 6 personnes, à partir de 200 US$ pour deux.

Le bon goût, c'est aussi savoir rester simple et authentique. Les chambres et cabanes sont réparties entre la plage et un terrain verdoyant à l'ombre des arbres, où se situe également une belle piscine. Sur la plage, des petits transats à l'ombre de discrets toits de palme n'attendent que vous, tandis que des hamacs sont dressés entre les cocotiers et partout le sable caresse la plante des pieds. Le restaurant coloré est réputé autant pour sa cuisine, que pour son ambiance romantique et tropicale, avec des concerts fréquents en fin d'après-midi.

BE TULUM BEACH & SPA RESORT €€€

Carretera Tulum - Boca Paila km.10
✆ +52 984 689 0577
www.betulum.com
64 suites à partir de 420 US$.

Entre la jungle, le sable blanc et la mer, les matériaux nobles de cet hôtel ne dénotent pas, de même que la décoration raffinée de l'ensemble. Cadre idyllique et suites superbes. Be Tulum est une valeur sûre de Tulum, où le bien-être s'exprime par des soins, traitements et cures inspirés des connaissances précolombiennes. Belle piscine. Petit-déjeuner d'une grande finesse et les deux restaurants sont au niveau du standing de l'hôtel. Personnel efficace et d'une grande discrétion.

CASA MALCA €€€

Carretera Tulum - Boca Paila km 9,5
www.casamalca.com
71 chambres et suites. Compter à partir de 700 US$ la suite. Restaurant, beach club, plage nettoyée en permanence.

Propriété de Pablo Escobar durant ses heures de gloire, cette grande maison a été rénovée en respectant l'usage des matériaux rustiques et nobles des origines, qui contrastent désormais avec l'omniprésence des œuvres d'art contemporain : Basquiat et Keith Haring y côtoient tapis persans et fauteuils en velours. Toit avec vue panoramique pour profiter des jolis couchers de soleil de la région ; longue plage de sable blanc où l'espace avec le lit de plage de vos voisins sera plus que suffisant. L'une des plus belles adresses de Tulum.

LA ZEBRA €€€

Carretera Tulum-Punta Allen km 8,2, Tulum Playa
✆ +52 984 115 4726
www.lazebratulum.com
A partir de 600 US$ la nuit. Nombreuses promotions sur le site.

La Zebra fait partie de la très chic collection Colibri Boutiques Hotels. 16 jolis bungalows (style selva-chic) au design soigné, disposés sur la plage ou dans le jardin. Les chambres vont de la suite pour couple à la suite royale pour les familles, et sont situées au premier étage ou au rez-de-chaussée du bungalow. Celles du rez-de-chaussée disposent d'une petite piscine privée. La cuisine servie au restaurant est délicieuse et pleine d'authenticité. La situation de l'hôtel est magique, dans une palmeraie et sur une des plus belles plages de Tulum.

MARIA DEL MAR €€€

Carretera Tulum -Boca de Paila km 3,5
✆ +52 984 807 5679
www.mariadelmartulum.com
Adults only. Suites à partir de 250 US$.

Maria del Mar est une très bonne option luxe. Sur place : hamacs et chaises longues sur une corniche face à la mer, beach club sur une crique privée, piscine superbe et le un bon restaurant, *Mina*. Egalement un spa pour soigner les petits bleus au corps et à l'âme... Quant aux suites, elles sont exceptionnellement spacieuses, et les couleurs sables qui dominent vous rappellent sans cesse la présence de la plage. Enfin, on apprécie le concept écolo, avec notamment une lumière restreinte la nuit pour ne pas désorienter les tortues ou les pailles biodégradables.

EL CANASTÓN €

Av. Satelite Sur entre calle Venus et Neptuno
Du lundi au samedi de 9h à 20h. Petit-déjeuner ou déjeuner autour de 100-150 $.

On est bien loin des établissements pompeux de la rue principale de Tulum. A l'écart du flux touristique, El Canastón est un restaurant familial simple et chaleureux, avec quelques tables et un comptoir où l'on passe commande. On vient ici pour la soif avec des jus frais désaltérants et requinquants, avec plein d'options pour combiner les fruits et les légumes. Pour la faim, les enchiladas et surtout les tacos sont là ; aussi bien pour les carnivores que pour les végétariens. Essayez par exemple le taco *setas con mole*, champignons avec mole. Super petite adresse.

MELI-MELO P&B TULUM €€

Carretera Tulum - Coba, km 4,2
✆ +52 984 169 1634
www.melimelotulum.com
Chambres de 50 à 90 €. Petit déjeuner - brunch : 9 € (ou 18 € pour les visiteurs, sur réservation uniquement).

Quentin, un sympathique compatriote français arrivé il y a plus d'une décennie, a construit de ses mains son petit paradis dans la jungle de Tulum et le fait partager aux différents voyageurs de passage. Le contraste entre le calme et le retour à la nature dans ces cabanes avec l'agitation de la nouvelle station balnéaire à la mode est saisissant, et pourtant la ville est toute proche. Un endroit remarquable dans des cabanes éco-chic où l'on peut profiter d'un super brunch frais et végan qui commence à se tailler une belle réputation dans le coin.

TULUM TREEHOUSE €€€

Carretera Tulum-Boca Paila km 7.3
www.tulumtreehouse.com
Grande maison de 5 chambres à louer entière ou par chambre, de 350 à 550 US$ selon la superficie.

Située dans la jungle à l'écart de la zone côtière la plus animée, c'est une grande maison de villégiature de deux étages mêlant architecture contemporaine minimaliste et artisanat de la péninsule du Yucatán. Les chambres sont vastes et aérées, dans les tons sable et bois. Depuis la terrasse, la vue sur la forêt est splendide. On est seul au monde. La particularité de Tulum Treehouse est d'être un espace collaboratif et une résidence d'artistes, qui réunit le design international avec les traditions ancestrales mexicaines. Une adresse singulière.

TAQUERIA HONORIO €

Av. Satelite Sur entre calle Androneda et Sol
✆ +52 984 745 0674
Du mercredi au lundi de 6h à 15h. Le plein de tacos aux alentours de 100 $ par tête.

Une petite entreprise familiale qui est passée de son stand de rue informel vendant des tacos à un vaste espace aéré avec chaises et tables en plastique, où l'on aime se poser pour déguster ses quesadillas ou tacos, mais aussi Cochinita pibil, lechón al horno, poc-chuc, relleno negro, carne asada... Les meilleures spécialités traditionnelles du Yucatán sont là. Une cuisine typique et très bonne à tester sans modération, puisque les prix défient toute concurrence. Le service est sympa et très efficace. Parfait pour une fringale entre deux activités.

TROPI-Q €

Calle Orión Sur #39
Ouvert du jeudi au mardi de 8h à 18h. Menu du jour à 100 $. Le soir, possibilité de boire un verre au calme sur le toit.

Une adresse très simple aux tons bleu mer pour déjeuner sainement et à sa faim. De grandes tables en bois vous accueillent sur la terrasse en extérieur, ou dans l'intérieur bien ventilé. Le menu change tous les jours avec toujours du choix : plat de riz ou de pâtes, burger, falafel... et une *agua de fruta* est comprise. Au dessert, on vous laisse le choix entre quelques petites douceurs, comme par exemple une truffe au cacao. La meilleure adresse pour bien manger sans se ruiner dans le centre de Tulum, avec le sourire en plus.

EL MILAGRITO MESCALERÍA RESTAURANTE €

Calle Centauro Sur #249
✆ +52 984 202 4163
Tous les jours de 9h à minuit. Burritos autour de 150 $. Plats de poissons et fruits de mer entre 160 et 250 $.

Bar restaurant installé dans une grande *palapa* à la déco éclectique et colorée. Le « Petit Miracle » fait salle comble puisqu'il a l'avantage de proposer dans une rue animée de bons petits plats aux tarifs accessibles pour Tulum. Au menu plutôt mexicain, on trouve un très agréable ceviche de crevettes à la mangue, des *burritos* végétariens aussi bien que des *fajitas* de viande grillée. Niveau boisson, ici c'est margaritas, bières et surtout mezcal. Bonne adresse sympa et sans prétention.

ARCA €€

Carretera Tulum-Boca Paila km. 7.6
www.arcatulum.com
Tous les jours de 17h30 à 22h30. Compter 400 $ pour un plat. Menu dégustation.

Restaurant installé dans la jungle dans un décor contemporain et épuré, parfaitement intégré à l'environnement. La cuisine est créative, comme la présentation des plats, soignée sans être tape-à-l'œil. Les produits sont frais et certains des plats sont cuits dans un four à bois. Les assiettes peuvent sembler petites, c'est normal, elles doivent se multiplier sur la table et se partager entre convives, pour un moment convivial à la mexicaine ! Pour couronner le tout, les cocktails sont incroyables. Attention, le restaurant peut fermer en cas d'averse tropicale.

PIZZERIA MANGLAR €

Calle Asunción, Manzana 38 Lote 2
✆ +52 984 120 0770
Du mercredi au lundi de 17h à 23h. Pizzas entre 100 et 150 $.

A l'écart des rues touristiques, Manglar est l'une des meilleures pizzerias de Tulum. Le cadre est calme et agréable, avec une cour accueillante et une déco tout de bois. Les odeurs qui émanent de la cuisine aiguisent l'appétit. Les pizzas sont copieuses et savoureuses, cuites au feu de bois, avec une pâte fine, des produits frais et des ingrédients provenant d'Italie. Les prix sont très raisonnables pour Tulum et le service est efficace. Possibilité de diviser les pizzas en deux avec des garnitures différentes. De bons cocktails pour patienter.

CENZONTLE €€

Carretera Tulum-Boca Paila km 7.3
✆ +52 984 204 8628
Ouvert tous les jours de 18h à 23h. Compter autour de 700 $ par tête le repas.

Un petit restaurant dont les grandes tables sont plantées sous des arbres tropicaux, et réhaussées d'une déco au style Belle Époque plutôt bienvenue. L'endroit est plus simple et authentique que la majorité des autres établissements de la zone. La carte dépend des ingrédients de saison, prétexte à expérimenter une cuisine fusion où la petite touche mexicaine, rafraîchissante, est toujours de mise. Les prix sont élevés pour le Mexique comme presque partout à Tulum plage, mais très inférieurs à ceux d'un resto équivalent en France, alors faites-vous plaisir !

EL TÁBANO €€

Carretera Tulum-Boca Paila km 7, Tulum Playa (la plage)
✆ +52 984 182 9661
Ouvert tous les jours de 8h à 23h.

Le Tábano est réputé comme l'un des meilleurs restaurants de cuisine mexicaine de la zone hôtelière, mais ses prix restent raisonnables pour le coin. Il n'est pas situé sur la plage, mais du côté forêt et palétuviers, à hauteur de l'hôtel Maya Tulum. On y sert sous une *papala* des recettes maison toujours délicieuses, comme le saumon au sucre et à la cannelle, le ceviche de poisson aux fruits, et les crêpes poblanas. Attention, fort de sa réputation, le restaurant affiche souvent complet aux heures de repas. Service agréable et efficace en général.

KITCHEN TABLE €€

Carretera Tulum-Boca Paila km 1.5
✆ +52 984 188 4924
www.kitchentabletulum.com
Tous les jours de 18h à 23h. Entrées entre 150 et 200 $, plats entre 200 et 500 $.

Voilà un restaurant unique et une des meilleures adresses du coin. On pourrait passer des heures à regarder le chef confectionner cocktails et plats dans sa cuisine ouverte sur la jungle. Le menu change souvent, en fonction des saisons et du marché. Juste une petite faim pour faire passer le soleil du jour ? Rabattez-vous sur une salade de mangue, roquette et gorgonzola. Pour les plus gourmands, laissez-vous tenter par le poisson du jour, le homard, ou les langoustes frétillantes. Une cuisine inventive mettant en exergue la richesse des saveurs mexicaines.

LA ZEBRA €€

Carretera Tulum-Punta Allen km 8,2, Tulum Playa
✆ +52 984 115 4726
www.lazebratulum.com
Tous les jours de 7h30 à 22h. Petit déjeuner à partir de 200 $. Ceviches 300 $. Au dîner, plats autour de 300-450 $.

L'avantage ici, c'est que l'on est sur une magnifique plage et que l'on peut aussi y passer une partie de la journée. La cuisine est spécialement bichonnée par le chef mexicain Eleazar Bonilla qui n'a pas peur de se brûler les ailes en concoctant une cuisine mexicaine imaginative et savoureuse. Le menu change entre le déjeuner et le dîner, avec des viandes et poissons du jour qui font appel aussi bien aux recettes ancestrales, qu'au savoir-faire contemporain. Des plats raffinés et bien présentés, et un service aussi efficace que souriant.

LA FOURNÉE

Av. Tulum MZA 2 LTE 4 Loc. 7
✆ +52 984 688 2254
Ouverte de 7h à 18h du dimanche au vendredi. Fermée le samedi.

© LA FOURNEE

Cette boulangerie tenue par deux Français, Gilles et Jérôme, propose les grands classiques à la française tels que les baguettes, brioches, croissants et pains au chocolat. Vous pouvez y passer faire vos achats de pain mais aussi commander vos sandwichs pour vos différentes excursions dans la région. A noter qu´il s'agit également d'une cafétéria où vous pouvez prendre directement votre petit déjeuner, votre déjeuner ou simplement votre café. Faites-vous plaisir lors de votre passage à Tulum le temps d'une halte réconfortante autour d'un croissant ou d'un éclair !

PURO CORAZÓN €€

Carretera Tulum-Boca Paila km 5.5
✆ +52 984 115 1197
Du mardi au dimanche de 8h à 23h. Plats aux alentours de 300 $.

Tenu par un Français, le Puro Corazón est un restaurant typiquement « tulumesque », avec un style éco-plage des plus vivifiants. On y mange très bien : spécialités de grillades de poissons et fruits de mer (*aguachile, tostadas, pescadillas*...). Les ceviches sont succulents, tout comme les tacos, guacamole, ou le poisson à l'étouffée cuit dans une feuille de bananier. Très belle présentation des plats et de bons cocktails. Pour le plaisir des oreilles, le restaurant invite des groupes de musique et des DJ's de qualité en soirée.

BATEY MOJITO & GUARAPO BAR

Andromeda Oriente

Ouvert du lundi au samedi de 7h à 22h.

Le bar cubain incontournable de la vie nocturne de Tulum. Tous les jours des concerts en *vivo* de groupes locaux et pour les accompagner, de délicieux mojitos au gingembre, concombre ou fruit de la passion, élaborés avec du sucre de la canne fraîchement pressée avec le traditionnel *trapiche* installé sur l'emblématique Coccinelle à l'entrée. Le *guarapo* est le jus de canne auquel on ajoute quelques gouttes de citron vert et de la glace pilée, rafraîchissant et revigorant !

GITANO

Carretera Tulum-Boca Paila km 7.5

grupogitano.com/tulum

Ouvert tous les soirs à partir de 18h.

A l'arrière du restaurant (qui est correct sans plus, et cher), dans un cadre très selvatique, un grand bar à ciel ouvert, pour une atmosphère lounge tropical et *trendy*. On s'y adonne à la dégustation de cocktails, avec une belle carte dont la moitié sont à base de mezcals et de tequilas. Gitano organise des concerts de petits groupes locaux en semaine, en début de soirée, dans une ambiance bohème, et c'est *the place to be* les vendredis et samedis soirs avec des DJ sets dansants qui commencent vers 23h, pour terminer tard dans la nuit.

LA CALYPSO DIVE CENTER

Calle Sagitario

✆ +52 997 155 7165

www.lacalypsodivecenter.com

Sorties et formations PADI du débutant au confirmé, en mer et dans les cénotes. Instructeurs francophones.

Tenu par un couple de Français, ce centre de plongée dont le nom fait référence au célèbre navire océanographique du commandant Cousteau, est spécialisé dans l'exploration des cénotes (gouffres naturels donnant accès à la rivière souterraine) ou des massifs coralliens, que ce soit pour les débutants ou les plongeurs confirmés. Ils pourront vous organiser de très belles sorties plongées aux environs de Tulum. Formations PADI Open Water tous niveaux, avec des instructeurs très pros, rassurants et pédagogues, et du matériel récent de qualité.

KOOX DIVING

Av. Tulum manazana 2

✆ +52 1 984 313 7632

www.kooxdiving.com

Ouvert de 8h à 21h. Sorties et cours tous niveaux disponibles en français.

Ko'ox Diving est un centre de plongée axé sur le plaisir et la sécurité de ses clients. Elle offre la possibilité d'obtenir sa certification tout en plongeant dans des cenotes et grottes souterraines. Plus largement, ce club sérieux vous permet de découvrir des cenotes hors norme avec de belles formations de stalactites/stalagmites, sans oublier la traditionnelle plongée en mer, dont les fantastiques sorties pour découvrir les requins-baleines ou requins-taureaux (en saison). Paddle-board et kayaks sont disponibles pour ceux qui préfèrent rester à la superficie.

PROKITE MEXICO

Carr. Tulum-Boca Paila, Playa Tulum, Zona Hotelera ✆ +52 984 100 5878

www.prokitemexico.com

Cours particuliers ou collectifs tous niveaux. Des packs kite + hôtel à Tulum sont proposés.

Pratiquer le kite-surf sur les plages paradisiaques de Tulum, un rêve qui peut devenir réalité, grâce à Prokite Mexico ! Ce centre de kite réputé a été fondé par Cédric, un compatriote qui prend en charge les groupes de francophones. On peut passer les 3 niveaux de certification IKO (3 heures par niveau). Les plus avancés opteront pour le Skill Clinic, un cours particulier de 4h pour progresser au mieux. La meilleure période s'étend de décembre à mai, et surtout entre la mi décembre et début février où il est indispensable de réserver un peu à l'avance.

PAPAYA PLAYA PROJECT

Carretera Tulum -Boca Paila km 4.5

✆ +52 984 871 1160

www.papayaplayaproject.com

Papaya Playa Project, PPP pour les intimes, est un hôtel de luxe et club de plage plus *trendy* que les autres, puisque des DJ's viennent animer les après-midis, avec des sets sur la plage. En fin de semaine, l'établissement organise des concerts en live et des soirées électro. Les fameuses Full Moon Parties ont lieu tous les mois, le samedi proche du jour de pleine lune. Elles sont animées par des DJ's nationaux ou internationaux de renom. L'évènement est limité en nombre de participants et les réservations sont donc conseillées si l'on n'est pas client de l'hôtel.

COBÁ ★★★

Cobá est un important site archéologique maya qui se trouve à 47 km de Tulum, sur la route 109, dans l'intérieur des terres. A l'époque précolombienne, cette cité – qui aurait pu compter jusqu'à 50 000 habitants – rivalisait en grandeur et en beauté avec Chichén Itzá, avec qui elle se battit longtemps pour l'hégémonie de la région. C'est encore vrai aujourd'hui sur le plan touristique ! Bien que Cobá compte moins de constructions que Chichén Itzá, il possède l'une des pyramides les plus hautes de toute la zone maya. Il est aussi bien plus sauvage. Pour y accéder, il faut déambuler sur des sentiers dispersés dans la forêt tropicale, ce qui confère au site un charme de cité perdue… La vue panoramique depuis le haut de la pyramide de *Nohoch Mul* à plus de 40 m de hauteur est impressionnante. Cobá est l'un des rares sites où l'on peut encore grimper sur une pyramide (mais cela pourrait changer prochainement…). Même si une corde facilite la descente, il faut avoir le cœur bien accroché ! Pour se remettre de ses émotions et se rafraîchir, trois cenotes vous attendent non loin du site archéologique.

Cobá dispose d'un grand parking (60 US$). On peut aussi s'y rendre en bus public et bien sûr via des tours organisés. Il est conseillé d'arriver tôt sur le site. La marche dans la forêt ombragée est agréable, mais on peut aussi louer un vélo (50 US$ la location), ou prendre les services d'un vélo-taxi (50 US$). Un guide est un plus pour ceux qui veulent se plonger au plus profond de l'histoire maya.

GRUPO COBÁ ★★

Proche de l'entrée du site, le Groupe Cobá est un ensemble architectural de 53 édifices, dont seule une partie a été fouillée. Ces édifices résultent de la superposition de plusieurs étapes de construction. Le plus imposant est appelé *la iglesia* (l'église) et mesure 24 mètres de haut. Sa construction a commencé durant le Classique Ancien et a pris au Postclassique. Une offrande composée de figurines en jade et de perles a été trouvée à l'intérieur. Le Groupe Cobá comprend aussi un jeu de balle où ont été gravés des bas-reliefs et des stèles avec des hiéroglyphes.

GRUPO PINTURAS ★★

C'est un groupe d'édifices (structures, autels et stèles) qui combine des éléments architecturaux anciens avec des ajouts plus récents (période Postclassique). Le *Templo de Los Frescos* illustre ce phénomène d'ajouts et de modifications successives : sa base aux angles arrondis date de la période Classique Tardive alors que le temple en son sommet a été ajouté plusieurs siècles plus tard. L'ensemble était originellement recouvert de fresques, que le passage du temps n'a pas épargnées, puisque seules des fragments d'une frise décorative sont encore visibles.

CENOTES ★★

À quelques kilomètres des ruines, en longeant le lac puis en s'enfonçant dans la forêt.

L'entrée de chaque cenote coûte 100 $. On peut louer un vélo pour s'y rendre plus rapidement.

Rien de tel pour compléter l'ardente visite du site qu'une petite baignade dans les eaux cristallines de cenotes souterrains dans les environs. Au lieu de vous diriger vers l'entrée du site, continuer à longer le lac et vous les trouverez facilement. Le *cenote Choo-Ha* est d'un bleu cristal, et multiples stalactites descendent de son plafond. Le *cenote Tamcach-Ha* est lui-aussi niché au fond d'une caverne ; on peut sauter dedans par des plates-formes de 5 et 10 m. Le *cenote Multun-Ha* est situé un peu plus loin dans les profondeurs de la jungle. Magnifiques.

PIRÁMIDE DE NOHOCH MUL ★★★

Le Nohoch Mul (« grand monticule » en maya) est la plus imposante construction du site. Cette pyramide de sept niveaux et de 42 m de hauteur fut construite durant le classique ancien (200-600 apr. J.-C.), comme temple et mausolée pour les dynasties au pouvoir. Le temple au sommet construit au postclassique tardif (1200-1550), correspond au style architectural de la côte de la période. On y voit une sculpture du Dieu descendant, divinité vénérée sur d'autres sites de la côte. On ne peut malheureusement plus accéder au sommet pour des raisons de sécurité.

ZONA ARQUEOLÓGICA DE COBÁ ★★★

Route 109 km 47
✆ +52 984 206 7166
www.inah.gob.mx
Ouvert tous les jours de 8h à 16h. Entrée 100 $. Location de vélo ou pousse-pousse pour visiter les ruines.

D'après les inscriptions hiéroglyphiques trouvées sur le site, Cobá serait le nom originel de la cité et pourrait signifier en maya « eau trouble » : la ville de Cobá s'est développée autour de cinq lacs fondamentaux pour sa subsistance. La ville couvre une superficie de 70 km² et comprend près de 6 500 constructions, dont la plupart sont encore recouvertes par la jungle, ainsi que des voiries en pierre, appelées *sacbeob*, pluriel de *sacbé*, qui signifie chemin blanc. Le *sacbé* est un chemin surélevé d'une cinquantaine de centimètres situé entre deux murets, rempli de cailloux et revêtu d'un mortier calcaire. Ces chemins étaient blancs en raison du stuc de calcaire qui recouvrait les pierres. Durant la période d'apogée du site, les *sacbeob* reliaient Yaxuná, non loin de Chichén Itzá, parcourant jusqu'à 100 kilomètres.

L'occupation du site de Cobá date de 300 à 100 av. J.-C., mais c'est durant le classique ancien (entre 300 et 600 apr. J.-C.) que la cité commence à se développer, concentrant les pouvoirs économiques et politiques et absorbant peu à peu les villages alentour. Les premières voies de communication sont construites entre 600 et 800 apr. J.-C., à la même époque où sont gravées la majorité des stèles découvertes sur le site. La cité connaît donc son apogée entre 200 et 1000 apr. J.-C., époque de construction des principaux édifices et d'intensification des relations avec les sites du golfe du Mexique, alors que les échanges avec la région du Petén diminuent. Entre 1000 et 1450, Cobá entre dans une phase de déclin et subit l'influence de groupes du centre du pays : un nouveau style architectural voit alors le jour et est incorporé aux constructions existantes.

▸ **La visite :** le site est relativement comble du matin au soir puisque tours et voyages organisés y passent à longueur de journée. Une bonne option pour le visiter est de louer un vélo, qui permet de pédaler sous la futaie et de prendre l'air au passage (il existe également des chemins réservés aux seuls piétons). Depuis l'entrée du site, on passe tout d'abord par le *Grupo Cobá*. Puis une bifurcation indique sur la droite une déviation vers le *Grupo Macanxoc*, situé à quelques centaines de mètres plus loin dans la forêt : c'est l'ensemble le moins visité du site, dont la visite est peut-être la plus agréable. Si on continue sur le chemin principal, on croise la *Grupo de las Pinturas*, le Jeu de Balle, puis le monument le plus visité du site, la pyramide du Grupo Nohoch Mul.

MUYIL ★★★

À 23 km au sud de Tulum, Muyil – nom connu depuis l'époque coloniale (aussi appelée Chunyaxché) – est une communauté maya ancienne, établie au bord de la Réserve de biosphère Sian Ka'an. Elle en constitue d'ailleurs une des portes d'accès, qui permet de connaître aussi bien les vestiges archéologiques que les systèmes lagunaires splendides. La cité archéologique de Muyil est située à 12 km de la côte, mais est connectée à la mer par un système de canaux et de lagunes. C'est le plus important de la vingtaine de vestiges archéologiques que l'on trouve à Sian Ka'an. Les origines de la cité qui allait couvrir 40 hectares remontent au IVe siècle av. J.-C. mais ce n'est que vers 250 ap. J.-C. que de nouveaux soubassements sont construits, dans un style apparenté au Petén. À partir du VIIe siècle, l'activité architecturale diminue et tend à disparaître jusqu'au milieu du XIIIe siècle, où l'on observe un renouveau dont le style est propre à toute la côte caraïbe. La cité était encore habitée à l'arrivée des conquistadors espagnols. Puis le lieu allait tomber à l'abandon, jusqu'à ce qu'il soit réinvesti au XIXe siècle par les rebelles mayas, Muyil se situant alors et jusqu'à récemment sur le sentier qui reliait deux des cinq sanctuaires de la *Cruz Parlante* maya : Tulum Pueblo et Chumpón. À l'extrémité du site archéologique, un sentier interprétatif débouche sur l'embarcadère d'où partent les barques vers Sian Ka'an. Les combis au départ du centre de Tulum coûtent 30 $ et vous déposent sur la route principale (Ruta 307), à l'entrée des ruines. Prévoir un répulsif anti-moustiques.

ZONA ARQUEOLÓGICA MUYIL ★

Carretera Tulum-Carrillo Puerto km 23
✆ +52 983 837 24 11
www.inah.gob.mx
Ouvert tous les jours de 9h à 15h. Entrée : 65 $.

A l'entrée, la *Plaza de la Entrada* compte des édifices parmi les plus anciens du site. L'édifice connu comme El Castillo est le plus haut de Yumil. Il est situé au bout d'un long *sacbé* qui court sous la futaie. Ses 5 niveaux et 17 mètres de hauteur sont le fruit de deux étapes de construction distinctes. La première structure ne comptait en effet que trois niveaux : on y a retrouvé plus de 200 objets en jadéite et coquillages. Puis le premier temple a été recouvert de deux niveaux supplémentaires, couronné par le double temple que l'on observe au sommet.

RESERVA DE LA BIOSFERA SIAN KA'AN ★★★

La réserve du Sian Ka'an fut créée en 1986 et incorporée au patrimoine naturel mondial de l'UNESCO. C'est une des plus grandes zones protégées du Mexique avec 652 000 ha. Elle est composée de forêts tropicales humides, de mangroves, de lagunes reliées par des canaux, de cours d'eau douce et de *cenotes*. La réserve est un sanctuaire pour plus de 300 espèces d'oiseaux résidents ou migrateurs (flamants roses, hérons, pélicans, spatules, aigles pêcheurs, aigrettes...). C'est aussi un véritable paradis pour la faune terrestre avec 103 espèces de mammifères (ocelots, singes, pumas, jaguars, renards gris, fourmiliers, pécaris, tapirs...) qui évoluent parmi les 27 vestiges archéologiques recensés. Les lagunes, quant à elles, voient leurs couleurs et tons varier selon les heures du jour ; elles abritent de nombreuses espèces aquatiques, dont deux espèces de crocodiles tropicaux et des lamantins. La côte, protégée par une barrière de corail, est riche en langoustes et poissons tropicaux ; 4 espèces de tortues marines viennent pondre sur le sable. Un véritable paradis sur terre...

Plusieurs agences dont certaines sont communautaires organisent des excursions dans la réserve depuis Tulum. Au menu, visite de vestiges mayas, baignade dans l'ancien canal maya, *birdwatching*, exploration de la mangrove en kayak...

Balade

L'embarcadère de Muyil se trouve au bord de la petite lagune du même nom. Ici attendent les barques de pêcheurs, prêts à vous emmener à toute berzingue découvrir les attractions du coin. La première d'entre elles consiste à traverser un petit canal pour déboucher sur la Lagune de Chunayaxché, beaucoup plus vaste. On la traverse puis la barque vous dépose au bord d'un canal artificiel creusé par les Mayas ; ici, on met pied à terre et on découvre les ruines de ce qui devait être une ancienne douane maya. On enfile des gilets de sauvetage et on se plonge à l'eau pour se laisser porter par le courant durant un ou deux kilomètres. Ceux qui ont choisi l'option d'excursion la plus courte font alors demi-tour. Les autres continuent leur route à travers canaux et mangroves vers la très grande lagune de Capelchen, où l'on vous fait faire un petit tour pour observer lamantins (si vous avez de la chance) et oiseaux, puis accostent à Boca de Paila, où l'on a l'occasion de passer un peu de temps sur la plage avant de rentrer aussi vite que l'on était arrivé.

Reserva de la Biosfera Sian Ka'an.

VISIT SIAN KA'AN ★★

✆ +52 1 984 108 8853
www.visitsiankaan.com

Plusieurs excursions sur et autour de la réserve. Tarifs sur demande depuis le site Internet.

Cette agence locale a un grand respect pour l'environnement ; tous les tours proposés sont conçus pour générer le moins d'impacts possibles à Sian Ka'an. Aldo Ancona, le directeur de l'agence, connaît bien la réserve qu'il fréquente depuis son enfance. Les excursions concernent les lagons et mangroves labyrinthiques, la barrière de corail (tortues et dauphins), de petites zones archéologiques et l'observation des oiseaux au coucher du soleil. Les excursions se font en groupe de 6 personnes maximum, ou jusqu'à 12 personnes pour les demandes de groupe.

COMMUNITY TOURS SIAN KA'AN

Le long de la route principale, quasiment en face de l'entrée de la zone archéologique.
✆ +52 984 114 0750 - siankaantours.com.mx

Tours entre 90 et 150 US$ par jour : ancien canal maya, kayak, birdwatching, site archéologique, séjour village maya…

Organisation communautaire qui opère dans la réserve avec des guides certifiés issus des communautés mayas de Chompún ou Muyil. Une bonne option pour explorer la réserve avec de biens meilleurs services et infos que si vous preniez directement les barques depuis l'embarcadère. On peut même venir vous chercher directement à Tulum. Le centre d'opération vous prépare un repas après les excursions et on y trouve aussi un intéressant musée sur la nature et la culture mayas.

ASCENSION BAY'S FISHERMAN LODGE €€

Punta Allen ✆ +52 999 351 5328
ascensionbayflyfishing.com

Chambres à partir de 1 155 $, petit-déjeuner inclus. Packages incluant la chambre et la pêche sportive.

Un hôtel en dur peint d'un jaune pétard, avant tout destiné aux pêcheurs. On est au milieu de la végétation et à deux pas du bord de mer. Les chambres sont assez basiques, même si elles disposent de l'air conditionné et de salles de bains privées. Elles sont assez petites pour certaines et à côté d'un bruyant groupe électrogène. Piscine et un bon restaurant de poisson. On vient ici surtout pour la pêche (tarpon, snook…) ou pour des excursions à la rencontre des dauphins ou tortues.

LAS ORQUIDEAS DE SIAN KA'AN ★★

✆ +52 1 984 136 2558

Différentes excursions possibles en espagnol en fonction du temps et des intérêts des visiteurs.

Une coopérative gérée par une douzaine de femmes qui organise des excursions écotouristiques. On peut notamment explorer la Laguna Negra et ses mangroves en kayak, l'occasion de croiser des crocodiles et de nombreux oiseaux. De retour sur terre, on peut emprunter des petits sentiers interprétatifs à pied ou à vélo pour se rendre jusqu'au phare. On découvre alors toute la richesse de la faune et de la flore de la réserve. Une belle initiative communautaire.

RANCHO PEPO €€

✆ +52 1 984 130 7140
www.ranchopepo.com

Chambre pour une semaine à partir de 1 200 $ la nuit en haute saison, 800 $ en basse saison.

Situé dans la réserve, entre la mer et la laguna Caapechen, Rancho Pepo est une vieille maison datant de 1885. Elle était utilisée dans les années 1930-40 comme plaque tournante pour le commerce de noix de coco dans le Yucatán. Modernisée récemment, elle reste divinement rustique et accueillante. Idéale pour des familles ou groupes, puisqu'elle dispose de 4 chambres pouvant accueillir 8 personnes et de canapés-lits pour 5 personnes supplémentaires. Plage vierge à proximité, possibilité de tours de kayak pour observer oiseaux et animaux dans la lagune.

SAN MIGUEL DE COZUMEL ★★

Cozumel, « Terre des hirondelles » en langue maya, est la troisième île du Mexique en superficie (647 km², 48 km du nord au sud et 15 km d'est en ouest). Elle est située à 19 km de la côte de la péninsule du Yucatán, ce qui en fait la terre la plus orientale du Mexique. Située au niveau de la grande barrière de corail, Cozumel est l'un des meilleurs endroits au monde pour pratiquer la plongée, avec des spots à la géographie variée et une faune abondante. On y vient principalement pour cela. La plupart des voyageurs y viennent à la journée, mais y rester deux ou trois nuits vaut vraiment le coup. Il y a une bonne offre hôtelière et pas mal de choses à faire en plus de la plongée et du snorkeling, à commencer par des plages plus belles les unes que les autres. La côte est beaucoup moins bétonnée que du côté de Playa del Carmen. Autre avantage, il n'y a jamais de sargasses sur la côte ouest, où sont les plages où l'on se baigne généralement (la mer sur la côte est beaucoup plus agitée). Par contre, l'île est beaucoup moins festive que la côte au sud de Cancún, l'ambiance est plus paisible et tropicale. San Miguel est le port d'arrivée de l'île, le centre de son activité. C'est une petite ville tranquille qui vit au rythme des saisons touristiques et de l'arrivée des paquebots qui y déversent leur flot de passagers au petit matin. C'est ici que sont concentrés la plupart des hôtels, de même que restaurants, agences de location de véhicules et clubs de plongée. L'île est assez onéreuse en général, mais les petits budgets trouveront toujours de quoi se loger et bien manger pour pas cher.

Tourisme

L'office de tourisme de l'île se trouve dans le centre de San Miguel (Altos plaza del sol local #21 - Ouvert du lundi au vendredi de 8h à 15h). D'autres modules d'informations près du Restaurant Palmeras, sur l'embarcadère, et à Punta Langosta. Des renseignements utiles sur le site : www.caribemexicano.travel/isla-cozumel/

Transports

On arrive généralement à San Miguel en ferry depuis Playa del Carmen (Terminal Marítima Navega, non loin du Parque de los Fundadores). Environ 1 heure de trajet, avec l'une des deux compagnies en service : Ultramar (www.ultramarferry.com) et Winjet Fast Ferry (www.winjet.mx). Départs toutes les heures de 7h à 22h avec chacune des compagnies. Ultramar est plus chère (200 $ par adulte) mais plus confortable que Winjet (160 $). Les deux permettent l'accès aux personnes à mobilité réduite. Il est conseillé d'acheter son ticket en ligne, c'est souvent moins cher qu'au guichet de la compagnie. Si l'on dispose d'une voiture, on peut prendre un autre ferry au port de Punta Venado à Calica, à 20 minutes de Playa del Carmen. Voir avec Transcaribe (500 $ le véhicule avec 4 passagers) ou Ultramar Carga (400 $ avec 4 passagers). Deux ou trois départs par jour pour chaque compagnie.

On peut aussi arriver en avion à San Miguel, avec Mayair depuis Cancún (20 minutes de vol) ou Mérida (1 heure). Depuis Mexico, voir avec Volaris et Interjet (2 heures de vol). Des liaisons internationales également, variables selon la saison, depuis Montréal notamment (5 heures) avec Air Transat, Sunwing et Air Canada Rouge.

Pour circuler dans l'île, les routes sont très bonnes. Les taxis sont chers et cela vaut le coup de louer une voiture. Plusieurs agences de location à San Miguel, qui louent aussi des scooters (autour de 30-40 US$ par jour). Quelques agences de location de vélos aussi (15-25 US$ la journée). L'île est plane, mais les distances sont assez longues et il fait parfois bien chaud.

COZUMEL PEARL FARM ★★★

Dans la partie nord de l'île, départ de San Miguel.
✆ +52 1 987 564 8698
www.cozumelpearlfarm.mx
Du lundi au samedi. Excursion d'une journée, départ 10h, retour 16h. 110 US$, 85 US$ de 6 à 12 ans. 8 personnes maximum.

Une ferme familiale d'huîtres perlières située à l'extrême nord de l'île, entre mer et lagune. Après 45 minutes de bateau depuis San Miguel, où l'on apprécie les fantastiques tons turquoise de l'eau cristalline, on vous explique en détail le processus de la culture des perles, avant de vous emmener faire du snorkeling sur un magnifique récif pour voir les huîtres et une statue de la Vierge ancrée après le passage de l'ouragan Wilma. Puis baignade autour d'un magnifique banc de sable blanc et farniente. Une belle excursion. Possibilité de rester dormir sur place.

© YINYANG - ISTOCKPHOTO

Tour de l'horloge sur Plaza del Sol, San Miguel de Cozumel.

MUSEO DE LA ISLA DE COZUMEL ★★

Avenida Rafael E. Melgar

Ouvert mardi, jeudi et dimanche de 10h à 14h et de 16h à 20h. Entrée 198 $.

Le musée de l'île de Cozumel se trouve dans un bâtiment historique datant des années 1930, qui fut l'un des premiers hôtels de l'île. Rénové en 2020, il offre dans onze salles interactives et modernes des expositions permanentes présentant la géographie, les écosystèmes, l'histoire et la culture de Cozumel. Une reconstitution des fonds marins et des objets trouvés dans des galions coulés par les pirates complètent les quelques pièces archéologiques présentées.

AEROPUERTO INTERNACIONAL DE COZUMEL

Av. 65 y Boulevard Aeropuerto Cozumel

✆ +52 987 872 2081

DAB, maison de change, infos touristiques, location de voitures...

Le petit aéroport de Cozumel est desservi par les compagnies mexicaines Interjet (Mexico), Volaris (Guadalajara, Monterrey) et Maya Air (Cancún, via Mérida). Il existe aussi nombre de vols saisonniers pour le Canada et les Etats-Unis. L'aéroport se trouve à 10 minutes du centre et de la plage. Attention, pas de taxi à la sortie même. Il faut sortir de l'aéroport pour rejoindre l'avenue principale qui se trouve à moins de 100 mètres, pour pouvoir prendre un taxi.

PLAGES ★★★

Outre ses fonds sous-marins, l'île de Cozumel est réputée pour ses plages. Celles de la côte ouest sont plus propices à la baignade, car le littoral abrite de nombreuses criques et les vagues sont moins fortes. Elles sont facilement accessibles depuis San Miguel, à vélo, en scooter ou en taxi. Pratiquement toutes les plages de la côte ouest sont dotées de leur beach club, c'est-à-dire d'un bar restaurant qui met à la disposition des clients des transats et des parasols contre consommation. Dans certains cas, il suffit de commander une boisson ou un plat pour utiliser les installations, dans d'autres il est nécessaire de payer une entrée, mais la gamme de services proposés est généralement vaste : piscine en bordure de plage, douches et vestiaires, embarcadère pour plonger, et jeux gonflables dans la mer. La plupart des clubs de plage vendent des *pass* journaliers incluant le transport aller-retour depuis San Miguel. A partir de Punta Sur, sur la côte est, les plages sont pratiquement vierges, mais avec des vagues beaucoup plus fortes. Si l'on dispose d'un véhicule, il est facile de s'arrêter à plusieurs endroits et de découvrir plusieurs plages dans la même journée. La Playa San Martín, qui sert à la ponte des tortues marines, est tout à fait magnifique, l'eau y est d'une transparence rare. Plus au nord, la Playa Chen Río est très appréciée des locaux, car les rochers forment une espèce de piscine naturelle où l'on peut se baigner. Tout le long de la route, vous trouverez des petits restaurants et bars où faire une pause.

PARQUE NACIONAL ARRECIFES DE COZUMEL ★★★

Partie intégrante de la grande barrière de corail qui s'étend du nord de la péninsule aux Iles de la Baie au Honduras, Cozumel compte pas moins de 26 récifs magnifiques, pour la plupart situés dans la partie sud-ouest de l'île. Voici des sites de plongée majeurs classés depuis San Miguel jusqu'au sud de l'île :

- **Paraíso.** En face de l'embarcadère de San Miguel. Visibilité excellente et des eaux tranquilles. Idéal pour débuter. Des bancs de poissons inégalables et des espèces de corail grand format.
- **Chankanaab.** Cette lagune aux eaux calmes est un véritable aquarium naturel, à découvrir avec masque et tuba.
- **San Francisco.** Sa plaine sableuse couverte d'herbes sert de couloir de jonction entre différents systèmes coralliens. On y croise des prédateurs de grande taille tels que murène et requin-chat.
- **Santa Rosa.** Il se distingue par son mur qui descend jusqu'à une profondeur de 120 m, à partir de sa structure de corail qui débute à 15 m. Entre 20 et 30 m, on observe des gorgones et éponges aux couleurs vives, et une abondante vie marine. Les tortues et raies ne sont jamais loin… Comme sur la plupart des sites de ce type, on plonge à la dérive, en se laissant guider le long de la paroi par les courants marins. Pour plongeurs expérimentés, avec guides sérieux qui connaissent les conditions océaniques changeantes, car les courants descendants peuvent vous aspirer dans les profondeurs.
- **Palancar.** Au sud-ouest et à 2 km du rivage, il est considéré comme l'un des plus beaux sites de plongée au monde, et de loin le plus populaire du coin : corail en bonne santé, éponges géantes, poissons tropicaux, grottes et gouffres sous-marins. Plongée jusqu'à 20 et 30 m.
- **Colombia.** Réputé pour la plongée en profondeur et ses grandes quantités de poissons, mais aussi pour le snorkeling, puisqu'il y existe un mur aussi bien qu'un jardin de corail ; *El Cielo* est connu pour son sable blanc recouvert d'étoiles de mer.
- **Punta Sur.** Une plongée technique où l'on parcourt des reliefs sous-marins, dont une série de tunnels, longs et obscurs. Lampes recommandées.
- **A l'extrême sud, le mur de Maracaibo.** La plongée y est la plus technique de l'île, en raison des forts courants marins. Réservé aux plongeurs chevronnés qui pourront se laisser dériver dans l'océan, un peu à l'écart de la majorité des plongeurs. Un récif de corail au fond plat et aux eaux plus calmes se trouve également à proximité ; on y a de bonnes chances de croiser tortues et raies mantas, et de petits requins-nourrices.

ZONA ARQUEOLÓGICA DE SAN GERVASIO ★

Un peu au nord-est de la Carretera transversal
Tous les jours de 9h à 15h45. Entrée 85 $.

San Gervasio est le principal site archéologique de l'île. Il est loin d'avoir la splendeur de Chitchén Itzá, Cobá ou Tulum pour le visiteur, mais il a une importance historique indéniable puisque c'était un lieu de pèlerinage dédié à la déesse de la fertilité Ixchel. Son origine remonte à 300 apr. J.-C., mais le site se développe surtout à partir du VIIIe siècle, alors que les relations et échanges avec les autres cités du nord de Quintana Roo s'intensifient. Au début du deuxième millénaire, dans le sillage de Chichén Itzá, la cité intègre un réseau commercial encore plus vaste, pour devenir en deux siècles un grand établissement maya. C'est durant le postclassique tardif (1200-1450 apr. J.-C.) que la plupart des édifices actuels sont construits, alors que cette petite capitale administre l'ensemble des communautés insulaires. A leur arrivée, les Espagnols font état d'un lieu de culte dédié à la déesse Ixchel. Son sanctuaire était situé à l'emplacement de l'actuel village de San Miguel. San Gervasio n'a pas grand intérêt si vous avez déjà visité plusieurs sites majeurs de la péninsule, mais on y croise peu de touristes et son côté sauvage est plaisant. Il est intéressant de prendre un guide sur place (très abordable). La zone est constituée de six ensembles architecturaux réunis par un réseau de *sacbés*, ainsi que d'autres temples isolés, qui donnent une idée de la façon dont les Mayas menaient leurs activités administratives, religieuses et leur vie quotidienne.

SOLYMAR CAR & SCOOTER RENTALS

✆ +52 987 869 05 45
www.solymarrentals.com
Tous les jours de 8h à 19h. Scooter 20 US$, Jeep à partir de 55 US$, décapotable 35 US$. Tarifs dégressifs.

Une agence plus formelle que celles qui vous proposent leurs services à la sortie du ferry. Avec des véhicules en meilleur état également, de plusieurs catégories, de la Jeep à la petite décapotable, en passant par le break pour 7 personnes. L'agence est présente à chaque port d'arrivée et on peut vous amener le scooter ou la voiture à votre hôtel sans frais supplémentaires. Les véhicules sont loués avec une couverture d'assurance minimale, assurances complémentaires à votre charge.

RIVIERA MAYA ET QUINTANA ROO

BEST BIKES COZUMEL

Avenida 10 con Avenida Juárez
✆ +52 987 878 8602
www.bestbikescozumel.com

Ouvert tous les jours de 9h à 18h. Vélos à partir de 30 $ par heure, 150 $ par jour et 200 $ pour 24h.

Pour ceux qui ont envie de prendre leur temps et en ont quand même un peu sous le capot, c'est la plus belle façon de visiter Cozumel avec la possibilité de découvrir des criques secrètes. L'île est plate mais attention à la chaleur et au grand vent qui souffle vers Punta Sur. Prévoir beaucoup d'eau ! Best Bikes Cozumel est situé en face du quai des ferries, pratique si l'on a peu de temps à passer sur l'île. Les vélos sont confortables et de bonne qualité. Les prix sont raisonnables et le service au top, avec de bons conseils du patron, un passionné de vélo.

BLUE MAGIC HOSTEL €

Avenida 25 Entre Calles 2 y 4
✆ +52 987 141 5645
www.bluemagichostel.com

Dortoir mixte/féminin 12/15 US$, chambre double 44 US$. 90 US$ la sortie deux plongées.

Le seul hostel de l'île avec un centre de plongée PADI 5 étoiles sur place. Les plongeurs y sont d'ailleurs logés gratuitement en dortoir. L'endroit est central et reconnaissable avec son immense *palapa*. On est à 5 minutes à pied du port des ferries et de la place principale. Les chambres sont simples mais bien tenues. Un dortoir mixte avec 16 lits, un autre de 6 lits réservé à la gente féminine et deux chambres privées dont la Garden Suite avec salle de bains privative. Cuisine commune. Les tarifs ainsi que la qualité des instructeurs de plongée valent le détour.

HOSTELITO COZUMEL €

10 avenida N° 42
✆ +52 987 869 8157

Compter 15 US$ la nuit en dortoir, 40 US$ la chambre double.

Hostelito se situe dans le centre de Cozumel, à deux rues de la mer et du quai du ferry. C'est une petite auberge de jeunesse, propre et bien pensée, idéale à la fois pour les voyageurs sac à dos et pour les couples ou familles souhaitant des chambres individuelles à petit prix. Il y a même un appartement équipé d'une cuisine pour les longs séjours. Bibliothèque en libre accès, piscine, cuisine et salon extérieurs, terrasse équipée, réception 24h/24 et plein d'infos sur la plongée en général. Un hostel d'un très bon rapport qualité-prix.

HOTEL B COZUMEL €€

av. Rafael E. Melgar
✆ +52 987 872 0300
www.hotelbcozumel.com

45 chambres et suites, entre 240 et 320 US$, petit-déjeuner inclus. Nombreuses promotions sur la page web.

Un hôtel un tantinet *trendy*, avec des chambres réparties sur trois étages disposant de balcons avec vue sur la mer. Déco plutôt rétro, dans un style chic légèrement avant-garde, agrémenté d'objets artisanaux et d'œuvres de créateurs locaux. Les installations font passer l'envie aux plus paresseux d'explorer les alentours : grande piscine à débordement avec vue à couper le souffle, plage où se baigner au calme, corniche sur la mer équipée d'un bain à bulles, bar extérieur, restaurant aux saveurs locales et méditerranéennes, deck de yoga, club de plongée...

MI CASA EN COZUMEL €€

5 avenida Sur #543, entre les rues 7 et 9
✆ +52 987 111 9512
www.micasaencozumel.com

Entre 40 et 45 US$ et 130 et 150 US$ la nuit selon la chambre en basse/haute saison. Petit déjeuner inclus.

Petit hôtel-boutique de charme en plein centre de Cozumel, calme, mais proche de tout. Idéal pour ceux qui préfèrent les petites structures aux immenses hôtels. L'architecture de la villa est moderne et les neuf chambres aux noms de fruits locaux sont décorées avec goût, de couleurs différentes correspondant à ces fruits, et avec du bel artisanat mexicain. Certaines possèdent une terrasse et un hamac ; petite piscine pour se rafraîchir. Le personnel est efficace et discret, et on a vraiment l'impression d'être chez l'habitant ou chez soi, plutôt que dans un hôtel.

VENTANAS AL MAR

Carretera Costera Oriente km 43,5
✆ +52 1 987 107 1008
www.ventanasalmarcozumel.com

A partir de 104 US$ la chambre, et 132 US$ la suite. Petit-déjeuner inclus.

Seul hôtel sur la côte est de l'île, isolé du monde à 18 km de San Miguel, cet établissement aux petits bâtiments blancs avec toit de palme bénéficie d'une vue imprenable sur la mer : vous avez la plage pour vous tout seul. Idéal pour ceux qui cherchent un endroit tranquille où se relaxer. Une piscine également. Les seize chambres avec terrasse sont agréables, comme le reste de l'hôtel et l'accueil familial chaleureux. Plusieurs restaurants où l'on peut se rendre à pied, mais il est nécessaire de disposer d'une voiture, sinon il faudra se déplacer en taxi.

VILLA ESCONDIDA B&B €€

10a avenida sur entre calle 1 et 3
✆ +52 987 120 1225
www.villaescondidacozumel.com
2 chambres avec air conditionné à 93 US$.
1 appartement pour 2 location à la semaine.
Réservation fortement conseillée.

Vous serez superbement reçus par vos hôtes, Magda et David, qui bichonnent cette maison pourvue d'un beau jardin tropical et d'une belle piscine. Ici, tout est fait pour passer de relaxants moments, jusqu'au frigo qui vous permet de rafraîchir vos bières ou votre meilleure bouteille de vin. Situé en plein centre-ville, le tout est malgré tout d'un calme olympien et le petit-déjeuner typiquement mexicain délicieux. Accès internet, chaises longues et *palapa*, salle de jeux et télévision par câble, et prêt de vélo pour faire vos emplettes.

PRESIDENTE INTERCONTINENTAL COZUMEL RESORT & SPA €€€

Carretera a Chankanaab km 6,5
✆ +52 800 502 0500
www.presidenteiccozumel.com/
A partir de 209 US$ la chambre double et 290 US$ la suite.

Situé sur la route de Chankanaab, un grand complexe hôtelier de 218 vastes chambres et suites, construit à l'horizontale, avec un beach club paradisiaque, un club de plongée et un Spa. 40 chambres ont vue sur l'océan, certaines avec accès direct à la plage ; toutes disposent d'une terrasse et d'un balcon. Les quatre restaurants de l'hôtel sont aussi tournés vers la mer et proposent des plats allant des spécialités italiennes aux grillades, en passant par les fruits de mer.

LA CHOZA COZUMEL €

Avenida 10 #216 Entre Adolfo Rosado Salas et calle 3
✆ +52 987 872 0958
Ouvert tous les jours de 8h à 22h. Petit-déjeuner à partir de 92 $, menu du jour aux alentours de 200 $.

Ce restaurant en centre-ville offre la gamme complète des spécialités mexicaines et des plats typiques de fruits de mer. Une vraie bonne surprise puisque la qualité des plats et la fraîcheur des ingrédients n'ont en rien pâti du grand succès commercial du restaurant, comme cela est souvent la cas pour d'autres établissements. Une excellente adresse pour découvrir ou se remémorer les saveurs typiquement locales. Le menu du jour est une excellente option, complète et variée, à découvrir quotidiennement sur la page Facebook du restaurant.

LA CLASICA COZUMEL €

5ta Avenida entre 4 norte y 6 norte
Ouvert de mardi à dimanche de 13h à 22h.
De 49 à 149 US$.

La Clasica est un endroit où l'on mange bien, où les portions sont généreuses et les prix restent très doux. On y retrouve des plats à partager, notamment des *tostadas* pour les plus petites faims et d'autres plats plus copieux comme les *burritos*. On passe un bon moment en buvant une Corona et en écoutant la musique d'ambiance. C'est un endroit jeune et vivant, parfait pour profiter de son séjour à Cozumel. On peut aussi y aller pour seulement boire un verre entre amis. Définitivement un endroit convivial que l'on recommande !

COCO CAFE €

Av. Rafael E. Melgar
Tous les jours de 8h à 16h. Plats aux alentours de 120 $.

Bols de smoothies, crêpes, croissants, omelettes et œufs Bénédicte, à la coque ou brouillés, sont servis chaque matin dans ce joli restaurant situé en bord de mer. On s'y regaillardit admirablement. Le midi, on y sert des pokes, des avocado toasts, sandwichs, salades et des bouchées de guacamole et de houmous. Leurs cafés de spécialité et leur art latte ne font que rajouter une source additionnelle de bonheur. Attention : le brunch du week-end est très recherché et mieux vaut arriver tôt ! Fraîcheur garantie : tout y est délicieux.

LOS OTATES €

Avenida 15 Sur, entre calle 3 et Calle Doctor Adolfo Rosado Salas
Ouvert tous les jours de 12h à 3h. Repas complet entre 100 et 150 $.

C'est un endroit hyper populaire qui permet de se restaurer copieusement à moindre prix. On trouve tout ce que le pays a à offrir de tacos, dont les *tacos al pastor* typiques du centre du pays, les fameuses *gringas* ou les tacos de *cabeza de res* (cervelle, joue et langue de bœuf). Pour les timides, ceux à base de poulet ou porc feront l'affaire. On retrouve aussi de bons gros et délicieux *burritos* que s'arrachent les clients nord-américains. Du fait de l'accueil, des prix, de la qualité et des horaires d'ouverture, l'endroit fait un tabac.

TAQUERIA EL CHINO MARINERO €

Calle 20 av con 1 sur

✆ +52 987 111 3259

Ouvert du jeudi au mardi de 7h à 15h. Tostadas, tacos à partir de 30 $.

Petit restaurant populaire au cadre informel et au service sympathique, qui fait l'unanimité aussi bien chez les locaux que chez les voyageurs. Il est situé à quelques pâtés de maisons de la place principale. On y déguste une grande variété de petits plats typiquement mexicains des *tortas* (de poulpe braisé), *ceviches, tacos, quesadillas* et *tostadas* de poisson et de crevettes à un prix de velours. Une taquería sympa pour prendre son petit-déjeuner puisqu'elle ouvre tôt.

BUCCANOS AT NIGHT

Carretera San Juan Kilometro 4.5

✆ +52 987 114 5607

www.buccanos.com

Beach club : mardi-dimanche 10h-18h. Restaurant : mardi-samedi 18h-23h. Compter 60 US$ pour un repas complet.

Dans un cadre raffiné et romantique, face à la mer, le restaurant Buccanos propose une cuisine contemporaine élaborée principalement à base de poissons et de fruits de mer. Touche japonisante avec une sélection de sushis aux saveurs originales. Sans aucun doute l'une des cuisines les plus originales et créatives de l'île. En plus, les portions sont généreuses et les plats bien présentés. Réservation conseillée. En journée, l'endroit fonctionne comme beach club le long de la Playa San Juan, doté d'un spot pour faire du snorkeling et d'une belle piscine.

KONDESA COZUMEL €€

5 avenida entre 5 y 7

✆ +52 987 869 1086

www.kondesacozumel.com

Ouvert de 17h à 23h. Plats de 140 à 780 US$.

Kondesa est un restaurant mexicain caribéen gastronomique où l'on peut déguster des plats frais, créatifs et avec des produits locaux. Dans un style bohème chic, on dîne sous les étoiles et l'on peut ressentir toute l'atmosphère de Cozumel. Les plats changent au gré des saisons et nous vous recommanderons surtout les plats à base de poissons. Pour les amateurs du terre et mer version locale, vous avez le *surf & turf* qui est une viande Angus servie avec une langouste locale. Très bonne adresse, où l'on déguste aussi de succulents cocktails.

NEW ESPECIAS €€

Calle 3 Sur, entre calle 5 et 10.

✆ +52 987 869 7947

Du jeudi au mardi de 18h à 23h. Antipasti entre 170 et 190 $, pâtes fraîches entre 230 et 325 $.

Une vraie *trattoria* dont le propriétaire italien est aux manettes de la cuisine installée sur le toit terrasse, qui accueille aussi quelques tables pour ceux qui souhaitent dîner sous la brise plutôt que dans la salle climatisée du rez-de-chaussée. Niveau menu, les puristes apprécieront ce beau melon accompagné de jambon de Parme. Les plats principaux incluent aussi bien les poissons issus de la pêche locale que des viandes, le tout préparé dans un strict respect des saveurs italiennes. Pour le dessert, la *panna cotta* et le *tiramisù* restent indétrônables.

PALMERAS €€

Av. Rafael Melgar con Juárez

✆ +52 987 872 0532

De 8h à 22h. Petit-déjeuner aux alentours de 200 US$. Ceviches à 260 US$. Sandwichs et burgers entre 150 et 200 US$.

C'est le premier restaurant sur lequel on tombe en descendant du ferry, et celui où l'on peut patienter avant de le reprendre. Derrière ses grandes baies vitrées et doté d'air conditionné, il propose des plats simples, comme des soupes régionales, ceviches, quelques poissons et des spécialités mexicaines comme les *enchiladas verdes*, et les incontournables burgers, sandwichs, cheesecakes, smoothies.... Les plats sont abondants et le cadre sympathique et aéré, et l'on peut regarder le monde sortir du ferry et défiler sous ses yeux.

CERVECERIA PUNTA SUR

Avenida 10 entre Calle 3 y Salas

✆ +52 987 140 6744

www.cerveceriapuntasur.com

Tous les jours de 12h à 23h. Bières artisanales (60 $) et pizzas au feu de bois (144-240 $).

Pale Ale, Porter, rousse, brune ou blonde, il y en a pour tous les goûts dans cette petite brasserie locale qui offre en plus une ambiance et un décor originaux comparés aux autres bars de la ville ; pour monter le volume festif, mezcals et cocktails maison sont disponibles. Niveau restauration, les pizzas au feu de bois sont toujours présentes, avec parfois de bonnes surprises comme *ceviches* ou *aguachiles*. Le seul poisson au menu est le poisson-lion (*pez león*), une espèce invasive dangereuse pour les espèces locales, que l'on incite donc à pêcher et à cuisiner !

ATLANTIS SUBMARINES

Carretera A Chankanaab km 4
✆ +52 987 872 5672
www.atlantissubmarines.travel
Tours toutes les heures de 9h30 à 13h30. Adulte/enfant à partir de 105/52 US$, promo sur le site. Différents forfaits.

Une activité originale pour découvrir les fantastiques fonds marins de Cozumel. Le sous-marin *Atlantis XII*, unique en son genre au Mexique, peut accueillir jusqu'à 48 personnes. Le tour commence à bord d'une petite embarcation qui longe la côte pour rejoindre le sous-marin. Les passagers à bord, celui-ci s'enfonce à 30 m de profondeur dans le récif de Chankanaab. A travers le hublot, admirez la faune sous-marine : poissons et coraux multicolores, raies, tortues, requins et l'épave d'un navire, avec des informations précieuses en anglais et en espagnol.

DUNE MEXICO COZUMEL

Avda Rafael E Melgar entre Calle 6 y 8
✆ +52 987 141 0722
www.mexicobluedream.com
De 60 US$ à 145 US$ la plongée. Dive master 1 350 US$. Location de matériel disponible.

Cette agence propose des sorties plongée dans les coraux de Playa del Carmen, dans les *cenotes*, à Cozumel ou encore au contact des requins-bouledogues (de novembre à mars), etc. Pour ceux qui souhaitent obtenir leur certification, Dune Mexico Blue Dream est aussi un centre de formation PADI. Idéal pour apprendre à plonger ou pour suivre une formation spécialisée : plongée en eau profonde (Deep Diver), plongée en grotte (Cavern Diver), plongée sur épave (Wreck Diver), etc. L'agence offre une accompagnement très professionnel, vous pouvez y aller les yeux fermés.

PHOCEA MEXICO COZUMEL

Avenida General. Rafael E. Melgar
✆ +52 984 873 1210
www.phocea-mexico.com
Centre de plongée proposant des offres combinées à Cozumel et pour d'autres destinations : Playa del Carmen, cenotes…

Ce centre de plongée fait partie intégrante de l'hôtel Villablanca Garden Beach, où résident la plupart des plongeurs. Il est situé devant la plage, en face d'un récif peu profond, idéal pour les baptêmes de plongée et pour passer les brevets loisir. Le centre Phocea Cozumel dispose d'une équipe sérieuse et passionnée et d'équipements de qualité. Un bateau moderne pouvant accueillir 16 plongeurs, 4 guides de plongée et les membres d'équipage, pour partir explorer en toute sécurité la deuxième plus grande barrière de corail au monde.

SCUBA DU COZUMEL

Carretera Chankaanab km 6,6
✆ +52 987 872 9505
www.scubadu.com
Centre réputé offrant des cours et certifications tous niveaux.

Ce club de plongée, basé à l'Hotel Presidente depuis 1992, dispose d'une équipe de *dive masters* et d'instructeurs francophones. Le calendrier des sorties est fixé pour chaque jour de la semaine (un site profond et éloigné pour commencer et un site plus proche pour finir) : si vous plongez plusieurs jours, vous n'irez donc jamais au même endroit. Vous apprendrez les bases de la plongée ou de votre spécialité dans des fonds avec une très belle visibilité. Un centre très pro et convivial. Si vous êtes à un autre hôtel en bord de mer, on peut passer vous chercher.

CHANKANAAB ★

Au km 9 de la Carretera Costera, Chankanaab est un parc d'aventure établi en bord de mer, autour d'un grand cenote à ciel ouvert. C'est l'une des attractions les plus prisées des touristes et vous aurez donc du mal à y trouver un peu de tranquillité, sauf tôt le matin. Un endroit idéal avec des enfants en bas âge. Organisé à l'américaine, les installations n'y sont pas très discrètes, mais cela reste une option convaincante pour passer la journée avec les petits. Plongée masque et tuba ou bouteille, kayak, paddle, tyrolienne et jardin botanique doté de 350 plantes. Ouvert de lundi à samedi de 8h à 16h. Entrée : 26 US$ par adulte et 18 US$ par enfant.

SKY REEF €

Carretera Costera Sur km 10
✆ +52 984 164 4325
www.skyreefcozumel.com
Ouvert tous les jours de 8h à 19h. Plats entre 190 et 440 $.

Si vous prenez la route depuis San Miguel en matinée ou après vos plongées du matin, voilà un petit endroit où vous arrêter pour vous sustenter. Ici, l'ambiance se veut très américaine, même si les spécialités mexicaines ne manquent pas. À la carte, alcools à gogo avec notamment une dégustation de tequilas, avec burgers, nachos ou encore tacos. Petite plage pour se rafraîchir avant de repartir. On peut aussi passer l'après-midi entière allongé sur un transat ou explorer les fonds marins, pour découvrir un beau récif de surface situé juste devant le beach club.

PLAYA PARAÍSO ★★

À 15 km au sud de San Miguel, voici encore une belle plage largement visitée au cours des journées à la chaleur étouffante. On y trouve plusieurs clubs de plage qui s'occupent de tout pour que vous passiez une journée en paix, notamment avec vos petits. On y trouve en effet un parc de jeux gonflables et flottants installés sur la plage. Par contre, l'accès n'est pas donné : 21 US$ par personne pour le pack d'activités (jeux gonflables, kayak, paddle, snorkeling...), plus 3 US$ d'accès à la plage et 10 US$ de consommation au restaurant. Cela peut valoir le coup avec des enfants, mais pour la tranquillité mieux vaut pousser un peu plus loin.

NACHI COCOM COZUMEL BEACH CLUB ★★

www.cozumelnachicocom.com

Lundi-samedi de 8h30 à 17h ; le dimanche de 10h30 à 18h. Entrée : 59 US$, 12-15 ans 45 US$, 4-11 ans 19 US$.

Un des clubs de plage les plus chics de Cozumel, avec seulement 130 visiteurs admis par jour. Il dispose d'une immense piscine, de bains à remous, de plusieurs bars et d'un grand restaurant aéré, de transats sous des *palapas* faisant face à la mer, de hamacs entre les palmiers... Ici, on se détend à coup sûr, ou on profite des activités nautiques : kayak, paddle, banana boat, snorkeling... Après tout cela, pourquoi ne pas s'offrir un massage sur la plage mais avec un brin d'intimité ?

EL CEDRAL ★★

El Cedral est un petit village rural, situé à 5 km à l'intérieur des terres, à partir d'une déviation au km 15 de la Carretera Costera Sur (au niveau de la Playa San Francisco). Le village est réputé pour son festival, l'un des plus anciens de la région et du Mexique, où les cérémonies religieuses se mêlent avec les réjouissances païennes. Cette *feria* annuelle rend hommage à une page d'histoire de l'île. Elle a été créée par un survivant de l'un des nombreux massacres perpétrés durant la Guerre des Castes. Ce dénommé Casemiro Cardenás se considérait miraculé d'une attaque contre son exploitation agricole sur le continent en 1847 et initia alors cette fête le 3 mai pour remercier Santa Cruz de l'avoir sauvé. Il faisait partie de la vingtaine de familles de migrants qui s'exilèrent sur l'île. Depuis, sa descendance continue à festoyer avec forces cérémonies catholiques ce jour béni pour leur ancêtre. Mais l'histoire du village commence bien avant : la place était en effet déjà occupée dès le VIIIe siècle, comme l'atteste ce petit temple maya mitoyen de la non moins petite église du centre du village. Mais l'intérêt se situe un peu plus loin, à quelques kilomètres du village, où l'on trouve un *cenote* de toute beauté, où il fait bon passer quelques moments de détente au frais.

Tourisme

A savoir qu'El Cedral fait payer 2 US$ de droit d'entrée aux visiteurs. Si vous souhaitez vous rendre au *cenote*, il vous en coûte alors 7 US$ par personne. Au péage, un guide doit monter avec vous pour vous ouvrir le portail d'accès.

Playa Paraíso.

PLAYA SAN MARTÍN ★★

Au sud-est de l'île, une grande plage de sable blanc, assez sauvage, qui est une aire de protection de la flore et de la faune. Entre mai et septembre y débarquent des milliers de tortues marines pour y déposer leurs œufs. C'est une plage non fumeurs (pas de mégots *por favor* !) et l'on vous demande de respecter méticuleusement l'environnement. Un beach club loue des transats et propose des snacks et bières fraîches à des prix indécents, méfiez-vous. Vous pouvez bien sûr aller un peu plus loin sans avoir à payer. L'intérêt est surtout que la plage est surveillée, car les vagues peuvent être puissantes à certains endroits. Compter 300 $ pour s'y rendre en taxi.

© AURÉLIEN LEMOINE

Un hâvre de paix pour la ponte des tortues.

PLAYA PALANCAR ★★★

Au niveau du km 19,5 de la Carretera Costera, à 30 minutes de San Miguel en scooter, une belle et longue plage aux airs paradisiaques, avec sable blanc et eau turquoise. Un endroit idéal pour s'adonner au farniente et aux plaisirs de la baignade, tout en pouvant s'allonger à l'ombre d'un parasol sur des transats du beach club. Pour ceux qui ne tiennent pas en place, on peut aller faire du snorkeling ou de la plongée avec bouteille sur le réputé récif de Palancar, juste en face, ou encore faire un petit tour en parachute ascensionnel pour admirer les paysages de l'île depuis les airs ! Le beach club est ouvert tous les jours de 9h à 17h.

PUNTA SUR ★★

Punta Sur, la pointe sud de l'île, c'est un peu le bout du monde version insulaire. Petit bar-resto de plage à l'ancienne, très caribéen, pour respirer à pleins poumons l'air du large. Punta Sur, c'est surtout une réserve naturelle où l'on peut voir des oiseaux migrateurs, des amphibiens et des reptiles, dont de beaux crocodiles que l'on peut observer depuis un mirador, ou lors d'une balade en bateau. Le parc abrite également le site archéologique maya El Caracol (1200-1400), un phare du nom de Celarain, au sommet duquel on peut grimper pour une superbe vue à 360 degrés, et un musée de la navigation qui mérite une petite visite. Les plages sont magnifiques, avec du sable blanc et fin, où sont installés transats et hamacs. L'eau est calme et transparente, idéale pour le snorkeling. Parmi les activités proposées, on peut notamment faire une balade en bateau sur la lagune de Colombia, des tours de kayak et emprunter le petit sentier de découverte.

Tourisme

Accès du lundi au samedi de 9h à 17h. Les tarifs d'accès sont de 18 US$ pour les adultes, 11 US$ pour les enfants de moins de 12 ans. Les enfants de moins de 3 ans ne payent pas. Ils incluent l'accès au phare, aux ruines mayas et au musée nautique. Sans véhicule, un taxi coûte environ 300 $ pour rejoindre le parc. Vers le nord, les plages de la côte orientale s'étendent à perte de vue et sont propices à la pratique du kitesurf ou du surf en cas de houle.

PARQUE PUNTA SUR ★★

Pointe sud de l'île

www.cozumelparks.com

Ouvert du lundi au samedi de 9h à 16h. Entrée : 18 US$ par adulte et 11 US$ par enfant de moins de 12 ans.

La pointe sud de l'île de Cozumel a été transformée en un parc éco-touristique qui constitue la réserve naturelle la plus grande de l'île. Le parc jouit d'une belle diversité de la faune et de la flore locales et abrite des restes archéologiques, un musée nautique et de vastes plages de sable fin avec transats et hamacs. Montez les 134 marches qui mènent au sommet du phare Celarain pour admirer la vue spectaculaire entre mer et lagune. Possibilité de faire une balade en bateau sur la lagune où vivent quelques crocodiles (ouvrez l'œil !), du snorkeling et du kayak.

RIVIERA MAYA ET QUINTANA ROO

Playa Río Chen.

PLAYA RÍO CHEN ★★

Peu après Playa San Martín en remontant vers le nord-est, Playa Río Chen est une petite crique dont les rochers forment des piscines naturelles qui rendent la baignade aisée. L'eau est chaude et transparente, et on peut y observer avec son masque et son tuba quelques jolis poissons colorés. La plage est très populaire auprès des familles de l'île qui s'y rendent en nombre le week-end. La semaine, c'est beaucoup plus paisible. On y trouve quelques bars restos typiques, où l'on mange les pieds dans le sable du poisson frit ou des fruits de mer. Les prix sont corrects pour le cadre et vous pouvez profiter des parasols et transats si vous consommez.

COCONUTS BAR & GRILL

Costera Este km 43,3

Tous les jours de 9h30 à 19h.

Situé sur une corniche dominant la mer, le Coconuts fait partie des arrêts obligatoires quand on fait le tour de l'île. Il y a du monde toute la journée dans ce lieu qui se caractérise par une ambiance de vacances dans le cadre d'un bar resto typique des Caraïbes sous une grande *palapa*, avec une vue spectaculaire sur la mer souvent agitée de cette côte est (qui fait oublier la déco parfois peu raffinée). Ici on déjeune et on boit (beaucoup) à toute heure. Poissons frits, burgers, frites maisons, ceviches, tacos... C'est plutôt bon et les portions sont généreuses.

SAN GERVASIO

San Gervasio est le principal site archéologique de l'île. Il est situé au nord-est de la Carretera Transversal qui relie San Miguel et la côte est de l'île. Loin d'avoir la splendeur de Chichén Itzá, Cobá ou Tulum, le site a une importance historique indéniable, puisque c'était un lieu de pèlerinage dédié à la déesse de la fertilité, Ixchel. Son origine remonte à 300 apr. J.-C., mais le site se développe surtout à partir du VIIIe siècle, alors que les relations et échanges avec les autres cités du nord de l'actuel Quintana Roo s'intensifient. Au début du deuxième millénaire, la cité intègre un réseau commercial encore plus vaste pour devenir en deux siècles l'un des principaux établissements mayas. C'est durant le postclassique tardif (1200-1450) que la plupart des édifices actuels sont construits, alors que cette petite capitale administre l'ensemble des communautés insulaires. À leur arrivée, les Espagnols font état d'un lieu de culte dédié à la déesse Ixchel. Son sanctuaire était situé à l'emplacement de l'actuel San Miguel.

Tourisme

San Gervasio n'a pas grand intérêt si vous avez déjà visité des sites majeurs de la péninsule, mais son côté sauvage est plaisant. La zone est constituée de six ensembles architecturaux réunis par un réseau de *sacbés*, ainsi que d'autres temples isolés, qui donnent une idée de la façon dont les Mayas menaient leur vie quotidienne. Ouvert tous les jours de 9h à 15h, 188 $.

FELIPE CARRILLO PUERTO ★

Située à quelques kilomètres de la côte, à l'intérieur des terres, la ville de Felipe Carrillo Puerto est la porte d'entrée du monde maya. Elle abrite quelques monuments religieux et musées : l'église Balam Nah, le *Santuario de la Cruz*, le *Museo regional de la música Popol Nah*. Néanmoins, son intérêt principal est surtout d'avoir gardé son identité de ville maya traditionnelle, en partie grâce à l'absence d'attractions touristiques. C'est un endroit à visiter pour mieux comprendre la culture maya, ses traditions et l'adaptation des Indiens au monde moderne. Un peuple fier qui offre toujours aux visiteurs un accueil chaleureux et souriant.

Histoire

La ville naquit en 1850, durant la guerre des Castes, qui opposa les Indiens Mayas aux riches propriétaires blancs et au gouvernement mexicain, à l'endroit où les *Cruzoob* – les Mayas rebelles – virent trois croix sur l'écorce d'un arbre. La croix parlait aux Indiens à travers un interprète et les encourageait à s'insurger contre les Blancs. Les *Cruzoob* nommèrent la ville « Chan Santa Cruz » ou « Pequeña Santa Cruz » et en firent leur capitale. Durant plus d'un siècle, Chan Santa Cruz fut le théâtre des principales batailles qui opposèrent le peuple maya et le gouvernement. C'est en 1930 que la ville reçoit son nom actuel en l'honneur de Felipe Carrillo Puerto, fervent défenseur des droits des femmes et des droits indigènes mayas. Homme politique socialiste, il avait été, deux ans avant son assassinat en 1924, nommé gouverneur du Yucatán.

CHACCHOBEN ★

Chacchoben, immergé dans une nature somptueuse à proximité de la lagune d'Ocho, est à peu près à mi-chemin entre Bacalar et Mahahual et peut faire l'objet d'une excursion d'une matinée depuis l'un ou l'autre de ces deux villages. Le site qui s'étendait sur 70 hectares n'a commencé à être exploré qu'en 1994 et seule une infime partie a été mise à jour. Les vestiges archéologiques ne sont pas forcément les plus impressionnants de la région, mais la visite est très agréable du fait de son environnement naturel et sauvage : on peut facilement apercevoir des toucans, des iguanes et autres espèces de mammifères qui se promènent à proximité des pyramides.

ZONA ARQUEOLÓGICA DE CHACCHOBEN ★★

Carretera 293

Ouvert tous les jours de 9h à 15h. Entrée : 70 $.

L'occupation de ce site daterait de 200 av. J.-C. Édifié au départ selon les caractéristiques des cités du Petén auxquelles Chacchoben aurait pu être soumis, sa croissance au cours des 500 années suivantes allait intégrer les styles entremêlés de *Río Bec* et *Chen*. On sait peu de choses sur la cité si ce n'est qu'elle souffrit d'un abandon partiel vers la moitié du VIIIe, avant de voir réhabilités et repeuplés certains édifices du centre civique et religieux au Postclassique Tardif.

Zona Arqueológica de Chacchoben.

MAHAHUAL ★★★

Le village de Mahahual a été l'un des premiers à bénéficier de l'essor touristique de la Costa Maya, grâce à sa position géographique face à la mer des Caraïbes et au récif corallien de Banco Chinchorro. Il a été équipé d'un complexe portuaire pour pouvoir accueillir occasionnellement les paquebots de croisière qui traversent les Caraïbes, dont les passagers descendent pour la journée. Ce développement n'a heureusement pas gâché tout le charme de l'endroit. Les hôtels et les petits restaurants touristiques se sont installés à plusieurs kilomètres de l'embarcadère en bordure de plage, mais leur style n'est pas celui du tourisme de masse puisqu'ils n'accueillent que les passagers des paquebots durant quelques heures lorsque ceux-ci débarquent. Dans cette partie du village qui ne compte que quelques rues, dont le *malecón* qui est exclusivement piéton, on peut profiter pleinement et en toute tranquillité des beautés de la mer des Caraïbes, tout en dégustant d'excellentes spécialités à base de fruits de mer. Les hôtels ne possèdent pas plus de deux étages. Ce ne sont pas tous des *cabañas* comme à Tulum mais cela donne aussi un air plus authentique à l'endroit. D'ailleurs, les prix de l'hébergement, comme les tarifs des activités et des restaurants, sont au moins deux fois moins chers que sur la Riviera Maya. Il faut donc profiter d'être ici pour réaliser des excursions de plongée et de snorkeling, d'autant que c'est l'un des meilleurs spots de la côte pour partir à la découverte des beautés cachées de Banco Chinchorro. Les adeptes du bout du monde pourront longer la côte sauvage jusqu'à Xcalak et trouver également en route d'autres solutions d'hébergement.

Quartiers

Mahahual se divise en trois grandes zones : la zone portuaire, où arrivent les ferrys et où pullulent les grands magasins *outlet*, le village à proprement parler, avec son *malecón*, ses hôtels et ses petites boutiques d'artisanat et de plongée, et une frange côtière longue d'une dizaine de kilomètres, encore très peu urbanisée, avec des plages quasi vierges, où il existe plusieurs hôtels écologiques. Si vous avez besoin de vous déconnecter du monde, que vous cherchez la tranquillité absolue ou que vous désirez vous retrouver en famille, optez pour un des hôtels à l'extérieur du village. Ce n'est quand même pas tous les jours qu'on a l'opportunité d'avoir une plage pour soi tout seul, il faut en profiter, surtout dans les Caraïbes !

Transports

Le village est situé à 225 km au sud de Tulum et à une centaine de kilomètres au nord-est de Bacalar ; on y accède par une déviation de 60 km depuis la route Chetumal-Cancún. Depuis Chetumal, ce sont 150 km et 2h de route.

- **En bus** : depuis Chetumal, plusieurs options, qui passent toutes par Bacalar, s'offrent à vous ; les bus 1re classe ADO (1 départ en matinée depuis l'aéroport ou le Terminal Central ADO), les bus Caribe (départ depuis le marché Ignacio Manuel Altamirano à 16h30 et 0h30, ce dernier empruntant également la route côtière jusqu'à Xcalak), ou des vans qui partent du matin au soir au niveau de l'avenue Insurgentes #179, derrière le parc.

BLUE KAY €

Malecón Malahual SN
✆ +52 983 158 0880
www.bluekaymahahual.com
77 cabañas de 770 $ à 3 100 $ selon emplacement et salle de bains privée ou non. Location vélos, kayaks. Restauration.

Ensemble de petites cabanes en bois à l'entrée du village. Pour accéder à la plage, il n'y a qu'à traverser la rue. De la terrasse de la première file de cabanes, on voit la mer. Par contre, à ce prix, ne vous attendez pas au grand confort. Les *cabañas* aux prix les plus accessibles ne mesurent pas plus de 10 mètres carrés et possèdent pour unique mobilier un lit, c'est tout. Heureusement, l'aspect paradisiaque du lieu incite à passer plus de temps à l'extérieur qu'à l'intérieur, ou alors dans le *temazcal*, une expérience qui requinque !

HOTEL JARDÍN MAHAHUAL €

Calle Sardina
✆ +52 983 834 5722
www.mahahualjardin.com
Chambre double à partir de 50 US$.

Situé à peine à cinq minutes à pied de la plage, ce petit hôtel sans prétention et convivial remplit sacrément bien son office : les chambres sont soignées et joliment décorées, le petit espace collectif est accueillant et invite aux échanges. Le grand avantage, c'est l'accès, derrière un comptoir en extérieur, à une kitchenette équipée et à un frigo, ce qui permet d'acheter poissons et fruits de mer aux pêcheurs locaux et de se préparer des bons petits plats. Pour plus de tranquillité, préférez plutôt les chambres à l'étage.

HOTEL MAYA LUNA €€

Carretera Mahahual-Xcalak km 5.2
✆ +52 983 836 0905
www.hotelmayaluna.com
4 bungalows, à partir de 1 480 $ pour deux personnes. Restauration.

Petit hôtel sur la plage, qui prend soin de nous en récupérant l'eau de pluie et en nous fournissant l'énergie électrique grâce à des panneaux solaires. Le respect de l'environnement est l'un des axes forts de cet hébergement, et cela intègre aussi la formation du personnel. Les quatre charmants bungalows sont très bien aérés et disposent chacun d'une terrasse sur le toit pour regarder la mer à n'en plus finir. Terrasse au rez-de-chaussée, hamacs et excursions en mer et dans les environs. Un service de soins et de massages est également proposé.

KABAH-NA ECORESORT €€

Carretera Mahahual-Xcalak km 8.6
✆ +52 983 700 5917
7 bungalows. A partir de 1 000 $ la cabane face à la mer pour 4 personnes, et à partir de 1 400 $ l'appartement.

Cet hôtel en bordure du mer à 8 km de Mahahual donne la sensation d'être perdu au bout du monde, dans un décor paradisiaque idéal pour oublier les tracas de la civilisation. C'est une halte idéale pour les voyageurs qui souhaitent se reposer et se ressourcer, en bénéficiant d'un confort simple, mais suffisant (cabanes sans air climatisé mais aérées grâce à leur toit en paille, mobilier artisanal en bois, mezzanine, Internet wifi). L'hôtel propose plusieurs activités sportives, dont des balades en catamaran et des excursions de plongée.

HOTEL QUINTO SOLE €€€

Carretera Mahahual-Xcalak km 0,35
✆ +52 983 834 5715
www.quintosole.mx
Chambre double à partir de 1 300 $. Restauration. Bain bouillonnant.

L'établissement prétend proposer un niveau de standing comparable à celui des grands hôtels, dans un édifice de charme, qui reste à taille humaine et tire profit des magnifiques paysages environnants. Les 16 chambres sont assez sobres et impersonnelles, mais certaines offrent tout de même une jolie vue sur la mer. On peut également admirer le coucher de soleil depuis le bain bouillonnant du toit terrasse qui invite à la contemplation. Le séjour donne accès au club de plage, ainsi qu'au grandiose parc aquatique Mayá, Lost Mayan Kingdom, situé à 3 kilomètres.

KALMA 40 CAÑONES

Avenida Mahahual
✆ +52 983 834 5730
www.40-canones.com
Chambre double à partir de 1 900 $; suite à partir de 2 720 $. Restauration.

Ce bel hôtel est situé à 4 kilomètres du port de Malahual en bordure de plage, et vous ne manquerez pas de profiter du club de plage et de ses services les pieds dans l'eau. L'établissement mélange harmonieusement le style rustique et le confort moderne. Il offre une gamme de chambres et de suites très lumineuses, avec ou sans vue sur la mer. Le tout est parfaitement entretenu, et le restaurant marie les spécialités locales et les pâtes italiennes avec délice. L'équipe vous accompagnera dans l'organisation de vos excursions vélo, plongée...

EL GRAN NOHOCH KAY €

Avenida del Malecón
✆ +52 983 122 7293
www.elgrannohochkaybigfish.com/
Ouvert tous les jours de 12h à 20h. Poissons et fruits de mer à partir de 150 $.

Ce restaurant bar beach club est spécialisé dans les plats de poissons et les fruits de mer, comme son nom le suggère, puisque Nohoch Kay signifie en maya « grand poisson ». Il sert les recettes mexicaines typiques de la côte (*ceviche*, cocktail de poissons, poulpes à la diable) mais les plats sont particulièrement bien assaisonnés et préparés ici. Les crevettes à l'ail et au vin blanc sont un vrai régal. On peut déjeuner sur sa chaise longue les pieds dans le sable, et bien sûr bien calé à table. Le temps de sauter dans l'eau et le repas est servi.

PIZZA PAPI €

Avenida Paseo del Puerto
✆ +52 983 104 0667
Ouvert du jeudi au dimanche de 17h à 22h30. Compter entre 110 et 240 $ pour une pizza.

Ce restaurant italien est situé dans la zone résidentielle de Mahahual, entre le village et le complexe portuaire et commercial où amarrent les immenses ferries. Du fait de son emplacement, c'est un restaurant qui est surtout fréquenté par les étrangers qui vivent dans le coin. Mais cela vaut la peine de faire le déplacement jusque-là. L'ambiance est sympa, des soirées musicales y sont régulièrement organisées, et les pâtes ainsi que les pizzas au feu de bois vraiment exquises, bien meilleures que celles que l'on trouve sur le *Malecón* !

PANADERÍA LA TARTALETA

Calle Sierra

Ouvert tous les jours de 6h30 à 22h.

Dans cette boulangerie, vous trouverez aussi bien des macarons, des millefeuilles ou toutes sortes de viennoiseries françaises, que des spécialités mexicaines, dont de nombreux gâteaux à la crème. D'ailleurs, si vous êtes de ceux qui sont nostalgiques de nos petits-déjeuners bleu-blanc-rouge, attendez-vous à faire la queue le matin pour dénicher un pain au chocolat ou un croissant et un café. Les tables le long du trottoir risquent d'être déjà occupées mais on peut toujours s'asseoir sur un banc non loin de là, ou sur la plage !

YAYA BEACH

Av. Huachinango, à l'angle de la rue Coronado

✆ +52 983 137 6470

www.yayabeachclub.com

Ouvert tous les jours de 9h à 23h30.

Le Yaya Beach est un club de plage où l'on peut venir passer la journée, allongé sur un transat à l'ombre d'un parasol et face aux eaux turquoise de la mer des Caraïbes et y rester jusqu'au milieu de la nuit ! Car c'est aussi l'un des endroits de Mahahual qui reste le plus animé le soir. On peut y déguster de savoureux cocktails dans une ambiance tamisée, en harmonie avec l'esprit du lieu. Bonne programmation musicale. L'équipe peut aussi vous faciliter la prise de contact avec ses partenaires pour des excursions ou sorties en mer.

XCALAK ★★

Ce tout petit village de pêcheurs se situe à environ 60 km à l'ouest de Mahahual, au bout de la péninsule qui sépare la baie de Chetumal et la mer des Caraïbes. Avant, un ferry faisait la navette quotidienne avec Chetumal, mais la seule option actuelle est de longer la côte depuis Mahahual (1 heure environ). Xcalak est à visiter si vous aimez les paradis perdus, dépourvus d'infrastructures touristiques. Les plages à proximité restent pratiquement vierges et la végétation exubérante. C'est aussi une base idéale pour explorer la réserve de Banco Chinchorro. Mais si vous disposez de peu de temps, les plages des environs de Mahahual suffiront à vous combler !

RESERVA DE LA BIOSFERA BANCO CHINCHORRO ★★

La réserve de biosphère de Banco Chinchorro est une réserve naturelle maritime qui a été classée en 1996 par l'Unesco pour protéger une partie du récif corallien mésoaméricain, qui se trouve à une trentaine de kilomètres face aux côtes du Quintana Roo. La réserve occupe une surface totale de plus de 144 000 hectares et comprend des formations récifales, une lagune récifale, trois îlots rocheux (îlot Lobos, îlot Centro et îlot Norte) et les eaux océaniques alentour. C'est une zone de grande valeur écologique, qui sert de refuge et de zone de reproduction à près de 800 espèces de faune et de flore maritimes. La grande diversité de la réserve est liée à l'irrégularité de la topographie sous-marine et à la complexité du système corallien – il existe une centaine de types de coraux différents – qui permettent la formation de milieux d'habitats très divers. Les activités de pêche, qui constituaient la principale source de revenus des habitants de la région jusqu'à la création de la réserve, sont aujourd'hui très strictement encadrées pour assurer la protection de cette biodiversité. Beaucoup de pêcheurs se sont reconvertis dans les activités de plongée, car Banco Chichorro est, en raison de sa richesse faunistique, l'un des plus beaux spots des Caraïbes où pratiquer la plongée, mais aussi la randonnée palmée, communément appelée « snorkeling ». La zone est d'autant plus intéressante pour la plongée qu'elle fut un haut lieu de naufrage. Près de 40 épaves de bateaux y ont été référencées, dont l'ancienneté fluctue entre le XVIe et le XIXe siècle. Gisant au fond de la mer, à proximité de la barrière de corail qui protège le lagon des vagues de la mer, elles constituent un véritable patrimoine archéologique et culturel à sauvegarder.

Sports / Loisirs

Les villages les plus proches de la réserve sont Mahahual et Xcalak. De nombreux centres de plongée y sont installés et proposent des excursions pour partir à la découverte des fonds sous-marins de Banco Chinchorro (plongée ou snorkeling). On peut y plonger toute l'année, dans une eau qui oscille entre 25 et 30 degrés et qui offre une large visibilité de 10 à 60 mètres, mais la saison optimale s'étale entre les mois de décembre et septembre. Du fait de la concurrence, le personnel est souvent très compétent, le matériel et les équipements sont de qualité.

RIVIERA MAYA ET QUINTANA ROO

LAGUNA DE BACALAR ★★★

Surnommée la lagune des Sept Couleurs pour ses eaux cristallines dont la tonalité varie du turquoise au bleu selon l'endroit et le climat, c'est l'un des joyaux méconnus des Caraïbes mexicaines, un site où l'on peut se détendre et profiter des joies de la baignade dans un cadre digne des plus beaux paysages de carte postale. Sur l'une de ses rives se trouve installé le petit village de Bacalar, à l'esthétique typiquement mexicaine. Fondé par les Espagnols au milieu du XVIe siècle, lors de la conquête de la péninsule du Yucatán, il constituait un point stratégique pour les navires qui se dirigeaient vers les lointaines provinces du Guatemala et du Honduras. Au cours du XVIIe siècle, Bacalar fit l'objet constant d'attaques de pirates qui cherchaient à s'emparer du bois de Campeche et des marchandises transportées par les navires espagnols. Pour contrecarrer cette situation, l'intendant de la péninsule fit construire en 1733 le fort de San Felipe, qui est désormais converti en musée. Aujourd'hui, le village de Bacalar compte environ 10 000 habitants. Ses fêtes patronales, en l'honneur de San Joaquín, se déroulent du 10 au 19 août, l'occasion de nombreuses festivités.

Balade

La lagune de Bacalar se prête à de nombreuses activités sportives : baignade, snorkeling, kayak, catamaran, balades en forêt… Certains habitants suffisamment aisés pratiquent le ski nautique et le jet-ski, mais on déconseille vivement d'en faire autant en raison des impacts environnementaux sur l'écosystème. Pensez également à utiliser une crème solaire biodégradable ! A noter que les activités nautiques sont interdites sur la lagune tous les mercredis pour réduire l'impact du tourisme.

Se loger

On peut faire le choix de dormir dans le village ou opter pour un hôtel plus isolé sur les rives de la lagune pour un dépaysement plus complet. Cette destination se prête au camping. De nombreux établissements qui sont installés sur les rives de la lagune permettent de camper dans leur jardin et de faire usage des douches et des toilettes contre une modique rémunération. Même si l'on a les moyens de se payer une chambre d'hôtel, camper dans un endroit aussi paradisiaque est une expérience qui peut se révéler unique et inoubliable. Alors, pensez à mettre une tente dans vos bagages !

CENOTE AZUL ★

Avenida Costera

Entrée : 50 $.

La Lagune de Bacalar comprend plusieurs *cenotes* qui ne sont pas des plus accessibles puisqu'il faut s'affranchir d'un passage par les restaurants qui les bordent. Le *cenote azul* vous sera présenté comme le *must* des attractions locales, peut-être justement car il est très prisé des habitants du coin. Son diamètre est très grand, la nage y est agréable, mais la couleur de l'eau assez obscure par rapport à d'autres endroits de la lagune. Au final, c'est un endroit sympathique, mais peut-être pas le plus beau *cenote* que vous pourrez voir.

FUERTE DE SAN FELIPE DE BACALAR ★★

Av 3, entre les rues 20 et 24

✆ +52 983 832 6838

Ouvert le lundi de 9h à 17h ; du mardi au dimanche de 9h à 19h. Entrée : 70 $.

L'intendant général du Yucatán, Antonio de Figueroa y Silva, donna l'ordre d'ériger ce fort pour protéger la population de Bacalar de l'attaque des pirates particulièrement attirés par le commerce du bois de Campeche. Sa construction dura huit années et s'acheva en 1733. A l'intérieur, un intéressant petit musée retrace l'histoire de la région depuis l'époque préhispanique jusqu'à nos jours, en passant par le récit de la bravoure des insurgés durant la Guerre des Castes en 1858.

SAILING COLIBRÍ

1239 Av. 5 ✆ +52 983 100 2363

www.thesailingcolibri.com

Tour privé de 4h max. 3 pers. à partir de 3 500 $, snacks inclus. Tours collectifs 850 $/adulte et 450 $/enfant.

Cette jeune agence de navigation offre une expérience exclusive avec un faible impact environnemental. Alex, Grecia, et leur équipe de capitaines trilingues se feront un plaisir de vous accueillir sur leurs voiliers. On recommande fortement les différents tours, tous bien détaillés sur le site Internet avec possibilité de réservation en direct. Parmi les tours privés (max. 7 pers.) il y a le classique, le romantique pour les couples, un au lever de soleil et un autre sur toute la journée. Une très belle option pour votre séjour dans cette magnifique lagune.

© UROS RAVBAR - ISTOCKPHOTO

LAGUNA DE BACALAR ★★★

La lagune de Bacalar, aux mille nuances de bleu, est un véritable joyau naturel qu'il serait impensable de ne pas découvrir ; d'autant qu'il existe maintes façons de l'approcher et d'en profiter, que l'on soit amateur de sensations fortes, avide de contemplations ou sportif...

▸ **On peut choisir d'opter pour une balade en bateau** sur ses eaux tantôt tranquilles, tantôt houleuses. Une promenade de deux heures inclut généralement la visite de quelques-uns de ses sites les plus enchanteurs : le *Cenote Negro*, le *Cenote de Cocalitos*, le canal des Pirates et *los rápidos*, cet endroit de la lagune où les eaux deviennent tumultueuses et où se forment des structures rares en pierre appelées stromatolithes. La balade peut se prolonger vers la lagune de Xul-Há à l'eau turquoise, une sorte de prolongation de la lagune de Bacalar.

▸ **On peut aussi découvrir ces lieux de façon plus autonome,** en se rendant aux différents *balnearios* qui existent sur les bords de la lagune. Prévoyez par exemple de passer une demi-journée au *balneario* de Xul-Há, puis de vous rendre à celui de Cocalitos. Comme la plupart des établissements qui sont installés sur les rives de la lagune louent des catamarans, des kayaks ou des paddle, il est possible de se lancer à la découverte du canal des Pirates ou des *rápidos* par soi-même et d'une façon plus écologique. Demandez simplement quelques indications aux gens du coin (les eaux de la lagune sont peu profondes et sans danger). Pour se rendre facilement aux *rápidos*, préférez un départ depuis le campement Botadero San Pastor.

CHAAC JA' TOURS & ADVENTURES

Au bout de la calle 14 ✆ +52 983 155 1819
chaac-ja-tours-adventures.negocio.site
Ouvert du jeudi au mardi de 8h30 à 18h. Tour de 3 heures 300 $, 4 heures 400 $. Excursions à la demande.

Cette petite agence locale propose différentes excursions en bateau sur la lagune, avec des sorties trois fois par jour et des tours de 3 heures et 4 heures. Les sorties en *lancha turística* offrent un parcours qui transite par les sites incontournables de la lagune, dont les trois *cenotes* Cocalitos, Esmeralda et Negro. Un temps de baignade est comptabilisé avec mise à disposition de matériel de snorkeling. Des formules sur mesure, entre membres d'un même groupe, sont aussi proposées.

HOSTAL & SUITES PATA DE PERRO €

Calle 22 #63
✆ +52 983 834 2062
www.patadeperrobacalar.com
Chambre avec sdb et cuisine partagées à partir de 850 $; studios avec sdb et cuisine privées 1 260 $, suites 1 530 $.

Ce super petit hôtel, très central, est idéal pour vivre la vie du village en se déplaçant à pied. Vous y serez agréablement accueillis et orientés dès votre arrivée. Niveau séjour, les chambres sont simples mais lumineuses et très agréables à vivre. L'atout étant aussi qu'il est possible de s'y faire à manger, avec un accès partagé ou privé aux cuisines. Depuis ici, toutes les excursions disponibles dans la région sont à portée de main et peuvent être facilitées par l'hostal.

VELEANDO ANDO

Carretera Federal 307 km 22,5
✆ +52 983 110 0415
https://www.veleando-ando.com/
Tous les jours de 8h30 à 20h. Tour premium de 4h à partir de 800 $. Tours privés sur demande. Cours de navigation.

© VELEANDO ANDO

C'est définitivement la meilleure option pour découvrir les facettes de l'écosystème aquatique local en compagnie de passionnés, même si le circuit classique est le même qu'ailleurs. Vous serez entraînés dans les coins les mieux conservés de la lagune : *canal de los Piratas*, nage avec masque et tuba et *cenote de La Bruja* (ou *cenote negro*). Enfin, la visite du sanctuaire de la *Isla de los pájaros* pour s'adonner à l'observation des oiseaux, espèces locales ou migratoires. Vous pourrez également savourer quelques fruits et boissons à bord, inclus dans le prix.

ALJANNA HOUSE €€

Calle 26
aljannahouse.com
5 chambres. Chambre double à partir de 750 $.

Très bonne ambiance dans cette petite résidence où vous êtes accueilli par le sympathique Alex. Située à deux de la station ADO, l'adresse est bien située si vous vous déplacez en bus. En revanche, elle est un peu éloignée du centre et de la lagune... On peut choisir de marcher (la lagune est à 10 minutes à pied) ou bien louer un des vélos proposés par l'hôtel. Les chambres sont spacieuses et épurées et disposent chacune de deux grands lits doubles. Faites confiance à Alex pour vous donner plein de bons conseils et d'adresses *food* à tester !

CASA LAMAT €€

Avenida Costera Norte #1303
✆ +52 983 164 2380
www.casalamat.mx
Chambre double à partir de 1 500 $; casita à partir de 1 850 $. Restauration.

À proximité du village, tout ici respire la nature et la tranquillité. Au bord du lac, toutes les *cabañas* sont rustiques et intègrent des matériaux naturels (bois, bambou, toit de palme) et la nature exubérante y a conservé ses droits. Un vrai havre de paix, qu'on ne chamboule que pour aller faire un tour de kayak, paddle ou catamaran sur le lac. Pour se détendre, l'option hamac sur le ponton privé est pas mal non plus, ainsi que les services de massage proposés. Également un restaurant avec des spécialités équilibrées, végétariennes et surtout gourmandes !

HOTEL AZUL 36 €€

Av 3 #904, entre les rues 26 et 28

✆ +52 983 834 3165

www.azul36.com.mx

Chambre double à partir de 1 984 $. Réductions sur le site.

Un hôtel récent, à proximité du Zócalo, la place principale, et à trois pâtés de maisons de la lagune, qui possède une architecture très agréable et aérée. Ce petit complexe est construit sur un étage et donne sur un jardin très bien entretenu et la piscine centrale. Dans certaines chambres, l'apparence du toit de chaume a été conservée, ce qui donne, combiné au blanc et au bleu des murs, l'impression d'être dans une cabane au bord de l'eau. Demandez à bénéficier du balconnet privé où pend l'incontournable hamac. L'accueil est ici à toute épreuve.

CENTRO HOLÍSTICO AKALKI €€€

Carretera Federal 307 km 13.5

✆ +52 983 106 17 51

www.akalki.com

9 cabañas, à partir de 320 US$. Restauration.

Ce complexe se compose de cabañas sur pilotis construites sur la lagune. On ne sait plus très bien si l'on est au Mexique ou en Polynésie tant le dépaysement est au rendez-vous. L'agencement du lieu permet de profiter au maximum des paysages alentours et d'avoir un contact rapproché avec l'environnement naturel. Et pour ceux qui n'arriveraient pas malgré tout à se déconnecter, un service de spa est proposé, avec des massages de boue et des cérémonies de *temazcal*. Après deux jours à Akalki, vous pouvez être sûr que vous aurez retrouvé la parfaite sérénité !

RANCHO ENCANTADO ECO-RESORT & SPA €€€

Carretera Federal 307 km 24

✆ +52 998 884 2071

www.encantado.com

Chambres doubles, suites et casitas entre 3 415 et 6 645 $. Restauration.

Cet hôtel spa, en harmonie avec la nature environnante, est idéalement situé face aux eaux transparentes de la lagune. Plusieurs formules : les chambres, dans de jolis bâtiments en dur, dont certaines ont un bain bouillonnant privé ; les *casitas* rustiques au toit de palme, dont l'intérieur est confortable et très cosy. Evitez juste les *casitas jardín* situées derrière le restaurant car elles reçoivent quelques effluves. Celles un peu à l'écart, directement face au lac, sont charmantes.

EL MANATÍ €

Calle 22 #116, entre les rues 5 et 7

✆ +52 983 127 7347

Ouvert tous les jours de 8h à 15h30.

Avec le développement touristique du village ces dernières années, de nombreux petits restaurants bio et *arty* y ont ouvert leurs portes. C'est le cas de cette cafétéria très accueillante qui propose petits-déjeuners, brunchs, encas et goûter dans son patio tropical : omelettes, smoothies, gâteaux, tout y est. Si vous avez de la chance, il y aura même un concert de musique légère au petit matin. La programmation inclut aussi des expositions de peinture puisque le lieu fait office à la fois de concept store, de galerie d'art et de centre culturel, rien que ça !

MR. TACO €

Calle 20

Ouvert tous les jours de 8h à 23h. 18 $ le taco, 30 $ la quesadilla, 99 $ le burrito.

Quelques tables éparpillées sur le trottoir, un tout petit espace à l'intérieur, des masques accrochés au-dessus de nos têtes et des squelettes qui font la fête peints aux murs... Une chose est sûre, Mr. Taco ne manque pas de charme, et encore moins d'authenticité ! Pas moins de 17 choix de garnitures s'offrent à vous pour remplir tacos, quesadillas ou bien burritos. Les amateurs de piment adoreront le *Tinga de pollo*, à accompagner d'une *agua fresca* pour apaiser le feu sur la langue. Très bonne adresse pour manger sur le pouce et pour pas cher.

TAQUERÍA « EL TROMPO DE K'LOS » €

Av 7 #165, entre les rues 18 et 20

✆ +52 983 752 0884

Ouvert tous les jours de 18h30 à 1h.

Une *taquería* qui propose différentes variétés d'*antojitos* mexicains : *tortas*, *flautas*, *chilaquiles*... mais aussi des *burritos*, *nachos*, *papa rellena*... Le nom de l'établissement « trompo » signifie littéralement « toupie », c'est l'appellation de cette brochette qui sert à cuire la viande en la faisant tourner devant un feu ouvert. On y prépare des *tacos al pastor*, la version mexicaine, au porc, du classique shawarma. A tester ! Parfait pour manger sur le pouce en soirée.

BOTE DE LECHE €€

Avenida 1, entre les rues 28 et 30
https://bote-de-leche.negocio.site/
Ouvert du mardi au dimanche de 17h à 23h. Entrées, plats et snacks à partir de 60 $.

Le décor est rafraîchissant et chaleureux, on y dîne soit en salle sous une belle fresque représentant le profil d'une Mexicaine lumineuse, soit à l'extérieur. Le chef suisse y prépare une cuisine d'une simplicité et finesse rares, dont un *corte de arrachera*, onglet de bœuf, fondant et quelques délicieuses salades. Des recettes alternatives et inventives combleront également les végétariens. Vous pouvez aussi tout simplement venir y boire un verre et profiter des soirées musicales qui accueillent régulièrement des artistes en direct.

KATX €€

Av. 1, entre les rues 20 et 22
✆ +52 998 307 8141
Ouvert tous les jours de 10h à 23h. 110 $ les 2 tacos. Plats entre 220 et 790 $.

Un de ces endroits où l'on a envie de revenir mille fois. Très bien situé face à la lagune, on pourra profiter du ponton et des balançoires avant de passer à table. La carte donne envie et les assiettes font saliver. Les tacos au poisson frit, agrémentés de mangue fraîche et de mayo épicée sont à tomber. Très généreusement garnis, il ne faut pas avoir peur de se salir les doigts, ça le vaut bien ! Si vous souhaitez déjeuner au calme, on vous conseille de venir tôt. La terrasse se remplit vite et avec les clients arrive le DJ qui met une ambiance des plus festives.

LOS HECHIZOS €€

Carretera Federal 307 km 24
✆ +52 1 983 132 4362
www.encantado.com/restaurante
Ouvert tous les jours de 7h30 à 22h. Snacks à partir de 150 $, plats 250 $ et plus.

Dans une magnifique construction en bois on ne peut plus près du lac, sous un vaste toit de *palapa*, c'est un excellent restaurant dans un décor charmant et aéré. La carte présente des plats d'inspiration aussi bien locale qu'internationale, comme ce mémorable *aguachile*, la variante mexicaine du ceviche de crevettes, avec jus de citron vert, piments, coriandre... Le service est impeccable. Une adresse à ne pas manquer d'autant que l'on peut venir aussi bien y prendre son petit-déjeuner qu'un taco ou hamburger à tout moment de la journée.

LA PLAYITA €€

Avenida 1, à l'angle de la rue 26
✆ +52 983 834 3068
www.laplayitabacalar.com
Ouvert tous les jours de 12h à 23h. Compter 90 $ l'assiette de tacos, 200 $ les crevettes, 120 $ la pizza.

Ce restaurant, situé sur les rives de la lagune, offre un cadre agréable pour déjeuner ou dîner et la possibilité de faire un petit plongeon entre l'entrée et le plat pour se rafraîchir et s'ouvrir l'appétit. La terrasse débouche sur une petite plage de cailloux, ce qui permet aux enfants de se mouiller les pieds en toute sécurité. La carte n'est pas très ample, orientée vers un style latina-fusion ; les fruits de mer ou burgers sont plus que corrects. De nombreux événements sont organisés : concerts, expositions d'art, retransmission de matchs de foot, etc.

ACTIVE NATURE

Carretera 307 km 27.3
✆ +52 983 120 5742
www.activenaturebacalar.com
Excursions kayak de 3h (515 $), 6h (795 $), 8h (955 $) ou 2 jours (3 200/3 680 $). Observation d'oiseaux (450 $).

Si vous souhaitez découvrir les coins les plus sauvages de la lagune – dont les mangroves – dans le calme et le silence, c'est vraiment ici qu'il faut vous diriger. L'équipe est professionnelle et passionnée. Les groupes ne comportent jamais plus de huit personnes et l'on s'adapte à votre niveau et endurance. Les excursions d'une journée concernent la lagune de Bacalar mais les expéditions de plusieurs jours vous emmènent bien plus loin, sur des routes aquatiques peu ou pas visitées. C'est un luxe dont il ne faut pas se priver !

ADVENTURE LAB

Avenida 1
✆ +52 983 171 6296
adventurelab.mx
Tour de 3h30 en catamaran à partir de 650 $. Location de kayak 200 $/h, 410 $ la journée.

Adventure Lab a tout du bon plan secret. Pour y accéder, il faut sonner à la porte de l'auberge de jeunesse The Yak Lake House et se diriger directement dans la cour extérieure. Le petit stand au bord de la lagune vous permettra de louer kayak ou paddle et de réserver un tour collectif (6 personnes max) ou privé en voilier ou catamaran, le tout à des prix imbattables. En plus, l'emplacement est idéal puisqu'il se trouve juste en face du Canal des Pirates. Après l'effort, le réconfort, vous pourrez profiter du bar, de la musique et des transats de l'auberge.

TIROLESAS BACALAR KAN KIN

Carretera Federal 307 km 32.5
✆ +52 983 103 3374
www.tirolesasbacalar.com
Ouvert du mercredi au dimanche de 9h à 12h et de 14h à 17h. Entrée : 750 $.

Rien que l'ascension de certaines des échelles des tours qui mènent aux plateformes des cinq tyroliennes peut être ressentie comme une aventure en elle-même. Il est d'ailleurs plutôt nécessaire de bénéficier d'une bonne forme physique, et bien sûr de ne pas avoir le mal de l'air ou les jambes qui flanchent au dernier moment. Vous aurez alors le loisir de survoler la jungle et la lagune dans les airs, à fond les ballons, sur les 1 452 mètres de câbles que compte ce parc d'aventures !

MUSEO DE LA CULTURA MAYA ★★

Avenida de los Héroes s/n ✆ +52 983 832 6838
Ouvert du mardi au samedi de 9h à 18h ; le dimanche de 9h à 14h. Entrée : 64 $.

C'est un petit musée qui compte huit salles réparties sur trois niveaux. Plutôt bien conçu et très didactique, il permet de se familiariser en douceur à la civilisation maya à travers quelques modules interactifs qui plairont aux enfants ou des reconstitutions et maquettes de très bonne facture. L'endroit exhibe de nombreuses pièces (ou reproductions) qui ont été trouvées dans les sites archéologiques de la région et donne un panorama général des coutumes et pratiques de la civilisation. Les salles d'expositions accueillent régulièrement des artistes locaux.

CHETUMAL ★

Capitale de l'Etat du Quintana Roo, Chetumal fut fondée en 1898 sous le nom de Payo Obispo par le lieutenant Othón P. Blanco, dans le but de contrôler les indigènes mayas qui s'étaient soulevés pendant la Guerre des Castes, commencée cinquante ans plus tôt. C'est aujourd'hui une ville paisible et endormie. Son charme tient à son allure typique des Caraïbes et à ses quelques maisons de bois ayant résisté aux assauts des cyclones. Si Chetumal n'a pas un grand intérêt touristique en soi, à l'exception du Musée de la Culture Maya, on peut néanmoins passer une journée à visiter les zones archéologiques et naturelles des environs (également accessibles depuis Bacalar ou Mahahual) ou les quelques beautés de la baie comme le *río* Hondo ou les îles de Tamlacab et Dos Hermanos. Chetumal constitue surtout le point d'arrivée de nombreux bus ou avions en provenance d'autres régions. C'est aussi de là que l'on peut se rendre dans le nord du Guatemala et au Belize.

Se loger

Il existe de nombreux hôtels bon marché sur l'avenida Héroes, à proximité du marché, mais souvent sans charme et aux chambres très sombres et désuètes. Prévoyez d'y passer la nuit et rien de plus ! Si vous devez passer la nuit dans le coin pour des questions pratiques, comme la visite de Calakmul le lendemain, vous pouvez tout à fait envisager de dormir dans le village de pêcheurs Calderitas, à moins de 10 kilomètres de Chetumal et en bordure de la baie. Un cadre plus sauvage et dépaysant pour une soirée de vacances !

CHETUMAL TOURS

Av. Ignacio Zaragoza #131
✆ +52 983 107 9809
www.chetumaltours.com
Excursions dans les zones archéologiques de la région, dont Calakmul. Activités sportives.

Une super option pour ceux qui arrivent à Chetumal (ou sont à Bacalar) et souhaitent découvrir l'essentiel des petites merveilles des environs en un temps compté : tours d'une journée vers les zones archéologiques (Kohunlich, Dzibanché et Kinichná, Calakmul) ; sorties snorkeling ou plongée à Mahahual et Banco Chinchorro ; kayak ou paddle sur le *río* Hondo ou la lagune de Bacalar ; découverte des îles de Tamalcab et Dos Hermanos à proximité de la baie de Chetumal. Pratique, on vous emmène aussi vers le Guatemala ou le Belize et ses îles paradisiaques (Caye Caulker).

TERMINAL DE AUTOBUSES

Avenida Salvador Novo #179
✆ +52 983 832 5110

Ce terminal de bus appartient à la compagnie ADO, que vous aurez certainement déjà testée si vous vous déplacez par ce moyen de transport. Ici, les compagnies ADO, Mayab, Omnibus Cristóbal Colón (OCC) et Autobuses Clase Europea offrent un grand nombre de possibilités de déplacement, à la fois dans la péninsule (Mahahual, Bacalar puis la côte jusqu'à Cancún, Mérida, Ciudad del Carmen, entre autres), mais aussi vers d'autres Etats, notamment le Chiapas (San Cristóbal de Las Casas), Veracruz (Xalapa), Puebla et la ville de Mexico.

HOTEL LOS COCOS €€

Avenida de los Héroes #134
+52 983 835 0430
www.hotelloscocos.com.mx
80 chambres. Chambres doubles à partir de 95 US$.

C'est l'un des hôtels de plus longue tradition de la ville. L'ensemble des installations présente un style moderne, régulièrement mis à jour, même si les 140 chambres peuvent parfois donner l'impression d'avoir un peu vieilli. L'établissement est bien situé, en centre-ville et sur l'avenue principale, à seulement un pâté de maisons du musée de la Culture maya. Les chambres ont l'avantage d'être agencées autour d'une cour intérieure verdoyante agrémentée d'une piscine, où l'on peut s'asseoir prendre un café le matin. Nombreuses offres promotionnelles.

HOTEL NOOR €€

Av. Boulevard Bahía #3, à l'angle de José María Morelos
+52 983 834 5627
www.hotelnoor.mx
Chambre double de 1 120 $ à 1 540 $. Promotions pour les réservations en ligne. Restauration.

Cet hôtel, au-delà d'être l'un des rares établissements de facture moderne et bien entretenu, a le grand avantage de se trouver en bordure de la promenade du *Malecón* et juste à côté d'un petit parc public. A l'exception des trois suites qui se trouvent à l'arrière du bâtiment, toutes les chambres ont vue sur la mer, ce qui les rend lumineuses et leur donne du cachet. Certaines disposent d'une vue panoramique et d'une jolie terrasse. En complément, vous pourrez jouir de la piscine qui se situe dans la cour intérieure de l'édifice.

YAX HÁ CABAÑAS & TRAILER PARK €€

Av. Yucatán #415
+52 983 834 4127
7 cabañas à 2 300 $ pour 4 personnes.

Ici, on est juste en bord de mer, à Calderitas. Si vous devez rester un temps à Chetumal, c'est une excellente option puisque vous ne serez qu'à 15 minutes du centre-ville, et à 15 autres minutes de la Zone Archéologique de Oxtankah. C'est un grand jardin qui dispose d'une piscine et de petites *cabañas* qui se composent d'une chambre, d'un coin salon, d'un frigo et d'une télévision. Service de restauration et ambiance familiale, idéale pour un avant-goût de vacances.

MR MONKEY €

Av. Campeche, à l'angle de Guerrero
+52 983 211 3600
Ouvert tous les jours. Encas à partir de 60 $.

Fini les spécialités turques au cœur du Chabela Food Park à Calderitas. Le stand fait peau neuve et devient Mr Monkey. Burgers, nachos, burritos et fritures en tout genre viennent remplacer les kebabs. Le tout à savourer toujours dans une ambiance urbaine et conviviale. Pour une option un peu plus *healthy*, la salade composée est une bonne option qui ne laisse pas sur sa faim ! L'après-midi, on s'y arrête volontiers pour déguster une crêpe Nutella-banane ou un cocktail de fruits. Les plats sont préparés minute et devant vous. Grandes tables en bois à l'air libre.

MARISQUERÍA EL TACO LOCO €

Av. José María Morelos #87 +52 983 832 1213
www.tacoloco.mx
Ouvert tous les jours de 8h à 18h. Tacos à partir de 19,50 $, plats de crevettes, poulpe, viandes à moins de 205 $.

Dans ce restaurant qui a ouvert ses portes il y a déjà bien longtemps, en 1979, vous trouverez tout ce que la mer a de mieux à nous offrir : crevettes, poulpes, poissons..., sans oublier quelques plats de viande pour les inconditionnels et des options végétariennes bien sûr. Le plus surprenant c'est qu'ici les spécialités de la mer sont servies sous toutes les formes : des plus connues (ceviche, filet, *milanesa*, *cocteles*, soupes) aux moins attendues (*tacos*, *quesadillas* et *empanadas*). Et le tout à des prix plus qu'abordables, de quoi se laisser tenter !

ALMINA €€

Av. Boulevard Bahía #3, à l'angle de José María Morelos
+52 983 144 3857
Ouvert du lundi au samedi de 7h30 à 23h45. Petits-déjeuners autour de 150 $, plats de 150 $ à 250 $.

Voici une adresse élégante, surprenante et véritablement rafraîchissante : le restaurant de l'Hôtel Noor. En salle ou en terrasse, on y savoure aussi bien les petits pains maison et jus de fruits frais du petit-déjeuner que des plats plus élaborés pour le déjeuner ou le dîner. Même les traditionnelles *tostadas de atún* prennent des allures contemporaines grâce à une bien jolie présentation. Le menu est complet (carpaccio de bœuf ou saumon, poissons, fruits de mer, viandes, pâtes et salades) et saura ravir toutes les papilles.

OXTANKAH ★

Non loin de Calderitas, c'est le plus grand site maya découvert dans la baie de Chetumal. En 1937, l'archéologue Alberto Escalona Ramos baptisa ce site Oxtankah, qui pourrait signifier « au milieu de trois villages », « trois quartiers » ou encore « lieu des arbres noix-pain » que l'on appelle *ox* en maya. Les premiers groupes s'y installèrent dès le VIIe av. J.-C. jusqu'à son abandon vers l'an 1 100. A son apogée, la ville ouverte sur la mer et les routes caribéennes préhispaniques s'étendait jusqu'à l'île de Tamalcab. Sa visite, au milieu de la forêt, est agréable et reposante. A coupler avec une halte dans un des restaurants à l'entrée du village.

KOHUNLICH ★★

A 70 km à l'ouest de Chetumal sur la route d'Escárcega, ce site est visité en 1912 par l'archéologue américain Raymond Merwin. Kohunlich n'est pas le nom original de la cité, les ruines ayant été nommées en référence au nom anglais d'un campement d'exploitation forestière, *cohoon ride*, qui se trouvait à proximité dans les années 1920. Le site archéologique de 8,5 hectares, encore loin d'être totalement exploré et dégagé des entrailles de la jungle, se situe dans une zone plane aux basses collines et vallons humides. C'est une balade des plus agréables, peu visitée et perdue au milieu de la forêt où habitent des singes et autres espèces de mammifères.

ZONA ARQUEOLÓGICA OXTANKAH ★

Depuis Chetumal, prendre la route qui se rend au village de Calderitas. De là, suivre la route goudronnée qui borde la baie durant 4,5 km. Le site se situe à 30 min en voiture du centre de Chetumal.

Ouvert tous les jours de 9h à 15h. Entrée : 65 $.

La vaste durée d'occupation du site se répartit tout au long des grandes périodes de la civilisation maya : le Préclassique Tardif (300 à 50 av. J.-C.), le Classique Ancien (250-600 ap. J.-C.) et le Classique Tardif (600-900 ap. J.-C.). L'apogée de la ville et de son système socio-politique se situe durant le Classique Ancien, quand les groupes dirigeants avaient pris le contrôle des établissements de moindre importance de la région. C'est l'époque où les bâtiments plus anciens sont agrandis et rénovés, et où les limites de la ville s'étendent désormais jusque sur l'île de Tamalcab. Le centre urbain, à 1 km à l'intérieur des terres, comprenait une dizaine de places et de vastes espaces creusés (*patio hundido*) délimités par des édifices. Le style architectural dominant correspondant à celui de le région du Petén : murs inclinés, angles arrondis et moulures en tablier. Pour disposer d'eau douce, ils construisirent puits et *chultunes* afin de collecter et stocker l'eau de pluie. La navigation y était une activité commune et essentielle, le long des canaux de la région et de l'autre côté de la baie de Chetumal, pour transiter sur le mer des Caraïbes du nord au sud, le long des routes commerciales de cabotage qui reliaient l'ensemble de la zone maya jusqu'en Amérique centrale. A l'arrivée des Espagnols, la ville avait été abandonnée depuis déjà quatre siècles. Au XVIe siècle, ceux-ci firent construire une chapelle au nord du site, qui subsiste encore en partie aujourd'hui.

© LEONID ANDRONOV - SHUTTERSTOCK.COM

Kohunlich.

THE EXPLOREAN KOHUNLICH €€€

Carretera Federal 186 (Chetumal-Escárcega) km 5.6 ✆ +52 983 689 0042 - www.explorean.com

Bungalow à partir de 9 900 $ pour deux personnes. Offres promotionnelles & formule all inclusive en ligne. Restauration.

Ce complexe hôtelier est perdu au milieu de la jungle tropicale, à proximité de la zone archéologique. Certes, les tarifs sont élevés mais ils se justifient si l'on considère que le luxe consiste aujourd'hui à profiter du confort moderne dans un cadre naturel et sauvage. Les bungalows sont très bien équipés : air climatisé, lit ultraconfortable, mobilier en bois, etc. L'établissement possède de nombreux équipements (piscine, baignoire d'hydromassage, spa) pour que votre séjour soit le plus relaxant possible. A visiter absolument si vous en avez les moyens.

ZONA ARQUEOLÓGICA KOHUNLICH ★★

Carretera Federal 186 (Chetumal-Escárcega) km 60

Ouvert tous les jours de 8h à 17h (dernière visite à 16h30). Entrée : 85 $.

Le site est occupé à partir de 200 av. J.-C. quand sont édifiées des plateformes basses autour de la *Plaza Ya'axná*, recouvertes par la suite d'édifices imposants durant le Classique Ancien. C'est aux confins des VIe et VIIe siècles qu'est érigé le *Templo de los Mascarones* décoré de huit figures en stuc représentant le dieu solaire ; cinq exemplaires sont encore visibles, dont certains conservent des peintures noires et rouges originales. Durant le Classique Tardif (600-900 ap. J.-C.), Kohunlich atteint sa plénitude démographique alors que se construisent la plupart des structures observées aujourd'hui ; la *Plaza de las Estelas* et le *Conjunto de las Vías* ou les structures résidentielles du *Conjunto Pixa'an* et du *Conjunto de los 27 Escalones*. Sa croissance allait se poursuivre au Post-classique Ancien (1000-1200 ap.J.-C.) puis la population se disperse et n'y revient que pour déposer des offrandes sur le haut des temples alors en ruine ; certaines parties des édifices rituels sont transformées et utilisées comme résidence. De part sa position géographique, c'était un passage commercial obligé entre la Péninsule et l'Amérique centrale. Les influences architecturales sont multiples, caractéristiques du style *Petén* (comme les moulures en tablier du *Templo de los Mascarones*) ou du *Río Bec* (en référence aux colonnes encastrées d'un grand nombre de structures de Calakmul). Autre spécificité du site, le système de captation des eaux de pluie le long des chaussées ou sur les bâtiments.

KINICHNÁ ★★

Ce site est relié à Dzibanché par des *sacbés*, chaussées recouvertes de calcaire permettant de circuler de nuit à la lumière de la lune. Ce même ensemble architectural est accessible avec le billet d'entrée des ruines de Dzibanché à 2 km. L'archéologue Thomas Gann nomma Kinichná (du mot maya *kin*, soleil ou jour) après avoir découvert un glyphe représentant le soleil sur l'arrière de l'*Acropolis*. C'est une construction de trois étages, emblématique de la Période Classique (300-600 ap. J.-C.), sur laquelle avaient été édifiés plusieurs temples. Les chambres funéraires et offrandes découvertes à l'intérieur démontrent son importance symbolique et rituelle.

DZIBANCHÉ ★★

A 80 km de Chetumal, le complexe Dzibanché - Kinichná se situe entre la forêt basse du nord de la péninsule et la forêt tropicale pluvieuse du Petén. Sur plus de 40 km², c'est l'un des plus grands et importants sites archéologiques du sud du Quintana Roo et nul doute qu'il rivalisait à armes égales avec la grande cité de Calakmul dans l'Etat voisin de Campeche. On ignore son nom originel ; le vocable maya Dzibanché « écriture sur bois » lui ayant été donné en 1927 par Thomas Gann, médecin militaire et archéologue amateur anglais. Il fait référence aux linteaux sculptés des embrasures du *Templo del Edificio VI*, démontés pour assurer leur conservation.

© PHOTO SPIRIT - SHUTTERSTOCK.COM

Dzibanché.

ZONA ARQUEOLÓGICA DZIBANCHÉ ★★

Carretera a Chetumal

Tous les jours 8h-17h. 65 $. Sur la route, un barrage routier non officiel demande 100 $/pers et 50 $ pour le parking.

Les fouilles systématiques de ce site ne débutèrent que dans les années 1980, sous l'impulsion de l'archéologue espagnol Enrique Nalda. Bien qu'elles soient loin d'être achevées, on sait que le début de construction du site remonte au IIIe siècle av. J.-C. avec l'édification de plateformes surmontées de constructions en matériaux périssables. C'est durant la période Classique, du début du IIIe siècle jusqu'au début du VIIe siècle de notre ère, que Dzibanché effectue sa mue pour se convertir en une grande cité, par le développement de projets architecturaux d'une magnitude impressionnante, dont certaines caractéristiques évoquent le style du Petén : l'Acropole du site de Kinichná, le *Templo del Búho* et la première étape du *Templo de los Cormoranes* (situés sur la *Plaza Xibalbá*).

Au Classique Ancien, entre 600 et 800 ap. J.-C, on assiste alors à une extension sans précédent de la cité, qui se manifeste par la construction d'une grande quantité d'édifices publics, temples et résidences regroupés en quartiers qui correspondaient à des unités économiques et productives. Ici apparaît un nouveau style architectural propre : façades décorées de colonnes incrustées (évoquant le style *Río Bec*), voûtes recouvrant des galeries étroites et utilisation du *talud-tablero* (mur oblique surmonté d'un panneau vertical encadré d'une corniche en saillie, propre à l'architecture de Teotihuacán dans le centre du pays). De belles stèles ornées de hiéroglyphes retrouvées sur le *Templo de Los Cautivos* évoquent les conquêtes militaires des dynasties régnantes, alors que les tombes renferment des offrandes majestueuses (dont des boucles d'oreilles et un coquillage incrusté d'éclats de jade, considéré comme l'une des plus belles pièces de l'art maya classique mise à jour jusqu'à nos jours). Le paysage alentour change aussi, fruit d'aménagements et modifications destinées aux tâches agricoles indispensables pour nourrir la population.

C'est au détour du premier millénaire qu'on imagine finalement une rupture et une désintégration socio-politique de la zone, qui marque la fin du temps de l'expansion et le progressif abandon du site. A partir de 1 200, une partie de la population, redevenue éparse et rurale, réintègre le site en s'installant sur ses places, démontant quelques édifices anciens pour construire ses propres résidences. Aux XVe et XVIe siècles, les descendants de la cité de Dzibanché ne se rendaient sur les temples en ruine que pour déposer des offrandes à leurs Dieux.

ÉTAT DU YUCATÁN

Au nord de la péninsule, l'Etat du Yucatán, qui allie patrimoine historique et nature remarquable, regorge de trésors à partager pour qui se laissera happer par le charme de ses villes coloniales, la découverte du patrimoine et des villages mayas ou l'exploration de ses nombreux vestiges archéologiques. Souvent délaissé par les touristes qui privilégient d'atterrir à Cancún pour se prélasser sur les plages des Caraïbes, c'est pourtant un détour séduisant. Une destination qui invite au voyage dans le temps, mais aussi à la contemplation de sa faune et de sa flore généreuses, entre réserves naturelles, cenotes et plages insoupçonnées au décor paradisiaque. Autant dire que le Yucatán n'a rien à envier aux atouts du Quintana Roo ! Au départ de Mérida, des propositions de circuits vous entraîneront sur les Rutas Puuc, de los Conventos ou de los Itzáes pour une journée ou plus d'escapade ! Le plus dur sera de faire un choix.

30 KM
État du Yucatán
Golfe du Mexique
TELCHAC PUERTO
PROGRESO
Chelem
Chuburna Puerto
Progreso Centro
Flamboyanes
Telchac Pueblo
Dzidza
SISAL
CHICXULUB
DZIBILCHALTÚN
Motul
Motul De Carrillo Puerto
Tepaka
Centro Hunucmá
CENOTILLO
MÉRIDA
YUCALPETÉN
IZA
Kimbila
UMÁN
Kanasín
Mulchechén
Fraccionamiento San Lorenzo
Plan De Ayala Sur III
CELESTÚN
Xocchel
San José Tzal
ACANCEH
CUZAMÁ
HOMÚN
TECOH
Vers ISLA ARENA
Kopomá
SOTUTA
OXKINTOK
GRUTAS DE CALCEHTOK
TEKIT
Halachó
MAMA
MAYAPÁN
MUNA
CHUMAYEL
TICUL
TEABO
CALKINÍ
MANÍ
UXMAL
Barrio Kilakan
Barrio San Martín
OXKUTZCAB
KABAH
GRUTAS DE LOLTÚN
La Conquista
HECELCHAKÁN
XLAPAK
TEKAX
SAYIL
LABNÁ
CHACMULTÚN
Tzucaca
TENABO
Ejido Hampolol
Ejido Tikinmul
HOPELCHÉN
San Francisco Suc Tuc
Ejido Tixmucuy
Komchén
Vicente Guerrero (Iturbide)
Puerto Arturo
Alfredo V Bonfil
Ejido Pich
Fracc Los Laureles

PARQUE NATURAL RÍO LAGARTOS
Hacienda El Cuyo
Dzonot Carretero
Loche
Panabá
Colonia Yucatán
Buctzotz
max
Tizimín
Kantunil Lázaro Cárdenas
Chan Cenote
Papoinah
kal De enegas
CENOTILLO
Espita
EK' BALAM
Nahbalam
Zaragoza
X-Can
Temozón
Tinum
Piste
VALLADOLID
CHICHÉN ITZÁ
DZITNUP
Centro
Chemax
Kaua
Yaxcabá
Francisco Uh May
Tepich
Tihosuco
TULUM
Peto
Chumpón
Dzuiche
Señor
José María Morelos Centro
José María Morelos
Sian Ka'an
Emiliano Zapata
Dzula
FELIPE CARRILLO PUERTO
Chunhuhub
Laguna Kana
Juan Bautista

PAGES

La côte du Yucatán est méconnue des touristes étrangers, mais offre pourtant de très beaux paysages contrastés. La mer possède une couleur bleu-vert singulière, lui donnant en saison son surnom de *costa esmeralda*. Certains ports comme Telchac Puerto ou Sisal sont de véritables havres de paix, où le temps semble s'être arrêté, et il existe plusieurs réserves naturelles, refuge de nombreuses espèces d'oiseaux, qui se prêtent à la pratique de l'écotourisme.

Le Yucatán est uniformément plat, à l'exception des collines Puuc au sud de Mérida, l'un des centres de la civilisation maya qui a donné son nom à un style très répandu, qui correspond aussi bien à une mode architecturale faite d'emprunts et d'innovations qu'aux caractéristiques des ornements, peintures et céramiques. La tendance architecturale consiste en de longs bâtiments aux murs lisses, verticaux, dont la partie supérieure est décorée de frises (mosaïques de pierres sculptées) couronnées de corniches aux motifs géométriques (dont des grecques représentant l'ondulation du serpent) ; une crête vient généralement les couvrir. L'usage des colonnes pour séparer les espaces et les portes d'accès se répand également, de même que les arches des accès monumentaux. On retrouve sur les édifices des sculptures et bas-reliefs représentant de grandes têtes dont la plus répandue est celle de ce dieu de la pluie au long nez en trompe, Chac. Cette divinité devait apporter l'eau de pluie nécessaire pour pourvoir le système de captation et de stockage souterrain : les *chutunes*. Les Mayas fondèrent dans cette région fertile des cités imposantes à partir du VIIe siècle et, à l'heure où les grandes capitales méridionales allaient décliner (à la fin de la période classique), la région allait devenir le principal centre de population de la civilisation maya. La plus grande cité de la région était Uxmal. Aux alentours se trouvaient d'autres cités mayas de moindre importance : Kabah, Sayil, Xlapak, et Labná qui forment aujourd'hui la dénommée Ruta Puuc. Les villes étaient reliées par un réseau complexe de larges routes appelées *sacbe*, ou voies sacrées. Ces routes étaient faites de calcaire blanc broyé et revêtues d'une sorte de ciment ; les chercheurs supposent que le but de l'opération était qu'elles puissent être éclairées par la lune et qu'on puisse y transiter de nuit en évitant la chaleur du jour. Larges de 4,5 mètres, elles étaient surélevées d'une hauteur variant de 0,5 à 2,5 mètres.

PAGES

● ● RUTA DE LOS CONVENTOS

La route des Couvents invite à la découverte des nombreux édifices religieux, construits par les Espagnols dans le but d'évangéliser la population maya à leur arrivée dans la péninsule du Yucatán. Néanmoins, ce circuit n'est pas réservé aux férus d'architecture religieuse car la route permet aussi et surtout d'explorer les authentiques villages mayas de la région et de se laisser imprégner par leur atmosphère toute particulière. Plusieurs zones archéologiques – Acanceh et Mayapán –, des haciendas – l'hacienda Sotuta de Peón près du village de Tecoh – et de magnifiques *cenotes* où s'immerger viennent compléter le programme de ce parcours.

● ● RUTA DE LOS ITZÁES

La route des Itzáes permet de découvrir plusieurs villes coloniales – Valladolid et Izamal –, des *cenotes*, des zones archéologiques reconnues – Chichén Itzá et Ek Balam – et une réserve naturelle en bordure du littoral, la réserve de Río Lagartos. Les sites de ce circuit peuvent se visiter en faisant l'aller-retour dans la journée depuis Mérida. Néanmoins, du fait de leur position plus ou moins centrale dans la péninsule, ils peuvent aussi constituer une étape sur la route entre la mer des Caraïbes et Mérida.

S'il y a bien un site archéologique à ne pas rater, c'est celui de « la ville au bord du puits des Itzáes ». Et si en plus, on a le privilège de s'endormir au pied des ruines... alors il ne manquera pas grand-chose pour combler votre âme d'explorateur.

MÉRIDA ★★★

De réputation, Mérida est incontournable. Son essor et sa grandeur architecturale sont intimement liés à l'explosion du commerce du *henequén*, ou sisal, cette fibre très solide et résistante tirée d'une variété d'agaves. Son commerce se développa aux XVIIIe et XIXe siècles à travers un système d'haciendas hérité du féodalisme espagnol, qui fournissait alors toute la planète en cordages de bateaux. Si la Révolution mexicaine puis l'arrivée des fibres synthétiques ont changé la donne, les magnifiques palais que l'on découvre aujourd'hui témoignent de cet âge d'or. Pour beaucoup convertis en hôtels, ils contribuent à la qualité de l'accueil au sein de la Ville Blanche. Son surnom ne lui viendrait pas de la couleur de ses murs, mais du fait que la ville était originellement séparée et isolée des quartiers indiens pour protéger les Espagnols, « les blancs », d'une éventuelle rébellion maya.

Aujourd'hui, la capitale commerciale du Yucatán est une ville très agréable et dotée d'un beau centre-ville colonial qui fait l'objet d'une constante rénovation. De nombreux Nord-Américains y ont acquis des maisons, les restaurants et bars se sont ouverts sur les places qui s'animent en soirée... Pour les hispanophones, il sera bon d'y distinguer le parler *yucateco*, chantant et lent, très différent de celui de la capitale, et d'apprécier les *bombas*, ces petits poèmes populaires qui sont de courtes histoires où l'on manie le double sens à la perfection.

Quartiers

La simplicité du plan de la ville permet de s'y retrouver très facilement, même s'il peut être déroutant de se repérer avec des noms de rue qui ne sont que des numéros. Les rues *(calles)* nord-sud sont désignées par des chiffres pairs, les rues est-ouest par des chiffres impairs. Les séquences des rues progressent par deux : l'angle des rues 64 et 57 est à deux *cuadras* de celui des rues 60 et 57. La Plaza de la Independencia occupe le centre et pour traverser la ville direction Cancún, on emprunte le moderne Paseo Montejo. Cette avenue à deux fois deux voies, surnommée *Campos Eliseos* (Champs-Elysées), possède de beaux bâtiments coloniaux et un grand mur sculpté avec un drapeau mexicain qui marque son issue. Le centre de Mérida est vaste et composé de nombreux quartiers coloniaux (*barrios antiguos*), construits chacun autour de sa petite église : Santa Ana, Santiago, San Sebastián, San Juan, Ermita, San Cristobál et La Mejorada.

Shopping

Il existe une quantité inimaginable de boutiques d'artisanat, notamment dans le carré compris entre les rues 60, 62, 59 et la Plaza de la Independencia. Les trois produits les plus typiques de la région sont les hamacs, les *jipis* (chapeaux) et les *guayaberas* (chemises).

Sortir

La musique locale *yucateca* est une passionnante synthèse d'harmonies instrumentales inspirée de la tradition mexicaine et des rythmes syncopés des Caraïbes. Elle se distingue fortement de la musique pop contemporaine qui inonde les radios. On ne peut que danser à l'écoute de cette musique entraînante. Il est conseillé de consulter les activités culturelles programmées chaque mois par la municipalité sur le site www.merida.gob.mx/turismo. Cette dernière sponsorise de nombreux événements (recréation de l'ancien jeu de balle maya sur le Zócalo, par exemple), ainsi que des concerts publics gratuits tout au long de la semaine.

Tourisme

Mérida compte plusieurs offices de tourisme. Le kiosque près de l'hôtel de ville, calle 62 sur le côté de la Plaza, fournit des plans et brochures bien conçus avec les listes et prix de tous les hôtels. Il est ouvert tous les jours de 8h à 20h, tout comme le second bureau Paseo Montejo, à l'angle avec l'Avenida Colón. On y distribue gratuitement la revue bilingue *Yucatán Today*, qui donne plein d'informations pour visiter la région. À compléter avec le site www.yucatan.travel.

Transports

Mérida est facile d'accès, par avion, autoroute ou bus pour ceux qui débarquent de Cancún (315 km, 4h) ou Campeche (186 km, 3h). Les villages de la côte sont desservis par des compagnies de bus ou des bus urbains. Mais l'idéal pour se rendre facilement dans les lieux les plus isolés et les moins touristiques est de louer une voiture, permettant ainsi de visiter plusieurs sites dans la journée, sans avoir à repasser par Mérida. La plupart des routes étant gratuites, cela revient moins cher que le bus dès que l'on voyage à plusieurs. Toutes les agences de location ont une antenne à l'aéroport et dans la ville, où elles sont dans la même zone (calle 60 et Avenida Colón, près de l'hôtel Fiesta Americana), ce qui permet de comparer les prix. Les tarifs sont en général équivalents, 600 $ par jour pour une voiture économique, avec assurance dommages aux tiers et kilométrage illimité.

CASA MONTEJO ★★

Calle 63 #506
✆ + 52 999 253 6733
Du mardi au samedi 11h-18h (visite guidée à midi et 16h) ; le dimanche de 10h-14h (visite guidée à midi). Gratuit.

Construite entre 1542 et 1549 par Francisco de Montejo, envoyé par la couronne espagnole pour conquérir la péninsule, cette maison est un exemple unique de construction civile de style Renaissance. C'est en 2010 que la Fondation Fomento Cultural Banamex l'a convertie en musée, dont les 4 salles d'exposition permanente racontent ses 400 années d'histoire. Après avoir déambulé parmi les meubles et objets du XIXe siècle, vous apprécierez les expositions temporaires qui accueillent des artistes mexicains aux disciplines variées (photographie, sculpture...).

GRAN MUSEO DEL MUNDO MAYA ★★★

Calle 60 Norte #299
✆ +52 999 341 0435
www.granmuseodelmundomaya.com.mx
Ouvert du mercredi au lundi de 9h à 17h. Adulte : 150 $. Restauration (cafétéria). Boutique.

Ce musée, inauguré en septembre 2012, a pour objectif de mieux faire connaître et de transmettre la culture maya d'hier et d'aujourd'hui. Son architecture, à l'image de la cosmogonie maya, évoque le ciel, la terre et l'inframonde, et nous plonge d'emblée dans les coulisses de cette civilisation. A travers une muséographie dynamique et interactive se côtoient de magnifiques pièces archéologiques (originales ou reconstituées, telles que la façade du temple de Ek'Balam) et des documents historiques, qui valorisent également la culture contemporaine des Mayas et leur vie au XIXe siècle, avant la Révolution mexicaine. Le musée explique aussi très bien certains aspects de la culture maya qui sont d'ordinaire laissés de côté dans d'autres musées : le fonctionnement du calendrier, la numération et la cosmogonie sont présentés via des films courts très bien faits et une installation d'écrans interactifs. Une visite indispensable et enthousiasmante. Les samedis et dimanches, une visite guidée de 2 heures est proposée, en anglais (à 10h) ou en espagnol (à 12h), et permet d'appréhender la culture maya dans sa globalité. Des parcours thématiques sont également programmés, comme celui consacré à la *milpa*, ce système de production agroécologique ancestral qui continue d'inspirer les paysans aujourd'hui. En amont un détour par le site Internet du musée, très bien conçu, vous renseignera sur son actualité. Les week-ends à 20h30, un *mapping vidéo* est projeté sur la façade du musée...

LOS 7 CENOTES SAN GERONIMO ★★

Calle 22 #98, entre les rues 15 and 17, Itzimná
✆ +52 999 645 5722
www.los7cenotes.com
Sur réservation. Adulte : 194 US$, enfant (8/12 ans) : 114 US$ (repas inclus).

C'est une aventure découverte d'une journée entière qui se déroule dans une réserve naturelle privée, à 1h30 de Mérida. On est accueilli dans une ferme de la fin du XIXe siècle plantée au milieu d'un écrin magnifique. Après quelques rafraîchissements, départ à vélo pour découvrir la réserve et visiter 2 sites : un sublime cenote semi-ouvert, et une caverne. Après la visite, retour au ranch pour profiter d'un déjeuner Yucatèque typique. Une excellente option pour découvrir les cenotes.

MUSEO DE ARTE POPULAR DE YUCATÁN ★

Calle 50A #487, à l'angle de la rue 57
✆ +52 999 928 5263
Ouvert du mardi au samedi de 10h à 17h ; le dimanche de 10h à 15h. Gratuit. Boutique.

Ce musée installé dans une belle résidence du début du siècle, la *Casa Molina*, abrite un échantillon d'objets les plus représentatifs de l'art populaire yucatèque. Sa diversité de plus de 1 800 pièces vient du fonds de la collection hérité de l'ancien Musée du Peuple Maya de l'Institut National Indigène. Les vitrines (sculptures, poteries, textiles, broderies, peintures) sont complétées par des expositions temporaires qui témoignent de la richesse de l'artisanat régional.

MUSEO DE LA CANCIÓN YUCATECA ★

Calle 57 #464, à l'angle avec calle 48
✆ +52 999 923 7224
www.museodelacancionyucateca.com
Ouvert du mardi au vendredi de 9h à 17h ; le dimanche de 9h à 15h. Gratuit.

Ce musée, qui compte huit salles, retrace l'histoire de la musique yucatèque de l'époque maya à nos jours. On y découvrira, à la gloire de la fameuse *trova yucateca*, des portraits et des statues en bronze grandeur nature des grands compositeurs et musiciens de la région ainsi que des objets personnels des artistes : partitions, instruments de musique, photographies, etc. Des petits concerts sont souvent organisés à l'intérieur du musée, ce qui rend la visite plus interactive.

MUSEO DE LA CIUDAD ★★

Calle 56 #529A, entre les rues 65 et 65A

+52 999 924 4264

Ouvert du mardi au vendredi de 9h à 18h ; le week-end de 9h à 14h. Gratuit.

Hébergé dans l'ancien *Palacio de Correos*, bel édifice du début du siècle qui fut inauguré par le général Porfirio Díaz en 1908, ce musée retrace le développement historique de la « capitale blanche ». Le parcours débute à l'époque préhispanique, quand le mythique peuple de T'ho formait l'une des civilisations mayas les plus importantes de la péninsule, pour s'achever avec l'essor économique et culturel qui fait la renommée de Mérida la moderne. Le premier étage du musée est consacré aux arts visuels par le biais d'expositions temporaires.

MUSEO FERNANDO GARCIA PONCE - MACAY ★★

Calle 60 #502B

+52 999 928 3191

www.macay.org

Ouvert le lundi, le mardi et du jeudi au samedi de 10h à 14h. Gratuit. Boutique.

Le Palais de l'archevêché, de style néoclassique français, situé pratiquement contre le flanc de la cathédrale, est aujourd'hui un espace dédié à la diffusion de l'art moderne et contemporain. Le musée comprend quatre salles d'exposition permanente où sont présentées les œuvres de trois grands artistes yucatèques, Fernando Castro Pacheco, Fernando García Ponce et Gabriel Ramírez Aznar, et quinze salles dont les expositions temporaires sont renouvelées tous les trois mois.

PASEO DE MONTEJO ★★★

Nommé en l'honneur de Francisco de Montejo, conquistador de la péninsule du Yucatán et fondateur de la ville de Mérida en 1542, le Paseo s'étend depuis le quartier de Santa Ana jusqu'à la route qui mène à Progreso, si l'on considère son extension progressive au fil du temps. Sa construction est décidée en 1888, alors que les grandes familles de la région profitent de l'immense richesse procurée par l'exploitation du *henequen* (le sisal ou l'or vert du Yucatán). Son tracé et son aménagement prennent modèle sur les boulevards européens, notamment français : en atteste la présence des fameuses *casas gemelas*, qui évoquent le style architectural parisien du XIXe siècle. L'une des deux maisons jumelles est, depuis janvier 2021, ouverte au public sous le nom de *Montejo 495 Casa Museo*. On peut notamment y apprécier l'ensemble du mobilier d'origine qui a été conservé en l'état. Le Paseo, flanqué de grands arbres, dispose d'un terre-plein central et est parsemé de nombreux ronds-points et édicules. Il est surtout bordé de magnifiques villas, résidences luxueuses, dont un grand nombre a désormais été converti en hôtels, restaurants, boutiques ou musées. D'avenue résidentielle, elle est devenue une agréable artère commerciale, qui s'étale sur plus de six kilomètres, et le cœur touristique et à la mode de la ville. Tous les samedis à 20h, la ville y organise des concerts de musique mexicaine. Le dimanche, l'avenue est fermée aux automobiles pour laisser la place aux cyclistes ; un marché d'art s'y tient également.

PALACIO DE GOBIERNO ★★★

Plaza de la Independencia

+52 999 930 3100

Ouvert du lundi au vendredi de 9h à 16h. Entrée libre.

Derrière la façade pistache de ce palais, inauguré en 1892, se cachent de remarquables fresques. Elles n'ont pas été exécutées dans le style héroïque de Diego Rivera mais dans un style plus contemporain et onirique par Fernando Castro Pacheco, peintre local. Celles du *Salón de Historia* mettent en lumière l'esprit éternellement renouvelé du peuple maya qui survit en dépit de l'impitoyable répression exercée par les Espagnols. Elles sont ainsi diamétralement opposées aux sculptures de la *Casa Montejo* représentant un conquistador, le pied posé sur la tête d'un Maya.

CASA MUSEO QUINTA MONTES MOLINA ★★★

Paseo de Montejo #469, entre les rues 33 et 35

+52 999 925 5999

www.laquintamm.com

Ouvert du lundi au vendredi de 10h à 18h. Entrée : 85 $. Boutique.

Construit par l'homme d'affaires cubain Don Aurelio Portuondo à la fin du XIXe siècle, dans un style éclectique à tendance néoclassique, ce palais fut ensuite vendu à un banquier espagnol qui sut préserver sa structure et sa grandeur, tout comme l'héritière actuelle, Josefina Montes Molina. Visiter cette maison invite au voyage (sols en marbre, lustres en cristal, élégant mobilier...) lorsque Mérida traversait une période d'incroyable prospérité du fait de l'exploitation de l'*henequén*.

Paseo de Montejo.

MUSEO PALACIO CANTÓN ★★

Paseo de Montejo #485

✆ +52 999 923 0557

Ouvert du mardi au dimanche de 8h à 17h. Gratuit jusqu'à 13 ans. Entrée : 60 $.

Ce musée régional d'anthropologie est situé dans une villa typique du début du XXe, caractéristique du style beaux-arts en vogue sous le régime de Porfirio Díaz : le général Cantón chargea l'architecte italien Enrico Deserti de la concevoir et le sculpteur Michele Giacomino d'en réaliser les détails. Acquise par le gouvernement en 1932, sa collection permanente d'artefacts mayas est partie enrichir le *Gran Museo del Mundo Maya* en 2012. Depuis y sont organisées de magnifiques expositions temporaires, en lien avec l'archéologie mexicaine et le monde maya.

PINACOTECA JUAN GAMBOA GUZMÁN ★★

Calle 59 #499, entre les rues 58 et 60

✆ +52 999 924 5233

Ouvert du mardi au samedi de 9h à 17h. Entrée : 45 $.

Situé à proximité du parc Hidalgo, ce monument du XVIIe siècle ayant alors appartenu aux Jésuites héberge aujourd'hui des œuvres datant du XVIIe au XIXe siècle. Une des salles est consacrée à Juan Gamboa Guzmán (1853-1892), considéré comme le peintre yucatèque le plus illustre de son époque. Vous pourrez aussi y voir les œuvres de Gabriel Vicente Gahona, caricaturiste de la région, qui développa une vision satirique de la société *yucateca* du milieu du XIXe siècle.

PLAZA DE LA INDEPENDENCIA ★★

On la désigne sous toutes sortes de noms : Plaza Grande, Plaza Mayor, Zócalo, ou simplement la Plaza. C'était le centre de la cité maya de T'ho. C'est aujourd'hui le cœur historique et de rencontres de Mérida. La cathédrale (1561-1598), aux allures de forteresse, et la Casa Montejo (1549) ont été édifiées avec les pierres des temples mayas qui se trouvaient sur le site. Les deux autres flancs de la Plaza sont occupés par le Palacio municipal (hôtel de ville, 1542, reconstruit en 1850) et le Palacio de Gobierno de l'Etat du Yucatán.

La Plaza est bordée par de grands lauriers dont l'ombre tombe sur les *confidenciales*, ces causeuses de pierre où les couples s'assoient face à face. L'odeur des fleurs imprègne l'air. Le soir, hommes, femmes et enfants déambulent lentement autour du square, alors que des guitaristes vêtus de blanc attendent sur une chaise que l'on loue leurs services pour entonner une sérénade ou égayer une célébration. Tous les dimanches, la circulation s'arrête et le centre de Mérida n'est alors accessible qu'aux piétons. Le contraste avec la circulation quotidienne est saisissant. C'est une grande fête hebdomadaire familiale, avec débauche de victuailles et de divertissements. Puis, sur le coup de 20h, le carrosse de Cendrillon redevient une citrouille. Mais entretemps vous aurez passé une journée agréable et vous n'aurez, bien sûr, pas oublié la mythique photo devant les six lettres colorées qui composent le nom de la ville.

TURITRANSMÉRIDA

calle 57 #510 depto. 4
✆ +52 999 924 1199
www.turitransmerida.com.mx

Ouvert du lundi au vendredi de 8h à 18h ; le samedi de 10h à 13h ; le dimanche de 11h à 13h.

TuritransMérida est le tour opérateur de la région, tant par la large gamme de services fournis que par son expérience et le sérieux dont il a la réputation. De nombreux véhicules offrent des solutions de transports adaptées à tous les besoins. Sont proposés des tours, de l'excursion à la journée dans la région, aux circuits dans toutes les zones intéressantes du Mexique. Enfin, vous pourrez vous faire aider pour trouver l'hôtel de votre choix, l'hacienda que vous voulez connaître, organiser un mariage ou tout autre événement. De quoi satisfaire tout le monde !

VISITA YUCATÁN.COM

Calle 58 #487, à l'angle de la rue 57
✆ +52 999 928 2279
www.visitayucatan.com

Un détour par le site Internet de Visita Yucatán vous présentera la palette infinie d'excursions dans la péninsule. En fonction du temps dont vous disposez, vous trouverez une formule adaptée à vos envies d'escapades et à votre budget, qu'il s'agisse de circuits thématiques avec un focus histoire (à la découverte du monde maya ou des villages magiques), biodiversité (aventure aquatique dans les *cenotes*) ou culture et nature (qui compile visite de sites archéologiques et plongée dans le centre-ville de Mérida ou dans les trous d'eau).

AGUAS SAGRADAS EXPEDICIONES

588-D Calle 57 #588, entre les rues 76 et 78
✆ +52 999 382 8873
sacredwaters.webs.com

Agence spécialisée dans le tourisme handicap et l'écotourisme.

Raúl Espejo et sa fille Sak Nitec sont spécialisés dans les cenotes et pourront vous emmener faire du snorkeling dans les plus beaux puits d'eau de la région, de jour comme de nuit. L'équipe propose également des circuits à vélo et kayak (mangroves de Progreso), de la spéléologie et des activités sur mesure pour les personnes à mobilité réduite. Joli tour d'observation des oiseaux à Río Lagartos. Excursions d'une journée ou bien voyage de plusieurs jours à la carte.

LOS 7 CENOTES SAN GERONIMO

Calle 22 #98 Int.1 x 15 y 17 col.Itzimná
✆ +52 999 422 3401
www.yucatanunico.com

Construction d'itinéraires sur mesure, prix à valider en ligne.

Yucatan Unico est un groupement d'acteurs touristiques de l'Etat du Yucatan, créé en 2020 à l'initiative de 5 entrepreneurs et propriétaires Yucatèques. Leur spécialité est la création et l'organisation de voyages très haut de gamme sur mesure dans la péninsule. L'équipe prend en charge chaque détail pour créer des séjours d'exception. Dispose de propriétés dans tout l'Etat du Yucatan, mais aussi des experts du transport touristique et de l'organisation d'itinéraires.

MAYAN HERITAGE

Calle 79 # 518-D, entre calles 64 et 64 - A
✆ +52 999 924 8284
www.mayanheritage.com.mx

Organisation d'excursions et de transports touristiques, sur demande et sur mesure.

Mayan Heritage est un acteur du tourisme respecté dans la péninsule du Yucatan. Depuis plus de 15 ans, leur proposition est la même : offrir le meilleur du monde Maya aux visiteurs étrangers et locaux, avec une très haute exigence. Le groupe organise des excursions en groupes à la journée, au départ de Mérida, de Cancún ou de Valladolid ; mais aussi des voyages privés sur mesure de plusieurs journées, autour de la culture, de l'archéologie, de la nature, de la plongée, de l'activité sportive. De véritables experts de la péninsule, vous pouvez tout leur demander !

TERRA MAYA

Plan de Ayala
✆ +52 999 481 9576
www.mexique-voyages.com

Agence réceptive francophone spécialiste des circuits sur mesure. Membre de Terra Group.

Installée au cœur du Yucatán, Terra Maya est une agence francophone spécialiste du voyage à la carte au Mexique et au Guatemala. Elle connaît bien le terrain qu'elle explore depuis des années. Que ce soit pour un circuit autour des sites incontournables, ou hors sentiers battus, un séjour purement culturel ou encore balnéaire, votre voyage est 100 % personnalisé, construit en fonction de votre budget, de votre rythme et de vos envies : sites archéologiques, séjour plongée, rencontre avec des communautés mayas, découvertes de réserves naturelles, etc.

CARNAVALITO CITY TOURS ★★

Calle 55 #504, entre les rues 60 et 62
✆ +52 999 924 1199
www.carnavalitocitytour.com.mx/
Du lundi au samedi, tours à 13h, 16h, 18h. Dimanche à 13h et 15h. Adulte : 120 $. Enfant : 70 $.

Ce sympathique et authentique bus aux multiples couleurs, baptisé la « Gua-Gua », est une option divertissante et hors du commun pour se lancer, sans effort, dans un city tour à la découverte de la ville de Mérida. La « Gua-Gua » parcourt l'ensemble des quartiers historiques de la ville, au départ du Parque Santa Lucia. Les tours durent environ 1 heure et demie et les explications sont données en anglais et en espagnol. On vous recommande tout de même de programmer votre visite en journée pour mieux apprécier la diversité architecturale de la « ville blanche ».

AMERICA CAR RENTAL

Calle 32 #312
✆ +52 999 928 1896
www.america-carrental.com
Ouvert 24h/24.

Voilà une agence mexicaine très sérieuse, dont les véhicules sont en parfait état. L'avantage, c'est que vous pouvez réaliser un *drop-off* à Playa del Carmen, Cancún ou Tulum et à quelques autres endroits de la côte Caribéenne. Les locations de véhicules démarrent à 30 US$ par jour, toutes assurances comprises. En fonction des modèles, il faut compter environ 50 US$ pour une berline, 60 US$ pour une camionnette, et un poil plus pour un 4x4. Parmi les services complémentaires, la possibilité de louer un GPS ou un siège pour enfant.

NATIONAL CAR RENTAL

Calle 60 #486, entre les rues 55 et 57
✆ +52 999 923 2493
www.nationalcar.com
Ouvert tous les jours de 8h à 13h et de 16h à 20h.

D'envergure et de renommée internationale, cette agence de location a également une antenne dans l'aéroport et deux autres dans la ville de Mérida (Calle 60 #346, entre les rues 33a et 35, ainsi qu'au Fiesta Americana Hotel au croisement des avenues Colón et Cupules). La location d'une voiture économique tourne autour de 25 US$ par jour, avec assurance dommage aux tiers et kilométrage illimité. Mais il est aussi recommandé de prendre une assurance supplémentaire qui couvre le vol et les dommages éventuels causés au véhicule.

VIVA MÉRIDA HOTEL BOUTIQUE €€

Calle 59 553, Parque Santiago, Centro
✆ +529999231727
https://www.vivameridahotel.com/fr/
Ouvert toute l'année. 10 chambres (et 1 splendide appartement avec vue panoramique). Wifi gratuit. Service de ménage.

Voici une belle adresse d'hébergement authentique très bien située à Mérida. Organisées autour d'un patio à l'architecture coloniale d'inspiration mauresque, les chambres sont spacieuses et bien équipées. Ce petit hôtel vivant et coloré est tenu par une famille dont Jessie, une Française tombée amoureuse du coin qui vous recevra avec beaucoup de gentillesse. L'établissement propose également de bons petits-déjeuners à la carte et une piscine nichée au fond du jardin.

© VIVAMERIDA

© VIVAMERIDA

ÉTAT DU YUCATÁN

YUCATÁN CONNECTION

✆ +52 999 163 8224
www.yucatan-connection.com
Réservations par Internet ou téléphone. Tarifs en fonction de la destination et du nombre de personnes.

Cette agence vous propose plusieurs services de transport avec chauffeur, à bord de minibus Nissan qui peuvent accueillir jusqu'à 8 personnes. Toutes les informations sont détaillées en anglais sur le site Internet, y compris les tarifs. Différentes formules au choix, depuis les simples transferts de l'aéroport de Mérida ou de Cancún, par exemple, à des tours d'une journée pour visiter les environs. Vous pouvez également construire votre circuit sur mesure, toujours en bénéficiant d'un chauffeur. Vous choisissez l'itinéraire, et on vous y conduit. Pratique.

CASA DE LAS PALOMAS BOUTIQUE HOTEL €€

Calle 64 #417, entre les rues 49 et 53
✆ +52 999 291 1334
www.palomasgroup.com
Chambre double à partir de 160 US$; suite à partir de 240 US$. Promotions sur le site de l'hôtel.

Cet hôtel est un véritable joyau architectural, qui combine l'esthétique traditionnelle yucatèque (les dalles au sol notamment et les tissus brodés) et des éléments modernes (poutres en acier). L'établissement possède quelques détails esthétiques très appréciables, comme les douches surmontées de verre qui donnent l'impression d'être à l'air libre, et le bruit de l'eau qui coule, à côté de la piscine. Attention, les 9 chambres de l'hôtel sont réservées aux adultes.

CASA DEL MAYA €€

Calle 66 #410 A, entre les rues 45 et 47
✆ +52 999 181 1880
www.casadelmaya.com
Chambre double à partir de 120 $; bungalow à partir de 195 $.

À 200 mètres du centre historique, cette ancienne maison coloniale a été rénovée il y a quelques années : tout est fait pour que vous vous sentiez chez vous. Santiago, le manager, vous accueille comme un ami et le staff est adorable et très professionnel. Le patio central, où est servi le petit-déjeuner, est entouré d'un jardin tropical et d'une jolie piscine. Les 6 chambres sont très calmes et chacune a sa propre décoration. Si vous êtes en groupe, la maison privée est l'option parfaite : 2 chambres avec salles de bains, piscine privée et cuisine équipée !

HOTEL MEDIOMUNDO €€

Calle 55 #533, entre les rues 64 et 66
✆ +52 999 924 5472
www.hotelmediomundo.com
Chambre double à partir de 60 US$. Petit déjeuner inclus. Restauration. Vente. Pas de tv.

Coup de cœur pour cette petite hacienda rénovée par un Uruguayen et sa femme qui a peint de nombreux motifs sur des murs colorés. Le style colonial est parfaitement exploité, espace et hauteurs sous plafond très agréables. Le MedioMundo est l'assurance de passer une bonne nuit, au calme ! Belle petite piscine, plantes omniprésentes et bar ; le tout sans télévision. Attention, n'accepte pas les enfants en-dessous de huit ans. A signaler aussi la boutique assurant la promotion d'objets artisanaux locaux, et le petit restaurant *Lo que hay* qui sert une cuisine végane.

HOTEL ZAMNA €€

Calle 53 #547, entre les rues 70 et 72.
✆ +52 999 924 0103
www.hotelzamna.com/
8 chambres. Chambre double à partir de 1 500 $.

Cet élégant Bed & Breakfast est géré par un couple d'Européens fort sympathiques, dans le Barrio de Santiago. L'établissement est bien tenu et ne compte que 8 chambres, ce qui garantit une attention personnalisée. Toutes sont confortables et décorées avec soin, du parquet à la literie. La piscine au fond de mosaïque invite à se rafraîchir ou à paresser sur l'une des multiples chaises longues. Une bonne alternative pour celles et ceux qui recherchent un hébergement de charme, mais plus intime qu'un hôtel. Service de shuttle en direction de l'aéroport disponible.

LUZ EN YUCATÁN €€

Calle 55 #499, entre les rues 58 et 60
✆ +52 999 924 0035
www.luzenyucatan.com
Chambre double à partir de 54 US$.

Luz en Yucatán est un véritable havre de paix au cœur de Mérida, à quelques mètres du Parque Santa Lucía. Cette maison coloniale fleurie possède de nombreuses chambres, des studios et des appartements très bien équipés. Toutes les chambres ont accès aux espaces communs dont une grande cuisine, un salon et une piscine avec une zone hamac « El Nido » ainsi qu'un bar à alcool à volonté. Les propriétaires de l'hôtel soignent les détails pour vous faire vous sentir comme chez vous et également faciliter l'organisation de vos excursions. Un très beau projet.

© HOTEL HACIENDA MERIDA

© HOTEL HACIENDA MERIDA AD

© HOTEL HACIENDA MERIDA AD

HOTEL HACIENDA MERIDA €€€

Calle 62 #441A, entre les rues 51 et 53
✆ +52 999 924 4363
www.hotelhaciendamerida.com
Chambre double à partir de 150 US$; suite à partir de 215 US$.

En plein cœur du centre historique, à 200 mètres de la place Santa Lucia, c'est un magnifique petit hôtel installé dans un édifice historique datant de 1840. Tenu par un Français, l'établissement a tous les atouts pour séduire. 14 chambres calmes, très spacieuses, à la décoration raffinée et bien équipées, sont disposées autour d'une belle piscine centrale. Juste à côté, l'Hotel Hacienda VIP est tout aussi agréable, en étant encore plus exclusif puisqu'il ne compte que 5 chambres et une suite. Excellent service. C'est une valeur sûre du centre de Mérida.

© HOTEL HACIENDA MERIDA AD

HOTEL HACIENDA MERIDA A

EL PALACITO SECRETO €€€

Calle 66 #393
✆ +52 999 224 4533
www.elpalacitosecreto.com
Suite à partir de 155 US$. Casa privada à partir de 225 US$ pour deux (capacité : 10 personnes).

Dans une rue très calme, à 5 minutes de Santa Lucía et du Paseo Montejo. L'idée des propriétaires d'origine belge et irlandaise a été de recréer le style colonial français du XIXe siècle : un bâtiment avec arches, colonnes et moulures, de beaux balcons... jusqu'au mobilier colonial dans les chambres. De luxueuses et spacieuses suites ainsi qu'une *casa privada* sont disposées autour d'une piscine et d'un agréable jardin. Le petit-déjeuner est bon et copieux, le staff est adorable. Une très bonne option, à compléter avec la gamme de massages et soins à la carte.

HACIENDA MISNÉ €€€

Calle 19 #172, à l'angle de la rue 6B
✆ +52 999 305 5335
Chambre double à partir de 4 600 $; suite à partir de 7 100 $. Tarif 2 adultes / 2 enfants 0-12 ans. Restauration.

A seulement 15 minutes du centre historique, cette magnifique hacienda offre tout le luxe et le confort nécessaire à un beau séjour : grands espaces verts, chambres différentes parfaitement équipées, un restaurant, un bar et deux piscines. Un spa, une salle de sport et une bibliothèque sont également à votre disposition. Les chambres sont dotées au choix de deux lits doubles ou d'un lit *king size*, et les royal suites ont leur propre jardin et piscine. L'endroit parfait pour un évènement en groupe, un voyage de famille ou une escapade amoureuse !

ROSAS & XOCOLATE €€€

Paseo de Montejo #480, à l'angle de la rue 41
✆ +52 999 924 2992
www.rosasandxocolate.com
Chambre double à partir de 275 US$; suite de 330 US$ à 835 US$. Restauration. Vente.

Idéalement situé, ce magnifique boutique-hôtel, sélectionné parmi les plus beaux hôtels design du monde, saura vous enchanter. Ici, rien n'est laissé au hasard et son luxe moderne est impressionnant : magasin de chocolats, piscine à débordement, salle de sport, Spa, excellent restaurant et bar lounge avec DJ sur le toit. A ce cadre s'ajoutent les chambres spacieuses et équipées en haute technologie. Toutes possèdent une baignoire à l'air libre, en plus de la douche intérieure. Que ce soit pour dormir, se restaurer ou y boire un verre, ne manquez pas l'occasion.

LOS TROMPOS €

Calle 59, 502, à l'angle de la 60
www.lostrompos.com.mx
Ouvert tous les jours de 7h30 à 1h du matin.

C'est le royaume des *tacos* à Mérida ! Los Trompos possèdent des dizaines de succursales à Mérida, dont deux en centre-ville. Parfait pour un déjeuner ou dîner sur le pouce, typique et économique. La qualité de la viande est en plus ici garantie. La carte vous proposera pâtes et pizzas en tout genre, ne vous y arrêtez pas et concentrez-vous plutôt sur les classiques mexicains. Tacos, bien sûr, mais aussi Papas Rellenas, Fagitas, Tortas et Nachos... Le tout à accompagner d'une *agua fresca* ou d'un de leurs nombreux cocktails rafraîchissants.

LA CHAYA MAYA €

Calle 55 #510, entre les rues 60 et 62
✆ +52 999 928 4780
www.lachayamaya.com
Ouvert tous les jours de 7h à 23h. Petit-déjeuner entre 100 et 150 $, le plat entre 100 et 375 $. Vente à emporter.

Installé dans une magnifique maison de maître, ce restaurant fréquenté aussi bien par une clientèle locale qu'étrangère permet de se restaurer autour du jardin intérieur ou plus fraîchement dans les pièces d'époque climatisées. C'est ici que l'on déguste l'ensemble des spécialités du Yucatán, dès le petit déjeuner. Au menu, les incontournables *sopa de lima*, *cochinita pibil* et autres *panuchos* et *salbutes. La* carte illustrée vous guidera. Egalement de délicieux poissons et fruits de mer (*tikin xic*) ou encore des plats copieux de bœuf grillé. A ne pas manquer.

EL MARLIN AZÚL €

Calle 62 #488, entre les rues 57 et 59
✆ +52 999 224 3052
www.marlin-azul.com/
Ouvert du lundi au samedi de 10h à 18h. Spécialités de fruits de mer aux alentours de 150 $. Vente à emporter.

L'histoire de cette cantine a débuté dans la zone industrielle de Mérida, en 1990, avec la création d'un food-truck spécialisé dans les tacos de la mer... Aujourd'hui, certes le restaurant ne paye pas de mine mais le rapport qualité-prix rend la visite indiscutable ! Les inconditionnels des *camarones* apprécieront de les déguster en ceviche (à la mangue !), en fajitas, sautées ou encore panées. Et si les crevettes ne comptent pas parmi vos favoris, du poulpe, des steaks de poisson à la coriandre ou du cordon bleu de la mer sont à accompagner de soupes et *cocteles*.

ÉTAT DU YUCATÁN

MERCADO 60 €

Calle 60 #461, entre les rues 53 et 51
http://mercado60.com/
Ouvert tous les jours de 18h à 3h. Autour de 150 $ en fonction de la formule.

Le Mercado 60 n'est pas conventionnel. C'est un coin « hipster » qui se veut le premier marché gastronomique et culturel. Ici ce sont 18 échoppes qui se côtoient : cuisine thaïe (wok), argentine (viandes grillées), italienne (pizzas), française (crêpes), asiatique (sushis), libanaise, nord-américaine... On mange sur des tables en bois, à l'air libre, devant un concert de blues ou de rock. Piège à touristes ou non, l'ambiance est très sympa et vous êtes assuré de passer une bonne soirée, si toutefois vous n'êtes pas trop pressé (le service peut être un peu long).

MERCADO SANTOS DEGOLLADO €

Parque Santiago, à l'angle des rues 70 et 57.
Ouvert du lundi au vendredi de 8h à 15h.

Dans tout le Mexique, les marchés sont une bonne option pour déjeuner des plats frais et savoureux à un prix économique. Les marchés de Mérida ne sont pas une exception à la règle. Le marché de Santos Degollado, plus connu sous le nom de *Mercado de Santiago*, a été entièrement rénové et modernisé en 2018, pour le plaisir des yeux et des papilles... Il invite à déambuler parmi les nombreuses taquerías – ces échoppes spécialisées à l'origine dans les tacos, mais dont l'offre s'étend à l'ensemble des spécialités yucatecas – et bien sûr à marquer une pause gourmande.

TAQUERIA EL PAVO FELIZ €

Calle 65, entre les rues 58 et 60
✆ +52 999 350 3333
Ouvert tous les jours de 5h à 21h.

En déambulant au cœur du Mercado Municipal Lucas De Gálves, il vous faudra atterrir local 122 et surtout vous y installer pour un en-cas au milieu de l'effervescence de ce marché local haut en couleur. Sans aucun doute le meilleur endroit en ville pour goûter aux *salbutes* et autres *panuchos*. À consommer sans modération ! Cette pause vous donnera probablement envie de poursuivre votre périple parmi les multiples échoppes dont les étals vous offriront l'ensemble des ingrédients nécessaires pour faire de vous un véritable cuisinier yucateco.

TRATTORIA LA PASTA €

Paseo de Montejo #481
www.trattorialapasta.com
Ouvert du lundi au dimanche de 13h à minuit. Entrées de 120 à 200 $. Pizzas, pâtes et spécialités autour de 200 $.

C'est un très agréable restaurant italien, qui vous apportera un peu de *dolce vita* lors de votre passage à Mérida. Toute la cuisine a été formée à l'italienne par le chef Alessandro Dolfi : vous retrouverez toutes les saveurs authentiques du Vieux Continent dans votre assiette. On viendra pour la qualité de la cuisine et ses spécialités : les pizzas napolitaines, les pâtes artisanales ; mais aussi pour la très belle terrasse, au cœur du Paseo Montejo. Ajoutez-y un service efficace, amical, et des portions copieuses : vous obtenez une excellente adresse !

© ALESSANDRO DOLFI

© ALESSANDRO DOLFI

ÉTAT DU YUCATÁN

WAYAN'E €

Calle 59 #408
+52 999 291 9422
Ouvert tous les jours de 7h à 14h30. 12 $ le taco.

Wayan'e signifie « c'est ici » en maya, un nom tout indiqué pour le lieu qui propose, selon bien des clients, les meilleurs tacos de Mérida ! Bien connue des locaux, Wayan'e est une adresse incontournable pour manger des tacos à toutes les sauces. A la carte, un grand choix de garnitures s'offre à vous. On vous conseille tout de même le *castakan*, à base de poitrine de cochon crispy à souhait : un incontournable de la maison. Très populaire, le restaurant à deux adresses dans le centre historique. On vous indique ici celle où l'ambiance est la meilleure !

MANJAR BLANCO €€

Calle 47
+52 999 547 6237
Ouvert tous les jours de 8h à 18h. Plats à la carte entre 170 et 200 $.

Un restaurant qui a le goût du Yucatán ! La chef Miriam Peraza a rassemblé toute une équipe d'*abuelas* pour proposer dans son restaurant des recettes traditionnelles et authentiques. Résultat : une très jolie cantine de cuisine yucatèque, avec une touche moderne et originale : une combinaison des vrais recettes des grands-mères et de la versatilité de leurs petits-enfants. Une originalité qui touche au but. Le restaurant est assez petit, mais très populaire, on vous conseille donc de réserver à l'avance ou de prendre votre mal en patience.

APOALA MEXICAN CUISINE €€

Parque Santa Lucia +52 999 923 1979
www.apoala.mx
Ouvert tous les jours de 13h à 22h. Entrées de 155 $ à 210 $. Plats entre 170 à 600 $.

Logé sous les arcades de la place Santa Lucía, ce restaurant propose une cuisine mexicaine créative et actuelle qui ravira tous les palais, y compris ceux qui n'ont pas été conquis par les spécialités locales. Le menu s'inspire de la gastronomie de l'État d'Oaxaca, dont est originaire la cheffe, mais il incorpore des ingrédients et saveurs d'autres régions, ce qui donne des créations uniques et savoureuses. La décoration intérieure est mémorable, entre le bar en trompe-l'œil et les deux arbres qui semblent tout droit sortis du mur ! Une adresse à découvrir.

LA RECOVA SANTA LUCÍA €€

Parque de Santa Lucía
+52 999 688 7842
www.larecovamerida.com
Ouvert du lundi au samedi de 13h à 2h. Entrées à partir de 110 $. Plats entre 200 et 500 $.

À l'origine un très réputé restaurant argentin, élégant, spécialisé en viandes rouges grillées de très bonne facture. On retrouve à la carte d'autres plats désormais typiques de l'enseigne, tels le *salpicón de mero* (mérou), le tartare de thon ou les *panuchos de pato* (canard). Le chef prépare tous les jours des pâtes fraîches, ainsi que des plats de poisson qui font aussi sa réputation. Son emplacement en fait une des adresses incontournables, aussi bien pour déguster un verre de vin que pour déjeuner ou dîner en terrasse. Autre adresse au 382 du Paseo de Montejo.

AVEC AMOUR €€

Calle 60, entre 55 y 53, Parque Santa Lucia
+52 999 309 2183
Le lundi et le mardi de 13h à 23h ; du mercredi au dimanche de 12h à minuit. Plats principaux entre 245 et 395 $.

Ouvert à l'été 2020 par un couple franco-mexicain, ce restaurant apporte un agréable vent de fraîcheur au Parque Santa Lucia. Façon bistro fusion, la carte propose une sélection de plats français et yucatèques, tous préparés à base de produits frais : magret de canard, aguachile verde, portobello confit... Si la terrasse, lovée sous les arcades de la place, est très agréable, la salle intérieure n'est pas en reste avec un magnifique espace fait de velours, granit et bois massif. On recommande d'autant plus pour la belle carte de vins français et mexicains !

K'U'UK €€€

Avenida Romulo Rozo #488, entre les rues 27 et 27A. +52 999 944 3377
www.kuukrestaurant.com
Ouvert du mardi au samedi de 13h à 23h30 ; le dimanche de 13h à 17h. Plats de 180 $ à 680 $. Menu dégustation 2 100 $.

C'est certes à l'extérieur du centre-ville, mais c'est assez fabuleux. Le chef Pedro Evia, natif de Mérida, et son acolyte Eduardo Rukos, ont transformé leur restaurant en un laboratoire ! La cuisine est conceptuelle et avant-gardiste tout en mettant à l'honneur les ingrédients locaux. Le menu est mouvant et de saison, en évolution perpétuelle. Assiettes spectaculaires et combinaisons de saveurs étonnantes à l'image de la purée de potiron et *mole* en trompe-l'œil de tournesol. Également le Kii'Wiik Café qui propose des petits-déjeuners très abordables.

NECTAR BY CHEF ROBERTO SOLÍS €€€

Av.Andrés García Lavín 334 ✆ +52 999 938 0838
www.nectarmerida.com.mx
Ouvert le lundi et du mercredi au vendredi de 14h à 22h ; le samedi de 13h30 à 23h30 ; de 13h30 à 18h.

Le chef Roberto Solís n'est rien d'autre que l'un des plus grands noms de la cuisine gastronomique du Yucatan. Entre technique et tradition, il revisite avec brio les grands classiques de la région en y ajoutant modernité et saveurs d'ailleurs. A table, la cuisine ouverte laisse entrevoir la beauté du geste. Dans l'assiette, un dressage impeccable et des produits frais et locaux. Avant de vous attabler, n'hésitez pas à prendre un verre au bar pour mieux voir les cuisines s'activer.

BEER LOVERS BY LE CARRÉ - CAFÉ BELGE ET BOUTIQUE

Calle 60 #457
✆ +52 999 921 1361
www.barlecarre.com
Ouvert du lundi au mercredi de 18h à 2h ; du jeudi au dimanche de 12h à 3h.

Le temple de la bière à Mérida ! Ici, c'est plus de 200 *lagers*, *stouts*, *IPA* et autres *porters* du monde entier qui sont au menu... de quoi vous rafraîchir après une journée sous le soleil du Yucatán. Pour les petites faims ou grandes fringales : boulets à la liégeoise, carbonnade flamande ou cornet de frites belges. Concerts et DJ sets à partir du jeudi soir. Et pour les dégustations à la maison, la boutique propose une belle sélection de bières belges et mexicaines artisanales.

DULCERÍA Y SORBETERÍA COLÓN

Calle 61 #500
✆ +52 999 928 1497
Ouvert tous les jours de 9h30 à 23h30.

La Dulcería y Sorbetería Colón est une véritable institution à Mérida, depuis 1907. À toute heure de la journée, les gens se bousculent à l'entrée de l'établissement pour savourer un sorbet à la noix de coco, à la mangue, au pitaya, à… En fait, la carte des sorbets est interminable et compte tenu de la chaleur qu'il fait dans la ville, on peut sans remord essayer chaque jour une saveur différente. L'établissement possède aussi une succursale sur le Paseo de Montejo.

OLIVA ENOTECA €€€

Calle 47 #466 x 54 y 56. Col. Centro
✆ +52 999 923 3081
www.olivamerida.com/
Ouvert toute l'année. Réservation recommandée.

Un très bon restaurant italien sur Mérida. Le cadre élégant va de pair avec la cuisine. On a ici affaire à une recherche esthétique et savoureuse qui conduit sur des résultats parfois surprenants : prenez par exemple les lasagnes frites, servies en petits cubes, croquantes en dehors fondantes en dedans, excellentes à tout moment ! Pour les palais conservateurs, vous trouverez les grands classiques : carbonara, risotto, tomate-mozzarella... La carte des vins est bien fournie, et les desserts ont cette petite touche d'originalité qui nous a beaucoup plu.

© OLIVA

© OLIVA

ÉTAT DU YUCATÁN

EL CARDENAL CANTINA

Calle 63 #527, entre 70 et 72
✆ +52 999 518 1729
www.cantinamerida.com
Ouvert du mardi au dimanche de 12h à 22h.

Ouverte en 1915, cette *cantina* est l'une des plus anciennes de Mérida. Voilà un endroit très animé et souvent bondé d'une faune locale en fin de journée et début de soirée. On vient y boire de la bière glacée (artisanale ou non), du mezcal et autres cocktails de fruits exotiques, à accompagner de *botanas* typiques comme le *Huevo Cardenal* (un œuf au plat sur un lit de riz-sauce). El Cardenal se veut également un lieu d'échange culturel et accueille de la musique « en vivo », des expositions, des présentations de livres, etc. Programmation à suivre.

LA NEGRITA CANTINA

Calle 62, à l'angle de la rue 49
✆ +52 999 267 9582
Ouvert tous les jours de 12h à 22h.

C'est l'une des plus vieilles cantinas de la ville, puisqu'elle existe depuis 1917. Bien sûr, l'endroit a été entièrement rénové au goût du jour. L'établissement dispose de plusieurs salles aménagées de façon différente pour créer des ambiances variées, dont un patio arboré et un bar. A la carte : mezcal et bières artisanales locales, pour accompagner quelques bons plats du jour, des *tacos* régionaux. Si vous n'avez qu'une bière à prendre dans le centre historique, c'est là qu'il faut vous asseoir... ou danser (sessions *live* chaque semaine).

LA FUNDACIÓN MEZCALERIA

Calle 59, à l'angle de la rue 62
✆ +52 999 955 4038
Ouvert du lundi au jeudi de 18h à 3h ; du vendredi au dimanche de 13h à 3h.

Ce club culturel est bondé, vivant et bruyant : tout ce qu'on aime quand on veut passer un bon moment et s'oublier quelque peu ! Un lieu où s'ambiancer, également très apprécié des locaux. La Fundación a déménagé au printemps 2021 dans un espace plus grand et entièrement rénové pour profiter un max. La programmation artistique est enthousiaste et prometteuse, avec aussi bien des expos que des sessions de musique *live*. À savourer sans modération un verre de mezcal à la main, ce fameux spiritueux mexicain issu de l'agave et dont les recettes sont ici nombreuses.

BAZAR DE ARTESANÍAS GARCÍA REJÓN

Calle 60, entre les rues 65 et 67
Ouvert du lundi au samedi de 8h à 21h ; le dimanche de 9h à 15h.

Situé au cœur de la ville, tout l'artisanat du Mexique s'y trouve : blouses, hamacs, bijoux et petits objets... Cependant, acheteurs, prenez garde ! Si les prix ne sont pas tous affichés, c'est en marchandant que l'on peut obtenir des tarifs décents. Les voyageurs attentifs sauront distinguer l'authentique artisanat fait main de l'industriel. Parcourir le « García Rejón », c'est aussi prendre le temps d'une pause culinaire dans l'un des nombreux stands du marché.

HERMANA REPÚBLICA

Calle 32 #352 local 19 A
✆ +52 999 227 2974
https://www.hermanarepublica.com/
Ouvert tous les jours de 13h à 22h.

Les adeptes de bière feront le détour par ce bar-restaurant malgré sa situation excentrée. Blonde, brune, IPA, Pilsner... le choix est vaste et provient de la Brasserie yucathèque *Patito*, au nord de Mérida. Vous retrouverez également cet ingrédient clé dans la composition de quelques recettes non conventionnelles, dont les *chicharron de ribeye con guacamole* (la viande y est marinée dans une bière aux notes vanillées) et le *queso fundido con xcatic asado y chistorra* (une entrée quelque peu riche, mais le mélange piment, saucisse et fromage fondu est à découvrir).

CAB GUAYABERAS FINAS

Calle 60 #517, entre les rues 65 et 67
✆ +52 999 928 5127
guayaberascabcentro.com.mx/
Ouvert tous les jours de 9h à 18h.

Face au Bazar de Artesanías García Rejón, cet établissement a plus de 60 ans d'expérience dans la fabrication de la *guayabera*, et des antennes dans toutes les grandes villes du pays. C'est l'endroit où acheter une *guayabera* ! On vous propose 4 types de tissus (65% polyester/35% coton ; 100% coton ; 65 % polyester/35% ramie ; 100% lin irlandais), 3 modèles (chic ; cubain ou col mao) et différents coloris. La plus chère coûte 3 500 pesos, mais il y en a aussi à des prix beaucoup plus raisonnables. Et ici pas besoin de négocier, les prix sont fixes !

LA CASA DE DONIA WAY

Calle 62 #436, entre les rues 51 et 53
✆ +52 999 274 4278
www.doniaway.com
Ouvert du lundi au vendredi de 10h à 20h ; le samedi de 12h à 20h.

Charmante boutique qui présente avec humour et une pointe de tendresse la culture du Yucatán à travers le célèbre personnage de Donia Way. On trouve ici carnets, livres de cuisine typique, un « dictionnaire yucatèque », des sculptures colorées en bois typiques d'Oaxaca et toutes sortes d'objets artisanaux fabriqués à la main par des artisans de la région. N'hésitez pas à rentrer au moins pour jeter un coup d'œil, l'accueil est super sympa et dans un français impeccable ! Les vendeuses sont passionnées et se feront un plaisir de vous raconter qui est Donia Way.

CASA DE LAS ARTESANÍAS

Calle 63 #503, entre les rues 64 et 66
✆ +52 999 920 7334
www.artesanias.yucatan.gob.mx
Ouvert du lundi au samedi de 9h à 19h ; le dimanche de 10h à 14h.

Plus qu'une boutique, c'est un véritable projet artistique, économique et social que porte cette institution ouverte il y a presque quarante ans. Il participe autant à la sauvegarde des savoir-faire ancestraux qu'il promeut la créativité contemporaine des descendants des civilisations mayas. On y trouve des œuvres en pierre, jonc, os, coquillage, bois, *henequen*, céramique, etc. Hamacs, textiles, chapeaux, papier artisanal, jouets, paniers, bref, tout ce que la région compte de meilleur en termes de création. 5 boutiques dans la ville, dont une à l'aéroport.

CIELO HAMACAS

Calle 65 #510, entre les rues 62 et 64
✆ +52 999 949 4109
https://www.cielohamacas.com.mx/
Ouvert du lundi au vendredi de 9h à 19h ; le samedi de 9h à 13h.

Ici les hamacs sont fabriqués selon les principes et valeurs du commerce équitable, en lien avec les communautés mayas de la région du Yucatán. De toutes tailles, individuel, matrimonial ou familial, pour s'y allonger ou s'y asseoir, les hamacs sont disponibles dans de nombreux coloris. Les techniques de tissage et l'épaisseur des cordes sont variées et adaptées à l'usage, en intérieur ou extérieur. Il vous sera également possible d'acheter les accessoires qui vous permettront d'accrocher votre hamac dès votre retour à la maison.

ESENCIA MAYA

Paseo de Montejo #462, entre les rues 35 et 37
✆ +52 999 442 8576
www.esenciamaya.com
Ouvert tous les jours de 11h à 20h.

Cette boutique de grande tradition à Mérida, et de renommée nationale, conçoit des habits qui s'inspirent du vêtement traditionnel maya mais adaptés au style actuel : les jupes et les chemises arborent le traditionnel motif brodé fleuri, mais ont une coupe plus moderne que les *hipils*. Elle propose aussi une jolie collection de boucles d'oreilles. Les hommes ne seront pas en reste avec une sélection raffinée de chemises. Une bonne adresse pour trouver des vêtements ethniques originaux, différents de ceux qui se vendent dans les boutiques d'artisanat de la ville.

GUAYABERAS KARLA ALAM

Calle 62 #479, entre les rues 55 et 57
✆ +52 999 926 6342
Ouvert du lundi au samedi de 8h30 à 20h30 ; le dimanche de 10h à 17h.

Une excellente et économique option pour acheter des *guayaberas*, en coton ou en lin, disponibles dans de jolis tons et, selon les modèles, à des prix plus qu'attractifs. La tenue idéale à porter durant votre voyage sous ces chaudes latitudes. Vous pourrez y trouver de quoi vous vêtir de la tête aux pieds, et il vous faudra compléter votre panoplie avec un chapeau Panama, du type de ceux que l'on confectionne à Bécal dans l'État du Campeche. Deux autres boutiques dans la ville, dont l'une proche du Parque Santa Lucía, calle 55 #508.

MERCADO MUNICIPAL LUCAS DE GALVEZ

Énorme, il s'étend sur quatre *cuadras*, des calles 65 à 69 et 56 à 52. On y trouve pratiquement tout et n'importe quoi. Près de l'angle des calles 65 et 56 sont situées les boutiques de chaussures et bijoux. Les poissonneries sont plus au sud et un peu plus loin, les boucheries. Encore au sud, en face de la calle 67, c'est la partie la plus récente. A noter, une allée entière de fabricants de sandales, qui exécuteront pour vous une paire de *huaraches* sur mesure en quelques heures.

DZIBILCHALTÚN ★

Situé à une demi-heure de route au nord de Mérida, Dzibilchaltún (« l'endroit où les pierres plates portent des inscriptions ») a longtemps été considéré comme un site archéologique secondaire. Et pourtant il s'avère que la durée d'occupation du site est l'une des plus longues de la civilisation maya, puisqu'elle s'étend du Préclassique moyen (1000 à 400 av. J.-C.) au postclassique tardif et à l'arrivée des Espagnols. Le site actuel s'étend sur environ 15 km², et devait comprendre à l'époque pas moins de 8 000 structures reliées entre elles par ces chemins de pierre et calcaire que l'on nomme *sacbés*. Il reste donc de nombreux édifices à mettre à jour.

ZONA ARQUEOLÓGICA DE DZIBILCHALTÚN ★★

Carretera Mérida-Progreso

Ouvert tous les jours de 8h30 à 16h. Entrée : 227 $.

La construction emblématique du site est dénommée le *Templo de las Muñecas*, ou Temple des poupées, en référence à sept statuettes de terre cuite découvertes par des archéologues dans les années 50 et conservées aujourd'hui sur le musée du site. On lui attribue aussi la dénomination de Temple du soleil, car aux équinoxes de printemps et d'automne, le soleil traverse littéralement le temple au travers d'ouvertures parfaitement alignées avec l'astre solaire. Cette construction complexe rend ainsi hommage aux connaissances astronomiques et mathématiques des Mayas qui leur permettaient d'utiliser le cycle du soleil pour rythmer leur vie agricole notamment. Les semences débutaient lors de l'équinoxe de printemps et la récolte lors de celui d'automne. Aux alentours de l'an 800, ce temple carré, qui a pu servir d'observatoire du ciel, avait été rempli de pierres puis recouvert d'une autre structure dont les restes sont encore partiellement visibles. La zone archéologique de Dzibilchaltún abrite aussi le Musée del Pueblo Maya, dont la visite complète le circuit. Très réussi d'un point de vue architectural, il est conçu pour s'intégrer parfaitement à l'environnement tropical. En guise de dernière étape, une escale pour se rafraîchir dans le *cenote* Xlakah s'impose, du moins quand il aura rouvert... C'est le plus grand *cenote* découvert dans la région, et ses importantes dimensions (100 mètres sur 200) abritent des eaux jusqu'à 40 mètres de profondeur. Pensez à votre maillot de bain.

PROGRESO ★★

Situé à 36 kilomètres, Progreso est à la fois le port et la plage de Mérida. Les week-ends, la population de Mérida se précipite vers cette station balnéaire qui redevient en semaine une ville fantôme. L'eau, d'un vert irréel, se teinte de toute une gamme d'azur lorsque le sable est troublé par la rencontre des eaux de la mer des Caraïbes et du Golfe du Mexique. Progreso a été bâti vers 1870 pour remplacer Sisal, l'ancien port de Mérida. La pente qui descend de la terre vers la mer est si douce qu'un embarcadère de 5 kilomètres a dû être construit pour permettre aux grands bateaux et navires de croisière d'amarrer. Progreso ne mérite pas une visite d'une journée, mais il est sympa d'y déjeuner ou dîner et de se promener le long du Malecón et de sa plage. Après la chaleur étouffante de Mérida, le vent marin est un luxe appréciable. De l'autre côté de l'estuaire, se trouve Yucalpetén, que certains *Meridanos* privilégient. De nombreuses villas y ont été construites. Néanmoins, cette destination n'a pas grand intérêt pour les étrangers. La plage de Progreso offre une ambiance bien plus sympa. Au large, à 30 kilomètres, se dressent les magnifiques récifs semi-désertiques d'Alacranes, recommandés pour la plongée.

Transports

Les bus *Autoprogreso* partent de Mérida Calle 62, entre les rues 65 et 67. Arrivée à Progreso Calle 29 #151. 55 minutes de trajet, départ toutes les 10 minutes de 5h15 à 22h.

PARADOR TURÍSTICO LA RÍA ★★

Calle 86 A

✆ +52 999 340 0459

Fermé pour rénovation. Sinon, ouvert tous les jours de 8h à 17h.

Du ponton de cette entreprise locale accueillante, plusieurs possibilités d'excursions s'offrent à vous sur les conseils de l'équipe. Pour les plus sportifs, la location de kayaks ou de paddles vous permettra la découverte en solo des mangroves avoisinantes. Idéal pour observer les oiseaux qui se réfugient sur ses petites îles, et faire un peu d'exercice à la tombée du jour. Mais il vous sera également possible de vous faire promener à bord de la *lancha* collective. Le Parador dispose également d'un service de restauration bon marché.

RESERVA ECOLÓGICA EL CORCHITO ★★

Carretera Chicxulub
✆ +52 999 158 5155
Ouvert du lundi au vendredi de 9h à 17h ; le week-end de 9h à 16h.

Cette réserve écologique, gérée par une coopérative de pêcheurs, est située de l'autre côté de la lagune qui borde Progreso. Pour y accéder, il faut prendre un bateau à l'embarcadère qui se trouve au niveau de la route Chixculub-Puerto Progreso. La réserve abrite trois *cenotes* où il est possible de nager ; des sentiers écologiques pour partir à la découverte de la faune et la flore locales, un service de location de kayaks, et une aire de repos équipée pour récupérer et pique-niquer.

PLAYA LINDA HOTEL €€

Sur le Malecón, à l'angle de la rue 76
✆ +52 969 103 9214
Chambre double à partir de 780 $; suite à partir de 1 200 $. Tarifs différenciés si vue sur la mer et selon saison.

Assurément l'une des meilleures options d'hébergement du port ! L'hôtel Playa Linda est très bien situé, sur le Malecón, à 200 mètres de l'embarcadère et près de la zone des restaurants. Les installations n'accusent pas encore le poids des années, ce qui est appréciable comparé au reste des hôtels vieillissants de la ville. Évitez à tout prix le rez-de-chaussée, bien trop bruyant, et assurez-vous de prendre une chambre avec balcon et vue sur mer. La petite différence de prix vaut largement la douceur d'un réveil face au bleu turquoise de la mer !

YUM IXPU €

Calle 31 #207, entre les rues 94 et 96
✆ +52 969 935 1613
Ouvert du mardi au dimanche de 11h à 18h. Entrées et plats de poisson de 45 à 380 $.

Si vous aimez bien manger, sortir des sentiers battus, faites le détour jusqu'à ce restaurant familial qui se trouve un peu en retrait du quartier touristique, à plusieurs rues de la plage. Les locaux viennent y manger de généreux plats de poissons et crustacés, à des tarifs plus qu'abordables... Le restaurant, qui ne paie pas de mine, se trouve au deuxième étage d'une maison et est reconnaissable à sa façade qui est décorée d'une fresque murale. Vous n'aurez pas de peine à le débusquer, tous les taxis de Progreso connaissent l'adresse...

CRABSTER SEAFOOD & GRILL €€€

Sur le Malecón, entre les rues 74 et 76
✆ + 52 969 108 8421
Ouvert tous les jours de 8h à 22h. Plats à partir de 200 $.

Situé sur le boulevard dit « turístico » de Progreso, en bord de mer, le restaurant est un rendez-vous gastronomique incontournable de la ville. Avec son décor très soigné, son magnifique bar et sa vue sur le golfe, cette adresse ne peut que séduire la clientèle nationale et étrangère. Vous pourrez vous y attabler dès le petit-déjeuner, de nombreuses options maison vous réveilleront. Carpaccios et cocktails de la mer, ceviche, grillades de poisson et de langouste : la carte est inventive et alléchante et les plats dressés avec goût et des ingrédients de qualité.

PLAZA DE LAS ARTESANÍAS

Ouvert tous les jours de 9h à 20h.

La Plaza de las Artesanías de Progreso n'est pas un marché où vous trouverez des pièces d'artisanat uniques ou qui ont demandé des mois de travail. La calle 80 étant essentiellement fréquentée par des groupes de touristes américains, on y vend surtout des tee-shirts et des souvenirs. Néanmoins, on peut quand même y dénicher quelques jolis sacs de la région du Chiapas et des maillots de bain brodés à la main. À l'entrée du marché, des femmes proposent des services de massage à des prix intéressants, mais pour l'intimité, oubliez !

SISAL ★

À moins de 60 kilomètres de Mérida, Sisal fut le principal port de l'État du Yucatán du XVIe au XIXe siècle. C'est là qu'on embarquait les cargaisons de *henequén* et toutes les marchandises que produisait la région pour être vendues dans le reste du pays et à l'étranger. La création du port de Progreso l'a supplanté au XXe siècle. C'est aujourd'hui un joli petit port de pêcheurs, qui possède de belles plages et quelques monuments historiques comme le *Fuerte del Castillo*, le phare et l'ancienne *Aduana marítima*. En août, ont lieu les festivités du *Cristo Negro*, au cours desquelles les pêcheurs réalisent une procession en bateau derrière l'image du Christ.

CELESTÚN ★★★

Celestún est un beau petit village côtier, à 90 km à l'ouest de Mérida. Certains jurent que ses plages sont les plus belles du Yucatán quand d'autres préfèrent celles de Progreso. Cette divergence d'opinion est due sans doute au jour et à l'heure auxquels on visite Celestún. Mais il a un attrait que ne possède pas Progreso : la zone est un véritable sanctuaire ornithologique. Chaque année, des milliers d'espèces d'oiseaux – canards, hérons, pélicans – et surtout une importante colonie de flamants roses sauvages viennent passer l'hiver dans l'estuaire qui se trouve en bordure du village. Cela a conduit le gouvernement mexicain à le cataloguer zone naturelle protégée. L'accès est contrôlé pour garantir la protection de la faune et de la flore, mais un certain nombre de prestataires sont autorisés à réaliser des balades en bateau sur la lagune à des fins écotouristiques. L'observation des flamants roses et de leur envol est un spectacle tout à fait fantastique ; à voir absolument lors de votre séjour dans la péninsule.

Transports

Il est possible de visiter Celestún dans la journée depuis Mérida, mais il faut prévoir de partir tôt, car le trajet prend au moins une heure et demie. L'état des routes est globalement bon, mais le dernier tronçon à partir du village de Kinchil est très étroit, ce qui oblige à réduire la vitesse dès que l'on croise une autre voiture. En bus, depuis Mérida, rendez-vous au Terminal Noreste (calle 50, à l'angle de la rue 67).

Flamants roses à Celestún.

RESERVA DE LA BIOSFERA RÍA DE CELESTÚN ★★★

A l'entrée du village de Celestún.

Le prix des tours en barque est fixé par les autorités : 1 900 $ (jusqu'à 6 passagers).

Pour visiter la réserve de la biosphère de Celestún, il faut se rendre à l'embarcadère qui se trouve à l'entrée du village, immédiatement après le pont. Si vous venez depuis Mérida en bus, demandez au chauffeur de vous y arrêter avant d'arriver au centre du village. Là, une coopérative locale récupère les bateaux de pêche vidés de leur prise du matin et les utilise pour emmener les visiteurs en pleine réserve naturelle, uniquement accessible par voie marine. Avant d'embarquer, rendez-vous à l'arrière du bâtiment pour observer les ratons laveurs. Pas farouches, ils s'approcheront volontiers dans l'espoir de vous soutirer quelques gâteaux... L'excursion de 2h30 environ comprend quatre arrêts ou activités : l'isla de Pajaros (l'île aux Oiseaux), l'observation des colonies de flamants roses, une baignade express dans un *ojo de agua* et la traversée du tunnel de la mangrove de Dzinitun qui abrite une quantité astronomique d'oiseaux comme les pélicans blancs et les cormorans. La balade plus longue, de 3h30 environ, comprend, en plus des quatre activités mentionnées, la traversée de toute la lagune jusqu'à Punta Ninún et la visite du *bosque petrificado* (forêt pétrifiée).

Comme il n'y a pas de Celestún sans flamants roses, ces derniers sont visibles toute l'année aussi bien le matin que le soir. On peut donc prévoir de visiter la réserve à peu près à n'importe quelle heure de la journée. Néanmoins, si vous faites l'aller-retour dans la journée depuis Mérida, il vaut mieux visiter la réserve assez tôt, pour pouvoir profiter de la plage dans l'après-midi.

- **Les salines :** Elles peuvent se découvrir à pied depuis le village, pour qui s'est levé suffisamment tôt pour marcher les 5 kilomètres en direction du sud à partir du village, sans souffrir de la chaleur. Ce sont de petits lacs aux tons rosés desquels on extrait encore aujourd'hui le sel de manière naturelle et traditionnelle. Leur degré d'inondation et l'intensité de leur couleur varient au fil de l'année. Absolument magnifique.

- **Les plages :** Il y en a des kilomètres et des kilomètres, à perte de vue tout le long de la réserve... Attention, on vous proposera immanquablement des excursions pour visiter la réserve de la biosphère de Celestún depuis la plage, à des prix bien trop élevés ! Ne vous faites pas avoir et réservez bien auprès de la coopérative locale. Prenez un verre dans l'un des restaurants qui bordent la plage pour profiter de leurs palapas, les pieds dans le sable.

HOTEL SAN JULIO €

Calle 12 # 93A, entre les rues 9 et 11
✆ +52 988 916 2062
https://hotel-san-julio.negocio.site/
Chambre double à partir de 990 $.

Cet hôtel, situé en plein centre du village et sur la plage, est très facile d'accès, non loin de la gare de bus. L'accueil est à la charge de l'affable et très serviable propriétaire. Les neuf chambres, aux couleurs pétaradantes, mais d'une grande simplicité, sont très bien entretenues et disposent en bonus de l'air conditionné et d'un frigo. Cela en fait une escale idéale d'où organiser ses balades et découvertes des alentours, d'autant plus que sa localisation au bord de l'eau invite à s'y détendre et à prendre le temps entre deux excursions.

CASA DE CELESTE VIDA €€

Calle 12 # 49 E
✆ +52 988 916 2536
www.hotelcelestevida.com
Studio / appartement de 105 US$ à 140 US$.

Vous serez ici superbement accueilli par les propriétaires canadiens qui mettront aussi à votre disposition vélos, kayaks, palmes... Tout le nécessaire pour profiter des nombreuses possibilités d'excursions. L'hôtel est rayonnant de propreté et sa localisation tout bonnement parfaite, ce qui justifie peut-être les prix plus élevés que la moyenne. L'appartement et les 2 Casita suites disposent de kitchenette pour préparer vos repas et compenser cet inconvénient, sans compter la cuisine extérieure collective et conviviale où se préparer de bonnes grillades.

HOTEL XIXIM MUNDO IMPERIAL €€€

Km. 10 del Viejo Camino a Sisal
✆ +52 988 916 2100
www.mundoimperial.com/xixim
Formule all inclusive en cours de réaménagement. Restauration. Vente.

Magnifique hôtel écologique, en bordure d'une plage vierge où abondent les coquillages, non loin des flamants roses de Celestún. Dans ces cabanes au toit de palme, on se sent au bout du monde, très loin de la civilisation... mais pas sans confort, puisque les chambres sont plus que raffinées et parfaitement équipées. Les terrasses privatives avec hamacs donnent sur le Golfe. De nombreuses activités sont proposées et ne manquez pas un détour par le Temazcal, l'équivalent maya du sauna.

CHICXULUB ★

A 42 km au nord de Mérida, Chicxulub est un site historique. Les scientifiques estiment que c'est là que se situe le point d'impact de la grande comète qui s'écrasa sur la Terre il y a 65 millions d'années, provoquant l'extinction des dinosaures et la fin de l'ère du Crétacé. Le cratère mesurant près de 180 kilomètres de diamètre, les traces de sa chute ne sont pas visibles à l'œil nu. Au niveau touristique, le village n'a pas grand intérêt. Il présente à peu près les mêmes paysages que Progreso (mangroves et mer turquoise), mais offre une ambiance beaucoup moins animée. De nombreuses villas sur la côte sont en location à la journée ou à la semaine.

TELCHAC PUERTO ★★

Le petit port de Telchac se trouve à environ 40 kilomètres au nord-est de Progreso. Telchac signifie « longues racines des mangroves » en maya, et se trouve en effet en bordure de la Laguna Rosada dont l'écosystème est particulièrement riche en biodiversité. La fondation du port remonte à l'époque coloniale, mais aucun édifice n'a été préservé. C'est néanmoins une halte sympathique sur la côte du Yucatán. La mer a, comme partout sur le Golfe, une couleur verte singulière qui fascine et attire. Les alentours sont d'ailleurs, comme à Progreso et Chicxulub, prisés par les riches habitants de Mérida qui y ont acquis de belles maisons. Malgré tout, Telchac Puerto garde une atmosphère authentique de village de pêcheurs. Il compte plusieurs restaurants de fruits de mer qui proposent des plats de poisson frais et savoureux. Et si, malgré sa couleur, la mer du Golfe du Mexique est moins prisée pour le farniente et la baignade que celle des Caraïbes, les points d'intérêt des environs, la Laguna Rosada et la zone archéologique de Xcambo, valent le détour et bénéficient de cette affluence touristique moindre.

Se loger

Pas beaucoup d'hôtels dans le coin, car l'un des modes d'hébergement le plus en vogue sur cette côte est la location de villas. Il y en a des grandes, des petites, la plupart ont vue sur sur la mer et sont dotées de piscines... En plus de consulter les sites Internet, vous pouvez emprunter la route 27 qui longe la côte et relie Progreso au port de Telchac pour voir les villas et choisir celle qui vous plaît le plus.

Laguna Rosada au coucher du soleil.

LAGUNA ROSADA ★★

Carretera Dzemel-Xtampú

La Laguna Rosada longe la route 27 qui relie le port de Telchac à Progreso. Tout à fait magnifique, elle est habitée par diverses espèces d'oiseaux, dont de nombreuses colonies de flamants roses, qui plongent dans une eau rosée particulièrement intense à certains endroits. A la différence de Celestún, aucun opérateur touristique n'offre la possibilité de réaliser des balades à travers la lagune. Il faut donc se contenter d'observer ce surprenant spectacle depuis la route qui mène au site de Xcambo. Avis aux photographes qui sauront saisir la magie du lieu !

ZONA ARQUEOLÓGICA DE XCAMBO ★★

Ouvert tous les jours de 8h à 16h. Adulte : 85 $.

Xcambo fut à l'époque précolombienne un port important de la région nord de la péninsule, en particulier pour le commerce du sel. Les deux édifices principaux, le *Templo de la Cruz* et le *Templo de los Sacrificios* se font face. Architecturalement, le site n'est pas très impressionnant mais son charme réside justement dans son isolement, ou peut-être encore dans cette petite chapelle catholique au toit de palme construite au siècle passé à même les ruines, la *Capilla de la Virgen*.

MUELLE MARÍTIMO DE TELCHAC ★★

Telchac Centro

L'embarcadère du port de Telchac est un point de réunion pour les pêcheurs du coin, mais aussi pour les pélicans qui convoitent la même marchandise, le poisson. Victime des nombreux ouragans qui ont dévasté la côte, il a dû être reconstruit à plusieurs reprises. Il est aujourd'hui agrémenté de *confidenciales*, ces sièges en pierre qui sont disposés l'un en face de l'autre. Les couples peuvent ainsi se raconter des secrets en admirant la mer qui est ici d'une couleur bleu vert.

RESTAURANTE EL COLOSO DE LA COSTA €€

✆ +52 999 256 3766

Ouvert tous les jours de 11h à 18h.

L'un des meilleurs restaurants de fruits de mer du port. L'établissement a d'ailleurs présenté son plat, *la marisqueada a la diabla*, à un concours gastronomique, preuve de son savoir-faire. Après une excursion matinale sur les eaux turquoise ou une sieste sur la plage, dirigez-vous vers le restaurant pour déguster ses spécialités de la mer… face à la mer ! Ceviches, crevettes à toutes les sauces, filets de poisson ou poissons entiers, une chose est sûre, vous repartirez repu !

OXKINTOK ★★

Oxkintok, dont le nom signifie en langue maya « trois soleils coupants », fut en son temps l'une des principales cités de la région Puuc. Cette cité fut habitée durant une période très longue, allant de 300 av. J.-C. jusqu'à 1200 apr. J.-C. Son importance et sa prospérité sont vraisemblablement liées au fait qu'elle occupait une position stratégique dans les routes commerciales qui reliaient la péninsule à la région du Golfe du Mexique et de l'Altiplano. Le site était déjà connu au XVIIe siècle, mais ce n'est qu'en 1992 que les travaux d'exploration et de fouilles ont vraiment commencé, sous la direction de la Mission archéologique espagnole. Oxkintok est notamment composé de trois grands ensembles architecturaux – le *Grupo Dzib*, le *Grupo May*, le *Grupo Ah Canul* – qui, à l'époque précolombienne, se trouvaient reliés entre eux par les fameuses voies sacrées nommées *sacbe*. La plupart des constructions sont, bien sûr, édifiées dans le style Puuc caractéristique de la région.

Oxkintok est l'un des sites les moins fréquentés de la route Puuc. Ce n'est certes pas la zone archéologique la plus impressionnante de la région, mais le fait de se retrouver pratiquement seul face aux imposantes pyramides mayas est un privilège unique, qui peut rendre la visite inoubliable.

Transports

Le site archéologique d'Oxkintok se trouve à environ 70 kilomètres au sud de Mérida. Pour s'y rendre, il faut prendre l'autoroute 180 qui relie Mérida à Campeche, puis emprunter la déviation qui permet de contourner la ville de Maxcanú et tourner à gauche quelques kilomètres plus loin.

ZONA ARQUEOLÓGICA DE OXKINTOK ★★

Ouvert tous les jours de 8h à 17h. Entrée : 65 $.

L'un des édifices les plus spectaculaires est le *Tzat Tun Tzat* (labyrinthe), une construction rectangulaire de trois étages, où une vingtaine de chambres sont disposées en forme de labyrinthe. Les archéologues y ont retrouvé une chambre mortuaire avec les ossements d'un des gouverneurs de la cité. Plusieurs stèles et linteaux aux inscriptions hiéroglyphiques ont été découverts mais déplacés pour être conservés. Montez au sommet de la pyramide du groupe *May* pour apprécier la vue !

GRUTAS DE CALCEHTOK ★★

À quelques kilomètres de la zone archéologique d'Oxkintok se trouvent les grottes de Calcehtok, qui figurent parmi les plus grandes de la région, avec celles de Loltún. Il s'agit d'un ensemble de cavernes qui s'étendent sur près de cinq kilomètres et qui sont interconnectées entre elles par un complexe système de tunnels. Outre les habituelles stalagmites et stalactites, on pourra voir à l'intérieur des ossements et différents objets qui datent vraisemblablement de l'époque précolombienne – jarres, céramiques, pointes de flèche. Près de là a d'ailleurs été découverte une pierre taillée en forme de tête de cerf, qui semble confirmer que ces grottes étaient connues des anciens Mayas. C'est d'ailleurs à cause de cette découverte que les grottes ont été nommées Calcehtok, « gorge de cerf tranchante ».

Mais attention, à la différence de celles de Loltún, ces grottes ne sont pas faciles d'accès. Les tunnels sont étroits et pour passer d'une caverne à l'autre, il faut souvent ramper ou s'aider de cordes. Les jeunes guides qui attendent les touristes à l'entrée des grottes sont incontournables. Ils connaissent très bien l'endroit et vous prêtent des casques avec lanternes pour vous éclairer, il n'y a donc pas de risque de se perdre. Mais si vous n'êtes pas en bonne condition physique ou que vous avez peur de l'obscurité, évitez. Et prévoyez des chaussures adéquates et des vêtements auxquels vous ne tenez pas, ainsi que des rechanges !

ETAT DU YUCATÁN

© ALIJA - ISTOCKPHOTO

Grutas de Calcehtok.

UXMAL ★★★★

Uxmal, qui signifie en langue maya « bâti trois fois », est l'un des plus importants sites archéologiques de la péninsule du Yucatán, catalogué au Patrimoine mondial de l'humanité, avec Chichen Itzá. Malgré son nom, Uxmal a été bâti cinq fois et exerça son pouvoir durant quatre siècles, de 600 à 1000 apr. J.-C. Les Espagnols qui connaissaient ces ruines ont donné aux édifices leurs propres noms, c'est le cas du quadrilatère des Nonnes par exemple. Le comte de Waldeck en fournit la première description en y ajoutant ses propres fioritures, mais les ruines ne furent fouillées qu'en 1929 par Franz Blom.

Se loger

Se loger juste à côté des ruines dans une hacienda est un luxe auquel il vaut la peine de succomber... D'autres possibilités existent un peu plus loin, à proximité du village de Muna au nord dans le village de Santa Elena à une quinzaine de kilomètres à l'est.

Transports

A 80 km au sud de Mérida, Uxmal est sur la route principale Uman-Hopelchen. A 20 km plus au sud, se trouve Kabah. Pour les autres sites, il faut encore parcourir 5 km plus au sud et prendre la déviation qui mène à Sayil, Xcalak et Labná. Cette même route se poursuit entre les collines durant 18 km jusqu'à déboucher à Emiliano Zapata, à 3 km des grottes de Loltún et à 10 km d'Oxkutzcab, une bonne base pour visiter les environs.

▶ **Il est facile de rejoindre Uxmal et Kabah depuis Mérida** : Les bus partent de la Terminal TAME (Départ 6h, 9h, 10h30, 12h et 14h. Retour à 12h, 15h et 17h). Mais pour ceux qui désirent combiner tous les sites dans la même journée, les choses se compliquent, car ils sont situés sur une route construite uniquement à l'usage des touristes. Aucune ligne de bus régulière ne la dessert et il y a peu de circulation pour faire du stop. Marcher ? Le bus qui passe sur la route principale vous déposera à Hopelchen-Uman : de là, Sayil est à 4,5 km, puis ce sont 5 km supplémentaires jusqu'à Xcalak, et 3 km encore jusqu'à Labná.

▶ **Pour visiter l'ensemble de la Ruta Puuc en transport public**, c'est une solution de compromis. Depuis le Terminal TAME, un minibus dessert Uxmal et les sites de la Ruta. Il part de Mérida à 8h les dimanches et fait la tournée de Labná, Xlapak, Sayil et Kabah, s'arrêtant environ 45 minutes à chaque site. Le dernier arrêt à Uxmal dure 2 heures. L'inconvénient est qu'on ne peut s'attarder nulle part. Seuls les experts aguerris auront assez de temps pour visiter chaque site à fond, mais à un rythme épuisant.

▶ **Pour les voyageurs pressés**, le plus simple est de visiter l'ensemble des sites dans le cadre d'une excursion organisée. Toutes les agences touristiques de Mérida en proposent. Elles incluent parfois le spectacle son et lumière d'Uxmal et la visite des grottes de Loltún. Certaines proposent aussi de combiner Uxmal avec Kabah ou de se rendre directement sur les petits sites moins visités. On peut également trouver des guides spécialisés à Oxkutzcab.

▶ **La solution la plus indépendante** consiste à louer une voiture à Mérida. En étant bien organisé, vous pouvez commencer par visiter les grottes de Loltún à 9h30, poursuivre avec la visite des sites de Labná, Xlapak, Sayil et Kabah, et finir par le Uxmal !

ZONA ARQUEOLÓGICA DE UXMAL ★★★★

✆ +52 997 976 2064

Ouvert tous les jours de 8h à 17h. Entrée : 494 $. Son et lumière à 19h en hiver, 20h en été ; coût additionnel : 146 $.

L'ensemble du site est particulièrement bien préservé et les détails qui composent son architecture rendent admirablement compte de la richesse du style Puuc. Il se caractérise ici par la dimension grandiose de ses édifices, lesquels sont ornés de motifs géométriques et de pierres taillées en forme de mosaïque qui viennent embellir les façades. Dès l'entrée dans le site, on est tout de suite frappé par la *Piramide del Adivino*, haute de 35 mètres et construite sur une base ovale. Les marches des temples se gravissent toujours en diagonale, pour ne jamais faire face au dieu ni lui tourner le dos. Qui plus est, cela rend la montée facile, on a l'impression de marcher sur le plat, ou presque, et en descente, cela évite de voir le vide.

Le chef-d'œuvre architectural d'Uxmal est sans aucun doute le Palais du Gouverneur, avec ses riches façades longues de 100 mètres. Au cours d'une première tentative de conservation de l'édifice, l'archéologue John L. Stephens démonta les linteaux délicatement sculptés et les expédia à New York, où ils furent détruits lors d'un incendie. Heureusement, son collègue Catherwood en avait fait des dessins détaillés qui, sans doute, seront reconstitués un jour. Les poutres du plafond proviennent d'arbres de la jungle de Petén au Guatemala, ce qui a donné lieu à bien des spéculations sur l'origine du site. L'abandon d'Uxmal, tout comme plusieurs autres sites des collines, semble dû au manque d'eau, dont ont fait l'objet bien d'autres cités mayas.

CASA DE LAS TORTUGAS ★★

Cet édifice rectangulaire est l'un des temples dont la décoration est la plus sobre. Il possède sur chacun de ses côtés trois ouvertures permettant d'accéder à l'intérieur du bâtiment. La partie inférieure de l'édifice est surplombée d'une frise qui se compose de colonnes verticales juxtaposées et d'une corniche où sont encastrées à intervalles réguliers des pierres taillées en forme de tortue. Dans la mythologie maya, la tortue est associée à l'eau, la pluie et la terre, et l'on suppose donc que ce temple a été dédié à une divinité aquatique.

CUADRÁNGULO DE LAS MONJAS ★★★

Ces quatre édifices, disposés autour d'une place rectangulaire, ont les façades décorées de très beaux bas-reliefs représentant des figures anthropomorphes, des animaux (serpents, jaguars, hiboux) ou des masques du dieu de la Pluie, *Chac*. Les ouvertures donnant sur des chambres intérieures devaient, selon les Espagnols, servir de résidence aux prêtres mayas, d'où le nom de Quadrilatère des Nonnes. C'est ici que l'on s'assoit en soirée pour observer le spectacle son et lumière.

CHOCO-STORY UXMAL

Antigua Carretera a Campeche km. 78
✆ +52 999 289 9914
choco-storymexico.com/fr/uxmal
Ouvert tous les jours de 9h à 19h30. Gratuit jusqu'à 6 ans. Adulte : 165 $. Enfant : 80 $.
Juste en face du site archéologique, au milieu d'une forêt luxuriante qui abrite une plantation de cacao de 2 hectares, c'est une promenade passionnante et reposante. Tous nos sens sont sollicités. On passe par 6 salles qui retracent l'histoire du cacao, ses différents usages au Mexique et dans le monde, mais aussi par des ateliers de découverte et de dégustation. Il est possible d'assister à une cérémonie traditionnelle maya et pour finir, l'éco-parc du musée abrite un refuge d'animaux sauvages de la région. A ne pas manquer lors de votre passage à Uxmal.

Vue sur cuadrangulo de las monjas.

GRAN PIRÁMIDE ★★

Cette pyramide se compose de 9 soubassements échelonnés et superposés. C'est l'une des rares du site qu'il est encore possible de gravir et son ascension est vertigineuse ! Deux accès sont possibles, par l'escalier depuis le bas de la pyramide, ou à mi-chemin de l'escalier si on arrive depuis le Palacio del Gobernador. Elle est surplombée d'un temple du nom de « Templo de las Guacamayas », car cet oiseau constitue le motif principal de la façade. Trois masques de *Chac*, ce dieu de la pluie au long nez en trompette, viennent également orner cet imposant édifice.

GRUPO EL PALOMAR ★★

Cet ensemble est, à l'origine, formé d'une place rectangulaire et de ses palais qui l'entourent. Cependant, seule une partie de l'édifice nord a résisté au passage des siècles. Le « grupo el palomar » serait en réalité un ancien palais dont il ne reste que le mur. Il se compose de 9 unités triangulaires qui sont disposées au-dessus de piliers. Des ouvertures ont été pratiquées dans chaque unité triangulaire, à la manière d'un pigeonnier, d'où le nom donné à cet ensemble de bâtiments par l'explorateur John L. Stephens. Il aurait pu avoir une fonction astronomique.

GRUPO DEL CEMENTERIO ★★

Tout comme le « cuandrángulo de las monjas », il s'agit d'une place en forme de quadrilatère, avec à l'origine, de chaque côté, un édifice. Mais ces derniers sont malheureusement quasiment détruits. Le nom de cet ensemble fait référence aux restes de quatre petites plates-formes situées sur la place. D'une hauteur de 80 centimètres, elles sont décorées de bas-reliefs qui représentent des hiéroglyphes et des têtes de mort avec des yeux et une coiffe. D'après les historiens, il est cependant peu probable que ce lieu ait été réellement un cimetière.

JUEGO DE PELOTA ★

A la différence des traditionnels terrains de jeux de pelote que l'on peut visiter dans les autres sites archéologiques, celui d'Uxmal n'est pas entouré de temples qui leur confèrent d'ordinaire leur haute importance dans la vie de la cité. Ici, deux blocs de mur massifs, précédés de talus inclinés, encadrent cet espace rectangulaire de 34 mètres de long sur 10 mètres de large. A observer, les immenses anneaux de pierre taillée portant des inscriptions hiéroglyphiques, dans lesquels les joueurs des deux équipes adverses devaient placer la balle.

PALACIO DEL GOBERNADOR ★★★

De près de cent mètres de long, le Palais du Gouverneur est l'un des chefs-d'œuvre du style Puuc en termes d'architectures et de sculptures. Certains spécialistes clament qu'il est la plus belle œuvre de la Méso-Amérique. Il se compose de 3 longues plates-formes superposées et surmontées d'un temple. Le bas-relief qui décore la façade du temple est très ouvragé, orné d'une multitude de mosaïques en pierre, qui sont agencées de façon à figurer la forme de serpents et de plus de 250 masques de *Chac*, le dieu de l'Eau et de la Pluie.

PIRÁMIDE DEL ADIVINO ★★★

© AURÉLIEN LEMOINE

Cette majestueuse pyramide de 35 mètres de haut vous accueillera dès votre arrivée. Surplombée d'un temple sur sa cime, elle est composée de 5 temples superposés construits entre les VIe et Xe siècles. Elle a été disposée de façon à ce que l'escalier, extrêmement pentu (45°), fasse face au soleil à son coucher. Aucun risque de vertige, car la montée est interdite. Son second surnom « pirámide del enano » lui vient d'une légende qui raconte qu'elle aurait été construite en une nuit par un nain né de l'œuf d'une sorcière et qui serait devenu gouverneur d'Uxmal.

LA CASA DEL MAGO €€

Antigua Carretera Campeche-Mérida km 78

✆ +52 997 976 2032

Chambre double à partir de 100 US$. Restauration.

Ce bel hôtel nommé « la maison du magicien », ou du « sorcier », est situé à seulement 300 mètres de l'entrée des ruines. Voilà un emplacement idéal pour entamer leur visite au petit matin, après une nuit à s'imprégner des bruits de la jungle alentour et un excellent petit-déjeuner. Les chambres sont disposées dans un édifice en dur mais de style traditionnel. Le tout brille de propreté et propose une jolie piscine avec transats pour se prélasser aux heures chaudes de la journée. Une excellente base pour découvrir la région.

THE LODGE AT UXMAL €€

antigua carretera Merida Campeche km 78, 66-A

✆ +52 800 719 5465

www.mayaland.com

Chambre double de 199 US$ à 320 US$.

C'est le dernier-né du groupe Mayaland et aussi l'hôtel le plus proche de la zone archéologique d'Uxmal, situé en face de l'entrée des ruines. C'est un endroit où il vaut la peine de passer la nuit tant l'hôtel est bien conçu, avec ses rampes en bois et ses toits en feuille de palmier. Les 40 chambres, parfaitement équipées, sont réparties dans 5 bâtiments qui sont séparés entre eux par des beaux jardins tropicaux. On se croirait vraiment dans un *lodge* perdu au milieu de la jungle, confort en plus. L'établissement compte en plus un spa et un restaurant. Magique.

HACIENDA UXMAL, PLANTATION & MUSEUM €€€

antigua carretera Merida Campeche km 78, 66-A

✆ +52 1 877 240 5864

www.mayaland.com

Chambre double à partir de 139 US$ la nuit. Certaines chambres sont équipées de jacuzzi.

Dans cette hacienda ont résidé la reine Elisabeth II d'Angleterre, le Prince Rainier de Monaco ou encore Jacqueline Kennedy… Les bâtiments sont installés au sein d'une plantation d'arbres fruitiers. Etant donné la chaleur moite des lieux, les deux piscines d'extérieur sont plus que bienvenues. Les chambres sont spacieuses, ventilées et parfaitement équipées. Leur décoration est un mélange des styles traditionnels maya et espagnol. Musée du Cacao et restaurants complètent le tout.

KABAH ★★

Kabah, qui a conservé son nom originel, est mentionné dans le *Chilan Balam* de Chuyamel. Signifiant « la main puissante », il fait écho, à l'entrée du site, à la sculpture d'un homme tenant dans sa main un serpent. Le site aurait été occupé dès le début de notre ère, au classique ancien, son apogée se situant entre les années 600 et 1000. Il se caractérise par son style Puuc poussé à l'extrême et combiné avec d'autres éléments Petén (crêtes des temples et décorations modelées en stuc) et Chenes (façades présentant des divinités zoomorphes). On y trouve de nombreux *chultunes*, réservoirs d'eau souterrains qui permettaient de stocker l'eau de pluie.

PALACIO DE LAS MÁSCARAS ★★

Le *Codz-Poop*, nom maya du bâtiment qui signifie « natte enroulée », est l'édifice principal du site. Il est établi sur une plate-forme artificielle ; sa façade ouest est couverte de trois cents têtes sculptées représentant le dieu de la Pluie *Chac*, par-dessus une grecque de serpents entrelacés ; les visages du dieu protecteur des récoltes sont eux-mêmes recouverts de motifs triangulaires. Il est complété de sculptures anthropomorphes représentant les rois de la cité. C'est le style Puuc poussé jusque dans ses derniers retranchements.

ZONA ARQUEOLÓGICA KABAH ★★

A 20 km au sud d'Uxmal.

Ouvert tous les jours de 8h à 17h. Entrée : 70 $.

Kabah est le plus grand site archéologique de la Ruta Puuc, après Uxmal. Mais, contrairement à son voisin, on dispose de bien moins d'informations sur son histoire. La cité est construite le long d'un axe nord-sud, qui correspond aujourd'hui à la route principale et qui le divise en deux parties. L'entrée principale se trouve à l'ouest et débouche sur les édifices les plus importants. On tombe tout d'abord sur le *Templo de las Columnas*, construit sur une élévation naturelle, à laquelle on accède par deux bouts d'escaliers. On y pénètre par plusieurs entrées plus ou moins larges, dont deux sont divisées par des colonnes. Le toit, lui-même décoré de petites colonnades, conserve une partie de sa crête. A sa gauche, le *Teocalli* présente des colonnes plus imposantes encore ; son caractère résidentiel est attesté par les nombreux *chultunes* retrouvés à ses abords. Ces constructions étaient essentielles pour retenir l'eau de pluie dans cette partie particulièrement sèche de la péninsule, d'une part pour la consommation des Mayas et d'autre part pour leurs récoltes. Le bâtiment central fait le lien avec le célèbre *Palacio de las Máscaras* (ou *Codz-Poop*). D'ici, un *sacbé* part en direction du côté ouest du site (de l'autre côté de la route) où il se dirige ensuite vers Uxmal, en passant sous une arche grandiose qui marquait l'entrée de la cité. Si la cité a profité de la visite en 1843 de John L. Stephens et de Frederick Cathewood pour être mise à jour, il semble que tous les édifices n'aient pas encore été dégagés de la végétation.

Zona Arqueológica Kabah.

SAYIL ★★

La cité de Sayil, « l'Endroit des fourmis coupeuses de feuilles », était une des principales cités à l'époque préhispanique, puisqu'à son apogée durant le classique terminal (800-1000 apr. J.-C.), cette ville s'étendait sur quelque 4 kilomètres carrés et comptait près de 17 000 habitants. Une promenade dans la forêt vous conduit à El Mirador, avec son toit en crête. Le terrain de pelote se trouve à 1 500 mètres à l'est. Le Palacio, tout au fond du site, est mal signalé et mal localisé sur les plans. Pour l'atteindre, il faut marcher un peu dans une jungle dégarnie, ce qui donne l'impression d'être un explorateur découvrant une fabuleuse cité perdue.

XLAPAK ★★

Situé à 6 km de Sayil, Xlapak ou Ixlapak, dont le nom signifie « les vieux murs » a été découvert au XXe siècle et connut son apogée entre 600 et 1000 apr. J.-C. C'est le plus petit des sites archéologiques de la *ruta Puuc*. Seuls deux bâtiments sont visibles parmi la végétation. Des édifices moins imposants qu'ailleurs, mais qui présentent le même style décoratif caractéristique de la région. Pourtant Xlapak fut l'une des zones les plus densément peuplées de la région et était probablement sous la domination d'un autre site plus important. L'entrée du site n'est pas réglementée, sa visite se fait donc sous votre propre responsabilité.

ZONA ARQUEOLÓGICA DE SAYIL ★★

A 4,5 km de la route principale 261.

Ouvert tous les jours de 8h à 17h. Entrée : 65 $.

Le site est organisé selon un axe nord-sud. Tout au nord se trouve le *Palacio,* et en direction du sud on traverse le jeu de balle duquel un *sacbé* s'enfonce dans la forêt vers l'est, où l'on atteint finalement le *Mirador*. C'est un temple pyramidal de style Puuc ancien, dont le fronton est orné de clairevoies et dont l'immense crête s'érige encore fièrement ; de son sommet, on peut observer l'ensemble du site. A 100 m se trouve une stèle de Yum Keep, le dieu de la fertilité.

EL PALACIO ★★

Le plus important édifice du site illustre parfaitement le style Puuc. Le haut du Palacio a été construit sur une élévation naturelle et c'est ensuite qu'ont été rajoutées les parties basses. L'ensemble était à l'origine divisé par un escalier monumental. Plus de 85 pièces, réparties en trois corps, suggèrent un usage administratif. Les deux premiers niveaux disposent d'entrées divisées par des colonnes. Au second, une frise de têtes du dieu *Chac* et de petites colonnes courent le long du bâtiment, au-dessus des portes. Des restes de la crête culminent sur le toit.

ZONA ARQUEOLÓGICA DE XLAPAK ★

Ouvert tous les jours de 8h à 17h. Entrée : 65 $.

© BELIKOVA OKSANA - SHUTTERSTOCK.COM

Sous la coupe d'autres cités plus importantes, celle-ci devait être un centre de production agricole (miel, cire, coton, plumes...), comme l'atteste le système ingénieux de captation des eaux. Le dieu de la Pluie était bien entendu la divinité centrale dans cette zone tout aussi dépourvue en eau. On retrouve sa représentation sur le *Palacio,* composé de 9 pièces distribuées de 3 en 3. Le second édifice, dont il reste les colonnes, gagnerait à être restauré tout comme l'ensemble du site.

GRUTAS DE LOLTÚN ★★★

Les grottes de Loltún – du maya *lol*, « fleur », et *tún*, « pierre » – sont situées à 8 kilomètres d'Oxkutzcab. Ce sont les plus grandes de la péninsule du Yucatán. L'évidence culturelle voudrait que les grottes aient servi de campement depuis 11 000 ans pour les tribus de nomades qui s'installèrent dans la région. Ensuite, celles-ci pourraient avoir été occupées sans discontinuer, notamment à l'heure où les peuples locaux, ancêtres des Mayas, domestiquèrent animaux et plantes, devinrent totalement sédentaires et commencèrent à édifier leurs premières cités. Peu après le début de notre ère, à l'époque classique, les grottes cessèrent d'être utilisées comme espace d'habitation, mais plutôt comme espace de stockage et réserve d'eau. Il semble aussi que les grottes aient été utilisées au cours de la guerre des Castes par des Mayas qui fuyaient les Blancs et les *mestizos*.

Transports

Si vous comptez visiter les grottes de Loltún le matin avant de vous rendre à Uxmal, le mieux est de s'y rendre en voiture depuis Mérida. Pour cela, prendre l'autoroute 261 et, à hauteur de Muna, sortir de la 261 et emprunter la route 184 jusqu'au village d'Oxcutzcab. Les grottes ne se trouvent qu'à quelques kilomètres. En transport public, vous pouvez prendre un bus pour Oxcutzcab à la gare routière Noreste à Mérida (angle des rues 67 et 50) et une fois arrivé dans le village, demander à un taxi qu'il vous conduise jusqu'aux grottes.

ZONA ARQUEOLÓGICA DE LOLTÚN ★★

Ouvert tous les jours. Visite guidée obligatoire à 9h30, 11h, 12h30, 14h, 15h et 16h. Entrée : 151 $ hors pourboire.

Les grottes de Loltún présentent la plus longue séquence chronologique du nord de la péninsule du Yucatán. Beaucoup plus faciles d'accès que les grottes de Calcehtok, les 2 kilomètres ouverts au public sont éclairés par des lampes de différentes couleurs. De plus, il n'est pas nécessaire d'effectuer des acrobaties pour observer les peintures rupestres, les stalagmites et les vestiges mayas qui y ont été retrouvés. On y dénombre pas moins de 145 peintures rupestres et 42 pétroglyphes.

LABNÁ ★

Labná, dont le nom signifie la « vieille maison » ou « maison abandonnée », est à 3 km de Xlapak. Egalement peu exploré, le site doit sa renommée aux restes richement ornés d'une arche aux proportions monumentales, qui marquait l'entrée du centre civique et cérémoniel et assurait la séparation entre deux surfaces quadrangulaires. Situé en face de l'arche et accessible par un pan de *sacbé* restauré, l'édifice principal que l'on nomme le *Gran Palacio* mesure près de 120 m de long, ce qui en fait l'un des plus grands de la région. A proximité, se trouve une pyramide escarpée, *el Mirador*, duquel on domine le paysage et qui offre un joli point de vue.

Grutas de Loltun.

Zona Arqueológica de Chacmultún.

ZONA ARQUEOLÓGICA DE LABNÁ ★

Ruta Puuc

Ouvert tous les jours de 8h à 17h. Entrée : 65 $.

Le site se distingue par un *Arco* magnifiquement décoré de motifs géométriques et d'un grand masque de *Chac*, et par un ensemble d'édifices construits à même la roche sur plusieurs niveaux (*el Gran Palacio*) ; chacun comportant plusieurs pièces distinctes pour un total de 60. La décoration, semblable à Sayil, est complétée par des sculptures de serpents dont les gueules ouvertes semblent recracher des crânes humains. Quant au *Mirador*, il présente une crête aux proportions démesurées.

CHACMULTÚN ★

Cette cité qui connut son apogée durant le classique tardif (800-1000 apr. J.-C.) se trouve à 25 km au sud-est d'Oxkutzcab. La zone archéologique n'est pas très étendue, mais vaut le détour. Une des particularités de l'aménagement de ce site est que les édifices les plus importants de la cité ont été bâtis sur la cime des collines, sur les versants desquels les Mayas ont ensuite agencé des terrasses de façon à rehausser la grandeur des constructions. En langue maya, Chacmultún signifie « monticule de pierre rouge » en référence à la teinte des façades des bâtiments, offrant par ailleurs un doux contraste avec les nuances de la végétation.

ZONA ARQUEOLÓGICA DE CHACMULTÚN ★

Ouvert tous les jours de 8h à 17h. Entrée : 65 $.

Ce site, dont les fouilles ont été mandatées relativement récemment dans les années 1970, doit encore conserver de nombreux secrets. Le plus imposant édifice est le *Palacio*, qui comprend plusieurs colonnes en pierre monolithique et conserve de nombreux éléments décoratifs caractéristiques du style Puuc (mosaïques en pierre). Sur les façades de l'*Edificio de las Pinturas* subsistent des fragments de peinture murale, où l'on distingue des personnages portant des pagnes et des coiffes.

ACANCEH ★

La visite d'Acanceh, à 31 km au sud-est de Mérida, permet de saisir la complexité de l'histoire rien qu'en observant la place centrale du village, où les monuments religieux coloniaux font face aux constructions des anciens Mayas. Le contraste est saisissant. Les statues des saints dans l'église (le *Templo de Nuestra Señora de la Natividad*) semblent toutes petites à côté des masques anthropomorphes du dieu solaire Kinich Ahau qui décorent la *Gran Pirámide* et mesurent près de 3 mètres de hauteur et autant de large. Parmi les vestiges précolombiens, visitez aussi le *Palacio de los Estucos* pour observer les bas-reliefs en pierre qui ornent le temple.

HOMÚN ★★

À quelques kilomètres de Cuzamá, Homún se trouve en plein cœur du « cercle de *cenotes* », une dense concentration de puits d'eau souterrains de tous types : ouverts, semi-couverts ou enfouis. Il existe, à l'entrée du village, un centre écotouristique relativement bien organisé (Cenotes & Restaurant Santa Barbara) qui propose une formule idéale (repas + visite de *cenotes*) si l'on souhaite déjeuner sur place, en plus de se baigner. Sinon, les autres *cenotes* du village ont l'avantage de se trouver hors des circuits touristiques et ont donc un peu plus conservé leurs caractéristiques naturelles et rustiques. Les voyageurs qui souhaitent passer la nuit sur place trouveront sans problème à se loger dans des petites cabanes, sans fioritures.

Pratique

Il est conseillé, si vous voyagez en transport public, de s'attacher les services d'un moto-taxi qui vous conduira aux *cenotes* et pourra également vous servir de guide avisé (compter entre 250 et 300 $ selon le nombre de personnes). Si vous êtes déjà véhiculé, les guides locaux peuvent également monter avec vous à bord et vous orienter (autour de 150 $).

Transports

En voiture, il vous suffit de rejoindre Acanceh puis Cuzamá et vous y êtes ! En transport public depuis Mérida, rendez-vous au Terminal Noreste (calle 50, entre les rues 65 et 67). Descendez en face du cimetière et vous trouverez le premier *cenote* juste ici, ainsi que les guides et motos-taxis pour vous accompagner.

CENOTES ★★★

Ouvert tous les jours de 9h à 17h. Entrée : entre 30 et 50 $ selon la gestion du cenote.

Parmi les dizaines de *cenotes* des environs, il y en a cinq qui se distinguent car leur accès et les infrastructures permettent de les visiter relativement facilement :

- **Cenote Tza Ujun Kat.** Situé en face du cimetière du village, c'est aussi ici que l'on peut rencontrer les guides et leurs moto-taxis pour planifier sa visite. Cet ample *cenote* dispose d'une grande ouverture par laquelle le soleil s'engouffre joyeusement. Ses eaux sont de couleur vert émeraude et il dispose de parties peu ou très profondes. Idéal en famille car très accessible.
- **Cenote Santa Rosa.** À côté du terrain de foot, il est entièrement couvert et seuls de minces rayons de soleil y pénètrent ; le recours à l'illumination artificielle crée une ambiance particulière et assez magique. Des escaliers de bois permettent de descendre vers son eau turquoise. Le lieu compte un *parador turístico*, avec restaurant et *cabañas*.
- **Grotte et cenote Santa María.** À quelques pâtés de maison du centre, c'est l'un des plus sympas car il inclut la visite d'une grotte et nécessite de marcher le long d'une rivière souterraine pour atteindre la chambre où se trouve le *cenote* ; pour les aventuriers.
- **Cenote Yaxbakaltún.** En dehors du village, on y accède par un chemin en terre. C'est l'un des plus grands et spectaculaires ; plus de la moitié de son plafond s'est effondré et il est donc parfaitement éclairé et ensoleillé.
- **Cenote Balmil.** En dehors du village, son entrée est marquée par un grand peuplier et le *cenote* présente des formations rocheuses capricieuses. Eau turquoise.

© DOLEESI - SHUTTERSTOCK.COM

CUZAMA ★★

A 15 km d'Acanceh, le village de Cuzamá est une très bonne halte pour découvrir et explorer les *cenotes*, ces merveilles naturelles du Yucatán, et ce d'une façon originale et ludique. La coopérative qui organise les excursions depuis l'hacienda de Chunkanán, en retrait de la route principale et donc un peu plus authentique, a longtemps été la seule à proposer la visite de trois *cenotes*. Devant le succès rencontré et le potentiel naturel des environs, d'autres lieux sont aujourd'hui ouverts (Tres cenotes, Parador Turístico X'Tojil). N'oubliez pas d'éviter l'usage de crèmes solaires et d'anti-moustiques si vous comptez plonger dans ces puits d'eau !

PARADOR TURÍSTICO HACIENDA CHUNKANÁN ★★

A 3 km de Cuzamá.

✆ +52 999 452 4071

Ouvert tous les jours de 8h à 17h. 500 $ la location de la carriole (max. 4 pers.), guide et entrées aux cenotes inclus.

Cette coopérative touristique a été créée par les habitants pour faire visiter trois *cenotes* (Chelentún, Tzapakal et Santa Cruz) situés au sein de l'ancienne hacienda de Chunkanán. C'est le système de rails Decauville, qui servait à transporter l'*henequén* à l'intérieur de l'hacienda, qui conduit les touristes vers ces *cenotes* à l'eau chaude et cristalline. On se déplace donc, accompagné d'un guide, sur une plateforme tirée par une mule sur un parcours d'environ 20 km qui dure 2 heures.

PARADOR TURÍSTICO X'TOJIL ★★

Carretera Eknákan - Cuzamá, km 12,5

Ouvert tous les jours de 9h à 17h. 500 $ la location de la carriole (max. 4 pers.), guide et entrées aux cenotes inclus.

Ouverte en 2017, cette organisation reprend le modèle des excursions organisées par l'hacienda Chunkanán. Une équipe de guides vous promène donc sur des petites plateformes tirées par des chevaux, appelées localement « trucks », à la découverte de quatre cenotes : X'Tojil, San Felipe, Ayuso et Sak Pakal, tout aussi différents les uns les autres en termes de taille ou de luminosité. Quant à l'accès, quelles que soient les modalités, soyez vigilants dans les descentes, parfois escarpées.

TECOH ★

Ce village de 8 000 habitants abrite encore plusieurs bâtiments coloniaux, dont l'église et le couvent de la *Virgen de la Asunción*, fondés en 1609. À l'intérieur du village, il existe un système de grottes qui étaient utilisées par les Mayas pour se cacher durant la guerre des Castes, les *Grutas de Tzabnah*. Vous trouverez des guides locaux, qui peuvent vous y amener, dans le palais municipal. C'est aussi à proximité de Tecoh que se situe la magnifique *hacienda Sotuta de Peón*, une ancienne hacienda d'*henequén* qui a été restaurée en l'état, pour faire comprendre aux visiteurs comment fonctionnait ce type de propriété agricole à la fin du XIXe siècle.

CHINKILÁ CENOTES MÁGICOS

À 10 km au sud-est de Tecoh, par la route 18.

✆ +52 999 171 2177

Ce lieu écotouristique fait partie des initiatives locales soutenues par le gouvernement. L'aventure commence par la descente d'une échelle métallique de 12 mètres accrochée à la verticale. On débarque littéralement dans une grotte à la voûte haute et irrégulière, composée de formations rocheuses et petites stalactites. L'eau est l'habitat de centaines de petits poissons (ne pas oublier son masque et son tuba). En silence, on écoute l'écho tranquillisant des gouttes d'eau qui chutent dans l'eau... dont la profondeur peut atteindre 40 mètres.

MAYAPAN ★

Mayapán fut le centre du pouvoir maya du Yucatán durant deux siècles, de 1250 à 1450, année où les gouvernants de la cité, la famille Cocom, furent renversés et la ville détruite puis abandonnée. La cité fut fortement influencée par la civilisation de Chichén Itzá. D'une superficie de 6,5 kilomètres carrés, elle comptait 12 000 habitants et quelque 3 500 édifices, qui se trouvaient protégés par une muraille. Seule une partie des constructions du site a été mise à jour, comme la *Sala de los Frescos* et le *Templo de los Nichos Pintados* qui conservent des peintures murales. La zone archéologique se trouve un peu plus loin que le village de Telchaquillo.

Mayapan.

HACIENDA SOTUTA DE PEÓN ★★

✆ +52 999 175 9923

www.haciendaviva.com

Visite de groupe à 815 $, enfants 4-12 ans 475 $ (tous les jours à 9h, 11h et 13h). Hôtel à partir de 4 700 $.

L'hacienda Sotuta de Peón, « hacienda viva », est à visiter absolument si vous souhaitez comprendre les coulisses et le fonctionnement des haciendas d'*henequén* à la fin du XIXe siècle, lesquelles permirent à la péninsule du Yucatán de bâtir une immense fortune. La visite guidée, en groupe et d'une durée de 3 heures, est ludique et vraiment très instructive, puisqu'absolument tout le processus d'exploitation et de production de ce que l'on nomme « l'or vert » a été recréé, depuis la récolte jusqu'à la fabrication des cordes en passant par les étapes de défibrage et de compression de la fibre. Les déplacements à l'intérieur de l'hacienda se font sur des plateformes en bois tirées par des mules, système qui était utilisé à l'époque pour transporter l'*henequén* à l'intérieur de la propriété. Mais ce lieu n'est pas uniquement un musée vivant, il vous est possible de prolonger l'expérience en dormant sur place. L'établissement, luxueux, compte de belles chambres spacieuses et de nombreuses activités complémentaires sont proposées pour vous donner envie de rester encore plus : tour à cheval ou en calèche, services de massages... mais aussi une très belle piscine. Autour de l'hacienda, plusieurs *cenotes*, dont le *cenote* Dzul-Há, invitent à la baignade dans des eaux plus sauvages. Pour reprendre des forces, le restaurant propose notamment un menu de dégustation de la gastronomie yucatèque. Et si vous aviez raté les visites de groupe, on vous organisera un tour privé en soirée. Une visite à ne pas manquer.

CENOTE NAHYA ET CENOTE NOMOHZON ★★

Carretera Tecoh-Telchaquillo

Ouvert tous les jours de 8h à 17h. Tarif non formalisé. Guides sur place pour vous aider à mieux localiser les cenotes.

Deux beaux *cenotes* semi-ouverts, à quelques kilomètres des ruines de Mayapán. Un plongeon dans ces *cenotes* se mérite... Vous atteindrez le paradis perdu de Nomohzon au départ de Pixyá après avoir emprunté une route caillouteuse sur quelque 4 km. L'accès se fait en plongeant, pour les plus intrépides, ou par un escalier en bois. Le site est magique et assez peu fréquenté, tout comme le cenote de Nahya, où l'aventure est également au rendez-vous. Certains y pratiquent même la plongée.

ZONA ARQUEOLÓGICA DE MAYAPÁN ★

Carretera Mérida – Chetumal

Ouvert tous les jours de 8h à 17h. Entrée : 65 $.

L'architecture du site semble avoir été totalement influencée par la cité de Chichen Itzá, bien qu'à la chute de celle-ci, elle développa un style propre. L'édifice principal, le *Castillo de Kukulcán*, est une réplique à petite échelle de la pyramide d'Itzá. L'habituelle *Plaza central* regroupe les édifices civiques, administratifs, religieux et résidentiels des classes gouvernantes : construits sur des soubassements, ses couloirs sont soutenus par des colonnes, temples et oratoires.

TEKIT ★

Tekit est coloré, avec une dominante de tons jaune pâle. Il semble y faire bon vivre. Sur la place du village trône l'imposant *Templo de San Antonio de Padua*, de style médiéval (XVIe), dont l'intérieur est orné de nombreuses statues de saints, lui donnant plus l'aspect d'un musée que d'un édifice religieux. Tekit est également connu comme étant la capitale de la *guayabera*, cette fameuse chemise pour homme, caractérisée par ses quatre poches devant et qui était traditionnellement confectionnée en lin, soie et coton. Encore très populaire aujourd'hui, ce sera l'occasion d'en acquérir une et d'apprécier sa légèreté sous ces latitudes chaudes et humides.

MANÍ ★

A 12 km au nord de Oxkutzcab, ce village de 5 000 habitants était à l'époque de la conquête espagnole l'un des royaumes les plus puissants du Yucatán. Son chef Tutul Xiu finit par s'allier avec le conquistador Montejo, lui facilitant la conquête de la péninsule. Il abrite le couvent de *San Miguel Arcángel* qui fut, en 1562, la scène de l'un des plus grands autodafés de toute la période coloniale, après que les Espagnols eurent découvert dans une caverne des ossements et statues des anciens dieux mayas. C'est durant cet autodafé que furent détruits la plupart des codex mayas. La place principale d'Oxkutzcab présente une fresque qui relate ces évènements.

MAMA ★

Situé à une dizaine de kilomètres de Tekit, Mama peut faire l'objet d'une petite halte sur la route de Chumayel. L'occasion d'apprécier l'architecture de l'église de ce petit village qui n'excède pas 3 000 habitants. La *iglesia de Nuestra señora de la Asunción* ressemble beaucoup au *Templo de la Purísima Concepción* qui se dresse sur la place principale de Chumayel. Elle possède, comme ce dernier, des tourelles de style médiéval et un campanile à six embrasures, cette tour dont la particularité est d'abriter les cloches qui invitent les paroissiens à la prière. La ville s'anime particulièrement à l'occasion de la procession de la Vierge le 15 août.

EL PRÍNCIPE TUTUL-XIU €

Calle 26 #208, entre les rues 25 et 27
✆ +52 997 145 4641
Ouvert tous les jours de 11h à 19h. Plats à partir de 100 $.

Ce restaurant de spécialités régionales est fort réputé dans l'ensemble du Yucatán. Il possède également des succursales à Mérida, Ticul et Oxkutzcab. La spécialité de la maison est le *poc-chuc*, de fins morceaux de viande de porc et de dinde cuits au charbon de bois, accompagnés de sauce tomate, *frijol colado* (haricots), oignons et piments... sans oublier bien sûr les traditionnelles *tortillas hechas a mano* (faites à la main) dans lesquelles vous envelopperez cette incontournable recette *yucateca*. D'autres spécialités viennent compléter la carte.

ÉTAT DU YUCATÁN

Maní.

OXKUTZCAB ★★

À 110 km au sud de Mérida, au cœur de la *ruta Puuc*, Oxkutzcab est une petite ville authentiquement maya fondée en 1550 par le missionnaire franciscain Diego de Landa. Elle compte quelques constructions intéressantes qui valent le détour dont l'église de *San Francisco de Asís*, qui, face à la place principale, possède un retable de style baroque, et l'ancienne gare ferroviaire, construite en 1881, qui dévoile une architecture imitant le style Puuc des anciennes cités mayas. Quant à l'ermitage de la *Virgen del Pilar*, construit en 1681, il domine l'ensemble depuis la cime d'une colline. Le marché de la ville est sûrement le clou du spectacle, car c'est le centre de la production citrique de la région. Aux côtés des citrons et des oranges douces, sont également commercialisés tous les fruits tropicaux – pitaya, mangue, sapote, papaye – qui sont cultivés dans les environs. Par ailleurs, Oxkutzcab est aussi une bonne base pour rejoindre les Grutas de Loltún qui ne sont qu'à 8 km au sud-ouest de la ville.

Transports

Oxkutzcab se trouve à 100 kilomètres au sud de Mérida. Pour s'y rendre en voiture, il faut emprunter l'autoroute 261 et à hauteur de la ville de Muná, bifurquer à gauche pour prendre l'autoroute 184. Il est aussi possible de s'y rendre par la route départementale 18 qui passe par les villages de Mama et de Teabo, mais le chemin est plus long. Cette route n'est à choisir que si vous souhaitez visiter d'autres villages de la route des Couvents.

MERCADO 20 DE NOVIEMBRE ★★

Le marché municipal d'Oxkutzcab a été construit en 1972 pour approvisionner l'est de la péninsule. La fresque de sa façade a été peinte par l'artiste Maya Baas. Celui que l'on nomme aussi le Mercado 20 de Noviembre est sympathique à visiter car il offre l'occasion de découvrir les délicieux fruits tropicaux que produit la région : fruit du dragon, pastèque, corossol, ananas, pamplemousse et autres fruits aux noms inconnus dans nos contrées. Même les avocats sont surprenants avec leur physionomie très différente de chez nous.

REAL MAYAN ADVENTURES

Calle 53, entre les rues 40 et 42
✆ +52 997 101 6773
Excursions aux sites archéologiques et grottes de Loltún. Expéditions dans la forêt et spéléologie.
Pablo Villareal est un passionné de la culture et du territoire de ses ancêtres. Il peut bien entendu vous emmener sur les sites principaux des alentours, mais vous découvrirez vite, à ses côtés, l'envie d'aller plus loin. Aussi bien guide qu'explorateur, il connaît la région comme sa poche et pourra vous concocter un programme à la carte : exploration de grottes, trek de plusieurs jours dans la jungle, découverte de sites archéologiques méconnus et cérémonies traditionnelles ; certaines de ces activités nécessitent une bonne condition physique.

HACIENDA SAN JUAN BAUTISTA TABI ★

À 15 km au sud-ouest de Oxkutzcab, déviation après les Grutas de Loltún, à proximité du bourg de Yaaxhon.
Tabi fut, au début du XVIIIe, une ferme tournée vers l'élevage. C'est vers 1780 qu'elle a diversifié sa production et s'est convertie en une *hacienda* aux multiples cultures (canne à sucre, maïs, tabac, henequén...). Elle embauchait alors près de 700 travailleurs. Ce système de péonage, aboli avec la Révolution mexicaine, mit progressivement un terme à l'activité de l'Hacienda. Aujourd'hui subsiste encore son imposante *casa principal*, perdue dans l'immensité de la campagne environnante.

HOTEL PUUC €

Calle 55 #80, à l'angle de la rue 44
✆ +52 997 975 0103
www.hotelpuucoxkutzcab.com
Chambre double à partir de 460 $; suite à partir de 560 $. Compter un supplément pour l'air conditionné.
Cet hôtel de 40 chambres à l'architecture moderne est censé évoquer le style Puuc. Les chambres sont propres, sobres, confortables, mais dénuées de toute originalité. Le principal atout de cet hébergement par rapport aux hôtels des environs est son immense piscine où il fait bon se rafraîchir et lézarder, car il fait évidemment incroyablement chaud dans ce petit village. D'ici, on peut vous recommander de petites agences locales spécialisées dans la découverte des environs (sites archéologiques et grottes, entre autres réjouissances).

EL PRÍNCIPE TUTUL-XIU €

Calle 45 #102, entre les rues 50 et 52
✆ +52 997 975 2907
Ouvert tous les jours de 11h à 19h. Plats à partir de 100 $.

Si la spécialité de ce restaurant est le *poc-chuc*, comme nous l'avons décrit pour sa succursale de Maní, il ne s'agit pas de la seule recette régionale incontournable. Le menu est idéal pour qui souhaite découvrir la gastronomie de la péninsule, depuis les soupes ou bouillons savamment relevés (*consomé de pavo*, *sopa de lima*) aux plats qui mettent la dinde et les piments à l'honneur (*relleno negro*, *relleno blanco*, *escabeche de pavo*). Et pour celles et ceux qui préfèrent décliner la tortilla sous toutes ses formes, les *papadzule* et *panuchos* sont recommandés.

POSADA EL JARDÍN €

Calle 27 #216
✆ +52 999 114 4443
Chambre double à partir de 720 $.

Dans cette charmante petite auberge, vous serez reçus comme des princes par Roman. Le maître des lieux se fera un plaisir de vous renseigner sur toutes les excursions à ne pas manquer dans la région. Toutes les chambres disposent d'un petit frigo et de la climatisation pour passer une nuit au frais. Le jardin mérite à lui seul le séjour, pour le plaisir de s'y installer, dans un hamac, à l'ombre de la végétation luxuriante et en compagnie du chant des oiseaux. Petit plaisir supplémentaire : la piscine qui sera bienvenue après une bonne journée à déambuler.

TICUL ★

Ticul, à mi-chemin entre Oxkutzcab et Muna, est surnommée « la perla del sur », la perle du Sud, de par sa situation géographique dans la partie sud de la péninsule. Ville de la civilisation maya pré-colombienne, elle a été habitée de manière continue au moins depuis le VIIe siècle av. J.-C. Elle abrite le couvent et l'église de San Antonio de Padua, qui datent du début du XVIIe siècle et dont l'intérieur fut pillé durant la guerre des Castes. Ticul peut être une bonne halte gastronomique si vous visitez les Grottes de Loltún ou le site archéologique de Labná, et préférez les petites cantines typiques plutôt que les grands restaurants touristiques.

LONCHERÍA LOS FRAILES €

Calle 22
✆ +52 997 123 0249
Ouvert tous les jours de 11h à 18h. Portion à partir de 50 $.

Une *lonchería* est l'équivalent de notre cafétéria. Et dans celle-ci, vous n'y aurez pas l'embarras du choix puisque cet établissement ne sert que du *poc-chuc* dans des portions adaptées au nombre de convives. Que vous soyez seul ou en famille, vous en ressortirez totalement accro de cette spécialité yucatèque. Car une telle spécialisation est aussi un gage de qualité : le *poc-chuc* est vraiment succulent. Rappelons les ingrédients : fines lamelles de porc, tomate, coriandre, oignon, orange amère et des tortillas bien sûr. Des travaux de réaménagement sont prévus.

ÉTAT DU YUCATÁN

Église de Ticul.

IZAMAL ★★★

À une heure de route à l'est de Mérida, Izamal est une halte incontournable : c'est à la fois l'un des plus beaux villages du Yucatán, mais aussi un condensé architectural de l'affrontement entre les cultures maya et espagnole qui eut lieu après la conquête : six vestiges archéologiques sont éparpillés au cœur même du village, alors que l'imposant couvent San Antonio de Padua trône en son centre. Le « lieu des collines » fut durant la période classique un centre cérémonial très important. Selon la légende, la cité fut fondée par le dieu céleste Itzamná. Son corps se divisa en trois et chacune des parties fut enterrée sous l'une des trois collines de la ville. Sur chacune d'entre elles, furent élevés des temples, dont le plus important était dédié au dieu-soleil Kinich Kakmó, « l'oiseau de soleil au visage flamboyant ». Lorsque les Espagnols conquirent la cité vers 1540, beaucoup de constructions mayas furent rasées pour bâtir une nouvelle ville, en accord avec les canons architecturaux européens. Le temple de Pap-Hol-Chac, notamment, fut abattu pour édifier le couvent de San Antonio de Padua (1553-1561), qui possède le plus grand atrium du monde après celui de Saint-Pierre-de-Rome. La structure, peinte en ocre, compte soixante-quinze arcades. Néanmoins, certains temples préhispaniques survécurent dans l'arrière-cour des maisons ou au sommet des collines, si bien qu'aujourd'hui, les pyramides mayas coexistent à côté des bâtiments coloniaux et des constructions modernes. C'est pour ça qu'Izamal est surnommée « la ville des trois cultures », mais elle est surtout connue comme la « ville jaune » puisque toutes ses maisons sont peintes de jaune et blanc, en écho à la visite du pape Jean-Paul II en 1993.

Se loger

La petite ville d'Izamal est dotée d'un très bon parc hôtelier. Les établissements sont pleins de charme et affichent des tarifs bien moins chers qu'à Mérida, pour un service et des prestations équivalents !

Se restaurer

En soirée, de petites échoppes ambulantes s'installent sur les deux places centrales du village : l'occasion de goûter aux exquis *tamales colados* avant de grignoter une bonne petite *marquesita* au dessert.

Tourisme

Divers établissements distribuent la brochure d'Izamal éditée par l'office du tourisme du Yucatán, qui situe sur une carte les balades et circuits à effectuer en ville : archéologie, églises et ateliers d'artisanat. Pour plus de questions, rendez-vous au petit bureau de l'office de tourisme municipal, sous les arcades en face du couvent.

Transports

Izamal se situe à environ 67 km de Mérida. En voiture, emprunter l'autoroute 180 qui conduit à Cancún, puis prendre la déviation à gauche après le village d'Hoctún. Izamal est desservi par des compagnies de bus qui partent des Terminaux Autobuses del Centro et Autobuses del Noreste à Mérida, mais aussi de Valladolid (2h de trajet), Chichén Itzá ou Pisté.

LA CAPILLA DE INDIOS ✝ ★

Comisaría de Cuauhtémoc

Son nom est symptomatique de la ségrégation raciale qui différenciait les communautés espagnoles et mayas. D'ailleurs, la péninsule possède tout un réseau de ce type de chapelles, qui étaient destinées aux seuls Mayas et à leur évangélisation. Elles n'avaient généralement pas de prêtres attitrés, mais ouvraient lors de visites périodiques ; on en trouve, entre autres, à Tibolón, Popolá, Dzibilchaltún, Valladolid et Maní. Egalement connue sous le nom de « chapelle sans toit », c'est ici que venaient prier les employés des haciendas qui travaillaient l'*henequén*.

CENTRO CULTURAL Y ARTESANAL ★

Calle 31 #301

✆ +52 988 954 1012

Ouvert tous les jours de 9h à 20h. Entrée : 25 $.

Installé dans une maison du XVIe siècle, le centre culturel expose des pièces d'artisanat représentatives des régions du pays ; ainsi que quelques-uns des objets élaborés par les femmes localement, comme des *huipils*, vêtement traditionnel maya, des bijoux en graines de *cocoyol* et divers sujets fabriqués avec de la fibre d'*henequén*. À l'arrière du centre se trouvent les ruines de la pyramide *Kabul*, envahie par les iguanes, et un petit café où se restaurer.

CONVENTO DE SAN ANTONIO DE PADUA ★★

Ouvert tous les jours, selon les activités religieuses. Le petit musée est ouvert du mardi au dimanche de 9h à 17h.

Plus imposant que majestueux, l'établissement a été fondé en 1549 par les moines franciscains mais ce n'est que plus tard, en 1553, que l'Espagnol Fray Diego de Landa allait initier sa construction, sur les ruines du centre cérémonial préhispanique Pap-Hol-Chac. Lui-même allait faire venir depuis le Guatemala l'image de la Vierge, considérée comme miraculeuse dans tout le Yucatán depuis qu'elle avait soigné plusieurs épidémies de peste aux XVIIe et XVIIIe siècles. Cette image est aujourd'hui enfermée dans une vitrine, ayant fait l'objet à plusieurs reprises d'attentats et de tentatives de vol. Elle n'en sort qu'en décembre pour une procession, lorsque les pèlerins viennent de toute la péninsule pour célébrer son anniversaire. En 1993, c'est de plus loin que le Pape Jean-Paul II vint pour célébrer le joyau que représente ce couvent. De sa visite, au cours d'une escale au Yucatán, reste une statue qui trône désormais au milieu de l'atrium.

Le plan originel de l'ensemble était conforme à la politique architecturale des Franciscains dans la région : un grand atrium, une église (dont la façade actuelle date du XVIIIe), le monastère et ses jardins à proprement parler, plus quatre *capillas de indios*, les chapelles dédiées à l'évangélisation des communautés autochtones. On y observe encore des peintures murales datant du XVIe siècle. *El camarín de la Virgen* (chambre de la Vierge) qui se trouve à l'étage derrière l'église n'a été rajouté qu'au XVIIe siècle.

VIDEOMAPPING SENDEROS DE LUZ ★★

A partir de 20h, le jeudi, vendredi et samedi. Entrée : 110 $.

Le départ du videomapping est donné depuis le Parque de Los Cañones, calle 31. Il s'agit en réalité d'une balade « lumineuse » qui se compose de cinq projections, tour à tour sur les façades d'une grande maison ou d'un bâtiment historique. Chacune d'entre elles raconte une facette de l'histoire de la ville. C'est au moment du bouquet final, quand on pénètre à l'intérieur du *convento de San Antonio de Padua* que l'on règle le spectacle. Puis, la magie opère.

PYRAMIDE DE KINICH KAKMÓ ★

Calle 27, à l'angle des rues 28 et 26
✆ +52 999 954 1096
Ouvert tous les jours de 8h à 17h. Entrée libre.

C'est la pyramide maya la plus grande d'Izamal, la seule qui vaut réellement le coup d'œil. C'est aussi l'une des plus grandes de la Mésoamérique de par la taille de sa base, qui mesure 200 mètres sur 180. Cette construction qui date du Ve siècle apr. J.-C. est dédiée au dieu solaire Kinich Kakmó qui, selon les croyances, descendait chaque jour sous la forme d'une *guacamaya* de feu recueillir les offrandes qu'on lui laissait. Le temple supérieur est situé à une hauteur de 34 mètres, d'où la très belle vue panoramique depuis le haut de la pyramide.

HOTEL SAN MIGUEL ARCÁNGEL €

Calle 31A #308
✆ +52 988 954 0109
www.sanmiguelhotel.com.mx
Chambre double à partir de 830 $. Restauration.

Cet hôtel est installé dans une vieille demeure coloniale, au coeur de la ville. Disposées autour d'une fontaine centrale, les 14 chambres sont sobres et confortables, l'essentiel étant peut-être qu'elles offrent l'air conditionné. A l'arrière de l'établissement, dans la cour, se trouvent les restes de la pyramide Hun Pic Tok, ce qui renforce encore le charme de l'endroit. La jolie boutique d'artisanat à l'entrée est particulièrement bien achalandée.

GRUPO IZAMAL €€

Calle 33 # 294 por 28 y 30, Centro
✆ +52 999 217 1427
www.grupoizamal.com
Hôtels : prix à retrouver en ligne sur les sites de chaque propriété. Restaurant Zamna : plats à partir de 120 $.

L'un des opérateurs touristiques historiques de la péninsule. Depuis plusieurs décennies, le groupe gère et propose plusieurs propriétés hôtelières à Izamal : la superbe Villa San Antonio de Padua, le grand et familial Hotel Tuul, et la Rinconada del Convento. Chaque établissement possède une identité propre, mais ce sont trois excellentes options pour se loger lors d'une halte à Izamal. Le groupe possède aussi le restaurant Zamna, spécialités yucatèques au cœur du centre historique, et propose l'organisation d'excursions dans la région, privées ou en groupe.

LE MACAN CHÉ €€

Calle 22 #305, entre les rues 33 et 35
✆ +52 988 954 0287
www.macanche.com
Chambre double de 48 $ à 70 $. Familiale à partir de 90 $. Bungalows à la demande. Restaurant ouvert le soir.

Les chambres donnent chacune sur une petite terrasse privée avec hamac et sur le grand jardin à la végétation luxuriante. Elles sont joliment décorées, chacune selon un thème particulier (Maya, Asie, Colonial, Safari). La petite piscine est spectaculaire, taillée dans la roche et alimentée par l'eau de source qui coule juste en dessous ; la petite zone où se prélasser dans un hamac n'est pas mal non plus. Tours en calèche, soins de massage, cours de cuisine sont proposés à la carte. Pour le dîner, pensez à réserver au préalable.

RINCONADA DEL CONVENTO €€

Calle 33 #294
✆ +52 999 442 9506
www.grupoizamal.com
Chambre double à partir de 900 $.

Dans un bâtiment colonial jaune, à l'angle de la place du Couvent, les 12 chambres de cet hôtel sont lumineuses et propres. Certaines offrent même une jolie vue sur le bel édifice de San Antonio de Padua ou sur les ruines d'une pyramide maya qui se trouve dans la cour arrière de l'établissement. L'hôtel dispose d'une petite aire de jardin avec piscine, qui fera le bonheur des petits voyageurs et de leurs parents. Le petit-déjeuner se prend sur une terrasse en hauteur qui offre une vue partielle de la ville. Très bon rapport qualité-prix.

EL MERCADO MUNICIPAL €

Calle 30

Ouvert tous les jours de 8h à 16h.

Les marchés municipaux sont souvent réputés pour être des lieux hauts en couleur et pour proposer une véritable immersion dans la vie locale de la cité. Le marché municipal d'Izamal n'échappe pas à cette règle. C'est ici que l'on dénichera quelques petites merveilles culinaires, telles que cet émincé de chevreuil (*venado*) mariné servi sur des *tacos* ou *salbutes*, que l'on peut même déguster dès le petit-déjeuner. A ne manquer sous aucun prétexte et à accompagner d'un bon jus de fruits pressés. Le tout est de faire son choix parmi les multiples *taquerías*.

KINICH IZAMAL €€

Calle 27 # 299, entre les rues 28 et 30

✆ +52 988 954 0489

www.restaurantekinich.com

Ouvert du lundi au vendredi de 12h à 18h ; le week-end de 12h à 19h. Entrées à partir de 90 $ et les plats 165 $.

Les hautes fenêtres de la façade de cette vieille bâtisse sont rehaussées de plantes grimpantes dont les couleurs viennent rompre la relative monotonie chromatique des rues du village. On pénètre par une grande salle où les canapés et coins salons invitent à siroter une *agua fresca* et à bouquiner. Le restaurant est installé dans son prolongement, sous une *palapa* où les plantes sont, là encore, omniprésentes. De la cuisine, où l'on aperçoit des fourneaux chauffant au bois, les arômes très locaux font honneur à la gastronomie *yucateca*.

ZAMNA €€

Calle 31 #336, entre les rues 38 et 40

✆ +52 988 954 0204

Ouvert tous les jours de 12h à 20h. Entrées à partir de 50 $, plats à partir de 100 $.

Le restaurant, situé dans une jolie maison traditionnelle, sert une savoureuse cuisine du cru. Les réjouissances peuvent débuter par les *salbutes* et *panuchos*, ou encore par une plus légère *sopa de lima*. Si vous êtes en bande organisée, lancez-vous sur la *platón zamna* qui propose un florilège de délices régionaux à partager. Incontournables ici, les *papadzules* (à base d'œufs), *relleno negro* (poulet), *poc-chuc* (porc) ou *dzic de venado* (chevreuil) vous sont servis dans leurs habits d'antan. Pour les petits, des plats moins hauts en saveurs sont à la carte.

CHICHÉN ITZÁ ★★★★

Située entre Mérida et Valladolid, Chichén Itzá est l'une des plus vastes et imposantes zones archéologiques de toute la péninsule du Yucatán, cataloguée au patrimoine mondial de l'humanité. Étymologiquement, son nom désigne « la ville au bord du puits des Itzáes », en référence à son *cenote* aussi bien qu'au peuple qui la dirigeait.

Histoire

L'occupation du site en lui-même remonte à 500 av. J.-C., mais ce n'est qu'à partir de la fin de l'ère classique (600-800 apr. J.-C.) que les premiers édifices furent élevés, avant d'être recouverts par des constructions plus récentes. Le développement urbanistique commence entre 800 et 1000, selon des caractéristiques similaires au style *puuc* : architecture monumentale voûtée dont les inscriptions hiéroglyphiques font référence au gouverneur *Kak upakal*. Mais c'est au postclassique ancien (entre 1000 et 1200) que la ville allait connaître son apogée, alors que la cité dirige la péninsule aux côtés de Uzmal et Mayapán. Cette période marque un tournant drastique dans son style architectural, puisqu'on note alors l'apparition de colonnades et des techniques de maçonnerie qui font écho au style toltèque de la grande cité de Tula, sans qu'une filiation ethnique ou une relation directe soit établie à ce jour. Apparaissent alors de nombreuses représentations de personnages en bas-relief ou fresques murales, alors que de nombreux objets d'importation ont été retrouvés sur le site. Puis la ville entre dans une période de décadence (1200-1350) et est supplantée par Mayapán. Elle devient petit à petit un site important de pèlerinage, notamment pour la présence de son *cenote* sacré.

Se loger

Se loger aux alentours de la zone archéologique est pour le moins facile. Les hôtels les plus économiques se trouvent dans le village de Pisté, à deux kilomètres, ou encore le long de la route principale qui mène à Valladolid. Les quatre établissements situés dans la *Zona Hotelera* de Chichén Itzá présentent un standing plus élevé et permettent de se rendre directement à pied sur le site, puisqu'ils disposent d'une entrée privée.

Se restaurer

On compte plusieurs restaurants à l'entrée de la zone archéologique, ainsi que des boutiques, où l'on peut acheter de l'eau et des glaces. Ça peut dépanner en cas de besoin, mais comme dans tous les endroits touristiques, les prix sont plus élevés qu'ailleurs.

Transports

Depuis Mérida (120 km, 1h30), emprunter l'autoroute 180, qui mène à Cancún, et continuer toujours tout droit, jusqu'à ce que soit indiquée la zone archéologique. Elle est aussi desservie par des bus de première classe (ADO) ou de seconde. Ces derniers partent de la Terminal TAME, sur la calle 69, ou depuis le Mercado (un départ à 8h du matin). Les transports collectifs sont relativement simples et plus économiques que les excursions organisées.

Depuis Valladolid (50 km, 45 min), on peut soit prendre l'autoroute à péage 180D, soit la libre 180 en direction de Mérida. Sans voiture, rien de plus facile que de prendre des *colectivos* depuis la calle 39, entre les rues 44 et 46 (35 $) ; idem pour le retour.

CENOTE IK-KIL ★

Carretera 180, km 122

Ouvert tous les jours de 9h à 17h. Entrée : 150 $.

Vous aurez certainement déjà vu des images de ce site, que l'on surnomme « le cenote bleu sacré » tant la magie du lieu se prête à être immortalisée. Le *cenote* est donc spectaculaire mais vous pourriez, à juste titre, être gêné par l'affluence touristique, car il est malheureusement pris d'assaut par les baigneurs (tous vêtus d'un gilet de sauvetage obligatoire). Il est conseillé de s'y rendre tôt le matin ou en fin d'après-midi si vous voulez profiter plus tranquillement de cette piscine naturelle entourée de parois de pierre d'une hauteur de 30 mètres.

CENOTE YOKDZONOT ★★

Calle 20 s/n

✆ +52 985 121 2328

Ouvert tous les jours de 9h à 17h. Possiblité de camper ou tendre son hamac. Entrée : 100 $. Restauration.

À proximité de Chichén Itzá, les femmes de cette petite communauté maya ont travaillé deux ans durant pour nettoyer et aménager l'accès à ce très grand *cenote* de 40 mètres de diamètre à ciel ouvert : le résultat est impeccable. L'eau est dans les tons verts et les racines des arbres viennent directement s'y abreuver, à la manière du *cenote* Ik-Kil. Mais contrairement à son « voisin », il semble être plus épargné des touristes. Le prix est également plus juste. Une bonne option pour simplement passer un moment ou déjeuner après la visite de la zone archéologique.

EL CENOTE SAGRADO ★★

Au début du XXe siècle, la propriété de Chichén Itzá fut achetée par le Nord-Américain, Edward H. Thompson, qui, notamment, draina le *cenote* sacré en y plongeant avec son scaphandre. Ses découvertes, divers objets d'or, de cuivre et de jade furent expédiées au Peabody Museum. Il semblerait que les Mayas détruisaient tous leurs objets du culte au passage d'une nouvelle période de 52 ans. Le cenote était en effet un lieu d'offrandes important. On y a par ailleurs retrouvé de nombreux ossements qui interrogent encore sur la présence de sacrifices ou rites funéraires.

ÉTAT DU YUCATÁN

El Conjunto de las Monjas.

ZONA ARQUEOLÓGICA DE CHICHÉN ITZÁ ★★★★

✆ +52 985 851 0137

Ouvert tous les jours de 8h à 17h (dernière visite à 16h). Entrée : 571 $. Son et lumière 630 $.

Le site préhispanique original est excessivement vaste, plus de vingt kilomètres carrés : divers ensembles sont reliés au centre de la ville par les *sacbés*, ces chaussées de calcaire. La présence d'eau, on dénombre au moins cinq *cenotes*, expliquerait l'établissement de la cité sur ce territoire. Ce qui fait écho avec la signification du nom de l'endroit en maya : *Chi* (bouche), *chén* (puits), *Itz* (sorcier), *ha* (eau). Une seconde traduction est néanmoins proposée, « la ville des Itzáes », qui évoque la classe dirigeante de la cité. Ce qui impressionne tout d'abord, c'est le volume et le caractère imposant des bâtiments : même le jeu de balle semble faire deux ou trois fois la taille de ceux de la région. Étant donnée la durée d'occupation du site, ses édifices monumentaux ont été sans cesse modifiés au fil du temps ; ils se situent autour de grandes places construites par terrassement et nivellement. Le cœur de la cité, correspondant à la zone archéologique que l'on visite aujourd'hui, est dénommé la *Gran Nivelación* et était entouré d'une muraille de protection. Son édifice emblématique reste sans aucun doute la pyramide *Kukulcán* ou *El Castillo*, dédié au serpent à plumes. A noter pour les explorateurs en herbe : étant donnée l'affluence touristique (c'est le site le plus visité de la culture maya, classé au patrimoine mondial de l'UNESCO et élu en 2007 comme l'une des sept merveilles du monde), aucun des édifices n'est accessible au public ; ici on touche avec les yeux...

SCHMID REINHARD

EL CONJUNTO DE LAS MONJAS ★★★

Dans la partie méridionale du site, soit le secteur sud que l'on nomme aussi le « vieux Chichén », le complexe des Nonnes est une des parties les plus intéressantes du site, dont les premières interventions architecturales remontent à ses origines : on y trouve un style ornemental caractéristique des styles *Puuc* et *Chenes*, alors que la place principale du site est de style maya-toltèque. Plusieurs édifices, dont un jeu de balle, sont à découvrir. La construction principale est la *Casa de las Monjas*, ainsi dénommée par les Espagnols en raison de son grand nombre de pièces rappelant les cellules d'un couvent. On suppose qu'il était destiné aux exhortations et aux offrandes des Dieux de la pluie qui étaient des divinités plus anciennes, qui précédèrent l'arrivée du puissant Kukulcán. L'église, *la Iglesia*, est un édifice ancien des VIIe et VIIIe siècles, époque où fleurissait le style *Puuc*. Elle doit son nom de sa proximité avec l'ensemble des Nonnes. Son ornementation symétrique et géométrique sert de décor à diverses représentations du dieu de la pluie Chac, et à d'autres divinités connues comme les « porteurs du ciel » (*bacabs*) symbolisés par le tatou, l'escargot, la tortue et le crabe. Le bâtiment connu comme l'*Anexo* est représentatif du style *Chenes* ; la porte de sa façade orientale est entourée de visages du Dieu de la pluie, agencés de telle façon qu'ils ressemblent à des crocs entourant une bouche par laquelle il faudrait passer pour découvrir l'intérieur du bâtiment.

JUEGO DE PELOTA ★★★

On dénombre 13 jeux de balle sur l'ensemble du site. Celui-ci est le plus grand de toute la Mésoamérique. En forme de « I », il possède de très hauts murs surmontés de gradins avec aux deux extrémités, des tribunes réservées aux hauts dignitaires de la cité. Organisés pour implorer et honorer les dieux, les jeux étaient sacrés. Le jeu consiste à faire passer une balle en caoutchouc dans un anneau fixé sur l'un des deux murs du terrain. Les deux équipes de 7 joueurs devaient marquer un certain nombre de points en utilisant uniquement leurs hanches ou leurs coudes.

LAS NOCHES DE KUKULCÁN ★★★

Zona Arqueológica de Chichén Itzá
✆ +52 999 406 3344
www.nochesdekukulkan.com
Du mardi au dimanche. Heure d'été : accès de 20h à 20h30. Heure d'hiver : de 19h à 19h30. Entrée : 630 $.

A la nuit tombée, Chichén Itzá s'illumine avec un spectacle de son et lumière « les nuits de Kulkucán » qui plonge le site dans une atmosphère féérique. C'est aussi l'occasion d'arpenter le site à une heure où la chaleur s'est enfin évaporée, d'autant qu'une promenade de près d'une heure précède le spectacle. Même si celui-ci est relativement court, autour de trente minutes, la magie opère et vous transporte. Là encore, victime de son succès, il y a foule ! Nous vous recommandons vivement de réserver votre soirée au préalable.

PYRAMIDE DE KUKULCÁN – EL CASTILLO ★★★

La pyramide de Kukulcán, communément connue sous le nom de *el castillo*, le château, est le temple principal de Chichén et de loin le mieux conservé et le plus spectaculaire. La pyramide de Kukulcán est en fait constituée de deux temples superposés : les Itzáes ont construit la partie visible du Castillo sur une pyramide maya, beaucoup plus petite. Le tout est doté d'une base carrée de 55 mètres de côté pour 30 mètres de hauteur, à la vocation calendaire. Il est en relation avec le cycle solaire annuel de 365 jours. Chaque versant de la pyramide compte 91 marches (certains disent qu'il n'y en aurait que 90), ce qui fait donc 364 marches. En y ajoutant celle de l'entrée du temple, on obtient 365 jours. Un phénomène extraordinaire arrive à chaque équinoxe : les rayons du soleil viennent éclairer les bords anguleux de la pyramide et projettent sur l'escalier nord (qui se termine en bas par une sculpture de tête de serpent) un corps de serpent qui descend en quelques heures le long du temple. Une singularité appelée la « descente de Kukulcán », le retour du Dieu serpent à plumes à la terre. Ce phénomène peut être observé, avec une moindre ampleur, la semaine qui précède et qui suit l'équinoxe. L'observatoire, *El Caracol* ou escargot en espagnol, de construction semblable aux observatoires actuels avec son dôme, est également un témoignage de ce savoir astronomique. Il permettait aux Mayas d'étudier le mouvement des étoiles, mais aussi la planète Vénus, attribuée au dieu Kukulcán.

TEMPLO DE LOS GUERREROS ★★★

Le temple des guerriers jaguars est construit sur une base pyramidale, dont l'entrée est encadrée par deux piliers sculptés représentant le dieu de la pluie, Chac-Mool, et deux têtes de serpent. Sur les bas-reliefs, on distingue des jaguars, des aigles et des guerriers dévorant des cœurs humains. L'intérieur ne se visite pas, mais de belles fresques orneraient ses murs. Attenant à cet édifice, un autre temple que l'on nomme le groupe des mille colonnes est repérable grâce à ses quelque 200 piliers en pierre, chacun taillé en forme de serpent à plumes.

TERMINAL DE AUTOBUSES ADO

Départ et arrivée à l'entrée ouest de Chichén Itzá.

La zone archéologique de Chichén Itzá est desservie depuis Mérida par des bus première classe de la compagnie ADO. Départs tous les jours à 6h30, 8h15 et 9h15 du terminal CAME (calle 70 #555, entre les rues 69 et 71). Pour le retour, le dernier bus repart vers Mérida à 17h (horaires variables, renseignez-vous bien en amont). Sinon, une alternative existe, la compagnie Oriente, qui propose également le service vers le Terminal TAME. Aucun risque de se retrouver bloqué sur place !

LA CASA DE LAS LUNAS €

Calle 15 A S/N

✆ +52 985 851 0289

www.lacasadelaslunashotel.com

Chambre double à partir de 550 $.

Il est certes possible de trouver moins cher encore dans le petit village de Pisté, mais le rapport qualité-prix est imbattable. Ce petit établissement est de facture moderne et sa décoration plutôt soignée. Le mélange entre les pierres apparentes et la jolie végétation du jardin donne une certaine harmonie au lieu. On préfère bien sûr les chambres qui donnent sur le jardin, même si le tout est très fonctionnel et que l'ensemble des chambres disposent de la climatisation. La piscine, qui invite au farniente, est des plus agréable.

DORALBA INN €

Carretera Mérida-Cancún km 122

✆ +52 985 851 0117

www.doloresalba.com

Bungalow à partir de 839 $. Transport AR aux ruines inclus. Restauration.

Egalement connu sous le nom d'Hôtel Dolores Alba, ce complexe de 30 bungalows en dur peints d'une couleur flamant rose (équipés de la climatisation) est localisé dans un beau cadre naturel. L'établissement compte deux piscines, dont une reproduite selon un modèle naturel avec des pierres et des passages sous-marins : impressionnant. Le cenote Ik-kil n'est qu'à dix minutes de l'hôtel, et les grottes de Balankanché, qui signifie « trône du jaguar », à seulement 300 mètres. L'hôtel est également une bonne option pour visiter le site de Chichén tôt le matin.

HACIENDA CHICHEN RESORT & YAXKIN SPA €€

Carretera Mérida-Puerto Juárez km 120

✆ +52 999 920 8407

www.haciendachichen.com

Basse saison : chambre double de 119 US$ à 229 US$. Haute saison : chambre double de 179 US$ à 299 US$. Restauration.

Cette hacienda du XVIe siècle est la première à avoir été transformée en hôtel, début du XXe siècle. L'ameublement des chambres et de l'ensemble est le reflet de cette longue tradition. On est ici immergé dans la nature et réveillé par le chant des oiseaux. L'endroit, luxueux, est aussi connu pour son spa et son programme de remise en forme ou détente. Pour les hyperactifs, cours de cuisine locale ou excursion vers des sites archéologiques méconnus.

HOTEL CHICHEN ITZA €€

Calle 15-A #45

✆ +52 1 877 240 5864

www.mayaland.com/fra/

Chambre double à partir de 59 US$. Restauration.

Cet hôtel, de la chaîne Mayaland, est installé au cœur du village de Pisté. De style colonial, il est aménagé autour d'un vaste jardin bien entretenu et doté d'une grande piscine. Toutes les chambres, décorées avec goût, sont équipées de la climatisation. Quant au restaurant, il sert une très bonne cuisine yucatèque. Pratique, l'hôtel est situé non loin de la zone archéologique et l'on organise aussi à partir d'ici tout un tas d'excursions dans les environs. C'est une option dont on appréciera l'excellent rapport qualité-prix.

HOTEL VILLAS ARQUEOLÓGICAS €€

Carretera Mérida-Valladolid km. 120
✆ +52 999 230 2046
Chambre double à partir de 1 200 $. Restauration.
Les Villas Arqueológicas proposent 48 chambres avec air conditionné, au milieu d'un beau jardin calme agrémenté de tout le nécessaire : une piscine, un spa, un bar et un restaurant de qualité. Une salle commune avec un billard vient compléter l'offre de détente. Une équipe de guides est disponible et des bicyclettes sont en prêt gratuit. Cet hôtel, confortable pour le prix, bénéficie de la proximité avec le site archéologique, puisqu'il est à 10 minutes à pied de l'entrée secondaire.

HOTEL AND BUNGALOWS MAYALAND €€€

Carretera Mérida-Cancun km 120
✆ +52 1 877 240 5864
www.mayaland.com
Chambre double à partir de 240 US$. Restauration.
Un autre établissement de la chaîne Mayaland dont le parc hôtelier et les services jouissent d'une excellente réputation. Cet hôtel ne déroge pas à la règle : l'accueil est professionnel et tout le confort est là. Les chambres sont spacieuses et certaines disposent d'un balcon offrant une belle vue sur la végétation environnante. Les espaces communs, dont la piscine, méritent une halte, au choix allongé au bord de l'eau où dans l'un des nombreux hamacs du patio.

THE LODGE AT CHICHEN ITZA €€€

Carretera Mérida-Cancun km 120
✆ +52 877 240 5864
www.mayaland.com
Bungalow à partir de 250 US$. Restauration.
Construits dans le style traditionnel maya, les 39 bungalows de luxe sont intégrés dans un jardin de 40 hectares, doté de plusieurs piscines, dont l'architecture reste en harmonie avec la nature tropicale environnante. Chaque bungalow, dans un souci d'intimité, bénéficie d'une terrasse, avec hamacs, et d'un jardin privés. Et si l'on ajoute trois restaurants et une équipe de guides professionnels à votre écoute, la prise en charge est totale. Entrée privée à la zone archéologique.

SOTUTA ★★

À une centaine de kilomètres à l'ouest de Mérida, on accède à Sotuta par une déviation le long de la route sans péage qui mène à Chichén Itzá. Le village est surtout connu à travers la figure de Nachi Cocom, leader Maya qui combattit les Espagnols. Deux projets écotouristiques locaux séduiront les voyageurs qui veulent sortir des sentiers battus. La visite d'un *cenote*, Dzonot Miss, situé dans l'enceinte d'une maison privée et le second, un parcours guidé dans des grottes découvertes et ouvertes au public en 2019. Le dénominateur commun à ces deux surprises souterraines est d'y accéder comme si l'on descendait dans sa cave, par de longs escaliers...

La Ceiba, l'arbre sacré des Mayas, émerge du paysage de forêt basse de la région.

VALLADOLID ★★★

Valladolid est une petite ville qui a su préserver son aspect colonial et sa douceur de vivre. La majorité des habitants a conservé la tenue vestimentaire traditionnelle de la péninsule du Yucatán et les maisons qui bordent le Zócalo sont de couleurs pastel. La Plaza de Valladolid offre une ambiance très proche de celle qu'offrait la place de Mérida avant sa modernisation : il y a peu de circulation et les gens ne semblent pas pressés d'arriver où que ce soit. Les principales attractions sont ses cenotes – le Cenote Zací en plein milieu de la ville, et les cenotes X'kekén et Samulá aux environs –, ainsi que le couvent San Bernardino, que l'on rejoint depuis la place principale par la calle 41 A (la Calzada de los Frailes), une rue ancienne, pavée et étroite, qui accueille nombre de boutiques ou cafés *trendy*. C'est également un haut lieu de l'histoire mexicaine, car c'est ici que débuta la guerre des Castes en 1849 puis la première étincelle (*chispa* en espagnol) de la Révolution mexicaine, lorsque le 4 juin 1910 la ville fut prise par les rebelles. Tous les ans, la *Semana de Valladolid* se déroule du 28 mai (date de la fondation du couvent de San Bernardino) au 4 juin (début symbolique de la Révolution).

Tourisme

Du fait de sa proximité avec les sites archéologiques de Chichén Itzá (mais aussi Ek'Balam et Cobá), la ville reçoit de plus en plus de touristes ; la centaine de kilomètres de distance avec la Riviera maya n'est pas étrangère à ce boom touristique qui attire les voyageurs qui se basent ici pour visiter les environs.

Transports

Valladolid est à mi-chemin entre Mérida et Cancún. En voiture, il suffit de suivre l'autoroute 180. On peut aussi s'y rendre facilement en transport collectif, car de nombreux bus font la liaison toute la journée. Pour les environs (Ek'Balam et les *cenotes*), des taxis collectifs peuvent se charger de la course.

CASA DE LOS VENADOS ★★

Calle 40 #204
✆ +52 985 856 2289
www.casadelosvenados.com
Ouvert tous les jours de 10h à 14h. Dons conseillés : minimum 60 $. Visite guidée.

La Casa de Los Venados, la Maison des cerfs, est une grande maison coloniale qui appartient à un couple de Nord-Américains, John et Dorianne Venator. La propriété privée abrite une collection d'artisanat dédiée à l'art populaire mexicain, qui comprend plus de 3 000 pièces au total. Certains objets sont vraiment magnifiques. Pour partager leur passion et faire découvrir leur collection au public, John et Dorianne ont mis en place des visites guidées tous les matins à 10h (en espagnol et en anglais) qui ne nécessitent pas forcément de réservation au préalable.

CENOTE ZACI ★★

Calle 36, entre les rues 37 et 39
✆ +52 985 856 0721
cenotezaci.com/
Fermé pour rénovation. Sinon, ouvert tous les jours de 9h à 17h. Entrée : 30 $.

Grand cenote semi-couvert de 28 mètres de diamètre, au plein centre de Valladolid, où l'on peut se baigner dans une eau incroyablement pure. *Zaci* signifie en maya « épervier blanc ». C'était le nom de la ville préhispanique sur laquelle les Espagnols fondèrent la ville de Valladolid. Fermé depuis plusieurs mois pour rénovation, vous pouvez tout de même l'admirer au déjeuner depuis le restaurant panoramique qui se trouve juste en haut du cenote. A visiter absolument, il est impressionnant de découvrir un site naturel de toute beauté au milieu d'une petite ville.

© MARKUS FAYMONVILLE - ISTOCKPHOTO.COM

Cenote Hubiku près de Valladolid.

CONVENTO DE SAN BERNARDINO DE SIENA ★★★

Barrio de Sisal

✆ +52 985 856 2160

Ouvert tous les jours de 8h à 18h. Entrée : 30 $.

La construction de ce majestueux couvent en pierre et de son église débute en 1552 sur les instructions de l'ordre franciscain ; c'est le deuxième couvent le plus grand du Yucatán après celui de San Antonio de Padua à Izamal. L'ensemble commence à fonctionner en 1560 et c'est ici que débute la mission évangélisatrice dans la péninsule : le couvent lui-même accueille une *capilla de indios*, qui, comme son nom l'indique était dédiée à l'évangélisation des natifs. Son église principale recèle de petites merveilles de style baroque, telles que le retable central ou des niches décorées de sculptures ; les motifs de type végétal sont omniprésents. Le cloître est établi sur deux niveaux et l'un de ses couloirs accueille une ancienne *noria*, qui servait à puiser l'eau depuis un *cenote* (une autre plus importante se trouve dans la partie nord du couvent) ; des restes de fresques qui recouvraient à l'époque l'ensemble des murs y sont encore visibles. C'est aussi ici que débuta l'œuvre botanique de Fray Bernardino de Valladolid, le *Catálogo botánico*, qui concerne les usages médicaux, industriels et domestiques des plantes de la région. Et pour la pose photo, rendez-vous devant le couvent, face aux 10 lettres colorées qui composent le nom de la ville.

▸ **Son et Lumière** : du mardi au dimanche (21h en été, 20h en hiver), la façade du couvent est illuminée d'un très beau spectacle de videomapping, son et lumière, qui permet de découvrir l'histoire de la ville. À ne pas manquer. Gratuit.

MERCADO MUNICIPAL ★

A l'angle des rues 37 et 32.

Ouvert tous les jours de 5h à 16h.

A proximité du *Cenote* Zací, le petit marché de la ville abrite plusieurs boutiques d'artisanat en tout genre et des échoppes – taquerías. On peut notamment y goûter aux spécialités locales comme le *mondongo*, une soupe de panse de bœuf pimentée et à la tomate, ainsi que la *cochinita pibil*. Cette recette est un héritage de la cuisine maya comme beaucoup de plats populaires qui composent la gastronomie yucatèque. Nous vous recommandons d'y aller plutôt en matinée pour goûter à l'animation du marché et être certain de trouver l'ensemble des stands ouverts.

MUSEO SAN ROQUE ★

Calle 41 #193, entre les rues 38 et 40

✆ +52 985 856 25 29

Ouvert tous les jours de 9h à 21h. Entrée libre.

Le musée de San Roque est installé dans un édifice du XVIe siècle qui servit successivement d'église, de chapelle et d'hôpital. Selon la légende, c'est dans le jardin de cet édifice que furent fusillés les rebelles qui commencèrent le soulèvement de la Révolution mexicaine. Ce musée poussiéreux et démodé retrace l'histoire de la ville de Valladolid depuis la période préhispanique jusqu'à l'époque révolutionnaire. Les quatre salles d'exposition accueillent notamment de très belles pièces d'archéologie venant du site d'Ek'Balam.

Couvent de San Bernardino de Siena.

© CENOTE OXMAN

© CENOTE OXMAN

© CENOTE OXMAN

HACIENDA OXMÁN CENOTE ★★

Periférico Valladolid ✆ +52 985 106 5066

Ouvert tous les jours de 8h à 18h. Entrée : 150 $. Restauration.

Si cette hacienda de la moitié du XVIIIe dispose d'un bel édifice typique de ces exploitations agricoles d'antan, on s'y rend surtout pour se baigner dans son vaste et incontournable cenote niché au fond d'une profonde grotte, où de nombreuses lianes viennent se plonger. La palette des verts est resplendissante et un saut de Tarzan vous donnera des frissons. L'hacienda propose aussi deux offres de restaurants, une piscine, un *Temazcal* et même quelques chambres de charme. Surveillez la programmation, des concerts sont parfois organisés sur les hauteurs du cenote.

© CENOTE OXMAN

© CENOTE OXMAN

PARQUE PRINCIPAL FRANCISCO CANTÓN ROSADO ★

Inaugurée en 1900, la place principale de Valladolid porte le nom de celui qui était gouverneur du Yucatán à l'époque, le général Cantón Rosado. La fontaine au centre date de 1924 et rend hommage à la *Mestiza*, la femme yucatèque, mélange des cultures espagnoles et mayas. Face à la place, l'église de San Gervasio fut édifiée au début de la colonisation, puis reconstruite au XVIIIe siècle. En fin d'après-midi, le chant de centaines d'oiseaux rend l'endroit surréaliste.

TERMINAL DE AUTOBUSES ADO

A l'angle des rues 39 et 46
https://www.ado.com.mx/

La compagnie ADO dispose de toute une flotte de bus de première classe qui font escale à Chichén Itzá, Mérida et Campeche dans un sens ; Cancún, Playa del Carmen et Tulum en direction de la côte Caraïbe. Cette gare routière accueille également les bus de seconde classe, tout aussi confortables, de la compagnie Mayab, qui dessert aussi bien l'Etat du Yucatán (dont Tizimín sur la route de la réserve de Río Lagartos) que l'Etat Quintana Roo et la côte.

MEXIGO TOURS

Calle 43 #204, entre les rues 40 et 42
✆ +52 985 856 0777
www.mexigotours.com
Ouvert du lundi au samedi de 9h à 13h et de 14h à 19h. Tours à partir de 52 US$. Location de vélos.

Mexigo Tours est une agence touristique familiale tenue par deux Mexicains et un Belge. Les tours proposés sont très bien conçus et intègrent la visite de sites naturels, culturels et archéologiques, sans qu'on ait l'impression de courir toute la journée. Le Go Flamingo comprend par exemple la visite de la réserve naturelle de Río Lagartos, du site archéologique d'Ek'Balam et des Coloradas (lacs roses), tout ça en un jour, et avec en plus des extras par rapport aux circuits touristiques traditionnels, comme un bain de boue maya ou une balade en calèche.

RADIO UNION - TAXISTAS VALLADOLID

✆ +52 985 133 1253
Aller à Chichén Itzá, 450 $ auxquels il faut ajouter 120 $ par heure d'attente sur le site.

Pratique pour visiter les sites de la région, en particulier si vous souhaitez éviter les temps d'attente des *colectivos* et planifier l'organisation de votre voyage de façon plus précise. Voilà donc une solution alternative et confortable à la location de voiture pour réaliser rapidement vos excursions depuis Valladolid. Joignables de jour et de nuit, les chauffeurs de taxi sont évidemment aussi disponibles sur l'ensemble des courses locales « intra muros ».

TERMINAL AUTOBUSES DEL CENTRO

Calle 37 #203, entre les rues 42 et 44
✆ +52 985 101 9933
www.autobusescentro.com

Cette compagnie de bus de seconde classe relie Cancún (160 kilomètres) par les routes secondaires, ou Mérida (160 km également) en passant par Izamal. Plusieurs départs quotidiens dans les deux sens, du matin au soir. Il faut compter en tout 4 heures de trajet aller-retour depuis ces deux destinations si vous comptez faire l'excursion dans la journée. La compagnie propose aussi des offres promotionnelles spécial tourisme, depuis votre hôtel aux destinations les plus en vogue.

HOSTAL MAMACHÁ €

Calle 41 #209A, entre les rues 44 et 46
✆ +52 985 856 3659
https://hostal-mamacha.negocio.site
Dortoir à partir de 250 $.

Voilà une auberge qui rompt avec le concept classique puisqu'on se croirait ici revenu dans la maison de campagne de notre grand-mère : maison en pierre, terrasse et grand jardin... L'endroit est plein de détails du meilleur goût, comme les lits superposés en bois, et tout y est épuré à souhait. Les chambres sont confortables et bien ventilées. Les dortoirs disposent de casiers sécurisés. Quant aux espaces communs (cuisine, salon), ils sont aussi accueillants que le personnel. En conclusion, cet établissement est hyper bien placé et très agréable.

CHOCO-STORY VALLADOLID

Calle 40, #190 ✆ +52 999 289 9914
www.choco-storymexico.com
Ouvert tous les jours de 9h à 19h. Gratuit jusqu'à 6 ans. Adulte : 165 $. Enfant : 80 $.

Voici une halte à ne pas manquer : le musée du chocolat en plein centre de Valladolid. On passe par douze salles interactives et immersives, qui retracent de manière très didactique l'histoire du cacao dans le monde et au Mexique ; depuis les usages dans la culture maya jusqu'à l'industrialisation au XXe siècle. On termine bien sûr la visite avec une délicieuse dégustation, pour parfaire ce voyage de la cabosse à la tablette de chocolat. Une excellente visite. Prévoir entre 40 et 60 minutes. Un atelier participatif de 60 minutes est aussi ouvert sur réservation.

HOSTAL TUNICH NAJ €

Calle 38 #202A entre 43 y 45, Centro
✆ +52 985 856 0873
Compter environ 200 $ pour un dortoir, 700 $ la chambre double et 1 200 $ la suite.

Ce petit hostal très sympathique se situe tout près du centre de Valladolid. Les dortoirs partagés sont propres et spacieux et les espaces communs offrent un bon niveau de service. Une cuisine est disponible pour se préparer de bons petit plats, et Julio sera toujours là pour vous aider, parfois même en français. La cour extérieure haute en couleur est idéale pour rencontrer d'autres voyageurs. L'établissement propose 6 chambres doubles privées correctes et une suite avec un coin d'eau sur le toit, exceptionnelle pour un prix très raisonnable !

HOTEL MARÍA DE LA LUZ €

Calle 42 #193, entre les rues 39 et 41
✆ +52 985 856 1181
www.marialuzhotel.com.mx
Chambre double à partir de 980 $. Restauration.

Sur la Plaza principal de Valladolid, cet établissement offre un cadre fonctionnel, très bien situé, avec tout l'équipement et le confort nécessaires. Le tout est typiquement mexicain (c'est-à-dire sans fioritures). Chacune des 68 chambres et des 2 Junior suites disposent d'un balcon avec vue sur le jardin ou le centre historique de la ville. L'option est idéale pour celles et ceux qui passent la journée à crapahuter dehors et qui, au retour, retrouveront le calme au bord de la piscine, ou des forces devant une bonne assiette au restaurant de l'hôtel.

CASA SISAL €€

Calle 54A #210
✆ +52 985 110 7490
http://casasisal.com.mx/
6 chambres. Chambre double à partir de 50 US$.

Bleue à l'extérieur, jaune à l'intérieur, la Casa Sisal ne manque assurément pas de charme. Ici, l'architecture coloniale yucatèque coexiste en parfaite harmonie avec certains éléments des maisons mayas typiques. Les six chambres aux noms des incontournables de la région (Mérida, Celestún, Izamal...) sont spacieuses et confortables, décorées sobrement avec une finition rustique artisanale. Le patio est très agréable avec un petit bassin où se rafraîchir. A deux pas de la *Calzada de los Frailes*, elle est idéalement située pour passer la nuit à Valladolid.

MESÓN DEL MARQUÉS €€

Calle 39 #203
✆ +52 985 856 2073
www.mesondelmarques.com

C'est un des plus anciens hôtels de la ville, présent depuis cinq décennies à Valladolid. Le bâtiment central, de style colonial, a su conserver son cachet tout en étant très bien entretenu. C'est une grande maison : 100 chambres, deux restaurants (un agréable patio et magnifique *rooftop*) et une piscine extérieure. L'accueil et le service sont excellents et le cadre est agréable. Finalement, on ne peut pas faire meilleure localisation, avec un accès direct sur la place principale, juste en face de l'église San Servacio. C'est une très bonne adresse.

CASA TÍA MICHA €€

Calle 39 #197, entre les rues 39 et 40
✆ +52 985 856 0499
https://www.casatiamicha.com/
Chambre double à partir de 80 US$; suite à partir de 95 US$. Bain bouillonnant.

C'est une maison familiale transformée en un Bed & Breakfast raffiné, où l'on vous réserve un accueil authentique. La maison est installée dans un grand jardin verdoyant, d'une tranquillité proverbiale, et ses chambres, de style colonial et ultra confortables, ont un mobilier en bois superbe. On se sent ici comme à la maison et le petit-déjeuner, à base de produits locaux, vous est servi en terrasse ou en chambre. Options végétarienne, végane et kasher possibles. Il y a aussi une piscine et deux bains à bulles extérieurs avec hydromassage, dont l'un sur le toit.

MESONES DE VALLADOLID €€

Calle 39 # 209 entre 40 y 42, Centro.
✆ + 52 985 856 3042
www.mesondelmarques.com
Mesón del Marqués : à partir de 70 € la nuit en chambre double. Hacienda Selva Maya : entrée dans le cenote, 80 $.

Opérateur touristique de référence à Valladolid, qui opère depuis plusieurs décennies. Le premier hôtel du groupe, Mesón del Marqués, bénéficie d'une localisation exceptionnelle à Valladolid, en plein cœur du centre historique. C'est un grand bâtiment qui propose 100 chambres et 2 restaurants, dont un très beau *rooftop*. Le deuxième établissement du groupe, l'Hacienda Selva Maya, est situé à quelques kilomètres au sud de Valladolid. C'est une magnifique propriété, qui comporte un *cenote* ouvert exceptionnel, un restaurant buffet et un hôtel-boutique intimiste.

ECOTEL QUINTA REGIA €€

Calle 40 #160A
✆ +52 985 856 3472
www.ecotelquintaregia.com.mx/
Chambre double à partir de 70 US$.

Ancienne propriété fructicole transformée en hôtel. Les chambres, décorées dans un style purement colonial, ont l'avantage d'être spacieuses et lumineuses. Si elles mériteraient bien une petite rénovation et une touche de modernité, elles n'en demeurent pas moins confortables. L'établissement dispose également d'une salle de sport et d'un vaste jardin avec terrain de tennis et piscine, où l'on peut passer l'essentiel de son temps. Autre bon point pour l'hôtel : il travaille avec des produits de douche et de beauté 100 % biodégradables. Une adresse à recommander.

ZENTIK PROJECT BOUTIQUE HOTEL & SPA €€

Calle 30 #192C, entre les rues 27 et 29.
✆ +52 985 104 9171
www.hotelzentik.com
Chambre double à partir de 4 850 $. Promotions sur le site. Restauration.

Coup de cœur pour cette oasis de verdure et de tranquillité. Ici, tout est fait pour votre bien-être : 12 suites spacieuses et calmes, chacune décorée par un artiste contemporain mexicain ou international, un jardin tropical parsemé d'espaces de relaxation, une belle piscine entourée de hamacs, un excellent restaurant... et surtout la magique cave saline ouverte 24h sur 24h, avec une eau à 35 °C et une lumière magnifique... Bref, un véritable havre de paix.

LE MUUCH HOTEL €€€

Calle 42 #188, entre les rues 35 et 33
✆ +52 985 119 0627
www.lemuuchhotel.com
Chambre double à partir de 3 250 $; suite à partir de 3 950 $.

Voici un très bel hôtel en plein cœur de Valladolid, entouré de magnifiques jardins. Le service est impeccable, les chambres sont soignées et décorées avec goût, le restaurant est excellent et on sent partout l'attention portée aux détails : matériaux, photographies... et, entre autres, un très beau texte de Frida Kahlo peint sur le mur de la salle de restaurant. Le rooftop (une terrasse sur le toit !) et les deux piscines, dont l'une occupe un très bel espace à l'intérieur, sont particulièrement agréables. Une excellente option.

CASA CONATO CULTURAL €

Calle 40 #226
https://conato.mx
Ouvert tous les jours de 7h à 23h.

Hugo Alvarez a monté ce petit restaurant dans une maison coloniale en 2010. Collectionneur depuis son enfance et amateur d'art, ce restaurant reflète ses passions. Les murs hauts en couleur de son établissement ont été peints par des artistes aux styles divers et la décoration éclectique contribue à renforcer la chaleur du lieu. Le menu est original et varié. Les plats typiques de la péninsule côtoient hamburgers, pizzas, pâtes et salades. C'est également un endroit idéal pour boire un verre, car l'endroit accueille des groupes de musique locaux.

ELELA €

Calle 45 #211
✆ +52 985 116 3424
Ouvert du mercredi au lundi de 9h à 22h. Petit déjeuner à partir de 96 $, plats de 111 à 144 $.

Difficile de trouver plus mignon que ce tout petit café végan situé à côté du parc Sisal, juste devant les lettres de la ville ! Pas besoin d'être végétalien pour apprécier la cuisine servie ici. Définitivement *healthy*, tout est frais, soigné et plein de saveurs. Tacos, sandwichs, salades, tortilla espagnole, pancake et avena bowl, on y mange bien du petit déjeuner au dîner, en passant bien sûr par le goûter. Pour se requinquer après des heures de visites, rien de tel qu'un (excellent) espresso et une part de gâteau choco-banane !

HOTEL POSADA SAN JUAN €€€

240 Calle 40, à l'angle avec la rue 49
✆ +52 985 856 0129
https://www.posadasanjuan.com/
Chambre double à partir de 3 000 $. Restauration.

Dans le quartier de San Juan, ce charmant boutique-hôtel se divise en deux bâtisses du XIXe siècle, chacune comptant huit chambres lumineuses, à la décoration épurée et colorée. Le joli mobilier traditionnel s'intègre parfaitement à la blancheur et à la pureté de l'ensemble. Les deux édifices disposent chacun d'un agréable jardin au calme et d'une grande piscine où il fait bon passer les grosses chaleurs de la mi-journée. Un véritable havre de paix où les hamacs vous tendent les bras, y compris dans votre propre chambre. En bonus : le petit-déjeuner est très bon !

© PSJ

© PSJ

ÉTAT DU YUCATÁN

LA PALAPITA DE LOS TAMALES €

Calle 42, numero 181

✆ +52 985 856 1701

Ouvert du mardi au dimanche de 8h à 22h30. Entre 95 et 180 $.

Un endroit d'une simplicité déroutante, et accueillant avec son mobilier en bois et un magnifique sol en mosaïque colorée, le tout éclairé de bougies en soirée. On y mange très, très bien. A la carte, sont proposées des recettes locales familiales et très créatives : les *tamales* sont cuisinés à la vapeur ou au four et il y a toute une sélection de plats typiques cuits à la braise (*Chayitas con salsa de tomate*). Nous vous conseillons également de venir y prendre le petit-déjeuner.

HOSTERÍA DEL MARQUÉS €€

Calle 39 #203, entre les rues 40 et 42

✆ +52 985 856 2073

www.mesondelmarques.com

Ouvert tous les jours de 7h à 22h. Entrées autour de 100 $, plats à partir de 150 $.

C'est le restaurant de l'hôtel Mesón del Marqués, dans un beau patio avec une fontaine. L'endroit se présente comme une place forte de la gastronomie yucatèque ; il existe d'ailleurs en entrée une assiette de dégustation qui vous permettra de goûter pêle-mêle aux *salbutes, panuchos, papadzules* et autres *lomitos*. Le *sikil pak*, préparation de graines de courges à tartiner, vaut aussi le coup de palais. Niveau plat, on se fera un honneur de vous servir un *queso relleno* bien garni. Pour compléter ce menu, le chef propose aussi des poissons et viandes rouges.

YERBABUENA DEL SISAL €

Calle 54A #217, entre les rues 45 et 49

✆ +52 985 856 1406

www.yerbabuenadelsisal.com/

Ouvert du mardi au dimanche de 8h à 17h. Plats entre 100 et 150 $.

Délicieux ! Ce petit restaurant juste en face du couvent propose une cuisine à la fois typique, alternative et très saine, avec une belle proposition bio et végétarienne : sandwich aux saveurs yucatèques, salade chèvre, pommes et noix, omelettes, desserts, glaces et sorbets maison... Mention spéciale pour les petits-déjeuners et les brunchs qui sont excellents ! Une des meilleures tables de la ville et un rapport qualité-prix inégalé. La salle est charmante, décorée avec beaucoup de goût, tout comme la jolie cour intérieure, au milieu de la végétation foisonnante.

ITAMAE €€

Calle 40, entre les rues 45 et 47

✆ +52 985 858 4491

Ouvert tous les jours de 13h30 à 22h50. Makis et california rolls entre 110 et 165 $ les 6/8.

Si l'extérieur de ce restaurant japonais ne paye pas de mine (vous risquez même de passer devant sans le voir...), il serait pourtant dommage de ne pas s'y arrêter. Les lieux sont partagés avec un restaurant italien et on vous demandera à l'entrée où vous désirez manger. Pour les plus indécis, un espace central permet d'avoir aussi bien une pizza que des sushis à sa table. Tout au fond, un espace zen et moderne où déguster de délicieux mets japonais aux saveurs originales vous attend. Gyozas, rolls, ramens, saké... Le choix est grand et les assiettes copieuses.

LA CASONA DE VALLADOLID €€

Calle 41 #214 ✆ +52 985 856 0207

www.xichen.com.mx

Ouvert du lundi au samedi de 12h à 19h. Buffet - 350 $ adultes, 175 $ enfants - et carte.

Très bel endroit, la Casona de Valladolid est un lieu atypique et peut accueillir un grand nombre de convives, aussi bien dans la salle intérieure, sous le patio que dans la cour, où se dressent palmiers et arbres du voyageur. Dans cette dernière trône également une magnifique fontaine de mosaïques, pierres et coquillages. Il vaut mieux aller y boire un verre que déjeuner. Même s'il permet de goûter à tout un tas de mets variés, le buffet de spécialités, certes copieux, peut manquer de saveur. Une adresse idéale pour l'apéritif en fin d'après-midi.

PAPARAZZI €€

Calle 41A #202

✆ +52 985 688 0920

Ouvert du mercredi au lundi de 15h à minuit. Pâtes de 140 à 330 $, pizza de 160 à 360 $.

C'est tout au bout de la fameuse Calzada de los Frailes que se trouve ce très beau restaurant italien. Installé dans un bâtiment historique entièrement rénové, le cadre est magnifique, élégant tout en restant détendu. A la carte, pizzas cuites au feu de bois, lasagnes et raviolis à toutes les sauces, tiramisu en dessert, et une belle proposition de vins. Le week-end, dans la grande cour extérieure, le dîner est animé par un groupe de reprises live. Très sympa, mais la musique étant assez forte, demander une table un peu à l'écart au moment de votre réservation.

RESTAURANTE CONSTANZA €€

Calle 37 #192A
+52 985 119 4667
Ouvert tous les jours de 8h à 23h.

Pour ceux qui abhorrent les restaurants touristiques, vous voici à bonne adresse. Le restaurant Constanza, inauguré en mars 2022, vous reçoit directement dans une maison reconvertie. Quelques tables éparpillées dans le jardin, on a l'impression d'être invité chez des amis du coin. Ambiance cosy et décontractée garantie ! Au menu, petit déjeuner, fruits de mer et plats de la région. Vous y trouverez bon nombre de spécialités yucatèques comme le *cochinita pibil*, les *lomitos de Valladolid* ou le *poc chuc*. Une très bonne adresse pour tester la cuisine locale.

TABERNA DE LOS FRAILES €€

Calle 49 #235
+52 985 856 0689
Ouvert tous les jours de 12h à 23h. Entrées de 100 à 200 $. Plats entre 150 et 300 $.

Ce restaurant est à visiter tant pour la qualité de sa cuisine, que pour son cadre fort agréable : on est accueilli dans une vieille maison coloniale puis on déjeune à l'ombre d'une *palapa*, un grand abri au toit de palmes, face à un jardin bien entretenu. L'établissement propose une cuisine maya revisitée, qui combine les traditionnels plats de la cuisine maya (la soupe de lima, le poisson Tikin Xic) et des créations élaborées à base d'ingrédients de la région, dont un *Martini de camarones* qui vaut le détour. Bonne adresse.

K'UXUB RESTAURANTE €€€

188A Calle 42, entre les rues 35 et 33
+52 985 130 5045
www.lemuuchhotel.com
Ouvert tous les jours de 7h à 21h. Plats à partir de 240 $.

Inauguré en 2019, le restaurant de l'hôtel Muuch a pris pour nom le roucou, considéré par les Mayas comme une plante magique. Utilisée traditionnellement dans la cuisine yucatèque, elle confère aux plats une couleur rouge, qui symbolise le soleil et le feu. C'est l'un des ingrédients clés de la *cochinita pibil*. L'équipe vous accueille du petit-déjeuner au dîner. Des fourneaux sort une cuisine raffinée et imaginative, à l'image du lieu décoré et agencé avec style. On y vient en famille ou à deux, pour savourer un moment d'intimité.

RESTAURANT AHAL €€

Calle 42 # 179-A por 33 y 35, Centro
+52 999 134 8103
Ouvert du lundi au samedi de 17h à 22h.

Ahal signifie « se réveiller » en maya, et pour cause, l'idée de départ est pour le moins originale : José trouvait injuste d'être le seul à pouvoir profiter de la délicieuse cuisine de sa femme Lupita ! Et si c'est l'amour qui les a guidés dans l'ouverture de leur restaurant, on le retrouve aussi dans les plats, compilation réussie de délicieuses recettes de grand-mère. Le cadre est très agréable, en terrasse comme dans le jardin intérieur. L'accueil est aussi gentil et aimable que les propriétaires. Une de nos adresses préférées dans tout le Yucatán.

© AHAL

© AHAL

ÉTAT DU YUCATÁN

CENOTILLO ★★

À un peu plus de 100 km à l'est de Mérida, à mi-chemin entre Izamal et Tzimin, cette communauté rurale ploie sous la chaleur ; c'est la commune de l'État qui détient le plus fort ratio de migration, notamment vers les États-Unis. Si l'on trouve quelques édifices anciens dans le village (la mairie date de 1884), le coin est surtout une miniature de la Péninsule : les restes de l'hacienda Tixbacab et les vestiges archéologiques de Tzebtún ne sont qu'à quelques kilomètres. Mais le plus attrayant est sans aucun doute la grande quantité de *cenotes*, plus de 130, que l'on trouve ici. Ils sont pour la plupart situés sur des terrains communaux : douze d'entre eux sont relativement ouverts à la visite, que l'on puisse s'y baigner ou simplement les observer depuis les hauteurs. Le mieux est sans aucun doute de s'attacher les services d'une moto-taxi dans le centre du village, qui pourra vous guider sur les chemins des environs, ou contacter l'organisation Ts'ono'ot Kaaj, qui peut vous louer un vélo et vous emmener à 6 km de là pour découvrir un *cenote*.

Balade

Parmi la multitude de *cenotes* des environs, une douzaine sont enregistrés auprès des autorités environnementales pour recevoir des visiteurs. Certains *cenotes* de type ouvert, Catak Dzonot, Itzamná, Mul'Dzonot et K'ai-pech sont ouverts à la baignade ; d'autres comme A'yin, Xoch et San Miguel ne disposent pas d'accès aménagé et il est juste possible de les observer de haut. L'ensemble de ces puits d'eau sont très bien conservés dans leur aspect naturel.

CENOTE XOOCH ★★

À 6 km de Cenotillo.
✆ + 52 991 107 9087
Ouvert tous les jours de 8h à 17h. Entrée : 60 $ ou 150 $ avec la location d'un vélo. Réservation conseillée.

En 2009, un groupe de jeunes de Cenotillo a décidé d'agir face aux conditions désastreuses dans lesquelles se trouvaient les *cenotes*. Ainsi est née l'*Alianza Ambiental Ts´ono´ot Kaaj*, qui voit dans le tourisme alternatif une opportunité pour gérer les ressources naturelles locales et générer des revenus qui puissent freiner l'émigration galopante. C'est réussi et l'équipe est à votre disposition ! Une échelle de 14 m conduit à ce cenote ouvert de 70 m de diamètre. Une plate-forme flottante en bois trône en son milieu, idéale pour attraper les rayons de soleil.

DZITNUP ★★★

À 7 km de Valladolid, se trouvent deux *cenotes* : Ditznup, aussi appelé X'kekén, et Samulá. Ils figurent parmi les plus beaux de la péninsule. Couverts, surmontés de stalactites, leur eau translucide est mise en valeur par un halo de lumière naturelle et un large diamètre, idéaux pour la baignade. Si vous fuyez les touristes, il existe d'autres *cenotes* à proximité, peut-être moins impressionnants, mais plus sauvages : *Saamal*, à l'intérieur du restaurant Selva Maya, et Xux-*há*, en direction de Cobá.

Transports

Taxi *colectivo* depuis le centre de Valladolid (calle 34, entre les rues 39 et 41, à partir de 7h, 35 $).

CENOTE UCIL ★★

Camino Buctzotz-Tizimín

Non loin du village, c'est le *cenote* le plus visité, semi-ouvert, de 20 mètres de long pour 6 de large, avec une profondeur maximale de 118 mètres. Les habitants répètent à l'envi qu'il est habité d'une créature mystérieuse, tantôt couleuvre tantôt vieillard... Il faudrait pouvoir se renseigner auprès de plongeurs... Ici, on plonge soit équipé de bouteilles ou en apnée. En effet, des compétitions d'apnée se déroulent dans ce lieu dont la profondeur le permet largement ! L'apnéiste mexicain Alejandro Lemus a battu un record en atteignant les 82 m en janvier 2021.

CENOTES X'KEKÉN ET SAMULÁ ★★

Tous les jours 8h-17h. Entrée : 125 $ pour les deux cenotes. 25 $ le gilet de sauvetage (obligatoire pour la baignade).

Avec de tels atouts, ces *cenotes* ne pouvaient échapper aux circuits touristiques, et des centaines de visiteurs s'y rendent chaque jour, ce qui a conduit le gouvernement à créer un espèce de parc autour des *cenotes*, dénommé Jungle Park. Des boutiques d'artisanat et des vestiaires ont été édifiés autour des *cenotes*, mais ceux-ci n'ont heureusement pas été impactés et continuent à être gérés par la communauté. À visiter tôt le matin, équipé de ses serviette et maillot de bain.

EK' BALAM ★★★

Le site archéologique d'Ek'Balam, dont le nom signifie « le jaguar noir » ou « l'étoile noire » [selon les interprétations], se trouve à une trentaine de kilomètres au nord de Valladolid. Il fut occupé du IVe siècle av. J.-C. jusqu'à l'arrivée des Espagnols ; son apogée se serait déroulé entre la fin du VIIIe siècle et le début du Xe siècle, une période associée au chef politique et spirituel Ukin Kan Le'k Tok' et à ses descendants. L'endroit a commencé à être cartographié dans les années 80 et aurait été repéré grâce à des photos aériennes : les vestiges recouverts par la végétation faisaient saillie sur ce plateau sans relief. Les fouilles et déblaiements des 45 édifices de ce site encore méconnu, qui n'a pourtant rien à envier aux autres capitales de la région, n'ont débuté qu'en 1994. Ek'Balam représente selon les experts une source précieuse d'informations gravées et un échantillon unique de pièces ornementales issues de la civilisation maya, dont les sublimes bas-reliefs retrouvés sur la façade de son acropole, sans parler des 7 000 offrandes retrouvées dans la tombe de Ukin Kan Le'k Tok' [vaisselle en céramique, objets en coquillage, etc.].

Transports

Depuis Valladolid, prendre un *taxi colectivo* qui se rend au village d'Ek'Balam, sur la calle 44 [non loin de l'angle avec la calle 37]. Le taxi part dès que 4 personnes sont réunies pour couvrir le total de 200 $ [50 $ par personne]. Si vous êtes pressé, vous pouvez tout aussi bien payer l'ensemble des places et vous y rendre en voyage privé.

CENTRO ECOTURÍSTICO CENOTE X'CANCHÉ ★★★

Le sentier de 1,5 km qui y mène débute juste à l'entrée de la zone archéologique.

✆ +52 985 107 4774 - www.ekbalam.com.mx

Ouvert tous les jours de 8h à 17h30. Entrée : 170 $. Pack complet : tyrolienne, rappel et location de vélos, 700 $.

Un splendide *cenote* ! Géré par la coopérative des habitants de la communauté maya d'Ek'Balam, tout y est magnifiquement agencé et organisé. Le cenote est découvert et la couleur de son eau varie du bleu au vert selon les rayons du soleil. Ses parois accueillent en outre les nids du *párajo reloj*, oiseau mythologique à la magnifique queue bleutée, en nombre de mai à octobre. On peut déjeuner sur place et filer à la sieste dans un hamac, ou s'élancer en tyrolienne au-dessus de l'eau !

ZONA ARQUEOLÓGICA EK'BALAM ★★★

Ouvert tous les jours de 8h à 17h (dernière visite à 16h). Entrée : 494 $.

On y pénètre par l'*Arco,* porte cérémonielle aux quatre arches brisées, reconstituée pour accueillir les visiteurs sur la place sud. Sur la droite, le Palais ovale, dont la partie supérieure aurait servi d'observatoire, comprend dix chambres exiguës. Sur ses côtés, les petites pyramides jumelles et le *Palacio de las Monjas* semblent monter la garde devant la plate-forme des stèles. En remontant vers le nord, on traverse le traditionnel jeu de balle avant d'admirer la grande *Acrópolis*.

ÉTAT DU YUCATÁN

© ANTON_IVANOV - SHUTTERSTOCK.COM

Acropolis, site archéologique de Ek'Balam.

ACRÓPOLIS ★★★

C'est le clou du spectacle de la visite de cette zone archéologique ! Et du fait qu'il soit moins fréquenté, il est possible d'y grimper, contrairement aux règles imposées sur de nombreux sites de la région. Faites néanmoins bien attention à cette ascension vertigineuse (mais aussi à sa descente, que l'on estime plus périlleuse encore). L'escalade des marches bancales de cette imposante construction, structurée sur six niveaux et établie sur une base de 160 mètres de longueur sur 70 mètres de large, vous conduira au sommet de ce qu'aucuns considèrent comme l'un des toits du monde maya, culminant à 31 mètres de hauteur : dans l'étendue verte à perte de vue se distinguent les édifices de la place sud et les restes de la muraille qui protégeait la cité.

Les six étages de la pyramide devaient héberger les gouverneurs et hauts représentants de la cité. C'est au quatrième des six niveaux que sont concentrés les trésors les plus précieux du lieu : vous voici devant la magnifique *Sak Xok Nahh* (« la maison blanche de lecture »), qui abritait la tombe du souverain Ukit Kan Le´t Tok, le bâtisseur de l'acropole et de nombreux édifices du site. Sa porte, surmontée du souverain assis sur son trône, figure la gueule d'un monstre aux dents menaçantes. Sur les côtés, se trouvent de splendides bas-reliefs où l'on note la présence sereine de valeureux guerriers ailés. Ces sculptures symboliseraient le passage entre le « monde des humains » et l'inframonde, le « monde inférieur », celui des morts et des esprits.

PARQUE NATURAL RÍO LAGARTOS ★★

À 100 km juste au nord de Valladolid, la frange de terre située à l'est du port de Río Lagartos est une zone de ponte des tortues marines et de reproduction de nombreuses espèces d'oiseaux, dont le flamant rose. C'est aussi l'habitat de nombreux mammifères en danger d'extinction, comme le jaguar, le singe-araignée et le tamanoir. Pour assurer la protection de la faune, la région a été déclarée réserve de biosphère en 1979. On peut la visiter dans le cadre d'une excursion organisée depuis Valladolid ou en se rendant directement dans l'un des villages côtiers à l'intérieur de la réserve : Río Lagartos, Las Coloradas et Cuyo. Ce sanctuaire est très prisé des ornithologues et des amoureux de la nature, mais on peut aussi profiter de ce paradis naturel simplement, en se prélassant sur ses plages de sable blanc quasi désertes. Le village de Río Lagartos est une halte charmante, avec ses bateaux de pêche et son cimetière face à la mer. Attention, pas de distributeur automatique.

Transports

- **Les bus** directs pour le village de Río Lagartos partent du Terminal Autobuses del Noreste de Mérida (3h), à l'angle des rues 57 et 60. On peut aussi rejoindre la réserve depuis Valladolid (2h). Plusieurs bus à destination de Tizimín ont une correspondance avec ceux qui se rendent à la réserve.
- **En voiture**, la route 176 depuis Mérida vous mène d'abord à Tzimin (170 km) puis la route 295 vous mène tout droit à destination (50 km).

CABAÑAS X'CANCHÉ €

Dans l'enceinte du centro ecoturístico Cenote X'Canché.

✆ +52 985 100 9915

3 cabañas, 600 $ la nuit. Camping avec sa propre tente : 100 $/personne.

Idéal pour ceux qui souhaitent passer la nuit avant ou après la visite des ruines, pour avoir le loisir de profiter du *cenote* au lever ou au coucher du soleil, un luxe sans pareil. Les *cabañas* sont suffisamment à l'écart, dans une petite clairière, pour profiter du calme environnant. Ce sont de petites maisons ovales, aux murs intérieurs d'un blanc immaculé, construites sur le modèle traditionnel maya, en pierre, bois et toit de chaume. Tout confort : grand lit avec moustiquaire, salle de bains, hamac, petite terrasse. Service de restauration sur place.

PIÑA COLORADAS €€

Calle 46 # 197 A, Las Coloradas

✆ +52 981 814 3462 - pinacoloradas.com

Chambre double à partir de 1 552 $; bungalow à partir de 1 725 $. Petit déjeuner inclus. Excursions.

Gina et Alex, un couple franco-mexicain, vous invitent dans leur écolodge situé à Las Coloradas, authentique village de pêcheurs dont est originaire le grand-père de Gina. Leur maison aux notes roses et vertes vous fera voyager dans l'héritage maya et colonial du Mexique. Les deux bungalows s'inspirent des *casas mayas*, le confort d'un lit *king size* en plus. Entre lacs roses éblouissants, plage déserte et mer turquoise, de superbes souvenirs « colorés » vous attendent. N'hésitez pas à y rester plusieurs jours pour mieux vous ressourcer et vous imprégner des lieux.

ÉTAT DU CAMPECHE

Préservé des flots de touristes, l'Etat du Campeche, à l'extrémité ouest de la péninsule, conserve une atmosphère authentique et un véritable charme provincial, comme dans les villages de tradition maya du Camino Real qui relie Campeche à Mérida. S'y aventurer promet de très belles surprises, la plus grande réserve de biosphère du pays, Calakmul, et bon nombre de sites archéologiques mayas, dont ceux de la Ruta de los Chenes. Si l'Etat n'est pas associé au tourisme de plage, ses quelque 300 km de côtes ne sont pas dénués d'intérêt. L'extrême nord abrite des mangroves où observer des flamants roses, des centaines d'oiseaux migrateurs en hiver et des sanctuaires de reproduction de tortues marines. Quant au sud, percé de fleuves et de rivières, c'est une grande zone humide qui unit les régions tropicales du Chiapas et de Tabasco. Enfin, sa capitale est un chef-d'œuvre de l'architecture coloniale, cataloguée au patrimoine mondial de l'humanité.

30 KM
État du Campeche
Golfe du Mexique
Sabancuy
Chekubul
CIUDAD DEL CARMEN
ISLA AGUADA
Área de Protección de Flora y Fauna de Términos
Nuevo Progreso
San Antonio Cárdenas
Frontera Centro
Zona Núcleo
Reserva de la Biósfera Pantanos de Centla
PALIZADA
Aguacatal
Benito Juárez
CANDELARIA
Jonuta
Monte Grande
Villa El Triunfo
Benito Juárez (San Carlos)
Venustiano Carranza
Ignacio Zaragoza
Balancán
Ejido San Pedro

Vers ISLA ARENA ★★★
Kochol
Maxcanú
Kopomá
Halachó
BÉCAL ★★
CALKINÍ
DZITBALCHÉ
RESERVA DE LA BIOSFERA LOS PETENES ★★
HECELCHAKÁN ★
POMUCH ★
TENABO ★
Cantamayec
MAYAPÁN ★
TICUL ★
OXKUTZCAB ★★
Tekax De Álvaro Obregón
SAN ANTONIO YAXCHÉ ★
BOLONCHÉN ★
GRUTAS DE X'TACUMBILXUNA'AN ★
CO CAMPECHE ★★
China
TOHCOK ★
HOPELCHÉN
SANTA ROSA XTAMPAK ★★★
Puerto Arturo
EDZNÁ ★★★
TABASQUEÑO ★★
DZIBILNOCAC ★
Villa
dero
Santo Domingo Keste
Dzibalchen
CHAMPOTÓN ★
HOCHOB ★★
Chunchintok
HENKÁN
Ejido Dzitbalche De Castellot
Xmaben
Ley Federal De La Reforma Agraria
Yohaltún
CALAKMUL ★★★★
CENOTES MIGUEL COLORADO ★★
as
Escárcega
Constitución
División Del Norte
BALAMKÚ ★★
RÍO BEC ★★★
BECÁN ★★
XPUJIL ★★
CONHUÁS ★
CHICANNÁ ★★
Caobas
Ejido Agua Azul
HORMIGUERO ★★
RESERVA DE LA BIOSFERA CALAKMUL
Monclova
Nuevo Coahuila
Reserva de la Biosfera Maya
Parque National Mirador-Río Azul

PAGES

● ● CAMPECHE ET SES ENVIRONS

Fermez les yeux, vous êtes dans une petite ville aux murs couleur pastel et dont le cœur colonial entouré de murailles est inscrit au patrimoine mondial de l'humanité depuis 1999... Une ambiance harmonieuse et tranquille que rien ne viendra troubler, si ce n'est qu'il faudra bien se décider à en bouger...

● ● RUTA DE LOS CHENES

Cette région du sud-est de l'Etat fut habitée pendant plus de deux millénaires par les Mayas, qui commencèrent à y édifier leurs cités à l'aube du IVe siècle, atteignant leur splendeur à l'époque classique, entre 600 et 900. Leur capitale se situe alors à Santa Rosa Xtampac, la moins accessible mais la plus vaste et majestueuse des cinq zones archéologiques de la *Ruta de los Chenes*. D'autres cités enfouies et plus petites, situées à proximité du centre névralgique Hopelchén (Tohcok) et du village de Dzitbalché plus au sud (Tabasqueño, Hochob, Dzibilnocac), sont à arpenter, tout comme les fameuses grottes de X'tacumbilxuna'a au nord sur la route de Mérida.

● ● CAMINO REAL

Le Camino Real est une route que les conquérants espagnols ont tracée pour relier le centre névralgique de Mérida à l'unique port transatlantique de la Péninsule, San Francisco Campeche. Il traverse une région de tradition maya, dont les villages conservent encore quelques typiques *chozas*, ces maisons ovales au toit de palme, à côté de maisons au style typiquement colonial. A moins que vous ne soyez très pressé, les petits villages traversés valent vraiment le détour pour découvrir leur rythme existentiel lancinant, qui leur ont permis de conserver leurs rituels, leurs techniques artisanales et leurs traditions culinaires.

● ● LA CÔTE

Les 450 km de plage de l'Etat sont bien évidemment ignorés par les voyageurs de la Péninsule au profit de la côte Caraïbes. Tant mieux, car cela permet de mieux protéger ses magnifiques écosystèmes. Depuis la frontière nord de l'Etat jusqu'à la capitale, la côte est en effet une zone d'écosystèmes humides (mangroves), divisée entre la Reserva de la Biosfera Ría Celestún (Isla Arena) et la Reserva de la Biosfera de los Petenes. Elles ne sont pas faciles d'accès, mais offrent de véritables expériences d'immersion dans la nature, notamment pour observer les grandes populations d'oiseaux sédentaires ou migrateurs.

PAGES

●● RUTA DE LOS RÍOS

Le sud-ouest de l'Etat de Campeche présente des caractéristiques bien différentes du reste de l'Etat. La région est en effet littéralement transpercée par les fleuves et rivières qui viennent depuis le Tabasco et le Chiapas pour plonger dans la Laguna de Términos. La forêt tropicale y est reine, bien que la déforestation en faveur de l'élevage ou des plantations intensives tende à mettre à mal sa continuité.

●● RESERVA DE LA BIOSFERA CALAKMUL

Egalement cataloguée au patrimoine mondial de l'humanité, elle fait partie du deuxième plus grand massif forestier de la planète après l'Amazonie. Celui-ci s'étend depuis les confins du Petén guatémaltèque jusqu'à la péninsule du Yucatán, dans un continuum d'espaces forestiers permanents et de réserves protégées. La réserve en elle-même couvre pas moins de 13 % du territoire total de l'Etat de Campeche. D'une dimension de 700 000 ha, il s'agit de la seule forêt haute et humide de la péninsule. C'est une région parcourue depuis la Conquista par les explorateurs en quête de bois précieux, mais son relatif isolement l'avait jusqu'à présent épargnée. Comme toute la péninsule et d'autres régions tropicales du Sud mexicain, les marges de la réserve souffrent grandement de la déforestation, essentiellement du fait de projets d'élevages ou agro-industriels, même si elle est moins impactée qu'ailleurs. La région de Calakmul est une destination idéale pour explorer l'architecture maya à l'écart du tourisme de masse, qui boude la zone en raison de son isolement et de son manque d'infrastructures. C'est aussi une magnifique destination pour les amoureux de l'écotourisme qui pourront s'adonner à l'observation des oiseaux et mammifères dans la forêt tropicale, guidés par les communautés locales.

SAN FRANCISCO CAMPECHE ★★★

L'actuelle ville de Campeche est sise sur l'emplacement d'un port maya du nom de Ah Kin Pech ou Can Pech, qui était alors une escale sur la route de commerce maritime préhispanique qui reliait le Golfe du Mexique à l'Amérique centrale. Dans cette capitale inscrite en 1999 au Patrimoine de l'Humanité, vous vous rendrez vite compte que la luminosité est intense et les couchers de soleil spectaculaires...

Histoire

C'est en 1540 que la ville est officiellement fondée par Francisco de Montejo « El Mozo », fils du premier conquérant de la péninsule. La ville ne tarde pas à devenir un port d'escale important entre le nouveau territoire conquis, les Caraïbes et l'Espagne. Durant deux siècles, il s'agira du seul port habilité pour le commerce transatlantique. Aux XVIe et XVIIe, les nombreuses attaques de pirates laissèrent faussement penser que la cité était prospère. Or les exportations du *palo de tinte* (arbre duquel on tira la teinte hématine, très en vogue en Europe) ne compensaient pas la faiblesse de la production agricole et l'absence de métaux précieux. Les butins des corsaires français ou des boucaniers et flibustiers anglais et hollandais étaient minimes, mais l'isolement de la ville en faisait une proie facile, comme l'illustre l'attaque d'envergure du célèbre Lorencillo en 1685 qui n'emporta qu'un maigre butin, mais commit de terribles ravages parmi la population. Ces attaques constantes forcèrent les Espagnols à édifier une muraille autour de la ville. Construite entre 1686 et 1704, on visualise encore très bien son tracé hexagonal irrégulier entre les huit bastions (*baluartes*). C'est la seconde moitié du XVIIIe qui marque l'évolution de l'architecture civile de Campeche : les fortifications rassurent les habitants et l'augmentation des productions régionales et des échanges commerciaux font progressivement souffler un vent de prospérité inédit jusqu'alors. Les façades se parent tout d'abord de discrets atours baroques, avant que des détails néoclassiques n'apparaissent au XIXe siècle sous la forme de corniches et d'auvents ; les vestibules ne sont alors que le préambule des patios aux arches en plein cintre, construits autour de puits d'eau. Nous voici alors sous le régime de Porfirio Díaz, dont l'ouverture culturelle vers l'Europe et la France favorise l'introduction d'éléments Art déco et Art nouveau sur les façades. En parallèle, les maisons plus modestes voient leurs toits se couvrir de tuiles importées de France, créant une harmonie qui a tant bien que mal subsisté jusqu'à nos jours. Une harmonie caractérisée par les maisons aux couleurs pastel ornées de grandes fenêtres ou l'imposante cathédrale blanchâtre qui se détache du ciel.

Quartiers

▶ **Le centre** à proprement parler se trouve dans l'enceinte des fortifications. On y accédait par la Puerta de Mar au nord et la Puerta de Tierra au sud, que relie la rue 59, rue piétonne et cœur touristique de la ville où de nombreux cafés et terrasses s'animent en fin de journée. Les rues situées au sud (plus loin de la mer) offrent une ambiance un tantinet plus populaire, où fleurissent des commerces de proximité très couleur locale.

▶ **Quartiers historiques**. Eloignez-vous du centre muraillé et vous découvrirez de petits quartiers coloniaux faits de ruelles et d'impasses. Vers l'est, les rues aux numéros pairs (calle 10, 12 et 14) vous mèneront vers le barrio de Guadalupe, à la population créole et espagnole, mais dont les rues allaient être exclues du tracé des fortifications ; son église serait la première du pays vouée au culte de cette fameuse Vierge mexicaine. Plus loin on pénètre le barrio de San Francisco, le plus ancien de la ville, où se serait développé le port préhispanique de Kin Pech. La légende locale raconte que dans son église, construite sur les restes de ruines mayas, aurait été célébrée la première messe sur le continent américain. Vers l'ouest, la calle 10 mène au Parque San Román, au cœur du quartier du même nom, dont l'église est dédiée au Cristo negro, célébré en grande pompe depuis plus de 450 ans lors de la deuxième quinzaine de septembre. Enfin, le barrio Santa Ana au sud, de l'autre côté de la Puerta de Tierra, était celui où s'installa la nombreuse population d'origine africaine destinée à être exploitée sans vergogne dans tout le Yucatán.

▶ **A l'ouest et à l'est,** sur des petites collines se trouvent les Forts de San Miguel et de San José.

Transports

Il existe un petit aéroport, deux gares routières et de nombreux *colectivos* (minibus) aux destinations multiples.

▶ **Les bus pour les Fuertes San Miguel et San José** se prennent devant le marché, juste à côté de la Puerta de Tierra.

▶ **Aux alentours du marché et du parque Alameda** se trouvent les stations informelles des nombreux *colectivos* qui desservent les villages de la région : Edzná, Hopelchén, Champotón, Hecelchakán, etc.

BALUARTE DE LA SOLEDAD - MUSEO ARQUITECTURA MAYA ★★

Calle 8, entre les rues 57 et 59

Ouvert du mardi au dimanche de 8h à 17h. Entrée : 65 $.

Le « Musée de l'architecture maya » est installé dans le fort de *Nuestra Señora de la Soledad*, qui date de la fin du XVIe siècle et qui allait devenir l'un des plus imposants des *baluartes* édifié lors de la fortification postérieure de la ville puisqu'il protégeait la *Puerta de Mar* et le quai de débarquement du port de Campeche. Ce musée ancien, mais inauguré de nouveau en 2005, est connu pour présenter de manière très claire, avec de précieuses cartes et des croquis détaillés, les quatre styles architecturaux mayas présents dans l'Etat : *Petén Norte* (Calamul), *Río Bec* (Xpujil, Becán, Rìon Bec, Chicanná, Hormiguero etc.), *Chenes* (Santa Rosa Xtampak, Hochob, Trabasqueno, Dzibilnocac, etc.) et *Puuc* (situés le long de la frange côtière, en direction de Mérida, leurs vestiges ne sont pas les plus impressionnants de l'Etat). Le parti pris est de ne pas séparer les styles comme s'ils étaient exclusifs l'un de l'autre, ce qui fait que l'on comprend mieux les époques, les influences et les emprunts réciproques. Pour couronner le tout, on trouve dans le musée des stèles, linteaux et monolithes originaux provenant des autres sites de la région, notamment de Calakmul et d'Edzná. C'est donc une halte magnifique et indispensable à effectuer avant de se lancer dans l'exploration des sites en eux-mêmes. Pour bénéficier d'une jolie vue de la ville, il vous suffit de monter sur les remparts qui sont accessibles depuis un escalier devant l'entrée du musée.

BALUARTE DE SAN CARLOS - MUSEO DE LA CIUDAD ★

Avenida 16 de septiembre

Ouvert tous les jours de 8h à 20h. Entrée : 25 $.

Ce bastion, de forme pentagonale, est le premier à avoir été intégré aux fortifications de San Francisco de Campeche. Son nom rend hommage à Carlos II, qui fut roi d'Espagne entre 1665 et 1700. Il abrite aujourd'hui le musée de la Ville, qui s'attaque de plein fouet aux mythes concernant les raids des pirates, boucaniers et flibustiers sur la ville. Les deux pièces de son sous-sol auraient servi de zone de stockage de poudre d'explosifs ou de prison. Instructif et divertissant.

BALUARTE DE SAN FRANCISCO - PASO DE RONDA ★★

Calle 18

Ouvert tous les jours de 9h à 17h. Entrée : 40 $.

Petit musée (aussi) dédié aux flibustiers et autres corsaires qui passionnent les habitants, avec des informations sur leur provenance et mode d'organisation ainsi que des répliques d'armes d'époque. L'intérêt réside surtout dans l'accès à la portion la plus longue des remparts, où l'on chemine vers le *baluarte Santa Rosa* en passant par dessus les *Puerta de Tierra* et *baluarte San Juan*. Le contraste est alors saisissant entre la paisible ville emmurée et les quatre voies vrombissantes.

BALUARTE DE SAN PEDRO

A l'angle des rues 49 et 51

Ouvert tous les jours de 9h à 18h.

Fondé en 1702, il aurait été le sixième bastion à avoir été construit pour armer la ville de son système de défense contre les envahisseurs. La légende dit qu'il a été le siège de l'Inquisition. A l'entrée, on peut observer les armoiries du Vatican, les clefs de Saint-Pierre surmontées de la tiare papale. Ce qui est sûr, c'est qu'il servit de refuge aux troupes de la ville durant les batailles de 1824 contre le pouvoir central de Mérida. Jusqu'en 2017, il accueillait un joli musée d'Art populaire dédié au savoir-faire des artisans locaux.

BALUARTE DE SANTA ROSA ★

A l'angle des rues 14 et 69

Ouvert tous les jours de 9h à 20h.

Ce baluarte, dont le nom fait référence à la première Sainte des Amériques, Santa Rosa de Lima, a été construit à la fin du XVIIIe siècle et fut le second à avoir été établi pour protéger la ville des attaques des pirates. A l'origine destiné à l'hébergement des troupes et au stockage de munitions, il eut ensuite des fonctions diverses : lieu d'hébergement pour les plus précaires, entrepôt de pièces archéologiques ou point d'information touristique. Il abrite aujourd'hui la pinacothèque de Campeche, où sont exposées les œuvres et les peintures d'artistes locaux.

BALUARTE DE SANTIAGO - JARDÍN BOTÁNICO ★

Calle 8, à l'angle de la rue 51

Ouvert tous les jours de 9h à 16h. Entrée : 20 $.

C'est le dernier des huit *baluartes* de la ville à avoir été achevé, en 1794. En réalité, il avait été démoli et ensuite reconstruit à l'identique dans les années 1950. De taille relativement modeste, il accueille un petit jardin botanique, tout aussi modeste, dont le nom « Xmuch-Haltún » signifie en maya « l'eau qui jaillit de la terre ». Cet espace vert, qui compte plusieurs espèces de plantes tropicales, vous offrira une halte ombragée bienvenue lorsque le soleil est au zénith.

CENTRO CULTURAL CASA 6 ★

Calle 57, entre les rues 8 et 10

✆ +52 981 816 1782

Ouvert tous les jours de 9h à 16h. Entrée : 20 $.

Fraction du vaste ensemble architectural originel, remodelé en 1998, cet édifice du XVIIIe siècle se présente comme une reconstitution des maisons d'époque. La plupart du mobilier et des accessoires sont des répliques tendant à refaire revivre les us et coutumes des XVIIIe et XIXe siècles ; parmi les pièces originales figurent de grandes jarres en porcelaine de style français. En plus des événements culturels (lectures, expositions), *La Casa* accueille un café, une librairie, une boutique et un module d'information touristique.

CATEDRAL DE LA PURÍSIMA CONCEPCIÓN ★

Calle 10

Ouvert du lundi au samedi de 7h à 21h ; le dimanche de 7h à 17h.

Fondé au XVIe siècle par Francisco de Montejo et dédié à l'Immaculée Conception, l'édifice original a souffert de nombreux ajouts et modifications au cours des siècles suivants, présentant aussi bien des éléments baroques que néoclassiques. La tour de droite est ornée d'une horloge ajoutée au XIXe siècle. L'ensemble est plutôt sobre mais son illumination en soirée très réussie. Attenant, un petit musée de l'art sacré, et sur le Zócalo, un kiosque où l'on joue souvent de la musique.

IGLESIA DE SAN ROQUE Y SAN FRANCISQUITO

Calle 12, à l'angle de la rue 59

Cette église, à la façade jaune décrépie, porte localement le nom de *San Francisquito* du fait de sa construction, à la demande des habitants au cours du XVIIe siècle, pour remplacer le couvent de San Francisco en ruine. D'ailleurs ce quartier, régulièrement ciblé par les attaques de pirates, sera par la suite exclu du tracé des fortifications. On y trouve 5 petits retables qui valent le coup d'œil. L'ancien couvent attenant est aujourd'hui le siège de l'institut culturel de la ville.

Puerta de Tierra.

CENTRO CULTURAL EL PALACIO ★★★

Calle 8, entre les rues 55 et 57
✆ +52 981 811 0366
Ouvert du mardi au dimanche de 10h à 19h. Entrée libre.

La visite de ce très beau musée interactif commence au rez-de-chaussée qui avait initialement vocation à abriter les anciens bâtiments de la douane. Quatre salles thématiques illustrent l'histoire et l'évolution de la ville de San Francisco de Campeche. Dans « la salle des fortifications », vous saurez tout sur le thème de la défense et l'ensemble des stratégies mises en place pour lutter contre les invasions subies par la ville au fil des siècles ; y sont notamment présentées les biographies détaillées de corsaires, pirates et flibustiers européens. Dans « la salle du commerce », c'est l'histoire des routes et des marchandises, aussi bien locales que celles qui ont marqué l'histoire transatlantique de la ville, qui est retracée. On y découvre notamment le *palo de tinte* (ou *palo campeche*), cet arbre au tronc rouge et aux branchages épineux, appelé « ek » par les Mayas et duquel on extrait des teintures végétales naturelles. Son commerce florissant au cours du XIXe siècle allait permettre à l'élite d'importer d'Europe des produits de luxe tels que les tuiles françaises, les briques belges, le marbre italien et les meubles en tout genre qui allaient transformer la physionomie de la ville et les intérieurs des habitants fortunés. Enfin, c'est dans « la salle de navigation » que se cache peut-être le clou du spectacle : on pénètre dans la cale d'un navire pour y apprendre tout ce que l'on souhaite sur les techniques de construction des différents bateaux. Époustouflant.

FUERTE DE SAN MIGUEL - MUSEO ARQUEOLÓGICO ★★★

Av. Escénica s/n
Ouvert du mardi au samedi de 9h à 17h. Entrée : 65 $.

Le fort de San Miguel, évocateur de l'architecture militaire de Campeche, fut construit sur un promontoire, à la fin du XVIIIe siècle, lorsque les Anglais, déjà présents en Floride et au Belize, semblaient manifester quelques velléités sur la péninsule… L'attaque n'eut jamais lieu… mais son édifice servit néanmoins au général Santa Ana lorsqu'il attaqua la ville en 1824. Les bâtiments eurent plusieurs vies aux vocations militaires ou culturelles. C'est ainsi qu'avant d'être consacré à l'archéologie, le fort a abrité jusqu'en 1978 le musée des armes et de la marine. Les dix salles de l'actuel très beau musée y ont progressivement été aménagées et enrichies depuis 1986. On y présente les origines de la civilisation maya dans la région, la division territoriale, les styles architecturaux et la gestion des ressources en eau à l'époque préhispanique. Deux salles valent sans aucun doute le détour pour la valeur historique des pièces qui y sont exposées. Tout d'abord, celle consacrée aux figurines funéraires retrouvées sur la petite île de Jaina (au nord de la ville et fermée au public) et ensuite celle dédiée au site de Calakmul : on y retrouve une belle reconstitution de la tombe de la structure II dédiée aux « divinos señores de Calakmul » et, surtout, l'envoûtant masque funéraire de jade. On peut jouir d'une très belle vue sur la ville et la mer depuis les remparts. Ce n'est en effet pas pour rien que le promontoire porte le nom de « Bellavista » depuis l'époque coloniale.

MALECÓN ★★

av. Joaquín Musel

Si le modèle urbanistique de la ville de Campeche est plutôt à dominante baroque coloniale, l'évolution de la ville et sa situation privilégiée en bordure du golfe du Mexique ont encouragé la construction d'une belle promenade, en espagnol *malecón*. Inauguré le 10 août 2000, il s'étend sur près de 9,5 kilomètres et est devenu un lieu de balade idéal pour les fins d'après-midi ensoleillées, à pied, à pas de course ou en vélo puisque des pistes y ont été aménagées. C'est aussi un endroit parfait pour admirer le coucher du soleil.

PUERTA DE TIERRA ★

Circuito Baluarte, entre les rues 51 et 69
Son et lumière du jeudi au dimanche à 19h30. Entrée : 60 $.

Construite en 1732 par Don Antonio de Figueroa y Silva, elle est située entre les *baluartes* de San Francisco et San Juan. C'est le symbole de Campeche, la porte d'entrée par la terre de la ville qui permettait de la défendre par tous les angles possibles. Une petite salle d'exposition permet d'y découvrir quelques répliques d'armes espagnoles, ainsi qu'un grand canon de bronze d'origine française provenant de Lerma. Outre la visite du fort, assistez au spectacle son et lumière *El Lugar del Sol* qui rejoue les attaques pirates ayant marqué l'histoire de la ville.

TEATRO FRANCISCO DE PAULA TORO ★

Calle 12 #139, entre les rues 51 et 53
✆ +52 981 811 3653

Le théâtre a été construit entre 1832 et 1834, à l'initiative du président de la Municipalité de Campeche, le Général Francisco de Paula Toro. Le design de l'édifice, connu alors comme le Colisée, a été dessiné par l'architecte français Théodore Journot. Ce n'est qu'en 1879 qu'on lui a donné le nom de son instigateur. Reconstruit entre 1913 et 1915, il a été inauguré pour la troisième fois en 1990 à l'occasion du 450e anniversaire de la fondation de la ville.

FRANCIS DRAKE €€

Calle 12 #207 ✆ +52 981 811 5626
hotelfrancisdrake.com.mx

Ouvert toute l'année. Chambre double de 1 070 à 1 400 $. Parking inclus. Tarifs préférentiels sur le site de l'hôtel.

© HOTELF DRAKE-DOT

En plein centre historique de Campeche, aux portes des remparts, ce charmant hôtel colonial 4-étoiles entièrement rénové vous offre un moment de détente hors du temps. Les 18 suites et 6 chambres doubles aux tons doux vous invitent au repos et disposent de tout le confort nécessaire, y compris un salon et un petit bureau pour les suites. Copieux petit déjeuner américain le matin, cuisine régionale traditionnelle servie au restaurant de l'hôtel le reste de la journée. Vous serez très bien accueilli par un personnel agréable et à l'écoute. Une bonne adresse.

MUSEO DE ARQUEOLOGÍA SUBACUÁTICA - FUERTE SAN JOSÉ ★★★

Av. Francisco Morazán s/n

Ouvert du mardi au samedi de 9h à 15h. Entrée : 65 $.

Construit au XVIIIe siècle sur la colline de *Vigía Vieja*, il formait avec le fort San Miguel une ligne de défense impénétrable. Auparavant *Museo de Barcos y Armas*, les 6 salles exposent une thématique originale centrée sur les découvertes archéologiques subaquatiques provenant du golfe du Mexique et des Caraïbes, et des zones souterraines inondées de la péninsule depuis la fin de l'ère glaciaire. La première invite à pénétrer dans une grotte qui reconstitue la formation du territoire mexicain et péninsulaire depuis 165 millions d'années jusqu'à l'ère glaciaire (45 000 à 10 000 av. J.-C.). Y sont reconstitués des fossiles d'animaux alors typiques des steppes, comme le *Tigre diente de sable* (smilodon), une des 13 espèces retrouvées dans la grotte *Hoyo Negro* de Tulum, en compagnie du plus vieux squelette humain de tout le continent, celui de Naïa. Une vidéo raconte son histoire, celle de son quotidien et de sa chute accidentelle. Ensuite, sont présentées les pièces mayas issues des *cenotes* et les cartes du commerce maritime préhispanique et l'infrastructure portuaire. Des odyssées océaniques des conquérants espagnols, on expose des instruments de navigation et une impressionnante barre de gouvernail en bois d'ébène sculptée en forme de serpent, retrouvée dans les eaux fluviales de Palizada. De grande valeur historique et esthétique, les 211 pièces d'orfèvrerie et pierres précieuses (or, émeraude, rubis, corail rouge, etc.) retrouvées dans un bateau échoué dans le Golfe.

SECRETARÍA DE TURISMO DE CAMPECHE

Calle 57 #4, entre les rues 8 et 10
✆ +52 981 127 3300
www.campeche.travel

Ouvert du lundi au vendredi de 8h à 16h.

Nous vous recommandons la visite du très beau, et surtout complet, site web de l'office de tourisme qui présente toutes les attractions et beautés naturelles de Campeche et des environs, sans compter l'actualisation quotidienne des horaires d'ouverture de l'ensemble des sites. Vous y trouverez aussi la liste des visites organisées par la municipalité, ainsi que l'ensemble des informations logistiques nécessaires à votre séjour (listes hôtels, restaurants, taxis, etc.).

EDZNÁ

Calle Allende #78B ✆ +52 981 816 5452
www.edzna.com.mx

Ouvert du lundi au vendredi de 9h à 20h ; le week-end de 9h à 17h. Tarifs consultables sur la page web.

L'agence de voyage répond à toutes les exigences : visite des forts et musées à proximité de la ville, des villages aux contours artisanaux et gastronomiques du Camino Real ou des sites archéologiques (Edzná, Ruta de los Chenes, Ruta Puuc, Palenque...), des beautés naturelles (*cenotes* de Miguel Colorado, sorties kayak, jungle...). Le personnel est très sympathique et les guides réputés comme les meilleurs de la région. Les excursions peuvent varier d'un aller-retour d'une journée depuis Campeche au parcours de plusieurs jours en vous laissant à Mérida ou ailleurs.

KANKABI'OK TOURS

Calle 57 #6, entre les rues 8 et 10
✆ +52 981 811 2792
www.kankabiok.com.mx

Ouvert du lundi au samedi de 9h à 20h ; le dimanche de 10h à 20h. Tarifs consultables sur la page web.

Cette agence très sérieuse, dont le nom signifie « pied sale » en maya, une façon poétique d'évoquer le voyage, propose notamment des circuits orientés vers la découverte des zones côtières depuis Isla Arena jusqu'à la Bahía Tortugas et ses très belles plages. On peut aussi passer découvrir les villages du Camino Real en route vers le Yucatán, où l'on vous emmène depuis Campeche même. Kankabi'ok Tours propose aussi des circuits permettant de découvrir les zones plus humides du sud de Campeche, le site de Calakmul ou les routes archéologiques Chenes et Puuc.

GAMMA CAMPECHE MALECON

Av. Adolfo Ruiz Cortines No. 51, Col. Centro
✆ +52 44 3310 8042 - www.gammahoteles.com

147 chambres et suites. Chambre double à partir de 110 US$.

Sur le Malecón, à seulement deux rues du centre-ville, ce bel hôtel rénové à neuf est idéalement situé, la brise marine apportant l'air frais qui manque parfois à Campeche. L'établissement offre de belles chambres décorées avec goût et disposant, pour la plupart, d'une vue partielle sur la mer, tandis que certaines sont perchées au-dessus de la mer, de l'autre côté du Malecón. Parking, piscine, salle de sport, bar et un restaurant, le El Poquito, complètent les services de l'hôtel. L'accueil est courtois et le personnel serviable.

AEROPUERTO INTERNACIONAL ALBERTO ACUÑA ONGAY

Av. López Portillo ✆ +52 981 823 4059

C'est un tout petit aéroport que l'on nomme plus simplement « Aeropuerto internacional de Campeche ». Les compagnies aériennes, AeroMexico et Interjet, ont plusieurs vols quotidiens pour Mexico DF (1h55). On peut aussi choisir de se rendre en avion à Ciudad del Carmen ou à Mérida. Mais, attention, en fonction des périodes, il faudra faire escale à Mexico, ce qui peut rendre l'option bus bien plus séduisante. A noter que le taxi pour le centre-ville coûte aux alentours de 180 $.

HOTEL BOUTIQUE CASA DON GUSTAVO €€€

Calle 59 #4, entre les rues 8 et 10
✆ +52 981 818 6207
www.casadongustavo.com
Suite à partir de 3 250 $. Restauration. Vente.

© DONGUSTAVA

Ce bel hôtel boutique du XVIIIe siècle de 10 suites a reçu la distinction nationale « Hôtel Trésor du Mexique » et à raison... Ici, tout est soigné dans les moindres détails afin de recréer l'ambiance d'origine. Spacieuses, les chambres sont meublées avec des fournitures d'époque achetées chez les antiquaires du coin. Certaines entourent le patio central, où est servi le petit-déjeuner. Il y a aussi une piscine et un solarium. Excellent hôtel à la prestation irréprochable.

EUROPCAR

Av. López Portillo, por Carretera Campeche-Chiná s/n
✆ +52 981 823 4083
https://www.europcar.com.mx
Ouvert tous les jours de 7h à 19h. Simulations depuis la page web.

Cette agence de location de véhicules, de renommée et d'envergure internationale n'est plus à présenter. L'avantage supplémentaire, c'est qu'il est très facile de réaliser un devis en ligne et de formaliser aussitôt la location. Les tarifs sont modulables en fonction des assurances qui vous intéressent et du modèle du véhicule (SUV, familial, écologique), mais le kilométrage est illimité. Et bien sûr, vous pouvez louer une voiture ici et la laisser à Tulum, Playa del Carmen, Cancún, Mérida ou n'importe quelle autre destination de votre choix. Pratique.

TERMINAL ADO (PREMIÈRE CLASSE)

Av. Patricio Trueba Regil #237
✆ +52 981 813 3887

La station est assez éloignée du centre et nécessite donc de s'y rendre en taxi (compter une cinquantaine de pesos pour la course). La compagnie dessert de nombreuses destinations dans l'ensemble des Etats de la péninsule ; de Campeche (Xpujil à 4h30 de route), du Yucatán (Mérida à 2h30, Valladolid) et du Quintana Roo (Chetumal, Tulum, Playa del Carmen...). Et si votre voyage vous conduit plus loin, c'est aussi possible vers le Chiapas (Palenque à 6h), Tabasco (Villahermosa) et Veracruz.

HOTEL GUARANDUCHA INN €

Calle 55 #16, entre les rues 12 et 14
✆ +52 981 811 6658
Chambre double à partir de 600 $.

L'un des grands atouts de cet hôtel est de jouir d'une excellente situation, très centrale, à deux pas de la cathédrale. Les parties communes colorées apportent une petite touche de joie plus que bienvenue. Les 25 chambres sont en effet disposées en enfilade le long de jolis patios peints de couleurs chaleureuses et agréables. Elles ne sont pas immenses, mais leur propreté et la présence d'air conditionné systématique compensent largement cet inconvénient. Etant donné le prix, c'est un endroit recommandé pour visiter la ville.

HOTEL MAYA CAMPECHE €

Calle 57 #40, entre les rues 14 et 16
✆ +52 981 816 8053
www.mayacampechehotel.com
Chambre double à partir de 750 $.

Ce petit bâtiment de style colonial du XVIIIe siècle offre sans aucun doute un bon rapport qualité-prix dans le centre-ville : on y pénètre par un minuscule patio mais une belle terrasse avec tables et chaises a été aménagée sur le toit, offrant un salon en plein air agréable et sans fioritures. Les quinze chambres à la décoration rustique sont également très simples, aux couleurs chaudes et solaires, sûrement pour compenser leur manque d'ouvertures sur l'extérieur... C'est un bon deal, sans chichis, quand on ne passe pas trop de temps enfermé dans sa chambre.

CASA ZARI B&B €€

C. 12 con 35, Barrio de San Francisco
✆ +529818110151
www.casadezari.com/
4 chambres. De 968 $ à 1 791 $. Petit déjeuner inclus. Jeux pour enfants. Wifi gratuit.

Un petit hôtel familial, 4 chambres à peine, que l'on pourrait presque qualifier de maison d'hôtes. Nous sommes en effet accueillis ici dans une maison de famille, et ce sont les filles de la propriétaire qui gèrent l'hôtel. Chaque chambre est unique, la plus grande convient très bien à une famille, celle perchée dans la tour au milieu du jardin s'adresse plus à un couple. Le petit déjeuner est bon et copieux. Le mignon petit jardin qui entoure les chambres et la cuisine rustique rajoutent à cette agréable ambiance de « comme à la maison ».

H177 €€

Calle 14 #177
✆ +52 981 816 4463
www.h177hotel.com
Chambre double à partir de 1 000 $. Réductions sur le site de l'hôtel.

L'hôtel H177 est situé en plein cœur du centre historique de la ville, à deux pâtés de maisons de l'imposante Puerta de Tierra et à trois pâtés de maisons de la majestueuse cathédrale, entre autres sites d'intérêt. L'hôtel avec sa façade d'un beau rouge et son style colonial a un charme appréciable. Les chambres, sobrement décorées, sont très confortables, parfaitement propres et bien équipées : climatisation, literie de qualité, wifi et télévision. On regrette tout de même l'absence de fenêtre sur l'extérieur. Une bonne adresse avec un bon rapport qualité-prix.

HOTEL CASTELMAR €€

Calle 61 #2A, entre les rues 8 et 10
✆ +52 981 811 1204
Chambre double à partir de 50 US$; suite à partir de 80 US$.

Il s'agit de l'un des plus vieux hôtels de la ville. L'édifice a été entièrement rénové en 2004 et offre des chambres confortables et modernes, tout en conservant son style colonial d'antan à la touche fleurie. Certaines chambres sont beaucoup plus agréables que d'autres donc, si vous le pouvez, demandez à choisir. L'établissement est construit autour d'un patio, dont la luminosité est renforcée par la couleur jaune des murs, et il est agréable de prendre un verre sous les parasols. Une piscine vient compléter l'offre du séjour.

LA MARIA COCINA PENINSULAR

Calle 8 #173, entre les rues 53 et 55
✆ +52 981 816 3618
Ouvert du mercredi au lundi de 13h à 21h. Comptez environ 600-700 $ par personne.

Le projet culinaire le plus intéressant en ville ! Le jeune chef Enrique Antonio Ortiz May a quitté le confort des grands restaurants de Mérida pour lancer son affaire et développer une cuisine de saison passionnée, aimante et raffinée. Au menu, le répertoire classique du Yucatán fait la part belle à la qualité des produits piochés dans les potagers communautaires et indigènes des alentours. Visite indispensable également du bar en fond de restaurant pour ses cocktails très originaux !

© MARIA COCINA PENINSULAR

© MARIA COCINA PENINSULAR

HOTEL PLAZA CAMPECHE

Calle 10 #126 ✆ +52 981 811 9900
www.hotelplazacampeche.com
Chambre double à partir de 2 100 $; suite à partir de 2 400 $. Tarifs promotionnels sur le site. Restauration.

Ce grand hôtel de 83 chambres est situé en plein centre de Campeche, face au parc San Martín. L'hôtel est moderne, mais possède un certain charme de type colonial, agencé autour de sa piscine et de son joli lobby. Toutes les chambres disposent d'une baignoire, ce qui ajoute la sensation d'un petit luxe supplémentaire. Certaines d'entre elles, les plus belles, possèdent une terrasse privative. Mais toutes ont en commun d'être particulièrement soignées, tout comme l'attention portée par le personnel. Le restaurant « El bicentenario » présente une carte gourmande.

THE HACIENDA PUERTA CAMPECHE €€€

Calle 59 #71 entre les rues 16 et 18
✆ +52 981 816 7508
https://www.marriott.com
Chambre double à partir de 289 US$; suite à partir de 329 US$.

Cet hôtel fait partie de la collection de luxe de la chaîne Marriott Bonvoy. En plein cœur de la ville, c'est un établissement tout à fait magnifique, qui assure confort et luxe à ses hôtes, tout en les faisant se sentir à Campeche, et pas autre part, car la plupart des chambres ont conservé leur haut plafond avec leurs poutres en bois, et leur carrelage multicolore au sol. La piscine à l'extérieur, encastrée entre deux murs de pierre, est un véritable chef-d'œuvre.

CENADURÍA PORTALES DE SAN FRANCISCO €

Calle 10 #86
✆ +52 981 811 1491
Ouvert du mardi au dimanche de 18h à 23h30. Plats à moins de 100 $.

En plein cœur du quartier historique de San Francisco, voilà un endroit où dîner en extérieur et savourer les spécialités de la cuisine régionale : *lechón tostado* (cochon de lait rôti), *caldo de pavo* (potage à la dinde), *sopa de limón*, *tamal horneado* ou *empanadas de chaya y queso*. Tout aussi populaire auprès des locaux que des oiseaux de passage, qui viennent aussi s'y rafraîchir avec une *horchata de coco*, accompagnée d'un des multiples snacks de *taquería*.

CHOKOL'HA €

Calle 59 #30
✆ +52 981 811 7893
www.chocolha.com.mx
Ouvert du lundi au samedi de 8h à 21h.

Ce petit café, accueillant et relaxant, est installé dans une vieille masure au décor colonial, où l'on peut choisir de feuilleter un livre en salle ou de profiter des étoiles dans le patio. Les spécialités de la maison sont évidemment concoctées à base de cacao, mais l'on y sert aussi des crêpes et des sandwichs à des prix très attractifs, ce qui en fait une halte idéale pour un petit *sugar rush*. Des événements *charlas y chocolate*, « bavardages et chocolat », sont de temps en temps organisés et invitent les clients à un moment de convivialité.

CONCHITA CERVERA €

Calle 49B, local 3 et 4
✆ +52 981 816 4356
Ouvert du mardi au dimanche de 12h30 à 16h et de 19h à minuit. A partir de 100 $.

Les *portales de San Martín*, sur la place du même nom, sont une place forte de la gastronomie locale, fréquentée quasi exclusivement par les habitants de la ville qui s'y pressent en soirée. L'offre est donc grande et il peut sembler difficile de faire un choix. Conchita cervera est réputé pour offrir la meilleure cuisine familiale de tous les petits restaurants de la place, c'est l'endroit idéal pour goûter aux *panuchos*, *tamales horneados* et autres *tacos de cochinita pibil*. Chaque midi, il vous sera proposé un menu complet différent.

EL LANGOSTINO €

Calle 10B #4
✆ +52 981 815 4056
www.langostino.com.mx
Ouvert tous les jours de 11h à 20h. Filets de poisson à partir de 170 $, plats de crevette 250 $.

Non loin du Fuerte San Miguel, vous ne vous y rendrez pas pour le cadre mais pour la fraîcheur de la salle climatisée et des poissons et fruits de mer. Ici, le chef connaît son affaire. La clientèle locale vient en effet y manger des recettes familiales aux proportions généreuses, dont le cocktail Langostino, une soupe chaude à base de crevettes, coquillages, poulpe, calamar et crabe. L'endroit fonctionne aussi comme une *cantina* traditionnelle : on commande des tournées de bière ou tequila, accompagnées de différents petits plats à partager et picorer.

LA OLLA DE LA PAGODA €

Calle 10 #114B
✆ +52 981 816 2573
Ouvert du lundi au samedi de 12h à 17h. Menu complet de 75 à 110 $ selon le plat principal.
Maison d'époque aux hauts plafonds et inévitables ventilateurs, le tout doté d'un magnifique carrelage. La famille traditionnellement paysanne est originaire d'Hopelchén, communauté spécialisée dans la *cochinita pibil*. Ici, on cuisine essentiellement des produits frais. Le menu de cette cuisine familiale change chaque semaine mais on y retrouve à chaque fois l'essentiel de la cuisine régionale, à commencer par le copieux *pan de cazón* à accompagner d'*aguas frescas de chaya* ou de *horchata con coco*. À ne manquer sous aucun prétexte.

EL BASTION DE CAMPECHE €€

Calle 57 #2A
✆ +52 981 816 2128
Ouvert tous les jours de 7h à 22h. Compter 300 $ par personne.
Idéalement situé juste à côté du Zócalo (place centrale) et avec vue sur la cathédrale, ce restaurant est installé dans la maison natale de l'écrivain Justo Sierra (1848-1912). On y apprécie tout particulièrement une cuisine traditionnelle simple et un poil sophistiquée, basée sur des recettes typiques de la région (*pan de cazón, cochinita pibil, crema de chaya*) et sur les produits de la mer. Le cadre est agréable, les plats sont cuisinés finement, avec de bons produits, et le service est des plus aimables. Une référence en ville depuis 1939.

LA PIGUA €€

Malecón Miguel Alemán #179A
✆ + 52 981 811 3365
www.lapigua.com.mx
Ouvert tous les jours de 8h à 18h. Plats de 180 $ à 695 $. Filets de poisson à 340 $.
L'un des meilleurs restaurants de Campeche, dans un cadre formel à l'ambiance feutrée et au service remarquable. Cette adresse gastronomique propose des spécialités régionales et de fruits de mer : en entrée, la *crema Moro* (courge et crabe) est à tenter, puis pourquoi pas un filet de poisson *tikin-xic*, une recette traditionnelle de la cuisine maya. Pour ajuster les saveurs de votre filet de poisson, une belle variété de sauces est offerte, dont une à la moutarde de Dijon. Sans compter des plats plus simples ! Une belle cuisine parfaitement concoctée.

EL POQUITO RESTAURANT & CAFETERIA €€

Av. Adolfo Ruiz Cortines No. 51, Col. Centro
✆ +52981 811 9182
Ouvert toute l'année. Tous les jours à partir de 7h et jusqu´à 23h. Accueil des groupes. Terrasse. Vente à emporter.
Situé à l'intérieur de l'hôtel Gamma, avec vue sur le Malecón de Campeche, El Poquito est un restaurant familial du style cafétéria. Au petit déjeuner, au brunch, au déjeuner ou au dîner, installez-vous dans la grande salle claire et agréable, ou préférez l'une des tables en extérieur, devant la piscine. A la carte ou au buffet, on vous propose une cuisine internationale de qualité, ponctuée de quelques spécialités mexicaines. Le service est irréprochable et les prix abordables.

© EL POQUITO

© EL POQUITO

ÉTAT DU CAMPECHE

LA RECOVA 59 €€

Calle 59, entre les rues 8 et 10

✆ +52 981 812 4127

Ouvert tous les jours de 13h à 1h. Plats à partir de 275 $.

Elégant et authentique restaurant pour dîner dans un magnifique patio ancien, ou simplement sur l'une des tables installées dans la rue, pour profiter de l'animation ambiante. Le personnel est aux petits soins et la présentation des plats impeccables, la cuisine servie ici étant avant tout d'inspiration régionale, mais aussi internationale. Parmi les spécialités du chef, le filet de poisson en croûte de piment séché, sur lit de risotto à la noix de coco, est à tomber. Les prix sont plus élevés que la moyenne et correspondent aussi au cadre.

LA BROCHA HELADOS

Calle 10 #348

✆ +52 981 104 8216

Ouvert du mardi au vendredi de 12h à 23h ; le week-end de 10h à 23h.

Après avoir crapahuté dans le quartier de San Román, vous aurez bien mérité une petite pause fraîcheur. N'hésitez pas à goûter des sorbets aux fruits dont vous n'aurez probablement jamais entendu parler auparavant : *nanche, guanabana, zapote* ou *pitaya*... L'une des spécialités de la maison est un mélange de trois ingrédients inattendus : banane, cacahouète et corossol. Mais que les plus conservateurs soient rassurés, les parfums plus « traditionnels » ont également la part belle. La carte est complétée de quelques pâtisseries.

ARTHELADO

Calle 57 #16

✆ +52 981 688 4820

Ouvert tous les jours de 11h à 21h (22h vendredi-samedi).

En plein cœur du centre historique de Campeche, Arthelado vous accueille, avec chaleur, pour une pause rafraîchissante. Ici, pas de glace verte fluo ou autre parfum farfelu, tous les sorbets sont 100 % naturels ! Un processus artisanal, des ingrédients sélectionnés avec soin, des saveurs originales et un savoir-faire digne de nos voisins italiens font d'Arthelado un des meilleurs – si ce n'est *le* meilleur ! – glaciers de la ville. Rien de tel après une journée passée à arpenter les rues colorées, sous le soleil brûlant du Mexique !

CASA VIEJA DEL RÍO

Calle 10 #319A

✆ +52 981 131 1316

Ouvert le lundi, le mardi, le vendredi et le samedi de 15h30 à 23h30 ; le mercredi, le jeudi, le dimanche de 14h à 21h.

L'établissement se targue d'avoir la plus belle vue de la ville sur le quartier colonial. Et il est vrai que, depuis son balcon, on jouit d'une vue imprenable sur la cathédrale et la *plaza de la Independencia*. Un endroit tout indiqué pour déguster une petite margarita ou l'un des nombreux cocktails de la carte. Il est également possible d'y dîner mais nous vous recommandons de vous limiter à quelques *botanas*, ces petites portions de type *tapas* qui accompagnent très bien l'apéritif, car il semble que la cuisine ne soit pas vraiment à la hauteur de la vue.

ÉTAT DU CAMPECHE

Plaza Patrimonio Mundial.

EL RINCÓN COLONIAL

Calle 59 #60, à l'angle avec la rue 18
✆ +52 981 816 8376
Ouvert tous les jours de 11h à 21h.

Dans cette rue piétonne qui relie la *Puerta de Tierra* à la *Puerta de Mar*, les restaurants et les cafés abondent. Le Salón Rincón colonial fait partie de la tournée des établissements appréciée des locaux. C'est une *cantina* traditionnelle aménagée autour d'un grand bar central. On y sert bien sûr de la bière glacée et d'autres boissons liquoreuses, à accompagner de *botanas* au fur et à mesure que fusent les tournées entre amis. Dans ce bar fut tourné, en 2001, l'une des scènes du film *Péché originel* avec Angelina Jolie et Antonio Banderas.

LA PLAZUELA

Calle 10 #111, à l'angle avec Gomez Farias
✆ +52 981 127 1031
Ouvert du mardi au jeudi et le dimanche de 13h à 20h ; le vendredi et le samedi de 13h à minuit.

Un petit bar de quartier, apprécié des locaux, accueillant, joli et très sympa pour boire « una cerveza bien fría », soit une bonne bière glacée, de marque nationale ou de production artisanale. On y sert également des *cubetazos*, seaux glacés avec une sélection de cinq bouteilles à partager. Rassurez-vous, la carte ne se limite pas qu'aux bières... Pour éponger la soif, ce *bar botanero* propose des formules boisson et botanas diverses et variées, une sorte de happy hour festif. Des karaokés et autres soirées y sont organisés en fin de semaine.

CASA DE ARTESANÍAS TUKULNÁ

Calle 10 #333, entre les rues 59 et 61
✆ +52 981 127 1768
www.tukulna.com
Ouvert tous les jours de 9h à 20h.

Son nom signifie « maison de la pensée » en maya. Cette boutique est agencée dans une maison de la fin du XIXe construite autour d'un délicieux patio orné d'un puits. La scénographie est lumineuse et chaque petite pièce rassemble par thème et matériel des objets d'artisanat régionaux faits main : hamacs, chapeaux, accessoires en os et en corne, entre autres petites merveilles. Des articles, certes plus onéreux, mais de bien meilleure facture que ceux que l'on trouve le long du Malecón.

NONNA MIA RESTAURANT €€

Av. Ruiz Cortines No. 5
✆ +52 981 167 7627
https://www.nonnamiacampeche.com/
Du dimanche au mercredi à partir de 7h et jusqu'à 23h ; du jeudi au samedi à partir de 8h et jusqu'à 24h.

Un très bon restaurant de cuisine méditerranéenne et italienne sur Campeche. Les prix sont raisonnables, les plats sont bons sans être extravagants. Comme le nom du restaurant l'indique, l'idée des enfants Selem était de rendre hommage à leur grand-mère, d'origine italienne et dont l'hospitalité était reconnue en ville. Et c'est plutôt réussi ! L'accueil est soigné et l'hôtel attenant ne reçoit que de bons compliments de la part des touristes y ayant séjourné. Une petite recommandation : le Risotto Mare e Monte, très réussi.

© NONNA MIA

© NONNA MIA

ÉTAT DU CAMPECHE

EDZNÁ ★★★

Cette magnifique métropole maya est connue comme la *Casa de los Itzáes*, en référence à une lignée de gouvernants d'origine *chontal* qui géra la cité entre 800 et 1000 apr. J.-C. Sa richesse architecturale, fruit de quinze siècles d'histoire, s'accompagne d'une étonnante diversité de styles architecturaux, faisant écho aux modes régionales : depuis le style monumental propre au style Petén en passant par les décorations de style Chenes ou les colonnades style Puuc.

Histoire

L'histoire du site fut d'une grande importance durant la période formative de la civilisation maya (préclassique). Il est occupé dès 600 av. J.-C. par une petite communauté rurale qui croît progressivement pour devenir le siège d'un pouvoir centralisé peu avant le début de notre ère. Dans cette plaine inondable en saison des pluies, les habitants construisent un ingénieux système de captation, stockage et redistribution des eaux de pluie, via de nombreux canaux. Peu à peu, Edzná devint une véritable capitale régionale, à l'activité d'abord commerciale (entre 600 et 900, on estime sa population à 30 000 habitants) avant que ne s'y rajoute sa puissance agricole alors que s'achèvent au début du Xe siècle les travaux hydrauliques : certains avancent alors que la population passe à 60 000 habitants pendant les trois siècles qui suivent, son étendue approchant des 30 ou 35 km². Puis le site décline pour être définitivement abandonné à la moitié du XVe siècle. Redécouvert en 1907, il est exploré à partir de 1928, mais la période des grands travaux de restauration et de réhabilitation ne débute que dans les années 1950. À partir des années 1980, un programme international permet l'embauche de réfugiés guatémaltèques pour travailler sur le site. Seuls 10 % des bâtiments ont été dégagés et fouillés, sur un total de 200 structures identifiées à ce jour, entre soubassements, plateformes et édifices monumentaux.

Transports

C'est le site le plus proche de Campeche, à 45 minutes de route. Plusieurs agences organisent des tours en matinée dans le cadre d'excursion d'une demi-journée. Autre solution, prendre un des combis direction Edzná/Bonfil au départ de la rue Tabasco, face au marché (toutes les heures à partir de 7h). N'arrivez pas à midi, car avec la chaleur et le soleil, la visite risque de se transformer en un véritable cauchemar…

LA GRAN ACRÓPOLIS

Face à la *Plaza*, cette élévation de 8 m de haut accueille une place carré de 160 m de côté. On est tout de suite frappé par la symétrie du majestueux *Edificio de los Cinco Pisos*, construction pyramidale sur 5 niveaux échelonnés et criblé d'ouvertures vers de petites pièces ; sa partie supérieure accueille le temple proprement dit, en forme de croix, dont le toit conserve encore les restes de son imposante crête. Le *Templo del Norte* et le *Patio Puuc* complètent le panorama dont les plus récentes constructions ont été édifiées entre le XIIIe et le XVe.

ÉTAT DU CAMPECHE

Site archéologique d'Edzná.

© AURÉLIEN LEMOINE

Les modelages en stuc du Dieu du Soleil conservent des restes des peintures originales.

ZONA ARQUEOLÓGICA DE EDZNÁ ★★★

A 55 km à l'est de Campeche.
✆ +52 981 816 9111
Ouvert tous les jours de 8h à 17h. Entrée : 85 $. Son et lumière en fin de journée. Se renseigner.

On y pénètre par le *Patio de los embajadores* en hommage au financement de restauration du site dans les années 80. Puis on arrive à la *Plataforma de los Cuchillos*, référence aux couteaux en silex retrouvés à cet emplacement, dont certains éléments sont caractéristiques du style Puuc (pierres taillées et assemblées avec précision, colonnes monolithiques) et d'autres plus tardifs. Sur la *Plaza principal* trône l'imposante *Nohochná*, la grande maison, un édifice de 135 m sur 31, orienté nord-sud, dont le volume s'apparente davantage au style plus précoce du Petén. Ce bâtiment auquel on prête un usage administratif a une particularité acoustique : en claquant des mains à son sommet, on entend l'amplification du son se répandre sur toute la place. On imagine bien les dirigeants s'adressant d'ici à la foule amassée plus bas sur la place. Le *juego de pelota* s'y tient aussi. Face à la *Nohochná*, la *Gran Acrópolis* est l'ensemble le plus représentatif, accusant une grande influence du Petén guatémaltèque et un patio avec pas moins de 12 constructions de style Puuc. Sur son côté, les envoûtantes moulures du *Templo de los Mascarones* et, derrière la *Pequeña Acrópolis,* avec son soubassement de 200 av. J.-C. et les stèles et céramiques les plus anciennes du site. Non loin de l'entrée du site, un chemin de quelques centaines de mètres permet une jolie balade à la découverte de la *Vieja Hechicera*, une pyramide aux angles arrondis encore partiellement enfouie sous la végétation.

TEMPLO DE LOS MASCARONES

Il se distingue par ses stèles et un très beau modelage en stuc qui représente la divinité solaire au lever et au coucher. Ne les manquez pas, il est rare d'observer les moulures en plâtre qui recouvraient les constructions mayas en si bon état, d'autant plus si elles conservent encore des traces de peinture rouge, bleu et verte, noire. La figure divine du soleil présente les caractéristiques anthropomorphes et les attributs esthétiques propres de l'élite maya (strabisme, mutilation dentaire, perforations du nez et des oreilles) avec une légère touche zoomorphe.

HACIENDA UAYAMÓN €€€

Carretera Uayamón Chiná Edzná km 20
✆ +52 981 813 0530
https://www.marriott.com
Chambre double à partir de 195 US$; suite à partir de 237 US$. Restauration.

Fondée au XVIe, l'hacienda est tombée aux mains du pirate Laurens de Graff avant de devenir l'une des plus prospères de la région grâce à la diversité de sa production : élevage, maïs, canne à sucre, *palo de tinte, henequén*. À l'aube du XXe, sous l'impulsion de la famille Carvajal, l'exploitation s'est métamorphosée : électricité, école, clinique et une des premières stations de train de l'Etat. Puis la Révolution libère les travailleurs, l'ensemble est saccagé et tombe dans l'oubli avant d'être transformé en un magnifique hôtel de luxe de la chaîne Marriott.

HOPELCHÉN

C'est une petite ville paisible, touchée par la lumière et le soleil, à la langueur toute tropicale. 1h30 de route, en direction de l'est, la sépare de Campeche. Sa proximité avec les sites archéologiques en fait une escale tout indiquée pour ceux qui souhaitent voyager à un rythme moins soutenu. La municipalité développe depuis 2018 son infrastructure touristique, notamment avec l'installation d'un « parador turístico » qui enorgueillit les habitants : les neuf lettres colorées du nom de la ville ont été installées sur la place principale. Ceux qui souhaitent y passer la nuit trouveront une paire de possibilités d'hébergement en toute simplicité.

LA CAPILLA €

Sur la route principale 261 qui contourne le centre-ville, juste dans la grande courbe.
✆ +52 996 730 6596
Ouvert du lundi au samedi de 7h30 à 18h30. Petits déjeuners et déjeuners aux alentours de 100 $.

Jolie petite *palapa* entourée de verdure, agréable et à la propreté irréprochable. On s'y attable sur un mobilier en bois pour déguster des plats régionaux en toute simplicité. C'est une très bonne option pour assouvir une petite – ou grosse (les assiettes sont copieuses) – faim et faire une pause entre les visites de deux sites archéologiques. A la carte (plus qu'économique !), *huevos*, *quesadillas*, *pollo* et *carne de res*. L'endroit est également très prisé des locaux qui viennent y petit-déjeuner ou reprendre des forces avant d'enchaîner une après-midi de travail.

AH MUCEN KAB

Village de Ich-Ek
✆ +52 996 105 3005
https://koolelkab.wordpress.com/

Voici un excellent projet, mené par un petit groupe de femmes de la communauté bien décidées à agir pour empêcher l'extinction des espèces locales d'abeilles, les fameuses *Xuna'an kab* (dames du miel), directement apportées sur terre par le dieu maya *Ah Mucen Kab*. Celles-ci font naturellement leurs nids dans des troncs d'arbre où elles produisent ce miel goutte à goutte, véritable nectar de fleurs sylvestres qui renforce et rajeunit le corps. Ces petites abeilles font partie de la famille des *meliponios*, typiques d'Amérique du Sud et connues pour ne pas posséder de dard. Au Mexique, on les trouve principalement au sud (Campeche, Quintana Roo, Chiapas) mais elles restent menacées par le défrichage intensif de la forêt et l'usage de produits chimiques dans l'agriculture. Le miel produit, d'une grande pureté (liquide et sans tendance à la cristallisation), est étroitement associé à la médecine traditionnelle maya plus qu'à la consommation alimentaire : infections de la gorge, allergies et problèmes respiratoires, rajeunissement de la peau et gouttes pour soulager les yeux et globes oculaires. La cire sert quant à elle à gommer les tâches de la peau, à guérir les brûlures du soleil et à soulager les irritations des bébés. Le miel des *meliponas* est aussi un ingrédient indispensable à la fermentation de la boisson sacrée des prêtres mayas, le *balché*.

▸ **Ce groupe de femmes** a reçu en 2014 l'Ecuator Prize pour l'ensemble du travail qu'elles continuent à mener et à essaimer auprès des communautés voisines.

TOHCOK ★

Tohcok abrite un tout petit site archéologique, géré par les habitants du village, et dont les fouilles remontent à peine aux années 1980 alors que se construisait la *carretera* qui relie Hopelchén à Campeche. Vous n'aurez aucun mal à le localiser car il est visible depuis la grande route. Très modeste, il se compose d'une dizaine de constructions, dont deux seulement ont été mises au jour. Il reste donc beaucoup à découvrir ! L'ensemble présente aussi bien des éléments *chenes* que typiquement *puuc*. Le nom Tohcok, qui signifie « véritable rossignol » en maya, ferait référence à un petit merle (*milo pardo*) au plumage couleur café qui abonde sur les lieux.

ZONA ARQUEOLOGICA TOHCOK ★

Carretera Campeche-Hopelchén
Ouvert tous les jours de 8h à 17h. Entrée libre.

La visite est relativement expéditive. La première des structures, d'une vingtaine de mètres de longueur, devait être un palais à 2 étages lors de l'apogée du site (Classique Tardif, 600-750 ap. J.-C.). Ses attributs sont typiquement *puuc* ; colonnes monolithiques ornées de chapiteaux et présence de linteaux pour soutenir les ouvertures. La seconde aurait été un édifice d'observation astronomique et rituel. Sa partie inférieure est ornée de bas-reliefs zoomorphes typiques de la région et ses deux accès latéraux sont deux galeries voûtées, également décorées.

SANTA ROSA XTAMPAK ★★★

Au nord-est de la zone *chenes*, Santa Rosa Xtampak (« vieux murs » en maya) fut la cité la plus importante durant le Classique tardif. Ses 9 km² comptait dix places cérémoniales et une dizaine de milliers d'habitants. Les premiers hommes s'installèrent quelques siècles avant notre ère sur cette élévation naturelle d'une quarantaine de mètres de hauteur, peu à peu aplanie et dont les versants furent aménagés en terrasses. Les édifices qui ont subsisté à l'invasion végétale ont de magnifiques ornements au style *chenes* très marqué, bien que certains dénotent par leurs influences *puuc*. Des *chultunes*, réservoirs d'eau artificiels, sont éparpillés sur le site.

GRUTAS DE X'TACUMBIL-XUNA'AN ★

Ces impressionnantes grottes font partie du vaste réseau de rivières et trésors souterrains de la Péninsule. X'Tacumbilxuna'an signifie en langue maya « le lieu de la femme cachée » et était considéré comme un site sacré par cette civilisation. La légende raconte que Timot, père de famille, y cacha sa plus jeune fille, Lol-be (« fleur du chemin »), pour la séparer de son amant Dzulin avec qui elle entretenait une relation amoureuse. Mais ce dernier, à force de recherches, finit par trouver sa bien-aimée. Cependant, en raison d'une promesse qu'elle aurait faite à sa mère Lol-Ha (« fleur de l'eau ») alors qu'elle perdait la vie, la jeune femme Lol-He prit la décision de rejoindre ces espaces souterrains et de se métamorphoser en une pierre, en prenant l'apparence d'une femme portant un bébé dans ses bras. Vous distinguerez très clairement cette figure à l'intérieur des grottes, ainsi que beaucoup d'autres, notamment celles formées par les nombreuses stalactites et stalagmites de ces cavités souterraines. Vous arpenterez un parcours balisé de 350 mètres, remarquablement mis en valeur par un jeu de lumières colorées qui contribuent à donner vie à toutes les formes rocheuses que vous croiserez.

Pratique

Les grottes se situent à 120 km de Campeche (2h environ) et à 31 km au nord de Hopelchén (une demi-heure), juste avant d'arriver au village de Bolonchén de Rejón. Ouvertes du mardi au dimanche de 10h à 17h (entrée : 100 $).

ZONA ARQUEOLÓGICA XTAMPAK ★★★

On y accède par la route 261 en direction de Umán. Quelques kilomètres après avoir dépassé Hopelchén, une déviation sur la droite est indiquée. Ce sont en tout 40 km d'une route secondaire et sinueuse qu'il vous faudra parcourir durant un peu plus d'une heure.

Ouvert tous les jours de 8h à 17h. Entrée : 65 $.

On pénètre le site archéologique de Santa Rosa Xtampak après avoir grimpé quelques centaines de mètres d'un chemin encombré de pierres qui sont constamment remuées par les pluies torrentielles de saison. On débouche derechef sur la place principale du site, où l'on tombe alors sur l'un des côtés latéraux de la plus mémorable structure de ce vaste lieu, le *Palacio*. Le palais est un édifice imposant qui est construit sur trois niveaux et qui comprend quarante pièces au total : vingt-huit au premier niveau, douze au second et cinq au troisième, connectées entre elles par des escaliers intérieurs. Fait rare, le bâtiment a été réalisé tel quel dès sa construction. Il n'a absolument pas fait l'objet d'ajouts successifs et il est aujourd'hui considéré comme l'un des édifices les mieux conçus, mais aussi les mieux exécutés de toute l'aire maya. Sur l'un des autres côtés de cette place centrale se trouve encore un nouvel édifice intéressant, l'*Edificio con boca de serpiente* (l'édifice à la gueule de serpent), dont le temple présente cette façade zoomorphe si caractéristique de la région : des pierres taillées, imbriquées et enchevêtrées, forment autour de la porte d'accès un masque gigantesque représentant un être de l'inframonde, ou monde souterrain. Ce n'est pas, et de loin, le meilleur exemple de ce type de sculpture dans la région, mais c'est le mieux conservé de ce site. Si vous souhaitez prendre de la hauteur, rendez-vous ensuite en haut du *cerro de la estrella* (la colline de l'étoile), une ancienne pyramide sur laquelle ont été retrouvées les uniques stèles de la cité. Enfin, pour compléter votre visite, dirigez-vous vers le *Cuadrangulo del Sureste* (le quadrilatère du sud-est), dont l'agencement et les caractéristiques architecturales des quatre édifices qui se font face sont davantage associés au style *puuc*. En continuant vers la sortie par le chemin alternatif (c'est-à-dire sans repasser par la place centrale), on tombe une fois encore sur un très joli ensemble, le *cuartel*, une grande place de cinquante mètres sur quarante, dont les bâtiments présentent toutes les caractéristiques architecturales du style *chenes*. Pourtant, si l'on observe bien, l'agencement des remarquables décorations zoomorphes superposées autour des portes et qui couvrent certaines parties des murs extérieurs fait plus écho au style d'agencement décoratif *Río Bec* qu'aux temples *chenes*, chez qui les masques se superposent à l'angle même des bâtiments.

TABASQUEÑO ★★

Enclavée au centre de la région Chenes, cette cité maya sise sur une colline connut son apogée durant le Classique tardif (750-900) mais ne fut abandonnée que tardivement, aux alentours des XIIe et XIIIe siècles. Le site de Tabasqueño a été découvert par Teobert Maler, un explorateur austro-allemand qui rédigea les premiers rapports scientifiques sur la zone en 1887. Il la nomma ainsi en l'honneur du propriétaire du ranch voisin, originaire de l'État de Tabasco. On retiendra de ce site la structure du *Palacio-Templo*, de toute beauté, à l'origine couvert de peinture rouge intense et d'une crête imposante dont il ne reste qu'une partie.

ZONA ARQUEOLÓGICA DE TABASQUEÑO ★★

Ouvert tous les jours de 8h à 17h. Entrée libre.

La façade de la pièce maîtresse a la puissance du style *chenes*, avec ce grand masque zoomorphe du dieu de la Terre. La structure renferme huit petites pièces et est couronnée d'un temple auquel on accède par un petit escalier entouré aux extrémités d'une multitude de masques du dieu au long nez. D'autres petits palais en ruine sont accessibles. L'ensemble présente un complexe système de captation et de stockage des eaux de pluie, dont un *chultún* situé aux abords de la grand-place.

ZONA ARQUEOLÓGICA DE HOCHOB ★★

Ouvert du lundi au samedi de 9h à 15h. Entrée : 65 $.

Les édifices, qui composent la zone archéologique que l'on visite aujourd'hui, sont de magnifiques témoignages du savoir-faire des constructeurs et artistes mayas. Ils ont tous été édifiés entre les VIIe et Xe siècles. Parmi les trois groupes architecturaux du site, seul celui situé au sommet de la colline est accessible. Sur la face nord, le *Palacio Principal* présente une ouverture entourée de ce masque zoomorphe à la gueule ouverte et aux yeux hallucinés en spirale, symbolisant le strabisme cher aux élites mayas. Voilà encore une fois Itzamná, le Dieu de la Terre dont les dents acérées gardent jalousement l'accès de ce temple à la façade entièrement couverte de pierres enchevêtrées qui forment des motifs variés, et dont la crête a aujourd'hui presque disparu. Notons également ces fausses colonnes incrustées à chaque extrémité, dont le motif entrecroisé serait un symbole de noblesse qui marquerait l'aspect élitiste du lieu. Derrière ce palais se trouvent également les trous caractéristiques par lesquels se captait l'eau de pluie tombant dans les *chultunes*, ces ingénieux systèmes de collecte, stockage et redistribution de ce bien vital.

À l'est de cette structure iconique du style *chenes* trônent encore les restes d'un palais d'une vingtaine de mètres de longueur, dont le masque zoomorphe couvrant originellement la façade a connu des jours meilleurs. Dans le coin sud-est s'élève une petite tour de style *Río Bec*, dont les restes de son imposante crête sont encore visibles.

HOCHOB ★★

Hochob a également été décrite par Teobert Maler en 1887 et c'est lui-même qui lui donna son nom maya « lieu des épis de maïs », alors que les habitants aux alentours se servaient des temples pour y stocker le fruit de leurs précieuses récoltes. Quelque 1 500 ans auparavant, les premiers habitants s'installent sur une colline d'une trentaine de mètres de hauteur qu'ils nivellent pour édifier en son sommet leurs premières résidences que peu à peu allaient venir remplacer temples et édifices publics. Les flancs sont aménagés en terrasse où sont édifiées des unités domestiques en matériaux périssables, mais aussi un système de gestion des eaux de pluie.

DZIBILNOCAC ★

Cette cité maya, dont le nom signifie « voûte peinte », a été décrite en 1842 par l'explorateur John LLoyd Stephens, en même temps qu'elle était croquée par son acolyte et illustrateur Frederick Catherwood. Ensuite, de nombreux autres aventuriers et passionnés sont passés par là et se sont succédé, comme Teobert Maler qui fut à l'origine de la découverte du site de Tabasqueño. Les véritables travaux de restauration et de consolidation ne débutèrent qu'au milieu des années 1980 à l'initiative de l'Institut national d'anthropologie et d'histoire mexicain. Une mission qui peut se poursuivre tant il reste à fouiller et mettre en valeur.

ZONA ARQUEOLÓGICA DE DZIBILNOCAC ★

Dans le village d'Iturbide, accessible depuis Dzitbalché.

Ouvert du mardi au samedi de 9h à 15h. Entrée libre.

Les restes archéologiques s'étendent sur 1 km² à l'intérieur du village d'Iturbide, dont certaines maisons auront sûrement été construites avec des matériaux récupérés sur le site. La plus importante structure est l'édifice A, une plateforme de 76 m de long sur 30 de large, sur laquelle sont édifiées trois tours de style *Río Bec*. La seule tour qui existe encore est surmontée d'un temple de style *chenes*, dont la façade présente des représentations zoomorphes typiques.

Pomuch.

TENABO ★

Situé à 50 kilomètres de Campeche, c'est un petit village d'origine préhispanique (*Tah Naab*) réputé pour son artisanat textile. Si la production artisanale de l'Etat se caractérise par la variété, la beauté et la qualité du savoir-faire local, cette activité est surtout garante de la viabilité économique de nombreuses communautés. Les pièces conçues ici incluent aussi bien les habits traditionnels (chemisiers, blouses et les authentiques costumes *ternos*) tissés et brodés à la main, que la confection des hamacs. Ces derniers se révèlent être des indispensables alliés pour supporter la chaleur durant les heures lourdes des journées de printemps.

POMUCH ★

A 70 km de Campeche, Pomuch a acquis une renommée régionale pour les petits pains qui sortent quotidiennement de ses fours à bois. Ils crépitent depuis maintenant plus de 130 ans, depuis que la fameuse et non moins très villageoise boulangerie *Huachita* a ouvert. Mais ce village est peut-être aussi surtout connu pour avoir maintenu ses rites funéraires contre vents et marées. Ici, on dit que les morts vivent à l'air libre. Anciennement, les morts étaient traditionnellement conservés par la famille. Une fois la chair décomposée, les ossements étaient rassemblés puis rapportés à la maison où ils continuaient à inspirer la famille de leur présence. Peu à peu, les habitants ont été obligés de les concentrer dans le cimetière, mais ils n'en ont pas moins conservé leurs coutumes funéraires. Car les tombes sont plutôt des sortes de niches qui conservent dans des petites boîtes en bois les ossements des êtres chers, parfois à la vue de toutes et tous. Ici, on ne fait pas de chichis, les défunts font partie de l'existence et de la vie de tous les jours. D'ailleurs, les célébrations de la fête des Morts (entre le 21 octobre et le 2 novembre) sont l'occasion de se les remémorer. On ressort alors les os des urnes, puis on les nettoie amoureusement en respectant un ordre immuable, en commençant par les pieds et en terminant par le crâne. Ce contact physique avec les os des défunts est considéré comme un moment profondément sacré. Enfin, on les dépose soigneusement dans de nouveaux textiles qui ont été brodés pour l'occasion durant l'année.

HECELCHAKÁN ★

À 75 km de Campeche, c'est une petite ville de passage aux allures coloniales et aux maisons colorées, sise sur un ancien établissement maya. Son église San Franscisco de Asís a été installée sur une plateforme préhispanique dès le XVIe siècle. Selon les locaux, c'est là que l'on cuisine la meilleure *cochinita pibil*. On la déguste en matinée, autour des kiosques face à la place centrale, accompagnée d'*agua de cebada*, une boisson à l'orge agrémentée de cannelle, citron et glaçons. Le voyageur curieux s'arrêtera au petit musée d'archéologie, ou peut-être même à la champêtre et discrète zone archéologique de Xcalumkin, à une quinzaine de kilomètres de là.

MUSEO DE ARQUEOLÓGIA MAYA DEL CAMINO REAL ★★

Calle 18

Fermé depuis le 12 juillet 2022 pour rénovation. Sinon, ouvert du mardi au dimanche de 8h à 17h. Entrée : 65 $.

Ce petit musée regorge de merveilles méconnues qui enchanteront les curieux. L'essentiel des pièces concerne en effet les offrandes funéraires retrouvées en nombre sur la petite île de Jaina : vaisselle, urnes, silhouettes féminines vaquant à leurs occupations, petites figurines et sculptures de dieux aux aspects polymorphes. Plus monumentales, des stèles retrouvées dans les environs ainsi que des colonnes ornées d'inscriptions hiéroglyphiques de Xcalumkín complètent la visite.

CALKINI

Calkiní qui se situe non loin de Bécal à un quart d'heure de route, 10 kilomètres, constituera une halte supplémentaire pour les amateurs d'artisanat. Tout comme sa voisine, elle est considérée comme le berceau des familles d'artisans, avec comme spécificités le travail du bois, la vannerie et diverses méthodes de tissage en fonction de l'objet (chapeau, blouse, hamac...). Ce ne sont donc pas les boutiques de curiosité qui manquent et qui vous permettront de partir à la rencontre des créateurs et de leurs savoir-faire. Faites un détour par l'église San Luis Obispo de Tolosa, dont le retable en bois de style baroque remonte à plus de quatre cents ans.

ZONA ARQUEOLÓGICA DE XCALUMKÍN ★

À 17 km à l'est de Hecelchakán, en prenant la route qui part du village de Dzitnup vers Bolonchén.

Ouvert du mercredi au dimanche de 8h à 17h. Entrée libre.

Les premières traces d'occupation sédentaire de cette vallée fertile, à travers des restes de céramique, datent de quelques siècles avant notre ère, lors du Préclassique Tardif. Puis la ville se développe pour atteindre son apogée vers les VIIIe et IXe siècles. Les quelques édifices explorés et restaurés, de taille modeste, correspondent aux standards architecturaux *puuc*. Le vaste site, 10 km^2, n'était pas de premier plan car on n'y retrouve aucune trace de centre cérémoniel imposant, de bases pyramidales ou de jeu de balles. Découvert en 1887, il fut saccagé vers 1950 puis partiellement restauré à partir de 1992. Les détériorations et vols n'auront heureusement pas tout emporté des inscriptions hiéroglyphiques présentes partout. Analysées, elles relatent des évènements entre 728 et 761 ap. J.-C., dont l'étroite relation qui unissait cette cité avec l'Ile de Jaina, distante d'à peine 50 km. Plusieurs pièces avec des inscriptions (linteaux, colonnes, montants, chapiteaux, stèles) sont exposées au Museo de Arquitectura Maya de Campeche.

▸ **Poursuivre la route....** Si vous aimez les itinéraires détournés, sachez que depuis le site, vous pouvez continuer votre route vers Bolonchén de Rejón. De là, à quelques minutes en voiture, vous pouvez rejoindre les grottes de Xtacumbilxuna'an. Au nord de Bonlonchén vous gagnez le Yucatán en passant même par un autre petit site *puuc*, Chunhuhub. Vers le sud, vous joignez facilement les sites archéologiques de la *Ruta Chenes*.

Zona Arqueológica de Xcalumkín.

BÉCAL ★★

Ce paisible village d'origine maya se trouve à 10 km au nord de Calkiní, juste avant de passer la frontière entre les États de Campeche et Yucatán. Ses habitants semblent constamment occupés, car quand ils ne vaquent pas à d'autres tâches, ils se réunissent dans les patios et caves des maisons familiales pour tisser les fameux chapeaux de la palme naine *jipi*. Cette plante tire son nom du village de *Jipijapa* en Equateur, connu depuis des lustres pour l'utiliser dans la confection de chapeaux. Ce n'est ni plus ni moins celle qui sert à confectionner des « panamas » à la qualité extraordinaire. Car la plante a bien voyagé : d'Equateur, elle a été importée au Panama qui a associé son nom à ces indémodables attributs et leur a donné leur renommée internationale. Le village de Bécal est associé à leur production dès la fin du XIXe siècle. La plante est en effet introduite dans la région par un habitant de Calkiní qui la ramène du Petén guatémaltèque en 1859. Puis les frères García, propriétaires de l'Hacienda de Santa Cruz, décident à leur tour de la cultiver. Dès lors, les habitants de la région, s'appuyant sur la tradition maya de la vannerie, ont adopté cette plante comme matière première dans la confection de « panamas » ; le premier aurait été tissé en 1872. Bécal, déjà connu depuis le début du XIXe pour la confection de chapeaux, devient dès lors une référence nationale et internationale pour l'utilisation de cette fibre. Depuis le début du XXe, la majorité de ses habitants se dédie à cette activité.

LOOL-JIPI ★★

Calle 30 #231, entre les rues 37 et 39
✆ +52 996 114 3052
Ouvert tous les jours de 9h à 20h.

Incontournable pour découvrir la finesse de ce travail artisanal : cette fabrique familiale vous permettra de découvrir l'ensemble des procédés de confection des fameux *panamás*. Dans le beau patio traditionnel, littéralement encombré de plantes, on vous enseigne comment sont élaborées les différentes qualités de chapeaux. Il en existe cinq, dépendant de la finesse des fibres qui sont détachées des longues feuilles de la petite palme *jipi*. En fonction de sa taille et du temps de tissage, la qualité du produit final est démultipliée et le prix augmente au fur et à mesure : un chapeau de première qualité (fibre la moins fine, mais déjà très sympa) prend 2 jours de travail et coûte 350 $, de deuxième qualité une semaine de travail (750 $), de troisième qualité deux semaines (1 500 $), de quatrième une vingtaine de jours (3 000 $) et enfin la qualité ultime requiert plus de 25 jours de travail (3 500 $). Vous aurez ensuite l'occasion de descendre dans la grotte où ils sont tissés puisque le travail des fibres nécessite un taux d'humidité relativement élevé et constant. Toutes les familles du village disposent d'un espace de ce type, naturel ou artificiel, sous leur maison. Une fois le chapeau tissé dans une forme générique, il convient de lui donner sa forme finale. On insère les chapeaux frais et arrondis dans des presses en fer chauffées au bois, desquelles ils ressortent quelques secondes plus tard avec leur forme définitive. A ne manquer sous aucun prétexte, ne serait que pour rencontrer Doña Chary, maîtresse des lieux.

Découverte des étapes de confection de chapeaux Panama dans les ateliers familiaux.

ISLA ARENA ★★★

Isla Arena est un village de pêcheurs à la frontière de l'Etat du Yucatán, en bordure de la Reserva de la biosfera de Celestún. Le plus de ce magnifique écosystème côtier, c'est que l'endroit ne voit pas affluer autant de touristes qu'à Celestún, situé lui dans le Yucatán. Le village est un cul-de-sac posé là, au bout du monde. Autant vous le dire de suite, il n'a pas grand charme. Mais qu'importe, on ne s'y rend pas pour rester sur place, mais pour ses mangroves qui hébergent des dizaines espèces d'oiseaux sédentaires ou migrateurs, dont des colonies de flamants roses, cigognes, aigles pêcheurs et cormorans. On peut aussi se balader en mer le long de la côte, où les attraits sont multiples : plages vierges, salines ou *laguna colorada*. Les virées étant recommandées tôt le matin, il est préférable de passer une nuit ou deux sur place pour profiter.

S'y rendre. On rejoint Isla Arena depuis Campeche par le Camino Real, cette route très ancienne qui relie Mérida. La déviation vers la côte se fait à hauteur de Calkiní (à 75 km, compter deux heures de route sur cette voie sinueuse et étroite), puis on s'enfonce dans les terres mayas, en passant par des villages typiques où les *chozas* mayas font encore partie du paysage : Nunkini, Santa Cruz, San Nicolás, Tankunché. On aperçoit les anciennes haciendas de *henequén*, dont les maisons principales sont devenues le siège des pouvoirs municipaux alors que les autres bâtiments, dont les imposantes salles des machines, sont abandonnés à la nostalgie. Plus loin, à mi-distance entre Calkiní et Isla Arena, le magnifique point d'eau El Remate est idéal pour une pause fraîcheur.

© AURÉLIEN LEMOINE

Les magnifiques couleurs et tonalités des eaux de la mangrove d'Isla Arena.

EL REMATE ★★

Carretera Calkiní - Isla Arena km 14

Ouvert tous les jours de 8h à 18h. Entrée : 30 $.

El Remate est un site à vocation écotouristique mais finalement peu visité. Cet *ojo de agua* est un très joli point de baignade, dont les flots translucides sont en partie couverts de nénuphars. Il est connecté au Golfe du Mexique par un canal long de 8 km construit il y a de nombreuses années pour faciliter le commerce dans cette zone. L'endroit est réellement magique, les installations sont rustiques et comptent une petite station balnéaire où l'on peut se lancer en tyrolienne. C'est une halte plus que bienvenue pour se rafraîchir et faire une pause sur la route.

WOTOCH AAYIN ★

Vers la sortie nord du village de Isla Arena.

✆ +52 996 730 2969

www.wotochaayin.com

Ouvert du mardi au dimanche de 10h à 18h.

« La maison du crocodile » est une coopérative dédiée à la conservation et à la reproduction des crocodiles de Morelet, espèce endémique. Si vous souhaitez les voir dans leur habitat naturel, c'est ici. Et si l'envie vous prend, vous pourrez même en toucher un. L'endroit dispose également d'un petit restaurant avec accès à une piscine et des hamacs. Au menu, spécialités de poissons et fruits de mer, ainsi que des légumes de leur ferme. L'équipe sera à votre disposition pour vous guider ou pour la location de kayak. Il est aussi possible d'être hébergé sur place.

CENTRO ECOTURÍSTICO CAREY

✆ +52 999 280 8513

Différents tours en barque à moteur.

Les guides locaux de cette coopérative ne se lasseront pas de vous faire découvrir toutes les merveilles des alentours, qu'il s'agisse de découvrir les mangroves en barque, de visiter une hacienda productrice de sel, de pratiquer la pêche sportive ou récréative ou d'échanger avec les artisans locaux... Les excursions sont préconçues et les prix fixes, mais cela n'empêche pas de faire quelques ajustements pour personnaliser votre visite. La réservation est fortement recommandée.

ÉTAT DU CAMPECHE

© AURÉLIEN LEMOINE

Les eaux translucides et partiellement couvertes de nénuphares sont idéales pour la baignade.

CABAÑAS CAREY €

Sur la plage.
✆ +52 999 280 8513
Bungalow de 620 $ à 950 $. Restauration.

C'est le centre écotouristique le plus réputé pour son sérieux et sa constance. Installé sur la plage en sortant du village, le panorama est plus que très agréable, le sable est blanc, la mer aux couleurs changeantes et le tout est merveilleusement bien entretenu. Les dix *cabañas* sont juste parfaites pour l'endroit. C'est d'ici aussi qu'on organise de très sympathiques excursions dans les alentours, par voie de mer ou dans les mangroves. Le restaurant sert par ailleurs des plats exquis et copieux. Vraiment, que demander de plus ?

RESERVA DE LA BIOSFERA LOS PETENES ★★

Juste au nord de la capitale de Campeche débute cette réserve naturelle qui s'étend tout le long de la côte jusqu'à se confondre avec la limite sud de la *Reserva de la Biosfera Ría Celestún*, située elle dans l'Etat du Yucatán et avec qui elle partage cette flore et cette faune typiques des zones côtières humides (marécages et mangroves). La *Reserva de la biosfera Los Petenes*, qui s'étend sur près de 300 000 hectares, doit son nom de ces petites îles inondables qui bordent la côte. Cette multitude d'îles aux tailles variées est aussi bien couverte de mangroves que d'arbres tropicaux. L'ensemble de la zone est totalement dépeuplée ; ses uniques habitants sont les félins, les tapirs, les fourmiliers et nombre d'espèces d'oiseaux, parmi lesquels on peut mentionner les canards, les jabirus, les hiboux et bien évidemment les flamants roses. Les tortues de mer profitent également de cette tranquillité et viennent y pondre leurs œufs. A noter que la zone n'a pas toujours été dépeuplée. Les deux îles, *Isla de Piedra* et *Isla de Jaina*, servaient à l'époque préhispanique de nécropole ; on y a retrouvé bon nombre d'offrandes funéraires, aujourd'hui exposées au *Fuerte de San Miguel* à Campeche et au *Museo Arqueológico de Hecelchakán*.

▶ **Pour visiter la réserve** et cet écosystème unique au Mexique, il faudra vous organiser depuis la ville de Campeche. Différentes formules sont alors proposées. On peut choisir une balade en kayak ou bien une longue virée en bateau que l'on peut combiner avec des activités pêche.

TARPON CAMPECHE

Resguado Marino Darsena de San Francisco
Campeche
✆ +52 1 981 120 4708
Tours personnalisés, devis sur demande.

Cette agence est exclusivement spécialisée sur la *Reserva de los Petenes*. Son équipe de professionnels vous propose de vous y mener pour pêcher, bien sûr, mais aussi pour découvrir les merveilles naturelles du coin qui ne semblent pas avoir de secret à leurs yeux. Le programme est construit en concertation, du sur mesure qui peut également inclure un hébergement à Campeche dans une élégante maison à 10 minutes du centre. Rappelons que le tarpon est très recherché pour le côté sportif de sa pêche, de quoi vous mettre dans l'ambiance.

CHAMPOTÓN ★

En bordure du Golfe du Mexique, cette petite ville est le fruit d'une longue histoire qui remonte aux temps préhispaniques. Elle est occupée bien avant le début de notre ère par des pêcheurs, puis les Itzáes envahissent la zone durant la Période Classique, avant qu'elle ne passe sous la domination de la Ligue de Maypan au Postclassique et ne se réorganise autour de chefferies locales. Sa zone d'influence s'étendait alors depuis Seybaplaya au nord jusqu'à la Laguna de Terminós au sud. L'esprit guerrier de ce peuple de pêcheurs se manifeste quand Francisco Hernández de Córdoba entreprend l'exploration de la péninsule en 1517 et 1518 : il est par deux fois repoussé ; la baie de Champotón est depuis surnommée la *bahia de la mala pelea*, la baie du mauvais combat. C'est la première ville fondée par les Espagnols dans la péninsule, dès 1538.

Elle n'abrite plus aujourd'hui que quelques édifices historiques, mais il existe plusieurs jolies balades à faire dans les environs, comme explorer les rives du Río Champotón. Certaines très belles plages au sud, comme *Punta Chen* et *Chencán*, sont pratiquement vierges et constituent une zone de ponte pour de nombreuses espèces de tortues marines.

Transports

En voiture depuis Campeche (62 km), il faut emprunter l'autoroute 180 qui longe la côte. Depuis le site archéologique d'Edzná, prendre la départementale 261, puis la déviation pour rejoindre l'autoroute 180 en direction du sud.

PARROQUIA DE NUESTRA SEÑORA DE LAS MERCEDES ✝ ★

A l'angle du boulevard Revolución et de la rue 19

La construction de cette église débuta en 1551 avec l'objectif d'établir un couvent franciscain. En 1644, lors d'une attaque de la ville, elle fut prise d'assaut par des pirates. Elle ne fut donc que finalisée en 1661. Composée d'une seule nef en voûte en berceau et d'un clocher, elle est dédiée à Notre-Dame de la Miséricorde en mémoire de tous les esclaves africains que les Espagnols forcèrent à travailler dans la région pour exploiter le bois du Campeche et la canne à sucre.

RÍO CHAMPOTÓN ★★

C'est l'unique rivière de la péninsule du Yucatán qui débouche dans le Golfe du Mexique. D'une longueur de plus de 45 kilomètres, près de 35 sont navigables. Ses eaux représentaient déjà une ressource vitale pour la région à l'époque des Mayas, et c'est par là que les Espagnols débarquèrent sur la côte. A hauteur de l'autoroute 180, sous le pont, des embarcations avec toiture proposent des balades sur la rivière. Une excursion authentique et paisible, loin des grands circuits touristiques de la péninsule. Vous y croiserez probablement quelques caïmans...

BALUARTE DE SAN ANTONIO ★★

Boulevard Revolución

Cette petite fortification date du XVIIe siècle, même s'il est difficile de s'en rendre compte en raison de la modernité de sa rénovation qui cache les vieilles pierres. Edifiée par Antonio Llovet pour défendre la ville contre les attaques des pirates, c'est aujourd'hui l'unique trace de ce passé. Le bastion est aussi connu sous le nom de *Castillo de Moch Couoh*, l'illustre guerrier maya qui opposa sa résistance en 1517. Une sculpture le représentant, réplique d'un monolithe de la zone archéologique X'Culoc de Hopelchén, siège sur la place attenante.

HOTEL TUCÁN SIHO PLAYA €€

Carr Campeche Champotón km 35

✆ +52 981 131 3771

https://www.tucansihoplaya.com/

Chambre double à partir de 2 145 $. Restauration. Vente.

Voilà un hôtel moderne, de taille moyenne et juste en bordure des eaux calmes du Golfe du Mexique. La réservation donne accès à une jolie petite plage de sable blanc, où s'installer sur les nombreux hamacs installés à l'ombre des paillotes... Pour les plus sportifs, on peut aussi emprunter un kayak pour aller se balader alentour. Sans compter la piscine avec vue sur le coucher du soleil et les différents espaces extérieurs. Les chambres sont tout confort et il existe, en fonction des périodes, des formules promotionnelles tout inclus. Une halte bienvenue.

RESTAURANTE EL CACHIMBAZO €€

Carretera Champotón-Isla Aguada
✆ +52 982 828 2176
Ouvert tous les jours de 7h à 19h. Plats à partir de 300 $.

El Cachimbazo est un bon spot à l'ambiance traditionnelle et familiale pour déguster des fruits de mer dans la ville. L'endroit dispose d'une terrasse en bois coloré qui surplombe la mer et ses pélicans joueurs. Dans la cuisine, toute une armée de cuisiniers s'affaire pour satisfaire les palais des visiteurs les plus exigeants par les traditionnels filets de poisson farcis aux fruits de mer, les calamars farcis au crabe ou le très régional *pan de cazón*.

ISLA AGUADA ★★

Le village d'Isla Aguada est une communauté de pêcheurs d'origine maya-chontal, installée sur une petite bande de terre entre le Golfe du Mexique et la Laguna de Términos, ce système lacustre d'eau salée qui mesure 70 km de long sur 40 de large. A leur arrivée au XVIe siècle, les premiers explorateurs espagnols étaient d'ailleurs persuadés que la Péninsule était en fait une île, et Juan de Grivalja désigna la lagune comme *mar de Términos*, la mer qui séparait le Yucatán du reste du continent. On se rend précisément ici pour la parcourir et observer les dauphins qui y ont élu domicile permanent. Les réjouissances sont multiples, telle l'observation des nombreuses espèces d'oiseaux qui peuplent la *isla pájaros* et les mangroves alentour, et surtout celle des tortues *carey*. Sur cette côte, elles ont jusqu'à présent échappé à la déprédation des infrastructures touristiques et viennent entre avril et septembre y déposer leurs œufs. Parmi les possibles, on peut aussi serpenter en kayak dans les mangroves jusqu'au village de Sabancuy pour profiter des belles plages de sable fin de Santa Rosalía et Camaguey, visiter le vieux phare construit en 1885 et une ancienne hacienda productrice de chaux. Enfin, plusieurs coopératives de pêcheurs vous offriront leurs services près de l'embarcadère touristique de Isla Aguada.

▸ **S'y rendre :** Le village est sur la route entre Campeche et Ciudad del Carmen, à 40 km de cette dernière. On peut très facilement s'y rendre avec les bus ADO ou SUR (40 min de trajet).

LAGUNA DE TÉRMINOS ★★

Avec ses quelque 70 kilomètres de longueur, on dirait presque une petite mer, d'autant plus quand des vaguelettes se forment alors que la brise se lève. Ce précieux système lacustre est alimenté aussi bien par l'eau douce de rivières (souterraines ou non) que par l'eau salée de l'océan ; la vase riche en limons et en argile constitue un terrain ultra fertile pour les algues et les plantes qui prospèrent au fond de la lagune, mais aussi pour les quelque 1 500 espèces animales recensées qui y trouvent leur bonheur en termes de nourriture et zones de nidification notamment. De par sa biodiversité, la lagune fait partie des zones protégées du Mexique, et ce depuis 1994. Ses eaux bien oxygénées sont connues pour être un sanctuaire de premier plan pour les dauphins, qui y naissent et y passent leur existence ; ils sont visibles à toute heure du jour et de l'année. Et même qu'avec un peu de chance, vous pourrez croiser la route d'un banc rassemblant une centaine d'individus ! Cet écosystème préservé est également un refuge idéal pour la crevette, le crabe, la *lisa* (mulets), le *cazón* (requin-hâ ou milandre) et même les tortues (*Carey* et *Blanca*) et enfin le *manati* (lamantin). Les rives de la lagune, entre savane de hautes herbes et forêt basse, accueillent les frégates, cormorans, pélicans, cigognes, faucons pèlerins et autres *jabirua* américains ; la *isla Pájaros*, couverte de mangrove, n'est pas en reste. C'est un point de rencontre unique entre les oiseaux migrateurs du nord et du sud du continent américain.

MUSEO DEL FARO DE ISLA AGUADA ★

Calle Campeche
Ouvert du lundi au vendredi de 9h à 14h et de 15h à 18h. Mirador : ouvert tous les jours de 8h à 19h.

La date de construction exacte de ce phare n'est pas connue, mais il aurait été édifié à l'époque porfirienne. De style néoclassique français, il fait partie du patrimoine de la ville depuis plus de 100 ans et offre bien sûr une très belle vue panoramique. Restauré en 2010, c'est aujourd'hui un vrai centre culturel qui compte une bibliothèque et un musée présentant l'histoire de l'île et une intéressante collection de photographies sur l'archéologie sous-marine.

© LEV LEVIN - SHUTTERSTOCK.COM

Isla Aguada.

CENTRO ECOTURÍSTICO ZAZIL-HÁ

Calle Emiliano Zapata
✆ +52 938 127 0654

Tout y est ! Depuis les excursions les plus classiques pour sortir sur la Laguna dans une barque à moteur, des tours en kayak dans les mangroves (à faire absolument), la possibilité d'observer oiseaux, dauphins et tortues ou l'opportunité de visiter l'ancienne hacienda Tixchel, les options sont quasi infinies ; le plus, c'est surtout d'être accompagné de guides qui connaissent le coin comme leur poche. Et le rapport qualité-prix est à la hauteur, dégressif en fonction du nombre.

CABAÑAS ZAZIL-HÁ €

Calle Emiliano Zapata
✆ +52 938 127 0654

Chambre double à partir de 900 $.

Au cœur du village d'Isla Iguada, ce petit hôtel est une initiative communautaire, géré par une coopérative d'habitants mayas et choles. Il a tout pour plaire puisqu'en plus de proposer des chambres au très bon rapport qualité-prix, il dispose de l'une des meilleures cuisines du village pour déguster notamment des plats de poisson archi frais. En complément, adressez-vous à l'équipe qui organise de nombreux tours très complets pour visiter les environs, dans le cadre des missions de leur Centro ecoturístico, qui a également pour vocation à soutenir la communauté.

FREEDOM SHORES €€

Fin de la calle Marina s/n
✆ +52 938 150 6682
www.freedom-shores.com

Chambre double à partir de 1 168 $. Personne supplémentaire + 100 $. Restauration.

Les neuf chambres de ce petit complexe sont situées en bordure de la Laguna de Términos. Elles sont vastes et ont la particularité d'être accessibles aux personnes à mobilité réduite et aménagées en tenant compte de leurs besoins spécifiques. Le souhait du propriétaire Bill, lui-même handicapé depuis un accident de plongée, et de sa femme Thelma. Le restaurant La Gringa est réputé être l'un des meilleurs du village et propose aussi bien des spécialités de fruits de mer locales que des plats internationaux. De nombreuses excursions sont organisées depuis l'hôtel.

RESTAURANTE MAR Y CRUZ €€

Calle Agrarista, caleta I
✆ +52 938 156 9923

Ouvert tous les jours de 9h à 18h. Compter 150 $ pour un filet de poisson du jour.

Restaurant en bordure de mer, qui offre une cuisine authentique et familiale, grâce au fait qu'il est un peu plus éloigné du circuit touristique que ses concurrents. On mange autour de grandes tables rondes en béton, protégées du soleil par des toits en feuilles de palme, ou dans la grande salle en brique rouge. Les *mojarras* grillées à l'ail sont un véritable délice et les portions généreuses. Si vous préférez la vue sur la lagune, une seconde adresse, logiquement dénommée Restaurante Mar y Cruz II, existe près de l'embarcadère touristique de Isla Aguada.

CIUDAD DEL CARMEN ★

Ciudad del Carmen est à l'extrême ouest d'Isla del Carmen, une petite île de 37 km de long et de 7 m de large, reliée à la péninsule par deux ponts, Puente el Zacatal et Puente de la Unidad. Découverte par l'Espagnol Antón de Alaminos en 1518, elle n'était peuplée que de peu de natifs et les Espagnols n'y prêtèrent guère attention. Elle devint vite un repaire de corsaires anglais qui s'adonnèrent au juteux commerce du bois précieux qui arrivait en barge depuis le sud de l'actuel Etat. Les pirates furent finalement expulsés par Don Felipe de Andrade le 16 juillet 1717, jour de la Virgen del Carmen, célébrée chaque année du 15 au 31 juillet. Alors les Espagnols reprirent l'exportation vers l'Europe des bois précieux et du *palo de tinte* : les toits de la ville, à l'instar de Palizada, se couvrirent de tuiles importées de France, que les navires utilisaient aussi comme contrepoids. A la fin du XIXe siècle apparut une nouvelle activité autour du produit de l'arbre *chicozapote* : le *chiclé*, utilisé dans la fabrication de la gomme à mâcher. Son commerce allait chuter dans les années 1940 quand les substituts chimiques rendirent caduque la sève naturelle. Un temps, l'industrie de transformation de la noix de coco (savon, huile) allait compenser les pertes mais c'est surtout la pêche à la crevette qui allait impulser un nouvel âge d'or, avant la découverte du pétrole en 1971... Dès lors, la ville s'est surtout développée autour de l'or noir, extrait depuis les plateformes pétrolières qui affectent quelque peu l'environnement. L'île possède pourtant quelques belles plages et est surtout entourée par le riche écosystème lagunaire de Términos.

Si son centre historique n'est pas aussi ostentatoire que celui de Campeche, la sinueuse calle 22, qui relie le Parque Ignacio Zaragoza au Parque Benito Juárez, compte d'élégantes maisons dont les façades conservent des traits francisés, victoriens et Art déco. Et l'on pourra être séduit par son charme de ville portuaire en se promenant sur le Malecón ou dans le quartier Del Guanal.

Se loger

Du fait de l'activité économique, il existe de nombreux hôtels modernes et fonctionnels ; pour les hôtels de charme destinés au tourisme, ce n'est pas gagné. Il est possible de dormir sur l'Isla Aguada, de l'autre côté du pont, qui offre un cadre un peu plus sauvage.

BARRIO EL GUANAL ★★

C'est le quartier le plus ancien de la ville. En 1722 y furent construites les premières habitations au toit de palme *guano*. En y déambulant, vous apprécierez les quelques édifices historiques, comme les bâtiments de l'ancienne douane, ainsi que plusieurs temples religieux, dont le Templo de Jesús Nazareno et la Iglesia del Guanal. On peut avoir un aperçu du quartier en empruntant la Calle 22, ancienne rue du commerce, qui passe par le Parque Antón de Alaminos et débouche sur le Parque Zaragoza, où se dresse non loin l'Iglesia de Nuestra Señora del Carmen.

MUSEO VICTORIANO NIÉVEZ CÉSPEDES ★

Calle 22 s/n, entre les rues 41A et 41B

Ouvert du mardi au samedi de 9h à 17h. Entrée libre.

Ce petit musée est hébergé dans un très beau bâtiment du XIXe siècle, datant de l'époque porfirienne, doté de vastes couloirs, d'arcs et de colonnes, ainsi qu'un grand patio central. Il fonctionna un temps comme hôpital puis fut converti en musée en 1998. Retraçant l'histoire de l'île, sa salle permanente compte cinq modules où sont exposés aussi bien des pièces préhispaniques que des objets liés à l'univers des pirates et à l'environnement naturel de l'île.

PARQUE ZARAGOZA ★★

A l'angle des rues 31 et 22

C'est le cœur du centre historique de la ville, dans lequel on respire un air bien différent de l'industrieuse agglomération qui se déploie plus loin. La place est délimitée par des grilles en fer forgé qui datent du XIXe siècle et arbore en son centre un beau kiosque de style français. C'est ici que se dresse l'*Iglesia de Nuestra Señora del Carmen*, achevée en 1856. Les colonnes doriques de son portique et ses deux sobres tours se distinguent des autres édifices religieux de la région. Jetez aussi un œil à son étonnant plafond en bois d'acajou.

PLAGES ★★

La zone urbaine d'Isla del Carmen compte plusieurs plages où s'échapper du bruit de la ville pour se détendre, boire un verre, pratiquer du ski nautique... La Playa Norte se situe à dix minutes du centre, sur le Golfe du Mexique. C'est l'endroit idéal pour observer le coucher du soleil. Les Playa Manigua et Playa Caracol sont, elles, du côté de la Laguna de los Términos. Tout au bout de l'île, en allant vers Isla Aguada, se trouve Playa Tortugueros, beaucoup plus sauvage, où l'on peut davantage profiter des plaisirs balnéaires.

AEROPUERTO DE CIUDAD DEL CARMEN

A. Aviación #1211

A l'origine, construit en 1942, il s'agissait d'un aéroport militaire construit en collaboration avec les Etats-Unis durant la Seconde Guerre mondiale : il servait alors à ravitailler les avions qui surveillaient la zone. Désormais, il y a des vols quotidiens pour la capitale Mexico (avec les compagnies mexicaines Interjet et AeroMéxico), ainsi que des vols directs pour l'Amérique du Nord. Pratique, la compagnie TAR relie la ville de Veracruz tous les jours.

STELLA MARIS ★★

Malecón

Cette statue monumentale de la Virgen del Carmen mesure 12 mètres de hauteur (25 mètres en comptant la base). Elle est l'œuvre du sculpteur mexicain Sergio Peraza. Pas moins de 15 mois de travail et 15 tonnes de bronze ont été mobilisés. La sculpture est impressionnante. Elle s'insère parfaitement dans le décor : la Vierge semble tout droit sortie de la mer pour protéger les immenses bateaux que l'on aperçoit en arrière-plan. Inaugurée en 2014, la « Stella Maris » (en latin « étoile de mer ») est devenue un emblème de la ville.

TERMINAL DE AUTOBUSES ADO

Av. Periférica

✆ +52 938 382 3954

https://www.ado.com.mx/

Ciudad del Carmen est notamment reliée à Champotón par l'autoroute 180 (1h30). Depuis ce Terminal, les bus de première classe desservent les villes de Campeche, Escárcega et Xpujil. Les destinations plus lointaines, vers toute la péninsule du Yucatán (Mérida, Valladolid, Tulum, Playa del Carmen, Chetumal…), ne sont pas oubliées, ainsi que les Etats de Tabasco, de Veracruz et du Chiapas. Pour relier les 40 kilomètres qui séparent d'Isla Aguada, il faut compter trois quarts d'heure.

ÉTAT DU CAMPECHE

© RODOLFO I CAMBRANIS - SHUTTERSTOCK.COM

Stella Maris.

AZUL HOTEL Y PLAYA €

Av. Paseo del Mar #110A
+52 938 112 1126
www.azulcme.com.mx
Chambre double à partir de 600 $. Restauration.

L'hôtel est situé sur le nouveau Malecón et sa façade arbore un air de bienvenue de bord de mer mexicain, puisque c'est une grande *palapa* de deux étages où abondent les matériaux naturels. L'édifice moderne s'étire vers l'arrière, et abrite des chambres proprettes, confortables et équipées d'air conditionné. Un hôtel plus sympa que la moyenne ici, avec une programmation de concerts sympa. Le restaurant, qui propose notamment des parrilladas, est situé en terrasse en hauteur et a l'avantage de pouvoir offrir une vue partielle sur le golfe du Mexique.

HOLIDAY INN CIUDAD DEL CARMEN €€

Calle 31 # 274
+52 938 381 1500
Chambre double à partir de 1 130 $. Restauration.

Malgré le fait que l'hôtel soit situé au cœur du quartier des affaires de la ville, il a tout de même un petit air de vacances, grâce, notamment, à sa grande piscine qui trône au milieu d'un verdoyant espace vert. A la hauteur de l'ensemble des établissements de la chaîne Holiday Inn, l'accueil est complété d'une salle de gym, d'une salle de billard, de services de massages et de soins ; tout le confort et tous les équipements possibles et imaginables dans les chambres.

COCTELERÍA CAJÚN €

Av. Malecón Puntilla #35
+52 938 382 1421
Ouvert tous les jours de 10h à 19h30. Compter 250 $ pour un repas de poisson et fruits de mer.

Dans ce restaurant, ça fourmille... Un balai de serveurs et serveuses s'affaire parmi les nombreuses tables, mais également les cuisiniers que l'on peut apercevoir en train de préparer les commandes. Les spécialités de crevettes et de poisson, recettes typiques des côtes mexicaines, défilent et ouvrent l'appétit ; comme ce rafraîchissant *aguachile*, sorte de ceviche de crevettes à la mode locale. Quelques surprises originales comme les *ostiones a la rockfeller* (huîtres gratinées), les pinces de crabe ou les huîtres fraîches sont à tenter.

MERCADO DE MARISCOS €

Carretera Costera del Golfo s/n
+52 938 157 6117
Ouvert tous les jours de 8h à 15h.

La visite de ce marché spécialisé dans les poissons et fruits de mer n'est pas uniquement réservée aux voyageurs qui ont le privilège de bénéficier d'un espace cuisine dans leur hôtel. Ici, on a l'embarras du choix entre les multiples échoppes. Pas d'adresse en particulier à signaler, laissez-vous juste porter par l'ambiance du marché et tenter par les différents menus. Pratique pour ceux qui rêvent de cocktail de crevettes ou de *tacos* de poisson. Et pourquoi pas une bonne soupe de fruits de mer au petit-déjeuner, pour bien commencer la journée ?

EL MARINO RESTAURANTE €€

Calle 20 #2
+52 938 384 1583
Ouvert le lundi et du mardi au vendredi de 10h à 18h ; le week-end de 9h à 18h. Plats à partir de 150 $.

Un restaurant de poissons et de fruits de mer qui sert toutes les spécialités des côtes mexicaines : crevettes à l'ail ou accommodées à l'infini, cocktail de crabe, ceviche et soupe ; mais aussi de plus loin, avec une *paella valenciana* le dimanche. Et lorsque la pêche a été bonne, vous aurez la chance d'avoir des langoustes au menu ! Le plus de cet établissement, c'est qu'il est situé en bord de mer, à quelques mètres du pont El Zacatal, qui unit l'Isla del Carmen avec la péninsule d'Atasta. La vue est tout à fait imprenable.

RUSH BARRA DE CAFÉ

Av. Periférica Norte #127
+52 938 144 1746
Ouvert du lundi au vendredi de 8h à 22h ; le samedi de 8h à 20h ; le dimanche de 15h à 20h.

C'est un coffee-shop à ne surtout pas manquer si vous êtes amateur... de café. Décliné sous toutes ses versions : frappé, expresso, americano, cappuccino, latte... Le dénominateur commun, c'est le savoir-faire. Ici on torréfie sur place les grains, qui sont finement sélectionnés et proviennent notamment des producteurs de Coatepec, dans l'Etat de Veracruz. A essayer : la méthode traditionnelle « chemex » qui fait référence à une cafetière en forme de sablier, conçue dans les années 1940. Boissons fraîches et douceurs sucrées en prime.

PALIZADA ★★

C'est un petit village pittoresque situé aux bords de la rivière du même nom, auxquels certains trouvent une ressemblance toute fantasmée avec le village de Macondo décrit par Gabriel Garcia Marquez dans son roman *Cent ans de solitude* : maisons basses et colorées, toits de tuiles à la française qui cuisent au soleil et profusion de mangues et autres arbres tropicaux qui abondent un peu partout. À l'époque préhispanique, la région était habitée par les Indiens Chontal puis les Espagnols découvrent le río Palizada en explorant le fleuve Usumacinta. Ils s'établissent sur ses rives dès le début du XVIIe siècle mais ce n'est qu'en 1792 que le roi d'Espagne Carlos IV ordonne officiellement la fondation du village pour empêcher que la région soit envahie par les Anglais, qui occupaient alors Cuidad del Carmen. Le bois précieux, dont le fameux arbre à teinture très prisé en Europe, est expédié par voie fluviale vers les ports du golfe du Mexique alors que dans l'autre sens arrivent des marchandises européennes. Quelques canons qui ouvrent leur gueule sur le fleuve rappellent un passé moins paisible que l'impression que le village nous laisse aujourd'hui : les incursions de pirates et, plus récemment, le statut de point stratégique qu'occupe le village à l'heure des guerres intestines, sur la route fluviale majeure entre le Chipas, les marécages de Tabasco d'une part et la Laguna de Términos de l'autre.

Balade

L'église San Joaquín, à la sobriété désarmante, trône devant le joli parc central, siège de la vie sociale de Palizada. Tôt le matin, le marché municipal s'anime à l'arrivée des pêcheurs qui y présentent *tilapias*, *sábalos* et bars (*robalo*). La journée débute généralement par un bon chocolat chaud, qu'on peut accompagner de biscuits faits maison (*panetelas*) ou encore de mangues cueillies dans les jardins. Si vous n'arrivez pas si tôt, vous trouverez à déguster du *lechón tostado*, cochon de lait juteux et fondant à souhait, et si vous n'avez pas encore goûté au légendaire *pejelagarto* (poisson dont la tête ressemble à celle d'un crocodile), c'est ici que ça se passe. Outre déambuler dans ses ruelles aux couleurs vives et colorées, ne manquez pas d'embarquer sur le fleuve pour observer les oiseaux et, avec un peu de chance, apercevoir tortues, crocodiles ou encore plus rarement *manatis* (lamantins, gros mammifères d'eau douce, herbivores, typiques des franges côtières des zones tropicales de l'Atlantique, mais en voie d'extinction).

Se loger

Si vous souhaitez faire halte ici pour profiter de la langueur tropicale de la vie locale, il existe plusieurs petits hôtels modestes et bon marché dans le centre du village. Sinon, éloignez-vous un petit peu pour passer des moments privilégiés dans une des *fincas* alentour.

Transports

Des *lanchas* font la navette quotidienne par voie fluviale avec Ciudad del Carmen en une heure (300 $). Par la route, compter 4 heures, le seul avantage étant peut-être la traversée de la Réserve Pantanos de Centla, dans l'Etat voisin de Tabasco. Si vous venez de Villahermosa, prévoyez au moins 3 heures. La grande destination touristique la plus proche est Palenque au Chiapas, à 2 heures.

RANCHO SAN ROMÁN €€

Carretera Palizada, Santa Adelaida km 45
✆ +52 913 403 8807
www.ranchosanroman.com
Chambre double et cabañas à partir de 1 450 $. Restauration.

Fondée en 1917, cette exploitation se dédiait au commerce des bois précieux. Deux formules : chambres ou *cabañas*, dont certaines donnent directement sur la rivière. La décoration y est autant rustique qu'épurée et sophistiquée. On peut aussi bien passer sa journée à bouquiner lové dans un hamac qu'à passer des heures à explorer les alentours : visite en barque jusqu'à Palizada, excursions à cheval, observation d'oiseaux (spécialité de la maison) ou initiation aux activités agricoles locales. Une vraie simplicité bucolique et tropicale.

CANDELARIA ★★

Le *río Candelaria* est le plus long fleuve qui traverse l'Etat de Campeche. Depuis le Petén guatémaltèque, ses 400 km sillonnent le nord du Chiapas et se jettent dans la Laguna de Términos. Région occupée dès les temps préhispaniques par les indiens *chontal*, c'est sur le site de Itzamkanac, la *Zona Arqueológica El Tigre*, que Hernán Cortès, en route vers le Honduras, aurait ordonné en 1525 l'exécution du dernier *tlatoani* aztèque, Cuauhtémoc. Le long du *río*, vos guides vous montreront les ponts de pierre de l'époque, aujourd'hui submergés sous les eaux. Si la ville n'a pas grand intérêt, il existe quelques endroits rafraîchissants où profiter du paysage.

SALTO GRANDE ★★

Ranchería San Pedro
✆ +52 938 113 2971

« Salto grande » est le nom que l'on donne à cette zone protégée, « zona de uso turístico recreativo », qui compte quelques infrastructures pour accueillir les visiteurs. En raison du dénivelé, les eaux du fleuve Candelaria deviennent ici tumultueuses et l'endroit est bercé par leurs flots. Les nombreuses petites chutes d'eau et cascades invitent à s'y plonger ou à se faire masser dos et épaules. Mais on peut aussi se rafraîchir plus tranquillement dans les multiples puits d'eau. Une belle petite pause bucolique en perspective.

ZONA ARQUEOLÓGICA EL TIGRE ★★

À 50 km à l'est de Candelaria, 1h de route.
Ouvert tous les jours de 8h à 17h. Entrée : 65 $.

1 700 structures ont été identifiées dans cette capitale de la région Acalán, érigées durant la longue occupation qui dura jusqu'à l'arrivée des Espagnols. Les édifices encore debout présentent ainsi des styles variés, aux influences culturelles en vogue dans la région (Petén, Río Bec, Tardif). Le centre cérémoniel, dont la place centrale, valent le détour ; la base pyramidale conserve des figures zoomorphes de la période Préclassique de toute beauté. Très peu visité, à ne pas manquer.

ECO CABAÑAS SOLKA €

✆ +52 982 105 1565
6 cabañas, à partir de 600 $.

Les six petites *cabañas* qui composent cet établissement sont comme disséminées dans un grand jardin, au bord de l'eau. Aux allures de *chozas* typiquement mayas avec leurs toits en *palapa*, elles sont très rustiques et simples. Vous y dormirez au calme et ne serez troublé que par les bruits nocturnes de la forêt. Au matin, vous pourrez partir en excursion en kayak ou dans les sentiers avoisinants. Pensez à apporter de quoi vous ravitailler pour être autonome sur l'organisation de vos visites. Bon point de départ pour explorer les quelques sites fluviaux de la région.

CENOTES MIGUEL COLORADO ★★

On rejoint la communauté de Miguel Colorado aussi bien depuis Champotón (1h de route) qu'en venant du sud de l'État, depuis Palizada ou Candelaria, en passant par Escárcega, carrefour qui permet de gagner Calakmul. Elle abrite trois *cenotes* qui mesurent entre 115 et 250 m de diamètre. Le *cenote* K41, le plus camouflé et sauvage, est le foyer de milliers de chauves-souris ; comme celui de Los Patos, il est impossible de descendre sur ses rives ; enfin, le *cenote* Azul est le plus abordable et aménagé, donc le plus visité. C'est donc par ce dernier que l'on débute l'excursion pour progressivement s'enfoncer dans la végétation à la découverte des deux autres.

CENOTES MIGUEL COLORADO ★★★

A 1h de Champotón, à mi-chemin avec Escárcega.
✆ +52 982 102 4496
www.miguelcolorado.com
Ouvert tous les jours de 7h à 18h. Entrée : 150 $, 250 $ avec tyrolienne.

© MARINA VOSTRIKOVA - SHUTTERSTOCK.COM

Le cenote *Azul* a un diamètre de 250 mètres, il est possible d'y nager et d'y pratiquer le kayak. Une jolie balade consiste à monter sur la colline qui le surplombe, pour en redescendre par une tyrolienne qui le surplombe à 80 mètres de hauteur. Des sentiers écologiques ont été aménagés aux alentours : l'occasion de réaliser de belles balades dans la forêt tropicale et observer oiseaux tropicaux, tortues, singes araignées et autres insectes autochtones, mais aussi découvrir l'autre cenote, celui de *Los Patos*, qu'on observe uniquement depuis les hauteurs.

XPUJIL ★★

Xpujil est le village le plus important sur la route 186, entre le tronçon Escárcega et Nicolás Bravo ; c'est ici que convergent les lignes de bus qui relient l'État de Campeche à celui du Quintana Roo (Chetumal, Bacalar, Tulum, etc.). C'est là que vous pourrez aisément louer une voiture et que vous trouverez le plus grand nombre d'hôtels où passer la nuit pour visiter les zones archéologiques de la région. Celles de la route Río Bec (Xpujil, Becán, Chicanná, Hormiguero, Río Bec) se trouvent toutes à proximité ; Calakmul se trouve en revanche assez éloigné (une centaine de kilomètres, 2h de route) mais beaucoup de voyageurs le rejoignent sans souci depuis Xpujil. Le village est aussi une halte formidable si vous êtes amateur d'écotourisme, car c'est de là que partent les routes qui mènent à différentes communautés mayas situées à proximité, et qui offrent aussi différents services touristiques (attractions naturelles, activités communautaires ou même hébergement alternatif). Pour cela, rien de tel que de s'appuyer sur ces communautés locales. Nous vous recommandons d'annoncer votre visite : les communautés ne vivent pas uniquement du tourisme et vaquent aussi à leurs occupations quotidiennes. Le plus pratique, c'est de vous rendre au *Centro de Información Turistica*, qui pourra vous arranger les visites et vous renseigner sur les tarifs en cours.

Se loger

Si vous choisissez de vous loger à Xpujil, sachez qu'il vous sera très facile de trouver un hébergement dans de petites *cabañas* rustiques dans le centre du village, au confort rudimentaire et souvent très bon marché.

Transports

Pour rejoindre la ville de Campeche ou Chetumal, les bus de la compagnie ADO sont les plus confortables et la meilleure option. Le Terminal ADO se situe *avenida* Calakmul. Ceux de la compagnie Sur sont de deuxième classe, plus économiques, moins confortables et plus lents puisqu'ils s'arrêtent en chemin. Pour rejoindre Chetumal, des taxis collectifs partent depuis le feu de signalisation sur la route principale, en centre-ville, entre 7h et 10h du matin, dès que quatre personnes remplissent la voiture (tarif : 150 $). Pour Campeche, idem, sauf qu'ils partent alors à l'aube et coûtent 220 $.

GRUTAS DE LA COMUNIDAD CRISTOBAL COLÓN ★★

Cristobal Colón
✆ +52 981 171 7783
www.visitcalakmul.com

A moins d'une heure de route de Xpujil se trouve cette magnifique grotte qui abrite des chutes d'eau et une rivière souterraine, ainsi que des restes de céramiques, preuve de son ancestral caractère sacré et de l'utilité que les grottes ont toujours eu pour les habitants de Calakmul pour l'approvisionnement en eau. Il est possible et conseillé de les visiter en compagnie d'un guide local qui vous accompagnera sous terre dans ce parcours vers l'inframonde.

LAGUNA CAROLINA ★

Ejido Valentín Gómez Farías

Jolie lagune à proximité du village de Xpujil, où il est possible de pratiquer le kayak. A l'arrivée, un point information vous donnera tous les éléments. Des sentiers ont été aménagés aux alentours pour pouvoir réaliser des balades dans la forêt à pied ou à bicyclette. Tout près aussi, une pépinière d'orchidées qui se visite. Pour vous rendre depuis la route principale jusqu'à la lagune en vélo (6 km), il est possible d'en louer dans la communauté de Valentín Gómez Farías : réserver si possible au *Centro de Información Túristica*.

LA RAÍZ DEL FUTURO ★★

La Mancolona

La Mancolona, aussi connue sous le nom de *Unión 20 de junio*, est une petite communauté *tzetzal* (originaire du Chiapas) qui vous ouvre grand les portes de la forêt tropicale en excellent état de préservation : balades sur des sentiers avec des guides locaux qui vous feront observer oiseaux et singes, découverte des plantes et arbres emblématiques (poivrier), ateliers de fabrication d'artisanat et cuisine chiapanèque pour couronner le tout. Possibilité de camper sur place. Il est ici aussi suggéré de réserver en amont auprès du *Centro de Información Turística*.

ZONA ARQUEOLÓGICA XPUHIL ★★

Ouvert du lundi au samedi de 8h à 17h. Entrée : 65 $.

De même que le village, le site porte le nom maya de cette fleur rouge qui pousse autour des retenues d'eau (*aguadas*) qui se forment lors de la saison des pluies. Comme les sites alentour dépendants de la capitale Becán, il est occupé depuis le IVe av. J.-C. jusqu'au XIIIe, son apogée se situant là-encore au Classique Tardif (600-900). Des 17 ensembles architecturaux, seuls 4 se visitent aujourd'hui, tous empreints des règles architecturales et ornementales du style *Río Bec*. La structure I (*Edificio de las Tres Torres*) vaut largement le détour.

CENTRO DE INFORMACIÓN TURÍSTICA

Av. Calakmul

✆ +52 981 171 7783

www.visitcalakmul.com

Ouvert du lundi au vendredi de 9h à 14h et de 15h à 18h ; le samedi de 9h à 13h.

La coopérative qui gère ce centre vous mettra en contact avec les meilleurs guides pour visiter les sites archéologiques, mais aussi avec les projets communautaires de La Mancolona, 20 de Noviembre, Valentín Gómez Farias, Cristóbal Colón, Eugenio Echevarria Castellot. Ils proposent aussi bien des balades dans la nature que des activités liées à l'artisanat, et même l'hébergement pour certains. Il est recommandé de planifier votre venue et c'est ici le meilleur endroit pour le faire.

KA'AN EXPEDITIONS

Av. Calakmul s/n ✆ +52 983 871 6000

www.kaanexpeditions.com/

Ouvert du mardi au dimanche de 14h à 20h.

Grande palette de tours, visite du site de Calakmul 110 US$.

Cette agence, montée par un passionné qui vit depuis de nombreuses années sur place, organise des excursions vers les ruines mayas de la région, parfois combinées avec d'autres activités : découverte des différents métiers artisanaux, camping près d'une lagune, exploration de sites archéologiques en cours de fouille. Des tours pour apercevoir les animaux de la jungle sont également proposés au lever du soleil, heure à laquelle la vie sauvage s'active, en quête de nourriture. Votre meilleure option si vous souhaitez vous défaire des contraintes logistiques.

EXPLORA CAR RENTAL

Non loin de la route principale vers Chetumal, dans l'hôtel Casa las Lolas.

www.exploracarrental.com

Véhicules à partir de 790 $, assurances comprises. Devis par courriel.

Cette agence de location propose des voitures à prix compétitifs et ici tout est clair, net et sans bavure puisque le prix inclut toutes les assurances possibles et imaginables, que l'on recommande toujours de contracter. C'est sans aucun doute la meilleure option pour visiter les environs de façon autonome et libre. L'autre avantage de taille est que l'on peut prendre ou rendre la voiture à Bacalar, à 120 km de Xpujil, et on peut même venir vous chercher à l'aéroport de Chetumal. Avec tous ces arguments, il ne faut plus hésiter.

CABAÑAS Y HOSTAL ZOH LAGUNA €

Calle Caobas

✆ +52 983 101 6949

Cabañas à partir de 765 $; dortoir à partir de 250 $. Restauration.

Un établissement qui fait l'unanimité. Situé en dehors du besogneux Xpujil, c'est l'occasion de dormir dans un petit village tranquille, où vous serez accueilli comme à la maison. Le confort y est impeccable et le cadre de verdure apaisant, sans compter qu'il est doté, ô merveille, d'une belle piscine. L'endroit parfait pour les enfants. Dans ce cas, privilégiez les *cabañas*, idéales pour les familles et groupes de 4. Si vous voyagez en solo, la formule dortoir est une bonne option.

HOTEL CHAAC CALAKMUL €

Calle Puerto Rico

✆ +52 983 87 160 34

grupocalakmul.com

Chambre double à partir de 17 US$.

Pour le moins atypique, il faudra traverser la pizzeria et les cuisines pour accéder aux chambres. Petites, simples et des plus rustiques, elles n'en demeurent pas moins confortables et conviennent parfaitement aux petits budgets pour passer la nuit avant d'attaquer la visite de Calakmul. Et si vous ne savez pas encore comment vous rendre aux ruines, demandez au propriétaire. Il vous mettra en contact avec son frère qui tient un service de transport collectif. On viendra vous chercher à 7h devant la pizzeria et on vous y ramènera après la visite. Pratique !

HOTEL MAYA BALAM €

Calle Xpujil #10, entre Silvituc et Xnantun
✆ +52 983 835 7527
http://mayabalam.blogspot.com
Chambre double à partir de 540 $. Avec lit king size à partir de 760 $. Restauration.

Si vous préférez vous baser à Xpujil, près des jolies ruines éponymes et de Becán, cet hôtel un peu en retrait du centre-ville est idéal. Construit en dur, il offre un peu plus de confort que les petites cabanes en bois qui ont poussé ici et là dans les environs et a l'avantage de proposer l'air conditionné : pas glauque pour un sou, il offre des chambres coquettes avec parquet, mobilier en bois, eau chaude et service de nettoyage tous les jours. Le personnel est en plus très serviable. On peut y prendre ses repas sous un joli toit de palme dans le jardin.

CASA KA'AN €€

Camino a Laguna Carolina km1
✆ +52 983 158 2669
www.casakaan.com
Basse saison : bungalow de 900 $ à 2 000 $.
Haute saison : bungalow de 1 200 $ à 2 350 $.

Pour s'y rendre, on emprunte un chemin en terre en direction de la Laguna Carolina ; à visiter une fois sur place ! Les petites maisons sont installées sur un immense terrain : ici, on dort dans la jungle, bercé par l'intense vie sauvage. Les petites maisons colorées sont très confortables et la décoration est simple et agréable : kitchenette ou cuisine, ventilateurs et air conditionné, un grand salon pour certaines. Le copieux petit-déjeuner est servi à domicile ou sur la terrasse. Le must, vous êtes réellement en plein cœur des zones archéologiques du coin.

SAZÓN VERACRUZANO €

Av. Calakmul #92
✆ +52 983 871 6299
https://sazonveracruzano.negocio.site
Ouvert du mardi au dimanche de 7h à 22h. Repas complet pour 200 $.

Ce restaurant a l'avantage d'avoir une large amplitude d'attentions aux clients qui, notamment, vont et viennent dans les sites archéologiques proches. Les plats servis sont très, très copieux. La carte est 100 % mexicaine : *enchiladas de mole*, soupes ou plateau de fruits au petit-déjeuner ; plats à base de viande de bœuf, poulet ou porc pour le déjeuner et le dîner. Alors ce n'est peut-être pas Byzance mais doit-on vous rappeler que vous êtes quand même plutôt loin de la civilisation ? Petite boutique d'artisanat à l'entrée de l'établissement.

BECÁN ★★

A 8 km de Xpujil, Becán fut la cité maya la plus importante du Río Bec, probablement sa capitale, durant le Classique tardif et le Post-Classique ancien de 600 à 1 000 ap. J.-C. Sa séquence architecturale couvre plus d'un millénaire : de 100 à 1 200 ap. J.-C. Le cœur de cette vaste cité de 18 ha a la particularité unique, dans toute la péninsule, d'être entouré par un fossé de 16 m de large et 2,5 m de profondeur, à l'époque rempli d'eau. Sept entrées et ponts y avaient été aménagés pour accéder à la cité. En 1934, les explorateurs imaginent derechef une fonction défensive à cet ouvrage, bien que l'on penche désormais aussi pour une fonction hydraulique.

ZONA ARQUEOLÓGICA DE BECÁN ★★

Carretera Xpujil - Escárcega km 9
Ouvert tous les jours de 8h à 17h. Entrée : 70 $.

Le site comprend une vingtaine de structures monumentales : places et palais aux passages couverts et escaliers labyrinthiques. En pénétrant sur le site par l'accès principal, on tombe sur la *Plaza Este*, délimitée par des structures qu'il est aisé et agréable d'explorer ; la Structure IV, de quatre niveaux, est dotée de nombreuses petites pièces et décorée de détails appréciables alors que la Structure I conserve encore ses deux tours d'une quinzaine de mètres. D'autres structures de moindre importance ferment la place alors qu'un autel de forme circulaire en marque le centre. En continuant son chemin on débouche sur la grande *Plaza Central* et la Structure X, un grand palais avec patio intérieur qui accueille des arbres de *chicozapote* pourvoyant l'ombre nécessaire au voyageur ensoleillé. Sa face sud possède un grand masque en stuc représentant une figure anthropomorphe, et son intérieur un réseau de passages couverts et d'escaliers qui apparaissent et disparaissent ici et là. La Structure IX est l'unique structure pyramidale, qui culmine tout de même à 32 mètres de hauteur : on peut accéder à son sommet en empruntant un escalier très raide doté d'une corde pour éviter la chute. De là-haut, la vue sur la jungle impressionne, tout autant que le panorama sur la Structure VIII, dotée de deux tours latérales et de colonnes qui soutenaient un système de chambres en son sommet. A l'horizon se détachent également les trois tours de la zone archéologique de Xpujil.

CHICANNÁ ★★

La zone archéologique est installée sur une petite élévation naturelle, et sa richesse décorative et ornementale a fait que l'on a vite supposé qu'il s'agissait d'une zone destinée à la résidence de hauts dignitaires de la capitale *Becán*, ainsi qu'à la réalisation d'activités cérémonielles. Son nom lui a été donné en 1966, lors de sa découverte : Chicanná signifie en maya « maison de la bouche du serpent », et évoque ces représentations zoomorphes du Monstre de la Terre, qui ornent les façades de certains édifices, dont celles de la mémorable Structure II de la *plaza principal*. Deux hébergements, à proximité des ruines, peuvent s'avérer fort pratiques.

RÍO BEC DREAMS €€

Carretera 186 Escárcega-Chetumal km 142
✆ +52 983 126 3526
www.riobecdreams.com
Bungalow de 1 390 $ à 2 250 $. Restauration.

L'établissement possède un immense terrain où sont éparpillées une petite dizaine de *cabañas* en bois joliment conçues, avec chacune leur salle de bains et une petite terrasse. Certaines d'entre elles sont nommées « jungalows », un mot valise composé de « jungle » et de « bungalows ». Leur concept est d'être surélevées sur pilotis, ce qui est une excellente idée, à la fois car c'est une architecture sympa, mais aussi car cela permet d'éviter les visiteurs zoomorphes inopportuns... Le cadre tropical est garanti. Le restaurant sur place complète l'offre.

ZONA ARQUEOLÓGICA CHICANNÁ ★★

Carretera Xpujil - Escárcega km 11
Ouvert tous les jours de 8h à 17h. Entrée : 65 $.

Occupé du IVe siècle av. J.-C. jusqu'au XIIIe siècle, ce site vous plongera dans les méandres décoratifs de l'architecture maya. Ses édifices présentent en effet des caractéristiques architecturales que l'on associe au style *Río Bec*, ainsi que des éléments décoratifs typiques des *Chenes*, à savoir les grands masques zoomorphes en pierres assemblées qui couvrent la façade des temples. C'est le cas de la façade de la structure XX, que l'on découvre tout d'abord. C'est l'édifice le plus haut du site ; composé de deux étages, son intérieur renferme pas moins de quatorze petites pièces dont certaines présentent quelques décorations qui valent également le coup d'œil. Les restes de ce qui devait être une imposante crête sont visibles en son sommet. Plus loin, l'accès à la place centrale se fait par le plus ancien bâtiment du site (structure XI), également peut-être même de la région, aujourd'hui en ruines : il présente des indices d'un style *Petén*, antérieur à celui de *Río Bec*. Sur la *Plaza central*, la structure I représente le meilleur exemple de l'architecture *Río Bec* sur ce site : la plateforme flanquée de deux rangées de trois chambres est entourée de deux imposantes tours dont les côtés arborent des décorations de mosaïques de pierres qui forment des motifs entrelacés. La structure II est finalement la plus impressionnante de toutes, celle qui rend la visite de ce site indispensable : le masque zoomorphe du très long bâtiment est dans un état de conservation remarquable.

© AURÉLIEN LEMOINE

Les façades zoomorphes de cette cité de dignitaires sont parmi les mieux conservées de la région.

CHICANNÁ ECOVILLAGE RESORT €€

Carretera Escárcega-Chetumal km 144 s/n Xpujil
✆ +529811461748
www.chicannaecovillageresort.com
Chambre double à partir de 1 084 $. Restauration.

Cet agréable éco-lodge permet à la fois de contempler la nature si riche de la région et de se reposer au calme. Il est composé de petits édifices au toit de palme de deux ou quatre chambres, plantés au milieu d'un très beau cadre naturel. Côté activités : piscine avec bain bouillonnant, excellent restaurant, visites guidées vers les sites archéologiques et écotourisme. L'une des options les plus agréables pour faire une halte avant la visite de Calakmul ou les ruines de Chicanna.

HORMIGUERO ★★

Redécouverte en 1933, ce n'est qu'en 1979 que les travaux de conservation débutent. Cette petite zone archéologique est nichée au cœur de la forêt, ce qui fera le bonheur des amateurs du silence et de la tranquillité. Du fait de son isolement, elle est relativement peu visitée mais mérite le détour. Vous ne découvrirez certes rien de plus au niveau architectural ou ornemental que sur les sites principaux de style *Río Bec*, mais la quiétude n'a pas de prix... et permet de ressentir les énergies du lieu différemment, d'autant que le climat chaud et humide a invité la végétation à recouvrir certains passages. A vous d'explorer cette fenêtre vers l'inframonde.

Hormiguero.

ZONA ARQUEOLÓGICA EL HORMIGUERO ★★

Eugenio Echeverría Castellot
Ouvert tous les jours de 8h à 17h. Entrée libre.

Ce site mérite une visite tant pour la balade qu'il offre que pour les tours aux contours arrondis qui imposent une présence monolithique à la végétation frondeuse ; les restes d'ornementation (pierres assemblées ou moulage en stuc) sont à voir. C'est le cas de la Structure II, longue de 50 mètres, dont la façade est ornée de la représentation zoomorphe du fameux Monstre de la Terre ou encore du temple de la Structure V dont les coins arrondis présentent de beaux restes sculptés.

RÍO BEC ★★★

Le mythique site de Río Bec, à proximité de la communauté 20 de Noviembre, n'est pas une zone archéologique dite officielle puisqu'elle n'est pas gérée par l'Institut National d'Anthropologie et d'Histoire, mais par les habitants du village. A ce jour pas moins de 80 structures y ont été recensées, mais seuls deux groupes ont été dégagés des entrailles de la jungle, ayant fait l'objet de fouilles et d'une relative restauration par l'équipe de l'archéologue française Dominique Michelet (groupes A et B, les plus facilement accessibles). La visite est donc à la charge de la charmante communauté rurale maya originaire du *Camino Real* qui relie Campeche à Mérida ; le village est par ailleurs réputé pour sa production textile, qui s'expose dans les ateliers des artisans.

Pratique

Pour visiter le site, il peut être utile de contacter le *Centro de Información Turística* de Xpujil pour la mise en lien avec les guides locaux. La qualité de votre visite dépendra avant tout de la qualité de votre guide ; ceux sans connaissances historiques particulières font payer 400 $ environ, ce montant pouvant doubler avec des guides expérimentés. Le site est difficilement accessible puisque les 15 km de sentiers en terre à parcourir sont aussi empruntés par des camions qui extraient des bois précieux de la jungle. Les ornières sont impressionnantes, voire difficilement franchissables en cas de pluies, même en 4x4. Les guides louent des motos et des quads, rendant l'accès plus aisé. A vous de négocier (la fameuse loi de l'offre et de la demande en haute saison).

HUMBERTO DZIB TUN

Ejido 20 de Noviembre
✆ +52 1 983 102 5699
https://dzibexpeditions.webnode.mx/
Excursion guidée en quad, tours dans la région et hébergement possible. Tarifs à la demande.

Un guide certifié qui connaît son affaire et les moindres recoins de la région ! Il peut emmener jusqu'à deux personnes sur son quad pour visiter jusqu'à 6 groupes architecturaux. Si vous êtes plus nombreux, pas de soucis, il détient d'autres quads. Le chemin est long et chaotique, mais c'est une expérience vraiment unique, une traversée de 15 km dans la jungle. Si besoin, il peut vous prendre à Xpujil et vous pourrez aussi passer la nuit dans des cabanes équipées de hamacs, sur un piton rocheux en amont du village. Prenez contact pour vous accorder sur les prix.

CONHUÁS ★

C'est un petit village paisible, à 55 kilomètres de Xpujil, qui est fait de maisons traditionnelles en bois. On y trouve quelques petites *cabañas* où se loger à bon prix, car c'est surtout sa proximité avec le site de Calakmul qui est séduisante. Conhuás est à seulement 2 kilomètres de la déviation pour pénétrer dans la forêt vers le site de Calakmul. Il reste ensuite 1h30 de route pour atteindre le site archéologique. Y passer la nuit permet ainsi de décoller très tôt le matin, à la fraîche, quand la nature se réveille et donc d'effectuer en route quelques haltes pour observer la faune sauvage à l'aube, un spectacle aussi bien sonore que visuel.

BALAMKÚ ★★

Voilà un site original, puisqu'il n'a été découvert et déblayé partiellement que depuis 1990, alors qu'il était allègrement saqué par des pilleurs en tous genres. Son nom d'adoption signifie « temple du jaguar » en maya, en référence aux félins représentés en nombre sur sa grande fresque en stuc, motif de votre visite et que l'on surnomme « la frise de l'univers ». Sa période d'occupation est longue (depuis 600 av. J.-C. jusqu'au XIIIe siècle) et la cité a subi l'influence des cités du Petén entre 250 et 600 ap. J.-C. (Calakmul, Nakbé, El Mirador, Uaxactun, Tikal) avant de tomber sous le charme du style *Río Bec* (600-800 ap. J.-C).

ZONA ARQUEOLÓGICA BALAMKÚ ★★

À 3 km de Conhuás en direction de Escárcega.

Ouvert tous les jours de 8h à 17h. Entrée : 65 $.

Si le site en lui-même est tout petit, il se distingue surtout par une grande frise en stuc de 16,5 mètres de long, extrêmement bien conservée dans les soubassements du *Templo de los Reyes*. On y découvre la cosmovision des anciens Mayas et la vue s'y perd à mesure que le regard vagabonde dans les détails des scènes fantastiques représentées. À visiter après votre expédition sur le site de Calakmul, dont la route d'accès n'est qu'à quelques kilomètres.

CALAKMUL ★★★★

Calakmul signifie en maya « deux monticules adjacents », nom sous lequel les guides du botaniste américain Cyrus Longworth le lui firent découvrir au début des années 1930, en référence aux deux pyramides quasi jumelles recouvertes de verdure (les Structures I et II), dont la cime dépassait de la futaie.

Histoire

Dès 1932, des fouilles sont menées sur le site par l'Américain Sylvanus Griswold Morley, mais ce n'est qu'en 1982 que commencent ses exploration et étude systématiques. Sur les 70 km^2 que couvre la cité, plus de 6 000 structures ont été identifiées. Grâce au déchiffrage des quelque 120 stèles découvertes à ce jour, on sait que le nom originel de la cité fut en réalité *Uxte'Tuun*, le lieu des trois pierres. Son existence s'étend entre 400 av. J.-C. et le Xe siècle, et elle est l'une des protagonistes méconnues de la splendeur maya à l'époque classique (250-600 apr. J.-C.). A son apogée (562-695 apr. J.-C.) elle maintenait des relations et liens avec toutes les grandes cités de l'aire maya, prenant la tête d'une alliance locale connue comme le Royaume de Kaan (Royaume de la Tête de Serpent). Au long de son histoire, elle réussit à soumettre Tikal et Palenque et à prendre le contrôle des routes fluviales et commerciales, lui assurant un approvisionnement ininterrompu en pierres précieuses et plumes rares. A la fin du VIIe siècle, la défaite contre Tikal, l'ennemi juré, allait entraîner le déclin de la cité qui ne contrôle plus le Petén, mais réoriente son hégémonie vers le nord de la Péninsule. On estime qu'elle est abandonnée au début du deuxième millénaire, mais on a néanmoins retrouvé des traces d'une activité cérémonielle qui y perdure jusqu'au XVe, la cité devenant alors peut-être un lieu de pèlerinage.

Pratique

La zone de Calakmul se distingue par ses patrimoines culturel et naturel et il serait dommage de négliger le second.

▶ **On peut apercevoir des singes et des oiseaux** en visitant la zone archéologique. Mais pour ceux qui souhaitent véritablement écouter les bruits de la forêt et approcher ses habitants, des sentiers écotouristiques ont été aménagés autour de la route sinueuse qui mène aux ruines après l'entrée de la Réserve. Ceux-ci partent directement de la route : il est donc possible de se garer sur le chemin et de continuer à pied dans la forêt sur quelques kilomètres.

Le mieux est d'arriver à l'aube pour augmenter vos chances d'observer oiseaux et mammifères (cervidés, sangliers, singes araignées et singes hurleurs, etc.) se réunir autour de points d'eau. Si les sentiers sont indiqués et balisés, il est néanmoins bien plus efficace de disposer des services d'un guide certifié pour rendre la visite plus intéressante (aussi bien de la forêt que des ruines) et vous éloigner des sentiers battus pour découvrir des recoins privilégiés.

Guides. On les trouve juste au péage de la route principale (on s'arrange sur le prix et vous les emmenez en voiture – à partir de 600 $, selon l'expérience du guide) ou encore à l'entrée de la réserve. Vous pouvez aussi contacter directement le Campamento Yaaxc'he ou encore Ezequiel Cauich, guide très réputé localement pour l'observation des animaux (ezequielcauich@hotmail.com / +52 983 836 6467). Tous les hôtels vous suggéreront aussi des visites guidées. Le site du *Centro de Información Turística* de Xpujil (www. visitcalakmul.com) fournit une liste des guides spécialisés et peut vous mettre en relation.

Se loger

Il n'existe pas d'hôtels directement à proximité de la zone archéologique. L'option la plus proche est l'hôtel Puerta Calakmul, au niveau du croisement de l'autoroute 186 et de la route qui mène aux ruines (donc à 60 km). Ne pas négliger le Campamento Yaax'che qui loue des tentes équipées et offre de superbes visites guidées. À quelques kilomètres sur la route 186 vers Escárcega, plusieurs familles dans le village de Conhuas louent des *cabañas* au confort suffisant et rudimentaire. Sinon, il faut chercher dans et autour de Xpujil.

Se restaurer

Attention, il est indispensable de venir avec sa bouteille d'eau et un petit pique-nique. Vous pouvez toujours acheter une bouteille d'eau aux vendeurs ambulants à l'entrée des ruines mais ils ne sont pas légion et il serait dommage de gâcher votre visite par une insolation. Le musée (à l'entrée de la Réserve, à 40 km des ruines) vend quelques en-cas mais rien de consistant. Le restaurant le plus proche se trouve à quelques kilomètres de l'intersection avec l'autoroute 186 qui relie Escárcega et Chetumal, soit à 60 km du site archéologique.

Transports

La distance totale entre Campeche et le site archéologique est de 300 km, soit à un peu plus de 4 heures. C'est un petit peu plus court depuis Chetumal : 235 km (l'autoroute 186, puis la route escarpée à travers la forêt), soit 3h30 de trajet. Des tours opérateurs depuis Campeche ou Chetumal proposent des excursions incluant généralement une nuit dans les environs. C'est de loin la meilleure solution, même si vous voyagez par vos propres moyens.

Voiture. Le site archéologique n'est pas facile d'accès et la meilleure solution, de loin, est de disposer d'une voiture. L'accès à la déviation (*la pluma*) qui mène aux ruines se trouve à proximité de Conhúas, à 55 km de Xpujil sur la route principale en direction de Escárcega. Là, il faut payer un droit d'entrée (50 $, ouvert à partir de 5h du matin) pour emprunter les quelque 20 km de ligne droite qui mènent à l'entrée de la Réserve. C'est ici que se trouve le petit musée du site (dernière chance de boire un café et d'acheter de l'eau). Il faut repayer (70 $, ouvert à partir de 6h) pour le droit d'entrée dans la réserve proprement dite et c'est ici que l'aventure commence, le long des 60 km de cette petite route sinueuse qui serpente à travers la jungle. C'est cet isolement au milieu de la forêt tropicale qui donne au site son charme.

Transport public. L'année 2018 a vu l'ouverture d'une ligne de minibus qui part tous les matins de Xpujil, une véritable aubaine puisque le site n'était alors accessible que par trois biais : avoir sa propre voiture, organiser la visite avec une agence ou se faire déposer en bus (compagnie Sur) à *la pluma* et de là s'arranger avec d'autres visiteurs pour qu'ils vous emmènent jusqu'au site.

CUEVA DE LOS MURCIÉLAGOS ★★

Carretera 186, entre les kilomètres 106 et 107

Tous les jours à partir de 17h30 (heure d'hiver) ou 18h30 (heure d'été). Entrée : 75 $.

Dès le kilomètre 106, des panneaux indiquent la présence de chauve-souris. Un peu plus loin, côté gauche de la route direction Xpujil, un sentier dans la forêt conduit à une grotte d'où sortent chaque jour quelques 2 ou 3 millions de chauve-souris pour chasser leur nourriture. Le spectacle est impressionnant, elles sortent et volent en arc de cercle et vous frôlent sans jamais vous heurter, grâce à leurs capacités d'écholocation. La nature dans toute sa splendeur et sa magie ! Assurez-vous d'y être avant la tombée du jour, après la visite des ruines par exemple.

ZONA ARQUEOLÓGICA DE CALAKMUL ★★

Ouvert tous les jours de 8h à 17h. Entrée : 80 $.

L'aire centrale de Calakmul, qui correspond aux 25 km² de la zone archéologique, est formée par cinq complexes architecturaux majeurs organisés de manière dispersée autour d'une place centrale qui reflète à travers ses styles et constructions la longue durée d'occupation de la cité. Pour accéder aux différents ensembles architecturaux, il faut marcher environ 1,5 km à travers la jungle depuis l'entrée. Puis, des panneaux indicatifs vous donnent l'option d'aller dans différentes directions, correspondant à plusieurs circuits : un circuit long, un circuit moyen et un circuit court. Il est conseillé de prévoir un minimum de trois heures sur place, voire la journée toute entière pour ceux qui souhaitent découvrir la totalité des groupes architecturaux dans le détail. Le circuit court ne permet de visiter que les principaux édifices de l'ensemble architectural de la *Plaza Central*, alors que le circuit moyen vous emmène jusqu'à la *Gran Acropolís* et sa *Plaza Norte* dotée du traditionnel terrain de Jeu de balle ; le circuit long propose un parcours jusque dans les zones résidentielles annexes. Néanmoins, les panneaux indicatifs sont parfois confus, et on sort facilement du circuit choisi. La visite se transforme alors en déambulation où l'on laisse libre cours à son instinct. On rejoint toujours sans souci la place centrale, flanquée de la structure VII sur son côté nord. C'est là qu'a été découvert le fabuleux masque de Jade désormais exposé au *Museo Fuerte San Miguel* de la ville de Campeche. Du haut de cette pyramide de 24 mètres de hauteur on aperçoit, quelques centaines de mètres plus loin, les hauteurs des structures I et II, cette dernière étant considérée comme l'édifice emblématique de la région.

Le style *Petén* : il caractérise l'architecture civile et religieuse correspondant à la région éponyme, à cheval sur le Guatemala et le Mexique. Son époque est antérieure à celle des autres styles architecturaux de l'Etat de Campeche (*Río Bec*, *Chenes* et *Puuc* se développent à partir de 600 ap. J.-C.), puisque le style Petén atteint sa plénitude entre 250 et 600 ap. J.-C.. Cette architecture se distingue par son caractère monumental : les murs sont formés de corps échelonnés et les édifices les plus imposants sont surmontés de temples de grande taille, d'une seule pièce, surmontés de crêtes démesurées. Des stèles et des autels particulièrement bien ouvragés et sculptés se trouvent généralement devant les bâtiments emblématiques.

© FERNANDO PALLARES - ISTOCKPHOTO

ESTRUCTURA II ★★★

La structure II est considérée comme une des plus importantes du monde maya et par conséquent de la zone de Calakmul, antérieure aux bâtiments de pierre des sites d'Uaxactún et de El Mirador, localisés dans la région du Petén au Guatemala. C'est un immense temple pyramidal à l'extrême sud de la *Plaza central*. Ses soubassements figurent donc parmi les plus anciennes constructions du site (IVe siècle av. J.-C.) et ses modifications successives et ajouts s'étalent jusqu'au Xe siècle. Essayez de vous représenter qu'à l'époque la pyramide était couverte de temples et d'ornementations (dont de nombreux masques zoomorphes du VIe siècle), et que le tout était polychrome, peint de couleurs vives aux teintes ocre, rouges et bleues. Depuis sa base carrée de 120 mètres de côté s'élève un imposant escalier central, qui permet de rejoindre le sommet qui culmine à 47 mètres de hauteur ; les escaliers latéraux disposent néanmoins de marches plus amples, qui se trouvent bordées d'arbres, ce qui rend donc son ascension plus aisée. Depuis ses hauteurs, on domine la forêt à perte de vue, les nuances de vert contrastant avec la pierre de la pyramide. On ne voit émerger que le haut de Structure I, encore partiellement recouverte par la jungle, la structure VII qui s'élève de l'autre côté de la place centrale, et aussi au loin la pyramide du site El Mirador au Guatemala. Car il faut imaginer que Calakmul et El Mirador étaient particulièrement liées à l'époque classique, toutes deux étant des villes importantes de la région.

MUSEO DE LA NATURALEZA Y ARQUEOLOGÍA ★

Carretera a la zona arqueología de Calakmul km 20

✆ +52 800 900 2267

Ouvert tous les jours de 9h à 16h. Entrée libre.

Le petit musée du site donne essentiellement des informations d'ordre géologique et naturaliste sur cette zone de forêt haute et humide. Vous en découvrirez donc plus sur la faune et la flore, car pour tout ce qui concerne les éléments archéologiques, il ne faut pas oublier que les principales pièces ont été délocalisées dans les musées de la ville de Campeche (Fuerte de San Miguel, *Museo arqueológico* et Baluarte de la Soledad, *Museo de la arquitectura maya*).

XPUJIL-CALAKMUL TRANSPORTE COLECTIVO

✆ +52 983 137 8471

Aller-retour depuis Xpujil, 600 $.

Si vous n'avez pas loué de voiture et que vous ne souhaitez pas faire du stop, alors cette entreprise vous propose une bonne solution alternative pour se rendre en transport collectif jusqu'à la zone archéologique de Calakmul et à la fameuse « cueva de los murciélagos ». Sa flotte est composée de minibus tout confort qui prennent la route dès lors que le nombre de trois passagers est atteint. Les départs se font chaque jour à 8h ; il vous en coûtera 600 $ l'aller-retour.

CAMPAMENTO YAAX'CHE €

Carretera a la zona arqueológica de Calakmul km 7

✆ +52 983 177 0606

www.ecoturismocalakmul.com.mx/

Tentes pour 4 avec lits à louer à partir de 700 $. Restaurant. Service de guide pour la journée.

Un endroit perdu dans la forêt, aux installations volontairement rudimentaires et tropicales. Ici, on dort en toute quiétude. La famille qui vous accueille habite sur les lieux et cultive les aliments qui vous seront proposés (oeuf, miel…) aux repas. Votre hôte est plus que compétent pour vous emmener découvrir les beautés naturelles et architecturales puisque c'est lui-même qui certifie les autres guides du coin ; il peut mettre son propre véhicule à disposition. Après une bonne journée de balades, attablez-vous pour déguster la cuisine au feu de bois.

HOTEL PUERTA CALAKMUL €€€

Carretera Escárcega - Chetumal km 98

✆ +52 998 892 2624

www.puertacalakmul.com/

15 villas thématiques à partir de 155 US$ la nuit pour deux personnes. Restauration.

Sans nul doute la meilleure halte pour partir à la découverte des ruines de Calakmul. C'est l'hôtel le plus proche, plus d'autoroute à emprunter, il ne reste qu'à parcourir 60 km à travers la forêt ! Les villas, construites en matériaux naturels (feuilles de palme, bois), invitent à une immersion totale dans la nature tropicale. Le confort est néanmoins au rendez-vous pour ceux qui ne sont pas prêts à renoncer aux avantages de la vie moderne : électricité, eau chaude et même un accès Internet. Un vrai petit coin de paradis qui peut aussi organiser vos excursions.

ORGANISER SON SÉJOUR

La péninsule du Yucatán est la destination la plus touristique du Mexique, et on comprend pourquoi vu ses paysages à couper le souffle et la pléthore d'activités proposées ! C'est une région sûre et bien desservie depuis l'Europe ou le Canada, mais également depuis les grandes villes mexicaines, par des compagnies aériennes *low cost* ou des bus de luxe confortables. Les infrastructures routières sont excellentes si vous voulez louer une voiture et le réseau de bus locaux permet de rejoindre la plupart des sites touristiques. Le choix pour se loger est énorme et pour tous les budgets : de l'auberge de jeunesse festive à l'établissement *all inclusive*, en passant par la cabane de charme ou le glamping sur la plage... Organiser son séjour dans la péninsule est assez simple, même si l'on ne parle pas l'espagnol. Pas de visa ni de vaccin obligatoire, juste quelques particularités locales à connaître, pour passer des vacances inoubliables.

ARGENT

La devise du Mexique est le peso, représenté par le symbole $ (écriture bancaire MXN). Attention, le symbole $ est le même que celui utilisé pour le dollar américain. Dans ce guide, pour éviter toute confusion nous utilisons $ pour peso et US$ pour le dollar nord-américain. La monnaie en circulation se présente sous forme de billets (20, 50, 100, 200, 500 pesos) et de pièces (10, 20, 50 centavos et 1, 2, 5, 10 pesos). Les billets de 500 pesos sont souvent difficiles à utiliser, surtout pour des petits achats. Les chauffeurs de taxi ont souvent peu de monnaie par exemple. Il faut donc penser à récupérer des billets de 50 ou 100 pesos.

Le taux de change en septembre 2022 : 1 € = 19,80 $; 100 $ = 5,05 €. 1 US$ = 19,95 $; 100 $ = 5,01 US$. Il est plus facile de changer des dollars que des euros, mais on peut tout de même facilement changer ses euros dans les grandes villes et centres touristiques importants, dans les banques ou *casas de cambio* (bureaux de change). Pour les retraits et paiements par carte, le taux de change s'avère généralement plus intéressant que les taux pratiqués dans les bureaux de change, mais il faut tenir compte des frais bancaires, renseignez-vous auprès de votre banque.

BUDGET / BONS PLANS

Le Mexique est un pays relativement bon marché. Le niveau de vie au Mexique est globalement bas, avec de grandes inégalités : la différence de niveau entre les personnes qui ont de l'argent et celles qui n'en ont pas est frappante. Dans le pays de Carlos Slim (l'un des hommes les plus riches de la planète), le salaire minimum est d'environ 5 US$ par jour, mais une grande partie de la population travaillant dans l'informalité ne l'atteint même pas. La classe moyenne est minoritaire et le voyageur occidental est souvent considéré par les Mexicains comme une personne riche. En effet, le budget moyen des vacances des étrangers est souvent supérieur au salaire mensuel (voire annuel) d'une grande majorité de Mexicains.

© ABALCAZAR - ISTOCKPHOTO.COM

Pesos.

Budget. Même si la péninsule du Yucatán, et en particulier les Caraïbes mexicaines, reste l'une des régions les plus chères du Mexique, on peut trouver des chambres très correctes dans des auberges de jeunesse pour moins de 10 € par personne, petit-déjeuner inclus. Des hôtels de qualité supérieure offrent également des chambres à des prix intéressants (autour de 50 € la nuit pour deux), surtout en dehors des vacances scolaires et en semaine. Il est aussi parfois moins cher de payer en liquide, plutôt que par carte. Côté repas, même topo. Il est facile de manger « local » pour moins de 100 $ (4 euros). Finalement, la plus grande part du budget passera très certainement dans les transports. Les bus première classe facturent environ 100 pesos les 100 km, un trajet Cancún-Mérida de 4 heures coûte 450 $ en première classe. Quant à la location d'une voiture, il faut y consacrer le même budget que s'il s'agissait d'une destination européenne, même si l'essence est moins chère au Mexique. Mais cela reste le meilleur moyen de se déplacer dans la péninsule.

Pourboire. Il est d'usage de laisser au moins 10 % de la note au serveur dans les restaurants et cafés. La *propina* est également appréciée par les guides et le personnel hôtelier.

Marchandage. Ce n'est pas spécialement une institution au Mexique. Il se pratique dans les marchés touristiques, quand de nombreux achats sont effectués. Pour mettre toutes les chances de votre côté, préférez les pesos aux dollars. Par contre, n'oubliez pas que l'élaboration d'objets d'artisanat ou de tissus brodés demande un certain travail. Ne cherchez pas à acheter le plus beau huipil du coin au prix d'un T-shirt manufacturé en Chine, c'est un manque de considération pour l'artisan, qui le prend souvent mal, à juste titre !

L'ASSURANCE VOYAGE, LE MEILLEUR MOYEN POUR PROTÉGER SA SANTÉ À L'ÉTRANGER

avec le DR MICHEL NAHON, directeur médical d'Allianz Travel

En cas de souci de santé sur place, que faut-il faire ?

Si l'on se trouve dans une situation urgente (accident grave, morsure d'animaux…), il est conseillé d'appeler les numéros d'urgence locaux. Une fois à l'hôpital, appeler son assisteur pour déclencher les procédures de prise en charge.

Est-il possible d'entrer en contact avec un professionnel de santé en cas de besoin ?

Allianz Travel dispose d'un service de téléconsultation médicale accessible en visio qui permet de s'entretenir avec un médecin français 24h/24, 7 jours sur 7. La consultation se fait en français et des conseils sont donnés sur les démarches à effectuer. Une ordonnance peut également être délivrée.

S'agissant des frais médicaux, est-on forcément couvert par son assurance maladie et sa mutuelle à l'étranger ?

La sécurité sociale et la mutuelle fonctionnent en France et dans les pays de la Communauté économique européenne, à condition d'avoir fait une demande d'extension de garantie avec la carte européenne d'assurance maladie (CEAM). Il est malgré tout conseillé de souscrire une assurance voyage, car la prise en charge des frais ne sera pas la même qu'en France.

Quel est le meilleur moyen de voir ses frais médicaux pris en charge ?

Dans les pays hors Europe, il est recommandé de souscrire à un contrat d'assistance avec un bon niveau de couverture des frais médicaux. Il est également important de choisir un acteur solide, qui dispose d'un important réseau international dans le domaine médical.

L'assurance voyage prévoit-elle le rapatriement ?

Le rapatriement n'est pas systématique. Il faut un réel intérêt médical. Si le patient peut être traité sur place, l'assisteur oriente vers un médecin ou une structure médicale adaptée localement. De même qu'en cas d'accident dans une zone désertique, le patient sera d'abord orienté vers l'hôpital le plus proche pour stabiliser la situation, avant d'envisager le rapatriement.

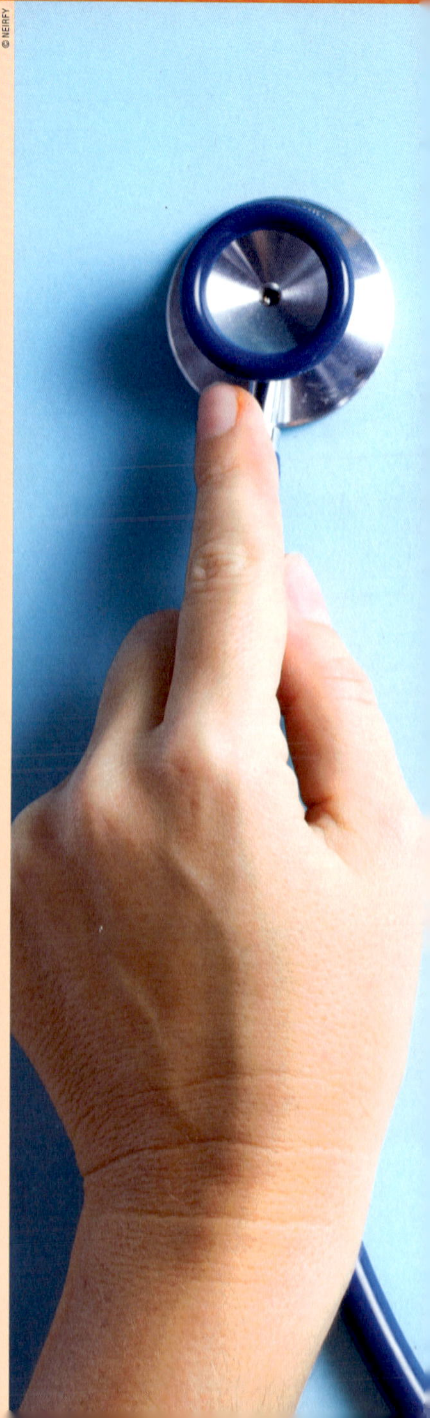

PASSEPORT ET VISAS

Tout voyageur se rendant au Mexique doit être en possession d'un passeport valide au moins six mois à la date d'entrée sur le territoire, et un billet retour est généralement exigé. Pas besoin de visa pour les voyages à des fins touristiques pour les Européens et Canadiens, mais chaque personne majeure entrant sur le sol mexicain se verra octroyer une carte de touriste, la FFM [*Forma Migratoria Múltiple*]. Ce document qui doit être tamponné [avec la date d'entrée] est à garder à portée de main tout au long de votre séjour. Il vous sera exigé en cas de contrôle et à la sortie du territoire.

La FFM permet de rester un maximum de 180 jours sur le territoire mexicain, mais il arrive que les agents de migration inscrivent sur la carte une durée de séjour plus courte [90 jours généralement] ; si vous souhaitez séjourner entre 90 et 180 jours, n'hésitez pas à en faire la demande à l'agent de migration. Pour les entrées au Mexique par voies terrestres, faire attention à ce que les douaniers vous tamponnent votre passeport, tout comme le formulaire FFM. A certains endroits, on entre au Mexique sans avoir à montrer son passeport, ce qui peut s'avérer préjudiciable au moment d'en sortir... Pour rester au-delà des 180 jours en tant que touriste, on peut simplement sortir du pays et y rentrer à nouveau, au Belize ou au Guatemala par exemple. Sinon, vous pouvez demander une prolongation de séjour à l'Instituto Nacional de Migración, l'INM [www.gob.mx/inm].

PERMIS DE CONDUIRE

Le permis français, belge, suisse ou canadien est valable pour conduire au Mexique. Le permis de conduire international n'est pas exigé, mais peut servir face à un agent de la circulation un peu trop zélé [pour ne pas dire corrompu]. Les résidents de plus de 18 ans peuvent acheter un permis facilement avec leur passeport, carte de résident et de quoi payer des frais qui varient selon l'Etat mais restent de l'ordre de quelques dizaines d'euros.

SANTÉ

Premier conseil : se protéger des piqûres d'insectes en se couvrant le corps [vêtements, moustiquaire] et avec un bon répulsif [ceux vendus sur place sont efficaces]. Les moustiques notamment peuvent transmettre la dengue, le zika et le chikungunya. Le paludisme est très rare dans la péninsule. Se méfier également des rares serpents venimeux et davantage des scorpions [secouez vos vêtements ou chaussures avant de les enfiler]. De même, il faut être attentif aux petits bobos qui se surinfectent facilement en milieu tropical, et aux rayons du soleil beaucoup, même sous les nuages. Autre problème de santé auquel le voyageur est exposé, c'est la « turista », ou diarrhée du voyageur. Pour l'éviter, ne buvez pas l'eau du robinet, préférez les eaux en bouteille. Achetez-les si possible en sac de plusieurs litres ou en bidons et rechargez votre gourde, c'est plus écologique et économique. Si vous décidez de manger sur les marchés ou dans la rue, sachez que la nourriture [viande de poulet notamment] est rarement réfrigérée et les légumes crus qui accompagnent les plats ne sont peut-être pas lavés de la meilleure des manières. Veillez donc à ce que les plats soient bien cuits et évitez les crudités dans ces endroits. Dans un restaurant plus formel, il n'y a pas plus de risque qu'ailleurs de déguster de la salade fraîche, de la viande saignante ou du poisson cru.

Au cas où vous seriez victime de la « revanche de Moctezuma », pas de panique, vous pouvez soigner ce mal par un régime alimentaire spartiate : pensez à bien vous hydrater, préférez le riz, la banane, de la viande grillée [et bien cuite !] ou des biscottes avec du miel, buvez beaucoup d'eau et restez tranquillement à l'hôtel si les crampes intestinales sont fréquentes. Si le mal perdure et qu'il est accompagné de fièvre, il peut y avoir un risque de dysenterie [sang et/ou mucus dans les selles] ; si elle ne disparaît pas d'elle-même au bout de quelques jours, consultez un médecin qui vous prescrira les antibiotiques adaptés.

VACCINS OBLIGATOIRES

Pas de vaccin obligatoire, mais il est recommandé de se faire vacciner contre la diphtérie, le tétanos, la poliomyélite et l'hépatite A, plus contre l'hépatite B, la typhoïde et la rage pour ceux qui prévoient un séjour plus aventureux et en zone reculée. La vaccination contre la fièvre jaune n'est pas obligatoire, sauf pour les voyageurs qui viennent d'une zone exposée en Afrique ou en Amérique latine.

SÉCURITÉ

La péninsule du Yucatán fait partie des régions les plus sûres du Mexique. Mais comme toutes les zones touristiques, elle est affectée par la petite délinquance. Il convient donc de rester vigilant, aussi bien sur une plage déserte que dans une discothèque. Les règles ordinaires de prudence s'imposent : ne pas exhiber ses bijoux, son smartphone, son portefeuille... Le camping sauvage est fortement déconseillé, y compris dans les véhicules aménagés à cet effet, ainsi que les campings non gardés. Il est aussi bon de ne pas s'attarder la nuit dans les bars, surtout lorsque l'on est seul et d'éviter les zones à risques, notamment les faubourgs des villes, les villages reculés ou les routes et pistes peu fréquentées.

Au Mexique on ne plaisante pas avec la drogue. Les peines encourues pour trafic, achat, vente et fourniture de drogues, quel que soit le type de stupéfiant, vont de dix à vingt-cinq ans de prison...

Enfin, toute activité de loisir implique aussi un risque. Les plages étant rarement surveillées au Mexique, il est recommandé de ne pas nager ni plonger en solitaire. Même si la plupart des opérateurs touristiques dans la péninsule offrent un service de qualité (concurrence oblige), il est bon de rester attentif et vérifier la qualité du matériel fourni par les prestataires.

Pour connaître les dernières informations sur la sécurité sur place, consultez la rubrique « Conseils aux voyageurs » du site du ministère des Affaires étrangères : www.diplomatie.gouv.fr/fr/conseils-aux-voyageurs. Prendre en compte cependant que le site dresse une liste exhaustive des dangers potentiels, ce qui donne parfois une image un peu alarmiste de la situation réelle du pays.

DÉCALAGE HORAIRE

Le Mexique s'étend sur trois fuseaux horaires. En ce qui concerne la péninsule du Yucatán, les États de Campeche et Yucatán ont 7 heures en moins toute l'année (sauf durant une semaine de battement, fin mars et début novembre, due aux dates de changement d'horaires différentes). L'État du Quintana Roo quant à lui reste à l'heure d'été toute l'année. Le décalage avec la France est donc de 6 heures en hiver, 7 heures en été.

LANGUES PARLÉES

L'espagnol est parlé par 99 % des Mexicains. On trouve également 68 langues indigènes, dont le maya pratiqué dans la péninsule du Yucatán, qui dispose de nombreux dialectes. Dans le secteur du tourisme, de plus en plus de Mexicains parlent anglais et quelques-uns français.

COMMUNIQUER

La couverture téléphonique et le réseau Internet sont globalement de bonne qualité dans les grandes villes et stations balnéaires les plus touristiques de la péninsule du Yucatán, moins dans les zones isolées. La plupart des hôtels et cafés mettent à disposition gratuitement le wifi. Si vous n'avez pas encore installé WhatsApp, il va falloir y penser : au Mexique, cette application est beaucoup plus utilisée que le système téléphonique mobile classique, autant pour l'envoi de messages et de photos ou vidéos, que pour les appels vocaux. C'est pratique notamment pour réserver des hôtels ou contacter gratuitement vos proches en France dès que vous aurez une connexion. Si votre smartphone est débloqué, au lieu d'utiliser le roaming de votre opérateur, achetez une carte SIM (*chip*) d'une compagnie locale (Movistar, Telcel, AT&T...). Compter 100 à 150 $ environ (parfois la SIM est même gratuite) et vous bénéficierez d'un petit crédit de communication qu'il faudra ensuite recharger en ligne ou dans les supérettes. Activez les données mobiles et choisissez un *plan de datos* pour avoir Internet dans toutes les zones couvertes par votre opérateur. Si votre portable n'accepte pas les cartes SIM mexicaines, vous pouvez soit tenter de le faire débloquer sur place pour pas cher dans une boutique de téléphonie, soit acheter un téléphone basique avec une carte SIM pour 500 $ environ.

ELECTRICITÉ ET MESURES

Les prises électriques locales fournissent du 110 volts, 60 cycles, du type nord-américain. Il faut donc prévoir un adaptateur, car les prises sont pourvues d'un écartement et d'un type différents de celles rencontrées en Europe. On en trouve facilement sur place (et moins cher) dans les magasins de grande distribution et chez les électriciens. Les coupures de courant peuvent se produire en cas de fortes pluies, mais ne durent rarement plus de quelques heures. Côté poids et mesures, le Mexique applique le système métrique et celui des kilogrammes.

BAGAGES

D'une manière générale, nous vous recommandons de ne pas trop vous charger, les déplacements seront plus faciles et vous garderez ainsi quelques kilos de disponibles pour rapporter des souvenirs. Sachez que la plupart des hôtels proposent un service de laverie très rapide. En raison de la chaleur et de l'humidité, prévoir des vêtements légers et amples qui sèchent facilement, dont des t-shirts ou chemises à manche longue (pour se protéger des moustiques), et un t-shirt anti-UV pour le snorkeling. Si vous avez oublié votre maillot de bain ou vos tongs, vous aurez l'embarras du choix dans les boutiques locales. Mais n'oubliez pas votre petite laine préférée et un chèche, bien utile dans les bus à la clim glaciale. Quelques accessoires toujours utiles : lampe frontale, couteau suisse, briquet, cadenas, adaptateur électrique, boules Quies®, chapeau et lunettes de soleil, parapluie léger (aussi bien pour la pluie que pour le soleil), hamac léger de randonnée, sac étanche pour appareil photo ou smartphone, carte SD de rechange et clef USB pour stocker vos photos au fur et à mesure, jumelles… Ne pas oublier masque et tuba, ou les acheter sur place, pour éviter d'en louer à chaque fois. Pour la trousse à pharmacie, prévoir des solutions pour problèmes intestinaux et aigreurs (telles qu'Immodium, idéal pour les longs trajets en bus, ou Spasfon Lyoc par exemple ; les Mexicains, eux, utilisent le sirop Pepto Bismo, en vente libre, qui fonctionne très bien aussi). On trouve aussi dans les grandes villes et les centres touristiques de la crème solaire biodégradable et des répulsifs naturels contre les moustiques (souvent plus efficaces que ceux vendus en Europe). Pensez tout de même à prendre un tube de Biafine pour les coups de soleil.

LES PHRASES CLÉS

Bonjour, je voudrais réserver un billet aller/retour pour…
Hola, me gustaría reservar un billete de ida y vuelta para….

J'ai raté mon avion. Je voudrais échanger mon billet s'il vous plaît.
Perdí el avión. Me gustaría cambiar mi billete, por favor.

Mon vol est très en retard. Ma correspondance sera bien assurée ?
Mi vuelo llega con retraso. ¿Llegaré a tiempo para coger el próximo vuelo?

Mes bagages ont été égarés, à qui dois-je m'adresser ?
Han perdido mi equipaje, ¿a quién debo dirigirme?

Louez-vous des voitures avec chauffeur ?
¿Alquilan coches con chófer?

Je n'ai presque plus d'essence. Où se trouve la station-service la plus proche ?
Apenas tengo gasolina. ¿dónde está la gasolinera más cercana?

S'Y RENDRE

Le Mexique est facilement accessible depuis l'Europe et le Canada. La péninsule du Yucatán également, via Cancún, l'aéroport principal de la région. Plusieurs compagnies desservent la station balnéaire avec une escale à Mexico, mais on trouve aussi quelques vols directs, plusieurs fois par semaine, depuis Paris, Bruxelles, Zurich et Montréal. Mexico compte de nombreuses liaisons quotidiennes vers Cancún, mais aussi vers Mérida et l'île de Cozumel. Compter un peu plus de deux heures de vol. Les prix sont intéressants depuis l'arrivée sur le marché de compagnies *low cost* qui concurrencent sérieusement au niveau tarif les compagnies de bus longue distance. On peut bien sûr arriver dans la péninsule par la route depuis une autre région du Mexique, ou depuis le Guatemala voisin (via le Chiapas), mais attention, les agences de location de voitures n'autorisent pas le passage des frontières. Des liaisons maritimes également avec le Belize.

AEROMEXICO

PARIS (1er)
✆ 08 00 91 67 54
www.aeromexico.com

La compagnie aérienne nationale du Mexique, Aerovías de México ou Aeroméxico, assure des vols quotidiens entre Paris et Cancún. Des correspondances sont prévues avec Mexico ou Madrid. Compter 16h de trajet. La compagnie, dont le slogan signifie « la compagnie aérienne la plus ponctuelle au monde », dispose d'une flotte de 69 appareils (Boeing). C'est la première compagnie aérienne à avoir lancé un *chatbot*, permettant à ses clients d'interagir avec un assistant virtuel (via Facebook Messenger) : horaires des vols, suivi des vols, politique de bagages...

AIR FRANCE

✆ 09 69 39 36 54
wwws.airfrance.fr
Réservations par téléphone (tous les jours de 8h à 20h) et en ligne.

Toute l'année, la compagnie nationale Air France propose de nombreux vols tous les jours au départ des aéroports de Paris : plusieurs destinations en France, en Europe et à l'international. La compagnie, qui existe depuis 1933, est synonyme de qualité, de service et de confort. Sa flotte est majoritairement constituée d'Airbus âgés d'une dizaine d'années. En 2004, Air France et la compagnie « KLM » ont fusionné. Air France assure deux vols directs par jour à destination de Mexico. Il existe aussi deux ou trois vols directs pour Cancún par semaine.

AIR EUROPA

✆ 01 42 65 08 00
www.aireuropa.com

Fondée en 1986, Air Europa se positionne comme une compagnie proposant des vols long-courriers bon marché. Elle propose des liaisons vers Cancún depuis Paris, *via* Madrid. Compter environ 16h de vol. Membre de l'alliance SkyTeam, elle opère des liaisons en partenariat avec Air France. Les vols sont réguliers et partent relativement à l'heure. Un service de « Priority Boarding » est disponible au moment de la réservation pour les personnes qui souhaitent éviter les files d'attente, ou bien à l'embarquement (moyennant un supplément de 8 €).

IBERIA

✆ 0 825 800 965
www.iberia.com

Iberia propose de nombreux vols chaque jour pour Mexico. Départ de Paris-Charles-de-Gaulle ou d'Orly, avec une escale en Espagne. Iberia assure aussi la liaison vers Cancún. Compter en moyenne 16 heures pour relier Paris à Cancún. Certains tarifs, à certaines dates, sont très intéressants. Plusieurs options disponibles au moment de la réservation : possibilité de choisir son siège, d'ajouter des bagages, de réserver un hôtel, de louer une voiture, ou d'accéder à un billet de classe supérieure (voir les conditions sur le site).

SÉJOURS ET CIRCUITS

La péninsule du Yucatán est une destination-phare des agences de voyages. Leurs catalogues en papier glacé et leurs sites web regorgent de magnifiques photos d'eaux turquoise et de ruines mayas. Du séjour balnéaire tout inclus à Cancún au circuit thématique clef en main, vous n'aurez que l'embarras du choix. Préférez les tour-opérateurs spécialisés sur la région, même s'ils sont souvent un peu plus chers que les généralistes. Ils produisent eux-mêmes leurs voyages et sont généralement de bon conseil. Vous pouvez aussi recourir aux services d'agences réceptives francophones. Basées sur place, elles connaissent très bien le terrain. Leurs équipes de passionnés pourront ainsi vous organiser des circuits sur mesure en fonction de votre budget et de vos envies. Elles pourront aussi réagir très vite en cas de problème sur place. Vous devrez par contre acheter vous-même votre vol sec vers Cancún ou Mérida, d'où commence en général le voyage.

ALTIPLANO VOYAGE

Route de la Bouvarde - **EPAGNY METZ-TESSY**

✆ 04 50 46 90 25

www.altiplano-voyage.com

Ouvert du lundi au vendredi de 8h à 13h et de 14h à 18h.

Osez l'inédit ! Telle est la devise d'Altiplano Voyage. Passionnée depuis plusieurs années par l'Amérique centrale et le Mexique, cette équipe de spécialistes vous écoute et vous conseille pour vous proposer un voyage inédit. Itinéraire découverte ou « hors des sentiers battus », votre expert met toute sa créativité à votre service et vous confie aussi ses bons plans. Inspirez-vous des exemples de circuits 100 % personnalisables proposés sur leur site web. L'agence propose plusieurs circuits au Yucatán : « Les Secrets des Mayas », « En famille », etc.

AMPLITUDES

PARIS (2e)

✆ 01 44 50 18 58

www.amplitudes.com

Spécialiste des voyages sur mesure, en solo, en couple ou en groupe, des voyages en famille et des circuits privatifs depuis près de 30 ans, l'agence de voyages toulousaine Amplitudes et son antenne parisienne proposent des formules adaptées avec comme ligne directrice : « hors des sentiers battus ». Le catalogue est dense : ils vous emmènent en Italie, en Colombie, aux Etats-Unis, au Cap-Vert, au Bénin et dans bien d'autres pays encore.

Au Yucatán, l'agence propose plusieurs séjours et circuits avec chauffeur et guide, au volant, ou encore balnéaires.

AMERIK AVENTURE

✆ 09 75 17 11 30

www.amerikaventure.com

Plusieurs agences au Québec, en France, en Belgique et en Suisse.

Depuis 1996, Amerik Aventure vous propose à travers les Amériques, des circuits d'écotourisme et de découvertes culturelles accompagnés de guides naturalistes (francophones) parmi les meilleurs au pays. Ils offrent des départs réguliers (au moins deux départs par mois) en petits groupes (maximum 14 voyageurs avec guide et chauffeur). Travaillant avec des partenaires locaux, le TO vous emmène pour plusieurs voyages au Mexique, de la route maya aux combinés avec d'autres pays d'Amérique centrale. La Péninsule du Yucatán est bien sûr au cœur de ces circuits.

ANAPIA VOYAGES

5, Oletako Bidea - **ASCAIN / AZKAINE**

✆ 06 88 62 62 66

www.anapiavoyages.fr

Sur rendez-vous uniquement. Rendez-vous à Aix-en-Provence, Lyon ou Ascain.

Anapia voyages, basée en Provence, a été créée par Sylvia, une Péruvienne vivant depuis plus de trente ans en France. La richesse de ses programmes, à dominante culture et nature, s'appuie sur l'expérience de ses collaborateurs, guides ou producteurs de séjours et circuits, notamment en Amérique latine, mais aussi en Asie et en Afrique. Les voyageurs choisiront le circuit « Voyage intérieur Mexique 13J/12 nuits » qui inclut un passage au Yucatán à la découverte des temples mayas, ou encore les circuits « Yucatán en liberté », « Chiapas et Yucatán route Puuc »...

AQUAREV

2, rue du Cygne
PARIS (1er)
✆ 01 48 87 55 78
www.aquarev.fr
Ouvert du lundi au vendredi de 9h30 à 17h30, le samedi de 11h à 12h30 et de 14h à 17h.

Spécialiste de la plongée sous-marine, Aquarev propose voyage, croisière, diving et plongée sous-marine aux quatre coins du monde. Au Mexique, Aquarev programme différentes plongées à Playa del Carmen, à Cozumel et dans les *cenotes*. Au détour des spots : requins, tortues, épaves… Il y en a pour tous les niveaux et tous les goûts. Tout le transport pendant l'expédition, l'aller-retour, les nuits d'hôtel, tous les repas, les plongées, les entrées des sites archéologiques, un guide francophone sur chaque site sont inclus. Possibilités d'extension au Belize.

ARTS ET VIE

251, rue de Vaugirard - **PARIS** (15e)
✆ 01 40 43 20 21
www.artsetvie.com
Autres agences : Grenoble, Lyon, Marseille et Nice. Du lundi au vendredi de 9h à 12h30 et de 14h à 17h.

Depuis plus de cinquante ans, Arts et Vie, association culturelle de voyages et de loisirs, développe un tourisme ouvert au savoir et au bonheur de la découverte culturelle et humaine. L'esprit des voyages s'inscrit dans une tradition associative caractérisée par une ambiance conviviale, riche en rencontres, en patrimoine et civilisations du monde. Tous les circuits sont animés et conduits par des accompagnateurs passionnés. Au Mexique, un circuit culturel « Grands sites précolombiens » en 14 jours à la découverte de Campeche, Mérida, Chichén Itzá et Cancún.

LES ATELIERS DU VOYAGE

54-56, avenue Bosquet
PARIS (7e)
✆ 01 40 62 16 79
www.ateliersduvoyage.com
Ouvert du lundi au jeudi de 10h à 18h.

Les Ateliers du Voyage vous font découvrir le monde à travers des voyages insolites et culturels en petits groupes. Les itinéraires permettent la découverte de régions totalement hors des sentiers battus, d'ethnies et de fêtes traditionnelles. Tous ces voyages sont accompagnés par des guides francophones expérimentés et tous passionnés de leurs destinations. Au Mexique, optez pour le circuit « Incontournable Yucatán » ou encore un séjour « Incontournable Yucatán en famille ». Le circuit « Expériences mayas » combine la péninsule du Yucatán avec le Guatemala.

CLUB FAUNE VOYAGES

50, rue de Passy
PARIS (16e)
✆ 01 42 88 31 32
www.club-faune.com
Ouvert du lundi au vendredi de 9h à 19h.

Club Faune réalise des voyages sur mesure selon vos envies. Découvrez les incontournables de la péninsule du Yucatan à l'aide de leurs spécialistes qui ont une connaissance pointue de la destination et qui feront au mieux pour répondre à vos attentes. Pique-niquez dans un *cenote* privé en toute intimité, visitez les vestiges mayas, dormez dans une *hacienda*, partez à la découverte de la population locale pour découvrir sa cuisine ancestrale et ses traditions… Un combiné luxe entre le Yucatán et le Belize est également possible.

LES MAISONS DU VOYAGE

3, rue Cassette
PARIS (6e)
✆ 01 40 51 95 11
www.maisonsduvoyage.com

Grâce à des itinéraires sans cesse renouvelés et à un calendrier proposant conférences et informations-voyages, la Maison des Amériques latines invite le voyageur à se plonger dans la culture du pays. Possibilité de circuits, de vols secs ou de séjours à la carte. L'agence offre diverses possibilités pour découvrir le Mexique. Des autotours invitent le voyageur à parcourir les sites majeurs du Mexique et du Yucatán : Cancún, Chichén Itzá, Mérida, Tulum ou encore Playa del Carmen. Autres prestations disponibles : vols secs et locations de voiture.

XPLORE MEXIQUE - VOYAGEZ AVEC UN LOCAL

✆ +33 4 13 41 93 53
https://mexique.xplore-voyages.com/
Devis sur mesure et gratuits par téléphone, mail ou via le site internet.

Xplore est une agence locale au Mexique avec un relais en France, qui propose des voyages sur-mesure et sans intermédiaire. Vous êtes en contact sur place avec des « Xplorers », des professionnels locaux et francophones dont l'objectif est de rendre votre voyage unique et inoubliable. Toutes les facettes de ce pays extraordinaire sont couvertes : road-trips, immersions, séjours balnéaires, circuits accompagnés, etc, de la péninsule du Yucatán jusqu'en Basse Californie.

Xplore
Voyagez avec un local
Xplore Mexique, votre agence de voyage sur mesure : hébergements de charme, expériences authentiques...
La garantie d'un voyage inoubliable.
+33 4 13 41 93 53
mexique.xplore-voyages.com
xplorer@xplore-voyages.com

GO VOYAGES

www.govoyages.com

Go Voyages propose un très grand choix de vols secs, charters et réguliers au meilleur prix au départ et à destination des plus grandes villes. 155 000 itinéraires de vols, 665 compagnies aériennes et plus de 2 millions d'hôtels dans 40 000 destinations... Possibilité également d'acheter des packages sur mesure « vol + hôtel » et des coffrets cadeaux. Sans oublier le grand choix de promotions sur tous les produits et la location de voiture. La réservation est simple et rapide, le choix multiple et les prix très compétitifs.

EXPÉRIENCES MEXIQUE

✆ + 52 998 419 9776

www.experiencesmexique.com

Pierre, un amoureux du Mexique arrivé il y a plusieurs années, est un guide certifié et travaille sans intermédiaires. L'avantage, c'est que l'accompagnement se fait de bout en bout et vous pouvez choisir le degré d'accompagnement pour vos circuits et vos excursions. Son positionnement à Cancún permet une prise en charge dès votre arrivée à l'aéroport pour ensuite découvrir la Riviera Maya comme Holbox, le Yucatán ou encore le Chiapas. Une superbe option pour ceux qui veulent des visites culturelles et nature précises et en français.

UCPA

12, rue des Halles - **PARIS** (1er)

✆ 3260

www.ucpa-vacances.com

Agence ouverte du lundi au vendredi de 9h à 20h, le samedi de 9h à 19h. Nocturne le jeudi jusqu'à 22h.

Cette association unique en France propose depuis 1965 des vacances sportives à destination des adultes, mais aussi des enfants et des adolescents. Rendez-vous sur son site Internet pour trouver un voyage qui vous convient, offrant des options à des prix différents. Sur le site Internet, on peut trouver par exemple un séjour plongée spécial débutants à Playa del Carmen. Il leur est possible d'organiser des voyages sur mesure. Recommandé pour les plus sportifs et aventuriers. Les départs sont assurés à partir de cinq participants, à partir de 18 ans.

GREEN WINGS EXCURSIONS

Calle 28 Norte

PLAYA DEL CARMEN

www.greenwingsmx.com

Différentes excursions de 60 à 159 €.

Une agence en ligne fondée en 2017 par Carole, une Bretonne. Sa passion pour les voyages et la nature l'a orientée vers un tourisme respectueux de l'environnement. Les excursions et plongées se font en petits groupes, encadrés par des équipes professionnelles francophones. Les incontournables de la région sont proposés. On recommande chaudement la rivière souterraine et Sian Ka'an Aventure. Le site web est facile de navigation, il vous dévoile infos utiles et bons plans, avec des prix attractifs et des combos promotionnels, allez-y !

DEL MUNDO TOURS

Avenida 10 Sur - **PLAYA DEL CARMEN**

✆ +52 984 873 1888

www.delmundotours.com

Réservations en ligne de préférence (places limitées) ou directement à l'agence de 9h à 20h tous les jours.

Cette agence francophone, montée il y a quelques années par un photographe belge, offre des excursions à la journée en petits groupes ou en privé, loin du tourisme de masse, dans une chouette ambiance et en recherchant l'authenticité. On est en général dans les premiers sur les sites et en plus des excursions assez « classiques », certaines excursions exclusives à l'agence valent le détour (Aqua wonder, Tsonoti, tour culturel...). Ne pas s'arrêter aux prix, les détails font la différence et en plus tout est inclus. Excellente option.

MEXIKOO

1079, Col Del Valle Centro

MÉXICO

✆ +52 1 55 2181 2354

www.mexikoo.com

Depuis 2017, cette agence francophone organise des excursions sur mesure à travers tout le Mexique avec comme valeur principale le respect et la protection de l'environnement. Il s'agit-là de l'un des meilleurs voyagistes pour visiter le pays non seulement avec un esprit vert, mais aussi parmi un personnel proactif et ô combien compétent. En collaborant avec des guides et des partenaires locaux, Mexikoo s'assure de proposer des expériences uniques et personnalisées : visite de Chichén Itzá au coucher de soleil, excursion dans la mangrove de Celestún...

SECRETOO

TULUM ✆ +336 05 08 06 84
www.secretoo.com
Des excursions qui s'adaptent aux besoins de chacun. Tarifs dégressifs consultables sur le site web.

Voilà un concept en ligne qui va vous plaire ! En road-trip ou à l'hôtel, avec un chauffeur guide ou avec votre voiture, chacun a sa manière de visiter le Mexique. Maryline et son équipe l'ont bien compris et dénichent pour vous les meilleurs guides francophones à travers les différentes régions du Mexique. En supprimant les intermédiaires et en favorisant les rencontres entre voyageurs, vous vivrez des excursions plus humaines et authentiques, loin du tourisme de masse. Souvent complets, contactez-les sans tarder pour réserver vos plus belles visites guidées.

TERRA MAYA

Plan de Ayala - **MÉRIDA**
✆ +52 999 481 9576
www.mexique-voyages.com
Agence réceptive francophone spécialiste des circuits sur mesure. Membre de Terra Group.

Installée au cœur du Yucatán, Terra Maya est une agence francophone spécialiste du voyage à la carte au Mexique et au Guatemala. Elle connaît bien le terrain qu'elle explore depuis des années. Que ce soit pour un circuit autour des sites incontournables, ou hors sentiers battus, un séjour purement culturel ou encore balnéaire, votre voyage est 100 % personnalisé, construit en fonction de votre budget, de votre rythme et de vos envies : sites archéologiques, séjour plongée, rencontre avec des communautés mayas, découvertes de réserves naturelles, etc.

VIVAOHLALA

✆ +33 7 69 38 68 19
www.vivaohlala.com
Agence locale francophone. Tours classiques, tours privés et sur mesure.

Après un tour du monde de 10 ans, Simon décide avec Jessica, originaire du Chiapas, de s'installer dans la Riviera Maya et d'ouvrir une agence qui sort des sentiers battus. A travers leurs excursions, ils transmettent leur passion pour le Mexique, entre paysages, culture et connexion avec les gens qui y habitent, et vous livrent tous leurs bons plans et lieux secrets. Des visites de qualité, complètes et entourées d'une équipe professionnelle. Tarifs et réservation en ligne pour les excursions et formulaire de contact pour les séjours sur mesure.

MEXIQUE DÉCOUVERTE

8 Calle rinconada Punta Allen -
CANCÚN ✆ +52 55 4548 0866
https://mexique-decouverte.com
Agence de voyage francophone réceptive, spécialiste de circuits sur-mesure exclusifs et privatifs.

Brigitte et Jean-Charles, un charmant couple de professionnels du tourisme, organisent des circuits, *road trips* et autotours dans tout le Mexique, de la péninsule du Yucatán jusqu'en Basse-Californie. Forts d'une grande connaissance du pays, d'un service personnalisé et très attentifs aux moindres détails, vous pouvez les contacter les yeux fermés pour dessiner votre circuit sur mesure et connaître en profondeur ce magnifique pays. Idéal pour ceux qui veulent s'offrir un beau voyage en famille ou en lune de miel et laisser les soucis à la maison.

EASYVOYAGE

✆ 08 99 19 98 79
www.easyvoyage.com

Le concept peut se résumer en trois mots : s'informer, comparer et réserver. Des infos pratiques sur plusieurs destinations en ligne (saisonnalité, visa, agenda...) vous permettent de penser plus efficacement votre voyage. Après avoir choisi votre destination selon votre profil (famille, budget...), le site vous offre la possibilité d'interroger plusieurs sites à la fois concernant les vols, les séjours ou les circuits. Grâce à ce moteur performant, vous pouvez réserver directement sur plusieurs bases de réservation (Lastminute, Go Voyages et bien d'autres).

QUOTATRIP

www.quotatrip.com
Voyages sur mesure.

QuotaTrip est une nouvelle plateforme de réservation de voyage en ligne qui met en relation des voyageurs à la recherche d'expériences authentiques et uniques et des agences de voyages locales sélectionnées pour leurs compétences et leur sérieux. Le réseau de QuotaTrip couvre près de 200 destinations dans le monde entier. Le but de ce rapprochement est simple : proposer un séjour entièrement personnalisé aux utilisateurs. QuotaTrip promet ainsi l'assurance d'un voyage serein, sur mesure, sans intermédiaires et sans frais supplémentaires.

INTERVIEW

LE VOYAGE-SUR-MESURE

AVEC STEVEN LE CHEVALIER ET MATHIEU VALLY DE QUOTATRIP

Quel est le concept de l'agence QuotaTrip ?

Quotatrip est la première plateforme de mise en relation entre voyageurs et agences locales. Grâce à elle, les voyageurs peuvent enfin échanger en direct avec des agences qui sont sur place et concevoir un voyage unique, au meilleur prix et 100% personnalisé.

Pourquoi voyager avec des agences locales ?

À l'inverse des agences traditionnelles, les agences locales sont des expertes de la destination choisie. Ce sont aussi les mieux placées pour concevoir des séjours qui sortent des sentiers battus. Elles sont ainsi en mesure de répondre à l'ensemble des envies, le voyageur rentre dans l'univers de l'equi-tourisme = le tourisme sans intermédiaire.

Quels sont les autres avantages pour les voyageurs ?

Il y a une multitude d'avantages. Cela permet notamment de ne pas voyager comme tout le monde, d'organiser de manière simple et rapide un séjour sur mesure et au meilleur prix. Fini les mauvaises surprises, les voyageurs posent toutes les questions qu'ils souhaitent et bénéficient d'un accompagnement sur mesure, de la conception du projet jusqu'à sa réalisation en toute sécurité car les agences référencées sont sélectionnées et recommandées par les journalistes des guides du Petitfute en toute impartialité.

Les démarches sont-elle simples à effectuer ?

Les sites de voyage en ligne font perdre beaucoup de temps aux internautes sans pour autant répondre entièrement à leurs désirs. QuotaTrip propose un formulaire simple et rapide qui permet de décrire les souhaits, les envies et les besoins. L'internaute reçoit aussitôt gratuitement et sans engagement les offres de trois ou quatre agences locales avec qui il peut ensuite échanger afin de personnaliser son projet grâce à la messagerie mise en place.

Quelles sont les destinations proposées ?

Notre plateforme propose plus de 21 000 projets de voyage sur plus de 100 destinations à travers le monde. De l'Amérique latine en passant par l'Asie et l'Afrique, nos mille agences partenaires sont là pour répondre à vos projets de voyage.

Décrivez votre projet de voyage. Échangez en direct avec les agences locales et partez au meilleur prix.

***Plus d'informations** : quotatrip.com*

© D.R

© D.R

© D.R

SE LOGER

Les offres de logements ne manquent pas, et pour tous les budgets : auberges de jeunesse (hostels), hôtels conventionnels, hôtels-boutiques dans des maisons coloniales ou d'anciennes haciendas, resorts tout compris à la plage, hôtels réservés aux adultes, campings, location d'appartements... Il est vivement recommandé de s'y prendre bien à l'avance pour réserver son séjour dans les stations balnéaires ou les villes les plus touristiques. C'est le cas en particulier en fin d'année, au moment du *Spring Break* à Cancún, durant le carnaval, les fêtes de villages et la Semaine sainte (vacances des Mexicains), ou encore lors des festivals de Mérida ou d'ailleurs. N'oubliez pas que certaines plateformes de réservation, de type Booking ou Expedia, peuvent indiquer qu'un établissement est complet, alors que des chambres sont disponibles si vous contactez directement l'hôtel. Les tarifs sont en général identiques, voire moins chers en direct...

HELPX €€

www.helpx.net

Plateforme Internet pour séjourner chez l'habitant.

Des fermes biologiques, des B&B, des hôtels où l'étranger aide tout en bénéficiant, selon les hôtes, d'un hébergement, de repas ou de cours de langues selon le travail fourni. Un panel de lieux, partout dans le monde, où vivre durant une année ou moins, afin d'améliorer une langue ou vivre une expérience hors du commun pendant une année de césure. Lors de notre dernière visite sur le site, des propriétaires de *guesthouse* proposaient lit + déjeuner en échange de quelques heures de travail. Peut être une bonne affaire pour les plus jeunes.

HOSTELWORLD €

www.hostelworld.com

Depuis 2005, cette centrale de réservation en ligne permet de planifier son séjour à prix corrects dans le monde entier. Afrique, Asie, Europe, Amérique... Hostelworld est spécialisé dans les logements peu onéreux (auberges de jeunesse ou *hostels*...) mais proposant des services et un cadre plutôt soignés. Pour chaque grande ville, le site propose une sélection pointue d'enseignes partenaires et vous n'aurez plus qu'à choisir l'adresse la plus pratique, la mieux située, ou tout simplement la moins chère. Une plateforme bien pratique pour les baroudeurs.

HOME EXCHANGE €€

www.homeexchange.fr

Abonnement annuel 130 €.

Et si vous échangiez votre maison avec d'autres pour partir en vacances ? HomeExchange est une plateforme d'échange de maisons et d'appartements entre particuliers. L'idée : un site Internet pour échanger son logement (studio, appartement, villa...) moyennant un abonnement annuel à l'agence en ligne, qui se charge de la présentation du bien et de la mise en contact des intéressés. Un excellent moyen de faire des économies pour partir en vacances et économiser ainsi les frais d'hébergement sur place. Le choix est large, avec plus de 400 000 offres dans 159 pays.

WORKAWAY €€

www.workaway.info

Abonnement annuel à la plateforme : 49 € pour un voyageur seul, 59 € pour deux voyageurs.

Ici, le système est simple : être nourri et logé en échange d'un travail. Des fermes, des maisons à retaper, ou plus simplement des vendanges ou cueillettes... Une expérience unique en son genre où l'on ne paye pas son hébergement avec de l'argent mais en rendant des services. Ce mode de logement alternatif, s'il n'est pas de tout repos, est de plus en plus populaire. Lors de notre dernière visite, des hôtes proposaient le gîte et parfois le couvert, majoritairement en échange de la pratique de l'anglais avec eux... Un bon deal !

SE DÉPLACER

La péninsule dispose de bonnes routes et les distances sont courtes entre les villes et les sites touristiques. La location d'une voiture est donc un moyen confortable et pratique de découvrir la région. La location auprès d'une agence internationale ou locale peut se faire dès l'aéroport de Cancún ou Mérida, mais on peut aussi louer un véhicule dans une autre ville, au beau milieu de son circuit. L'occasion de découvrir les transports locaux (ou *locos* ?) – du bus de luxe avec air conditionné et wifi, au vieux *camión* pourri qui s'arrête partout, en passant par les combis et *colectivos* – plutôt efficients et qui permettent de se rendre presque partout. L'auto-stop n'est pas courant au Mexique, pour des raisons de sécurité, mais si vous tentez l'aventure, proposez à chaque fois une petite somme au chauffeur. Quant aux îles, elles sont reliées au continent par des ferries ou *lanchas*. En ville, taxis et VTC sont nombreux et bon marché.

ALABAMA CAR RENTAL

Boulevard Kukulkan km 8,5
CANCÚN
✆ +52 998 883 3390
www.alabamacarental.com
Location de véhicules variés et récents. Siège auto, GPS, deuxième conducteur, etc.

Spécialiste du marché francophone (le gérant parle français parfaitement), cette compagnie propose des voitures économiques à des prix très corrects. Selon vos besoins, les prises ou restitutions peuvent se faire dans le centre de Cancún, la zone hôtelière, à l'aéroport, à Playa del Carmen ou à Tulum. Pas de mauvaise surprise, aucun frais caché lors de la livraison ou la restitution du véhicule. Alabama Car Rental est reconnue pour son sérieux et son honnêteté. Votre voiture sera à l'heure et vous attendra, si vous le souhaitez, dès votre sortie de l'avion !

AMERICA CAR RENTAL

Calle 32 #312
MÉRIDA
✆ +52 999 928 1896
www.america-carrental.com
Ouvert 24h/24.

Voilà une agence mexicaine très sérieuse, dont les véhicules sont en parfait état. L'avantage, c'est que vous pouvez réaliser un *drop-off* à Playa del Carmen, Cancún ou Tulum et à quelques autres endroits de la côte Caribéenne. Les locations de véhicules démarrent à 30 US$ par jour, toutes assurances comprises. En fonction des modèles, il faut compter environ 50 US$ pour une berline, 60 US$ pour une camionnette, et un poil plus pour un 4x4. Parmi les services complémentaires, la possibilité de louer un GPS ou un siège pour enfant.

EXPLORA CAR RENTAL

XPUJIL
www.exploracarrental.com
Véhicules à partir de 790 $, assurances comprises. Devis par courriel.

Cette agence de location propose des voitures à prix compétitifs et ici tout est clair, net et sans bavure puisque le prix inclut toutes les assurances possibles et imaginables, que l'on recommande toujours de contracter. C'est sans aucun doute la meilleure option pour visiter les environs de façon autonome et libre. L'autre avantage de taille est que l'on peut prendre ou rendre la voiture à Bacalar, à 120 km de Xpujil, et on peut même venir vous chercher à l'aéroport de Chetumal. Avec tous ces arguments, il ne faut plus hésiter.

NATIONAL CAR RENTAL

Calle 60 #486, entre les rues 55 et 57
MÉRIDA
✆ +52 999 923 2493
www.nationalcar.com
Ouvert tous les jours de 8h à 13h et de 16h à 20h.

D'envergure et de renommée internationale, cette agence de location a également une antenne dans l'aéroport et deux autres dans la ville de Mérida (Calle 60 #346, entre les rues 33a et 35, ainsi qu'au Fiesta Americana Hotel au croisement des avenues Colón et Cupules). La location d'une voiture économique tourne autour de 25 US$ par jour, avec assurance dommage aux tiers et kilométrage illimité. Mais il est aussi recommandé de prendre une assurance supplémentaire qui couvre le vol et les dommages éventuels causés au véhicule.

SOLYMAR CAR & SCOOTER RENTALS

SAN MIGUEL DE COZUMEL ✆ +52 987 869 05 45
www.solymarrentals.com
Tous les jours de 8h à 19h. Scooter 20 US$, Jeep à partir de 55 US$, décapotable 35 US$. Tarifs dégressifs.

Une agence plus formelle que celles qui vous proposent leurs services à la sortie du ferry. Avec des véhicules en meilleur état également, de plusieurs catégories, de la Jeep à la petite décapotable, en passant par le break pour 7 personnes. L'agence est présente à chaque port d'arrivée et on peut vous amener le scooter ou la voiture à votre hôtel sans frais supplémentaires. Les véhicules sont loués avec une couverture d'assurance minimale, assurances complémentaires à votre charge.

TOURACANCUN

CANCÚN
✆ +52 998 287 0528
www.touracancun.com
Tarifs compétitifs et prestations optimales. Réservation en ligne sans CB, conducteur additionnel gratuit.

TouraCancun, c'est un rapport prix-prestations exceptionnel, des milliers de voitures louées par an sans aucun problème. Gage de sérénité pour les clients, location 100 % assurées zéro franchise, assistance en français 24/7. N'hésitez pas à réserver en ligne sans CB : TouraCancun fournit un prix complet sans surprises à l'arrivée. En cas de problèmes avec la police lors de votre voyage, une assurance anti-corruption vous garantit de repartir sans ennuis en un coup de téléphone. Possibilité de passer au Guatemala et au Belize.

TULUM CAR RENTAL

TULUM
✆ +52 998 253 6112
www.tulumcarrental.com.mx
Agence de location de véhicules sur Tulum, avec plusieurs succursales dans la région.

Une agence de location de voitures basée à Tulum, avec des succursales à Cancún, Playa del Carmen, Merida et ailleurs au Mexique. Cela permet de louer le véhicule à Tulum et de réaliser un drop-off dans une autre ville de la péninsule. Grand choix de véhicules en bon état, avec plusieurs modèles de SUV, 4x4, Vans (pour 7, 12 ou 15 passagers). Possibilité de louer GPS, siège pour enfant, etc. L'âge minimum pour la location est de 18 ans. Pièce d'identité, permis de conduire et carte de crédit à présenter au moment du contrat.

BEST BIKES COZUMEL

Avenida 10 con Avenida Juárez
SAN MIGUEL DE COZUMEL
✆ +52 987 878 8602
www.bestbikescozumel.com
Ouvert tous les jours de 9h à 18h. Vélos à partir de 30 $ par heure, 150 $ par jour et 200 $ pour 24h.

Pour ceux qui ont envie de prendre leur temps et en ont quand même un peu sous le capot, c'est la plus belle façon de visiter Cozumel avec la possibilité de découvrir des criques secrètes. L'île est plate mais attention à la chaleur et au grand vent qui souffle vers Punta Sur. Prévoir beaucoup d'eau ! Best Bikes Cozumel est situé en face du quai des ferries, pratique si l'on a peu de temps à passer sur l'île. Les vélos sont confortables et de bonne qualité. Les prix sont raisonnables et le service au top, avec de bons conseils du patron, un passionné de vélo.

BICIMÉRIDA

Calle 56A #495B, entre les rues 45 et 47 - **MÉRIDA**
✆ +52 999 287 3538
https://bicimerida.negocio.site/
Ouvert le mardi et le mercredi de 9h à 17h45 ; le jeudi et le vendredi de 9h à 17h30 ; le samedi de 8h à 15h.

Situé à côté des fameuses *Casas gemelas*, Bicimérida vous donne l'opportunité de découvrir la ville autrement. Vous trouverez ici, à la location ou à la vente, un large choix de bicyclettes : tricycles, vélos-voiturettes pour les familles, biporteurs, tandems... Les locations se font à l'heure, à la journée, à la semaine et même au mois ! Passionnée, l'équipe saura vous renseigner sur les itinéraires possibles, d'autant plus que la ville de Mérida investit dans les mobilités douces et développe son réseau de pistes cyclables.

IBIKE TULUM

Avenida Cobá Sur - **TULUM** ✆ +52 1 984 130 3325
www.ibiketulum.com
Ouvert du lundi au samedi de 8h à 17h. Entre 169 et 283 $ le vélo à la journée, entre 700 et 1 250 US$ le scooter.

Une agence de location de vélos bien utile pour se déplacer sans polluer dans Tulum et ses environs. On peut se rendre aux ruines de Tulum et à Playa Paraiso en 15 minutes du centre, au Gran Cenote et à d'autres cenotes du coin comme Dos Ojos (environ 1 heure), voire en poussant un peu, jusqu'aux ruines de Muyil (1 heure 15) et de Cobá (2 heures 30). C'est plat et on prend l'air en plus. IBike propose à la journée différents modèles de vélo : standard, tout-terrain, de plage, etc. Cadenas, casques, et même sièges enfant fournis. Également location de scooters.

S'INFORMER

De nombreux blogs, forums et sites Internet offrent des informations et partagent des expériences de voyage dans la péninsule du Yucatán. C'est un bon début pour se faire une idée de ce qui vous attend, mais il faut parfois faire le tri. Lors de votre séjour, n'hésitez pas à passer dans les offices de tourisme locaux, la plupart ne sont pas juste là pour distribuer des brochures. Il y en a dans toutes les villes touristiques. Le réceptionniste de votre hôtel pourra aussi vous aiguiller, tout comme les autres voyageurs de retour d'excursions que vous pourrez rencontrer. Pour des projets d'installation au Mexique, commencez par lire la presse locale en ligne et des ouvrages spécialisés ou romans sur le Mexique. Un petit tour à l'ambassade ou dans l'un des consulats du Mexique dans votre pays pourra vous aider également. N'oubliez pas de consulter le site de l'ambassade de France au Mexique pour compléter ces informations.

MAYA KA'AN

Paseo Coba, Mza 29, Lte 3, Local 309 al 312
PLAYA DEL CARMEN
www.caribemexicano.travel/maya-kaan/

C'est le pendant durable et pro-environnemental du concept de Riviera Maya : bienvenue dans le « royaume des Mayas ». Ici, on trouve tous les contacts et informations concernant les projets de tourisme rural et communautaire du Quintana Roo. Le but est de tenter de compenser l'activité du tourisme de masse de la côte et d'impulser le développement local sur le terrain, loin des investisseurs et promoteurs en tout genre : promouvoir l'artisanat, les produits agricoles et médicinaux... Pour mieux s'informer, téléchargez leur guide du voyageur responsable.

SECRETARÍA DE FOMENTO TURÍSTICO DE YUCATÁN

Calle 61, entre calle 60 et 62
MÉRIDA
✆ +52 999 930 3760
www.yucatan.travel

L'organisme de promotion touristique de l'État du Yucatán, pour tout savoir sur les attractions touristiques de Mérida et sa région. Le personnel est compétent et sympathique, et pourra vous donner un plan de la ville et des infos précieuses. Le site Internet est bien fait et dispose d'une version en français. Les réseaux sociaux habituels sont également intéressants à consulter pour suivre l'actualité touristique et les évènements culturels à venir.

VISITA YUCATÁN.COM

Calle 58 #487, à l'angle de la rue 57
MÉRIDA
✆ +52 999 928 2279
www.visitayucatan.com

Un détour par le site Internet de Visita Yucatán vous présentera la palette infinie d'excursions dans la péninsule. En fonction du temps dont vous disposez, vous trouverez une formule adaptée à vos envies d'escapades et à votre budget, qu'il s'agisse de circuits thématiques avec un focus histoire (à la découverte du monde maya ou des villages magiques), biodiversité (aventure aquatique dans les *cenotes*) ou culture et nature (qui compile visite de sites archéologiques et plongée dans le centre-ville de Mérida ou dans les trous d'eau).

CARNETS DE VOYAGE

36, Boulevard de la Bastille
PARIS (12e)
phoenix-publications.com

Trimestriel consacré à des destinations de voyage avec des focus dédiés à la découverte des régions.

Trimestriel consacré à des destinations de voyage avec des focus dédiés à la découverte des régions, *Carnets de Voyage*, le magazine des voyages réussis. Tous les 3 mois, la revue vous invite à découvrir à travers ses reportages le meilleur des destinations. Grande ou petite escapade à la découverte d'une ville, d'une région, en France, en Europe ou dans le monde à travers des reportages photo uniques complétés de conseils pratiques et de bonnes adresses pour nous faciliter le voyage avec enfin, un agenda des rendez-vous à ne pas manquer.

RESTER

Beaucoup d'entre nous tombent amoureux du Mexique après un voyage, et décident d'y rester, pour monter une affaire ou prendre leur retraite. D'autres encore y sont envoyés en tant qu'expatriés, ou viennent étudier ou faire un stage dans le cadre d'un échange universitaire. Enfin, les possibilités de volontariat sont diverses et variées. Une belle opportunité à chaque fois de découvrir un mode de vie différent, mais pas si éloigné du nôtre. Dans tous les cas un minimum de préparation est nécessaire. Il vous faudra vous adapter à une nouvelle société, apprendre l'espagnol, et vous confronter à la réalité latino-américaine qui existe derrière la carte postale, avec certainement quelques chocs culturels à prévoir… Un visa est requis dans tous les cas et il n'est pas possible de changer de statut migratoire (de touriste à travailleur par exemple) sans quitter le pays. Voici des organismes qui pourront vous conseiller dans vos projets.

ACTION CONTRE LA FAIM

14, boulevard de Douaumont
PARIS (17e)
✆ 01 70 84 70 70
www.actioncontrelafaim.org
Par téléphone de 9h à 13h et de 14h à 18h.

ONG internationale spécialisée dans la lutte contre la faim dans le monde, active dans les domaines de la nutrition, santé, sécurité alimentaire, de l'eau, de l'assainissement. L'association intervient dans des situations de crise. Le but étant de rendre les populations autonomes d'un point de vue de la nutrition, en apportant une aide concrète et en formant les intervenants locaux qui prendront le relais. Ses missions de volontariat durent de trois mois à un an en Afrique, Asie, Amérique, Europe centrale, dans le Caucase, au Moyen-Orient et dans les Caraïbes.

CAPCAMPUS

www.capcampus.com

CapCampus fut l'un des premiers portails étudiants français en ligne. Dans la rubrique dédiée aux stages et aux premiers emplois, vous trouverez aussi des offres pour l'étranger, classées par pays. Celles pour les Etats-Unis ne sont pas très nombreuses, le mieux est de consulter le site régulièrement pour ne pas passer à côtés des offres intéressantes. Le site est également utile pour se familiariser avec la vie aux Etats-Unis, car il propose également toutes les informations pratiques pour bien préparer son départ et son séjour à l'étranger.

WEP FRANCE

95, avenue Ledru Rollin
PARIS (11e)
✆ 01 48 06 26 26
www.wep.fr

WEP propose plus de 50 projets éducatifs et séjours linguistiques dans une trentaine de pays pour une durée allant de une semaine à 18 mois. Quel que soit votre projet d'études ou de volontariat à l'étranger, vous trouverez sur le site de WEP une rubrique qui y sera consacrée : étudier au lycée, dans une université, partir en séjour linguistique, faire une expérience professionnelle dans le cadre d'un stage ou vivre en immersion dans une famille. Possibilité également de planifier des programmes combinés (études et projet humanitaire par exemple).

VIE - VOLONTARIAT INTERNATIONAL EN ENTREPRISE

✆ 04 96 17 26 50
mon-vie-via.businessfrance.fr

Le VIE est destiné aux jeunes de 18 à 28 ans. Il s'effectue en entreprise, dans une ONG, dans une collectivité locale ou dans un service de l'État – allant de l'ambassade à l'établissement culturel en passant par le consulat. Par ailleurs, il peut durer de 6 à 24 mois et être renouvelé une fois, de deux ans au plus. Enfin, sa rémunération mensuelle est constituée d'un salaire fixe de 723,99 € et d'une indemnité supplémentaire dont le montant varie selon la mission.

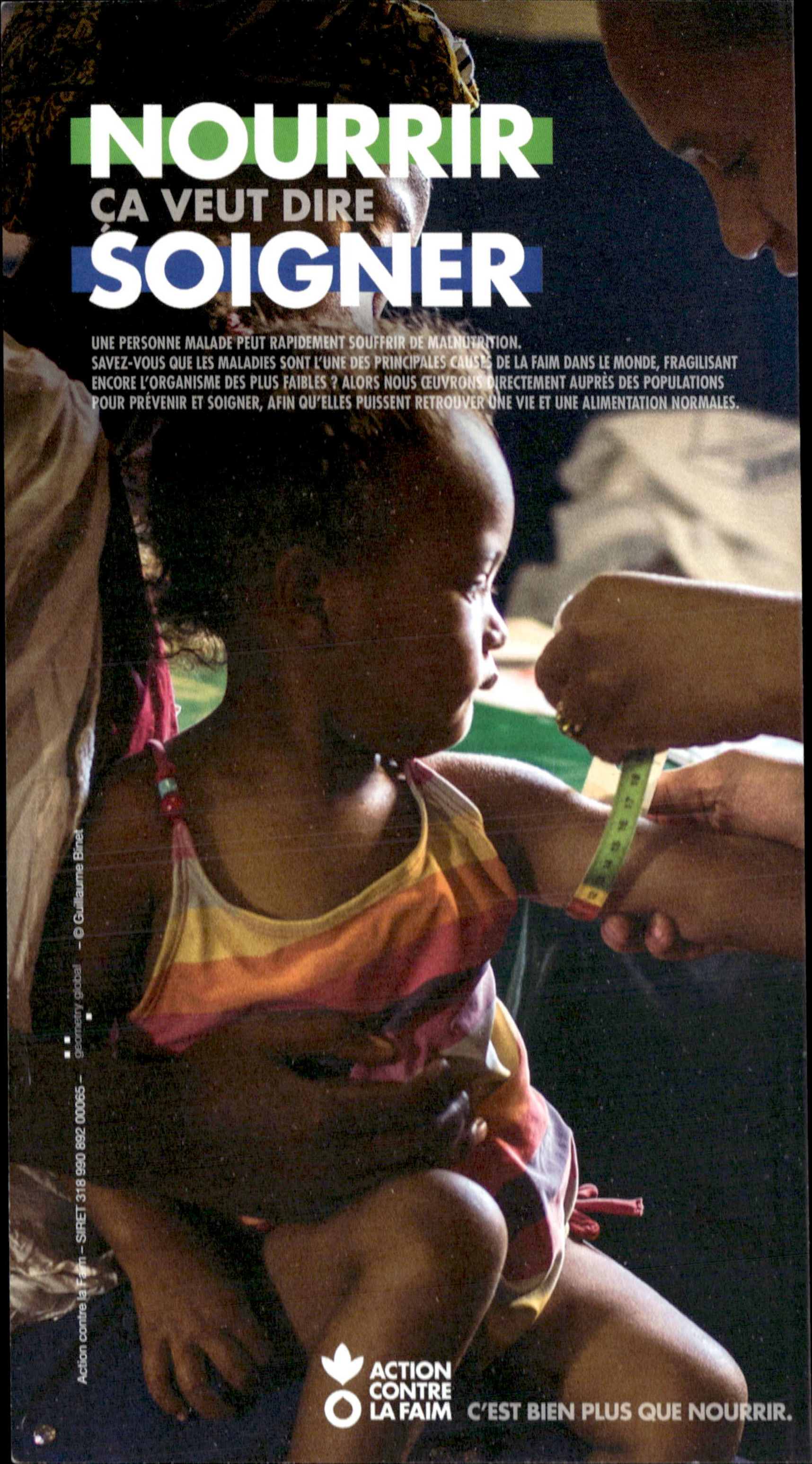
NOURRIR
ÇA VEUT DIRE
SOIGNER
UNE PERSONNE MALADE PEUT RAPIDEMENT SOUFFRIR DE MALNUTRITION.
SAVEZ-VOUS QUE LES MALADIES SONT L'UNE DES PRINCIPALES CAUSES DE LA FAIM DANS LE MONDE, FRAGILISANT ENCORE L'ORGANISME DES PLUS FAIBLES ? ALORS NOUS ŒUVRONS DIRECTEMENT AUPRÈS DES POPULATIONS POUR PRÉVENIR ET SOIGNER, AFIN QU'ELLES PUISSENT RETROUVER UNE VIE ET UNE ALIMENTATION NORMALES.
Action contre la Faim – SIRET 318 990 892 00065 – geometry global – © Guillaume Binet
ACTION CONTRE LA FAIM
C'EST BIEN PLUS QUE NOURRIR.

INDEX

M

N

O

P

Q

R

S

EDITION

Directeurs de collection et auteurs : Dominique AUZIAS et Jean-Paul LABOURDETTE

Auteurs : Garance MANIER, Nicolas LHULLIER, Marie YOUAKIM, Juliette COURTOIS, Priscilla PARARD, Marie YOUAKIM, Aurélien LEMOINE, Jade LATARGERE, Jean-Paul LABOURDETTE, Dominique AUZIAS et alter

Directeur Editorial : Stéphan SZEREMETA

Rédaction Monde : Laure CHATAIGNON, Morgane VESLIN, Pierre-Yves SOUCHET, Natalia COLLIER

Rédaction France : Briséis CREAC'H-MENUT, Mélanie COTTARD, Audrey VEDOVOTTO, Nicolas WODARCZAK

FABRICATION

Maquette et Montage : Romain AUDREN, Julie BORDES, Delphine PAGANO

Iconographie et Cartographie : Anne DIOT, Julien DOUCET

WEB ET NUMERIQUE

Directeur Web : Louis GENEAU de LAMARLIERE

Développeurs : Guillaume BARBET, Adeline CAUX et Roland SPOUTIL

Intégrateur Web : Mickael LATTES, Antoine DION

Webdesigner : Caroline LAFFAITEUR

Community Traffic Manager : Alice BARBIER, Mariana BURLAMAQUI et Noémie LE SAUX

DIRECTION COMMERCIALE

Directeur commercial : Guillaume VORBURGER

Coordinatrice des Régies commerciales : Manon GUERIN assistée de Jonas HESOL

Account Manager Marketplace : Leila ROUGEOT assistée de Lola FAVRE-MOT

Responsable Régies locales : Michel GRANSEIGNE

Responsables Développement régie inter : Jean-Marc FARAGUET, Guillaume LABOUREUR et Camille ESMIEU

Chefs de Publicité Régie nationale : Caroline AUBRY, François BRIANCON-MARJOLLET, Perrine DE CARNE MARCEIN, Jonathan TOUTOUX, Amélie NOEL,

Régie CANCÚN - LA RIVIERA MAYA / PÉNINSULE DU YUCATÁN : Maurin GUILLERMOU **avec la collaboration de** ste GALILAK -Laurent BOSCHERO, GALLEE Alexandre

DIFFUSION ET PROMOTION

Directrice des Ventes : Bénédicte MOULET assistée d'Aissatou DIOP

Responsable des ventes : Jean-Pierre GHEZ assisté de Nelly BRION

Relations Presse-Partenariats : Jean-Mary MARCHAL

ADMINISTRATION

Président : Jean-Paul LABOURDETTE

Directrice des Ressources Humaines : Dina BOURDEAU assistée de Sandra DOS REIS et Eva BAELEN

Directrice Administrative et Financière : Valérie DECOTTIGNIES

Comptabilité : Guillaume PETIT, Aminata BAGAYOKO, Jeannine DEMIRDJIAN

Recouvrement : Fabien BONNAN assisté de Sandra BRIJLALL

Responsable informatique : Elie NZUZI-LEBA

PETIT FUTÉ CANCÚN - LA RIVIERA MAYA / PÉNINSULE DU YUCATÁN

LES NOUVELLES EDITIONS DE L'UNIVERSITE
18, rue des Volontaires - 75015 Paris.
✆ 01 53 69 70 00 - Fax 01 42 73 15 24
Internet : www.petitfute.com
SAS au capital de 1 000 000 € - RC PARIS B 309 769 966
Couverture : Ruines mayas de Tulum © SL Photography - iStockPhoto.com
Impression : IMPRIMERIE CHIRAT - 42540 Saint-Just-la-Pendue
Achevé d'imprimer : octobre 2022
Dépôt légal : 13/11/2022
ISBN : 9782305082073

Pour nous contacter par email, indiquez le nom de famille en minuscule suivi de @petitfute.com
Pour le courrier des lecteurs : info@petitfute.com

IMPRIMÉ EN FRANCE

T

U

V

W

X

Y

Z